중국필패

야성 황

박누리 옮김

THE RISE AND FALL OF THE EAST:
HOW EXAMS, AUTOCRACY, STABILITY, AND TECHNOLOGY BROUGHT CHINA SUCCESS, AND WHY THEY MIGHT LEAD TO ITS DECLINE

중국필패

시험, 독재, 안정, 기술은
어떻게 중국을 성공으로 이끌었고
왜 쇠퇴의 원인이 되는가

야성 황
박누리 옮김

The Rise and Fall of the EAST:
How Exams, Autocracy, Stability, and Technology Brought China Success, and Why They Might Lead to Its Decline

수없이 많은 쓸거리를 제공해 준

이 세상의 독재자들에게

이 책에 대한 찬사

"잊히고 생략된 시절인 중국의 80년대를 재발견하는 데서 출발하여 오늘날 시진핑 시대를 해석하고 전망하는 놀라운 책이다. 대가만이 할 수 있는 집요한 스토리텔링에 빠져들어 책에서 손을 떼기가 어렵다. 마치 추리소설을 읽는 느낌이다. 지금 온갖 중국 이야기가 넘쳐나지만, 이 책을 읽고 나면 남보다 한 차원 더 깊은 비밀과 통찰에 도착한 자의 뿌듯함을 느끼게 될 것이다. 중국必敗와 必覇, 둘 중 어떤 결론에 도달할지 독자 몫을 남겨 놓은 한국어판의 제목이 의미심장하다. 읽고 판단하기 바란다."

_지만수(한국금융연구원 선임연구위원)

"압도적으로 흥미롭다."

_툰쿠 바라다라잔, 〈월스트리트 저널〉

"MIT의 경제학 교수에게 기대할 수 있을 만큼 포괄적이고 학구적이다. (…) '수없이 많은 쓸거리를 제공해 준 이 세상의 독재자들에게 이 책을 바친다'는 재치있는 헌사가 모든 것을 말해준다."

_제임스 크랩트리, 〈파이낸셜 타임스〉

"야성 황 교수의 새 책은 중국 황실의 공무원 시험 제도가 얼마나 가혹했는지를 알려준다. (…) 저자는 고대의 시험 제도가 혁신을 억압했다고 주장하면서 시진핑의 중국을 위한 교훈을 탐색한다."

_〈이코노미스트〉

〈포린 어페어스〉 2023년 올해의 책

"책 제목의 EAST는 중국을 가리키기도 하지만, 부제에 나열된 중국 역사의 네 가지 열쇠를 의미하기도 한다. 6세기에 시작된 중국의 과거 시험은 엘리트 계급을 지향하는 이들이 국가에 봉사한다는 하나의 목표를 중심으로 단결하도록 강요했다. 독재는 국가 내부의 세력 간 균형과 국가 외부의 사회적 권력 중심을 제거함으로써 성장했다. 중국공산당은 이러한 오랜 전통을 나름의 독자적인 형태로 도입함으로써 자해에 가까운 혼란에도 불구하고 권위주의 체제의 안정성을 확보할 수 있었다. 하지만 중국 왕조들이 최고 수준의 안정을 위해 치른 대가는 기술의 침체였다. 중화인민공화국의 아버지인 마오쩌둥이 사망한 후 개혁주의 지도자들은 혁신, 기업가 정신, 경제 성장을 위해 시스템을 개방했다. 그러나 이제 저자는 시진핑의 현대화된 제국주의 통치와 자유에 대한 탄압이 중국이 짧은 기간 누렸던 역동성에 종지부를 찍을 수 있다고 예측한다. 저자만의 광범위하고 흔들림 없이 예리한 분석은 시진핑의 '중국몽'이 문자 그대로 일장춘몽에 불과할 수 있음을 시사한다."

_앤드류 네이선, 〈포린 어페어스〉

"진정 거대한 질문을 던진다. 중국이 어떻게 그리고 왜 저러는지에 대해 대담하고 독창적인 아이디어를 제공하는 안타까울 정도로 보기 드문 책."

_케이저 쿠오, 〈차이나 프로젝트〉

"중국 학자들과 일반 독자들이 모두 그 가치를 알아볼 방대한 탐구. 재치, 다채로운 관찰, 직설적인 문체 모두 훌륭하다. 오늘날 중국과 중국이 나아갈 방향에 대해 더 깊이 이해하고자 하는 사람이라면 반드시 읽어야 할 책."

_앤 스콧 타이슨, 〈크리스천 사이언스 모니터〉

"놀랍도록 독창적이고 명석하며 통찰력 있는 이론적 주장은 물론 방법론적 완성도 역시 주목할 만한 책. 광범위한 비교 사례와 탄탄한 통계 분석을 활용하여, 한 제도의 도입이 중국 역사를 어떻게 근본적으로 바꿔놓았는지 설명한다. 우아하고 이해하기 쉬운 스타일로 쓰여 학부생과 대학원생 모두에게 완벽한 교과서가 될 것이다. 출간과 동시에 고전의 반열에 오를 만한 책. 이론적 야망과 학문적 빼어남을 보여주는 영감이 가득하다."

_민신 페이, 〈차이나 쿼터리〉

차례

일러두기

1. 단행본은 겹꺽쇠표(《》)로, 신문, 잡지, 방송 프로그램 등은 홑꺽쇠표(〈〉)로 표기했다.
2. 각주는 독자의 이해를 돕기 위해 모두 옮긴이가 단 것이다.
3. 저자 원주는 번호를 달아 미주로 처리하였다.
4. 국립국어원의 표준어 규정 및 외래어 표기법을 따르되, 일부는 관례와 원어 발음을 존중해 그에 따랐다.
5. 중국어 고유명사 표기는 국내 학계의 통상적인 용례대로 신해혁명(1911) 이전은 한국식 한자어 발음, 이후는 중국어 한어병음을 따랐다.

머리말

2022년 11월, 신장 위구르 자치구 우루무치시에서 10명이 목숨을 잃는 화재가 발생했다. 이 화재가 계기가 되어 베이징과 상하이를 비롯한 중국 각지의 도시에서 수백 명에서 수천 명에 이르는 시위대가 거리와 대학 캠퍼스로 쏟아져 나왔고, 정부의 가혹한 코로나19 통제에 반대하는 시위가 수일간 이어졌다. 군중 가운데 "시진핑 물러나라", "공산당 물러나라"를 외치는 이들도 있었고, 다른 이들도 이에 동참했다. 불과 한 달 전 중국공산당 제20차 전국대표대회에서 3연임에 성공하며 장기 집권 체제를 공고히 한 국가 지도자에 대한 믿을 수 없을 정도로 용감한 저항 행위였다. 일부 서방 언론은 재빨리 잠재적으로 시진핑 정권의 판도를 바꿀 수 있는 사건이 일어났다고 보도했다.

어떤 면에서는 그랬다. 1989년 천안문 광장 이후 중국에서는 산발적이고 국지적이며 특정 이슈에 한정된 시위들만 일어났다. 전국적인 규모의 노골적인 반정권 기조를 내세우는 시위라니, 이례적인 사건이었다. 하지만 코로나19 시위는 어디까지나 시위일 뿐, 이 책을 쓰는 시점까지 '운동'이 되지 못했다. 1989년 수백만 명이 시위에 참여한 것과 비교해도 이번에는 기껏해야 수천 명이 참여했을 뿐이다. 1989년 사람들이 거리로 나섰던 배경과 이번 시위의 원인을 비교하면 더욱 그 격차가 실감 난다. 수억 명의 시민이 집과 임시 병원에 사실상 감금되다시피 했고 엄격한 봉쇄 조치로 자살, 유산, 화재, 기아 등 온갖 끔찍한 일들이 일어났음에도 14억 인구의 국가에서 거리로 나온 사람은 수천 명에 불과했다. 코로나19 시위의 의미는 그 규모가 아니라, 시위가 일어났다는 사실 자체에서 찾아야 한다. 중국에서 코로나19 시위가 일어나고 있는 동안, 수백만 명의 시민들이 몇 주일 동안 시위를 벌였던 이란과 비교해 보자. 이란 국민을 분노하게 한 것은 한 여성이 이란의 도덕 경찰(일종의 종교 경찰)에 의해 사망한 사건이었다.

중국에서 일어난 것은 코로나의 봄이 아닌, 그저 코로나 시위였다. 놀랄 일도 아니다. 중국 정부는 믿을 수 없을 만큼 강력하기 때문이다. 나는 아주 오랫동안 중국이라는 국가의 권력과 영향력 그리고 재량권에 대해 사람들이 이해할 수 있는 설명을 내놓기 위해 노력해 왔다. 물론 강제와 이념 주입이 큰 지분을 차지하고, 사회적 합의도 어느 정도는 뒷받침하고 있다. 또한, 지난 40년 GDP가 큰 폭으로 성장하고 빈곤 문제도 개선되면서 중국 정부는 이른바 '성과에 따른 정당성'을 상당히 쌓아 올렸다. 이것이 중국공산당에 정치적 이득이 되었음은 의심할 나위가 없다.

하지만 이것들이 전부는 아니다. 위에서 언급한 각각의 요소들이 개별적, 정황적 역할을 하기는 하지만, 우리에게 전체적 맥락을 가진 하나의 통일된 큰 그림을 보여주지는 않는다. 개혁개방 이후야 성과에 따른 정당성performative legitimacy이 말이 된다고 쳐도, 대약진운동과 문화대혁명 시기는 무엇으로 설명할 것인가? 이러한 시기에는 심각한 '성과에 따른 비정당성performative ille-gitimacy'이 자행되지 않았던가? 여기에 더해 그렇다면 그 전의 중국 제국은 어떻게 수천 년간 지속할 수 있었는지도 생각해 보아야 한다.

나는 두 가지 원칙에 따라 해답을 찾고자 했다. 하나는 간결성이다. 특정 변수가 다른 변수들보다 더 많은 질문이나 상황을 아우르거나 원인으로 지목된 변수들을 강조하는 경우, 그 변수를 선호하였다. 또 다른 원칙은 근접성이다. 즉 어떤 변수가 조사 대상인 경험적 현상의 설명에 가까울수록 더 좋다고 보았다.

이로써 나는 **EAST 공식**의 첫 번째 구성요소를 선별할 수 있었다. 바로 시험Examination이다. 중국과 다른 문명의 차이점을 딱 하나만 꼽으라면 나는 수나라(581~618) 때 처음 치러진 국가 주도 관료 채용 시험인 경시經試라고 대답하겠다. 과거科擧 제도는 여러 면에서 중국의 축복이자 저주였다. 이 관점에서 다른 세 가지 요소—독재, 안정성, 기술—를 해석하고 이해하고자 하였다.

과거 제도는 중국 사회의 사분면과 역사를 넘나들며 깊이 침투했다. 중국의 모든 것을 아우르며 수많은 중국인의 시간과 노력을 무지막지하게 요구했고, 가치, 규범, 사유의 인큐베이터가 되어 중국인의 정신적 기반에 자리하는 이념과 인식론에 영향을 미쳤다. 과거 제도는 또한 국가의 권력과 역량을 강화하기 위해 고안된 일종의 국가 기관이기도 했다. 국가는 직접적으로는 최고의 인적 자본을 독점했고, 간접적으로는 종교 기관, 상인 집단, 지식인 집단이 인재를 선발할 수 있는 사회적 접근을 박탈했다. 지난 역사 속의 중국 국가와 오늘날의 중국 국가에는 이 과거 시스템이 뚜렷하게 각인되어 있다.

중국에서 국가의 통치가 강력한 이유는 사회가 부재하기 때문이다. 여기서 사회란, 자율적으로 조직되고, 고유한 정체성을 가지며, 국가와는 별개의 정당성을 지닌 시민사회를 의미한다. 시민사회의 본질적 특징인 집단행동을 위축시키거나 선점하는 데 있어 과거 제도가 유일한 명분은 아니었을지 몰라도 매우 중요한 명분이었던 것은 맞다. 과거 제도는 극심한 경쟁을 수반했다. 비좁고 고립된 시험장에서 거둔 승리는 빛났으나 협업은 부정행위로 간주하여 가혹하게 처벌되었다. 활기가 넘치는 개인주의자들인 중국의 기업가들이 중국공산당에 대해서는 집단적 무력감을 보이는 것을 떠올려 보라. 상하이가 몇 달이나 봉쇄 상태였다는 사실을 생각해 보라. 만약 2,500만 상하이 인구 가운데 일부라도 노골적으로든 암묵적으로든 단결하여 저항했다면, 어쩌면 국가는 경찰력의 규모와는 무관하게 군중 앞에 무력했을지도 모른다.

이것들은 내 마음속에 품은 몇 가지 흥미로운 상상이다. 다른 이들은 허무맹랑하다고 말할지도 모르겠다. 이 책에 대해 비판하는 이들도 있을 수 있다. 예를 들면 주제가 너무 광범위하다고 말이다. 이 책에서 EAST는 지리적인 동양the East이 아닌, 내가 탐구하는 네 가지 주제를 가리킨다. 이 책에서 나는 역사와 현재를 오갈 것이다. 책의 주제가 너무 광범위하다는 것을 인정한다. 의식적으로 야심만만한 작업이기도 하다.

일반적인 형식의 학술 논문은 한 가지 주제를 심도 있게 탐구한다. 하지만 논문이 아닌 일반 도서의 경우는 다르다. 일반 도서는 심사를 거쳐야 하는 학술지들이 더는 다룰 수 없는 거대 담론이 나아갈 수 있는 길을 보여준다는 것이 나의 생각이다. 매우 전문적이고 기술적인 논문들에는 응당 주어져야 할 자리가 있다. 하지만 높은 전문성을 위해 포기해야 하는 것들도 있다. 거대 담론을 싣기에는 학술지의 장벽이 너무 높고 매우 다양하다. 일반 대중서는 거대 담론을 다룰 수 있는 몇 안 되는 방법의 하나이다. 이 책의 성공 여부는 독자들의 판단에 맡긴다. 나는 과거와 현재의 객관적 사실 정보와 사건들을 이해하는 발판이 될 만한 몇 가지 아이디어를 제안하려 한다.

우리 앞에는 여러 생각할 거리가 크게 놓여 있다. 코로나19 시위는 수억 명의 사람들이 깊이 느낀 경험을 공유했다는 점에서 게임의 판도를 완전히 뒤집었다. 옛 중국 제국들과 현재 중국공산당의 집요함은 사람들을 구획시키고 고립시켜 집단행동을 아예 차단하는 특유의 능력에서 파생된 측면이 적지 않다. 이번 코로나19 시위가 전환의 계기가 될 수 있을까? 불안과 공포가 고조될 때 중국 사회가 맞이할 장기적인 결과는 무엇이 될 것인가?

이 서문을 쓰고 있는 시점에도 일부 이슈와 상황은 여전히 유동적이고 진화하고 있다. 내가 이러한 정황들을 오독했을 수도 있다. 또한, 모든 정보 전달 채널과 상황의 메커니즘을 정확하게 파악하지 못했을 수도 있다. 이 책을 통해 더 많은 토론과 논의가 이루어지기를 바란다.

나는 이 책의 초고 중 일부를 전미경영학회 연차총회, 전미정치학회 연차총회, 아시아역사경제학회의 역사 연차총회, 컬럼비아 대학교, 조지타운 대학교, 하버드 대학교, 홍콩대학교, 일리노이 공과대학교, 존스홉킨스 대학교, 프린스턴 대학교, 런던 대학교 SOAS, 스탠퍼드 대학교, 캘리포니아 대학교(샌디에이고), 펜실베이니아 대학교, 서던캘리포니아 대학교, 빅토리아 대학교, 워싱턴 대학교, 웨스턴미시간 대학교, 제도 연구를 위한 세계학제간 네트워크WINIR 연차총회 등에서 발표한 바 있다.

나는 수년 동안 친구 및 동료들과 다양한 주제로 대화를 나눴고, 예상하지 못했던 지점에서 떠오른 몇 가지 아이디어가 이 책에 실렸다. 어떤 이들은 과거 제도를 다룬 나의 초기 연구에 대해 의견을 주었고, 어떤 이들은 세미나에서 집요한 질문을 던지기도 했고, 또 어떤 이들은 그들의 책으로 내가 이 프로젝트에 뛰어들어 이 책에 담은 이야기들을 풀어낸 방식에 영감을 주었다. 이 자리를 빌려 그들 중 일부—시지 첸Sizi Chen, 도널드 클라크Donald Clarke, 자크 델리슬Jacques deLisle, 패트리샤 에브리Patricia Ebrey, 프랜시스 후쿠야마Francis Fukuyama, 잭 골드스톤Jack Goldstone, 조지프 헨릭Joseph Henrich, 창타이 시에Chang-Tai Hsieh, 루이슈에 지아Ruixue Jia, 빌 커비Bill Kirby, 조엘 모키르Joel Mokyr, 이안 모리스Ian Morris, 배리 너튼Barry Naughton, 리처드 니스벳Richard Nisbett, 고故 로드 맥파쿼Rod MacFarquhar, 피오나 머레이Fiona Murray, 소냐 오퍼Sonja Opper, 민신 페이Minxin Pei, 엘리자베스 페리Elizabeth Perry, 멕 리스마이어Meg Rithmire, 토니 세이치Tony Saich, 발터 샤이델Walter Scheidel, 수잔 셔크Susan Shirk, 릴리 차이Lily Tsai, 아슈토시 바쉬니Ashutosh Varshney, 고故 에즈라 보겔Ezra Vogel, 유화 왕Yuhua Wang, 클레어 양Clair Yang, 매들린 젤린Madeleine Zelin, 에즈라 주커먼Ezra Zuckerman에게 감사를 표한다. 다른 동료들에게도 원고를 보냈지만 코로나19로 인한 촉박한 출판 일정 때문에 편집 단계에서 그들의 의견을 반영할 수 없었다. 그들에게도 원고를 읽어주어서 감사하다는 인사를 하고 싶다.

이 책을 쓰면서 여러 중국 학자들의 도움을 받았다. 그들은 역사적 지식과 데이터 수집에 도움을 주었지만, 이 책의 폭넓은 주장이나 현대사를 다룬 부분에는 전혀 관여하지 않았다. 그들 중 누구도 이 책의 원고를 읽지 않았다. 현재 중국의 정치적 상황을 고려할 때, 실명으로 감사를 표하지 않는 쪽이 낫겠다고 판단했다. 이 책의 집필 과정에서 데이터베이스 구축, 원고 리뷰, 사실관계 확인 등 여러 도움을 준 학생 연구 조교들에게도 마찬가지 이유로 감사 인사를 생략한다.

책이 나오기까지 많은 분의 도움을 받았다. 하버드 대학교 페어뱅크 센터 도서관의 낸시 허스트Nancy Hearst는 내가 책을 낼 때마다 도움을 주었다. 그는 초기 버전을 편집하고 오류—일부는 한번이 아니었다—를 바로잡아주었다. 디지털 시대에도 그의 도서관은 현대 중국에 관한 독보적인 자료를 보유하고 있다. 깊은 감사의 마음을 보낸다.

과거 시험을 다룬 프로젝트의 한 갈래로 연구를 시작했고, 이 주제를 다루는 많은 연구자가 하버드 대학교 피터 볼Peter Bol 교수가 관리하는 데이터베이스 프로젝트의 도움을 받았다. 볼 교수가 친절하게도 시간을 내어주고 나와 공동 저자들에게 데이터베이스의 설계와 범위를 설명해 준 덕분에 귀중한 자료들을 최대한 활용할 수 있었다.

또한, 이 책이 나오는 데에 많은 도움을 준 예일 대학교 출판부의 여러분, 특히 세스 디칙Seth Ditchik, 아만다 거스텐펠드Amanda Gerstenfeld, 줄리 칼슨Julie Carlson이 이 책에 보여준 관심을 비롯해 그들의 신속한 답변, 뛰어난 편집 능력에 깊은 감사를 드린다. 그럼에도 책에 남은 오류가 있다면 그에 대한 책임은 전적으로 저자 본인에게 있다는 일반적인 경고 문구를 이번에도 변함없이 적용하겠다.

서론. EAST 공식이란

행동의 범위가 가장 클 때는 언제나
행동의 기반이 되는 지식이 가장 보잘것없을 때이다.
지식이 정점에 다다른 때에는, 행동할 범위는 이미 사라진 후일 때가 많다.
— 헨리 키신저Henry Kissinger, 1970

중국 최초의 통일 왕조인 진나라(기원전 221~기원전 207)는 중국 정치 발전에 대단히 중요한 시기로, 중국의 정치를 정의했다고 할 수 있다.[1] 진나라의 뒤를 이은 모든 왕조와 공화주의 후계자인 국민당 정부, 그리고 현재의 중화인민공화국까지 모두 독재, 하향식 통치, 능력주의, 비인격적이고 억압적인 태도 등 진나라의 주요 특징을 계승했다. 진나라는 정치적 중국을 탄생시켰다.

진나라에는 두 가지 특이한 점이 있었다. 하나는 중국 정치에 긴 그림자를 남긴 왕조치고는 이례적으로 불과 14년 만에 멸망하여 그 지속 기간이 주요 왕조 중 가장 짧았다는 것이다. 다른 하나는 만리장성과 병마용을 만들고, 도량형과 도로를 표준화하고, 관료제를 만든 강력해 보이는 진나라였지만 나무 몽둥이로 무장한 농민 출신 반란군에 의해 무너졌다는 사실이다. 이것이 진승陳勝과 오광吳廣의 난이다.

진승과 오광의 이야기는 중국의 초등학교에 다니는 어린이라면 누구나 알고 있다. 기원전 209년, 진승과 오광을 포함한 병사 900명이 지금의 베이징 근처 어양으로 소집 명령을 받았다. 도중에 홍수를 만나 일정이 지연되었는데, 진나라 법에 따르면 제시간에 소집 위치에 도착하지 않는 것만으로도 처형될 수 있었다. 진승과 오광은 벼랑 끝에 몰렸다. 예정대로 소집 위치로 가면 도착하자마자 죽임을 당하고, 반란을 일으키면 그나마 싸워서 살아남을 기회라도 있는 상황이었다. 진승과 오광은 후자를 선택했다. 이는 중국 역사상 최초의 농민 반란으로, 이후 수많은 반란의 선례가 되었다.

중국 역사 교과서는 이 사건을 진나라의 공포 정치 사례로 가르치지만, 실제 교훈은 좀 더 심오하다. 한 가지 교훈은 유인*에 관한 것이다. 앞의 설명을 보면 잘못 설계된 통치 구조와 그 결함이 반란을 부추기는 의도치 않은 결과를 초래했다는 것을 쉽게 알 수 있다. 그러나 이러한 해석은 진나라에 대한 우리의 지식과 맞아떨어지지 않는다. 진나라는 유인을 무엇보다 중시하는 법가사상에 기반을 두고 있었다. 다른 왕조들은 이러한 유인 오류를 범했을 수 있지만, 진나라는 아니다.

한 중국 작가가 훨씬 더 설득력 있는 설명을 내놓았다. 저우쥐펑은 그의 저서 《진나라 비가》에서 징병 제도가 진 제국秦朝의 전신이었던 춘추전국시대의 소왕국 진나라秦国**에서 유래했다 추측한

---

* 유인誘因 또는 인센티브incentive는 사람들이 행동을 바꾸도록 동기를 부여하는 요인 이나 수단을 의미한다. 이 책에서는 문맥에 따라 유인 또는 인센티브로 번역하였다.

** 진 제국은 중국 최초의 통일 제국, 진나라는 그 전신이라 할 수 있는 춘추전국시대의 왕국(제후국).

다. 진은 기원전 221년에 다른 여섯 개 왕국을 정복, 흡수하여 중국을 통일했다. 진 왕국의 면적은 100만 제곱킬로미터에 불과했으며, 후대의 진 제국의 면적은 그 세 배에 달했다. 진 왕국에서는 제시간에 소집 위치에 도착해야 한다는 명령을 따르기가 현실적으로 어렵지 않았겠지만, 광활한 영토의 진 제국에서는 그렇지 못했다. 그림 I.1의 진 왕국(위)과 진 제국(아래)을 보면 고도와 위도 모두 진 제국이 진 왕국보다 훨씬 더 넓다는 사실을 알 수 있다.

진 제국의 면적이 늘어나면서 조건의 이질성 역시 증가했다. 아무래도 지역이 좁으면 지형, 기후 및 환경 조건이 비슷비슷하다. 진 왕국은 기상 조건의 변화가 적은 중국의 북서부 사막 지대에 있었다. 그러나 영토가 남동쪽에서 북쪽으로 펼쳐진 진 제국의 환경은 훨씬 더 다양했다. 건조한 중국 북부에서는 홍수가 거의 없었겠지만, 남동부에서는 흔하게 발생했다. 진승, 오광이 봉기한 대택향과 어양은 서로 다른 기후대에 있으며, 두 지역 모두 옛 진 왕국의 경계 밖에 위치한다. 제시간에 도착하지 않으면 엄벌한다는 규칙을 만든 결정권자들은 이러한 지리적 이질성에 대해서는 들어보지 못했을 것이며, 더 넓은 제국의 복잡성 역시 고려할 생각조차 못했을 것이다.

동질성homogeneity과 이질성heterogeneity* 사이에서 발생하는 긴장은

---

* homogeneity는 동일하거나 유사한 요소와 구조로 구성된 상태 또는 성질을 뜻한다. 반대로 heterogeneity는 서로 상이하거나 다양한 요소가 공존하는 상태 또는 성질을 뜻한다. 이 책에서는 문맥에 따라 전자는 '균일성', '균질성', '동질성' 등으로, 후자는 '이질성', '다양성' 등으로 번역하였다.

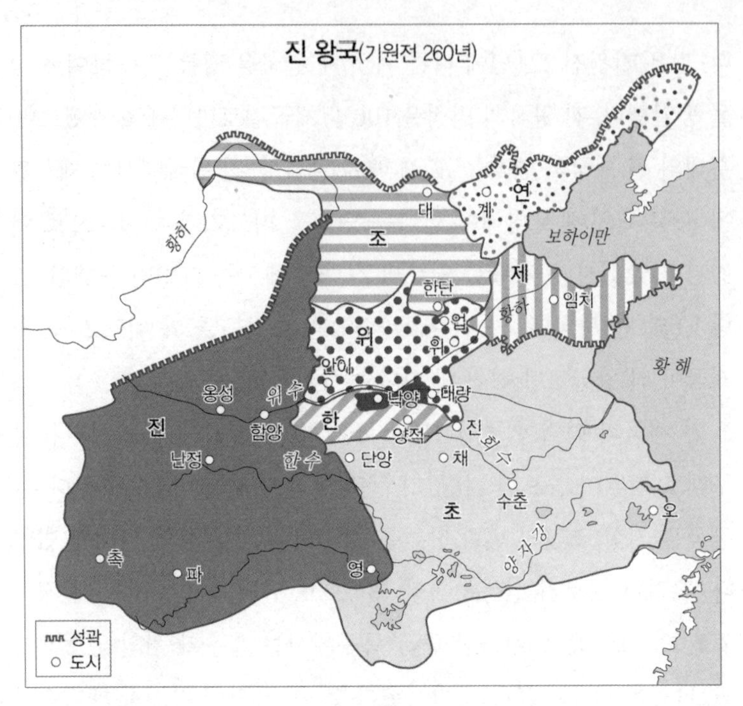

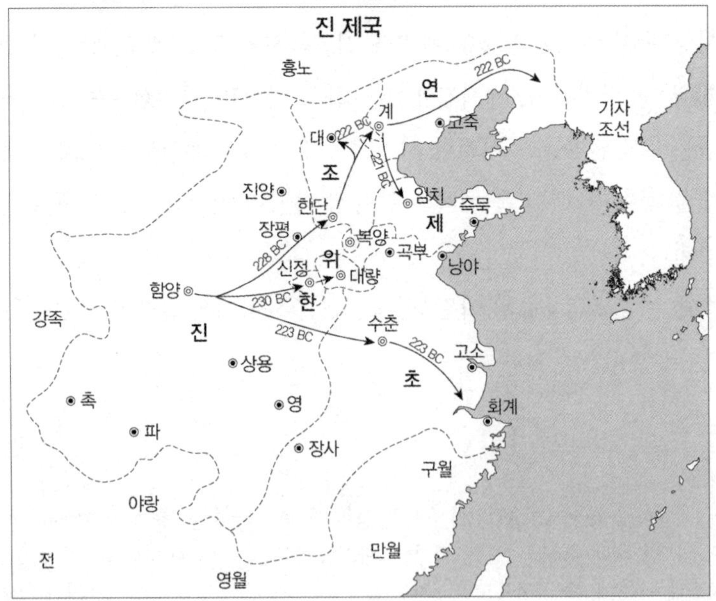

그림 I.1.
진 왕국에서 진 제국으로. 위: 진 왕국(기원전 897~기원전 221), 아래: 진 제국(기원전 221~기원전 207).
출처: 위키피디아, 크리에이티브 커먼즈 라이선스에 따라 재인쇄.

규모와 **범위***라고도 부르는데, 이는 오늘날까지 중국 역사의 기저에 흐르는 근원적인 주제이다. 진승·오광의 난은 **규모**와 **범위**의 복잡성을 무시할 경우 위험을 자초한다는 교훈을 드러낸다. 중국의 통치자들은 이러한 긴장이 발생할 때 동질성을 위해 이질성을 희생시키는 방식을 사용해 왔다. 이데올로기에서는 유교나 공산주의라는 하나의 사상이 다른 사상을 죽이면서 힘을 얻었다. 정치에서는 황제나 중국공산당 총서기 등 단 한 명의 통치자가 다른 권력 중심들을 눌렀다. 관료 사회에서는 한 유형의 인적 자본인 유학자 관료들, 또는 테크노크라트들이 다른 유형의 인적 자본을 몰아냈다.

중국은 동질화 과정에서 영토도 늘어났다.[2] 한나라(기원전 202~220)의 면적은 전성기 기준 추정치로[3] 600만 제곱킬로미터였다. 당나라(618~907)는 그 두 배인 약 1,200만 제곱킬로미터였다. 송나라(960~1279) 때에는 280만 제곱킬로미터로 줄어들었지만, 그 후 중국은 엄청난 속도로 팽창했다. 중국의 영토가 최대를 기록한 것은 원나라(1271~1368) 때로 약 3,400만 제곱킬로미터의 면적을 자랑했는데, 유럽 최대 영토 국가인 러시아의 1,700만 제곱킬로미터를 아득하게 뛰어넘는다. 명나라(1368~1644)와 청나라(1644~1911)도 각각 1,000만 제곱킬로미터와 1,300만 제곱킬로미터에 달했다. 중화인민공화국의 면적은 960만 제곱킬로미터이다(미국은 910만 제곱킬로미터).

---

* 저자는 이 책에서 규모scale와 범위scope를 동질성과 이질성 혹은 동질성과 이질성 사이의 긴장이나 갈등의 개념으로 사용하고 있다. 영어의 다른 단어(size, extent, range 등)도 우리말에서는 '규모', '범위'에 해당하므로, 저자가 고유한 용도로 사용한 scale과 scope를 규모와 범위로 옮길 때는 굵은 활자로 달리 표기하였다.

영토와 함께 관료제의 규모도 확장되었다. 당나라는 관료가 전체 인구의 0.02퍼센트를 차지했지만, 남송(1127~1279) 시대에는 0.06퍼센트, 명나라는 0.18퍼센트로 증가했다(중국의 마지막 왕조인 청나라는 추정치가 중구난방이고 신뢰도도 낮다). 중화인민공화국은 관료제의 규모를 완전히 다른 차원으로 끌어올렸다. 1982년 중화인민공화국의 공무원 수는 인구의 0.08퍼센트로 송나라와 비슷한 수준이었지만, 이는 좁은 의미를 기준으로 한 수치이다.[4] 더 넓은 의미, 즉 중국공산당의 지시에 따라 공무원 기능을 수행하는 평당원을 포함하는 것으로 정의한다면 어떨까. 오늘날 중국공산당 당원 수는 전체 인구의 6.6퍼센트인 9,600만 명에 달한다.

중국의 후기 왕조들, 즉 당나라 이후의 왕조들은 수명이 매우 길었다. 97년 만에 멸망한 원나라를 제외하면 당(289년), 송(319년), 명(275년), 청(266년) 모두 인상적인 장수를 누렸다. 중국에서 가장 오래 유지된 왕조는 한나라(414년)로, 시대가 일부 겹치는 로마 공화정(기원전 509~기원전 27)의 지속 기간과 제법 비슷한 것으로 알려져 있다. 하지만 이 비교는 논란의 여지가 있다. 한나라는 전한(기원전 206~기원전 9, 지속 기간 214년)과 후한(25~220, 지속 기간 195년) 두 왕조의 결합으로 볼 수 있다.[5] 후한의 시조인 광무제 유수劉秀는 전한 방계 황족의 후손으로, 황위 계승권과는 거리가 멀었다. 유수의 조상들은 대대로 지방 지주였다. 유수가 11명의 경쟁자를 물리치고 황위에 오르는 데는 약 10년이 걸렸고, 이는 사실상 새로운 왕조의 탄생이나 마찬가지였다. 전한과 후한을 서로 충분히 다른 별개의 왕조로 본다면, 진정한 장수 왕조는 한나라보다 훨씬 나중에 나타난 셈이다.

자, 이제 중화인민공화국으로 넘어가 보자. 송나라의 319년을 따라잡으려면 앞으로도 시간이 좀 걸리겠지만, 지금도 충분히 인상적인 장수 기록을 세웠다. 하나하나 살펴보도록 하자.

(1) 중국은 세계에 남은 단 다섯 공산주의 국가 중 하나이다.

(2) 중국은 대약진운동, 문화대혁명, 1989년 천안문 사태와 같은 대재앙급 격변들을 견뎌냈다.

(3) 중국은 1998년 인도네시아 등지의 독재 정권을 무너뜨린 것과 같은 수많은 위기*에서도 살아남았고 심지어 번영을 누렸다. 이러한 위기 중 일부는 외부에서 비롯되었고, 일부는 지도부의 과실이 원인이었다. 1998년 아시아 외환위기, 2008년 글로벌 금융위기, 2015년 주식 시장 폭락, 2003년 SARS 유행, 2008년 멜라민 파동**, 악명 높은 대기오염, 코로나19 팬데믹 등이 있다.

(4) 중국은 경제적 충격 요법과 정치적 충격 요법을 모두 큰 저항 없이 시행할 수 있었다. 엄격한 한 자녀 정책(1980~2015

---

* 1998년 5월 발생한 인도네시아 폭동Kerusuhan Mei 1998을 가리킨다. 소수인 중국계 화교들에게 국가의 부가 집중된 상황에 대한 인도네시아 국민들의 불만이 1997년 아시아 외환위기를 기점으로 폭발하였다. 1998년 5월 2일 자카르타에서 시작된 학생 시위가 순식간에 전국으로 퍼지며 폭동으로 변모했다. 수하르토 정권은 대중의 분노를 교묘하게 화교들에게 돌렸다. 그 결과 화교와 기독교인들이 집중적인 공격의 대상이 되어 수많은 상점과 종교 기관이 파괴되고 1,000명 이상의 사망자가 발생하는 등 인도네시아 전국이 대혼돈에 빠졌다. 수하르토 독재 정권이 물러나게 된 결정적인 계기가 된 사건이다.

** 2008년 중국에서 발생한 대규모 식품 안전사고. 싼루그룹을 포함한 유제품 제조 기업들이 분유 등에 멜라민을 섞어 팔았고, 이를 섭취한 아동들이 집단으로 신장결석 등 신장 질환 증세를 보이며 처음 알려졌다. 최종적으로 영유아 여섯 명이 사망하고 30만 명이 진료를 받았으며, 이 사건으로 중국 유제품 산업 전체가 궤멸에 가까운 타격을 입었다.

년), 1990년대 국유기업 노동자 수천만 명 대량 해고, 마오쩌둥 시대와 (그보다는 덜 알려졌지만) 1990년대 농촌 잉여 수탈 등이다. 그 밖에 코로나19 확산 통제, 2020~2022년 여러 도시에서 단행된 방역 봉쇄, 시진핑 정권 치하에서 부패 척결을 내세운 대규모 정·재계 엘리트 숙청, 2018년 국가 주석 임기 제한 폐지 등이 있다.

(5) 중산층과 민간 부문의 성장, 세계화, 생활 수준의 향상으로 인한 자유화 효과에도 불구하고, 중국의 경제 발전은 민주화로 이어질 것이라는 예상을 뒤엎고 중국공산당 정권은 살아남았다.

2023년 10월 1일, 중화인민공화국은 건국 74주년을 맞이하여 세계 최초의 공산주의 국가였던 소련의 수명을 뛰어넘는다. 물론 중국공산당이 그 전에 붕괴하지 않는다는 전제하에서다. 중국의 붕괴를 예언해 온 서방의 관찰자 중에서도 유명인사인 고든 창Gordon Chang의 저서 《중국의 몰락》*은 2001년에 출간되었다. 20여 년이 흐른 지금, '다가올Coming'이라는 표현은 상대적인 것 같다.

중국 정권의 지속력을 잘못 판단한 이들의 역사는 유구하고, 창은 그 가운데 한 명일 뿐이다. 1850년대에 마르크스는 청 왕조의 붕괴가 임박했다고 예측했다.[6] 하지만 민중 반란과 외세의 침략이라는 엄청난 압력에 시달리면서도 청나라는 60년이나 더 버텼고 마르크스는 죽을 때까지 청의 멸망을 보지 못했다. 이런 일들은 대

---

* 원제는 *Coming collapse of China*.

개 지나고 나서야 깨닫게 되는 법이고, 예측가들이 틀렸다고 그들을 비난하기에는 세계 정치란 충분히 복잡하다. 그렇다 해도 중국의 수명에 대한 예측이 빗나가는 것은 왕조 시대부터 너무 자주 반복된 일이라 주목할 가치가 있다.

중국을 잘 아는 사람들은 중국의 멸망을 선불리 예측하지 않는다. 왕조 시대 중국에 대해 에릭 존스Eric Jones는 "중국의 유일무이함은 어마어마한 세월 동안 제국과 문화를 유지했다는 것"이라고 말한다. 정치학자 앤드류 네이튼Andrew Nathan은 많은 사람이 천안문 사태가 중국의 붕괴를 불러오리라 예측할 때 중국의 "권위주의적 회복력"에 주목하며 반박했다.[7] 1990년대 초, 분석가들은 덩샤오핑보다 공산당 정권 자체가 먼저 사망하리라고 예측하면서 덩샤오핑의 기대 수명을 보험계리적으로 계산하기 시작했다. (덩샤오핑은 1997년에 사망했다.)

나도 이 논쟁에 참여했고 다행히도 올바른 예측을 한 쪽에 속한다. 1995년 〈포린 폴리시〉에 기고한 "왜 중국은 붕괴하지 않는가"에서 나는 덩샤오핑이 사망하더라도 중국이 1976년의 혼란으로 돌아가지는 않을 것이라고 주장했다.[8] 내가 제시한 근거는 경제 성장의 결과 중국의 지역 간 경제 통합이 이루어지고 있고, 중국공산당의 통치 이념 내에서 민족주의가 부상하고 있다는 점이었다. 이 두 가지 통찰은 역사를 통해 증명되었으며, 오늘날까지 틀리지 않은 것으로 밝혀졌다.

마오쩌둥 치하에서 중국이 겪었던 권력 투쟁은 1978년 이후 개혁개방 시기를 거치면서 상당히 약화했다. 특히 1989년에는 천안문 사태가 일어났지만, 이러한 민중 반란은 대체로 중국의 전반적인 국가 구조를 크게 손상하지 않고 통제되었다. 천안문 사태 이후 세수, 경제, 중국 국민의 물질적 복지와 함께 중국공산당 당원 수도 증가했다. 한편, 정치 시스템은 시간이 흐르면서 눈에 띄게 권위주의적으로 변했다. 시진핑의 1인 독재와 인격 숭배 형태로의 회귀는 너무나도 규범에서 벗어나 중국 학자 중 이를 예측한 사람은 거의 없었다. 시진핑이 집권하기 전인 2012년 나를 포함한 많은 이들이 기존의 시스템이 지속되리라고 예상했다.

중국의 독재는 다른 나라들보다도 '더 끈질긴' 것으로 보인다. 끝내 '아랍의 봄'을 촉발했던 불꽃을 떠올려 보자. 촉매는 튀니지의 한 노점상이 시 당국의 자산 몰수에 항의하며 분신자살한 사건이었다. 반면 중국의 노점상들은 괴롭힘과 폭행을 당하고 자산을 빼앗기는 일이 일상이며, 중국의 도시화 프로젝트는 수많은 노점상을 강제 퇴거로 내몰고 있다. 하지만 중국공산당은 흔들리지 않았다. 2022년 코로나19 시위는 강력한 위협이기는 했지만, 최고 지도부 내부의 심각한 균열과 경제위기가 없다면 중국공산당이 스스로 무너질 가능성은 적다.

이 책은 중국의 정치 시스템을 존속하게 하는 힘을 향해 겨눈 거대한 질문을 중심으로, 역사적 맥락은 물론 현시점에 일어나고 있는 상황들과 관련된 여러 질문들을 함께 다루고 있다. 수수께끼는 차고 넘친다. 중국은 어떻게 시간이 지남에 따라 더 커졌고, 그 체제는 어떻게 더 내구성이 강해졌을까? 이러한 결과를 달성하는 데 사용된 도구와 수단은 무엇일까? 또 다른 커다란 질문은 중국 기술의 흥망성쇠, 그리고 정치 발전과 기술 발전의 상관관계에 관해서이다. 의사 표현과 질문의 자유를 억압하는 세계 최악의 독재 정권의 한 축인 중국공산당은 어떻게 과학과 기술 분야에서 발전을 이룰 수 있었을까? 이러한 발전은 소련은 물론 중국의 왕조 시대 조상들도 이루지 못했던 방식이었으며, 활발한 기업가 정신과 상업적 응용을 바탕으로 가능했다. 이는 소수가 고독하게 주장하는 아이디어가 아니다.[9]

나는 9,600만 명의 당원을 보유한 거대 조직인 중국공산당을 하나로 묶는 힘은 무엇이며, 중국공산당은 어떻게 개인의 주체성에 딱 성장만을 일으키되 시스템 붕괴를 일으키지는 못할 만큼의 권한을 부여하는지 살펴보고자 한다. 이 책의 마지막 부분은 미래 지향적이다. 중국의 현재가 시진핑으로 이어진 경로를 설명하고 극단적인 전제 정치로의 회귀가 가진 더 광범위한 의미를 살펴볼 것이다.

서론의 나머지 부분에서는 진승·오광의 난을 통해 조명한 틀을 제시할 것이다. 국가는 종종 **규모**와 **범위** 사이에서 갈등을 겪으며, 성공한 국가는 **규모**와 **범위**의 균형을 잡는 데에도 성공했다. 이러한 갈등을 어떻게 해소하는가의 관점에서 이 책의 네 가지 주제인 시험Examination, 독재Autocracy, 안정Stability, 기술Technology을 설명할 예정이다. 이 책에서 제시하는 개념, 사실적 서술, 아이디어 전개를 독자들이 탐색하는 것을 돕기 위해, 이 책의 개요로 서론을 마무리하고자 한다.

규모와 범위의 균형

대국大國은 축복과 저주를 동시에 받는다. 알베르토 알레시나Alberto Alesina와 엔리코 스폴라오레Enrico Spolaore는 저서 《국가의 규모

The Size of Nations》*에서 국가의 **규모**와 **범위** 사이에 존재하는 많은 긴장과 균형 관계를 설명한다.[10] **규모**가 크면 **규모**의 경제라는 형태로 비용을 절감할 수 있고 **범위**가 다양하면 불협화음과 일관성의 결여를 초래할 수 있다. 두 경제학자는 **규모**와 **범위**의 이점을 극대화하기 위해 이 두 가지 상반된 힘 사이에서 최적의 영역을 찾아낼 것을 권고한다.

말이야 쉽다. 왕조 시대 중국과 로마의 정부 시스템을 대조하여 설명해 보자. 기원전 509년 공화정 건국부터 476년 마지막 로마 황제가 퇴위할 때까지 로마의 정부 시스템은 왕조 시대 중국(기원전 221~1911)과 기간 면에서 비슷하다. 하지만 두 가지 점에서 완벽한 비교는 아니다. 하나는 로마는 제국에 앞서 로마 공화국(기원전 509~기원전 27)이 먼저 존재했고, 로마 제국(기원전 27~476)에서 일어난 정체政體 유형의 전환은 왕조 시대 중국—공산주의 중국 시대는 말할 것도 없고—의 정체 불변성과 대조를 이룬다는 점이다. 로마의 군주정 기간은 중국의 군주정 기간과는 극히 일부만 겹칠 뿐이다.

또 다른 차이는 로마 제국은 서로마 제국과 동로마 제국으로 나뉘어 있었다는 점이다. 유럽이 로마로부터 '탈출'한 476년 이전에도 이미 제국은 분열되어 있었다.[11] 이는 로마 제국의 규모 확장이 쉽지 않았고, 제국의 영토가 너무 넓다 보니 단일 행정 단위로 운영하기가 어려웠으며, 규모와 범위 사이에서 어떻게든 타협을 해야 했음을 명시적으로 인정하는 것이다. 그뿐만이 아니다. 로마 제국

---

* 이 책의 중국판 제목은《국가적 규모国家的规模》이다.

이 멸망한 후에도 야심만만한 통치자들과 군사 지도자들이 몇 차례나 과거 로마 제국의 모습으로 유럽을 통일하려 시도했으나 모두 실패했다.

왕조 시대 중국은 때때로 분열에 빠졌지만 현상적인 분열이었지 법적인 분열은 아니었고, 6세기에 통일 국가로 재건된 후 단 한 번도 이전으로 돌아간 적이 없다. 그 후 중국은 무지막지한 확대에 나서 공간적, 시간적 **규모**를 확장했다. 오늘날 중국공산당의 중화인민공화국은 독재 치하에서 통일된, 그 어떤 역경에도 굴하지 않았던 과거 제국의 모습을 그대로 이어받고 있다.

로마 제국과 중국 제국 사이에는 무수히 많은 차이점이 있지만 한 가지 요소만 강조해 보겠다. 중국 제국은 **범위**를 축소하여 **규모**를 확장할 수 있는 도구를 발명했다. 이것이 바로 EAST 공식의 첫 글자인 시험, 더 정확하게 말하자면 587년에 발명된 공무원 시험 즉 국가 주도 관료 채용 시험이다. 로마 제국은 중국의 국가 주도 관료 채용 시험만큼 강력한 **규모** 확장 도구를 발명하지 못했고, 치열하고 탄력적인 이질성 때문에 모든 통일 운동이 실패로 돌아갔다. 주권 국가들의 집합체인 오늘날 유럽은 이러한 **규모** 확장 실패의 유산이다.

그렇다고 유럽이 아예 **규모**를 확장하지 못했다는 말은 아니다. 유럽은 제국주의를 통해 외부로 **규모**를 확장했고, 강력한 기업들은 시장과 민간 이니셔티브를 통해 사업의 **규모**를 확장했다. 그러나 단일 정치 단위로 본다면 유럽은 민주주의라는 규모 **확장** 도구를 발명하고 나서야 성공적으로 확장할 수 있었다. 유럽연합EU의 공식 웹사이트는 "유럽연합은 정치적 의사 결정에의 참여와 지속 가능한 성장에 핵심적인 부문의 현지 소유를 장려함으로써 회원국의 민주화와 근본적인 자유를 지지한다"고 선언하고 있다. 유럽연합의 모든 회원국은 민주주의 국가이다. 민주주의는 유럽연합 가입을 위한 자격 요건이다.

민주주의와 독재*는 근본적으로 다른 방식으로 규모와 범위 사이의 갈등을 해결한다. 독재는 강압, 정보 통제, 이념적 세뇌, 가치관 주입을 통해 **범위**의 확장을 억압한다. 민주주의는 **범위**를 보존하지만 모든 사안에 대해서 그렇지는 않다. 민주주의는 선거의 신성함, 권리, 법치주의와 같은 몇 가지에 대해서만 사상과 가치와 국가의 행동이 일치한다. 유럽연합은 정체의 유형에 대해서는 다양성을 허용하지 않으며, 모든 정권은 반드시 민주주의여야 한다. 민주주의의 독창성이 바로 여기에 있다. 민주주의는 몇 가지 차원에서는 **범위**를 제한함으로써 다른 차원의 범위들—예를 들면 정치적, 종교적, 성적 지향 등—을 보존하고 확대할 수 있도록 한다. 민주주의 사회에서 **규모**와 **범위**를 적절히 맞추려면 단순한 균형 조정 이상을 필요로 하며, 몇 가지 핵심적이고 근본적인 문제에 있어 완벽한 합의에 도달해야 한다. 반면 독재는 **규모**와 **범위**를 정반대의 가치로 취급한다. 중국의 전제 정치는 전 세계의 그 어떤 전제 정치보다 가장 급격하게 **범위**를 희생시키면서 **규모**를 확장해 왔다. 한 점으로의 수렴, 순응, 획일성의 절대적인 강조는 공산주의 이데올로기로 인해 더욱 심해지기는 했으나 중국의 역사와 전통에

---

* 원문 Autocracy는 절대 권력을 지닌 1인(군주, 독재자 등)이 집권하는 통치 체제를 말한다. 우리말에 해당하는 표현은 전제 정치이다. 독재dictatorship는 전제 정치의 한 종류라 할 수 있다. 다만 이 책에서는 문맥에 따라 전제주의, 전제 정치, 독재 등으로 번역하였다.

도 깊이 내재해 있다. 이것이 이 책의 중심 주제이다.

이 책이 불편할 정도로 폭넓은 주제를 다룬다는 것을 인정한다. 책의 제목에 등장하는 EAST 공식은 네 가지의 큰 주제에 걸쳐 있다. 분석적으로 이해하기 쉬운 논의를 위해, 나는 **규모**와 **범위**라는 두 개념을 발판 삼아 논의의 틀을 잡을 것이다. 앞으로의 논의에서 EAST 공식의 각 구성요소는 중국의 **규모**와 **범위** 조건 사이의 긴장 아래 해결되거나 영향을 받는다.

규모와 범위 사이의 갈등

규모의 사전적 정의는 '어떤 것의 상대적인 크기나 정도'이다. 규모는 두 가지 개념으로 구성된다. 하나는 단순한 크기, 다른 하는 특정 차원의 크기이다. 캐나다는 지리적 면적의 차원으로 보면 큰 나라이다. 면적이 1,000만 제곱킬로미터로 세계에서 두 번째로 큰 나라이며, 중국보다 약 4퍼센트 넓다. 하지만 인구 차원에서는 3,800만 명에 불과한 작은 나라이다. 중국의 일개 도시인 충칭의 인구가 3,200만 명이다.

크기는 물리적 차원, 즉 한 국가의 영토의 크기나 인구의 크기, 또는 두 가지 모두를 가리킬 수 있다. 하지만 나의 주된 관심사는 물리적 차원, 불변의 상황, 혹은 자연 상태를 가리키는 용어로 사용하는 것이 아니라 행동과 주체적 선택을 나타내는 방식으로 사용하는 것이다. 앞서 예로 든 600만 제곱킬로미터의 한나라가 1,300만 제곱킬로미터의 청나라로 성장한 사례에서 나는 한나라와 청나라의 국가 영토의 물리적 크기보다는 그 확장 과정을 이해하는 데 관심이 있다. 나는 이 용어를 관료제의 크기와 동질성, 이념적 통일성, 그리고 국가의 정치적 책무와 같은 무형 요소의 수준 등 정치적 차원에 적용할 것이다.

범위scope의 사전적 정의는 동작, 활동, 생각 또는 운용의 '범위range'를 강조한다. **범위**는 여러 차원으로 구성되며 이질성을 나타낸다. 경제학에서도 이 방식으로 이 용어를 사용한다. **범위**의 경제학은 두 가지 이상의 서로 다른 재화를 생산할 때 공통 투입물을 활용함으로써 비용을 절감하는 것을 의미한다. 이와는 대조적으로 **규모**의 경제는 하나의 재화를 대량 생산함으로써 비용을 절감하는 것을 의미한다. 별도의 언급이 없는 한 **규모**와 **범위**는 상대적인 개념으로 사용한다. 규모 확장은 반드시 절대적인 규모의 증가가 아니라 범위 대비 상대적인 확장을 의미한다. 규모가 증가하면 범위 대비 규모의 비율이 증가할 수 있지만, 규모를 일정하게 유지하면 범위가 감소할 수도 있다.

정치와 경제는 **범위** 조건으로 설명할 수 있다. **범위**가 있는 정치에는 하나 이상의 정당, 하나 이상의 이념, 하나 이상의 권력 중심이 있다. 이러한 설명에서 즉시 떠오르는 것은 민주주의이다. 다당제 경쟁, 다양한 의견, 사법부의 독립성, 양원제 입법부, 견제와 균형은 범위 기준에 부합하는 민주주의의 특징이다. 민주주의 내에서 범위 대비 규모 비율은 정치 조직에 따라 다를 수 있다. 예를 들어, 오늘날의 공화당은 민주당과 비교해 상당히 높은 범위 대비 규모 비율을 자랑한다.

나는 정치 체제를 민주주의와 전제 정치라는 단순한 이분법으로 나누기보다는 **규모**와 **범위**의 기준에 따라 분류하는 것이 도움이 된다고 생각한다. 민주주의는 **범위** 조건을 가지고 있지만 **범위** 조건이 민주주의 체제에만 있는 것은 아니다. 이것이 내가 탐색해 보고자 하는 중심 과제다. 즉, 중국의 전제 정치에서 **범위** 조건이 어떻게 변화했는지 살펴보고자 한다. '전제적 범위'는 종종 눈에 잘 띄지 않는데, 이것이 민주주의와의 근본적인 차이점이다. 민주주의의 **범위** 조건은 공개적이고, 법제화되어 있으며, 구체적이다. 민주주의 체제에서는 이러한 조건들을 명확하게 표현하고 선전하기까지 한다. 전제 정치 체제의 **범위** 조건은 대신 실질적이고, 기능적이고, 비공식적이며, 때때로 위임된다. 이러한 조건들은 끝나지 않은 **규모** 확장 프로젝트의 찌꺼기일 수도 있고, 독재자가 가는 길 위의 모래처럼 시스템 내부의 마찰로 나타날 수도 있다. 전제 정치의 **범위**는 영속적이지도 비가역적이지도 않으며, 종종 지극히 위태롭고 깨지기 쉽다.

범위는 경제를 설명할 수도 있다. 공동 소유권을 가지는 여러 행위자가 있는 경제는 **범위**가 있는 경제이고, 중앙의 계획하에 국가 소유와 같은 한 가지 유형의 소유권만 인정하는 경제는 **범위**가 없는 경제이다. 국제 무역과 자본으로부터 스스로 고립시키는 폐쇄 경제는 개방 경제보다 **범위**가 작다. 왕조 시대부터 중국공산당까지 중국 정권들은 개방 경제와 폐쇄 경제 사이를 왔다 갔다 했고, 따라서 범위 조건도 그때마다 바뀌었다.

진승·오광의 난의 교훈은 기후 조건의 이질성으로 인한 위험과 이러한 이질성을 고려하지 않는 구조가 어떤 재앙을 초래할 수 있느냐이다. 근대 이전의 통치자들에게 **규모**와 **범위**는 수많은 문제를 빚었고 이들의 상호작용은 예기치 못한 복잡성을 낳았다. 먼 거리는 통신 비용을 증가시켰고, 통치자들은 적시에 정확한 정보를 얻지 못해 효율적인 의사 결정을 내리는 데 어려움을 겪었다. 청나라 말기, 태평천국 반군이 베이징에서 약 1,200킬로미터 떨어진 무창(지금의 후베이성 우한시 우창구)을 점령했다는 소식이 베이징에 도

달하는데 무려 8일이 걸렸다.[12]

현대와 같은 통신 기술이 없던 시절 넓은 영토에 기나긴 시간 걸쳐 중국이 이룬 통치는 결코 사소한 성과가 아니다. 고대 유럽은 해내지 못했다. 반면 중국은 581년에 통일된 정치 체제를 재건하고 그 이후 지금까지 결속된 정치 단위를 유지하고 있다. 이러한 성취와 그 장단점을 모두 고르게 주목하고, 평가하고, 설명할 가치가 있다.

범위의 문제에 대한 민주주의의 해결책

알레시나와 스폴라오레의《국가의 규모》는 고대 이래의 수많은 사상가와 철학자들이 오랫동안 인식해온 뿌리 깊은 긴장을 현대적으로 형식화한 책이다. 아리스토텔레스, 키케로, 마키아벨리, 루소, 몽테스키외는 "공화국은 작은 정원에서만 가꿀 수 있는 섬세한 꽃"이라고 주장했다.[13] 이들은 모두 규모와 범위를 늘릴 때 오는 타락의 영향을 우려했다.

몽테스키외는 '덕virtue'—자기 자신에게 보다 큰 이익을 가져다주는 자질—은 끊임없이 "천 가지 고려 사항"의 위협을 받으며 광대함과 덕은 필연적으로 서로 모순된다고 믿었다.[14] 1787년 제헌회의에 모인 각 주의 대표들은 스페인 제국의 인상적인 규모와 전제군주정의 위압적인 수준에도 주목했다. 제임스 매디슨은 덕을 재정의함으로써 논쟁의 방향을 전환했다. 다양성이 덕이며, 다양성의 단점에 대한 해결책은 파벌, 이해관계, 열정을 얇고 넓게 퍼뜨려서 서로 견제하고 균형을 이루게 하는 것이었다.

견제와 균형의 시스템은 법치, 자유롭고 공정한 선거, 독립적인 사법부와 함께 **규모**와 **범위** 관계 기저에 깔린 긴장을 해소하는 민주주의 나름의 해결책이다. 오늘날 중국을 제외한 모든 대국은 정치 시스템에 민주주의 요소를 일부라도 포함하고 있다(러시아와 같은 국가는 선거를 치르는 독재 국가이다). 여기서 제대로 작동하는 민주주의의 지속적인 강점을 확인할 수 있는데 바로 **범위**를 유지하면서 **규모**를 확장할 수 있는 능력이다. 전제 정치는 **범위**를 희생해야만 **규모**를 확장할 수 있다. 고대에는 반대였다. 데이비드 스타새비지David Stasavage에 따르면 초기 민주주의는 작았지만, 초기 전제 정권은 상당히 컸다.[15] 미국과 인도처럼 민족적, 종교적, 정치적, 사회경제적 이질성을 지닌 거대 민주주의 국가가 하나의 통일된 국가로서 존재하고 경제성장과 공공 서비스를 제공할 수 있다는 것은 기적이다. 고대의 많은 사상가가 거대 민주주의의 성공 가능성에 대해 비관적이었다.

인도를 예로 들어보자. 윈스턴 처칠은 "적도와 마찬가지로 인도도 통일 국가가 아니다"*라고 말한 적이 있다.[16] 그러나 인도에 대한 처칠의 시각에 동의하기 위해 이 말을 액면 그대로 받아들일 필요는 없다(처칠은 인도에 인종차별적이었던 것으로 유명하다). 좌파 경제학자이자 인도주의자 조안 로빈슨Joan Robinson의 격언을 인용해도 같은 결론에 도달할 수 있다. 아마르티아 센Amartya Sen에 따르면 로빈슨은 "인도를 논할 때 좌절하는 지점은, 인도에 대해 맞는 말을 하면, 그게 무엇이든 그 정반대도 맞는 말이라는 것이다"라고 말했다.[17] (확실히 로빈슨은 마오쩌둥 시대의 중국과 북한에 대해 꽤 많은 것을

---

* 처칠은 1931년 런던 한 사교클럽 연설에서 다음과 같이 말했다. "인도는 지리적 개념이다. 적도와 마찬가지로 인도 역시 통일 국가가 아니다."

잘못 알고 있었다. 더 정확하게는 경악할 정도로 잘못 알고 있었다고 해야 한다.)* '민족 분화와 문화적 다양성'을 기준으로 세계 각국을 비교한 논문에서 인도는 주요 국가 중 높은 점수를 받았다. 인도의 문화 다양성 점수는 0.667점으로 중국의 0.154점보다 훨씬 높았다.[18]

인도는 **규모**와 **범위**의 균형을 이루기 위해 다양한 노력을 기울여왔으며, 종종 **범위**를 유지하기 위해 **규모**를 희생하기도 했다. 다양한 언어, 여러 민족과 종교, 철옹성과 같은 복잡한 카스트 제도, 인적 자본의 양극화(인도에는 세계 최고 수준의 컴퓨터 과학자와 세계 최하위 수준의 초등학생이 공존한다)는 다수의 중요한 경제적 **규모** 확장 프로젝트에 걸림돌이 되어왔다. 제조업 생산을 예로 들어보자. 인도는 2008년부터 2017년까지 매년 6퍼센트 이상 성장했지만, 놀랍게도 GDP에서 제조업이 차지하는 비중은 약 16~17퍼센트로 고질적인 정체 상태에 머물러 있다. 한 연구에 따르면 인도의 제조업은 다른 나라들에 비해 규모가 작다. 소기업과 극소기업**이 전체 제조업의 84퍼센트를 차지했는데, 이는 중국(24.8퍼센트), 말레이시아(27.5퍼센트)는 물론 필리핀(69.6퍼센트)과 비교해도 압도적으로 높다.[19] 두 가지 설명이 가능하다. 인도의 기업가 정신이 매우 활발

---

*　조안 로빈슨은 저서《중국의 문화대혁명The Cultural Revolution in China》에서 마오쩌둥의 인간적인 면모를 옹호하려 한 것으로 논란을 일으킨 적이 있다.

**　소기업small business의 기준은 국가마다 다르나 일반적으로 종업원 수 50인 미만의 기업을 가리킨다. 극소기업micro business은 2006년 노벨 평화상 수상자이자 방글라데시 그라민 은행 창업자인 무함마드 유누스가 처음 도입한 개념으로 자신과 가족의 생계 부양이 목적인 가족기업을 지칭하였다. 극소기업 역시 명확한 기준은 없으나 일반적으로 종업원 수 9인 이하 기업을 극소기업이라 부른다.

하거나, 인도 기업들이 규모 확장에 어려움을 겪고 있거나. 후자가 사실에 더 가까울 가능성이 크다.

인도에는 믿기지 않을 정도로 효과적인 **규모** 확장 도구가 하나 있는데, 바로 선거이다. 인도의 전국 단위 선거 투표율은 매우 높으며, 때로는 미국보다 더 높은 투표율을 기록하기도 한다. 많은 이들이 인도의 전국 단위 선거는 자유롭고 공정하다고 입을 모은다. 영어는 (적어도 인도 엘리트 계층에서는) 또 다른 **규모** 확장 도구이다. 최근 몇 년 동안 과거 인도 지도자들보다 열렬하게 규모를 추구하는 나렌드라 모디Narendra Modi 총리 정권에서 인도 정부는 **범위** 대비 **규모** 비율을 높일 수 있는 일련의 도구를 개발했다. 가장 논란이 많았던 노력 중 하나는 인도인의 정체성에서 이슬람 요소를 희석해 공통의 정체성을 만드는 것이었다. 이러한 움직임은 당연히 항의와 반발을 불러일으켰다. 다양한 종교가 공존하는 인도에서 종교적 정체성의 동질화는 위험하고 비생산적인 시도이다.

모디 총리는 몇 가지 테크노크라트적 도구를 선보였는데, 이들은 **규모** 확장이 즉각적인 목표는 아니지만 향후 진행 과정에서 규모 확장 효과를 가져올 전망은 훨씬 크다. 세계 최대의 생체 측정 ID 프로젝트 '아드하르AADHAAR'*는 이전에는 '옵트인' 즉 사전동의 방식이었는데, 모디 총리가 나서 의무화시켰다. 모디 정부의 또 다

---

* 우리나라의 주민등록번호와 유사한 인도의 개인 고유 식별번호. 힌디어로 '기반'을 뜻한다. 이름, 주소, 성별, 생년월일과 같은 개인 정보는 물론 안면 사진, 지문, 홍채 등 생체정보도 의무 등록하게 되어있다. 인도 정부의 공식 통계에 따르면 2024년 6월 현재 전 인구의 96퍼센트가 아드하르 번호를 발급받았으며 의료보험, 공공 서비스, 본인 인증 등 광범위한 영역에서 활용되고 있다.

른 중요한 성과는 상품 및 서비스세Goods and Services Tax, GST이다. GST는 지역별 세율을 통일하고 서로 다른 조세 관할권에 속하는 상품에 대한 이중과세를 줄였다. GST는 더욱 통합된 지역 공급망과 더 많은 내수 거래를 촉진할 것이다. 모디 정부의 경제 고문 아르빈드 수브라마니안Arvind Subramanian은 2018년 회고록에서 GST에 대해 "서른 개 이상의 지방 정부가 하나의 인도 시장 창출이라는 더 큰 공동선을 위해 주권을 포기하고, 납세 준수율을 높이고, 국가의 강력한 세수 기반을 조성하고, 투자와 성장을 위한 재정 환경을 조성한 GST의 위대한 성과를 잊어서는 안 된다"고 언급했다.[20]

미국에도 유사한 메커니즘이 존재한다. 미국은 인종과 사회경제적 조건, 견해의 다양성 측면에서 엄청난 **범위**를 자랑한다. 어떤 이들에게는 마스크 착용이 당연한 공중보건 조치이지만, 어떤 이들에게는 억압이다. 과학자들은 캘리포니아 산불의 원인으로 지구온난화를 지목하지만, 도널드 트럼프에 따르면 산림 관리를 제대로 하지 않은 탓이다. 다양한 견해가 난무하는 미국이 버틸 수 있는 이유 중 하나는 선거 시스템, 독립적인 법원 그리고 언론과 같은 보조 기관의 힘이다. 그렇기에 2020년 대통령 선거의 정당성에 대한 도널드 트럼프의 도전은 미국이 하나의 국가로서, 그리고 하나의 민주주의 체제로서 기능하는 데에 실존적 위협이 되고 있다.

민주주의가 **범위**를 유지하면서 **규모**를 확장하려면, 정해진 차원에서 확장을 이루고 그 위에서는 동질성을 확보해야 한다. 선거의 신성함과 법치주의에 대한 사회 전반의 폭넓은 합의와 정치 엘리트들의 완전한 동의가 중요하다. 의견 차이를 인정하고 넘어가는 수준이 아니라 진심으로 완벽하게 동의해야 한다. 민주주의 국가들은 이러한 완전한 의견 일치의 동질성을 확보하기 위해 선거

참관인, 개표의 투명성, 법정 이의 제기 등 자유롭고 공정한 선거를 보장하는 여러 메커니즘을 마련했다. 이는 모두 선거의 신뢰성을 위한 투자라고 할 수 있다. 이러한 민주주의적 합의가 없다면 그 사회는 독재나 무정부 상태에 빠질 위험이 있다.

민주주의의 과제는 정치 시스템이 작동할 수 있을 만큼, 그러나 독재 체제로는 넘어가지 않을 만큼의 최소 **규모**를 결정하는 것이다. 민주주의 국가에서는 종교, 성적 지향, 기후 변화, 정당 선호도, 기타 여러 문제에 얽힌 다양한 견해가 존재한다. 독재 국가에서는 상상할 수 없는 이질성이다. 이 때문에 직관적으로 **규모**가 곧 동질성이라고 믿는 독재 국가 출신 방문객은 당황하기 마련이다. 민주주의 국가는 민주적 절차의 사상과 규범을 동질화하는 데 성공했기 때문에 **범위**를 위한 공간을 충분히 확보할 수 있었다.

학문적 민주주의에도 비슷한 관점을 적용할 수 있다. 학회나 학술 세미나에 참석해 본 사람이라면 누구나 알 수 있듯이 학계는 그 **범위**가 넓지만, 그렇다고 해서 현대 연구 사업의 **규모** 확장을 막지는 못했다. 연구자들은 동질성이 보장되는 작은 기관에 분리되어 흩어져 있지 않고 큰 대학에 결집해 있다. 승진, 정년 보장과 같은 결정을 할 때는 모든 학자가 참여하는 동료 리뷰peer review와 합의 형성을 통해 상충하는 견해와 결론을 해결한다. 학계는 공공 영역의 지식, 영역 전문성에 대한 존중, 외부 검토, 영향력을 평가하기 위한 다양한 방식 등 공통적인 방법론에 따라 규모를 확장한다.[21] 현실 세계의 민주주의와 마찬가지로 학계의 민주주의 역시 지저분하고 때때로 신랄하며 가끔은 오류가 있을 수 있지만, 생각해 낼 수 있는 모든 대안보다 나은 시스템이라고 할 수 있다.

중국의 독재 체제: 범위보다 규모가 우선

알레시나와 스폴라오레가 개발한 모델에 따르면, 큰 국가의 시민들은 이질성을 선호하여 일관된 정책과 프로그램을 수립하기가 어렵다. 스코틀랜드와 퀘벡의 국민투표 운동은 영국과 캐나다 두 국가의 **규모**와 **범위** 사이 균형이 눈에 보이지 않는 최적 영역의 경계에 있음을 시사한다. 선호도, 문화, 역사적 유산이 너무 다양해서 하나의 정치적 틀에 집어넣기가 어려울 수 있다.

바로 이 지점에서 독재와 민주주의가 극명하게 갈린다. 이 책에 등장하는 독재자들은 가만히 앉아서 **규모**와 **범위**를 최적화하고 둘 사이의 적절한 균형을 맞추기 위해 고뇌하지 않는다. 이들은 견해 차이를 직접 단속하고 시민들의 선호를 강제로 수정해 변화를 주입한다. 문화대혁명 당시의 재교육 수용소, 홍콩의 국가보안법, 중국공산당의 정량적 관리 시스템, 6세기 이후 등장한 유교 이데올로기의 지배를 생각해 보라. 모두 그 시대에 존재하던 사상과 행동의 이질성을 수정하고 약화 또는 근절하기 위해 고안되었다.

독재자들은 이질성을 지연스러운 것으로 받아들이기보다는 적극적으로 국가를 동질화한다. 성공은 효과적인 동질화 도구의 개발에 달려 있다. 6세기 이후 중국 왕조들과 오늘날 중국공산당은 매우 효과적인 도구를 개발했다. 수많은 기존 연구들이 유교나 공산주의의 실질적인 주장에 초점을 맞춘다. 그러나 유교와 공산주의가 추종자들 사이에서 이견을 허용하지 않는다는 것은 당연한 전제 조건이다. 그 효율성을 높이려면 실행과 실행 도구가 필요하다. 나는 여기에 초점을 두었다.

이 책의 핵심은 중국의 독재가 깊숙이 뿌리내리며 확고하게 지속해온 토대에 믿을 수 없을 정도로 효과적인 독재 실행 메커니즘이 있다는 것이다. EAST 공식의 첫 글자인 관료 채용 시험과 능력주의는 여러 세대에 걸친 중국 독재자들의 손끝에서 이러한 동질화 실행 도구가 발명되고, 확장되고, 성숙한 과정을 설명하는 데 중심적으로 등장한다.

충분히 인상적인 다른 독재 국가들의 규모와 범위의 비율과 비교해도 중국의 독재 체제는 규모 추구 면에서 압도적이다. 러시아를 예로 들어보겠다. 러시아는 비非자유민주주의 국가이며 블라디미르 푸틴 정권은 억압적이지만, 중국보다는 풍부한 범위 조건을 가지고 있다. 2022년 2월 러시아의 우크라이나 침공을 앞두고 서방 연구자들이 실시한 조사에 따르면 러시아 국민의 단 8퍼센트만이 우크라이나에 군대를 보내는 것을 지지했다.[22] 중국이라면 대규모 군사 작전 직전에 서방 연구자들이 이와 유사한 조사를 방해 받지 않고 실시한다는 것은 상상할 수 없다.

다른 사례도 있다. 러시아에서는 비록 심한 검열이 있긴 해도 구글 운영이 가능하다. 중국에서는 아예 금지되었다. 푸틴이 그토록 많은 비판자를 독살한 것은 공개적으로 푸틴에게 반대 목소리를 낼 수 있는 비판자들이 많기 때문이다. 국가에 의해 괴롭힘을 당하고 표적이 된 야당은 여전히 합법적이고 미약하게나마 적법한 정당이다. 푸틴의 비판자 중 일부는 상당한 추종자를 거느리고 있다. 중국과 대조해 보자. 2013년 이후 점점 더 독재자의 길을 걷는 시진핑에 대항한 저명한 비판자 세 명이 있었지만, 이들은 빠르게 제거되었다. 비판 세력을 침묵시키기 위해 비합법적인 수단에 의존해야 하는 푸틴과 달리, 시진핑은 국가의 모든 기관을 동원하여 비판자들을 추적하도록 지시했다. 중국 법원은 사업가 런즈창에게 징역 18년을 선고했고, 칭화대학교는 시진핑을 비판하는 공개서한을 쓴 법학 교수 쉬장룬을 즉각 해고했다. 중국공산당 제20차 당대회 전날, 한 남성이 베이징 다리 위에서 시진핑 퇴진을 촉구하는 현수막을 펼쳤다. 그는 곧바로 구금되었다. 렌, 쉬 또는 현재 '브릿지맨Bridge man'으로 알려진 이 남성은 공식적인 정치 조직을 배후에 두지 않았다. 푸틴의 비자유민주주의 아래에서는 가장 자유주의적이었던 중국 독재 시절보다 더 많은 범위 조건이 존재한다.

중국공산당은 사상적 형제 국가인 구소련보다도 더 권위주의적이다. 러시아에는 오랜 세월 독립적인 지식인 인텔리겐치아intelligentsia의 전통이 있었고, 이 전통은 소비에트 시대에도 미약하게나마 명맥을 유지하였다. 구소련에는 안드레이 사하로프, 알렉산드르 솔제니친, 나탄 샤란스키Natan Sharansky* 외에도 무수히 많은 유명한 반체제 인사들이 있었다. 위키피디아에는 한때 '국가별 반정부 인사 명단'이라는 항목이 있었다. 이 명단에서 중국인은 여섯 명뿐이었지만, 구소련·러시아인은 176명이나 된다.[23] 이런 숫자 차이를 누락과 분류 방법론이 일부 설명할 수는 있지만 전부 설명할 수는 없다. 중국 공안은 반체제 인사 후지아胡佳**에게 "중국 전체에서 당신에게 동의하는 사람은 200명밖에 없다"고 말했다.[24] 이 책에서

---

* 우크라이나 출신의 이스라엘 정치인, 인권운동가, 작가. 구 소련에서 안드레이 사하로프 박사의 영어 통역을 담당했으며, 반체제 인사로 체포되어 9년간 수감 생활을 하였다. 이후 이스라엘 시민권을 취득, 이스라엘 정부의 부총리, 통상산업부 장관 등을 역임하였다.

** 중국의 인권운동가. 중국 내 인권운동, 환경운동, HIV 관련 교육·계몽 운동에 투신해왔으며, 2008년 '사하로프 사상의 자유상'을 수상했다. 2007년 12월, 크리스마스 기간에 시행된 대규모 반체제 인사 단속 중 체포되었으며 징역형을 선고받았다. 2011년 6월 석방되었다.

채택하고 있는 용어 기준으로 구소련은 공산주의 중국보다 지성의 **범위**가 더 넓었다(한 가지 이유는 민족적 요인일 수 있다. 많은 소비에트 반체제 인사들이 유대인이었고, 이로 인해 레푸세니크Refusenik 운동*이 일어났다. 이는 중국에서는 전혀 찾아볼 수 없는 차원이다).

최근 몇 년 동안 중국에서 민주주의와 법치를 바라는 사람들에게 희망을 주는 사실상의 **범위**가 등장했다. 이 사실상의 **범위**는 중국의 민간 부문으로, 현재 GDP의 60퍼센트 이상을 창출하고 도시 고용의 80퍼센트를 차지한다. 그러나 이조차 법으로 제도화된 **범위**의 부재에 상대가 되지 않는 것으로 드러났다. 시진핑은 민간 부문이 분수를 깨닫도록 일련의 조치들을 취했다. 시진핑은 알리바바의 핀테크 자회사인 앤트그룹의 사상 최대 규모 기업공개IPO를 며칠 앞두고 예정된 상장을 취소시켰다. 마윈Jack Ma은 종종 공식 석상에 등장했고, 자기 정도면 정부도 손댈 수 없는 존재라고 착각하는 오류를 범한 듯하다. 평소에 회사 안팎에서 자신의 의견을 거침없이 말하던 마윈은 그 후 대중의 시야에서 완전히 사라졌다.

EAST 공식

중국의 독재자들은 하나같이 동질성을 강요하고 싶어 하지만, 이를 실현할 수 있는 능력은 독재자마다 다르다고 전제하는 것이

---

* 소비에트에서 타국으로의 이민, 특히 이스라엘로의 이민이 가로막힌 개인을 가리키던 속어. 대개 유대인이었지만, 반체제 인사나 기독교인, 그 외 소비에트 체제에서 인종, 민족, 종교 등을 이유로 박해받던 사람들이 포함되었다. 이들의 출국을 허용하라는 국내 저항 운동과 국제 사회의 압박으로 1970년대 이후 이민 제한이 폐지되었으며, 1980년대 중반 고르바초프가 집권하면서 출국과 이민이 자유화되었다.

합리적이다. 결국 독재자들에게는 일부 **범위** 조건이 남을 수 있으며, 몇몇은 동질성을 강요하는 과정에서 다른 독재자들보다 더 많은 마찰을 직면하게 될 수 있다. 이는 왕조 시대 중국뿐 아니라 오늘날의 중화인민공화국에서도 마찬가지이다. 문제는 "독재자들은 어떤 **규모** 확장 도구를 사용하느냐?"이다. 한 가지 간단한 방법은 자신의 의견에 반대하는 사람들을 죽이는 것이다. 다음과 같은 소비에트 농담이 있다. 임종을 앞둔 레닌이 스탈린을 불러 "자네가 내 뒤를 이으면 다른 동지들이 자네를 따를 거라고 확신하나?"라고 물었다. 스탈린은 대답했다. "문제없습니다. 만약 나를 따르지 않으면 동지를 따르게 될 테니까요."

기원전 221년 최초로 중국을 통일한 진시황은 많은 유학자를 생매장한 사건으로 유명하다. 그는 법가사상을 통치 이념으로 채택하고 유교를 숭앙하는 이들을 제거해 문제의 싹을 잘라버리고자 했다. 스탈린 역시 문화대혁명 동안 마오쩌둥이 그리한 것처럼 반대파로 여겨지는 수많은 이들을 숙청했다.

그러나 이는 독재 정권, 심지어 독재자 자신도 치명적인 출혈을 감수해야 하는 이름뿐인 승리였다. 잔인하고 강압적이기로 악명 높은 진나라는 불과 14년 만에 역사 속으로 사라졌다. 진시황의 성은 오늘날 중국에서는 보기 드문 영嬴씨인데, 진나라가 멸망한 후 일족 전체가 학살되었다는 설이 있다.[25] 스탈린은 얼마나 많은 장군을 죽이고 숙청했는지 히틀러가 바르바로사 작전Operation Barbarossa*을 개시했을 때 스탈린의 군대는 완전히 무방비 상태였다.

* 제2차 세계대전의 동부 전선에서 나치 독일이 소비에트 연방을 침공한 작전.

마오쩌둥도 끝이 좋지 못했다. 마오쩌둥 자신은 편안하게 죽었지만 그가 죽은 지 불과 몇 주도 지나지 않아 그의 아내를 포함한 사상적 추종자들이 모두 체포되었고, 뒤를 이은 덩샤오핑은 마오쩌둥의 정책을 모조리 쓸어버렸다(일설에 따르면 덩샤오핑은 한쪽 귀의 청력을 거의 상실하다시피 했는데, 정치국 회의에서는 언제나 못 듣는 귀가 마오쩌둥을 향하도록 앉았다고 한다).[26]

중국 역사상 가장 많은 정치 엘리트를 학살한 주인공은 아마도 명나라의 건국 황제 주원장(1328~1398)일 것이다. 주원장은 10만 명 이상의 조정 관리들과 그 일족들을 죽였다.[27] 청나라 때에도 '문자의 옥文字之獄'*이 밥 먹듯이 일어나 수많은 문장가, 시인, 학자 관리들이 살해당했다. 이 숫자를 처음 본 나의 즉각적인 반응은 "황제가 죽일 엘리트가 이렇게 많았다니!"였다. 생각을 해보라. 전근대인 명나라 때에 관료 10만 명을 죽이고도, 여전히 국가를 운영할 수 있을 만큼의 관료가 남아 있었다는 것은 애초에 관료 조직이 어마어마하게 거대했다는 뜻이다.

이것이 바로 이 책에서 설명할 첫 번째 요소인 중국 황실 관료제의 크기이다. 중국은 보편 교육 실시 수백 년도 전에 어떻게 이렇게 거대한 문인과 학자 관리 계급을 만들 수 있었을까? 중국공산당

---

* 중국 역대 왕조에서 시행했던 숙청의 한 방식으로, 문서의 내용이나 거기 쓰인 문자가 황제나 체제를 간접적으로 비판한다는 구실로 탄압하는 공포 정치의 수단이다. 특히 명나라 태조 홍무제와 청나라 강희제·옹정제·건륭제·가경제 시대에 집중적으로 일어났다. 본문에서 지칭하는 문자의 옥은 후자이다. 청나라는 정복민족인 만주족이 통치하는 왕조였으므로, 피정복민족인 한족 지식인들의 반발을 억누르기 위해 수시로 사소한 억지 트집을 잡아 문자의 옥을 일으켰다.

의 안면 인식 감시 프로젝트는 대량의 데이터 수집 능력과 여러 영역에 걸쳐 수집한 그러한 데이터를 상호 통합한 능력에 대해 놀라운 의문을 불러일으킨다. 중국의 전제 정치는 항상 강압적이었으며 이는 자국 엘리트들에게도 예외가 아니었다. 강압은 엘리트들의 반대를 제거하고 이념적 동질화를 달성하는 데에 효과적이었을 것이다. 관료제의 **규모**를 확장하고 점점 늘어나는 광대한 영토를 일관되게 통치하고 표준화할 수 있었던 주요 수단은 바로 이념을 동질화하는 능력이었다. 이것이 중국의 비결이자 **규모** 확장 도구이다.

지배층 엘리트들의 사상과 유인을 동질화하는 일은 결코 간단하지 않다. 세심한 설계, 목적의식, 막대한 투자가 필요하다. 바로 내가 개발한 EAST 분석 체계의 검토 요소가 등장할 지점이다. 여기서는 과거와 오늘날의 EAST 공식에 대해 간략히 살펴보고 미래를 추측하는 아이디어를 제시하겠다.

중국 제국

중국 정치의 기본이 되는 제도는 황실 조정의 관료 채용 시험인 과거 제도이다. 과거科擧는 문자 그대로 '과목 추천'이라는 뜻으로 중국 정치 발전에서 핵심적인 역할을 한 왕조인 수나라(581~618)가 587년에 도입한 제도이다. 과거 제도는 서두에서 인용한 헨리 키신저의 주장과 그 효과를 압축해서 보여준다. 과거 제도는 지식은 극대화하고 행동의 **범위**는 줄인다. 여기서 '지식'이란 특정한 종류의 지식, 즉 성리학이라는 지극히 편협한 이데올로기에 묶인 암기, 인지 성향, 기준의 틀을 의미한다. 과거 제도는 이 지식을 1,000년에 걸쳐 중국 남성 인구의 머릿속에 뿌리 깊게 박아 넣었다. 다른 아이디어가 끼어들 **범위**의 여지는 사라졌다. 과거 제도는 중국의 인적 자본을 동질화했다.

이제 내가 이 놀라운 도구를 소유한 독재자라고 생각해 보자. 이 도구를 사용하여 스스로 역량을 강화하고, 충성도를 극대화하고, 인적 자본을 설계하고 조정하여 권력을 독점하고 유지할 수 있다. 과거 제도는 사회를 조직하는 중요한 영양소인 인적 자본을 빼앗아 사회를 말살했다. 중국 제국은 과거 제도를 통해 절대주의 국가에 방해가 되는 모든 것을 몰아냈다. 높은 문해력에도 불구하고 독립적인 지식인은 등장하지 않았다(러시아의 인텔리겐치아와 비교해 보라). 상업은 국가의 그늘에 있었다. 조직화된 종교는 처음부터 기회가 없었다. 이러한 모든 독재 친화적 면면은 과거 제도가 배양한 독재적 가치를 우선시하는 깊은 인지적 편견 위에 있다.

가장 강력한 국가는 사회가 없는 국가이다(여기서 사회란 조직화된 사회를 말한다). 왕조 시대 중국과 그 후계자 중국공산당이 바로 그러한 국가에 해당한다. 전제 정치가 완전히 뿌리내린 결과 안정이 유지되었다. 이는 강력한 황실 관료제가 귀족과 지주 계급을 주변으로 밀어냈기 때문이기도 하지만, 모든 전제주의 체제의 취약점인 내부 엘리트의 반대를 성공적으로 해소했기 때문이기도 하다. 6세기 이후 중국은 엘리트 반란이 점점 줄어들고 위헌적인 권력 장악이 거의 발생하지 않았다. 중국은 근사한 정치적 항상성에 갇혀 있었다.

이 책에서 나는 왕조 시대 중국과 유럽을 자주 비교할 것이다. 기술의 영역에서 비교와 대조는 특히 적절하다. 근현대 세계의 공적을 한 가지 꼽으라면 과거 유럽이 스스로 **규모**를 확장하는 데 실패했다는 것이다. 로마 제국 멸망 이후 분열된 유럽의 다중심주의는 이념적, 정치적 근대성의 씨앗을 뿌리고 기술과 경제성장을 촉진했다.[28] 중국은 **규모**를 확장하여 로마 제국 이후 유럽에 대항하는 대척점을 만들었다. 정치적, 영토적 경쟁은 무너졌다. 이념의 공간이 축소되었다. 중국의 위대한 기술적 우위는 줄어들었고, 자체적으로 산업혁명을 일으킬 기회를 잃었다. 중국은 뒤처졌다.

중국공산당 시대

웹사이트 ourworldindata.org에 따르면, 중국은 인구가 1억 명이 넘는 유일한 독재 국가이다. 대국일수록 어느 정도의 이질성은 제거하기보다 수용하는 편이 더 쉽다. 하지만 중국공산당은 다른 접근법을 택했다. 인구가 14억에 달하고 다양한 경제와 사회를 가진 나라에서 중국공산당은 여전히 사상, 가치, 행동의 동질화를 고집하고 있다. 중국공산당은 자기 보존에 성공했다는 점에서 안정적이었다. 최근 몇 년간 중국공산당은 왕조 시대 중국과 달리 안정과 기술 발전을 동시에 달성했다.

중국공산당을 포함하여 이 체제를 열렬하게 옹호하는 이들뿐 아니라 이 주제에 대해 한 마디씩 던져온 외국인들은 이 시스템을 능력주의라고 부른다.[29] 능력주의는 황실 조정 관료제와 중국공산당을 가장 자연스럽게 연결하는 지점이다. 능력주의는 논란의 여지가 있는 개념이다. 독자들은 이 용어가 내포하고 암시하는 다양한 함축적 의미를 저마다 자연히 읽어낼 것이다. 혼란을 피하고자 이 책에서 능력주의라는 용어가 어떤 의미로 사용되는지 설명하겠다. 능력주의는 정량적 성과 중심의 시스템이라는 뜻이다. 이 시스템을 열광적으로 지지하는 이들과 달리 나는 정량적 성과의 장점과 복지 효과에 대해 논할 생각이 없다. 이 시스템은 (대부분 경우)

GDP 성장과 같은 좋은 결과를 낳을 수 있다. 동시에 중국 국민의 복지와 중국 경제 전망에 손상을 입힐 정도로 강력한 인구 통제를 추진할 수도 있다. 또는 일정 비율의 지식인을 우익으로 몰아 노동 수용소로 추방할 수도 있다.

중국공산당 체제는 부패, 불평등, 권력 투쟁, 인권 침해, 엄청난 비율의 정책 오만 등 많은 문제를 안고 있다. 이 모든 사안을 봐도 완벽한 시스템이 아니다. 하지만 중국공산당의 독재 체제는 왕조 시대 과거 제도가 설계한 것보다는 훨씬 더 정교하고 생산적인 조직이다. 왕조 시대와 비교했을 때 개혁주의 중국공산당은 체제의 기능 감시에 심각한 제약이 있음을 잘 인식하고 있으며, 원하는 결과와 행동을 유도하기 위해 인센티브 조율에 크게 의존하고 있다 (이 책에서는 1978년부터 2018년까지를 '개혁주의 시대reformist era'로 정의한다. 2018년은 국가 주석 임기 제한이 폐지된 해이다). 개혁주의 중국공산당은 왕조 시대보다 이념적으로 덜 절대주의적이다. 예를 들어, 경제성장은 필연적으로 사유재산권, 외국 자본, 시민사회에 대한 제한된 자율성, 서방과의 연구 협력, 관료와 공무원들에게 허용하는 상당한 실질적 행동의 자유 등 **범위** 확장을 요구함에도, 개혁주의 중국공산당은 정량적 성과 중심의 평가에서는 경제성장에 큰 가중치를 부여했다. 중국공산당은 경제와 사회에 대한 통제권을 포기한 적이 없지만 대신 많은 자율을 위임했다. 나는 이 정도 **범위** 만큼의 위임만으로도 개혁주의 중국공산당의 경제적, 기술적 성과에 기여할 수 있었다고 판단하고 있다.

개혁주의 중국공산당은 기술과 안정이라는 두 마리 토끼를 동시에 잡았다. 안정에는 두 가지가 있다. 먼저 내재한 안정은, 독재적 가치와 권위에 대한 존중이라는 과거 제도의 인지적 유산과, 시민사회가 존재하지 않는 정치 체제의 역사로부터 물려받은 유산에 기인한다. 또 하나는 관리하는 안정이다. 왕조 시대 중국과 비교했을 때 중국공산당이 절대적으로 부진한 분야인데, 바로 한 지도자에서 다른 지도자로의 권력 승계를 뜻한다. 왕조 시대 중국의 권력 승계는 장자 승계라는 규칙을 토대로 한다. 반면 중국공산당의 승계는 규칙도, 아무것도 없다. 승계 갈등은 중국공산당을 통틀어 줄곧 골칫거리였지만 지금까지는 체제 붕괴로 발전하지는 않았다. 이는 운이 좋았기 때문일 수도 있고, 개혁주의 중국공산당이 임기 제한과 같은 제도적 보호 장치를 마련했기 때문일 수도 있다. 하지만 시진핑 정권에서는 상황이 달라졌다.

EAST 모델의 미래

모든 중국 지도자들은 부끄러운 줄 모르는 독재자이지만, 그래도 1978년 이후 개혁개방 시대의 일부 지도자들은 균형 조정 과정에서 더 많은 마찰과 제약에 직면했으며 종종 그 마찰과 제약을 가하는 것은 다름 아닌 그들의 동료들이었다. 정치적 분수령은 1989년 천안문 사태였다. 중국공산당은 **규모**와 **범위**의 스펙트럼에서 점차 **규모**로 치우치는 방향으로 나아갔고, 시진핑 정권에서는 그 속도가 더욱 빨라졌다. (이 책이 미국에서 출간된) 2023년의 중국공산당은 마찰 없는 독재, 즉 이렇다 할 **범위** 조건이 없는 독재이다.

1978년부터 2018년까지 중국공산당은 성장과 안정이라는 두 마리 토끼를 모두 잡는 보기 드문 업적을 달성했다. 중국의 유구한 역사는 이 두 가지 성과의 양극단을 왔다 갔다 하며 흘러왔다. 위진남북조 시대(220~581)는 눈부신 기술 발전을 자랑했으나 갈등과 분열로 점철된 시기였다.[30] 청나라는 정반대의 조합으로, 빛나는 안정을 누렸으나 기술 발전은 말 그대로 바닥을 찍었다. 성장과 안정의 최적 구간에 안착한 왕조는 당나라였을 것이다. 당나라는 비록 이전 왕조들과 비교해 기술 발전에서는 뒤처졌으나 정치적으로는 장수했고, 기술 면에서도 일정 부분 성취가 있었다. 현대에 와서 개혁주의 중국공산당은 균형을 잡는 경우가 많았지만, 시진핑의 중국공산당은 중국을 다시 극단적인 방향으로 기울이고 있다. 바이러스 변이로 인해 달라진 상황과 과학을 무시하는 제로 코로나 봉쇄 정책이 이러한 변화를 보여주는 적확한 예이다.

중국공산당은 전제주의 체제이며, 동질성을 보호하려는 중력을 내재하고 있다. 대런 아세모글루Daron Acemoglu와 제임스 로빈슨James A. Robinson의 표현을 빌리자면, 균형을 맞추기에는 회랑이 좁다.[31]* 시진핑의 중국공산당은—심지어 중국공산당이 가장 자신감 넘치던 순간에—해묵은 독재로 되돌아갔다. 중국은 코로나19 팬데믹 초기, 부유하고 기술적으로도 진보한 민주주의 국가들과 비교해 상대적으로 선방했다. 도널드 트럼프에서 조 바이든으로 권력이 승계되는 과정에서 발생한 혼란은 중국공산당과 일반적인 중국인들의 오랜 관점, 즉 독재가 안정에 도움이 된다는 사실을 확인하는 계기가 되었다. 중국의 기술 우위에 대한 서구 담론에서 중국을 AI 초강대국이자 '전면적인 경쟁자'로 묘사하는 서술은 중국공산당에 대한 이러한 시각을 증폭시키며, 중국공산당의 자화자찬을 더욱 부채질하고 있다.[32] 2021년 시진핑은 "동양은 떠오르고 서양은 가

---

* 아세모글루와 로빈슨의 공저 《좁은 회랑》에서 주창한 개념으로 국가와 사회가 힘의 균형을 이루는 공간을 가리킨다.

라앉는다东升西降"며, 새로운 세계 질서에 대한 자신의 비전을 선포했다.

시진핑은 중국의 전제주의를 하나의 관행 모델로 바꾸어 놓았다. 중국공산당에 있어 '떠오르는 동양'은 모든 의미에서 **규모**이고, '가라앉는 서양'은 모든 의미에서 **범위**다. 이 책에서 수집한 수많은 증거를 면밀하게 검토한 결과는 이러한 관점과 직접 부딪힌다. 중국의 과거와 최근의 역사가 주는 교훈은 분명하다. 국가는 **규모**와 **범위** 사이에서 최적의 균형을 유지해야 제대로 기능할 수 있다. 진나라는 문자 그대로 균형을 잘못 잡음으로써 자멸했고, 수나라는 **범위** 조건을 무시해 중국의 기술 우위를 낭비했다. 시진핑은 개혁개방 시대의 수많은 이질성을 말살함으로써 이전 시대의 실수를 반복하고 있으며 중국의 경제와 기술을 망가뜨리고 있다.

중국공산당의 안정의 한 요소인 리더십 승계에도 위협이 다가오고 있다. 이 영역에서 중국공산당은 완전히 독자적인 존재이며 왕조 시대 선조들의 노하우, 아이디어, 방법론에 의지할 수가 없다. 개혁주의 시대에는 임기 제한이 승계 안정성을 유지했다. 2018년 시진핑 주석은 임기 제한을 폐지했다. 이 조치의 영향에 대한 온전한 평가는 향후 후계 문제가 해결된 후에야 가능할 것이다.

나는 중국이 가장 불확실하고 위험한 시기에 접어들고 있다고 생각한다. 미래를 내다보는 수정 구슬을 가지고 있지는 않지만, 개혁주의 시대에 설정된 EAST 공식이 어떤 방식으로든 붕괴 직전일지도 모른다는 것은 합리적인 추측이다. 중국은 민간 부문, 외국 자본, 경제 분권화와 같은 사실상의 **범위**들을 전부 또는 상당 부분 제거해 극단적이고 잠재적으로 군국주의적인 독재 체제로 더욱 후퇴할 수 있다. 또는 이미 존재하는 **범위**를 인정하고 법제화하고 확대함으로써 현재의 EAST 공식을 깨고 나올 수도 있다. EAST 공식은 더는 안정적인 균형이 아니다.

이 책의 개요

이 책은 과거의 역사와 현재를 모두 아우르는 광범위하고 야심찬 책이다. 역사학자들은 모든 것을 쓸어 담는 집필 방식에 반대할 수 있고, 사회과학자들은 나의 접근 방식과 주제가 지나치게 넓다는 문제를 제기할 수 있다. 모두 정당한 비판이다. 나의 변론은 세 가지이다. 첫째, 주제가 넓지만 **규모**와 **범위**의 틀 안으로 제한된다. EAST 공식의 네 가지 구성요소는 각각 별개의 주제가 아니라 **규모**와 **범위**라는 두 가지 상반된 힘의 프리즘을 통해 분석된다. 본디 서로 다른 주제들을 하나로 묶는 끈이 있으니, 그 매듭을 얼마나 성공적으로 묶었는지는 독자들의 판단에 맡기겠다.

둘째, 역사의 소환이란 주로 현재를 조명하려는 목적을 가진다. 나는 오늘날 중화인민공화국이 과거에 뿌리를 두고 있다는, 비교적 논란의 여지가 없는 주장을 하고 있다. 당연한 말처럼 들릴 수 있지만, 시간을 넘어 과거와 현대 사이의 구체적인 연결 조직과 힘줄까지 구별해내는 것은 그렇게까지 당연한 작업이 아니다. 다른 연결 통로의 가능성도 인정은 하지만, 기본적으로 나에게 있어 중국 정치사를 관통하는 독재 유전자를 후대에 전달하는 것은 시험 기반 능력주의이다. 마지막으로, 약간의 관용을 부탁한다. 중국 관련 학문은 세부 사항과 풍부한 서사성의 지향으로 유명하다. 그런 전통에 약간의 환원주의를 가미한다고 해서 큰 해가 될 것 같지는 않다.

역사를 다룰 때 과거와 현대를 균형 있게 배분하지는 않았다. 과거 서술은 약 2,000년의 기간을 다루고 있는 반면에 현대 서술은 1978년* 이후의 시기에 초점을 맞추고 있다. 유일한 해명이라면 중국 역사에서 정말로 핵심적인 몇 가지 특징만 데이터의 도움을 받아 다뤘다. 중국 역사는 방대한 주제이고, 나는 역사가가 아니라는 결정적인 약점이 있다. 하지만 나의 목적은 새로운 역사적 지식의 발견이 아니라 높은 곳에서 내려다보며 역사로부터 패턴을 구성하고 추론하는 것이다. 역사학자들이 만들어 낸 풍부한 지식의 보고와도 같은 데이터베이스를 활용할 수 있었기에 이러한 작업이 가능했다.[33]

나는 역사 서술에서 기술과 왕조 시대 정치에 관한 신생 데이터베이스를 많이 활용한다. 지난 6년 동안은 두 개의 주요 데이터 구축 프로젝트를 감수했다. 하나는 역사 속 중국의 발명품에 대한 포괄적인 데이터베이스이고, 다른 하나는 중국 황제와 고위 관료의 다양한 속성을 다룬 데이터베이스이다. 데이터를 사용하여 역사를 분석하면 내가 중국 역사 연구의 '2Q 문제'라고 부르는 것에서 벗어날 수 있다. 사회과학 연구는 진Qin과 청Qing, 즉 중국 왕조 역사의 처음과 끝 양극에 초점을 맞추는 경향이 있다. 데이터를 활용하면 그 사이의 왕조들을 탐구할 수 있다. 텍스트와 서사의 미세 부분들을 일부 잃을 수는 있지만, 중국의 역사적 궤적을 보다 총체적으

---

* 1978년은 마오쩌둥 사후 중국공산당 지도부에 복귀한 덩샤오핑이 문화대혁명의 주역이었던 사인방 등을 축출하고 개혁개방의 문을 연 해로 인식되고 있다.

로 바라보게 하는 시각을 얻을 것이다.

나는 또한 이 책이 일반 독자들을 위한 책이 되기를 바란다. 아이디어와 실증적 발견은 나와 다른 사람들의 연구를 기반으로 추출했지만, 나의 글쓰기가 항상 엄격한 학술적 형식만을 따르는 것은 아니다. 중국은 더는 중국 학자들의 전유물이 아니다. 중국에 대한 정책과 인식은 점점 더 중국의 지식에 크게 의존하지 않는 토론과 담론 아래 형성되고 있다. 이 책이 이러한 대중적 논의와 관점의 풍부함 그리고 유익함에 이바지할 수 있기를 바란다. 이 책은 일반적인 학술 서적처럼 한두 가지 주제에 집중하기보다 여러 주제를 폭넓게 다루기 위해 쓰였다. 이 책은 역사는 물론 경제학, 정치학, 심리학 등 다양한 분야를 아우른다. 적절하다고 판단한 경우, 우리가 알지 못하는 것들과 단순한 선형적 예측을 거스르는 복잡성을 전적으로 인정하는 동시에 짐작, 추측, 규범의 반추를 제공할 것이다.

이 책은 정책적 시사점을 도출한다. 독재에 기반한 안정은 해로우며, 이러한 결론은 '서구'의 가치와 이념이 아니라 과거 중국의 고유한 역사에 근거한 것임을 중국의 정책 커뮤니티가 인식하기를 바란다. 또한, 중국 고유의 특성은 분명히 존재하지만, 중국의 기술 발전과 광범위한 경제 도약은 **규모**와 **범위** 조건이 최적으로 결합한 산물이다. 이는 중국의 발전에 대한 공식적인 설명에서 흔히 들을 수 있는 관점이 아니다. 중국의 민간 부문을 감시하거나 홍콩의 자치권을 훼손하는 등 범위를 축소하는 움직임은 경제적, 정치적 폐해를 불러올 수 있다. 나는 미국의 정책 커뮤니티를 위해 '관여engagement'라는 접근법의 가정이 잘못되었음을 지적하고, 중국의 정치적 개방을 이끌 수 있는 보다 나은 접근법을 제안할 것이다.

마지막으로, 중국 정치의 대안적 미래를 고민할 의향이 있는 모든 사람에게 생각할 거리를 제공하고자 한다. 많은 학술 서적이 규범적인 지향에서 벗어나지 못한다. 우리는 우리가 보고 싶은 세상을 상상하거나 옹호하기보다는 우리가 관찰하는 세상을 설명하고 이해하려고 노력한다. 중국이 중국 정치 체제의 대안적 미래를 고민하는 변곡점을 맞이할 때 내가 이 책에서 제안하는 몇 가지 아이디어가 도움이 되기를 바란다. 현시점에서는 이 책의 쓸모에 대해 크게 생각하지 않고, 일종의 흥미로운 사유 실험으로 관여하고자 한다.

이 책은 총 5부로 구성되어 있으며, 실증적으로 접근한 1~4부는 크게 중국의 과거와 현대로 나누어 설명하였다. 서론에 이어 1부의 두 장은 EAST 공식의 첫 번째 구성요소인 시험을 주제로 과거 제도와 중국공산당의 조직 구조를 다룬다. 2부의 두 장은 중국의 역대 왕조들이 각각 어떻게 과거 제도를 통해 전제 통치를 공고화하였는지, 개혁개방 시대 독재 체제의 진화가 어떻게 이루어졌는지, 1989년 천안문 사태가 어떻게 시진핑으로 이어지는 길을 닦았는지를 보여 줄 것이다.

3부에서는 왕조 시대와 공산당 시대의 정권 안정성을 분석한다. 왕조 시대 중국은 관료제의 규모를 확장하면서 안정을 확보했으며, 이는 각 황제의 재위 기간으로 측정할 수 있다. 개혁개방 시대 중국공산당은 인상적일 정도로 긴 기간 동안 정권 안정을 유지했으며 역사에서 빌려온 규범, 전통 등의 이점을 누렸다. 단 한 가지 눈에 띄는 예외가 있는데, 바로 권력 승계이다. 중국공산당은 권력 승계에서만은 즉흥적으로 대처해야 했다. 중국공산당의 평화적 권력 이양 실적을 봐서는 큰 기대를 할 수 없고, 시진핑이 당을 끌고 가는 방향은 우려스럽다. 4부에서는 기술을 다룬다. 먼저 중국의 기술이 왜 붕괴했는지에 대해 조지프 니덤이 제기한 유명한 퍼즐인 '니덤 문제'를 다루고, 다음은 중국공산당의 기술 발전이 '정부 공화국'으로 불리는 중국의 **규모** 우위와 '과학 공화국'으로 알려진 서구의 **범위** 우위의 절묘한 협력 결과라고 주장할 것이다.[34]

5부는 시진핑에 관한 장으로 시작된다(중국공산당 시대에 대한 이전 장들은 주로 시진핑에 이르기까지의 시기에 초점을 맞추고 있다). 시진핑의 변혁적 영향력은 중국과 전 세계에 큰 반향을 일으키고 있다. 마지막 장은 EAST 모델의 미래에 대한 평가이다. 우리는 모르는 것이 많고 중국 전문가들의 미래 예측 실적도 영 시원치 않다. 눈앞에 놓인 지뢰밭을 잘 알고 있기에, 나는 몸을 낮추고 조심스럽게 이 주제에 접근할 것이다.

1부

시험

試驗

1장.
규모 확장 수단으로서의 과거 제도

요즘 짐이 몸소 시험을 주재하고 급제자를 가리노니,
이로써 옛 방식의 악습을 뿌리 뽑을 수 있을 것이다.
— 송 태종 (북송의 제2대 황제)

명나라의 초기 수도였던 난징의 과거 박물관南京中国科举博物馆에 가면 명대(1368~1644)에 과거 시험을 치르던 모습을 엿볼 수 있다. 이 박물관은 세 차례에 걸친 과거 시험 중 첫 번째 시험인 향시鄕試를 치르던 장난공원江南贡院*을 복원한 곳으로, 면적은 무려 약 30만 제곱미터이며 뉴잉글랜드 패트리어츠의 질레트 스타디움**보다도 넓다. 내부에는 2만 개의 시험실이 있었는데, 한 시험실에 한 명의 응시자를 수용할 수 있도록 설계되었다. 황제와 중앙 정부가 주관하는 향시는 일종의 지방 시험으로, 열네 개 성의 성도에서 치러졌다.

---

* 여기서 공원은 公園이 아니라 과거 시험장을 의미하는 贡院이다.

** 서울 잠실올림픽주경기장보다도 넓다.

장난공원은 과거 시험이 얼마나 웅장했는지, 그리고 얼마나 고통스러운 시련이었는지를 잘 보여준다. 시험을 치르는 동안 2만 명의 응시자들은 시험장 밖으로 나가는 것이 금지되었고, 가로세로 약 1.2미터에 불과한 비좁은 시험실에 갇혀 있어야 했다. 게다가 시험일은 일 년 중 가장 더운 8월이었고, 난징은 중국의 '3대 용광로' 중 하나로 꼽힐 정도의 더위로 악명높다.

과거 시험은 이렇듯 괴로운 경험 속에서 중국 제국의 관료 제도를 확장했으나, 규모 확장의 도구로서 과거 시험 자체가 먼저 확장되어야 했다. 이 장에서는 바로 그 과거 제도 확장의 역사를 추적하고 그 속에서 주연을 맡은 세 명의 전제 군주를 소개할 것이다. 이 세 명에 대해서는 몇 가지 흥미로운 이야기들이 전해 내려온다. 그 중 하나가, 두 사람에 관해서는 잘 알려진 사실이고 나머지 한 사람은 소문이지만, 아무튼 세 명 다 과거 제도라는 하드웨어의 운영 소프트웨어가 된 이데올로기 즉 유교를 고수하지 않았다는 것이다. 이들은 어떤 면에서는 혼란도 유발했으나 다른 면에서는 중국의 정치 체제를 공고히 하기도 했다. 과거 시험의 역사는 길고 복잡하다. 간단히 말하자면, 이 놀라운 제도에는 두 가지 이정표가 있다. 먼저, 과거 제도는 시간이 흐름에 따라 점점 더 체계화되었다. 미국의 대학 입학시험이 19세기 후반까지도 갖추지 못했던 형식을 11세기에 갖추게 되었다. 다음은 확장을 위해 다양성을 희생하면서 범위에서 규모로 진화했다는 점이다. 이러한 진화는 중국 정치 시스템의 진화이기도 하며, 그런 의미에서 과거 제도는 정치적으로 중국을 정박시키기에 이른다.

능력주의의 부상

과거 제도는 고대 중국뿐만 아니라 공간적으로는 아시아 전역과 시기로는 근대에까지 큰 영향을 미쳤다. 주변의 아시아 국가들—1075년부터 1919년까지 베트남, 958년부터 1894년까지 한국, 8세기부터 12세기까지 일본 등—은 과거 제도를 모방했다.[1] 또한, 프로이센을 시작으로 영국과 미국 등 서구 능력주의 제도의 청사진을 제공했다.[2] 오늘날 중국의 대학 입학시험인 가오카오高考* 역시 과거 제도를 모델로 하고 있다.[3]

다른 평가 방법이 아닌 '시험'이라는 방식이 중국에서 왜 그렇게 일찍 핵심적인 역할을 했는지에 대하여 내가 아는 한 아직 누구도 설득력 있는 설명을 내놓지 못했다. 인지 발달에서 아주 중요한, 초기 단계에 습득한 학습의 내면화, 즉 심리학자들이 말하는 '각인' 효과가 있었을지도 모른다. 시험은 하나의 아이디어, 방법론, 실천으로서 중국에서 국가 형성과 발전과 성숙에 지대한 영향을 미쳤다.

간략한 역사

과거 시험은 인적 자본을 선별하여 제국의 대열에 합류시키는 역할을 했다. 과거 제도의 이러한 기본 기능을 이해하려면 먼저 같은 기능을 수행하기 위해 중앙 정부가 도입했던 다른 방법들을 알아볼 필요가 있다. 가장 원초적인 방법은 가족, 즉 혈족을 공급망으

---

* '보통고등학교학생모집전국통일고시'의 약어. 1952년 도입되었으며 1,000만 명 이상이 응시한다.

로 활용하거나 그 연장선으로 귀족 계급에서 채용하는 것이었다. 바로 여기가 중국이 서구와 완전히 갈라진 지점이다. 천자의 옥좌를 제외하면 중국에서는 오랫동안 혈통, 즉 세습에 기반한 국가 운영을 원칙적으로 배제해 왔다. 과거 제도의 부상은 정계의 인적 자본 공급 기반이었던 왕족과 귀족 계급에 치명적인 타격을 입혔다.

또 다른 방법은 엘리트 계층, 즉 지방 정부의 수장이나 지방 호족의 천거를 받아 관료를 임용하는 이른바 '향거리선제鄕擧里選制'였다. 과거 제도는 이 구조도 약화시켰다. 진나라가 귀족들의 권력과 귀족 정치의 정당성에 최초로 공격을 가했지만, 지방 호족들은 이 공격에서 살아남았다. 진나라의 후신인 한나라에서는 귀족 정치가 다시 부흥했고, 그 결과 한나라는 붕괴하고 말았다. 수나라 때까지도 강력한 지방 호족들은 난공불락의 존재였다.

수나라에서부터 과거 시험이 추천제를 대체하기 시작했으나 하루아침에 이루어진 것은 아니었다. 수나라에서 명나라로 넘어오며 수험생 집단이 확대되었고, 평민 남성들도 관료직에 진출하기 시작했다(과거 시험은 남성만 응시할 수 있었다). 이러한 희석 효과는 유기적으로 자연스럽게 일어나지 않았다. 오히려 상층부에서 의도적으로 설계한 것으로 보아야 한다. 교육 과정은 표준화되었고, 중앙 정부는 행정과 집행에 필요한 자원을 제공했다. 이러한 형식화와 체계화는 황제를 중심으로 하는 중앙집권체제를 강화하고 한 나라 안에서 사상적 영역을 좁히는 부수적인—그러나 정권 입장에서는 가장 중요했을—정치적 효과를 낳았다.

예로부터 중국은 오늘날 핵심 성과 지표KPI라 부르는 정량적 기준 기반의 평가를 선호하는 전통이 놀랄 만큼 풍부했다. 수나라는 바로 이러한 오랜 전통에서 과거 시험이라는 아이디어를 얻었다.

주나라(기원전 1027~221)의 문헌에도 시험에 대한 언급이 있다.[4] 이러한 문헌들을 신뢰한다면, 중국 정치가 형성되기 전에 시험이라는 제도가 앞서 존재한 셈이다.

한나라 때에도 시험 기반 제도가 있었다는 문서가 남아 있다. 한나라는 중앙 정부 관료 후보자를 뽑을 때, 먼저 지방 현령의 추천을 받은 다음 조정 대신들의 심사를 거치는 순차적 제도를 시행했다.[5] 한나라 관료 채용 제도의 정식 명칭은 '찰거察举', 즉 관찰 및 추천이었다. 황제가 일종의 채용 공고라 할 수 있는 천거령을 내리면 각급 관료들이 추천하는 방식이었다. 후보자의 자격 요건은 효성, 청렴성 등 모호했다.[6] 추천을 받은 후보자는 구술시험을 치르게 된다. 마치 현대의 기업 채용 담당자가 이력서를 검토한 후 면접을 보는 것과 같다. 이 시험의 목적은 지원자의 기술적 능력을 파악하기보다는 지원자의 의견을 구하는 데 있었다. 구술시험이 끝나면 대신이 황제에게 천거를 올리는 절차가 한 번 더 있다. 이 모든 것이 노동 집약적인 절차였으며, 평가 과정은 주관적일 수밖에 없었다. 저명한 역사학자인 첸무錢穆에 따르면 시험은 "관료 선발 시스템에서 사소한 요소에 불과"했지만, 부담이 막대한 한 가지 객관적 기준을 충족해야 했다.[7] 바로 문해력 시험이었다. 정부 관료가 되고자 하는 사람은 무려 9,000자에 달하는 한자를 통달하고 까다로운 시험을 치러야만 했다.[8] 비교를 위해 중국 국무원이 1988년에 공표한 내용을 참조하면 오늘날 중국 농촌 거주 주민은 1,500자, 도시 거주 주민은 2,000자의 한자를 읽을 수 있다면 문해력이 있는 것으로 간주한다.[9]

한나라는 정치 엘리트 양성에 투자를 아끼지 않았다. 기원전 124년 한무제 때 유학 고전을 가르치는 황실 대학인 태학太學이 설립되었다.[10] 태학은 기초 학문이 아닌 '전문 교육'을 행하는 기관이었다는 점에서 오늘날의 중국공산당 중앙당교中國共產黨中央黨校와 비슷하다. 태학에는 기원전 80년까지 50~100명의 학생이 있었고, 기원전 60년경에는 200명, 기원전 10년경에는 3,000명의 학생이 있었다. 기네스 세계 기록의 세계에서 가장 오래된 대학은 859년 모로코에 설립된 알카라윈 대학교이다. 중국은 이 기록을 가뿐히 넘는다.

문인 유형의 인적 자본에 집착했던 중국과, 전장에서의 업적으로 정상에 오른 장군을 승진시키는 데 집착했던 고대 로마 제국을 비교해 보자. 중국 역사를 통틀어 군인들은 늘 '학자 관료'보다 한 단계 열등한 지위에 머물렀다. 어떤 이유에서든 중국의 통치자들은 오랫동안 나라를 이끌어갈 이들을 뽑을 때 육체적 능력보다 정신적 능력을 우선시했다.

신체적 능력은 직접 눈으로 확인할 수 있고 전쟁터나 원형경기장 같은 현실 세계에서의 평가가 가능하다. 반면 정신적 능력을 평가하려면 측정 기준을 만들어야 한다. 바로 시험의 탄생이다. 이것은 놀라운 발상이었다. 중국인들은 의도적으로 현실의 성과를 인사 결정 근거로 삼지 않았다. 기준을 구축하는 데에는 큰 비용과 설계 집약적인 노력이 필요하다. 원하는 속성을 보유한 인재가 선발되도록 보장하고 이러한 기준 지표들의 정보 가치와 신성함을 보호하기 위해 규칙과 규약들을 고안해야 했다. 이렇게 구축한 지표와 그 성과가 원하는 결과를 실제로 가져오리라 예측 가능하다는 것은 신뢰의 도약이었다. 어떤 면에서 이러한 절차 중심적 사고는 민주주의와 법치에 대한 우리의 믿음과 유사하다. 올바른 절차를 도입하면 좋은 일이 일어날 것이라는 믿음 말이다.

중국이 분열에 빠졌던 위진남북조 시기(220~581)*에는 시험이 중단되고 추천이 임용과 승진 결정의 유일한 기준이 되었다(위진남북조 시대는 과학 기술의 역사에서 주목할 만한 시기이다. 7장 참조). 이 시기에 지방 호족의 통치가 부활한 것은 우연이 아니다. 관찰 및 추천 과정을 대체하기 위해 '구품관인법九品官人法'이라는 제도가 새로이 생겨났다. 중정이라는 심사관을 두고 이들을 다시 상급 심사관과 하급 심사관으로 나누어 각 왕조의 황제들이 고안한 등록 양식에 따라 해당 지역의 후보자들을 평가했다. 이 등록 양식은 평가 기준을 아홉 가지로 분류했다. 심사관들은 양식을 작성하여 상급 관청에 제출하고 추가 검토를 요청했다. 전체 과정에 공식적인 시험은 포함되지 않았다.

과거 제도는 북송(960~1127)에서 고유한 체계를 갖추고 발전하였다. 총 세 단계에 걸친 시험 절차, 3년에 한 번씩 치러지는 대회 일정, 준비 과정, 익명화 등이 그것이다. 초창기에는 시험이 부정기적으로 실시되었고 때로는 아예 열리지 않을 수도 있었다. 당나라(618~907) 대에는 관료 채용의 여러 경로 중 하나에 불과했던 과거 시험이 송나라 대에 이르러서는 다른 채용 경로를 압도하기 시작했다. 송나라는 과거 제도의 전성기였다. 조정 대신의 90퍼센트가

---

* 저자는 중국 역사에 배경 지식이 많지 않은 미국 독자들을 고려하여 이 시기를 '한-수 막간기Han-Sui Interregnum'라 부르고 있으나, 국내에서는 위진남북조 시대가 더 널리 알려진 명칭이므로 역서에서는 이를 따랐다. 또한, 저자는 위진남북조 시대를 수 문제가 즉위한 581년까지로 보지만, 국내에서는 문제가 진나라의 마지막 황제 후주를 사로잡고 중국을 통일한 589년까지로 보는 시각이 일반적이다. 여기서는 저자의 원문대로 581년으로 기재하였다.

과거 시험을 통해 선발되었다. 반면 명대에는 이 수치가 50~70퍼센트로 떨어진다.[11] 시험마다 200여 명이 최고 학위인 진사를 수여받았다.[12] 보잘것없는 배경을 가진 후보자들도 과거에 응시하기 위해 몰려들었다. 당나라 말기에는 과거 급제자의 76.4퍼센트가 귀족 가문 출신이었지만, 북송 시대에는 이 비율이 12.8퍼센트로 낮아졌다. 능력주의 시대가 막을 올린 것이다.[13]

과거 시험의 중요성이 높아지면서 제도화도 함께 이루어졌다. 1067년, 황제의 칙령에 따라 과거를 3년 주기로 치르게 되었다. 과거 제도의 신뢰성과 접근성을 보장하기 위해 기준과 절차가 확립되었다. 송나라까지는 시험 범위가 퍽 유연했으나 이후 교육 과정이 표준화되고 형식이 정해지고 문서화가 이루어졌다. 당나라의 다중 경로 채용은 송나라에서는 과거 제도라는 단일 경로 채용에 점차 자리를 내주기 시작했다.

원나라(1270~1368)에 들어서 과거 제도는 역풍을 맞았다.[14] 처음에는 관료들이 나서서 과거 제도를 중단시켰다. 1315년 원나라의 네 번째 황제 인종 아유르바르와다가 복원하기는 했으나 비정기적으로 개최되었고, 과거 시험 출신자의 채용 역시 하위 직급으로 제한되었다. 하지만 원나라의 통치자들은 한 가지 중대한 변화를 도입했다. 송대의 철학자 주희朱熹가 유학 고전을 해석한 주석, 즉 성리학을 과거 시험의 커리큘럼으로 채택한 것이다. 중국의 가장 위대한 철학자 중 한 명인 주희는 복잡미묘한 사상가였다. 그러나 과거 시험 커리큘럼으로 채택된 그가 각색한 성리학은 텍스트가 매우 빡빡하고, 지극히 보수적이며, 명료하고 단호한 서술이 특징이었다. 과거 시험 응시자들은 더는 자유롭게 사서오경을 해석할 수 없게 되었다. 대신 미리 설정된 언어와 지침을 따라야만 했다.

성리학은 본래의 유교와 비교해도 대놓고 독재적이고 통제적이었다. 성리학은 인간 욕망의 제거와 자아의 완전한 정복을 찬양했다. 역사가들의 공통된 견해를 요약한 피터 볼에 따르면 성리학은 "통치자의 외부 권위를 추구하는 데 정당성을 제공"했으며 황제만이 세상을 변화시킬 책임이 있는 존재라 규정했다.[15] 놀랍게도 성리학은 도덕성을 그리 중요하게 여기지 않았다. 그 대신 통치자에 대한—그 통치자가 아무리 멍청하거나 비도덕적이더라도 개의치 않고—절대적이고 무조건적 복종을 강조했다. 중국학자 아서 라이트Arthur Wright는 성리학이 사상적 반역을 뿌리 뽑기 위해서 군주에게 공공 도덕과 관습은 물론 개개인의 사생활까지 전부 통제할 수 있는 권한을 부여해 이전의 유학과 비교하면 훨씬 더 전제주의적이라고 주장했다.[16] 이러한 정치적 경직성은 사회 각 분야로 파급되었다. 여성은 완전히 종속적인 존재가 되어버렸다. 예를 들어 남편이 죽은 후에도 정절을 지켜야 한다는 명목으로 과부의 재혼을 금지하였고, 전족이 도입되었다. 몽골이 성리학을 받아들인 것은 놀랄 일이 아니었다.

명대 과거 제도의 독특한 특징 중 하나는 당시 경제와 무역의 중심지였던 남부의 대표성을 축소하기 위해 도입한 지역 할당제이다. 명나라는 경제 엘리트들의 정치 권력 장악을 매우 경계하였다. 정치의 중심은 북부, 지식과 경제의 중심은 남부라는 이 모티프는 중국사 전반에 걸쳐 등장한다. 과거 시험은 이 두 세력의 균형을 황제들이 만족할 수 있는 수준까지 조정하는 도구 역할을 했다.

청나라(1644~1911)에 들어와서 과거 제도는 두 가지 측면에서 쇠퇴를 경험한다. 한 가지는 교육받은 한족이 만주족 통치자들에게 저항했다는 점이었다. 청은 만주의 여진족 아이신기오로 일족이 세운 나라이다. 중국인들은 이들을 침략자로 여겼고, 그 결과 일부 교육받은 한족은 청나라 황제가 개최하는 과거 시험을 거부했다.[17] 또 하나는 청나라 조정이 관직과 과거 급제 학위를 돈을 받고 경매에 부친 것이다. 국가의 공식적인 정책이었기 때문에 부패 행위라고 부를 수는 없었지만, 과거 제도의 능력주의적 성격은 크게 약화했다. 태평천국의 난(1851~1864)이 일어나자 청 조정은 반란군을 진압하기 위한 자금이 절실히 필요했고, 이에 따라 전례 없는 수준으로 관직을 경매에 부치기 시작했다. 핑티호Ping-ti Ho에 따르면, 이렇게 돈으로 사들인 관직이 1764년에는 전체의 22.4퍼센트, 1840년에는 29.3퍼센트를 차지했고, 나머지는 과거 급제자 출신이었다. 하지만 이 수치가 1871년과 1895년에는 각각 51.2퍼센트와 49.4퍼센트로 껑충 뛰었다. 능력주의는 1905년 청나라가 과거 제도를 공식적으로 폐지하기 훨씬 전부터 이미 빛을 잃고 있었다.

과거 제도의 황금기

과거 제도는 명대에 절정에 달했다. 과거 시험은 회당 세 차례의 개별적이고 순차적인 시험으로 구성되었다. 일반적으로 8월에 열리는 첫 번째 시험은 향시라 불리며, 각 성省 별로 열렸다. 응시자는 향시를 치를 자격을 얻기 위해 일련의 예선을 통과해야 했고, 향시에 급제하면 거인擧人이라는 칭호를 부여받았다. 거인 칭호를 받은 응시자는 다음 단계인 회시會試로 넘어가게 되는데, 회시는 보통 이듬해 2월에 열렸다. 회시는 '시험을 위해 한곳에 모인다'는 뜻으로, 왕조의 수도에서 열렸다.

회시도 통과한 행운의 소수는 공사貢士라는 칭호를 부여받았고, 3월에 전시殿試를 치를 수 있는 자격을 얻었다. 황제의 궁궐에서 열리는 이 세 번째이자 마지막 시험에 급제하면 중국 최고의 학문적 영예인 진사進士 칭호가 수여되었다. 진사의 뜻은 '(출사하여) 조정에 설 수 있게 된 선비'로 번역되기도 하는데, 진사가 되면 비로소 황실 조정에 핀 영예의 꽃이라 할 수 있는 관료제 요직에 선발될 수 있는 자격이 주어졌다.

전시 급제자들에게는 순위가 매겨졌다. 최상위 세 명은 '1등 영예'라 할 수 있는 1갑이라 불렸고, 4등부터 40등까지는 2갑이라 불렸는데, 이는 현대 미국 대학의 우수 졸업생인 숨마, 마그나, 쿰 라우데와 비슷하다. 당나라에서는 우수한 성적으로 급제한 이들을 조정의 업무를 수행하기 위해 설립된 엘리트 교육 기관 한림원翰林院에 모아놓고 향후에 과거 시험을 출제하고 답안을 채점하게 하기도 하였다.

과거 시험은 아주 세부적인 내용까지 모두 정해져 있는 정교한 규약에 따라 운영되었다. 비좁은 시험실에 갇히기 전, 각 응시자는 신체검사를 마치고 초 세 개를 받았다. 오늘날 학계에서 널리 사용되는 이중맹검 심사 과정을 고안한 공로는 전적으로 중국인들에게 돌아가야 한다. 과거 시험은 시험관과 수험생 모두를 익명으로 처리하도록 하였다. 언제 처음 도입되었는가에 대해서는 측천무후 치세(662~716)였다는 설도 있고, 훨씬 나중인 송 태종(939~997) 때라는 의견도 있다. 이 절차를 중국어로는 호명糊名이라고 하는데, 문자 그대로 '이름을 가린다'는 뜻이다. 호명 원칙에 따라 시험관은 응시자의 이름과 출생지를 알 수 없었고, 각 응시자는 신분을 감추기 위한 식별 번호를 발급받았다. 응시자들의 신원을 익명화하기 위해 사용한 절차 및 규약을 매우 상세하게 명시한 문서가 남아 있는데, 회시가 열릴 때마다 익명화 과정을 확실히 하기 위해 무려 68

명의 조정 관리가 동원되었다고 한다.[18]

그러나 호명만으로는 응시자의 필체—더 나아가 응시자의 신원까지—를 숨길 수 없었다. 송나라 조정은 이 문제를 해결하기 위해 필경사를 고용하여 모든 응시자의 시험지를 복사하도록 했다. 1015년 등록소謄錄所가 설립되었고 200~300명의 필경사를 고용하여 이 업무를 감독했다. 응시자의 필체를 알 수 없게 된 뒤에야 시험관들은 시험지의 필사본을 평가하고 채점했다. 심지어 빈 면조차 일종의 신호로 해석되어 자동 실격 처리될 수 있었다. 벤저민 엘먼Benjamin A. Elman은 다음과 같이 언급한다. "시험장 내부의 프로세스는 일시적으로 수험생의 이름, 가문, 사회적 지위를 박탈했다. 각 응시자는 미지의 인물로 간주 되었고 따라서 시험관들의 눈에는 모두가 동등했다."[19]

주 감독관과 보조 감독관들은 시험 전반을 관장하는 중앙에서 직접 임명하였으며 지역 연고를 배제하였다. 또한, 시험을 감독하는 관리와 채점하는 관리를 분리하는 데에도 주의를 기울였다. 두 그룹은 분리된 공간에 수용되어 서로 소통하는 것이 금지되었다.

명나라에서는 모든 응시자가 고향에서만 과거에 응시할 수 있었고, 이에 따라 지역의 신분 증서를 확인하는 추가 단계가 필요했다. (한편, 중국공산당은 명나라 조정과 같은 조건을 요구하고 있는데, 현대 중국에서 농촌 이주민의 자녀는 도시 거주 기간과 관계없이 고향에서 대학 입학시험을 치러야 한다.) 또한, 조정은 회시에 응시할 수 있는 후보자 수에 대해 지역 할당제를 도입했다. 주로 경제적으로 발전한 중국 남부와 그보다 덜 발전된 북부 및 중부 사이의 교육 불평등을 해결하고 지역적 균형을 맞추기 위한 목적이었다. 회시 응시자의 지역 할당 비율은 남부 55퍼센트, 북부 35퍼센트, 중부 10퍼센트였다.[20]

19세기 말 미국의 대학 입학시험과 과거 시험을 대조해 보자.[21] 이 무렵까지도 미국의 대학 입시에는 표준이 없었다. 각 대학은 자체적으로 입학시험을 치렀고, 교수진이 시험 방식과 내용을 자체적으로 결정할 수 있었다. 하버드와 MIT는 바로 지척에 있는데도 입학시험은 완전히 달랐다. 일부 대학은 개강 2주 전에야 입학시험을 치르기도 했다. 체계적으로 관리되는 공식 시험 절차를 개발하는 데 있어 중국은 서구보다 훨씬 앞서 있었다. 중국은 표준화된 시험을 발명한 것이다.

능력주의는 얼마나 현실과 가까웠을까

학자들은 중국 관료제의 비인격화를 "조숙할 정도로 근대적"이라고 묘사한다.[22] 그러나 베버의 관료제 이론에 뿌리를 둔, 중국 관료제에 대한 이 관점은 관료 선발에 대한 우선적인 질문, 즉 과거 제도가 진정으로 능력주의적이었느냐는 질문을 낳는다.

이 질문에 대해 회의적일 이유는 한둘이 아니다. 우선 부정행위를 저지를 인센티브가 어마어마했다. 수험자는 성공하면 얻을 수 있는 이득이 상당했고, 이미 관료 조직에 들어가 시험 운영을 책임지고 있는 내부자 역시 정치적 이득이 있었기 때문이다. 조정의 정치를 헤쳐나가기 위해서는 동맹이 필요했고, 내부자들은 인적 자본은 물론 정치적 자본을 영입해야 할 동기가 있었다. 이것은 인간의 본성이다. 현직 관료들은 미래의 관료들 속에 정치적 협력자들을 구축하고자 했고, 자연스럽게 같은 지역 출신이나 집안끼리의 친분 등 공통된 유대감을 가진 응시자들에게 눈을 돌렸다. 여기에는 기술적인 문제도 있었다. 과거 시험의 규모가 워낙 거대해 정보 관리와 감독에서 문제가 일어날 수밖에 없었다.

부정행위와 도박에 관한 이야기는 차고 넘친다. 1404년 장시성의 수석 감독관 셰진謝金은 같은 성의 응시자인 류즈친劉志勤을 도와주겠다고 제안했다. 스스로 힘만으로 해낼 수 있다고 믿었던 류즈친은 그 제안을 거절했다. 류즈친은 틀렸다. 그 해 또 다른 장시성 출신인 쩡치가 1등으로 급제했으나, 류즈친은 15등에 그쳤다. 셰진이 시험 문제를 쩡치에게 흘린 것이다. 1위와 15위는 향후 관직 생활에서 엄청난 차이를 의미한다. 쩡치에게 감독관과의 연고는 충분히 값어치가 있었다.

등수 조작도 너끈히 가능했다. 15세기에 상루라는 수석 감독관은 자신의 기록을 지키기 위해 응시자의 순위를 조작했다.[23] 그는 향시, 회시, 전시에서 모두 1등이라는 진귀한 기록을 세운 바 있었다. 1477년, 왕아오가 향시와 회시에서 1등을 차지하여 상루의 기록이 위협받는 와중에 전시에서도 왕아오의 답안이 1등으로 뽑히자 상루가 개입하여 왕아오를 3등으로 강등시켰다.[24]

현대의 기록 및 감독 기술이 부재한 상황에서 그 정도 규모의 시스템이 돌아가고 있었다면, 우리가 던져야 할 합리적인 의문은 문제가 있었는지 없었는지가 아니라, 그 문제가 너무 심각해서 시스템 전체가 회복할 수 없을 정도로 부패하지는 않았는지일 것이다. 개별적인 위반 사례만으로는 이 문제에 답할 수 없다. 또한, 과거시험에도 안전장치는 있었다. 한 예로, 어느 유력한 환관이 자기 고향에 더 많은 회시 응시자 정원을 확보하고 진사 급제를 원하는 50명의 명단을 건네기까지 했으나 명단에 오른 사람 중 진사 학위를 취득한 사람은 수 명에 불과했다. 과거 시험 결과에 장난을 치는 자는 가혹한 처벌을 받았다. 1657년, 14명의 관리가 25명의 응시자와 공모해 회시 결과를 조작한 사건이 발생했다. 일단 적발되자 후속 조치는 신속했다. 일곱 명의 관리가 처형되었고, 부정 거래의 중개인은 추방되었으며, 수석 감독관과 부감독관들은 좌천되었다. 시험 결과도 무효가 되었다. 그러나 재시험 결과 190명의 원래 합격자 중 단 여덟 명만이 불합격하여 기존 합격자 대다수가 부정행위 없이도 충분한 학문적 자격이 있었음을 알 수 있었다.

능력주의는 애매한 개념이다. 평민들이 과거 시험을 통해 성공했다는 사실이 능력주의가 작동하고 있다는 증거가 될 수는 없다. 핑티호의 《중국 제국 성공의 사다리Ladder of Success in Imperial China》에서 자주 인용되는 통계 데이터를 생각해 보자. 거인 학위 취득자의 절반 이상이 1세대, 즉 조상 중 누구도 거인 학위를 취득한 적이 없는 사람이었다. 이러한 설명적인 데이터는 도움은 되지만 완전한 증거는 아니다. 어찌 됐건 중국 남성의 절대다수가 집안 조상 중에 과거 급제자가 없기 때문이다.

과거 제도가 평민들의 이동성에 이바지했는지 묻기보다, 의도한 방식으로 작동했는지를 살펴야 한다. 익명화는 부정행위를 방지하고 인맥의 영향을 줄이기 위해 고안되었다. 익명화는 가문의 부와 배경의 중요성을 약화해야 한다. 이것은 연구와 조사를 통해 답할 수 있는 질문이다. 익명화가 가족의 부와 배경의 영향으로부터 과거 제도를 보호할 수 있었을까? 이 질문에 답하려면 통계적 접근이 필요하다.

2019년 미국에서 터진 대학 입시 스캔들을 통해, 부유한 집안들이 돈을 주고 미국 최고 엘리트 대학의 입학 자격을 '구매'해왔다는 사실이 드러났다. 최근의 연구 결과는 가족 배경이 자녀의 대입 관련 시험 성적에서 상당한 영향을 미친다는 사실을 보여준다.[25] 오래전 중국에서도 이런 일이 일어나지 않았을 리가 없다. 하지만, 미국의 경우 가장 심각한 스캔들 상당수는 지원자의 주요 학업 성적 지표보다는 과외 활동과 관련된 것이었다. 부모가 부유하고 유명하다고 해서 고등학교 성적표까지 위조할 수는 없었다. 그보다는 입학 사정관의 재량권이 행사되는 부분이 조작이나 부정행위에 더 쉽게 노출되었다. 이는 감독관의 재량권이 많이 작용하는 전시에서 학문적 성과를 넘어서는 고려 요소가 개입되기 쉽다는 우리의 연구 결과와도 일치했다.

과거 시험은 여러 단계로 구성되어 있었다. 이는 미국 대학의 교수 채용 절차와 어느 정도 유사한 구석이 있다. 미국의 교수 채용 절차는 발표된 학술 논문과 저서, 추천서, 이력서를 받아 검토한 후 최종 후보자 명단을 작성하는 것으로 시작된다. 이 과정은 비교적 객관적이며 개인적 특성으로 후보자들을 평가하지 않는다. 그런 다음 직무 면접, 교수진과의 개인 면담, 현지 레스토랑에서의 근사한 저녁 식사 등을 통해 후보자의 기질, 순발력, 동료애 등 보다 주관적인 특성에 대한 단서를 얻는다.

전시는 이를테면 직무 면접에 해당하는 시험이었다. 이 단계에 와서는 익명으로 치르는 향시나 회시보다 더 주관적인 평가가 이루어지지 않았을까? 과거 시험은 향시, 회시 그리고 전시 세 단계였음을 기억하자. 전시는 익명제가 아니었기 때문에 자기만의 의견을 개진할 수 있는 여지가 어느 정도 허용되었다. 후보자들은 주관과 창의성을 발휘할 수 있는 보다 개방적인 정책 답안을 써냈다. 물론 앞선 두 시험에서 살아남아 전시까지 온 후보자들은 이미 훌륭한 순응주의자임을 입증했다고 봐야겠지만 말이다.

이러한 일련의 사실로 무장하면 과거 제도가 설계도대로 작동했는지에 대한 앞서 의문을 보다 체계적으로 검토할 수 있다. 우리가 테스트할 두 가지 가설은 (1) 과거 시험의 익명 단계, 즉 향시와 회시에서는 응시자의 배경이 시험 결과에 영향을 미치지 않지만 익명이 아닌 전시에서는 영향을 미칠 수 있다는 것 그리고 (2) 익명 단계에서는 응시자의 배경 중 시험관에게 알려진 부분에 따라 결과가 영향을 받을 수 있다는 것이다. 여기서 결과란 응시자들의 시험 등수를 의미한다.

나는 공동 연구자들과 함께 이 두 가지 가설을 뒷받침하는 증거를 찾아냈다. 우리는 명대에 실시된 40여 차례의 과거 시험에 대한 명나라의 방대한 데이터베이스와 우리가 보유하고 있는 자체 데이터를 참조했다.[26] 〈당신이 알고 있는 것이 다가 아니다It is not just what you know〉라는 제목의 논문에서 우리는 시험 감독관에게 유출될 수 있는 두 가지 배경 변수를 살펴봤다. 하나는 응시자의 출신 지역으로, 응시자와 감독관이 같은 지역 출신일 경우 수험생이 감독관과 연고가 있는 것으로 가정하여 코딩했다(명나라에서는 지역 할당제를 시행하는 과정에서 응시자의 출신 지역 정보가 감독관에게 공개되었는데, 이에 대해서는 다음 장에서 설명하겠다). 또 다른 배경 변수는 감독관과 응시자 아버지의 관계였다. 응시자의 이름이 가려져 있어서, 감독관으로서는 이 변수를 알 수가 없다. 우리는 응시자의 감독관과 아버지가 같은 해에 전시에 급제한 경우, 응시자와 감독관이 연고가 있는 것으로 가정하고 코딩했다.

결과는 놀라웠다. 이 두 개의 변수는 문제의 과거 시험 회차에 따라 매우 다른 영향을 미쳤다. 익명 단계의 시험에 대한 다양한 회귀분석에서 지역 배경 변수는 일관되게 통계적으로 유의미하고 긍정적으로 작동했다. 즉, 감독관과 출신 지역이 같으면 응시자의 시험 등수는 올라갔다. 반면, 응시자의 아버지와의 관계는 시험 등수에 아무런 영향을 미치지 못했다. 하지만 익명이 보장되지 않는 전시에서는 상황이 달라졌다. 전시에서는 두 가지 배경 변수가 모두 통계적으로 유의미한 방식으로 응시자의 등수를 끌어올렸다. 배경 요인, 즉 더 주관적이고 재량적인 고려 사항이 선발의 최종 단계에서 명백하게 중요했다는 것을 알 수 있었다. 과거 제도는 어느 선까지만 능력주의였던 셈이다.

확장 수단을 확장하기

당나라에서는 그 영향력이 제한적이었던 과거 제도가 어떻게 송나라와 명나라에서는 인적-물적 자원의 주요 이동 통로가 될 수 있었을까? 면적이 600만 제곱킬로미터에 불과했던 한나라의 물리적 규모에서 1,000만 제곱킬로미터의 명나라, 1,300만 제곱킬로미터의 청나라로 규모를 확장하기 위해서는 규모 확장 수단이 필요했다. 과거 제도는 국가 역량을 강화하고, 사상을 동질화하고, 인적 자본을 표준화하고, 지역의 엘리트를 전국화할 수 있는 도구였다. 그러나 그 도구가 되기 위해서는 먼저 과거 제도 자체가 확장되어야 했다.

과거 제도의 규모를 확장하기 위해 역대 중국 제국의 통치자들은 여러 가지 조치를 시도했다. 하나는 인재 공급의 통로를 넓히는 것이었다. 또 하나는 수많은 수험생에게 균일하게 적용할 수 있는 표준화된 시험 형식을 고안하는 것이었다(명청 시대에 오면 이미 과거 시험 전에 예선에 응시하는 수험생만 수백만 명에 달했다). 또 다른 하나는 부정과 편견을 막을 수 있는 시험 규약을 만드는 것이었다. 시험 규약이 공정하고 공평하다고 인식되어야만, 수백만 명의 중국 남성들이 시간과 돈과 노력을 과거 시험 공부에 투자하도록 동기를 부여할 수 있었기 때문이다.

과거 제도를 확장하려면 기존의 수많은 장벽을 허물고 과거 응시 준비 학교와 같은 새로운 기관들을 세워야 했다. 확장은 자원도 필요로 했다. 명나라에는 각 현에 평균 한 개의 과거 시험 준비 학교가 있었다. 이 학교들은 국가로부터 막대한 자금을 지원받았다. 여기에는 곧 정치적 의제가 있었다. 통치자들은 능력주의를 위한 능력주의가 아니라, 기존 귀족 계급의 권력을 교란하고 약화하며 소멸시키기 위해 과거 제도를 이용한 것이다. 가장 야심 찬 목표를 품은 통치자들이 가장 크게 과거 제도를 확장한 것은 우연이 아니다.

수나라: 중요하지만, 베일에 가려진

이 흥미로운 현상에 대해 생각해 보자. 중국의 정치 발전이 심오하게 형성되고 정의된 것은 가장 짧은 두 왕조, 진나라와 수나라였다. 진나라는 14년, 수나라는 37년 만에 멸망했다. 진나라는 중국의 건국 왕조로 서양에도 꽤 널리 알려져 있다. 아마도 진나라의 놀라운 병마용 유물 때문이겠지만 말이다. 진나라만큼 잘 알려지지는 않았으나 수나라 역시 그에 못지않게 중요한 왕조였다. 중국의 정치적 통일은 진나라 때 시작되었지만, 수나라에서 일어난 혁신이야말로 이 통일을 영구적인 기반 위에 올려놓는 운영체제를 가동했다고 볼 수 있다. 그 짧은 기간 동안 수 왕조는 황실 내의 권력 다툼으로 아들이 아버지를 살해하기까지 했다. 수나라 때 만들어진 시스템이 구체화하고 개선되고 성숙하는 데에는 이후로도 수백 년

이 더 걸렸다. 하지만 수나라는 중국 제국의 인적 자본 형성의 수준과 구조를 설계하는 청사진을 마련했다.

앤 팔루단Ann E. Paludan은 수나라를 "위대한 오페라의 서막"에 비유하였다. 그가 말하는 오페라는 당나라(619~907)를 의미한다. 역사가들은 흔히 수나라를 빛나는 당 시대의 서막에 불과한 것으로 취급하곤 한다. 대학에서 중국학 교과서로 널리 사용되는 존 페어뱅크John K. Fairbank의《중국: 전통과 변혁China: Tradition and Transformation》에서 수나라를 다룬 부분은 고작 한 쪽 반 정도에 불과하다.[27] 첸무 역시 중국의 중앙 정부를 다룬 저서에서 수나라를 단 두 번 언급했을 뿐인데, 한 번은 당나라와 더불어 토지 정책에 관한 부분, 또 한 번은 운하 건설에 관한 부분이다.[28]

대륙을 통일하고 수나라를 건국한 문제文帝가 주목을 받는 것은 전혀 예상치 못한 맥락에서인데, 마이클 하트Michael H. Hart의《역사상 가장 영향력 있는 인물 100인The 100: A Ranking of the Most Influential Persons in History》에서 블라디미르 레닌의 뒤를 이어 80위에 오른 것이다.[29] 하지만 이것은 지극히 예외적인 경우이다. 중국 역사는 수 문제를 그리 중요한 인물로 다루지 않으며, 평가 또한 상당히 박하다. 중국 역사를 깊고 진지하게 공부했던 마오쩌둥 역시 문제를 무시했다. 1993년 중국 정부는 마오쩌둥이 자신이 읽었던 책에 주석으로 달았던 내용을 공개했다. 마오쩌둥은 문제를 가리켜 책에 관심이 없고 다른 사람을 의심하며 여자의 말에 귀를 기울였다고 묘사한 다음 "이러면 사고가 일어나게 된다"[30]라고 적었다. (책을 향한 관심을 제외하면 실제로 두 사람은 공통점이 많다.)

역사책들이 수나라를 짧게 언급하고 지나치는 경우가 많다고 해서 그 중요성이 줄어드는 것은 아니다. 역사학자들은 수나라의 주요 업적으로 대운하와 중국 통일을 언급하지만, 우리는 수나라가 중국식 독재 체제를 강화한 방식에 더 주목할 필요가 있다. 수나라 이전 360년 동안은 정치적 혼란과 분열이 극심했는데, 세 명의 귀족 군벌이 서로 대륙의 패권을 놓고 싸웠던 삼국 시대(220~265)가 있었고, 그 후로도 오랫동안 치열한 정치적, 군사적 경쟁과 정권 교체가 이어졌다. 수나라는 이 혼돈과 분열의 시대를 종식한 것이다.

또한, 수나라가 이룩한 통일은 장기간 지속되었다. 오늘날의 중국은 수나라의 통일 프로젝트의 유산이자 수혜자인 셈이다. 수나라 이전에는 분열 기간과 통일 기간의 비율이 약 0.81이었지만, 수나라 이후에는 그 비율이 0.29로 줄어들었다.[31] 수나라 이후에 무언가 심오하고 중대한 변화가 일어났다. 지속적이고 통일된 방식으로 거대한 규모의 통치가 가능한 방법을 찾아낸 것이다. 수나라는 중국이 공간의 규모로나 시간의 규모로나 성공적으로 확장할 수 있는 시스템을 발명해 냈다.

수 문제는 군사 정벌로 중국을 통일했지만, 제도적인 프로젝트로 그 통일을 유지했다. 수나라와 서진(265~316)을 비교해 보라. 서진은 한나라가 멸망한 후 265년 최초로 중국을 통일했으나 이는 군사적 성과에 그쳤고 서진이 멸망하면서 중국의 통일도 함께 무너졌다. 서진이 실패한 그 지점에서 수 문제는 성공했다. 또한 유럽에서 수 세대에 걸쳐 많은 군주와 장군들이 실패한 일—즉 해체된 로마 제국의 모습으로 유럽을 통일하고 영속화하는 것—을 중국에서 이루어냈다.

수나라는 587년 중국의 인식적 혁명과 정치적 변혁에 착수했는데, 바로 이 시기에 과거 제도의 원형이 확립되었다. 시간이 흐르면서 과거 제도는 조정 관료의 관문을 귀족계층이 장악하게 했던 채용 제도를 대체했다. 과거 제도는 후보자 추천, 평가, 최종 선발에 이르는 전 과정을 완전하게 통제했다. 이 획기적인 개혁의 명칭은 '자료 제출 및 자기 추천投牒自举'이었는데, 좀 이상하게 들리기는 해도 새로운 프로세스의 본질을 잘 담아냈다. 지원자는 자신의 의지에 따라 자료를 가지고 왔고, 더는 다른 이의 추천에 의존하지 않았다. 자격 제한이 있었지만 해당 조건만 제외하면 이론적으로는 모든 중국 남성이 조정 관료의 지위에 오를 수 있었다. 물론 모든 조치가 즉각적으로 완벽하게 시행된 것은 아니다. 하지만 단 하나의 행위가 가져온 변혁적 잠재력에 필적할 다른 사례는 인류 역사를 통틀어도 별로 없다.

규모를 확장한 세 명의 독재자

스탠퍼드대학교의 조직사회학자 로버트 서튼Robert Sutton과 허기 라오Huggy Rao는 그들의 저서《우수성 확장: 적은 것에 안주하지 않고 더 많은 것을 성취하기Scaling Up Excellence: Getting to More without Settling for Less》에서 "확장은 개인에서 시작해서 개인으로 끝나며, 성공은 조직의 모든 층위에 있는 사람들의 의지와 기술에 달려 있다"고 말한다.[32] 규모의 확장은 쉽지 않다. 근성, 지능, 끈기, 결단력이 필요하다. 두 교수는 한 맥킨지 컨설턴트의 말을 인용해 규모의 확장이란 "한 사람을 1,000피트 전진시키는 것보다 1,000명을 한 번에 한 발씩 전진시키는 것"을 전제로 한다고 주장한다.

지금부터 소개할 세 명의 독재자는 모두 현대적이고 야심 찬 비즈니스 리더의 중국 황실 버전이다. 이들은 스스로 왕조를 세웠고(어떤 경우에는 기존 왕조에서 강제로 분리해 새 왕조를 만들어 내기도 했다), 자신의 왕조를 자리매김하려는 단호한 결의를 품고 과거 왕조의 잔재를 지워버렸다. 그들은 모두 외부인이었다. 수 문제(541~604)는 "유교에 불만을 품은" 독실한 법가주의자였다.[33] 그는 앞서 언급했듯이 과거 제도를 창시했다. 두 번째로 소개할 인물은 중국 역사상 유일한 여성 황제로 궁극의 아웃사이더였다. 무측천(662~716)은 유학자들에게는 미움받았으나 일부 현대 수정주의 역사가들에게서는 페미니스트의 원조로 찬양받는 인물이다. 세 번째는 명나라의 건국 황제 주원장(1328~1398)이다. 주원장은 보잘것없는 학문적 배경의 소유자였다. 농민 출신으로 정식 유학 교육을 받지 못했기 때문이다. 황제의 자리에 오른 주원장은 수없이 많은 유학자를 죽였지만, 그만큼 많은 유학자에게 권한을 부여했다.

역사는 승자에 의해 쓰인다는 말이 있다. 이 격언의 중국어 버전은 "역사는 유학자들에 의해 쓰인다" 아닐까. 유교 사학은 첫 번째 독재자 수 문제에 대해서는 불친절했고, 두 번째 독재자이자 불교도 여성 군주 무측천에 대해서는 완전히 적대적이었다. 그들의 판단을 너무 진지하게 받아들일 필요는 없다. 유교 역사학자들은 결과론자라기보다는 교조주의자였다. 그들은 수 문제와 무측천이 유교의 지배를 영구히 가능하게 하는 장치를 제도화했다는 사실을 인지하지 못했던 듯하다.

무측천은 무주(690~705)를 건국하고 통치했지만, 조정의 사관史官들은 오랫동안 그가 중국의 황제였던 이 짧은 시기에 '왕조'라는 지위를 부여하지 않았다. 결국, 무측천은 화려한 당나라의 막간에 불과한 시기를 다스렸던 것으로 평가받게 되었다. 이는 중국 역사에서 이 시대가 갖는 중요성과 고유성을 과소평가한 시각이다. 통치 기간이 짧았던 것도 그 이유 중 하나지만, 야심가였던 여성 군주를 향한 유생들의 혐오감도 한몫했다. 유학자들은 무측천의 치세를 논할 때 종종 잔인함과 공포를 언급한다. 이러한 유교적 서술에 영향을 받은 듯 프랜시스 후쿠야마는 자신의 저서 중 그를 다룬 장에 '사악한 황후 무측천Evil Empress Wu'이라는 제목을 붙이기도 했다.[34] 마오쩌둥의 부인으로 중국인들의 증오를 한 몸에 받는 장칭江青의 추종자들이 장에게 바치는 찬사에서 무측천을 미화한 일 역시 현대 중국에서 그의 평판에 도움이 되지 않고 있다.[35]

이는 무측천에게 명백히 불공평한 처사이다. 중국에는 무자비하고 잔인한 황제들이 수없이 많았지만, 유교 사학자들은 그들에게는 분노하지 않았다. 현대 중국을 붕괴 직전까지 몰고 간 장칭과 달리 무측천은 번영과 문화 개방의 시대를 이끌었다. 무측천은 자신의 이름으로 중국을 통치한, 자기 자신으로 살았던 인물이다. 반면 장칭은 남편 마오쩌둥의 심복이었으며, 실제로 재판에서 "나는 마오쩌둥의 개였다. 그가 물라고 하면 물었다"고 항변한 것으로 유명하다.[36] 1976년 사인방四人帮*이 체포된 후 장칭은 다시 한번—이번에는 그를 비난하는 이들에 의해—무측천과 비교되었는데, 이는 여성혐오 전통으로 악명 높은 유교의 무측천 악마화에 암묵적으로 동조했다고 볼 수 있다.

확실히 말해두건대, 무측천은 절대로 구중궁궐의 가녀린 꽃이

---

* 문화대혁명 동안 마오쩌둥의 최측근으로 권력을 휘두른 네 명. 마오쩌둥의 부인이자 정치국 위원이었던 장칭, 중국공산당 중앙위원회 부주석이자 정치국 상무위원이었던 왕훙원王洪文, 정치국 상무위원이자 국무원 부총리였던 장춘차오张春桥, 정치국 위원으로 문예 비평가였던 야오원위안姚文元을 부르는 통칭이다. 중국공산당의 선전 부서와 언론을 장악하여 홍위병을 선동하고, 당 주류를 공격하는 등 전횡을 일삼았으나 마오쩌둥의 사후 체포되어 재판에 부쳐져 몰락했다.

아니었다.[37] 그는 당나라의 가장 위대한 황제 중 한 명으로 꼽히는 태종의 후궁이었다. 태종의 아홉 번째 아들인 당 고종은 "[아버지의] 매혹적이고 야심 찬 후궁에게 매료되었다"고 전해진다. 그 후궁이 바로 무측천이었고, 고종은 그를 황후로 맞이했다. 무측천은 아버지 황제의 후궁에서 아들 황제의 황후로 올라서는 전대미문의 일을 해냈다. 그의 무기는 교활하고 계획적인 잔인함이었는데, 유교 역사가들은 이 점에 기꺼이 달려들었다. 무측천은 자신이 낳은 딸을 살해한 뒤, 고종의 정비에게 누명을 씌워 폐서인하고 추방했다. 그래도 만족하지 못한 무측천이 황후가 된 후 전 왕비를 살해하고 시신을 토막 내 술통에 넣었다는 설도 전해지고 있다.

무측천은 반세기 동안 황실 정치를 지배했는데, 특히 무주 시기의 위세는 하늘을 찔렀다. 명목상의 통치자는 여전히 고종이었지만, 무측천은 이전에는 황제만이 할 수 있었던 국가 행사에 참여하기 시작했다. 684년 그를 제거하려는 시도가 발생했을 때는 귀족들은 물론 황실 일원까지 죽임으로써 제압했다. 무측천은 여성 운동을 통해 원조 페미니스트의 명성을 얻었다. 666년에는 일련의 여성들을 이끌고 태산에서 신성한 의식을 치렀으며, 유명한 여성들의 전기를 집필하기 위한 기관을 설립하기도 했다. 또한, 불교를 옹호하고 불교도들의 지원을 얻어내려고도 하였는데, 당시 불교는 여성혐오 전통이 깊은 유교와는 대조적으로 여성의 중요함을 어느 정도 인정하는 편이었다.

사실 불교는 이 시기 동아시아 여러 지역에서 여성 권력자가 일제히 부상한 우연을 설명하는 데 도움이 될 수 있다. 592년에서

750년 사이에 일본, 신라, 람압林邑國*에서 여섯 명의 여성 통치자가 등장했다.[38] 무측천의 치세와 겹치는 이 불교 융성기에 여성들은 권력과 지위를 누리고 인정을 받았다.

무측천은 결국 황제의 자리에 올랐다. 그 과정에서 장남인 황태자를 독살했다는 설이 있고, 다음 황제가 된 아들 역시 폐위시켰다. 차남인 중종은 684년 즉위하여 단 6주 동안 권력을 잡았다. 삼남인 예종은 684년부터 690년까지 6년 동안 재위했으나, 실질적인 통치는 하지 못했다. 포로나 다름없었던 그는 황궁에 거주하지도 않았고 국가 행사에도 모습을 드러내지 않았다. 690년, 그는 어머니에게 공식적으로 양위를 요청했다. "관례적인 세 번의 거절" 끝에 무측천은 황위를 넘겨받았다. (705년 무측천이 퇴위한 뒤 두 아들은 팔루단이 "(무측천 치세의) 한심한 재연"이라고 묘사하는 난장판을 벌였다.)[39]

아이러니하게도 무측천은 장기적으로 유교의 지위를 공고히 하는 데 중추적인 역할을 했지만, 유학자들로부터 그 공로를 인정받지 못했다. 그는 귀족들을 무너뜨리고자 했다. 수 문제는 조정의 채용을 지명에서 지원으로 전환했으나 그 자격에 많은 제한을 두었다. 이러한 제한 중 일부는 법적인 제한이었고, 일부는 현실적인 제한이었다. 법적인 측면을 보면 수나라는 상인은 관료가 되지 못하도록 제한했는데, 황제가 된 무측천은 이를 부분적으로 해제해 주었다. 당나라에서 부활한 것으로 보이는 또 다른 제한은 과거 시험에 응시하기 위해 추천을 받아야 한다는 요건이었다. 무측천은 이

---

* 오늘날의 베트남 중부에 3세기에서 7세기 초반 존재했던 독립 왕국으로, 19세기까지 이어지는 참파 왕조 중 하나.

제한도 없앴다.[40] 그러나 원조 페미니스트에게도 한계는 있었다. 무측천은 결국 여성에게까지 과거 응시를 확대하지는 못했다.

더 큰 변화는 현실적인 측면에서 일어났다. 과거 제도가 처음 도입되었을 때 대부분의 관료 후보자는 도읍과 그 인근 지역, 그리고 엘리트 귀족 가문에서 뽑혔다. 엘리트들의 반발과 저항을 경험한 무측천은 이들의 독점 체제를 깨뜨렸다.[41] 그는 그 자리에 있는 현명한 정치인이라면 누구나 할 일을 했는데, 바로 외부인과 정치 신인을 영입하여 기존 권력층을 희석한 것이었다.

무측천의 방법은 미묘한 동시에 노골적이었다. 우선 진사위 취득자 수를 늘렸다. 예를 들어 655년에는 44명이 진사위를 받았지만, 그 후 7년 동안 매년 평균 58명이 진사위를 받았다. 무측천은 또한 유교 중심적인 학제에서 탈피하도록 했다. 유교만을 가르치는 학교를 폐지하고 사회 지도층으로 자리 잡은 유학자들을 배제했다. 또한 '북문학사北門學士'라고 불리는 독립 학자들을 핵심 참모로 모았다.[42] 그는 기득권 계층의 권력 기반을 약화하기 위해 공간 전략을 활용했다. 도읍을 귀족들의 거점인 장안에서 평민들이 많이 거주하는 낙양(뤄양)으로 옮긴 것이다.

이 과정에서 진사과進士科의 위상을 명경과明經科 대비 격상시킨 것이 미묘한 차이를 만들어냈다. 명경시는 고전 텍스트의 암기력을 테스트하는 반면, 진사시는 논술과 시 짓기에 더 큰 비중을 두었다. 이 둘은 서로 다른 성격의 능력을 지닌 인재를 선호했다. 진사시는 타고난 재능과 창의력을 중시했다면, 명경시는 암기력을 중요시했다. 무측천은 진사과의 위상을 높여 창의적인 인재를 선호하는 방향으로 선발 과정을 조정했는데, 이는 장서와 고전 같은 지적 자산을 보유한 부유한 집안에는 불리하게 작용했다. 무측천은 사회경제적 계급이 낮은 평민과 부유한 귀족 계급 간 경쟁의 장을 공평하게 만드는 데 일조했다.

무측천은 광고 업계에서 '브랜드 앰배서더'로 알려진 기법을 개척하기도 했는데, 직접 시험 감독관이 되어 과거 시험의 인지도와 명성을 높였다. 이는 우연이 아니었다. 당 태종 역시 과거 시험 주재를 즐겼고, 한때 그의 배우자였던 무측천은 태종으로부터 과거 시험의 진정한 목적, 즉 학자-관료 지망생들이 황제의 권위를 인정하도록 하는 의례적인 방법을 제시하기를 배웠을 것이다.[43]

궁극의 아웃사이더 무측천은 그런 인정이 필요했다. 그는 과거 시험을 주관해 황제라는 자신의 지위를 드러내고 자신이 신뢰하는 사람을 선발하겠다는 분명한 신호를 주었다. 당나라의 과거 시험 응시자는 2,000여 명에 불과했으나 무주 시대에는 수만 명의 응시생이 몰리기 시작했다. 무측천은 전시를 공식화하고 정기적으로 실시했지만, 훗날 명나라 때와 달리 무주 시대의 전시는 순차적인 과정의 마지막 단계가 아니라 향시, 회시와 병행하여 실시되었으며, 누구나 응시할 수 있었다. 새 과거 제도의 즉흥적인 성격 덕분에 응시자 군이 넓어지고 관료 채용은 민주화되었다.

일부 학자들은 무측천이 즉위한 바로 그 해(690년)에 과거 제도의 익명화 프로토콜이 도입된 것으로 보고 있다.[44] (송나라 때 처음 도입되었다는 설도 있다.) 연구에 따르면 이중맹검법을 도입했을 때 채점자가 더 엄격하고 비판적이라는 사실이 밝혀졌다.[45] 앞서 언급한 우리의 자체 연구에 따르면 익명화 프로토콜은 의도한 대로 작동한 것으로 나타났다. 이는 과거 제도의 발전에 있어 중요한 이정표였다. 공정성 확보는 적어도 제도를 객관적으로 보이게 함으로써 권위적 능력주의의 정당성을 강화했다.

선구적인 황제들은 또 다른 이유로 과거 제도를 확장했다. 관료 시스템에서 부족한 인적 자본을 보충한 것이다. 중국 황제들이 현상타파를 위해 흔히 사용한 방법은 현직 관료들을 대거 물리적으로 제거하는 것이었다. 그런데 이 방법은 한 가지 문제를 해결하는 동시에 또 다른 문제를 낳았다. 목을 친 숫자만큼 서둘러 새로운 피를 수혈해야 했을 것이다(꽤 괜찮은 말장난 아닌가). 중국의 황제들은 모두 살인자였지만, 더 많은 사람을 죽일수록 더 많은 사람을 뽑아야 했다. 재고 문제를 해결하려면 플로우 솔루션이 필요하다.

우리의 세 번째 독재자이자 또 다른 선구자 주원장이 바로 그 난감한 상황에 자신을 밀어 넣었다. 명나라(1368~1644)의 건국 황제인 주원장은 기득권에 대한 반감이 심했고 너무 많은 관료들을 죽였기 때문에 부족한 인력을 보충할 인적 자본 이동의 파이프라인을 빠르게 확장해야 했다. 그는 환관들을 조정으로 영입했고 이로써 훗날 환관과 유학자들의 대충돌이 벌어질 길을 닦았다. 한동안은 추천 관행도 부활시켰다.[46] 주원장은 할 수 있는 모든 수단과 방법을 제대로 활용했다.

주원장은 관료제를 타파하면서 부패 척결이라는 원대한 목표도 세웠다.[47] (시진핑은 반부패 캠페인의 세부적인 부분까지 주원장의 영향을 받은 것으로 알려져 있다. 시진핑은 집권 초기인 2013년, 주원장이 즉위 직후 주장했던 소박한 밥상인 '일즙사채' 메뉴를 선호한다고 밝힌 바 있다.) 주원장은 또한 중국 최초의 '반부패 교과서'로 칭송받는 문서에서 공무원의 급여와 부패 공무원에 대한 처벌을 규정했다.[48] 이 규정집에는 몇 가지 섬뜩한 방법이 명시되어 있다. 은 60냥 상당의 뇌물을 받은 부패 관리들은 참수형에 처했고, 그들의 가죽을 집무실 의자에 씌워 장차 그 의자에 앉게 될 사람들에게 끔찍한 경고로 삼았다.

어쩌면 이것이야말로 주원장 버전의 '스킨 인 더 게임'*이었을지도 모른다.

주원장의 반부패 캠페인 결과 조정은 황폐해졌다.[49] 주원장은 관료들과 그 일족을 포함해 10만 명 이상을 처형했다. 64명의 건국공신 중 28명이 처형되었고, 한 명은 자살했으며, 두 명은 작위를 박탈당했다. 이들의 아들 대에서는 33명이 처벌을 받았는데, 12명이 처형되고 일곱 명이 작위를 박탈당했다. 스탈린의 대숙청과 마찬가지로 명나라 관료들은 매일 아침 '오늘이 마지막인 것처럼 아내와 작별 인사를 하고' 저녁에는 무사히 살아남은 것을 축하했다. 어떤 면에서 주원장의 살육은 이전 황제들이 귀족계층 몰살에 성공했음을 반영한다. 살아남은 자들이 얼마 되지 않기 때문에 이제는 실제든 상상이든 관료들이 황제에게 위협을 가할 차례였다.

주원장도 무측천의 고민거리였던 지리적 불균형에 똑같이 직면했다. 그의 관료 조직은 수도인 난징과 가까운 지방에 사는 남부 출신들이 장악하고 있었다. (명나라의 세 번째 황제는 수도를 북쪽에 있는 오늘날의 베이징으로 옮겼다.) 주원장의 통치 기간에 남북 간의 정치적, 경제적, 지적 분열은 더욱 심해졌다. 이에 대한 주원장의 해결책은 과거 제도를 세세한 수준까지 직접 관리하는 것이었다. 1371년, 주원장은 120명의 과거 급제자들에 대해 불만을 표하며 두 차례의 과거 시험을 중단시켰다. 그 후 과거 시험에 출제되는 원문을

---

* (to have) skin in the game은 어떤 일에 본인이 직접 관여한다는 뜻으로, 특히 투자자 개인의 돈을 직접 넣는다는 의미가 있다. 여기서는 부패 관리의 가죽(skin)을 실제로 의자에 씌운다는 맥락에서 이중적으로 사용하였다.

검열했고,《맹자》의 260개 장 중 85개 장이 불쾌하다며 시험 범위에서 제외했다. (예: "백성이 가장 높고, 국가가 다음, 군주가 맨 아래에 있다.") 유교의 두 번째 성현으로 추앙받는 맹자에 대해 주원장은 이렇게 말했다고 했다. "이 늙은이가 지금 살아 있다면 죽음을 면치 못할 것이다." 마오쩌둥보다 수백 년 앞서 주원장은 모든 과거 시험 준비 학교에서 자신의 어록을 직접 가르치도록 명했다.

1397년 실시된 과거 시험 결과를 본 주원장은 탐탁지 않았다. 합격자 52명 전원이 남부 출신이었기 때문이다. 그는 대부분 같은 남부 출신인 시험관들의 편파 채점을 의심하고 조사를 지시했다. 시험관들은 결과가 정확하며 부정행위는 없었다고 보고한다. 현명한 답변이 아니었다. 주원장은 시험 시행에 관여한 20여 명의 처형을 명하고 직접 시험지를 다시 읽고 재시험을 지시했다. 이번에는 기적적으로 합격자 61명 전원이 북방 출신이었다. 중국사에서 일명 '남북방안南北榜案'*이라고 불리는 대사건이다.

하지만 주원장은 이 한 번의 간섭으로는 만족하지 않았다. 그는 남쪽 출신 응시자에게 전체 합격자의 55퍼센트를 할당하는 영구 상한선을 제도화했다. 이 할당제는 1427년 과거 시험에서 처음 공표되어 정치와 능력주의의 융합을 공식화했다. 이러한 지역 할당제의 정신은 오늘날까지 이어지고 있다. 중국 일부 지방의 대학 지원자들은 다른 지방의 지원자들보다 더 높은 입시 문턱에 직면해 있다. 중국공산당은 주원장의 시대보다 더 퇴보한 셈이다. 지방 출신 대학 지원자의 경우 합격선이 더 높게 설정되는 경우가 많은데,

---

* 여기서 방안은 합격자 명단을 의미함.

이는 역차별 정책이라 할 수 있다.[50]

유교 질서

과거 시험을 컴퓨터에 비유하자면 그 운영체제OS는 유교다. 과거 시험은 사서(논어, 맹자, 대학, 중용)와 오경(시경, 서경, 주역, 춘추, 예기)에 대한 지식과 유교 경전의 숙달 여부라는 한 가지 과목만 테스트했다. 도가나 법가 등 고대 중국의 다른 위대한 전통과 사상은 시험에 출제되지 않았다.

유교가 시험 과목을 지배한 이유는 무엇일까? 이 유교 OS 설계자 중 일부가 유학자가 아니었다는 점에서 수수께끼는 더욱 깊어진다. 위에서 살펴본 세 명의 전제 군주 중 수 문제는 법가 사상을 신봉하였고, 무측천은 불교 신자였다. 주원장은 이슬람 신도였다는 설이 있지만 입증되지는 않았다.[51] 과거 제도는 명대가 그 전성기였지만 적어도 다섯 명의 명나라 황제가 불교 신자였다. 정화를 여섯 차례 원정에 파견한 영락제(7장 참조)는 도교 신자였다. 유교 경전을 과거 시험의 주요 과목으로 격상시킨 당나라는 다양한 문화가 뒤섞인 사회였다. 중국 제국의 통치자들은 사적으로는 다른 종교를 선호하더라도 제도적이고 공적인 신앙은 유교를 고수했다.

유학자들도 과거 시험 커리큘럼을 제외하면 다른 사상을 절대적으로 배척한 것은 아니다. 이들은 때때로 법가 사상을 소환하곤 했다. 명대의 유학자이자 재상이었던 장거정張居正은 상양과 한비자 같은 유명한 법가 사상가들의 정치술을 자신의 가르침에 도입했다.[52] 유교는 누가 보아도 순종과 위계질서를 옹호하는 전제 군주를 위한 이념이지만, 법가 역시 '약자의 무기'라고 보기는 어렵다. 이들은 세뇌 대신 처벌이라는 수단으로 순종을 요구한다. 중국 황실의 독재 체제는 유교 단독 기반이 아닌 유가와 법가의 융합 위에서 통치되고 운영되었다.

그렇다면 왜 유교의 가르침만 과거 시험에 등장했을까? 유교가 다른 이념보다 선호된 것은 기술적인 측면 때문이라고 생각한다. 유학은 체득하기 어려운 학문이다. 과거 시험에 출제된 유교 경전은 그 분량이 방대하고 매우 어려웠다. 과거 시험의 큰 부분은 단순 암기였는데, 유교는 단연 암기할 내용이 많았다. 미국 대학 수학능력시험SAT에 나오는 어휘가 모호하고 까다롭기로 유명한 것처럼 유교는 온갖 어휘가 난무하는 방대한 사상이다. 이는 훌륭한 선별 도구가 된다. 반면 법가의 언어는 효율적이고 그 구조는 직설적이다. 길고 긴 저술이나 교리적인 설명보다는 일련의 지시들로 구성되어 있다. 법가는 하지 말아야 할 것을 명시하는 '네거티브 리스트Negative List' 원칙에 따라 작동하는 사상이다. 즉, 무엇을 하라고 장려하기보다는 무엇을 해서는 안 된다고 금지한다. 법가의 커리큘럼은 십계명을 암송하는 것과 크게 다르지 않았을 터이고, 이래서야 시험 과목으로서 변별력이 심하게 떨어진다.

그렇다면 시험 과목으로써 유교는 얼마나 변별력이 높았을까? 유교는 사상 교화, 설득, 지식 함양의 이데올로기—다시 말해 피지배자와 지배자를 하나로 묶는 데 매우 적합한—일 뿐 아니라, 좌우지간 말이 많다. 엘먼에 따르면 사서오경에는 약 40만 개의 글자와 구절이 있다.[53] 이 숫자를 다른 사상들과 비교하면 어떨까? 이 비교에 유용한 도구로 전 세계의 독자와 연구자들이 전근대의 중국 문서를 열람할 수 있는 온라인 오픈 액세스 디지털 도서관인 '중국어 텍스트 프로젝트Chinese Text Project'라는 웹사이트가 있다.[54] 이 사이트는 텍스트를 사상별로 정리하고 각 단락에 번호를 매긴다. 예를 들어 논어의 첫 번째 편인《학이學而》는 열여섯 개의 단락으로 구성되어 있다. 중국의 고대 사상들을 경전의 문단 수로 비교하면 각각의 서로 다른 기술적 단점이 무엇인지 감이 온다.

유교는 그냥 말이 많았다. 한나라와 그 이전에 쓰인 텍스트를 비교해 보면 법가는 1,783개, 도교는 1,161개, 묵가는 915개의 문단으로, 유교는 1만 1,184개로 구성되어 있다. 텍스트의 풍부함과 창조력, 그리고 표준화된 시험에 대한 적합성 측면에서 유교는 다른 사상들을 압도했다. 중국의 이념적 장치 전체가 유교 기반이 된 것은 바로 이런 기술적인 측면 때문 아닐까?

과거 시험은 다양한 과목을 통해 응시자의 숙련도를 평가하는 복합 시스템으로 시작되었다. 초창기에는 커리큘럼이 모호하고 광범위하며 임시방편적이었고, 천거와 같은 다른 채용 방식도 공존했다. 과거 시험 그 자체도 '규모'보다는 '범위'가 우선이었다. 그러나 송나라 이후 두 힘 사이의 균형은 범위를 희생시키면서 규모를 향해 기울었다. 시간이 흐르면서 시험 과목은 점점 줄어들었고, 명나라에 이르러서는 '고전에 대한 지식, 정형화된 행정 이론, 문학적 성취'만이 시험 과목으로 남게 되었다.[55] 마침내 '팔고문八股文'*이라 불리는 고도로 정형화된 문체를 도입하면서 명나라는 과거 시험

---

* 명청대 과거시험에서 요구된 답안 작성 방식. 형식에 엄격한 규정이 있는 것은 물론 그 내용 작성에 있어서도 가혹한 요구 사항이 많았다. 팔고문을 쓸 때는 자기 견해를 드러낼 수 없으며, 기본이 되는 사서四書에 대해 쓸 때도 반드시 주희의《사서집주四書集注》만을 근거로 삼아야 했다.

다양성의 관에 마지막 못을 박는다.

역사학자 첸무는 팔고문을 가리켜 "인간 재능의 가장 큰 파괴자"라 불렀다. 그러나 팔고문이 채택된 데에는 나름의 이유가 있었다. 태생적으로 주관적인 주제에 객관성을 부여하기 위함이었다. 또 지원자 후보군이 크면 클수록 표준화된 형식이 필수적이다. 확장은 표준화를 요구했다.

과거 시험의 진화는 20세기 미국 고등 교육에서 일어난 일과 판박이이다.[56] 1950년 하버드 대학교 신입생 합격률은 76퍼센트였다. 당시 이른바 '빅3'였던 하버드, 예일, 프린스턴은 미국 북동부 지역과 앵글로색슨계 백인 개신교 집안 출신의 지원자들로 운영되는 소규모 교육 기관이었다. 반면, 2021년 하버드의 신입생 합격률은 무려 3.4퍼센트로 떨어졌다. 하버드는 수 세기 전에 영국의 케임브리지 대학교가 그랬던 것처럼 지원자 후보군을 확대하고 특정 인구 집단의 사회경제적 특징보다 학업 성취도에 더 큰 비중을 부여함으로써 다양한 지원자들의 입학 기회를 증대시켰다.

이러한 변화는 표준화, 더 정확하게 말하자면 SAT 덕분에 가능했다. 표준화로 인해 하버드는 어휘력과 정량적 추론에 뛰어난 유대인과 아시아인 등 비전통적 집단에 문호를 개방했다. 오늘날 하버드, 프린스턴, 예일은 세계 각지에서 다양한 사회경제적 배경을 가진 학생들을 유치하고 있다. 단, 1950년에 비해 학생 구성은 훨씬 더 다양하여도 한 가지 측면, 다름 아닌 학생들의 IQ에서는 더 균일해졌다.

빅3는 단순히 앵글로색슨계 백인 개신교 학생을 더 많이 입학시키는 것만으로는 규모 확장이 불가능했을 것이다. 마찬가지로 과거 시험도 단순히 귀족 출신 응시자들을 더 많이 받아들이는 것만으로는 확장할 수 없었다. 응시자 집단에서 귀족 대비 평민의 비율은 항상 미미했다. 어떠한 인적 시스템이든 그 확장은 보편적인 인간의 능력과 잠재력의 확장을 함께 필요로 한다. 과거 시험은 창의성을 파괴한다는 조롱을 받기도 하지만, 중국인의 문해력을 높였다는 찬사를 받기도 한다. 두 효과는 서로 영향을 주고받는다. 확장을 위해서는 표준화가 필요하다. 다른 방법은 없다. 하지만 표준화가 전반적인 획일화를 초래하지는 않는다는 것도 사실이다. 표준화는 목표한 차원에서는 획일화를 일으키지만 다른 차원에서는 다양성을 초래하기도 한다. 과거 시험은 어떤 차원에서는 평민 응시자가 이전보다 많아지는 등 범위가 넓어졌지만, 유교 경전 통달과 유교 이념 고수라는 차원에서는 다양성이 감소했다. 이것이 바로 통치자들이 원하고 중요시했던 차원의 동질성이었다.

과거 시험은 하버드에서 SAT가 한 일을 중국 제국에서 해냈다. 제국 관료제의 접근성을 높이고, 채용을 무지막지하게 치열하게 만들었으며, 의도적으로 설계하고 구축한 지표에 따라 획일화된 관료들을 뽑았다. 그 효과는 놀랍고도 의미심장했다. 정위안 푸 Zhengyuan Fu는 "중국 제국은 의식적인 설계와 계획의 산물이었다"고 말한 바 있다.[57] 독재 국가는 종종 연고주의와 통치자의 호불호에 좌우되며 자의적이고 변덕스러운 것으로 치부된다. 중국은 이러한 통념에 반기를 드는 예외적인 사례일 것이다. 이제 오늘날 세계에서 가장 강력한 독재 정체로 꼽히는 중국공산당을 들여다볼 차례다.

2장.
중국의 조직화 - 그리고 중국공산당

이것은 전 세계를 지배하려는 조직이다.
— 존 미클스웨이트, 에이드리언 울드리지, 《제4의 혁명》

중국 정부가 운영하는 중국간부학원中国干部学院, China Executive Leadership Academy, 약칭 CELA은 국가 공무원을 대상으로 간부 교육을 제공한다. 그중 상하이 푸둥에 위치한 기관은 면적이 17만 제곱미터에 달하며, 호수, 멋진 숲, 테니스 코트, 체육관, 강의동 등이 늘어선 그림 같은 풍경을 자랑한다. 마르크스주의로 점철된 교육 과정에 대해서 알지 못한다면 고급 컨트리클럽으로 착각할 정도이다. 영국 〈이코노미스트〉의 존 미클스웨이트John Micklethwait와 에이드리언 울드리지Adrian Wooldridge가 이곳을 방문했을 당시 중국 공무원은 연간 약 133시간의 교육을 받아야 했고, 그래서 간부학원의 교육 과정은 종종 정원을 초과하곤 했다.

미클스웨이트와 울드리지는 서방이 중국식 시스템을 진지하게 받아들이고 거기서 영감을 끌어내야 한다고 자신들의 저서에서 강력하게 주장했다. 이들은 간부학원에서 만난 중국인들이 "중국은

1,300년 전에 능력주의를 발명했다"고 한 말을 인용했다. 19세기 서양에 능력주의를 도둑맞은 후 중국은 좌절을 겪었지만 이제 그것을 되찾았고 중국의 부상은 멈출 줄 모르는 것처럼 보였다.[1]

역사는 그보다는 더 복잡하다. 나는 이 책의 7장에서 6세기 중국이 능력주의를 도입한 직후 기술 분야 리더십은 무너졌음을 보여줄 것이다. 이 논리에도 결함은 있다. 전함과 달리 능력주의는 서로 경쟁하지 않는다. 서양의 '도둑질'은 중국이 능력주의를 계속 배치하는 것을 막지 않았고, 서양의 부상을 설명할 수 있을지는 몰라도 중국의 쇠퇴를 초래하지는 못했다. 물론, 3장에서 더 설명하겠지만, 서구식 능력주의와 중국식 능력주의는 완전히 다르다.

하지만 미클스웨이트와 울드리지가 만난 중국인들의 의견 한 가지는 확실하게 옳았다. 중국인들은 능력주의를 되살리고 있다. 여기서 능력주의는 과거 제도와 그로 인해 탄생한 방법론, 관행, 사상들을 의미한다. 가오카오를 비롯한 중국공산당의 교육 시스템, 간부학원과 같은 교육 기관, 과열된 공무원 시험 등이 과거 제도의 후예라 할 수 있다. 이러한 기관과 제도들은 중국 인구 전체, 그중에서도 특히 중국공산당이라는 계급 조직에 이념적 동질화 효과를 가져온다. 과거 제도의 영향력은 채용 방법론보다 훨씬 더 광범위하다. 과거 시험의 가장 큰 특징은 시스템화이고 그 특성은 단계별 경쟁, 익명성, 계량화된 속성, 표준화 등이 있다. 중국공산당은 시스템화의 원칙과 관행을 계승하고 확장했다.

프랜시스 후쿠야마는 중국인들이 "중앙집권적이고 관료적이며 비인격적이고자 하는 열망을 가진" 근대 국가를 발명했다고 말한 바 있다.[2] 근대 국가의 특징은 시스템화이다. 과거 중국 제국은 합리적이고 절차적이며 과정 지향적인 '베버식' 시스템*을 갖추고 있었다. 중국은 베버보다 훨씬 이전에 베버식 시스템을 창안했다.

이 장에서 다루게 될 중국공산당 시스템은 몇 가지 중요한 관점에서 '베버주의적'이지만, 단순히 중국공산당의 운영 지침만으로 설명하지는 않을 것이다. 중국공산당의 조직 관행 중 일부는 대규모 조직을 운영할 때 일반적으로 발생하는 문제들에 대한 합리적인 해결책으로 그럴듯하게 구성될 수 있다. 이것이 바로 과거 제도가 물려준 중국공산당의 시스템이다. 이러한 측면에서 중국공산당과 그들의 조상인 중국 황제들은 세계에 만연한 독재자들과 구별되는 면이 있다.

중국공산당은 스스로 독재도 민주주의도 아닌 '능력주의 정부'라고 주장하고 있다. 능력주의의 개념은 논란의 여지가 있으며 무엇이 능력의 요소인지도 사실 입맛대로다. 여기서 설명을 위해 채택한 능력주의의 정의에 따르면 중국공산당의 주장에도 한 조각 진실이 있다고 보아줄 수 있지만, 중국공산당이 주장하는 '성과'에 대한 광범위한 주장을 인정하지는 않는다. 이 정의에 의하면, 성과는 상명하달식 권위에 의해 결정되며, 그 성과를 입증하기 위해 동료 간 경쟁을 기반으로 하는 메커니즘이 있다. 이 기제는 그 역사가 길고, 정기적인 평가가 이루어지며, 당 내외에서 널리 수용되고 있다.

---

* 독일의 법학자, 사회학자, 정치학자인 막스 베버가 창시한 관료제 이론에 입각한 시스템을 지칭한다. 핵심 요소로는 조직 내 위계서열, 능력주의, 분업, 문서화, 관료의 전문화와 비개인화 등이 있다.

위 정의는 기계적이고 과정 지향적이며, 능력 혹은 성과가 무엇인지에 대해서는 완전히 침묵하고 있다. 또한 능력주의라는 용어를 처음 만든 마이클 영Michael D. Young의 원래 개념보다는 베버의 개념에 더 가깝다.[3] (오늘날 능력주의라는 말을 사용하는 사람들은 거의 모르겠지만, 영은 풍자 목적으로《능력주의》를 썼으며 능력주의 사회를 일종의 디스토피아로 보았다). 오늘날 중국공산당 체제와 과거 중국 제국의 과거 제도는 모두 이 정의에 들어맞는다. 두 체제 모두 상명하달식이며, 심사 및 평가 규범과 절차(중국 제국의 경우 단계별 시험, 중국공산당의 경우 인사 관리 시스템)를 확립하였다.

중국공산당을 능력주의 시스템이라고 부른다 해서, 자신들은 능력주의를 따른다는 중국공산당의 주장을 인정하는 것은 아니라는 점을 명확히 할 필요가 있다. 마오쩌둥 시대에 '성과'는 곧 마오쩌둥에 대한 충성심을 의미했다. 이러한 공적은 반우파운동과 대약진운동의 광풍 속에서 지식인들의 추방으로 이어졌다. 이러한 맥락에서 커리어 경쟁은 파멸을 초래할 수 있다. 멜버른 대학교 경제사 교수인 제임스 카이싱 쿵James Kai-sing Kung과 슈오 첸Shuo Chen의 연구에 따르면, 대약진운동 기간 농민들로부터 더 많은 양곡을 수탈하여 기근을 심화시키고 더 많은 인민을 죽음으로 몰고 간 관리들은 승진, 예를 들어 당 중앙위원회 정의원 승급을 앞두고 있던 이들이었다.[4] 이런 성과는 전혀 바람직하지 않다. 개혁개방 시대의 성과는 곧 GDP 성장이었다. 문화대혁명의 계급 투쟁보다야 가치 있는 성과일지 몰라도, GDP 성장 추구는 환경 파괴와 대규모 부패로 이어졌다.

중국공산당과 옛 중국 제국의 능력주의 사이에는 세 가지 중요한 차이가 있다. 첫 번째, 중국공산당의 경우 성과는 시험 점수보다 훨씬 더 다양한 지표에 의해 결정된다. 또한 중국공산당은 성과의 기준을 자주 변경하고 종종 성과 경쟁을 추구한다. 두 번째, 중국공산당의 심사 시스템이 과거 시험 시스템보다 훨씬 더 광범위하고 복잡하며 체계적이라는 점이다. 과거 시험은 중국 제국 관료제의 인적 자원 파이프라인이었다. 인재 공급은 중국공산당에도 중요하지만, 당의 여러 구성요소 중 하나일 뿐이다. 중국공산당의 인사 관리는 인재 선발, 임명, 승진, 평가 및 그 외 다양한 심사 절차로 구성되어 있다.

세 번째 차이점은 복잡성이다. 개혁개방 시대 중국공산당의 능력주의는 국가적 목표의 복잡성과 개인의 동기와 행동의 복잡성을 인정했다. GDP 성장이란 유교 고전이나 마르크스주의(또는 신고전파 경제학) 교과서를 달달 외우는 것만으로는 달성할 수 없다. 실험과 시행착오, 그리고 비정통적인 아이디어와 행동에 대한 어느 정도의 관용을 요구한다. 다시 말해, 어느 정도의 행동 범위와 자율성이 그 시스템의 일부가 되어야 한다. 중국공산당은 불확실성 또한 인정했다. 모든 우발적 상황을 사전에 계획할 수는 없으며, 인간의 보상 심리는 이데올로기로 수정할 수는 있어도 아예 없애버리는 것은 불가능하다. 중국공산당은 자신들의 목표를 위해 보상책을 활용하거나 수단화하려 한다.

이 중국공산당 시스템을 설명할 때 나는 조직 이론에서 유래한 비정치적 언어를 사용한다. 중국공산당 시스템에는 몇 가지 대단한 규칙이 있다. 예를 들어, 마오쩌둥 이후 중국공산당 총서기 여섯 명 중 다섯 명이 지방 지도자 출신이다. 한 성省의 성장省長이 사임 또는 퇴임하면 다른 성 출신이 후임으로 임명될 확률이 훨씬 높지만, 정부 부처 장관의 경우에는 동일 부처 내에서 후임이 임명될 확률이 더 높다. 지방 출신 지도자가 중국을 통치하는 이유는 무엇일까? 그리고 이러한 인사 패턴은 중국공산당의 전반적인 성과와 어떤 관련이 있을까?

여기서 나는 중국공산당을 정부 형태가 아닌 조직으로 접근했다. 조직으로서 중국공산당은 상당히 선진적이며 강력한 규범과 명확한 절차로 무장하고 있다. 다른 독재 국가들의 정당 조직과 비교했을 때 중국공산당은 베버의 이상에 가장 근접해 있다. 전 세계 독재 국가의 독재자 대다수가 그들 개인이 중심이고 제멋대로이다. 정치 문화 전문가인 루시안 파이Lucian W. Pye는 "중국은 국가를 가장한 문명"이라고 즐겨 말했다. 파이의 표현을 약간 수정하자면, 중국은 국가를 가장한 조직이다.

이 장의 제목은 미국의 저명한 중국학자 중 한 명인 해리 하딩Harry Harding에게 빌려왔다. 그의 저서《중국 조직화: 관료제의 문제, 1949~1976Organizing China: The Problem of Bureaucracy, 1949~1976》는 마오쩌둥의 중국공산당 관료제 형성기를 다룬 책이다.[5] 이념적 적합성을 기준으로 공무원을 채용하는 중국의 전통이 마오쩌둥과 그의 동료들의 사고에 영향을 미치기는 했지만, 왕조 시대 중국과 중국공산당의 근본적인 차이점 중 하나를 꼽으라면 중국공산당은 변혁을 거듭했으나 황실 정권은 현상 유지를 추구했다는 점이다. 마오쩌둥 시대, 마오쩌둥과 중국공산당의 급진적인 목표들은 '대중운동'에 의존했다. 관료제는 대약진운동 시기처럼 대중운동에 부수적인 존재이거나, 문화대혁명 시기처럼 대중운동의 희생물이었다.

문화대혁명이 막을 내린 이후, 대약진운동과 문화대혁명 같은 성층권 차원의 대중 운동은 자비롭게도 (적어도 지금까지는) 사라졌다. 오히려 현재 중국공산당은 경제성장을 창출하기 위한 의제에 집중하는 테크노크라시에 가깝다. 중국공산당은 주기적으로 사회에 동원령을 내려 목표를 일부 실행해 왔지만, 이는 고도로 구조화되고 조율된 경로 안에서 이루어졌다. 중국을 조직화하려면 앞서 정의한 의미에서의 능력주의 원칙에 따라 중국공산당 자체를 조직화하는 것이 먼저다.

심지어 조직화해야 할 대상이 많아도 너무 많다. 이 책을 쓰고 있는 시점을 기준으로 중국공산당의 당원은 약 9,600만 명이다. 근대 이전 중국에서는 국가가 현縣 수준 이하로 영향력을 확장한 적이 없었다. 반면 오늘날 중국에는 현마다 당서기가 이끄는 당 위원회가 있으며, 당서기는 주민이 아닌 당 위계의 상급자에게 보고 책임이 있다. 시진핑 정권에 들어와서 중국공산당은 조직적 영향력을 더욱 확대했다. 민간 기업도 사내에 당 지부를 설립해야 하며, 이는 다국적 기업 계열사도 예외가 아니다. 중국의 많은 비즈니스 파트너들이 외국 합작 파트너사에 중국공산당 지부를 설립할 수 있도록 회사 정관을 개정해 달라고 요청해야 했다. 개정된 정관에 따라 중국공산당 지부는 인사 문제와 당 지부의 비용 환급을 포함하여 경영에 대해 더 많은 발언권을 갖는다.

나는 중국공산당의 조직 논리와 운영을 쉽고 명료하게 설명하기 위해 두 가지 사회과학 이론의 도움을 받았다. 하나는 다기능 및 단일 기업 형태와 관련된 이론이고 다른 하나는 조직경제학이다. 이 두 학파는 서로 연관된 동시에 명확하게 구별된다. 전자는 조직의 구조에 초점을 맞추고, 후자는 조직 내 주체들의 행동 유인을 다룬다. 이 둘을 결합하면 중국공산당이 어떻게 조직되고 어떻게 운영되는지에 대한 꽤 괜찮은 근사치를 얻을 수 있다고 생각한다.

조직은 통제와 자율 사이에서 갈등한다는 일반적인 사고에서 시작할 수 있다. 지나친 통제는 주체성과 혁신을 방해한다. 과거 IBM은 과도한 중앙집권화의 사례로 자주 거론된다. 지금은 사라진 왕랩Wang Laboratories*도 마찬가지이다. 하지만 지나친 자율은 사업 실패로 이어질 수도 있다. 리먼 브러더스와 엔론은 감독 없는 내부 경쟁을 부추긴 공격적인 CEO가 이끌었다. 규율의 부재는 여러 가지 악영향이 있지만, 특히 무모한 비즈니스 관행으로 이어져 결국 기업의 파멸을 불러왔다. 중국공산당 역시 이 두 가지 상반된 가치와 싸우고 있다. 과도한 계층화는 지역 차원의 성장 인센티브를 약화시키고 중국공산당의 가장 중요한 목표인 경제성장을 저해한다. 그러나 지나친 자율은 원심력으로 이어져 국가를 분열시키거나 1980년대와 1990년대처럼 인플레이션 압력을 초래할 수 있다. 통제와 자율 사이의 적절한 균형을 찾기는 쉽지 않으며, 이는 역사로부터 물려받은 규범과 방법, 조직 프로세스와 절차, 중국 지도자들의 정치적 선호에 달려 있다.

1978년에서 2018년 사이 개혁개방을 내세운 중국공산당은 그 균형을 찾아냈다. 개혁개방주의자들은 지방에 상당한 수준의 자율을 부여하여 'M자형 경제'로 알려진 구조 안에서 신생 기업의 진입과 경쟁을 가능하게 했다. 동시에 지나친 지역 자율의 잠재적 위험도 간과하지 않았고, 중국공산당의 중앙집권적 인사 관리의 틀 안에 M자형 경제를 집어넣었다. 그 결과 탄생한 시스템은 권한을 부여하는 동시에 자율을 제약하고, 그 시스템 안에서 활동하는 주체들의 인센티브를 형성하고 구조화한다.

---

* 미국 매사추세츠주에 소재했던 컴퓨터 하드웨어 회사. 1992년 파산했다.

이것이 바로 고든 창과 같은 분석가들이 중국의 붕괴에 대해 잘못 예측한 이유이다. 그들은 중국공산당 체제 내에 (적어도 시진핑의 퇴행적 정책 이전까지는) 자율과 통제가 공존했으며, 성장과 안정을 동시에 달성할 수 있었다는 점을 꿰뚫어 보지 못했다. 조직경제학자들의 표현을 빌리자면, 중국공산당은 대리인 문제가 발생하도록 허용하지 않았다. 개혁주의 중국공산당의 잘 알려지지 않은 이러한 측면은 1980년대와 1990년대에 중국 경제가 도약할 수 있었던 이유와 실험과 상향식 이니셔티브를 통한 개혁 실행의 성공을 설명해 준다.

M자형 경제

1993년, 잉이치엔Yingyi Qian과 청강쑤Chenggang Xu는 중국 경제에 관한 가장 영향력 있고 통찰력 있는 논문 중 하나로 꼽히는 〈M자형 계층구조와 중국 경제 개혁The M-Form Hierarchy and China's Economic Reform〉을 발표했다. 이 두 경제학자는 올리버 윌리엄슨Oliver E. Williamson의 U자형 기업과 M자형 기업 이론에서 얻은 통찰을 적용하여 1980년대 중국 경제가 어떻게 도약했는지 설명했다.[6]

M자형 및 U자형 기업 이론

윌리엄슨은 1975년 저서 《시장과 위계Markets and Hierarchies》에서 기업을 두 가지 유형으로 분류하였다. 하나는 기능적 전문화를 기반으로 운영되는 단일 형태Unitary-form 기업, 즉 U자형 기업이다.[7] 이러한 기업은 영업, 재무, 제조 등과 같은 기능적 라인으로 나누어져 있다. U자형 기업의 가장 큰 장점은 규모의 경제를 통해 효율성을 높일 수 있다는 점이다. 이와는 대조적으로, 다기능Multi-functional 또는 M자형 기업은 브랜드나 지역별 지점 등을 기준으로 나뉜다. M자형 기업은 여러 개의 미니 U자형 기업으로 구성되며, 사업부마다 재무 또는 영업과 같은 전문 기능을 수행하는 부서가 있다.

1920년대 초까지 대다수의 미국 기업은 U자형 기업이었다. 이러한 기업들은 육류 포장, 담배, 석유와 같은 단일 제품 라인을 보유하고 있었다. 그러나 1920년대 초부터 제너럴 모터스와 듀폰이 앞장서고 굿이어, 제너럴 일렉트릭, IBM, 포드, 크라이슬러가 뒤를 이어 대기업들이 M자형 조직으로 기업 활동을 조직하기 시작했다. 1960년대에 이르자 미국은 M자형 기업이 대세를 이루었다.

알프레드 챈들러Alfred Chandler와 올리버 윌리엄슨은 M자형 기업이 '정보 과부하'를 더 잘 극복할 수 있다고 주장했다.[8] 규모를 확장하고 새로운 시장으로 진출할 때 기업은 정보 과부하에 직면하게 된다. U자형 기업은 전략 기획 및 부서 간 조율을 총괄 부서에 맡기기 때문에 사업 확장 단계에서 스트레스가 증가한다. 예를 들면, 기업의 규모가 커지고 필요 지식이 고도로 전문화됨에 따라 재무 부서와 영업 부서 간의 조율은 점점 더 복잡해진다. 기업은 우선 각 부서의 관리자들을 전략적 의사 결정에 참여시키는 방식으로 대응하지만, 그 결과 이들이 소속 부서의 이해관계를 옹호하고 대변하는 결과를 초래한다. 의사 결정이 정치로 변하는 것이다.

M자형 기업에는 몇 가지 장점이 있다. M자형 기업의 각 운영 단위는 자체적으로 기능 간 조정 역할을 책임져서 총괄 부서의 부담을 덜어준다. 총괄 부서는 전략적 의사 결정과 기획 업무에 집중하고 미시적 관리는 지역별 운영 단위에 맡길 수 있다. 정보 과부하가

줄어들고 의사 결정이 덜 정치화된다. M자형 기업은 규모의 경제 측면에서는 손실이 발생하더라도 효율적인 정보 및 전문성 관리에서 이득을 본다. 기업은 항상 다양한 종류의 효율성 사이에서 선택에 직면한다. M자형 기업의 전략적, 정보적, 관리적 효율성은 그 어떠한 규모의 비효율성도 가뿐히 압도한다.

M자형 중국 경제

잉이치엔과 청강쑤는 이 조직적 이분법을 이용하여 소련 경제 정체기에 중국 경제가 도약한 이유를 설명한다. 이들의 주장은 다음과 같은 기본 명제로 요약된다. 소련은 U자형 경제, 중국은 M자형 경제이다.

중국의 M자형 경제는 소련의 U자형 경제가 갖지 못한 두 가지 이점을 누렸다. 하나는 M자형 경제는 민간 기업을 포함하여 새로운 기업의 진입을 허용하고 장려한다는 점이다. 다른 하나는 M자형 경제는 끊임없이 실험한다는 점이다. 이 두 가지 장점을 모두 실현하기 위해, M자형 기업의 운영 단위에 해당하는 중국의 각 지역에는 상당한 자율성이 부여된다.

중국은 단순한 M자형 경제가 아니다. 극단적인 M자형 경제다. 중국 경제의 총본부는 중앙 정부이다. 중앙 정부 아래는 성省, 현縣, 향鄕, 촌村의 지역으로 계층화가 이루어졌다.* 지극히 중국적인 시

---

* 현재 중국 행정 구역 체계는 일반적으로 성급-지급-현급-향급-촌급 다섯 단계로 구성되나, 한국처럼 명확한 피라미드 구조로 일괄 적용되는 것이 아니며 중국 정부의 관련 지침조차 불명확할 정도로 매우 복잡하다. 여기서 저자는 중복되는 경우가 많은 지급과 현급 행정구를 영어의 prefecture로 통합해서 사용하고 있다.

스템 속에 한 가지 러시아적 특징이 있는데, 바로 큰 인형 속에 작은 인형이 있고 그 속에 더 작은 인형이 들어있는 마트료시카 인형과 같은 구조이다. 각 운영 단위는 여러 하위 운영 단위를 둘러싸고 있으며, 각 하위 단위는 운영상의 자율성, 기능 간 조정, 자급자족 등과 같은 상위 운영 단위의 동일 특성을 그대로 가지고 있다.

M자형 경제는 계획경제의 가장 큰 문제 중 하나—예산 감독이 엄격하지 않다는 것—을 해결한다. 이 구조의 최하위 단계인 향급은 상위 단계로부터 투자 배정을 받지 못하기 때문에 지자체는 민간 기업 유치 등 다른 수단을 통해 성장을 창출해야 한다. U자형 경제의 소련 관료들은 상급 단계가 할당해주는 자금에 의존했기 때문에 이와 유사한 동기 부여가 없었다.

또 다른 장점은 실험이다. 일반적으로 정책 혁신을 짓밟는 상급 관료의 지나친 간섭과 관리가 없으므로 더 많은 실험이 일어나고, 성공할 가능성도 더 크다. 지역 간 상호 의존성이 낮으니 한 단위의 실험적 실패가 곧바로 시스템 전체에 영향을 주는 치명적인 결과가 되지 않는다. 이러한 안전장치는 일반적으로 위험을 싫어하고 이념적으로 보수적인 중앙 정부 계획가들의 우려를 덜어준다. 마지막으로, 운영 단위 간 조건이 유사하니 성공한 실험이 채택될 가능성이 크다.

지역 경제 통합의 이점을 포기하는 데 드는 비용, 즉 M자형 경제의 비용을 인식하는 것도 중요하다. 중국의 경제 도약기에는 자급자족 성격이 매우 강했다는 사실을 수많은 연구 결과가 보여준다. 중국은 '세계의 공장'이라 불린다. 맞는 말이다. 중국은 자국을 위한 공장이기보다는 세계의 공장에 가깝다. 1990년대에 중국의 지방들은 자국 내 무역보다 외국과의 교역이 더 많았다. 중국의 지방 간

무역은 유럽연합 회원국 간의 무역보다 적었다. 1980년대와 1990년대에는 M자형 자급자족이 증가했다. 1986년과 1991년 사이에 일곱 개 소비재 분류에서 가격의 지역적 편차가 증가했다.[9]

다른 여러 나라에서 목격한 바와 같이, 규모와 범위라는 두 가지 조건은 종종 서로 상충한다. 따라서 M자형 경제의 경우, M자형 경제의 동적 효율성이 정적 비효율로 인한 비용보다 우세해야 한다. 중국의 지방들은 민간 기업과 외국인 투자자를 유치하기 위해 그 범위를 확대했다. 경쟁, 민간 기업 진입, 실험을 통한 정책 혁신 등이 불러온 효율성 증가는 단일한 규모의 경제가 가져다주는 이점을 뛰어넘었다. 이것이 바로 중국 경제가 도약한 방식이다.

M자형 경제는 개혁 정치에도 도움이 되었다. M자형 경제는 알게 모르게 보수적인 계획가들의 결정권을 약화했다. 1980년대, 보수적 지도자들은 여전히 강력했지만 매일 매일의 경제 관리에서 배제된 채 주로 무대 뒤에서 활동했다(여기에 대해서는 4장에서 좀 더 자세히 설명하겠다). 이들의 개입은 사후에 일어나는 경우가 많았다. 광둥성 지도자들은 중국 국가 계획의 최고 책임자이자 중앙기율검사위원회* 위원장이었던 천윈陈云**에게 외국 자본과 무역의 악영향에 대해 여러 차례 엄중한 주의를 들었다.[10] 그러나 이미 결정된 사안을 뒤집는 것은 올라온 제안을 금지하는 것보다 비용이 더 많이 들고, M자형 경제에 내재한 지방 자치로 인해 수많은 '이미 결정된

---

* 중국공산당 내 관리들의 부정부패와 위법 행위를 조사 및 감찰하는 기관.

** 전 중국공산당 중앙위원회 부주석, 중국 국무원 상무부총리. 덩샤오핑 등과 함께 중국공산당 8대 원로 중 한 사람으로 꼽히며, 1980년대 덩샤오핑의 개혁개방 정책 아래 중국 경제성장을 이끈 주역으로 평가받는다.

사안'이 발생하게 되었다.

정보 과부하 극복

1945년 프리드리히 하이에크가 자신의 논문 〈사회에서의 지식의 사용The Use of Knowledge in Society〉에서 설명했듯이 중앙 계획경제는 정보와 지식을 수집하고 처리하는 시장경제의 효율성을 절대 따라잡을 수 없어 실패에 이른다.[11] 나아가 중앙 집중식 계획은 분산식 계획보다 실행 단계에서 더 많은 정보가 필요해 실패할 확률이 높다. 그러나 M자형 기업은 정보 과부하의 부담이 적다.

두 나라가 경제 개혁에 나서기 전부터 중국 경제는 이미 소련 경제를 추월하기 시작했다. 1970년대에 중국의 GDP 성장률은 소련과 비슷하거나 오히려 더 빨랐다(이 시기 데이터의 신뢰도가 그리 높지 않다는 점은 알아두자). 당시 중국이 문화대혁명의 혼돈과 파괴에 휩싸여 있었다는 점을 고려하면 매우 인상적인 성과이다. 개혁개방 시기에는 신생 기업의 진입 덕에 빠른 성장이 가능했지만, 1970년대의 우수한 성장은 중국의 계획경제가 소련의 그것보다 더 효율적이었기에 가능했다. 탈중앙화된 중국 경제는 정보 비용이 더 낮았다. 대부분의 자원 배분 결정은 지역 간이 아닌 지역 내에서 이루어졌기 때문에 중복 문제가 발생했다. 중앙 정부의 배분 기능은 제한적이었고 각 섹터를 관장하는 중앙부처들 역시 그다지 간섭하지 않았다. 이는 격렬한 이념과 권력 투쟁으로 중앙 정부가 마비된 시기에 안정화 효과를 주었다.

문화대혁명으로 궤멸하다시피 한 중앙 기관들은 인재의 씨가 말랐다. 1976년 기준 소련의 중앙 정부 내 통계학자의 수는 중국의 900배나 많았다. 1970년대 초, 중국 국가계획위원회SPC의 직원 수가 일시적으로 50명에 불과했던 때도 있었다. 문화대혁명 이후 중국은 중앙 계획 역량을 강화하기 시작했지만 한 번도 소련을 따라잡지 못했다. 1987년 국가계획위원회의 직원 수는 1,255명으로 늘어났으나 여전히 소련의 중앙 계획 기관인 고스플란Gosplan의 절반 정도에 불과했다.

다행히 중국 지도자들은 베이징에서 모든 것을 다 처리하겠다고 고집하기보다는 결정을 위임하는 쪽을 선택했다. 중국 지도자들이 정보 과부하 문제를 무시하고 U자형 접근법을 시도했다면 어떤 일이 일어났을까? 나는 1994년 논문 〈중국과 소련의 정보, 관료제, 경제 개혁Information, Bureaucracy, and Economic Reforms in China and the Soviet Union〉에서 발생 당시에는 알려지지 않았던 중국 경제사의 여러 에피소드를 파헤친 바 있다.[12] 나는 중국에서 시장 개혁이 전개된 것은 중국 지도자들이 시장경제라는 개념을 받아들였기 때문이 아니라 중앙 계획을 실행할 능력을 상실했기 때문이라고 보았다.

중국의 개혁은 종종 '포스트 마오'로 묘사되나 이는 정확하지 않다. 마오쩌둥은 1976년 9월 9일에 사망했는데, 농업 개혁은 1978년 말에야 시작되었다. 국가 최고 지도자 공백 상태였던 2년 동안 무슨 일이 있었던 것일까? 중국은 중앙 계획을 시도했지만 실패했다. 중국 개혁에 관한 글에서 흔히 볼 수 있는 '문제를 발견해서 개혁'이라는, 인과가 뒤바뀐 논리를 맹목적으로 받아들이기 보다 일의 역사적 순서를 바로잡는 것이 중요하다. 1976년 중국 지도자들은 문화대혁명을 중앙 계획 그 자체의 실패가 아니라 중앙 계획을 제대로 실행하지 못한 실패로 해석했다.[13] 당시 중국 지도부를 지배했던 정책 목표는 중국 경제의 시스템을 문화대혁명 이전으로 복원하는 것이었다. 이는 시장 개혁을 부르짖는 요구가 아니었다.

소비에트 체제를 소생시켜야 한다는 요구였다.

중앙의 계획가들은 필수적인 계획 및 실행 능력이 갖추어져 있다는 전제하에 야심 찬 산업화 추진에 착수하는 실수를 저질렀다. 일본 기업들과 대규모 턴키 프로젝트turnkey project 수입 계약을 체결하고 철강 생산량을 늘리기 위한 야심 찬 계획을 수립했다.[14] 이것이 이른바 중국의 '대외대약진Great Leap Outward'으로, 아주 기초적인 섹터 간 조율, 투입-산출 분석, 예산 측정조차 없이 시행되었다. 다른 말로 하자면, 계획가들은 M자형 인프라에서 U자형 사업을 시도한 것이었다. 그 결과 경제적 대혼란이 발생했다. 무역 적자와 재정 적자가 폭증했다. 경제 관료들은 혼란에 빠졌다. 이 재앙은 마오쩌둥의 후계자였던 화궈펑华国锋의 명성에 영구히 오점을 남겼고, 중앙 계획가들은 신뢰를 잃었다. 그러나 이 경제적 대실패로 인해 중국공산당 내에서 한 파벌이 떠오르게 된다. 덩샤오핑이 이끈 개혁파들이었다. 그 뒷이야기는 역사가 전해주는 그대로다.

M자형 조직

잉이치엔과 청강쑤는 M자형 경제의 효과를 설명하는 설득력 있는 모델을 제시하지만, 그들의 논문 어디에도 중국 경제가 M자형 경제로 작동할 수 있었던 요인에 대한 언급은 찾을 수 없다. 이 부분을 여기서 이야기해 보자. 중국의 M자형 경제는 내가 'M자형 조직'이라고 부르는 조직 구조 아래에서 작동하며, 이 조직은 중국의 지방에 권한을 부여하는 동시에 제한한다.

여기에는 세 가지 중요한 요소가 있다. 첫 번째는 M자형 조직이 지방 정부에 권한을 부여할 뿐만 아니라 중앙부처를 제약한다는 점이다. 두 번째는 이와 관련하여 중국의 지방 지도자들이 중앙부처의 장관급 동료들보다 먼저 중국을 통치할 수 있는 권한을 부여받는다는 점이다. 세 번째는 평가 지표로 GDP에 대한 의존도가 높다는 점이다. GDP 지표는 지방 자치를 높이는 동시에 자치의 실행에 대해서는 일정한 제약을 가한다. 중국 공무원들은 여전히 상명하달식 독재 체제에서 하급 공무원이지만, 이 특정 영역에서만은 어느 정도 행동과 결정 권한을 가지게 되었다. 더욱 중요한 효과는 GDP가 지표인 동시에 정책 목표가 되면서 중앙 지도자들이 계급투쟁, 대중 선동, 인격 숭배 등 중국공산당이 관습적으로 추구해 온 끔찍한 대안에서 벗어날 수 있었다는 것이다. 덕분에 중국 정치는 훨씬 온건해졌다.

지방에의 위임

2007년, 중국 상무부의 휑한 1층 로비가 기대에 찬 군중으로 가득 찼다. 벽 한쪽에는 '가서 또 다른 영광을 창조하라'라는 거대한 현수막이 걸려 있었다. 상무부를 떠나는 보시라이薄熙來 장관에게 작별 인사를 하기 위해 모인 인파였다. 키가 크고 준수한 외모에 금수저 특유의 자기 확신에 찬 보시라이는 즉석에서 연설을 시작했는데, 자신의 장관 재임 시절 업적을 자화자찬하고 다음 보직인 충칭시 당서기에 대한 설렘을 표현한 내용이었다. 중간에 두 번이나 즉흥적으로 노래를 부르기도 했다.[15]

보시라이는 강력한 중앙부처 장관직을 떠나 지방 지도자의 자리로 가게 되었다. 그는 충칭시 당서기에 취임하면, 중국공산당 정치국 상무위원 자리를 노려 중국 제2의 권력자로 부상하려는 야심을 품고 있었다(중국공산당 중앙정치국은 중국 정치인들이 꿈꿀 수 있는 최고의 권좌다). 하지만 그는 2012년 체포되어 부패 혐의로 기소되었고 종신형을 선고받았다.

보시라이의 극적인 일생은 중국에서 권력은 중앙부처가 아닌 지방에서 탄생한다는 사실을 보여준다. 보시라이가 몰락한 이유는 너무 높이 올라갔기 때문이었다. 다른 어떤 동료 장관들도 정치국 상무위원 자리에 오르지 못했다. 의미심장하게도 보시라이의 추락은 또 다른 금수저 시진핑이 부상할 수 있는 길을 열어주었다. 보시라이가 리더십 승계의 역학 관계에 얽혀들면서 저지른 사건들—추악한 살인, 배신, 불륜 등—은 중국 정치계에서 전설이나 다름없으며, 독재 체제의 아킬레스건인 승계 문제를 폭로한다(자세한 내용은 6장에서 살펴보겠다).

중국의 M자형 조직에 대한 논의를 위해서는 보시라이가 상무부에서 충칭시로 자리를 옮긴 것이 좌천이 아니라는 점을 이해할 필요가 있다. 중국 정치 체제에서 중앙부처와 성은 관료 직제상 동급이다. (충칭은 중국의 4대 직할시 중 하나로 성급 시다.)* 정치 경력에서 비슷한 횡적 이동을 한 사례도 많다. 1985년 장쩌민江泽民은 전자공업부 장관직에서 내려와 상하이 시장으로 자리를 옮겼다(상하이도 충칭과 마찬가지로 성급 시다). 2000년 당시 헤이룽장성 성장이었던 톈펑산田鳳山이 국토자원부 장관으로 임명되었으나 부패 혐의로 2003년 몰락했다.

---

* 중국의 지방 행정 최상위 계층인 성급 행정구는 직할시, 성, 자치구, 특별행정구로 구성된다. 즉 4대 직할시 베이징, 상하이, 톈진, 충칭은 '성급 시'라고 불릴 수 있다.

이러한 서열 동등성은 중국 체제의 의도적인 특징이다. 언제였는지는 정확히 알 수 없지만, 중국공산당은 지방에 자치와 의사 결정 권한을 부여하고 중앙부처의 권력 제한을 결정했다. 예를 들어 중앙부처가 공무원을 보내겠다고 할 수는 있지만, 대부분 경우 성급 정부들은 해당 부처의 성 레벨에서 인사 결정을 통제한다. 중앙부처는 성장의 동의가 있어야만 성 공무원들에게 지시를 내릴 수 있다.[16] 이러한 구조는 중앙부처가 성급 업무에 개입하는 것을 공식적으로 제한한다. M자형 경제는 이러한 맥락에서 기동하고 있다.

왜 지방이 중국을 지배하는가

2012년, 중국공산당 충칭시 당서기 보시라이는 정치국 상무위원회 위원 자리를 위한 경쟁에 뛰어들었다. 역사는 그의 편이었다. 지방 출신이 최고위직에 오르는 경우가 많았기 때문이다. 마오쩌둥 사후 중국공산당을 이끈 최고 지도자* 일곱 명 중 여섯 명, 즉 화궈펑, 자오쯔양赵紫阳, 장쩌민, 후진타오, 시진핑 모두 지방 지도자 경험이 있었다. 2017년 숙청되기 전까지 시진핑의 유력한 후계자로 여겨진 쑨정차이孫政才 역시 충칭시 당서기였다. 유일한 예외는 1982년부터 1987년까지 통치한 후야오방胡耀邦인데, 그는 주로 중국 공산주의청년단, 중앙위원회 조직부 등 중국공산당 중앙 기구

* 최고 지도자의 직함은 마오쩌둥 사망 당시는 중국공산당 중앙위원회 주석, 후야오방 이후로는 중국공산당 중앙위원회 총서기이다.

에서 일했다.*

이러한 현상은 간단하게 설명할 수 있다. 중국의 성 하나를 통치하는 것은 중국 전체를 통치하기 위한 훌륭한 훈련이 된다. 한 개 성은 여러 면에서 중국이라는 한 국가의 축소판이기 때문이다. 이 간단한 설명을 받아들이기 전에 다음과 같은 예외적인 상황을 고려해 보겠다. 일반적으로 성 공무원이 퇴임하면, 다른 성의 공무원이 그 자리를 대체한다.[17] 예를 들어, 2012년에는 성장과 성 당서기의 80퍼센트가 외부 출신이었다.[18] 이는 지역 전문성 주장과 상충하나 또 다른 전문성이라고 볼 수도 있다. 그 지역에 대한 전문 지식 역시 전문성이라고 할 수 있다는 것이다(서구의 많은 대학에 중국학자가 있는 이유이기도 하다). 상하이와 구이저우는, 외교부와 재무부만큼이나 다르다.[19]

좀 더 자세하게 알고 싶다면 소련을 들여다보면 된다. 마오쩌둥, 류사오치劉少奇, 저우언라이, 덩샤오핑, 천윈 모두 소비에트 모델에서 정치와 경제를 배웠다. 소련은 국가를 지배할 엘리트들을 지방에서 고루 발탁해야 할 강력한 이유가 있었다. 960만 제곱킬로미터 면적의 국토가 다섯 개 시간대에 걸쳐 있는 중국에 비해 소련은 2,200만 제곱킬로미터 면적의 국토가 열한 개 시간대에 걸쳐 있어 더 넓고 다양하다. 인종적으로도 더 이질적이다. 중국의 다수 민족인 한족이 전체 인구의 94퍼센트를 차지하는 데 비해 슬라브족은 소련 인구의 70퍼센트에 불과했다. 러시아는 국어인 러시아어 외

---

* 다만 후야오방 역시 국공내전 당시 쓰촨성을 무대로 활약하였고, 1960년대에는 산시성 당서기를 지낸 경력이 있으므로, 지방 경력이 전혀 없다고 말하기는 어렵다.

에도 공식 언어가 열세 개에 달했다. 각 지역에 대한 세밀한 지식이 매우 큰 도움이 되었을 것이다.

하지만 소비에트가 지도자를 선발하는 방식은 그렇지 않았다.[20] 스탈린 이후 다섯 명의 소련공산당 최고 지도자 중 니키타 흐루쇼프와 레오니트 브레즈네프 두 사람만이 지방 정부 고위직 출신이었다.[21] (여기서 고위직이란 중국의 성에 해당한다 볼 수 있는 소련의 행정 단위인, 열다섯 연방 공화국 중 하나의 당서기장을 뜻한다.) 흐루쇼프는 연방 당서기장 자리에 오르기 전 우크라이나와 러시아에서 최고 당직을 맡았고, 브레즈네프는 몰도바와 카자흐스탄에서 경력을 쌓았다. 반면 나머지 셋, 즉 유리 안드로포프, 콘스탄틴 체르넨코, 미하일 고르바초프는 지역 배경이 없거나 미미했다.

게다가 흐루쇼프와 브레즈네프가 지방에서 쌓은 성과라는 것도 중국 지도자들의 그것과 비교하면 초라하기 짝이 없다. 2013년부터 중국 국가 주석과 국무원 총리를 역임한 시진핑과 리커창을 떠올려보자. 시진핑은 총 9년 동안 상하이, 저장성, 푸젠성의 당서기 또는 성장으로, 리커창은 허난성과 랴오닝성에서 각각 2년, 3년간 당서기로 경력을 다졌다. 반면 흐루쇼프와 브레즈네프는 연방 공화국에서 보낸 기간이 3년밖에 되지 않는다. (다만 흐루쇼프의 러시아 경력은 3년보다는 더 길지만, 러시아 공화국 경력과 소비에트 연방 중앙 정부 경력이 겹쳐서 명확하게 분리하기는 어렵다.)

지방 경력이라고는 상하이가 전부인 장쩌민을 제외한 다른 중국 지도자들은 모두 국가 최고 직책을 맡기 전에 여러 성을 거쳤다. 후진타오는 구이저우성과 티베트 자치구의 당 제1서기였다. 중국 총리이자 후에 중국공산당 총서기에 오른 자오쯔양은 광둥성과 쓰촨성의 당서기와 성장을 지낸 바 있다. 중국 집권 엘리트들의 지방 우위는 정치국 상무위원회의 위원 구성에서도 드러난다. 19기 상무위원회(2017~2022년) 위원 일곱 명 중 왕후닝王沪宁(서열 5위) 단 한 명만이 지방 지도자 경험이 없었다. 2022년 10월, 5년 임기로 새롭게 구성된 제20기 상무위원회에서도 마찬가지였다. 새로이 상무위원회에 합류한 딩쉐샹은 중앙 무대 경험이 조금 더 많은 편이다. 딩쉐샹은 중국공산당 상하이 위원회에서 오랜 경력을 쌓은 후 2013년 시진핑의 비서실장이라 할 수 있는 중앙판공청 주임으로 임명되었다.

또 한 가지 눈에 띄는 점은 중국 정치의 최고 권력 기구인 정치국 상무위원회에 테크노크라트 출신 인사가 없다는 점이다. 19기 상무위원회 위원 일곱 명 중 왕양만이 행정부처 레벨에서 기술 관료라 불릴 만한 경험을 했을 뿐이고, 그 경력 역시 크게 눈에 띄지 않는다(왕은 1999년부터 2003년까지 국가발전계획위원회에서 부주임을 역임했다). 제20기 정치국 상무위원회에서 행정부처의 고위직으로 일한 경력이 있는 사람은 단 한 명도 없다. 해외에서는 중국이 기술관료주의 국가라는 사실에 경탄하지만, 중국의 최고위층은 예외이다. 중국의 최고 지도자들은 지역 차원에서 중국공산당 기구를 이끈 배경으로 그 자리까지 올라갔다. 승진은 기술적 스페셜리스트보다는 정치적 제너럴리스트에게 훨씬 더 유리하다.

중국과 소련의 지도자 배양에 근본적인 차이가 있음을 보여주는 디테일한 사항이 두 가지 더 있다. 중국의 경우 일부 지도자들은 처음에는 중앙 정부에서 시간을 보낸 후 지방으로 파견되었다가 나중에 다시 중앙으로 복귀했다. 이와는 대조적으로 소련 지도자들의 경력은 오로지 한 방향이었다. 그들은 연방 공화국에서 시작하여 연방 중앙 정부 고위직에 올랐다. 모스크바와 지방을 번갈아 오간 사람은 한 명도 없었다.

미하일 고르바초프의 경력을 보자. 그는 1970년부터 1977년까지 러시아 공화국 산하 지방 정부인 스타브로폴의 당 제1 서기장을 지냈다. 1989년 인구조사에 따르면 스타브로폴의 인구는 240만 명으로 소련 전체 인구의 약 0.8퍼센트에 불과했다. 고르바초프는 이후 중앙 정부의 고위직에 올라 국가 전체의 농업을 책임지게 되었다.

중국식 시스템에서는 이렇게 한미한 배경의 인물을 하루아침에 전국구의 중요한 직급으로 올린다는 것은 상상할 수 없는 일이었을 것이다. 중국에서 지방이 아닌 국가 단위의 경력을 쌓을 수 있는 발판은 막강한 경제력을 자랑하는 상하이, 광둥성, 저장성 등이나 가장 인구가 많고 중국의 농업 생산을 책임지고 있는 쓰촨성 같은 곳이다. 쓰촨성에서 3년 만에 농업 생산량을 25퍼센트나 늘리는 기적을 일궈낸 자오쯔양은 1980년 중국의 최고 지도자가 되었다. 1980년 당시 쓰촨성 인구는 9,800만 명으로 중국 인구의 10퍼센트를 차지했다. 당시 중국에는 "먹고 싶으면 가서(자오)쯔양을 찾아라"는 말까지 유행할 정도였다.

GDP 지표

홍콩중문대학 교수인 피에르 랜드리Pierre Landry는 중국의 지방 공직자들을 가리켜 "형형색색의 모자이크"라고 표현했다.[22] M자형 시대의 중국공산당에 대한 참으로 적절한 비유이다. 지역 단위에서 중국의 공직사회는 획일적이지 않다. 경제적 자립과 지역 보호주의가 만연해 있다. 앞서 언급했듯 지방 공직자들은 중앙부처 공직자들보다 위계에서 밀리지 않는다. 그렇다면 중국공산당은 이 모든 불협화음을 어떻게 하나로 묶을 수 있을까?

중국공산당의 인사 시스템은 중국 경제와 극명한 대조를 이루는 통합 메커니즘으로, 극도로 중앙집권적인 체제를 유지하고 있다.[23] 보시라이가 제아무리 강력하고 카리스마가 넘친들 정기적으로 엄격한 심사와 평가를 받아야 했다(물론 보시라이 같은 금수저 정치인에게는 그 심사가 형식적이고 상당히 느슨할 수도 있다). 이것이 바로 통제 측면이다. M자형 자율성은 여기까지만 가능하며, 인사 시스템이 정한 한도로 제한된다. 나는 이 시스템의 두 가지 측면에 초점을 맞추려고 한다. 개혁파 중국공산당이 심사 및 평가를 위해 크게 의존해 온 지표를 살펴보고, 일부 인사 관행이 지역 공무원의 원치 않는 행동을 사전 예방하는 기능이라는 가설을 세워볼 것이다.

나는 1장에서 과거 중국 제국이 고도로 형식화된 과거 시험의 성과에 따라 확장되었다고 가정했었다. 그렇다면 그 과거 시험 성적에 상응하는 현대의 능력주의적 성과 지표는 무엇일까? 바로 GDP이다. 여기서는 GDP라는 단일 지표에 기반한 인사 통제와 M자형 경제라는 두 가지 서로 다른 장르가 있다. 전자에는 후자의 존재가 필수다.

먼저 U자형 경제에 단일 지표를 적용한다고 상상해 보자. 이 시스템에서는 소련과 마찬가지로 중앙부처 장관들이 모든 권력을 쥐고 국가를 통치한다. 하지만 산업부 장관과 농업부 장관의 성과를 어떻게 비교할 수 있을까? 강철을 더 많이 생산한 장관과 밀을 더 많이 생산한 장관 중 누가 더 유능할까? 어느 쪽이든 답이 될 수 있겠지만 필연적인 모호함이 있다. 즉, 각 부처의 산출물이 서로 달라 U자형 경제에 단일 지표를 적용하는 것은 어려울 수밖에 없다.

M자형 경제는 환원주의적인 속성이 있다. 윌리엄슨이 말하는

비교가능성commensurability 문제, 즉 사과와 오렌지를 비교하는 문제를 다소 완화할 수 있다.[24] M자형 시스템에서는 각 지역이 '이익센터'가 되며, 중앙의 인사 관리 담당자는 두 부처의 철강과 밀 생산량을 비교하는 것보다 상하이와 충칭의 GDP를 더 쉽게 비교할 수 있다. 올바른 가정(예: 시장 기반 거래)하에서는 이익을 내는 단위가 이익을 내지 못하는 단위보다 훨씬 더 전체에 유리한 조직이다.

M자형 조직은 비교가능성 문제를 완전히 해결하지는 못하지만, 조직 계층을 따라 피라미드의 맨 아래쪽까지 이 문제의 해결책을 강제한다. M자형 조직은 부문별로 또다시 계층화되어 있는 재귀적 구조임을 명심하자. 사과와 오렌지의 상대적 가치에 대한 해결은 M자형 조직의 하위 계층에서 이루어지므로 중앙의 결정권자는 이 비교가능성 문제를 해결하는 부담을 덜 수 있다. 대신 중앙 정부는 전략과 개발 같은 더 큰 목표에 집중할 수 있다.

이제 널리 알려진 중국의 보상 시스템에 대해 알아보자. 이 시스템은 공무원의 GDP 성과에 기초하고 있다. 랜드리는 중국 104개 지방 자치단체의 33개 성과 지표에 대한 상세한 카탈로그를 제시한다.[25] 이들 지표는 경제 발전, 인적 자본, 삶의 질, 환경 보호, 주요 인프라 등 크게 다섯 가지 범주로 분류되며, 각 범주 안에는 하위 범주가 있다. 예를 들어 경제 발전이라는 지표는 다시 여섯 가지 하위 지표—1인당 GDP, GDP에서 비농업 부문이 차지하는 비중, GDP에서 서비스 부문이 차지하는 비중, 기술 발전의 GDP 기여도, GDP에서 무역이 차지하는 비중, 도시화 정도—로 구성된다. 각 지표에는 가중치가 부여되는데, 100점 만점에 경제 발전에 28점으로 가장 큰 가중치를 부여하고, 인적 자본 17점, 삶의 질 22점, 환경 보호 18점, 주요 인프라 15점을 부여한다. (인구 관리 및 안정성과 같은 다른 지표도 있었지만, 이를 성취한다고 해서 반드시 승진으로 이어지는 것은 아니었다. 반면 성과를 내지 못하면 좌천될 수도 있다.)

실제로는 랜드리가 묘사한 것보다 훨씬 더 주먹구구식으로 시스템이 운영될 가능성이 크다. 많은 성과 측정 지표가 매우 모호하기 때문이다. 기술 발전이 GDP에 이바지한 정도를 어떻게 정확하게 측정할 수 있을까? '기술적 진보'란 정확히 무엇을 의미할까? 일부 지표는 상관관계에 있어 일률적으로 가중치를 부여하는 것은 의미가 없다. 또 어떤 지표들은 상충할 수 있다. 예를 들어, 특정 기술이 GDP를 성장시키는 동시에 환경을 파괴할 수도 있다.

그러나 중국공산당 중앙위원회 조직부는 계량경제학 세미나를 개최하지 않는다. 지표 관리의 핵심은 승진에 대한 당의 의사 결정이 객관적인 지표에 따라 이루어진다고 보이게 하는 데 있다. '보인다'는 표현을 쓴 이유는 지표가 그들의 말처럼 객관적이지 않고, 지표 중심의 평가는 조작과 부패의 대상이 될 수 있기 때문이다. GDP가 중국 공직자들의 승진을 제대로 설명할 수 있는지에 대한 학계의 연구도 엇갈리고 있다.[26]

하지만 중국공산당 관리들은 이러한 학술 논문을 읽지 않는다. 중요한 것은 중국공산당이 GDP를 평가 지표로 명시적으로 제시했다는 사실이다. 과거 제도의 사례에서 보듯이 객관성에 대한 인식이 중요한 이유는, 이것이 전체 구조가 일부의 입맛에 따라 좌지우지되지 않는다는 공공의 신념, 그리고 정당성을 내세우는 데에 매우 유용하기 때문이다. 일당 체제하에서는 정당성을 확보하는 방법이 많지 않기 때문에 이는 특히 중요한 기능이다.

GDP 지표를 기준으로 국가를 운영한 결과는 엄청난 병리 현상이었다. 환경 보호에서 18점 만점을 받은들, 중국의 환경은 만점과는 거리가 멀다. 중국의 대기오염은 수년간 대재앙 수준이었고, 국민 평균 수명이 1.25년이나 줄어들었다.[27] 재무와 통계 분야의 부정부패도 만연했다. 하지만 민주주의에 대한 처칠의 유명한 농담을 조금 바꿔 말하자면, GDP는 다른 모든 대안을 제외했을 때 최악의 지표라고 할 수 있다. 상명하달식 시스템에서는 어떤 지표라도 내세울 수밖에 없다. 중국은 문화대혁명 당시에는 계급 투쟁을 지표로 삼았고, 시진핑 치하에서는 시진핑을 향한 개인적 충성도를 지표로 삼고 있다. 선택은 각자의 몫이지만, 나는 이러한 불미스러운 대안들과 비교하면 GDP가 확실히 우월하다고 본다.

GDP 지표는 과거 시험의 팔고문을 연상시키는 표준화된 방식으로 수많은 지자체를 하나로 묶어준다. 이는 중국공산당이 이전에 추구했던 파괴적인 기능이 아닌 보다 생산적이고 객관적인 기능을 지향한다. GDP는 (통계가 조작될 수는 있지만) 더 현실에 근거를 두고 있으며 개인숭배, 계급 투쟁, 정치적 숙청과 같은 중국공산당의 덜 매력적인 목표들과 비교하면 훨씬 덜 주관적이다. 과거 시험 성적보다는 포괄적이지만 실행이 무의미할 정도로 광범위하고 비정형적이지도 않다. 독재 국가는 국민이 무엇을 선호하는지 측정할 방법이 부족하다. 그런 맥락에서 GDP는 중국공산당의 다른 어떤 관습적 지표보다 사회의 이익과 정권의 이익을 일치시킨다.

중국공산당의 조직 경제

1979년 11월 15일, 중국 북동부 보하이만에서 석유시추선이 폭풍우에 전복되는 사고가 발생했다. 72명이 목숨을 잃었다.[28] 당시 석유산업부 장관이었던 쑹젠밍은 이 사고에 책임을 지고 경질되었다. 그의 후임으로 또 다른 석유 전문가이자 쑹젠밍 전 장관의 전임자였던 강쉬엔이 임명되었다. 2011년에는 철도부 장관 류즈쥔이 부패 혐의로 해임되었다. 그의 후임으로 관세청장 셩광즈가 임명되었다. 1974년 상하이 철도 대학을 졸업한 그는 중국 철도 산업의 베테랑으로 2000년까지 철도부 차관을 역임했다.

1987년, 니셴처가 부패 스캔들 끝에 장시성 성장에서 해임되었다. 그의 후임은 후베이성 우한에서 시장을 역임한 우관정이었다. 2006년, 역시 부패 혐의로 상하이 당서기 천량위가 실각했다. 외부 인사가 투입되었다. 바로 당시 저장성 당서기 시진핑이다. 이후 우관정과 시진핑은 모두 중앙 정치에서 급부상했다. 우관정은 2002년부터 2007년까지 정치국 상무위원회 위원으로 활동하며 중국에서 가장 강력한 지도자 중 한 명이 되었다. 물론 시진핑은 오늘날 중국의 최고 지도자이며, 아마도 유일하게 중요한 지도자일 것이다.

끝이 좋지 않았던 전임자들의 뒤를 이어, 중앙부처에서는 내부자가, 지방 요직에서는 외부자가 그 자리를 대체한 사실은 무엇을 설명할 수 있을까? 우관정, 시진핑과 같은 지방 지도자들이 중국 정치의 정점에 올랐으나 강쉬엔, 셩광즈와 같은 장관급 공직자들은 큰 발자취를 남기지 못한 채 역사 속으로 사라져간 것은 순전히 우연의 일치일까? 그리고 그토록 많은 자율과 결정권이 허용된 중국 지방은 왜 '탈선'하지 않았을까? 중국공산당은 어떻게 자율과 통제를 동시에 유지할 수 있었을까? 부분적인 해답이 수많은 지방 지도자들이 중국을 통치하고 있다는 사실에 있다.

조직경제학의 관점

성공하는 조직은 통제와 자율 사이에서 균형을 유지한다. 중국의 M자형 경제는 통제와 자율의 방정식에서 자율 쪽을 떠받친다. 이번에는 조직경제학을 활용하여 중국공산당의 통제 측면을 분석해 보자.

조직경제학자들은 (조직 간에 발생하는 교류가 아닌) 조직 내에서 일어나는 활동을 연구한다.[29] 조직 경제학자들은 종종 조직의 통제 문제로 이야기를 시작하곤 한다. 통제 문제란 조직의 하위 구성원이 조직 전체의 이익에 부합하지 않는 방식으로 행동하는 상황을 말한다. 예를 들어 마이클 젠슨Michael Jensen과 윌리엄 메클링William Meckling은 다음과 같이 설명한다:

> 주인-대리인 관계에 있는 당사자들이 쌍방 모두 효용 극대화를 추구한다면, 대리인이 항상 주인의 이익을 최우선으로 하지는 않을 것이라고 믿을 만한 충분한 이유가 있다. 주인은 대리인에 대해 적절한 인센티브를 설정하고, 대리인의 일탈을 제한하도록 설계된 감독 비용을 부담하는 것으로 자신의 손실을 줄일 수 있다. (…) 그러나 일반적으로 주인 또는 대리인이 어떤 비용도 부담하지 않은 채 대리인이 주인의 관점에 최적인 의사 결정을 하도록 하는 것은 불가능하다.[30]

통제 문제는 소유주owner와 관리자manager 사이에 '정보 비대칭성'이 있을 때 발생한다. 일반적으로 관리자는 자신의 업무에 관해 소유주 대비 우월한 정보를 가진다. 관련 기술에 대한 전문 지식이 있거나 해당 업무를 현장에서 다루기 때문이다. 이러한 정보의 우위 때문에 관리자는 기회주의적으로 행동하는 경향이 있다. 이들은 주주의 이익을 희생하면서 과도한 여가를 즐기거나 비금전적 복리 제도를 남용하는 등 자신의 이익을 극대화할 수 있다. 자신의 여가, 시간, 노력을 희생하고 싶지 않아 잠재적으로 수익성이 있지만 불확실한 모험을 피하려고 할 수도 있다.

조직경제학에서는 이러한 통제 문제에 대해 다양한 해결책을 제시한다. 하나는 특정 행동에 대해 보상하거나 처벌하기 위해 고안한 직접 감독과 성과 평가이다. 관리자가 비금전적 복리 제도를 남용하면 직급이 강등되거나 보상이 삭감될 수 있다.

직접 통제는 미래의 모든 우발적 상황을 하나하나 판별할 수 있는 능력을 전제로 하는데, 이는 복잡한 조직 내에서는 사실상 불가능한 일이다. 알렉산더 노브Alexander Nove가 들려주는 소련의 계획 관행의 한 사례는 이 문제를 생생하게 보여준다.

> 오래전, 〈크로코딜Krokodil〉*에 이런 만화가 실린 적이 있다. 큰 작업장에 거대한 못이 걸려 있었다. 감독이 못을 가리키며 말했다. "한 달 계획을 달성했습니다." 물론 톤 단위로 말이다. 이러한 이유로 소련의 강판은 무겁고 두꺼운 것으로 악명이 높았다. 톤 단위로 계획을 세우니 판유리는 너무 무거웠고, 종이는 너무 두꺼웠다.[31]

조직경제학자들은 이러한 통제 문제를 최소화하기 위해 프로세스와 보상 패키지를 제안한다. 이 가운데 두 가지, 즉 승진과 스톡옵션은 모두 인센티브 조정에 관한 것이다. 경력 관리는 '암묵적 인

---

* 1922년 창간되어 2008년까지 발행된 소련~러시아의 풍자 잡지.

센티브'의 한 형태로, 직원의 노력과 기여를 유도하도록 설계할 수 있다.[32] 경력 관리의 한 가지 관행은 경영상 객관적인 필요로 정당화될 수 있는 수준 내에서, 신규 인력 채용은 하위 직급으로 한정하는 것이다. 이렇게 하면 상위 직급에의 후보자 공급에 어느 정도 긴장이 조성되어 승진에 대한 기존 직원들의 합리적인 기대가 커지며, 이에 따라 기존 직원들이 회사에 남아 열심히 일하려는 경향이 더 커진다. 이러한 구조에서 승진은 '적절한 성과'에 대한 보상을 넘어 사전적으로 인센티브를 조정하는 데도 활용할 수 있다.

스톡옵션 역시 인센티브를 조정하는 데에 활용된다. 경영진은 종종 전체 보수 중 상당 부분을 스톡옵션으로 받는다. 기업 가치 전반을 올릴 수 있는 활동을 수행하도록 경영진이 미래의 이익을 위해 위험을 감수하게끔 장려하는 것이다.

중국 시스템에서의 인센티브

조직경제학의 핵심 주장 중 하나는 직접 감시와 통제가 문제가 되는 상황에는 인센티브 조정이 특히 중요하다는 것이다. 이 추론을 중국공산당 시스템, 특히 지방 출신들이 선두에 서는 이유를 설명하는 데 적용해 보도록 하자.[33]

중국학자들은 중국공산당 체제의 관료를 두 가지 유형, 즉 제너럴리스트와 스페셜리스트로 구분한다.[34] 지역 관료는 제너럴리스트이다. 이들은 산업, 농업, 교육 등 다양한 업무를 담당한다. 반면 중앙부처 관료들은 한 분야에서 전담 업무를 수행하는 스페셜리스트이다. 예를 들어 전자부 장관은 전자 산업을, 외교부 장관은 중국과 외부 세계와의 관계를 담당한다. 물론 모두 상대적인 개념이지만, 전체적으로 보면 사실이다.

중앙부처 공무원과 지방 공무원 모두 조직경제학자들이 말하는 의미에서는 '대리인'이다. 이들은 중국공산당 총서기, 정치국 상무위원, 국무원 총리 등 상급자의 명령에 따라 일하는 고용된 관리자들이다. 그리고 이들은 대리인이기 때문에 조직경제학에서 경고하는 대리인 문제가 발생하기 쉽다.

중국식 맥락에서 대리인 문제를 덜 전문적으로 표현한 말이 바로 '산은 높고 황제는 멀리 있다'이다. 베이징 공무원들에게 산은 그렇게 높지 않고 황제는 바로 눈앞에 있다. 이들은 스페셜리스트라 할 수 있다. 따라서 감독 비용이 낮고, 지시를 내리거나 업무 성과를 평가하고 중요 업무에서 실패했을 때 직급을 강등하는 등 직접 통제가 가능하다. 또한, 여러 부문에 걸쳐 있는 것보다 단일 부문 내에서 비상 상황을 구체화하는 것이 더 쉽다. 이는 중앙부처 공직자 중 고위직에 오르는 사람이 많지 않은 이유를 설명할 수 있다. 바람직한 행동을 유도하기 위해 승진 인센티브가 크게 필요하지 않은 것이다.

지방 공무원들은 제너럴리스트이며, 인센티브 조정 측면에서 더 많은 것을 요구한다. 자신이 황제로부터 산 넘고 물 건너 멀리 떨어진 지방의 고위 공무원이라고 상상해 보라. 중앙 정부의 이익 대신 나 자신에게 이익이 되는 활동을 하고 싶은 유혹이 강할 것이다. 그러나 중앙으로 승진할 수 있다는 합리적인 기대와 중앙 의사결정권자와 가까운 사람들—즉 베이징에서 일하는 중앙부처 공무원들—이 항상 기회를 낚아채는 것은 아니라는 사실이 당신을 일탈에 빠지지 않게 한다.

늘 그렇듯이 현실은 더 복잡하다. 예를 들어, 우리는 할당 효과를 목격할 수도 있다. 어떤 이유에서든 당신이 중앙 정부의 고위직 후보로 고려되고 있다고 상상해 보라. 시진핑처럼 공산당 원로의 자녀라는 배경이나, 리커창처럼 청년단 파벌의 연줄이 매력적인 요소일 수 있다. 이제 당신은 중앙 정부의 지도자 자리를 위해 지방으로 배치되어 단련된다. 그러나 미스터리는 사라지지 않는다. "왜 중앙부처 경로가 아닌 지방 경로를 통해서만 이런 인사가 이루어질까?"라는 의문이다. 우리는 시진핑이나 리커창과 같은 특정 개인이 고위직에 오른 이유가 아니라, 전체적으로 지방 공무원이 중앙부처 공무원보다 고위직에 오를 가능성이 더 큰 이유를 설명하려고 한다.

또 다른 인센티브 조정 도구는 스톡옵션이 있다. 공무원에게는 스톡옵션을 부여해 GDP 성장이라는 결실을 나누는 방식이 불가능하다. 적어도 내가 아는 어떤 공무원도 이를 공개적이고 합법적으로 시행한 적은 없다. 하지만 스톡옵션의 기본 개념, 즉 대리인을 주인으로 전환한다는 개념은 중국공산당에도 적용할 수 있다. 현재 24명의 위원으로 구성된 정치국에는 두 개의 등급이 있다. 일곱 명의 위원으로 구성된 정치국 상무위원회는 중국 정치 체제의 정점에 있으며, 기업 경영 구조에서 이사회와 같은 역할을 한다. 정치국 상무위원회는 매일매일의 국가 운영에 대한 책임을 지며 모든 최종 결정을 내릴 수 있는 권한이 있다. 나머지 후보위원은 의사결정권자라기보다는 다음 기수 상무위원회 위원의 후보군 역할을 한다. (보시라이는 후보위원이었다.)

제19기 정치국 상무위원회 후보위원 18명 중 여섯 명이 지역 당서기를 겸직하고 있었다. 2022년 10월 제20차 당대회에서 선출된 새 정치국에서는 이 수가 여덟 명으로 늘어났다. 후보위원이라는 직책은 일종의 정치적 스톡옵션과도 같다. 이 직책은 지방 관료들에게 부분적이나마 정치적 '주인'의 지위를 부여하고, 상무위원회의 정책과 이들의 선호가 부합하도록 조정하지만, 상임위원과 같은 수준의 의사 결정권을 부여하지는 않는다. 나와 많은 다른 학자들이 발견한 바와 같이, 부분적이나마 주인의 지위를 가진 지방 관료들은 투기적 투자 활동을 억제하라는 중앙 정부의 정책 명령을 가장 잘 준수한다.[35]

우리는 이러한 배치를 세 가지 측면에서 대리인 문제에 대한 해결책으로 생각할 수 있다. 첫째, 정치국 소속 지방 관료들은 이른바 정치적 잔여 권리 일부를 부여받았으므로 자신의 경력이 장기적으로 현재 근무하는 지역이 아닌 중앙에 있다고 계산할 것이다. 둘째, 이는 자신의 이익과 정치 시스템 전체의 이익을 동시에 추구하는 일종의 패키지성 배치라고 볼 수 있다. 셋째, 상임위원들이 이들을 더 자주 많이 관찰할 수 있게 되므로 불복종 비용이 증가한다. 정치국 후보위원 자리는 황제가 지방을 더 가까이 들여다볼 수 있게 돕는다.

현재 정치국 후보위원 17명 중 중앙부처 장관직을 겸직하는 인사는 네 명으로, 지방 지도자 여덟 명의 절반밖에 되지 않는다. 이 패턴은 역사적으로 되풀이되어 왔다. 1980년대와 1990년대 전반의 데이터를 보면 지방 당서기가 정치국 후보위원을 겸직하는 비율이 중앙부처 장관들 대비 두 배에서 다섯 배 더 높았다. 이러한 격차는 시간이 지남에 따라 더욱 커졌다. 13기(1987~1992)와 19기(2017~2022) 정치국 상임위원회 구성을 보면 중앙부처 장관 출신이 감소해 왔다는 것을 알 수 있다.

제약 수단

지방의 대리인 문제가 중앙부처의 대리인 문제보다 더 심각하다면, 승진 가능성을 높이고 정치국 의원 자리를 더 많이 배정하는 등 지방 공무원의 인센티브 조정에 더 많은 관심을 기울여야 한다. 지방의 대리인 문제를 관리하려면 지방 공무원에 대한 통제 수단을 더 자주 적용할 필요가 있다. 왕조 시대 중국으로 거슬러 올라가면, 중국은 오랜 시간에 걸쳐 검증된 통제 수단을 개발해 왔으며, 중국공산당은 그중 일부를 채택하여 적용하고 있다.

예를 들어, 한나라에는 판관의 출생지 임명 금지 규정이 있었다.[36] 시간이 지나면서 이 규정은 조정 관리의 친족에게까지 확대되었다. 그들은 지역 관리와의 결탁을 막기 위해 수도에서 가까운 지방에서 근무하는 것이 금지되었다. 청나라에서는 만주족과 한족 사이의 분열이라는 배경도 있어 이러한 금지 규정이 더욱 확대되었고 조정 관리의 아버지, 숙부, 형제, 조부모, 조카, 사촌, 인척까지도 조정에 출사할 수 없게 되었다.[37] 유교는 가족 중심적이라는 찬사를 받지만, 유교를 정치적으로 실행하면 극심한 반가족적 성격을 띠게 되는 것이다.

조직경제학의 논리에 따르면, 이러한 통제 수단은 중앙부처 관료보다 지방 관료에게 더 자주 적용되어야 한다. 이 주장은 사실인 것 같다. 나는 2002년에 발표한 연구에서 중화인민공화국 건국 후 첫 45년 동안의 공직자 임명 및 승진 기록을 바탕으로 다양한 인사 관리 측면을 조사한 바 있다.[38] 실제로 지방 공무원의 임기는 중앙부처 공무원보다 짧았다. 그리고 양쪽 모두 마오쩌둥 시대(1949~1976)보다 개혁개방 시대(해당 연구에서는 1977~1995년으로 정의함)에 더 짧았다. (거의 모든 관료가 숙청된 문화대혁명과 같은 특이한 정치적 사건이 있었던 시기는 이 계산에서 제외했다.)[39] 1977년 이전에는 평균적으로 중앙부처 장관의 재직 기간은 지방 당서기보다

23퍼센트, 성장보다 19퍼센트 더 길었다. 1977년 이후에는 이 두 수치가 각각 10퍼센트와 16퍼센트로 떨어진다. 같은 기간을 비교해 보면 하급 공무원을 포함해 중앙부처와 지방 공무원 모두 평균 재직 기간이 30퍼센트 이상 감소한 것으로 나타났다. 하락세는 계속됐다. 예를 들어, 1990년 중국 시장의 재임 기간은 평균 약 3년이었다. 2001년에는 평균 2.5년에 불과했다.[40]

우리는 조직경제학을 활용하여 이러한 패턴을 설명할 수 있다. 임명 결정은 짧은 시간 내에 정보와 동료 의견을 요청 및 대조하고 후보자에 대한 실사를 수행해야 하는 매우 고밀도의 프로세스이다. 당 중앙위원회 조직부는 중앙부처와 성급 간부의 임명 및 승진 과정을 주도한다. 지방 공무원 임명 결정이 더 자주 이루어진다는 것은 지방 공무원에 대한 심사가 더욱 철저함을 의미한다. 중앙화된 임명 절차는 최소한 바람직하지 않은 후보자 정도는 걸러내고 있다.[41]

시간이 지남에 따라 전반적으로 재직 기간이 짧아지는 현상 역시 같은 논리로 설명할 수 있다. 마오쩌둥과 저우언라이의 정책 의제는 단순하고 직설적이었다. 재정 자원과 외국 자본을 놓고 경쟁할 일도 없었고, 개혁 방향, 산업 정책의 우선순위, 무역 전쟁, 세계무역기구WTO 기준에 맞춘 정책 수정을 놓고 논쟁할 일도 없었다. 반면 개혁개방 시대에는 범위 조건이 확대되고 이념적 동질화 효과가 약해져 중국 정치 체제 내 긴장이 고조되었다. 합리적인 독재자에게는 이러한 갈등을 해결하기 위한 추가적인 장치가 필요하다. 인사 관리는 바로 그러한 장치이다.

왕조 시대로부터 물려받은 또 하나의 접근법은 관료들을 다양한 기관과 다양한 지방으로 순환 보직을 시키는 것이다. 예를 들어 리커창은 2002년부터 2004년까지 허난성 당서기를 지냈고, 그 후에는 랴오닝성 당서기로 파견되었다. 순환 보직을 발령받은 공직자는 자신의 측근을 새로운 직책이나 부임지로 데려올 수 없다. 대신 정치적 기반을 처음부터 완전히 새로 구축해야 한다.

순환 보직은 중국공산당의 공식적인 명령 구조와 대치할 수 있는 연고주의 발생을 사전에 방지한다. 과거 왕조 시대와 현대 공산당 시대 중국 시스템은 권력과 정보 흐름의 수직적 집중에 막대한 투자를 해왔으며 수평적 유대와 자원 교환을 적극적으로 억제했다. 중국공산당 규정집은 개인의 연줄을 심각한 범죄인 '파벌주의'로 조롱한다. 1940년대 중국공산당의 인사를 총괄하고 인사 규범 형성에 이바지한 천윈은 1982년 다음과 같이 말했다.

"순환 보직은 좋은 제도이다. 한 지역에서 오랫동안 공공 업무를 수행하는 것은 파벌주의를 조장하기 때문에 좋지 않다."[42]

순환 보직은 아주 효과적인 통제 도구이다. 정기 인사 발령의 규제 효과를 달성하는 동시에 공직자들이 공들여 쌓은 연줄과 정치적 기반을 뿌리 뽑는다.

파벌주의는 대리인 문제이므로 파벌주의를 억제하기 위해 고안한 처치는 중앙부처 관료보다 지방 관료에게 더 적극적으로 적용해야 한다. 증거가 있다. 1985년부터 1995년까지 임명된 성급 당비서 70명 중 11명(전체의 15.7퍼센트)은 해당 보직 직전에 다른 성에서 당 비서나 성장을 역임한 인물이었다. 성장의 경우 그 비율은 약 6.5퍼센트로 더 낮다.

대조적으로, 중앙부처 장관 임명에는 순환 보직이 거의 적용되지 않는다. 1984년부터 1995년 사이에 새로 임명된 65명의 장관 중 단 한 명, 인민은행 총재만이 다른 부처에서 바로 옮겨왔다.[43] 직무 유기와 부패 혐의로 해임된 쑹젠밍과 리우즈쥔의 사례를 생각해 보자. 두 사람 모두 해당 부처의 내부 인사로 교체되었다. 반면 유사한 불명예로 경질된 지방 관료는 모두 낙하산을 타고 들어온 외부인이 후임으로 임명되었다. 중앙부처에 대한 이러한 내부 통제는 내가 이 장에서 언급한 더 넓은 의미의 패턴, 즉 지방 공무원과 비교해 중앙부처 공무원의 교체 및 순환 빈도가 더 적은 패턴과 일치한다. 지방 공무원이 중앙부처 공무원보다 높은 지위에 올라 중국을 통치할 가능성이 더 크다는 사실과 이것이 M자형 경제에서 비롯되었다는 사실을 추가하면, 중국공산당의 능력주의는 지방 권력을 강화하기도 하고 억제하기도 한다고 볼 수 있다.

개혁개방 시대의 중국공산당 시스템은 많은 이들이 인정하는 것보다 훨씬 더 독창적이다. 체계적이고, 인센티브에 세심한 주의를 기울이며, 과거 제도의 역사적 유산을 활용하면서도 왕조 시대로부터 물려받은 많은 특징을 현대화하기도 했다. 그러나 여기에는 중요한 전제 조건이 있다. 즉, 권력을 손에 쥔 독재자가 이에 동참해야 한다는 것이다.

정권은 수시로 바뀌고, M자형 경제는 입법을 통해서 실시하지 않는다. M자형 경제는 위임을 통해 가능하며 독재자들은 저마다 '위임'의 정의를 다르게 해석한다. 덩샤오핑은 M자형 접근 방식을 승인했으나 시진핑은 중국공산당 특유 능력주의의 인센티브와 자율성 측면을 급격히 축소했다. 시진핑은 정치적 '성과'를 재정의하며 경제를 희생시켰다. 독재적인 능력주의는 본질적으로 취약하다. 그 시스템 안에서 성과가 어떻게 정의되고 구성되는지는 독재자의 지혜는 물론 순간의 변덕에 따라 순식간에 바뀔 수 있다. 9장에서는 시진핑이 덩샤오핑의 혁신적인 능력주의를 어떻게 뒤집었고 중국 경제와 정치에 얼마나 심각한 결과를 가져왔는지 자세히 살펴볼 것이다.

2부

독재

獨裁

3장.
사회 없는 국가

이 급여 체계로 인해 유능한 인재들이 정계로 몰려든다면, 그들의 동기가 무엇이든 간에 채용하면 된다. 그들이 야당으로 흘러 들어가는 것보다는 낫다.

— 리콴유, 전 싱가포르 총리

1582년 여름, 명나라는 축제 분위기였다. 황제 만력제*가 마침내 원자 상락常洛을 얻었기 때문이다. 유교의 장자 승계 전통에 따라 주상락의 황태자 책봉은 당연했다.[1] 하지만 만력제는 황태자 책봉을 차일피일 미뤘다. 20년이나 질질 끈 후에야 만력제의 마음이 실은 상락이 아닌 셋째 아들 상순常洵에게 기울어 있었음이 드러났다. 상순은 만력제가 평생 총애했던 후궁 정씨의 소생이었다. 즉, 황실 법도나 유교 전범이 아닌 황제의 진심이었던 셈이다.

만력제는 유교를 신봉하는 중국인들의 단호한 반대에 부딪혔다.

---

* 명나라의 13대 황제. 정식 명칭은 신종 현황제神宗 顯皇帝이고 만력萬曆은 연호이다. 이 책에서는 일반적으로 통용되는 호칭에 따라 명나라와 청나라의 황제는 연호와 제帝로 표기하였다.

장남을 건너뛴다는 발상은 장자 승계 원칙을 대놓고 무시하겠다는 뜻이었고, 사서삼경의 기본 교리인 장유유서에도 어긋나는 일이었다.[2] 유학자 관료들은 만력제를 밀어붙여 주상락을 황태자로 즉위시켰지만 그 과정에서 관료들과 황제의 갈등은 극에 달했다. 먼저 조정의 최고위 관료 중 한 명인 대학사 신시행申時行이 황제의 뜻에 반대하는 의견을 냈으나 만력제는 이를 무시했다. 그러자 이번에는 이부吏部*의 심경沈璟과 호부戶部**의 강응린姜應麟이 각각 주상락의 태자 책봉을 청원하였다. 만력제는 두 사람 모두 좌천시키는 것으로 대응했다. 관료들의 탄원은 계속되었다. 예부禮部***의 한 관리는 황제가 천자의 의무를 소홀히 하고 있다고 비난하는 공식적인 시위까지 주도했고, 그 결과 곤장 60대의 벌을 받았다.

도덕과 선례의 무게는 분명히 유교 관료들의 편이었고, 만력제가 할 수 있는 최선은 태자 책봉을 계속 미루는 것이었다. 처음에는 관료들의 입을 막으려 했으나 실패하자 지연 전술로 나갔다. 주상락의 나이가 아직 어리다며 향후 수년간 신하들이 이 문제를 거론하지 않는다면 장남을 태자로 책봉하겠다고 약속했다. 그리고 역사적인 태업에 들어갔다. 매일 쏟아져 올라오는 상소를 무시했고 신하들에게 알아서 하라는 식으로 미루며 그 어떤 의사 결정도 하지 않았다.

---

* 왕조 시대 중국의 중앙 정치 제도인 삼성육부제三省六部制를 구성하는 기관 중 하나. 문관의 임용, 공훈 및 봉작, 인사 고과, 정무 등을 담당하였다.

** 왕조 시대 중국 조정에서 호구, 재정, 조세, 지방 행정 등을 담당한 부서.

*** 왕조 시대 중국 조정에서 각종 예식과 의전, 외교, 과거 시험을 담당한 부서.

결국 10년이 넘는 교착 상태 끝에 1601년, 만력제는 뜻을 굽혀 주상락을 황태자로 세웠다. 그러나 이 무렵 만력제는 모든 의지를 상실하고 만사를 귀찮아하는 상태였다. 그는 황궁에 칩거하며 관료들과의 모든 회의를 중단 후 황제의 가장 위중한 책임 중 하나인 인사 결정의 검토 및 승인도 거부했다. 한 마디로 그는 통치 행위 자체를 중단했다.

이 이야기에는 많은 교훈이 있다. 하나는 왕조 시대 중국 제국에서 유학자 관료들이 휘두른 권력에 관한 것이다. 유학자 관료들은 사대부士大夫라고도 불리며, 과거 제도의 자부심이었다. 이들은 기수별 과거 시험에서 특출한 성적을 거둔 진사 집단이었다. 그들은 유교 원리에 흠뻑 젖어 있었으며 유교적 도덕과 불멸의 순수성을 지키는 수호자로 여겨졌다.

사대부들이 후계 다툼에 휩쓸린 이유는 이들에게 차기 황제에게 유교적 가치를 전수하는 임무가 있었기에, 황태자가 가장 감수성이 예민할 때 서둘러 교육을 시작하고 싶었기 때문이다. 황실 규범에 따르면 황제의 아들 중에서 오직 황태자만이 가장 학식이 높은 유학자들로부터 가르침을 받을 수 있었다. 바로 한림원 학사들이다. 사대부들은 태자 책봉이 늦어지면 미래의 황제가 유교 사상과 용어들에 대한 교육을 충분히 받지 못할 것을 우려했다.

더 중요한 교훈은 유학자 관료들이 권력을 휘두를 수 있었고, 실제로 그렇게 했다는 것이다. 만력제는 "여리고 우유부단한" 성격의 소유자로 전해진다. 반면 명나라의 건국 황제 주원장은 10만여 명의 관료와 그 일족들을 모조리 죽인 다음 연공서열의 원칙을 뻔뻔스럽게 무시하고 한두 명도 아닌 무려 35명의 아들을 건너뛰고 손자 윤문允炆을 후계자로 지명했다! 유교 도덕은 주원장의 막강한 권력 앞에서 무너졌고, 수많은 유학자의 삶도 함께 무너졌다.

우리는 '국본의 쟁國本之爭'이라 불리는 이 사건의 이원적 성격에 주목할 필요가 있다. 모든 대화는 황제와 그의 유학자 관료들 사이에서 일어났다. 하늘의 관점을 제시하기 위해 사제가 개입하지 않았다. 올바른 절차를 따랐는지 확인하기 위해 의회가 끼어들지도 않았다. 후궁 정씨도, 황후도 입을 다물었다. 사대부들이 제기한 문제는 단 한 가지, 장자 승계의 원칙뿐이었다. 이 문제를 놓고 만력제 자신이나 황제의 측근들로부터 격렬한 반발이나 반대 의견이 나오지도 않았다. 주상순이 황후 소생이 아니라는 사실은 애초에 문제조차 되지 않았다. 이 게임의 이름은 단순함이다.

이 사건으로부터 약 70년 전, 지구 반대편 영국 튜더 왕조의 헨리 8세가 앤 불린과 결혼하고 앤과의 아기를 후계자로 세우려 했던 사건과 비교해 보자. 앤은 총명했고, 일각에서는 권모술수에 능했다고 한다. 왕실에 들어가기 위해 프랑스어를 완벽하게 익혀 왕비의 시중을 드는 여관女官에 임명되는 데 성공한 앤의 미모와 문학적 재능과 남자를 사로잡는 전술에 헨리 8세는 빠져들고 말았다.

하지만 헨리 8세의 합법적인 왕비였던 아라곤의 캐서린이 두 사람의 관계를 가로막았다. 헨리 8세와 캐서린의 결혼을 무효화할 수 있는 권한은 헨리 8세의 통제가 미치지 않는 교황만이 소유하고 있었다. 그리고 교황은 5년 동안 혼인 무효를 허락하지 않았다. 그러던 중 1532년 앤이 임신한다. 앤이 출산 전에 왕비의 자리에 올라야만 뱃속 아기가 후계자가 될 수 있었다. 헨리 8세는 서둘러 행동에 나서야 했고, 실제로 행동에 옮겼다. 그는 반교황 운동을 시작했고, 일련의 의회 입법을 통해 영국과 가톨릭교회와의 관계를 단절했다. 1533년, 캔터베리 대주교 토마스 크랜머는 헨리 8세와 아라곤의 캐서린 사이의 결혼이 무효라고 선언했다. 헨리 8세는 그해 앤 불린과 결혼했다.

헨리 8세는 강력하고 잔혹하기까지 한 왕이었지만(그는 앤 불린뿐만 아니라 측근과 반대파를 가리지 않고 수많은 신하를 처형했다), 영국 군주제를 둘러싼 규칙과 전통의 제약을 받았다. 이혼하려면 교황의 허가를 받아야 했고, 교황에게는 이혼을 허가하지 않을 수 있는 권한이 있었다. 다른 장애물도 있었다. 의회의 합의를 얻어내야 했고, 아라곤의 캐서린을 지지하는 세력의 압력이 있었으며, 어떤 아들이 '적자'이고 자신의 뒤를 이을 자격이 있는지 판정하는 확립된 기준이 있었다. 만력제의 관점에서 보면 이 모든 것은 당혹스럽고 복잡하고 불편하기 짝이 없는 미친 짓이었다.

이 두 군주의 이야기는 정치의 근대가 도래하기 훨씬 이전부터 중국과 영국은 정치와 제도적 배경이 근본적으로 달랐음을 보여준다. 만력제와 헨리 8세는 모두 왕위 계승 문제를 둘러싸고 오랜 기간 갈등에 휘말렸다. 두 통치자가 겪은 갈등의 방식, 수습 과정의 성격, 최종적인 해결책을 보면 그들이 운영했던 군주제의 많은 차이를 알 수 있다. 내가 주장하는 근본적인 차이점은, 만력제는 조직을 통치했고 헨리 8세는 하나의 정치 체제를 이끌었다는 점이다.

이 차이는 두 나라의 정치적 궤적에 긴 그림자를 드리웠다. 만력제의 세계는 정치가 없는 국가이자 시민사회가 없는 나라였다. 명나라 황실의 전제 정치는 훨씬 '단순'했다. 원시적이라는 의미가 아니라 권력이 위계적으로 배열되어 있고, 의사 결정을 어렵고 복잡하게 하는 규범과 규칙이 드물었고, 권력이 분화되지 않았다는 의미다. 헨리 8세의 세계는 훨씬 더 복잡하고 개방적이며, 논쟁의 여지가 많고 불확실했다. 민주주의와 법치주의는 만력제의 정돈된 위계질서가 아닌 헨리 8세의 음울하고 논쟁이 난무하는 정치에서 훨씬 자연스럽게 대두되었다.

EAST 공식의 첫 번째와 두 번째 글자가 연결되는 지점이다. 과거 시험은 왕조 시대 중국의 전제 정치가 가진 조직적 특징에 크게 영향을 미쳤다. 만력제의 조정은 미시간 대학교 철학 교수인 엘리자베스 앤더슨Elizabeth Anderson이 제안한 개념인 '사적 정부private government'와 유사하다. 이 개념은 위계질서가 지배한다. 권리, 책임, 의지는 중요하지 않다. 과거 시험은 그 발전 과정에서 등장한다. 과거 시험은 국가와 경쟁할 수 있는 모든 사회적, 경제적 세력을 몰아내고 사전에 제거하였다. 첫 번째로 플랫폼 효과가 있었다. 간단히 말해 과거 시험은 가장 체계적이고 고도화된 신분 상승 통로였다. 신분 상승 통로의 관점에서 과거 제도는 타의 추종을 불허하는 수준의 침투력을 가지고 있었다. 시작부터 끝까지 연결되어 있었고 극도로 체계적이었다. 명확한 평가 지표가 명시되어 있었다. 과거 제도의 엄청난 장점은 눈에 확실하게 들어왔다. 당신이 명나라 사람이라고 생각해 보자. 장사에 뛰어들거나, 역모를 꾸미거나, 과거를 준비하는 길이 있다. 어떤 길을 선택하겠는가. 이성적인 사람이라면 과거 시험을 선택할 것이다.

두 번째로 야수는 아예 새끼일 때 굶겨 죽였다. 종교, 정치적 반대 세력, 독립적인 지식인, 상인들은 경쟁에서 밀렸고 숫자도 부족했다. 인적 자본은 전근대에 경제성장과 사회 발전을 위해 투입할 수 있는 유일한 자본이었다. 황제의 조정은 과거 제도를 통해 생산된 양질의 인적 자본을 독점했다. 심지어 보유한 인재를 충분히 활용하지 않고 쟁여놓기까지 했다. 이 지점이 핵심이다. 반대편의 인재는 아예 씨가 말랐다. 인적 자본의 정치적 독점은 왕조 시대 중국이 높은 문해력, 곧 지적 수준에도 불구하고 왜 서구에서와 같은 경제 성장을 이루지 못했는가 하는 깊은 수수께끼의 답을 찾게 한다. 지적 능력은 성장을 위해 활용되지 않았다. 왕조 시대 중국의 지적 능력은 전제 권력을 강화하고 사회를 속박하는 데 사용되었다.

내가 '과거 제도의 퍼즐'이라고 부르는 것이 있다. 진화 심리학자 조지프 헨릭Joseph Henrich은 문해력이 유럽인의 두뇌에 생물학적 변화를 일으켜 서구를 도약시킨 씨앗이 되었다고 주장한다.[3] 그러나 중국인의 문해력은 상당한 수준이었음에도 과거 제도의 문해력은 헨릭이 주장한 근대화 효과를 일으키지 못했다. 왜일까? 민주주의와 개인의 주체성에 근본적으로 반대되는 과거 제도의 문해력과 관련된 특징들에 대해서는 뒤에서 자세히 설명하겠다.

이 과거 제도의 퍼즐을 풀면 동아시아에 대한 베버의 비관론을 해소하는 데 도움이 된다. 막스 베버는 유교 문화가 경제성장과 양립할 수 없다고 주장했는데, 우리는 이 명제가 완전히 틀렸다는 것을 이미 알고 있다. 다만 베버가 사실적으로는 틀렸을지 몰라도 분석적으로는 틀리지 않았을 수도 있다. 베버의 실수는 개신교가 노동 윤리를 독점했다는 잘못된 믿음이었다. 1장을 읽은 독자라면 과거 시험을 준비하기 위해 어마어마한 노력이 필요했다는 사실에 동의할 것이다. 과거 시험은 헨릭이 주장한 능력과 두뇌 변화뿐 아니라 직업윤리까지 배양했으나 더 광범위한 경제 활성화를 위해서는 이를 보완하는 조건이 필요했다. 계몽 지도자, 경제적 경쟁, 기업가 정신 등이다. 이러한 조건들은 제2차 세계대전 이후 동아시아에, 그리고 중국에는 1978년 이후에야 다다랐다. 그러자 과거 제도의 유산을 물려받은 경제가 도약을 시작했다.

이 모든 주제를 다루기 전에 만력제의 정치 체제로 돌아가 보자.

두 정치 체제 이야기

역사학의 관점에서 보면 튜더 왕조의 헨리 8세와 명나라의 만력제는 동시대 인물이다. 헨리 8세는 1491년에 태어나 1547년에 사망했다. 만력제는 16년 후 1563년에 태어났다. 두 전제 군주는 시기적으로는 가깝지만 정치적으로는 완전히 떨어진 세상을 살았다. 왕조 시대 중국 제국은 권력관계를 수직으로 배열했다. 황제가 정점에 있는 단일 계급 구조였다. 황제의 권력에 대한 제약이 존재하기는 했으나 대개 비공식적이었고 명확한 규칙에 기반하지도 않았다. 황제 스스로 만든 제약이거나 제약을 준수할 때 발생하는 비용과 편익을 합리적으로 계산한 결과물이었다. 의사 결정 단계에서 황제의 권한은 사전에 공유되지 않았다. 결정의 시행은 법과 제도적 설계가 아닌 위임이라는 방식으로 사후에 공유되었다.

우리는 이러한 조직 구조의 관점을 아래쪽으로 확장하여 국가와 국가가 통치하는 주체 간의 관계를 분석할 수 있다. 지배 행위란 행정적 장치와 같은 직접 수단 또는 의무적인 가치와 규범 같은 간접 수단으로 조직을 통치하는 것을 말한다. 같은 개념을 국가와 사회를 다루는 친숙한 사회과학적 언어로도 표현할 수 있다. 이러한 맥락은 사회가 국가로부터 어느 정도의 자율성을 가지고 있다는 것을 전제로 한다.

이러한 관점의 가장 강력한 버전은 조엘 미그달Joel Migdal의 저서 《강한 사회와 약한 국가Strong Societies and Weak States》이다.[4] 미그달은 개발도상국의 공통적인 문제, 즉 국가가 자주적이고 유능한 주체로 부상하기 위한 투쟁을 지적한다. 잠시 후 소개할 민간-정부 관점은 이러한 시각을 뒤집어 국가가 사회 위에 군림하고 지배한다고 주장한다. 제국주의 국가와 오늘날의 중국공산당은 명백하게 민간 정부에 속한다. 족쇄를 찬 것은 국가가 아니다. 사회다.[5]

누가 누구에게 족쇄를 채우는지는 '누가' 먼저냐에 따라 결정적으로 달라진다. 서구에서 관료제는 정치적 거버넌스의 전반적인 틀이 갖춰진 후에 탄생했으며, 정책 문제를 해결하고 각각의 영역에 최적화된 프로그램을 실행하려는 목적이 뚜렷한 테크노크라시 성격의 도구였다. 즉, 관료제는 전쟁, 세금 징수, 의료 운영, 산림 관리와 같은 업무별 기능을 수행하기 위해 생겨났지 전반적인 거버넌스 기능을 수행하기 위한 목적이 아니었다. 그러한 기능은 의회, 권리장전, 삼권분립과 같은 다양한 제도와 사상과 합의를 통해 제공되었다. 관료제는 나중에 이러한 제도들에 더해진 것이었으며, 그중 일부일 뿐이지 결코 그 전부가 아니었다.[6]

반면 왕조 시대 중국의 관료제는 사회가 막 태동하여 힘겹게 헤쳐나가야 하는 연약한 시기에 생겨났다. 과거 제도의 확장은 사회에 대한 국가의 지배를 확립했다. 이 지배는 행정적이고 관념적인 지배였다. 역사가들은 왕조 시대 중국의 강력한 신사紳士 계급*은 종종 국가의 긴 팔이 닿지 않는 곳에서 활동했고 일부는 사적 이익을 추구하기 위해 정부의 요구를 조작하고 제도를 이용했다고 지

---

* 신사 또는 중국어로 향신鄕紳 계급은 특히 송대 이후 지방에서 경제적, 문화적 지위와 명망을 누리는 사회 계층을 가리키며, 명청대 이후로는 중앙 정부가 이들에게 의존하여 농촌 지역을 간접적으로 통치할 정도로 막강한 권세를 누렸다. 신사 계급은 주로 과거에 합격했지만 벼슬을 하지 않거나 낙방한 선비, 향촌의 유지, 낙향한 관리 등 그 지역의 영향력 있는 인물들이었다. 유교적 예법과 윤리를 강력하게 수호하며 사회 풍토와 질서를 유지하는 데에 큰 역할을 하였으며 정부의 세금 징수를 대리하기도 하였다. 근대 유럽, 특히 영국에서 발현한 젠트리gentry 계급과도 유사하다.

적한다.[7] 모두 사실이지만, 특히 국가를 대신하여 한 가지 중요한 기능을 수행했다는 점에 주목할 필요가 있다. 다름 아닌 세금 징수이다. 따라서 그들은 국가를 대신하는 존재였지 국가를 제약하는 존재가 아니었다. 일부 황실 신하들이 제도를 악용하기도 했지만, 이 역시 사회가 아닌 국가가 정한 조건에 따라 가능했다.

국가의 권력은 가장 중요했고 지금도 동일하며, 중국의 시스템은 물 샐 틈도 없다. 틈 없는 시스템은 쉽게 무너지지 않는다. 완벽에 가까운 설계, 시민사회의 부재, 뿌리 깊은 가치와 규범들 덕분에 전제 정치 체제는 중국에 깊게 뿌리 내렸다. 이것은 과거 제도가 지닌 사회를 질식시키는 능력 때문에 가능했다. 과거 제도는 중국의 정치를 그 자리에 못 박았다.

사적私的 정부

수닐 킬나니Sunil Khilnani는 그의 저서《인도의 생각The Idea of India》에서 "정치란 불완전하고 편파적인 정보 조건에서 끊임없이 경쟁하고, 전략적이며 실용적인 행동들이 일어나는, 필연적으로 확정 불가능한 인간 능력의 영역"이라고 정의한다.[8] 이러한 개념을 앤더슨이 '사적 정부'라 부르는 것과 대조해 보자. 앤더슨은 다음과 같이 말한다.

> 정부가 거의 모든 사람에게 무조건 복종해야 하는 상사를 한 사람씩 지정해 준다고 상상해 보자. 상급자는 대부분 하급자에게 해야 할 일을 지시하지만, 법의 지배는 없다. 명령은 상사 맘대로에 사전 통지나 이의를 제기할 기회 없이 언제든지 변경될 수 있다. 상사는 자신의 명령을 받는 사람에 대한 책임을 지지 않는다. 하급자는 상급자를 선출

하거나 해임할 수 없다. 하급자는 극히 예외적인 경우를 제외하고는 자신이 받는 대우를 법정에 호소할 수 없다. 또한, 자신이 받은 명령에 대해 면담을 할 권리도 없다.[9]

사실 상상할 필요도 없다. 중국에 바로 이런 정부가 존재하며 이 정부는 2,000년 동안 존재해 왔다. 모든 관계는 위계적이다. 상호작용이 아닌 정해진 임무만이 존재한다. 협의보다는 명령이 존재한다. 준수해야 할 법치보다는 복종해야 할 명령이 존재한다. 동등한 관계가 아닌 상급자가 존재한다. 권리도 없고 의지할 곳도 없다. 상급자와 하급자에 대한 동등한 제약이라는 맥락을 갖춘 규범이 존재하지 않는다.

이러한 민간-정부 관점은 튜더 왕조 영국과 명나라 사이의 본질적인 차이점을 잘 보여준다. 만력제의 명나라는 사적인 정부였던 반면, 헨리 8세의 잉글랜드는 권력이 어느 정도 분립하고 신하들이 나름의 자율성과 독립성을 갖는 근대 정치에 더 가까웠다.

헨리 8세는 킬나니가 정의한 정치의 세계에서 활동했다. 헨리 8세에게는 수많은 경쟁자가 있었고 그들에게 휘두를 수 있는 권한은 없다시피 했다. 헨리 8세의 행동은 그가 통제할 수 없는 오랜 규범과 규칙의 제약을 받았다. 또한 그의 세계는 불확실성의 세계였는데, 즉 결과를 자기 의지대로 결정하고 지시하기보다는 협상하고 헤쳐나가야 하는 개방적인 세계였다. 그가 싸워야 하는 정치는 단순한 정치가 아니라 드라마와 예측 불가능성과 역경으로 가득 차 있었다. 만력제의 세계는 훨씬 더 단순하고 위계적이며 질서정연하고 폐쇄적이었다. 만력제의 조정에도 정치가 있었지만 그것은 '기업 정치'였고, 정쟁은 물밑에서 진행되었으며 종종 정통성의 부족으로 인한 큰 위험을 무릅써야만 했다. 정치는 얄팍했다. 논증과 절차적 조작, 결정과 항소의 층위도 없었다.

작지만 중요한 디테일 한 가지 더. 헨리 8세와 앤의 로맨스는 실제 연애에 가까웠다. 앤은 헨리 8세의 환심을 사려 노력했으나 그의 구애를 거절하기도 했다. 앤은 든든한 가문 덕분에 어느 정도 결정권을 행사할 수 있었다(앤의 아버지는 프랑스 대사였다). 아라곤의 캐서린 역시 자신에게 닥친 운명을 그저 받아들이기만 하는 방관자가 아니었다. 그는 스페인 왕족으로 정치적으로 무게 있는 인사였다. 아버지는 아라곤의 왕이었고, 자신은 영국 왕실 안팎으로 지지자를 확보하고 있었다. 캐서린은 헨리 8세의 계획을 저지하기 위해 행동에 나섰다. 헨리 8세의 신하들은 어느 정도 힘과 발언권이 있었고 왕으로부터 자율적으로 행동할 권리도 가지고 있었다.

반면 만력제의 황후와 후궁 정씨는 후계자를 둘러싼 서사극의 무대에서 배우가 아닌 소품에 지나지 않았다. 후궁 정씨는 성씨 외에 알려진 것이 많지 않다. 만력제와의 관계는 만력제의 명령에 따른 것이었으며 두 사람의 '연애'는 정씨가 주인의 명령에 복종하는 것이었다. 그를 대변하기 위해 나서는 학자나 관리도 없었다. 황실 여성들은 의도적으로 철저하게 발언권이 박탈당했다. 몇몇 왕조는 왕족 출신 여성을 황실에 영입하는 것을 금지하여 황제와 그의 배우자들 사이의 권력 거리를 극대화했다.

법령에 따라 헨리 8세는 자신의 힘만으로는 캐서린과 이혼할 수 없었다. 교황의 허가 증서가 필요했다. 만력제의 인식에는 이혼이라는 개념 자체가 존재하지 않았을 것이고, 자신의 결혼 생활에 외부 개입이 필요하다는 생각조차 해본 적이 없었을 것이다. 만력제에게 배우자 결정은 관료의 승진 또는 강등과 다를 바 없었고 정씨를 황후 바로 아래 귀비로 승격시킬 때 이 권한을 행사했다. 즉, 이것은 인사 문제이자 인적 자원의 문제였다.

계급적 제도의 '미덕'은 적어도 통치자에게는 단순하다는 점이다. 만력제의 조정에서는 종교가 후계자 결정에 개입하지 않았다. 만력제는 권력의 희석이나 종교적 규율 또는 전범에 방해를 받지도 않았다. 가톨릭 신자였던 헨리 8세는 평민과 마찬가지로 교황의 신하였다. 이 시대에도 이미 결정권은 분립해 있었고, 그 내용이 성문화되어 있었다. 이것이 분쟁의 원인이 되기도 했다. 헨리 8세와 교황은 결혼과 이혼이라는 종교적 문제와 국가의 정치적 문제가 교차하면서 충돌했다.

제약을 가하는 규칙과 규범들이 있기는 했지만 튜더 왕가는 어떤 면에서는 더욱 개방적인 결정을 내릴 수 있었다. 이들은 여성과 남성의 후계자 계승을 모두 허용했기 때문에 토론, 의견 충돌, 재량, 결정의 여지가 있었다. 헨리 8세와 캐서린의 딸인 메리는 헨리 8세의 후계자로서 자격이 충분했고, 캐서린의 지지자들은 이 안을 밀어붙였다. 복잡한 규범과 규칙들은 극도로 골치 아프고 격렬한 논쟁으로 이어졌다. 헨리 8세는 아라곤의 캐서린이 죽은 형의 아내였기 때문에 애초에 혼인이 성사된 적이 없다는 이유로 결혼을 무효라 선언하고 메리의 왕위 계승권을 박탈하려 했다.

단순함과 복잡성

헨리 8세의 무리한 주장은 튜더 왕가 내부가 얼마나 복잡했는지를 상기시켜 준다. 캐서린과의 결혼은 부분적으로는 스페인과의 동맹을 유지하려는 정치적 편의주의에서 비롯했다. 형의 아내와 결혼하는 것은 문제가 있었기 때문에 결혼이 인가받기 위해서는 교황의 허가가 필요했다. 또한 무엇이 '정통성'에 해당하고 무엇이 해당하지 않는지에 대한 논쟁도 있었다. 헨리 8세는 앤과의 사이에서 태어날 아들을 후계자로 삼기를 원했지만, 사실 이미 아들 헨리 피츠로이가 있었다. 다만 피츠로이는 정부情婦와의 사이에 태어난 사생아였기 때문에 왕위에 오를 자격이 없었다.

모든 음모와 논쟁이 명나라 황실에서는 상상도 할 수 없는 것들이었다. 만력제의 궁정은 복잡하고 모호한 규범이 아니라 간단한 법칙이 지배했다. 장자 승계 규칙은 모든 것에 우선했다. 후계자가 합법적인 결혼의 산물인지 아닌지는 아무도 신경 쓰지 않았다(만력제 자신도 후궁의 소생이었다). 체크리스트에는 첫째와 아들이라는 두 가지 항목만 있었다. 올바른 성별의 출생 순서만이 중요했다.

프랜시스 후쿠야마는 "어떤 영국 왕도 자신이 법 위에 있다고 믿지 않았다는 프레더릭 메이틀랜드Frederic Maitland의 주장은 어떤 중국 황제에게도 적용되지 않는다. 중국의 황제들은 자신이 만든 법 외에는 어떠한 법도 인정하지 않았다"고 지적했다.[10] 이것은 사실이지만 법치주의와 민주주의에 앞서 영국과 중국의 체제가 가진 결에 대해 먼저 생각해 보아야 한다. 헨리 8세의 세계는 만력제의 세계보다 훨씬 더 복잡했다. 더 개방적인 동시에 제약이 많았다. 더 많은 규범과 더 많은 규칙, 더 많은 결정과 더 많은 논쟁, 더 많은 의견 대립과 더 많은 의사결정권자가 존재했다. 헨리 8세의 의견이 가장 우선시되기는 했지만, 그 역시 참여자일 뿐이었다. 헨리 8세는 중국 황제와 같은 압도적인 결정권은 갖지 못했다. 그는 다소간의 '캠페인'을 통해 지지자를 확보해야 했다.

규범의 존재는 또 다른 복잡성의 원천이 된다. 인간 사회에서 가장 중요한 문제인 결혼과 이혼에 관하여, 영국을 비롯한 다른 나라들과는 달리 왕조 시대 중국에는 관련 규범이 거의 없었다.[11] 예를 들어 사촌 간 결혼이 허용되었다(이 관행은 1981년에야 법으로 금지되었다).[12] 예외는 부계 사촌지간, 즉 남자 형제의 자녀 간의 결혼이었다. 남자 형제자매의 자녀는 성씨가 같아서 형제자매 간의 결혼과 같은 것으로 간주해 문제가 되었다(유전학적으로는 이상하지만, 일반적으로 모계 사촌들은 서로 멀리 떨어져 살았기 때문에 자녀의 근친결혼 리스크가 줄어들었기 때문일 수도 있다). 일부다처제가 만연하여 송나라 때에는 상류층의 삼 분의 일이 첩을 두고 있었다.[13] 첩을 들이는 결정은 경제적 능력의 문제였지 도덕과 윤리의 문제가 아니었다.

유럽과 달리 왕조 시대 중국은 결혼제도와 관련된 규범이 느슨했다.[14] 아니, 규범이 많지 않았다고 하는 편이 더 정확할 것이다. 이러한 규범의 부재는 정치적인 결과를 초래했다. 하나는 결혼에 대한 느슨한 인식 때문에 부자들이 자식을 낳을 확률을 높였다. 황제는 명목상 제국 전체의 주인이었으니 경제적 능력도 가장 컸고, 적어도 한 명의 남성 후계자는 가질 확률이 높았으므로 후계 공백이 생길 위험이 적었다. 하버드 대학교의 비교정치학자인 왕유화 Yuhua Wang에 따르면 중국 황제는 평균 7.57명의 배우자에게 6.97명의 아들과 3.12명의 딸을 두었다. 송나라 휘종 황제는 148명의 배우자를 두었고, 남진의 선제(530~582)는 42명의 아들을 낳았다. 왕조 시대 황제 중 58퍼센트가 정실 황후 소생의 아들에게, 42퍼센트는 후궁 소생의 아들에게 황위를 물려주었다. 헨리 피츠로이와 같은 정통성 문제는 발생하지 않았다. 첩의 자녀 역시 정실부인의 자녀와 이론적으로는 같은 상속 지위를 가지며 이는 오늘날까지도 중국에서 이혼 소송을 고통스럽게 만드는 사회적 유산이다.

또 다른 정치적 결과는 중국의 황제들은 무한한 권력을 손에 넣었다는 것이다. 만력제와 헨리 8세 중 어느 쪽이 더 강압적인 통치자였냐고 묻는다면 단연 헨리이다. 그는 사랑하는 앤까지 처형하고 결정적인 행동들을 취했다. 만력제는 그냥 사라져 버렸다. 그러나 규범이 힘 가진 자와 힘없는 자 모두를 제약한다면, 규범의 부재는 중국 황제에게 거대한 권력을 부여했다. 만력제는 헨리 8세보다 훨씬 더 많은 명목상의 권력을 누렸다. 마찬가지로 오늘날 시진핑은 전 세계 신정神政 국가의 최고 지도자들보다 더 막강한 권력을 가지고 있다. 시진핑은 그들과는 달리 종교의 제약을 신경 쓸 필요가 없기 때문이다.

헨리 8세의 세계는 킬나니가 그린 정치의 모습과 유사하다. 어느 수준까지는 동등한 권력을 가진 행위자들이 서로를 있는 그대로 받아들이고 흥정과 설득과 계략과 논쟁을 통해 의견 차이를 좁혀 나가는 세계 말이다. 헨리 8세의 세계는 왕실, 교회, 귀족 등 평등하고 독립적이며 때로는 서로 겹치는 여러 계층으로 구성되어 있었다. 규칙과 규범은 이러한 계층 피라미드 간의 상호작용을 한 데 묶었다.

결국 헨리 8세는 영국을 계급적 조직에 가까운 형태로 전환함으로써 상황을 해결했다. 그는 영국과 가톨릭교회의 관계를 단절함으로써 이미 그 시대에 브렉시트를 단행했다. 역사학자 J. J. 스카리스브릭J. J. Scarisbrick은 그의 저서 《헨리 8세Henry VIII》에서 이렇게 말했다. "교황과 황제를 무시하고 자신의 고향인 잉글랜드와 자신의 영향력 아래 있는 아일랜드에서 약 1,000개의 종교 기관을 없애버렸고, 자신의 권위에 복종하는 국교를 세웠으며, 심오하고 새로운 존엄성을 영국 군주에 부여했다."[15] 그러나 영국은 의회, 조직된 상인 길드, 독립된 학계 등 다른 권력 피라미드를 결코 없애지 못했다. 오늘날의 영국이 존재할 수 있는 이유는 헨리 8세가 영국의 정치 체제를 사적私的 정부로 바꾸지 않았기 때문이다. 혹은 바꿀 수 없었거나.

족쇄가 채워진 사회

나는 사회society라는 용어를 사용할 때 국가 외부에 존재하는 행위자와 주체들만을 의미하지 않는다. 사유재산, 가정, 개인은 전체주의 사회를 포함하여 항상 국가와 무관하게 존재해 왔다. 여기서 사회란 조직된 종교, 자율적으로 운영되는 대학 등 국가와 경쟁하고 그 권력을 제한하는 독립적인 계층이 있는 조직된 사회를 의미한다. 이는 단순히 자원의 문제가 아니다. 중국에서는 막대한 자원을 소유한, 모든 이의 눈에 보이는 비국가 조직조차 조직화된 사회의 일부가 되기 어렵다(믿기 어렵다면 마윈*에게 물어보라). 족쇄가 채워진 사회에는 국가에 대항할 수 있는 정당성, 지위, 자원이 없다.

중국의 사회는 단순히 약한 것이 아니라 태생적으로 약하다. 사회는 국가와 개념적으로 분리된 평행적인 정체성으로조차 존재하지 못한다. 중국과 같은 사적 정부에는 사회가 존재할 여지가 없다. 경제학자 타일러 코웬Tyler Cowen은 앤더슨의 사적 정부론이 정부와 기업의 중요한 차이점을 인식하지 않는다고 비판했다. 즉, 정부가 당연히 행사하는 권력의 독점을 기업은 행사하지 않는다는 것이다. 예를 들어 기업은 노동시장에서 서로 경쟁한다. 어떤 회사의 복

---

* 마윈은 중국의 금융 시스템을 비판했다가 중국 정부와 갈등을 빚은 끝에 결국 앤트 그룹의 지분과 경영권을 상실했다.

장 규정이 마음에 들지 않는다면 언제든지 다른 회사로 가겠다고 결정할 수 있다. 코웬의 비판의 타당성은 사회의 존재 여부에 달려 있다. 만약 회사가 하나뿐이고 직원들이 회사의 복장 규정을 거부할 수 없다면 어떻게 될까? 이것이 사회가 없는 국가, 중국공산당, 그리고 태고부터 이어져 온 중국 제국이다.

우리는 가톨릭교회가 헨리 8세를 어떻게 제약했는지 보았다. 그러나 중국에는 가톨릭교회에 필적할 만한 규모의 종교가 조직된 적이 한 번도 없다. 당나라 초기까지는 아무리 명망 높은 불교 승려라도 황제에게 무릎을 꿇고 경배해야 했다. 진나라와 한나라 이후에는 아예 황제가 신을 대신하여 '하늘의 신', 곧 천자가 되었다.[16] 당나라 이후로는 공식 문서에 드러난 바로 미루어 측정할 수 있듯이 유교가 다른 이념들을 압도하기 시작했다.[17]

중국에서 실종된 또 다른 시민사회 행위자는 지식인, 즉 국가와는 별개의 정체성을 가진 지식인이다. 18세기 중국은 제정 러시아보다 높은 기초 산술 능력을 보유했지만(표 3.1 참조), 러시아와 같은 강력한 지식인 전통은 가지지 못했다(독립된 계급으로서의 지식인을 이르는 인텔리겐치아 개념은 러시아에서 유래했다). 지식인이 없으니 유교의 사상적 독점을 무너뜨릴 수 있는 새로운 사상과 가치가 중국에 뿌리내리지 못한 것은 당연했다. 왕조 시대 중국은 뛰어난 문인, 시인, 기술자가 부족하지 않았지만, 그들은 어디까지나 정해진 기능만을 수행했다. 높은 문해력과 수리력, 활발한 독서 활동은 영국의 왕립학회나 프랑스의 수많은 학회와 같은 단체의 출범으로 이어지지 못했다. 유학자 관료란 학자보다 공무원에 가까웠다.[18]

그나마 역사에 소박한 흔적이라도 남긴 것은 1111년 송나라 지식인들이 설립한 동림서원東林書院이다. 동림서원은 설립자가 사망한 지 얼마 지나지 않아 금방 황폐해졌는데, 기관으로서 활력이 부족했음을 보여주는 분명한 신호이다. 1594년 만력제 치세에 부활했으나, 학술 기관으로 운영하는 대신 조정에 출사하려는 사대부들의 집단이 되었다. 이들은 동림당東林黨을 형성하지만, 훗날 만력제의 태업으로 권력을 쥔 환관들과 유학자 관료들 사이의 수년에 걸친 당파 싸움의 희생양이 되어 혹독한 탄압을 받는다. 동림서원의 두 번째 수명은 1594년부터 1625년까지 31년에 불과했다.

수직적 자본주의 vs 수평적 자본주의

부르주아 계급은 중국 사회의 또 다른 공백이다. 상인들은 사회 집단으로서의 정체성을 획득하지 못했는데, 이는 상업이 활발하지 않아서가 아니었다. 송나라에서는 활기찬 시장경제가 나타났다. 국가와 상인은 공생관계였고, 국가는 상인을 억압하는 대신 그들이 내는 세금으로 이득을 얻었다.[19] 명나라와 청나라는 상공업 발전의 천국이었을 것이다. 명나라와 청나라는 대외 무역을 금지해 국내 시장을 보호했고, 상공업자에 대한 통제도 완화했다. 목수, 석공, 직공, 도공들은 돈을 주고 노비 신분에서 벗어나 자유롭게 일할 수 있었다. 세금은 현물이 아닌 화폐로 납부했고, 덕분에 농민들은 쌀이 아닌 환금성 작물을 재배할 수 있게 되었다.[20]

그러나 국가는 상업의 파괴적인 효과를 항상 경계했다. 프레더릭 웨이크먼Frederic Wakeman은 멀게는 공자가 살았던 시대(기원전 551~ 기원전 479)부터 상업이 귀족 질서에 도전하기 시작했으며, "상업은 중국 역사에서 매우 중요한 역할을 했고, 정확하게 그 이유로 고전 유교는 상인을 경멸했다"고 지적한다. 그리하여 공자는 상인 계급을 찍어누르는 서열화된 사회 질서를 고안했다. 중국의 역대 왕조는 물론 오늘날의 중국공산당 역시 기업을 비하하고 싶을 때면 이러한 사회적 계급 질서의 힘을 빌렸다.

반기업 스탠스는 특정 종류의 자본주의, 다시 말하면 내가 '수직적 자본주의'라고 부르는 자본주의를 낳았다. 이는 두 가지 형태로 국가와 결합한 자본주의이다. 하나는 국가가 소유하고 운영하는 국가 자본주의state capitalism이고, 다른 하나는 국가와 기업 간의 동맹을 수반하는 정실 자본주의crony capitalism이다. 이와 대조되는 것이 수평적 자본주의이다. 수평적 자본주의는 사업상 이해관계가 있는 당사자들 간의 협업을 통해 번창하며, 개인 기업보다는 파트너십, 오너 자본보다는 주식 자본, 거래보다 제휴, 현금보다는 계약 의무, 신용보다는 지분과 같은 다양한 메커니즘을 통해 이루어진다. 세부 사항을 수정하고 규모에 맞게 조정한 수직적 자본주의는 오늘날 중국에서 여전히 작동하고 있다.

라구람 라잔Raghuram Rajan과 루이지 징갈레스Luigi Zingales가 지적했듯이 친기업과 친시장은 같은 의미가 아니다.[21] 송나라는 친기업적이었지만 민간 기업의 크기와 분야를 엄격하게 제한했다. 송나라 태조는 국가가 정한 수량이나 규모를 초과하여 상품을 제조하거나 운송하는 상인을 사형으로 다스렸다.[22] 시장의 주도권은 국가의 특권이었다. 민간 자본은 봉제, 의류, 정육, 어린이 장난감과 같이 마진이 낮은 부문에서만 허용되었다.

정실 자본주의가 꽃피었다. 추안한성全汉升이 송대의 문헌에서 찾아낸 바와 같이, 조정 관료들은 비즈니스 영역에 적극적으로 뛰어들었다. 그들은 지위를 이용해 공금을 자본으로 투자하고, 국가 소유의 상품이나 원자재를 도용하고, 관용 선박을 밀무역에 동원하고, 관청 소속 인력을 유용하고, 국가 권력을 내세워 무역을 하거나 독점을 하고, 탈세를 저질렀다. 거꾸로 상인들도 정부에 입김을 행사했다. 청대에는 매관매직이 성행했다. 국가는 이 관행을 통해 수익을 올렸고, 부유한 상인들은 국가가 통제하는 분야의 사업권을 얻어낼 기회를 잡았다.

여기서 끝이 아니다. 전제 권력 체제에서 공직자들은 일반 국민 대비 우수한 안전이라는 특권을 누린다. 부유한 상인들은 돈으로 안전을 사서 재산을 지키고 국가의 전횡을 피했다. 안전은 모두에게 부여된 권리가 아니라 가장 높은 가격을 써낸 소수의 입찰자만이 누릴 수 있는 특권이었으며, 개인 맞춤형으로 때로는 특정 거래 맞춤형 보안 솔루션의 형태로 제공되었다. 하지만 이것은 양날의 칼이기도 했다. 상인들의 일신은 국가의 자비와 선의에 좌우되었으며, 오늘은 보호하되 내일은 내칠 수도 있었다. 수직적 자본주의는 수 세대에 걸친 독재자들이 선호해 온 것처럼 상호 간에 대등한 자본주의가 아닌 종속적 자본주의였다.

출생 서열 효과

내가 가장 좋아하는 TV 드라마 가운데 〈네, 장관님Yes, Minister〉과 그 속편인 〈네, 총리님Yes, Prime Minister〉이 있다.* 정치적인 교육이라곤 중국에서 경험한 것이 전부였던 나는 이 시트콤이 관료들에게 복종과 아첨을 요구하는 정치인들 이야기겠거니 추측했다. 예상은 완벽하게 빗나갔다. 보좌관들과 개인 비서들은 항상 정치인들의

---

* 영국 BBC2에서 1980년부터 1984년까지, 속편은 1986년부터 1988년까지 방영한 정치 풍자 시트콤.

의제에 물을 타거나 좌절시켰고 그들보다 지적으로 우위에 있었다. 그들은 옥스퍼드와 케임브리지 혈통을 자랑하며 런던 정경대학교에서 교육받은 정치인들을 비웃는다. 호메로스와 다른 그리스 고전을 자유자재로 인용하며 길고 복잡하고 암호화된 문장을 쏟아낸다. 주기적으로 장광설을 늘어놓기도 한다. 라틴어로 말이다.

서구 민주주의에서 관료제는 겹겹이 내포된 기관이다. 관료제는 정치 시스템에서 매우 중요한 부분으로, 때로는 서로 긴장하고 때로는 협력하는 요소들로 구성되어 있다. 딥 스테이트deep state, 민주주의 제도 밖의 숨겨진 권력 집단이라는 주장에도 불구하고 서구의 관료제는 모든 것을 포괄하는 조직이 아니며, 독자적인 의제를 단독으로 수행할 수도 없다. 또한 국가 통치자의 생각을 맹목적으로 집행하지도 않는다. 정치적, 사회적, 이념적 다원성을 배경으로 경쟁하는 세력이다. 서방이 중국의 능력주의를 "훔쳤다"는 중국 관리의 발언을 상기해 보라. 만약 그렇다면, 그것은 일괄적인 이식이 아니라 단편적이고 맞춤화된 절도였다.

'자유방임laissez faire'이라는 문구는 중국에서 유래한 것으로 알려져 있다. 이 용어를 창안한 사람은 18세기 프랑스의 경제학자 프랑수아 케네François Quesnay이다. 과거 제도를 찬양해 마지않았던 케네는 황제의 은혜가 아닌 자신의 성과로 지위를 얻은 학자 출신 관료들이 최대한의 자유와 자율성을 누린다고 믿었다. 이들이 황제의 위압 없이 국가와 경제를 운영했다고 생각했기에 "자유방임"이라는 표현을 썼다.[23]

이 설은 사실일 수도 있고 아닐 수도 있지만, 몽테스키외, 루소, 볼테르 등 서양의 계몽주의 사상가 상당수는 분명 과거 제도의 팬이었다. 과거 제도는 유럽 최초로 근대 관료제를 확립한 프로이센에 엄청난 영향을 미쳤다. 후쿠야마에 따르면 프로이센 공작 프리드리히 빌헬름의 부친은 아들에게 봉건 계약까지 상속했다.[24] 프리드리히 빌헬름은 장원 영주들과 권력을 공유하고 전쟁과 세금 문제는 이들과 상의해야 했다. 영주들은 자신들 소유의 영지에서 사실상 왕이나 다름없었다. 프리드리히 빌헬름은 권력을 중앙에 집중시키기로 마음먹었다. 평시에는 군대를 해산하는 것이 당시의 일반적인 관행임에도 그는 상비군을 유지했고, 군대를 위한 비용을 마련하기 위해 영지의 재정 권력을 장악하고 영주들의 사병을 해체해 국가 재정을 중앙에 집중시켰다. 그리고 이 모든 권력을 관리하기 위해 강력한 관료제—민정 관료제와 군사 관료제 양쪽 모두—가 만들어졌다.

프로이센의 이러한 근대 정치 개혁은 중국과 연결되어 있다.[25] 프리드리히 빌헬름은 중국에 관해서라면 모든 것을 배우고 싶어 했다. 그는 수많은 중국어 서적을 수집했고 중국과 직접 관계를 맺고 싶어 하는 마음에 프로이센의 '중국 전문가'들을 후원했다. 국가 운영을 전문 공직자들이 맡게 하면서 새로운 인재 채용 수요가 발생했고, 1693년 유럽 최초로 공무원 채용 필기 시험이 개최되었다. 그의 아들 프리드리히 대제는 아버지 같은 중국 애호가는 아니었으나 그의 측근들은 여전히 중국에 매료되어 있었다. 이들 중 한 명은 미적분학의 공동 발명가이자 철학자이며 공학 기술에 푹 빠져 있었던 고트프리트 빌헬름 라이프니츠였다. 1697년 라이프니츠는 과거 시험을 "만다린의 시험"이라 부르며 "시험 성적에 근거하여 작위와 관직을 부여한다"고 썼다.[26] 추밀원 고문이었던 사무엘 폰 푸펜도르프도 과거 제도의 팬이었다.

그러나 어떤 나라들에서는 출생에 거의 관심을 기울이지 않으며 모든 사람의 고귀함은 자신의 미덕과 그가 사적 및 공적 역량을 발휘해 국가를 위해 무엇을 했느냐에서 파생된다. 이 나라(중국을 가리킴)는 단순히 가문의 혈통에 고귀함을 부여하지 않는다 (…) 그러한 관습은 우리에게 지금은 혐오스러울 수 있지만, 현명한 사람들은 귀족은 혈통에만 의존할 것이 아니라 덕을 훨씬 더 중요시해야 한다고 가르친다.[27]

이러한 관점에서 서양이 중국을 모방한 것이지 그 반대가 아니다. 좀 더 구체적으로 말하면 프로이센은 중국을, 영국은 프로이센을, 미국은 영국을 모방했다. 그러나 중국과 서양은 완전히 다른 순서로 관료제를 발전시켰다. 한 가지 두드러진 차이점은 서양에는 하나의 공무원 조직만 존재하지 않았다는 것이다. 군사 공무원, 외교 공무원, 삼림 공무원 등 다양한 공무원 조직이 존재했고 이러한 조직들은 귀중한 인적 자본을 확보하기 위해 정계, 대학, 기업 등 민간 및 공공 영역의 다른 조직들과 경쟁했다.

미국에서는 1883년 펜들턴 법에 따라 의회와 정당이 공무원 임명을 통제할 수 있는 권한이 삭제되었다. 이전에는 연방 임명직 공무원은 급여 일부를 자신을 임명한 정당에 내야 했다.[28] 그러나 공무원이 완전한 독립을 손에 넣은 것은 아니었다. 오늘날 미국 의회는 관료 사회에 대한 막강한 권한과 감독권을 행사하고 있으며, 관료제를 기능하게 하는 돈줄까지 쥐고 있다.

서양과 중국에서 나타난 관료제의 또 다른 커다란 차이점은 바로 관료제의 발전 시기이다. 중국의 관료제는 정치보다 앞서 발전했고 정치의 발전을 저해했다. 반면 서양에서는 정치가 먼저 발전하고 성숙하여 관료제를 제한했다. 미국은 "법과 책임이라는 두 가지 통제 도구가 가장 발달한" 19세기에 관료제를 도입했다.[29] 정치가 관료제보다 먼저 발전한 것이지 그 반대가 아니었다. 서양의 관료제는 개신교의 해방 운동이 활발하게 진행된 이후에야 확립되었다. 마르틴 루터는 프로이센의 관료 전문화보다 한 세기 이상 앞선 1517년에 95개조의 반박문을 발표했다. 프리드리히 대제는 프로이센 관료제의 본격적 시작 한 세기 전인 18세기에 종교의 자유를 선포했다. 영국과 미국이 공무원 제도를 도입했을 때는 이미 종교의 자유가 완전히 정착된 후였다.

프로이센, 영국, 미국의 공직 제도는 다원주의와 종교적, 사회적 자유의 한복판에서 떠올랐다. 서구의 관료제는 사회를 억압하기 위해 생겨난 것이 아니었고 다원주의 세력들과 사회적 제약이라는 오래된 환경 속에서 작동했다. 관료제는 인적 자본, 정당성, 자원을 놓고 교회 및 기타 사회 집단과 경쟁했으며 이들 조직을 대체하려 들지 않았다.

정치 체제에 대한 역사 자료 데이터베이스로 널리 쓰이는 '폴리티 VI'에 따르면 18세기 프로이센은 독재 국가였지만 중국과 비교하면 상당한 종교의 자유를 누렸다. 반면 미국과 영국 등 민주주의 국가는 관료제가 등장했을 때 이미 "족쇄를 채운 리바이어던"이었다.[30] 즉, 국가가 행정 역량을 강화하기 훨씬 전부터 사회는 강력했고 기본권에 대한 개념은 (비록 실생활에서 전부 적용되고 있는 것은 아니었지만) 이미 확고하게 자리 잡고 있었다. 법치주의, 책임의 원칙, 입법부와 정당의 권한은 서구에서 관료주의를 가능하게 한 동시에 제약하기도 했다. 족쇄를 찬 국가들은 서로에게 족쇄를 채웠다.

플랫폼 효과

출생 순서는 중요하다. 왕조 시대 중국의 관료제는 먼저 무대에 등장해 킬나니가 생각한 방식의 정치를 집어삼키고 압도했다. 중국이 어떻게 이러한 포괄적인 권력을 손에 넣었는지, 그리고 그로 인해 사회가 어떠한 족쇄 효과를 겪었는지를 이해하기 위해 우리는 EAST 공식의 첫 글자로 돌아간다. 국가가 사회에 족쇄를 채우는 강력한 방법의 하나는 사회 형성에 중요한 두 가지 요소, 시간과 인재를 통제하는 것이다. 과거 제도는 이러한 독점 기능을 사전에 설정된 잘 조직된 플랫폼의 형태로 제공했다. 또한, 중국인의 태도 형성에도 영향을 미쳐 플랫폼의 효과를 증대했다.

사회를 통제하는 방법론으로서 과거 제도는 당시에는 매우 진보적인 방식이었다. 성공으로 가는 길과 그 준비 과정이 참가자들에게 명확하게 제시되어 있었다. 측정 지표는 모호하지 않았고 현대 마케팅 용어로 표현하자면 강력한 채널 침투력을 자랑했다. 즉, 사회의 가장 낮은 계층을 포함한 모든 계층이 접근할 수 있었다. 다른 모든 조건이 동등하다는 전제하에—그리고 종종 이 모든 조건은 과거 제도보다 덜 우선시되었다—합리적인 사람이라면 불확실한 보상을 제공하는 다른 경력보다 과거를 선택할 가능성이 컸다.

과거 제도의 독보적인 장점은 절차 지향적이고 매뉴얼에 기반한 시스템이었다. 엄격한 익명화 프로토콜은 지원자의 계급, 신분, 출생지와 관계없이 사회적 지위 이동이 가능하다는 인식을 주었다. 과거는 평민뿐만 아니라 관리와 귀족 가문의 아들들에게도 개방되어 있었다. 핑티호가 기록에서 확인한 상하향 이동 패턴은 과거가 실제로 모두에게 동등한 기회를 제공했음을 보여준다.[31]

과거 제도의 파이프라인은 중국 사회로 넓고 깊게 뻗어나갔다. 덕분에 남성 인구의 상당수가 글자를 읽고 쓸 수 있게 되는 등 전 국민 보편 교육에 근접한 수준의 인프라를 구축했다. 이는 전근대 사회는 말할 것도 없고 오늘날에도 결코 간단한 일이 아니다. 과거는 소수의 엘리트를 위한 틈새 활동이 아니라 진정한 대중적 현상이었다. 과거를 통한 사회적 이동성은 귀족 계급, 상업, 종교, 지식인, 정치적 반대 등 다른 모든 이동 경로를 무너뜨릴 정도로 효율적이었다.

과거 제도에 대한 표준적인 관점은 과거 제도가 능력 기반이고 사회적 이동성을 촉진한다고 찬양하며, 현대의 엄격한 사회과학 연구자들조차 이러한 관점을 지지한다.[32] 하지만 내가 과거 제도에 대해 발전시킨 관점은 이와는 사뭇 다르다. 표준적인 관점의 좁은 구성에서는 동의하는 편이지만, 더 큰 틀에서 보면 나무는 맞아도 숲은 틀렸다. 과거 제도는 한 사회가 가질 수 있는 모든 이동성 채널을 박탈하는 '반이동성 이동성 채널'이었다. 시민사회를 선점한 것은 조정의 관료제 내에서 달성한 협소한 이동성보다 훨씬 더 중대한 효과를 낳았다. 이는 서구의 관료제 및 공무원 사회와의 결정적인 차이점이기도 하다.

과거 제도 인프라

왕조 시대 중국은 부와 연줄의 이점을 극복하기 위해 대규모 교육 인프라를 구축하고 재정적으로 지원했다. 송대에는 범중엄范仲淹*,

* 북송의 정치가, 문인, 교육자. 사대부의 모범으로 꼽히며 송나라 인종 때에 각종 개

왕안석王安石*과 같은 뛰어난 사상가들이 교육에 대한 일반 백성의 접근성 확대를 주장했는데, 당시에는 대단히 진보적인 생각이었다. 이들의 주창으로 공립학교가 설립되어 학생들이 과거에 대비할 수 있게 되었다. 명나라에 와서는 이러한 기본 교육 인프라가 더욱 강화되었다. 1369년 명나라의 건국 황제 주원장은 조정이 예비 학교—과거를 치를 자격을 얻기 위한 예비 시험을 준비시키는—를 설립하고 재정적으로 지원할 것을 선포했다.

이러한 예비 학교들은 정부 장학금을 제공했고 학비도 면제받을 수 있었다. 따라서 입학 희망자가 정원을 초과하자 조정에서는 입학생 할당량을 부과했다. 예비 학교는 그 규모가 방대한 제도였다. 명나라 초기에는 1,435개의 행정 구역이 있었고 1,318개의 공립학교를 운영했는데, 이는 거의 한 개의 행정 구역에 한 학교를 운영한 셈이다.[33] 부富의 이점을 상쇄하기 위한 공교육을 대규모로 제공한 것이다.

이 시스템은 의도한 대로 작동했을까? 나는 클레어 양과 함께 쓴 논문에서 이 질문을 꼼꼼하게 탐구하고, 다른 모든 조건이 같을 때 응시자의 부유함(아내와 첩의 수로 측정함)이 더 높은 과거 시험 성적과 상관관계가 있는지 조사해 보았다.[34] 현대 사회과학자들은 표준화된 시험의 높은 점수와 부유함 사이의 상관관계를 연구하여 많은 논문을 발표했고, 이러한 부의 효과는 근대 이전 중국에서도 마

혁을 추진하였다.

* 북송의 정치가, 문인. 당송팔대가唐宋八大家 중 한 명으로 꼽힐 만큼 뛰어난 문장력으로 유명하였으며, 각종 개혁을 추진하였으나 큰 성과를 거두지 못했다.

찬가지였을 수 있다. 과거 제도의 안전장치, 즉 교육에 대한 접근성과 참가자의 익명성은 성공적이었을까? 우리는 익명이 보장된 두 단계, 즉 향시와 회시에서는 안전장치가 효과가 있었다는 것을 확인했다. 그리고 응시자의 배경을 알 수 있는 마지막 전시에서는 실제로 부유한 수험자가 오히려 차별을 받았다(이에 대해서는 5장에서 자세히 설명하겠다). 이는 교육에 대한 실질적인 공적 자금 지원과 과거 제도 인프라에 구축한 단열재가 없는 상황에서는 상상할 수 없는 결과이다. 과거 시험은 부와 연줄의 우려되는 효과에 대응했고 확실하게 성공했다.

대중 문해력

만약 '과거 제도 인프라'가 의도한 대로 작동했다면, 왕조 시대 중국 인구의 상당수가 글자를 읽고 쓸 수 있었어야 한다. 그렇다면 근대 이전 중국의 문맹률은 어느 정도였을까? 이 질문에 답하기 위해 많은 역사학자가 엄청난 노력을 쏟아부었다. 영미권에서 가장 철저한 연구는 이블린 로스키Evelyn Rawski의 〈청대 중국의 교육과 대중 문해력Popular Literacy in Ch'ing China〉이다. 그는 디테일 하나하나까지 파헤친 이 풍부한 연구에서 학교 기록과 지역 관보 등 방대한 문서 자료를 바탕으로 엘리트 문해력과 대중 문해력을 세심하게 구별해 냈다. 과거 급제에 필요한 문해력 수준은 엘리트 수준이었으며, 극소수만이 이를 달성했다. 일부 학자들은 그 기준이 '엘리트 수준'을 의미함을 명확히 밝히지 않은 채 청나라를 문맹 사회라고 부르는데, 더 적절한 척도는 그가 "기능적" 또는 "기본적" 문해력이라고 부르는 것이다. 실제 과거 시험은 물론 예비 시험도 합격하지 못하는 사람들이 훨씬 많았지만, 그 과정에서 이들은 문해력을 습득했다. 로스키는 청나라의 기초 문해력이 일반적인 인식보다 훨씬 더 높았다고 생각한다. 그는 18세기와 19세기 남성 인구의 약 30~45퍼센트가 어떤 형태로든 기초적이고 기능적인 문해력을 갖추었을 것으로 추정한다. 여성의 경우는 2~10퍼센트 사이였으리라 추정한다.[35]

로스키의 결론은 논란의 여지가 있으며, 이에 대한 비판은 대체로 그가 사용한 '문해력literacy'의 정의에 집중되고 있다.[36] 로스키는 한자 수백 자를 읽고 쓸 수 있다면 문해력이 있는 것으로 정의했다. 일각에서는 이 기준이 너무 낮다고 주장한다. 이 책의 목적상 이 문제는 제쳐두고 과거 제도 인프라가 대중에게 도달했는지에 초점을 맞춰보자. '엘리트'라는 단어의 정의를 고려할 때 남성 인구의 30~45퍼센트가 엘리트일 수는 없다. 따라서 왕조 시대 중국에서 전체 인구가 보편적으로 문해력을 갖추지는 못했지만, (적어도 교육을 받는 것이 허용되었던) 남성 인구의 30~45퍼센트가 읽고 쓸 수 있었다는 것은 놀라운 성과라고 볼 수 있다.

로스키는 지역 공보에 나온 교사 정원과 학생 수와 같은 산발적인 정보를 활용하여 전국적인 추정치를 도출해 냈다. 다른 정보 출처를 사용한 최근 논문에서는 19세기 중국의 문해력을 갖춘 남성 비율이 27~32퍼센트였다는 그의 하한선 추정치를 확증했다.[37] 질적 증거도 있다. 로스키가 묘사한 중국 사회에서는 소통이 온통 문자로 이루어진다. 황제는 서면 통지를 통해 신하들과 소통했고, 관청 건물 벽에는 농업 기술 관련 정보가 빼곡하게 나붙었으며, 세금 징수 및 치안 기능을 추적하는 데에 등록 문서가 사용되었고, 순회 도서관이 활발하게 운영되었다. 광저우의 외국인들은 "중국에는 세계 그 어느 나라보다 많은 책과 독서 인구가 있다"고 말하기도 했

다. 어느 외국인은 광저우 인구의 80퍼센트가 읽고 쓸 수 있었다고 기록하기도 했다.[38]

실제로 중국에서는 명나라 때부터 이미 손쉽게 책을 구매할 수 있었다. 티모시 브룩Timothy J. Brook은 "명나라 후기가 되면 당시 세계 어느 시대 어느 나라보다 더 많은 책을 구할 수 있었다. 많은 사람이 더 많은 책을 사고 읽었다"고 말한다. 중국에 온 예수회 선교사들은 이런 소감을 남겼다. "더욱 놀라운 사실은 아마도 명 말기에는 완전한 문맹자는 소수에 불과했을 것이다."[39] 선택 편향의 가능성이 있기에 외국인의 기록을 액면 그대로 받아들여서는 안 된다. 이들은 일반적인 중국인보다는 교육 수준이 높은 중국인들과 더 자주 교류했을 확률이 높기 때문이다. 그러나 브룩이 그의 책에서 인용한 예수회 회원 아드리아노 데 라스 코르테스는 명시적으로 읽고 쓰지 못하는 자국의 귀족들을 중국의 상류층과 빈곤층 모두와 비교했다. 그는 또한 명나라 조정이 재정을 지원하는 학교에 대한 '현장 연구'도 수행했다. 라스 코르테스는 회고록에서 "위대한 사람이라면 그 자질이 어떠하든 읽거나 쓸 줄 모르는 사람은 드물다"고 썼다. 그는 또한 "매우 가난하고 형편이 나쁜 중국인의 아들이라도 최소한 읽고 쓰는 법을 배우지 못하는 경우는 드물다"고도 기록했다.[40] 그는 읽고 쓸 수 있는 여성은 훨씬 더 적다는 사실도 발견했다. 그가 방문한 모든 학교에서 여학생은 단 두 명뿐이었다.

중국 빈민층의 문해력에 대한 라스 코르테스의 고찰은 이러한 문해력 성취의 배경에 과거 제도의 인프라가 있었다는 것을 시사한다. 그러나 또 다른 이론도 있다. 도시화가 심했던 청나라 사회에서는 생활 속에서 기능적 문해력을 습득할 수 있었다는 것이다. 예를 들어, 수잔 나퀸Susan Naquin과 이블린 로스키는 이 시기 문해력 성장에는 상업의 발전이 중요한 역할을 했다고 주장한다.[41] 상업이 발전하면서 서면 계약이 중요해졌기 때문이라는 것이다.

그러나 이러한 견해는 현실성이 떨어져 보인다. 첫 번째, 남녀 문해력의 심각한 차이를 고려해야 한다. 1830년대에 한 외국인은 다음과 같은 기록을 남겼다. "광저우 전체 인구 중 글을 읽을 수 있는 사람은 절반도 되지 않았다. 소년 가운데 교육을 전혀 받지 못한 채 방치되는 경우는 열 명 중 한 명도 되지 않을 것이다. 하지만 소녀들은 열 명 중 한 명도 읽고 쓰는 법을 배우지 못했을 것이다."[42] 남성들만 도시에 살면서 상점 간판을 읽었을까? 이보다 훨씬 더 설득력 있는 설명은 성차별적인 제도가 성차별적인 결과를 초래했다는 것이다. 두 번째로, 남성의 문해율이 30~45퍼센트라는 로스키의 추정을 수용한다면 도시화가 문해력의 주요 원인이라는 설은 들어맞지 않는다. 청의 도시화 비율(도시 인구를 전국 인구로 나눈 값)은 약 7퍼센트에 불과했다(반면 북송의 도시화 비율은 20퍼센트에 달했다).[43] 도시 거주민 가운데 문맹이 단 한 명도 없다고 가정해도 이는 로스키가 추정한 남성 문맹률 30~45퍼센트에 한참 못 미친다. 거의 모든 현에 학교를 세운 과거 제도의 인프라가 중국의 높은 문해율을 설명하는 데에 있어 더 설득력이 있을 것이다.

재능, 그리고 시간의 독점

사회를 약하게 만드는 가장 좋은 방법은 인재 공급을 고갈시키는 것이다. 왕조 시대 중국에서는 높은 문해율의 과실을 국가가 모두 가져갈 수 있었다. 국가는 교육받은 유능한 인재의 상당수를 채용하고 고용을 유지함으로써 정치적 경쟁은 물론 경제적 경쟁에서도 인적 자산을 취했다. 중국의 전제 정치 체제가 지닌 자기 영속적인 힘을 이해하려면 여기서부터 시작해야 한다.

나는 앞에서 공무원 봉급을 인상함으로써 집권 정권이 야당으로부터 인적 자본을 빨아들일 수 있다는 리콴유의 설명을 인용한 바 있다. 당 태종은 리콴유의 지혜를 몇 세기나 앞서갔다. 그는 과거 제도를 통해 "천하의 모든 인재는 내 활의 사거리 안에 있다"고 호언장담했다. 황제가 이 모든 인재를 죽일 수 있다는 뜻인지 아니면 그들을 완전히 통제할 수 있다는 뜻인지는 분명하지 않다. 어느 쪽이든 이들은 황제에게 반기를 들지 않을 것이었다.

과거 제도는 또한 중국인들의 시간을 소모했다. 과거 시험을 보려면 수년간의 준비 기간과 치열한 경쟁을 거쳐야 했다. 하지만 '급제'의 가능성은 너무나 큰 유혹이었다.

오경재吳敬梓*(1701-1754)의 소설《유림외사》의 등장인물 범진范震은 이러한 과거 시험의 면모를 잘 보여준다. 범진은 첫 단계인 향시에 급제하기 위해 무려 20년 동안 공부를 하는데, 그동안 수입이 전혀 없었고 이웃과 친척들의 조롱을 받았다. 그의 가족들은 종종 며칠씩 굶어야 했고 모두 그가 학문에는 재능이 없다고 생각했다. 백정인 그의 장인은 가족의 안위에는 관심도 없이 딸을 고생시키는 사위가 미워 걸핏하면 범진을 두들겨 패곤 했다.

쉰넷이라는 고령에 범진은 마침내 향시에 급제하고 거인 칭호를 받는다. 범진의 급제는 그 자신을 포함한 모든 사람에게 큰 충격이었다. 그는 불신과 흥분이 뒤죽박죽된 나머지 이성을 잃는다. 범진

---

* 청나라 중기의 문인. 동시대 사회를 집요하게 분석하고 비판한 장편소설《유림외사》는 중국 고전 풍자소설의 초석을 다져 중국 문학사상 최고 걸작 중 하나로 꼽힌다.

의 이웃들은 장인에게 사위를 때려서라도 정신을 차리게 해달라고 간청하지만, 장인은 이제 막 높은 지위에 오른 사위에게 감히 신체적 위해를 가할 수 없다며 망설인다.

거인은 과거 제도의 계층구조에서 가장 낮은 학위였다. 궁극적인 진사 학위까지 가려면 범진은 도읍에서 치르는 회시와 전시라는 두 차례의 더욱 혹독한 시험을 추가로 치러야 했다. 범진은 끝내 거기까지 가지는 못한다. 거인 학위로 말단 관리에 제수되기는 했지만, 그는 능력이 없었다. 수십 년 시험공부만 하는 바람에 아는 것이 하나도 없었기 때문이다.

수백만 명의 사람들이 향시에 응시할 자격을 얻기 위해 몇 번이나 예비 시험을 치렀다. 그리고 수백만 명이 합격하지 못했다. 개중에는 범진을 창조한 오경재도 포함되어 있었다. 이러한 노력에는 직접적 비용과 기회비용이 모두 들었다. 범진은 공부만 하느라 가족을 소홀히 했고 생활비로 써야 할 돈으로 책과 문방구를 샀다. 장인의 푸주간 일을 돕지 않았기 때문에 수입이 전혀 없었다. 마지막으로, 시험은 너무나 어려웠고 일상생활에서는 사용하지도 못하는 고전 중국어 어휘와 구문을 수십만 개나 외워야 했다. 과거 시험에 합격하는 데 필요한 기술은 일상생활에서 거의 쓸모가 없었다. 매몰 비용에 대한 집착까지 더해져 시험에 계속 떨어졌을 때의 좌절감과 마침내 합격했을 때의 희열을 상상해 보라.

명나라 문인 귀유광歸有光의 사례를 보자. 그는 여섯 번의 낙방을 거쳐 1540년 서른네 살의 나이로 향시에 급제했으나 그 후 회시 합격까지 무려 24년이 걸렸다. 1565년, 쉰아홉의 귀유광은 마침내 진사 학위를 얻었다.[44] 그러나 안타깝게도 귀유광이 이 명예로운 지위를 누린 시간은 6년에 불과했다. 그는 예순다섯 살에 세상을 떠났다. 일반적인 관행대로 세 살 때부터 과거 준비를 시작했다고 가정하면, 그는 인생의 95퍼센트를 과거 시험 공부에 쏟은 셈이다.

과거 시험의 이러한 '무한정' 응시할 수 있다는 특징이 과거 제도 인프라로 구축된 문해력이 다른 분야로 확산하지 않은 이유 중 하나일 수 있다. 과거 시험을 보려면 약 40만 개의 글자와 구문을 암기해야 했다는 사실을 상기해 보자. 과거 시험 준비는 이른 나이부터 시작되었다. 세 살에서 다섯 살 사이의 어린이들이 암기 훈련을 시작한다. 과거 시험은 소년들이 직계 가족을 넘어 처음으로 세상을 접하는 기회였다. 국가는 중국의 인적 자원은 물론 남성 인구의 인생 전체를 독점했다.

무한히 낮은 합격률도 수많은 사람이 이 통과의례에 뛰어드는 것을 막지 못했다. 엘먼이 제시한 수치를 통해 대략적인 숫자를 파악할 수 있다. 명나라 때에는 정기적으로 200만에서 300만 명이 과거 시험에 응시했다. 이 중 약 400명만이 최종 전시에 합격하여 최고 학위인 진사를 제수받았다. 300만 명을 기준으로 하면, 예비 시험부터 시작해 진사시까지 통과할 확률은 0.00013퍼센트이다. 감이 잘 오지 않을 텐데 이 수치는 미국인이 벼락 맞을 확률(0.000065퍼센트)보다는 높고 중년의 미국인 대졸자가 백만장자가 될 확률보다는 훨씬 낮다.[45]

진사가 되는 길은 매우 험난했고 명나라 때 향시의 합격률은 평균 4퍼센트 내외였다.[46] 이는 여전히 하버드 입학보다 더 어려운 수치이지만, 하버드와는 달리 단 한 번의 기회만 주어지는 것은 아니다. 평범한 명나라 사람들은 열심히 노력하고 반복해서 도전하면 결국에는 말단 관직에라도 오를 수 있으리라 믿었다. 전제 군주에게 이러한 믿음은 더할 나위 없는 이득이었다. 결국, 이 어려운 시험을 통과한 유능한 인재들은 자기 손에 넣고, 나머지는 과거 급제의 영광이라는 환상의 추구에 영원히 묶어두었다. 반기를 들 생각이나 행동을 할 시간은 없었다.

과거 문해력

조지프 헨릭은 자신의 저서《위어드》*에서 왜 서양이 다른 문명들과 다른지 그 문화적, 심리적 뿌리를 탐구한다.[47] 세계의 다른 나라들이 빈곤과 퇴보에 빠져있던 시기에 서양은 처음으로 교육, 산업화, 부, 민주주의를 이룩했다. 어떻게 이런 일이 가능했을까? 헨릭은 내부에서, 즉 개인의 두뇌, 태도, 사고방식으로부터 이 거대한 질문에 접근했다.

이 책에서 문해력이 생물학적 변화를 유도하여 결국 광범위한 사회경제적 발전을 가져왔다는 주장은 특히 놀랍다. 문해력은 문자 그대로 인간의 뇌를 변화시킨다. 뇌의 좌측 후두측두엽 영역은 반복적인 독서에 반응하여 뇌의 다른 영역과의 연결을 구축하고 강화한다. "문해력은 근본적인 유전적 코드를 바꾸지 않고도 인간을 심리적으로, 생물학적으로 변화시킨다"고 헨릭은 주장한다. 또한 문해력은 '기억력, 시각 처리, 안면 인식, 수치 정확성, 문제 해결 능력'과 같은 능력들도 길러준다. 이 견해에 따르면 이러한 효과들은 오랜 기간 유지되며, 처음으로 글자를 읽기 시작한 지 수 세기가

---

* 원제는 *The WEIRDest People in The World*. 현대 서구 문명의 번영을 가져온 다섯 가지 키워드로 위어드WEIRD, 즉 서구의Western, 교육 수준이 높고Educated, 산업화한Industrialized, 부유하고Rich, 민주적인Democratic 특징을 꼽고 있다.

지난 후에도 나타난다. 서양이 먼저 문맹 퇴치에 성공한 것은 문해력을 먼저 확보했기 때문도 있다(물론 헨릭은 다른 요인들에 대해서도 언급한다).

매우 흥미로운 접근 방식이지만, 그의 공식을 중국에 적용하면 눈에 띄는 변칙이 나타난다. 고대 중국의 특징은 사회 엘리트층을 넘어선 대중적 문해력이었지만, (그의 주장대로라면) 문해력에 기인해야 하는 근대화의 효과는 전혀 얻지 못했다. 중국의 문해력은 다음 단계로 나아가지 못했다. 즉, 높은 수준의 기초 문해력이 더 폭넓고 보편적인 문해력을 위한 씨앗을 심지 못했다. EAST 공식은 중국의 문해력이 오히려 정반대 효과를 낳았다는 것을 보여준다. 독재를 강화하고 장기화했으며 중국의 기술 정체로 이어졌다.

문해력은 왜 EAST와 WEIRD 공식에서 정반대의 효과를 유발했을까? 왕조 시대 중국에서 남성의 문해력은 높았지만, 대중 문해력은 낮았다고 주장할 수도 있다. 이는 사실이지만, 여전히 문제의 핵심까지는 도달하지 못한다. 문해력이 있는 중국인 남자들에게서 헨릭 효과가 나타나지 않았기 때문이다. 또 다른 가능성은 이들이 서로 다른 두 가지 유형의 문해력일 수 있다는 것이다. 과거 문해력은 권위주의적 경외심을 배양했으나, 종교 개혁을 통해 전파된 프로테스탄트 문해력은 자유주의적 가치를 장려했다. 나는 이 가설이 일리가 있다고 생각은 하지만, 그렇다면 이 방정식에서 핵심은 생물학이 아닌 유교와 개신교의 실질적인 차이여야 한다.

과거 제도 퍼즐에 대한 나의 견해는 과거 문해력과 프로테스탄트 문해력은 적용, 가치 지향, 결합 조건이 근본적으로 다르다는 것이다. 과거 문해력은 성장이 아닌 전제 권력의 강화를 위해 이용되었고, 권위에 대한 도전으로 일어난 프로테스탄트 운동과는 달리 권위를 소중히 여겼다. 문해력의 기능은 단독으로보다는 복합적으로 작용한다. 문해력이 광범위한 사회경제적 효과를 일으키기 위해서는 다른 조건들이 갖추어져야 한다. 이러한 조건은 아시아에서는 제2차 세계대전이 끝난 후, 그리고 중국에서는 1978년 이후에야 실현되었다.

과거 제도 퍼즐

헨릭의 복잡한 주장을 몇 문장으로 다 설명할 수 없다. 그는 모든 사람이 신과 인격적인 관계를 맺어야 한다는 개신교의 '오직 성경 sola scriptura' 원칙이 성경을 구어체로 번역하게 했고, 이것이 대중 문해력을 배양하고 전파하여 인간의 두뇌에 유익한 생물학적 변화를 가져왔다고 주장한다. 서양이 부상한 것은 먼저 문맹 퇴치에 성공했기 때문이다.

'보편적 문해력 Universal literacy'은 인구 전체의 문해력을 의미하며, 중국보다 서양이 훨씬 일찍 달성했다. 19세기 후반 영국과 네덜란드는 보편적 문해력을 거의 달성한 단계였고 중국 역사학자들이 추정한 1890년대 중국 인구의 문해율은 18퍼센트에 불과하여 영국과 네덜란드의 95퍼센트에 훨씬 못 미치는 수준이었다.[48]

그렇다면 왜 과거 제도의 존재에도 불구하고 보편적 문해력이 낮았던 것일까? 아니면 반대로 과거 제도 때문에 보편적 문해력이 낮았던 것일까? 과거 제도의 한계는 성별 제한 그리고 평범한 중국인의 일상과 완전히 동떨어진 고전 내용에서 기인한다. 그렇기는 해도 헨릭이 제기한 문해력의 인지적 효과가 완전히 보편적 문해력에만 달린 것은 아니다. 일부 형태의 대중 문해력, 즉 왕족과 귀족, 성직자 등 좁은 범위를 넘어서는 문해력이 중요했다. 서양에서 문해력이 도약한 시점이 이 점을 잘 보여준다. 헨릭의 문장을 빌리자면 "16세기 들어 갑자기 문해력이 서유럽 전역에 전염병처럼 퍼지기 시작했다."[49] 16세기 유럽의 문해력은 어느 정도 수준이었을까? 헨릭이 인용한 자료에 따르면 영국은 16퍼센트, 네덜란드는 12퍼센트, 독일은 16퍼센트였다. 이는 유럽에서 인지 발달과 가치 변화의 시발점이 된 대중 문해력 수준이었다.[50]

방법론적 차이로 인해 중국과 유럽의 문해력 추정치는 정확하지 않을 수 있으므로,[51] 이번에는 수리력 관점에서 다시 살펴보자. 국제적으로 일관된 기준과 정의를 사용하므로 국가 사이 비교에 더 적합한 관점이다. 데이터는 옥스퍼드 대학교의 온라인 데이터베이스 Our World in Data에서 가져왔다.[52] 이 데이터베이스의 역사 분야에서는 기본 수리력을 자신의 나이를 정확하게 말할 수 있는 능력으로 정의한다. 수리력 데이터는 표 3.1을 참고하라. 동아시아(중국, 일본, 한국), 유럽(영국, 프랑스, 독일, 스웨덴), 기타 문명(인도, 이집트, 러시아)의 세 그룹으로 분류하였다. 데이터는 1600년부터 1950년까지이며 반세기 단위로 구분되어 있다.

결과는 충격적이다. 19세기까지 중국은 영국과 스웨덴 같은 유럽 선진국을 포함하여 비교군에 있는 모든 국가를 앞질렀다. 17세기 후반에 이미 중국 인구의 94퍼센트가 기본적인 수리 능력을 갖췄으나 독일과 프랑스는 79퍼센트에 불과했다. 19세기 전반에는 잠깐 하락했지만, 그 외에는 유럽 수준에 가까운 보편적 수리력을 자랑했다. 과거 제도를 도입한 다른 두 국가, 한국과 일본*도 유럽

---

* 저자는 일본을 한국과 함께 중화 유교 문화권으로 분류하여 과거 제도를 도입한 나

(단위: %)

	1500-1550	1551-1600	1601-1650	1651-1700	1701-1750	1751-1800	1801-1850	1851-1900	1901-1950
중국				94	99	98	85.2	96.9	99.3
일본		81					97.8	99.4	99.7
대한민국								99.9	99.7
영국			76		93	92.6	95.9	98.1	99.4
독일	40		78	79	83.1	92.7	99.2	99.7	100
프랑스				79	73.5	91.6	97.6	99.8	99.5
스웨덴			79			100	99.4	99.9	99.7
인도							33.7	38.0	42.3
이집트						7.8	7.7	14.8	38.5
러시아				43	53.6	69.9	73.6	94.3	99.3

(Our World in Data. https://ourworldindata.org/grapher/share-of-the-population-with-basic-numeracy-skills-by-birth-decade)

표 3.1
전체 인구 대비 기초 수리력을 보유한 비율(기초 수리력은 자신의 나이를 정확하게 말할 수 있는 능력으로 정의).

보다 높은 수리력 수준을 보였다. 기본적인 문해력과 수리력은 어느 정도는 상관관계가 있을 것이다. 실제로 헨릭은 수리력이 문해력이 가져오는 효과 중 하나라고 믿는다. 중국의 높은 수리력은 중국의 문해력 역시 유럽 국가들에 비해 크게 뒤지지 않았음을 시사한다.

우리는 다음과 같이 과거 제도 퍼즐을 던져볼 수 있다. "왜 중국은 유럽처럼 급부상하지 못했을까?" 이는 정역학靜力學이 아닌 동역학動力學의 문제이다. 18~19세기 중국 남성의 30~45퍼센트가

라로 들고 있는데, 일본은 전국 단위 관료 채용 장치로 과거 시험을 사용한 기간이 극히 짧았다.

문해력을 갖추고 있었다는 로스키의 추정은 중국이 16세기 유럽처럼 급부상할 수 있었던 조건을 넉넉히 충족했음을 의미한다. 사실 중국은 훨씬 더 빨리 이 조건을 충족시키고 도약 임계점에 도달했을지도 모른다. 명나라(1368~1644)는 과거 제도의 정점이었고 이 시기에 이미 도서 유통과 보유가 상당히 보편적이었기 때문이다. 프로테스탄트 종교 개혁이 일어나기 훨씬 전인 송나라(960~1279) 때에도 이미 과거 시험이 촉발한 교육의 영향력은 괄목할 만했다. 997년에서 1207년 사이에는 과거 시험 응시자의 증가 속도가 인구 증가 속도보다 훨씬 빨랐다.[53]

그러나 중국의 문해력은 "전염병처럼" 확산하지 않았고 유럽의 프로테스탄트 문해력이 기폭제가 된 근대화 효과를 유발하지도 못했다. 처음에는 인상적이었던 문해력의 성취는 양적, 질적으로 정체되고 말았다. 과거 문해력은 한 번도 양성평등과 같은 가치 변화를 일으키지 않았다. 과거 제도는 고집스럽게 남성 중심적인 제도로 남았고, 경제성장을 일구는 데 실패했다. 그리고 그 대신 중국의 기술이 무너져 내렸다.

정역학의 정당화

전설에 따르면 당나라 말기의 한 황제는 자신의 과거 급제 증표인 목판을 자랑스럽게 벽에 걸어두었다고 한다. 하지만 그 증표는 황제 자신이 만든 가짜였다.[54] 이것이 바로 황제조차도 탐낼 정도로 강력한 힘을 가진 과거 시험의 정당성이다(이러한 학력주의는 오늘날 공직사회에도 만연해 있다. 수많은 중국 공무원이 이력서에 학위 취득 여부와 상관없이 고등 학위를 기재한다). 권위에 도전하는 가치를 배양시킨 프로테스탄트 문해력과는 명백한 차이가 있다.

과거 제도는 국가주의를 장려했다. 한 가지 방법은 사람들의 인식을 활용하는 것이었다. 앞서 언급했듯이 과거 시험은 익명 단계에서는 능력주의였다. 응시생들의 운명은 황제의 재량권과 분리되어 있었다. 정직, 익명, 단계적 경쟁이라는 프로세스에 대한 막대한 투자는 곧 공정성과 객관성이라는 인식에 대한 투자이기도 했다. 전제 군주들은 조작된 객관성이라는 미묘하면서도 매력적인 아이디어에서 기꺼이 자기 이익을 챙겼다.

황제는 자기 마음에 드는 사람을 뽑을 수 있는 큰 권리를, 겉으로 보기에는 대단히 객관적인 절차에 양보했다. 하지만 원래는 국민이 내려야 할 결정을 대신 내릴 수 있는 권리를 획득하여 그 손실을 만회할 수 있었다. 공정성과 객관성은 대중을 강하게 자극하는 '보편적' 가치이기 때문이다.[55]

또 다른 방법은 어린 나이에 시작되는 세뇌였다. 중국 소년들은 빠르면 세 살, 다섯 살부터 공자라는 위대한 스승의 사상과 가르침에 대한 존경과 헌신을 심어주는 명언들을 따라 쓰며 글자를 익히기 시작한다. 이러한 명언들은 당연히 훗날 과거 시험에도 등장한다. 다음은 과거 급제의 영광을 위한 일생의 학업을 시작하는 첫 번째 텍스트이다.

上大人	(배운 바를) 아버지에게 보여드리자
孔乙己化三千	옛적에 공자는 홀로 3,000명을 가르쳤다 하는데
七十士	(그 중에 뛰어난 자가) 70명이라네.
小生八九子	너희 어린 여덟아홉 살 학동들아
佳作仁	아름답게 인仁을 행하고

可知礼也　　예禮를 가히 알지라*56

중국 남성들은 감수성이 예민한 어린 시절에 이미 과거 제도에 노출된다. 이는 과거 시험의 특성 때문이기도 했다. 과거 시험은 암기 위주이고, 어린이들은 뭐든 잘 외우기 마련이다(중국인 부모로부터 "출발선에서 지면 안 된다"라는 말을 들은 적이 있다면, 이제 그 말이 어디에서 왔는지 알 것이다). 이처럼 중국 남성의 일상에 속속들이 스며들어있는 정보 환경과 내러티브의 통제력이 결합한 과거 제도는 심리학자들이 '각인 효과'라고 부르는 것을 만들어냈다. 이 각인 효과는 주로 성인들이 대상이었던 프로테스탄트 문해력보다 훨씬 더 강력했을 것이다.

과거 제도는 사회를 희생시키고 힘의 균형을 국가 쪽으로 기울였다. 이러한 접근은 프로이센이나 다른 유럽 국가들이 보편 교육을 시행한 방식과는 크게 달랐다. 마르틴 루터는 국가가 보편 교육을 제공할 것을 촉구했고 국가는 이에 응했다. 중국에서는 상명하달, 즉 공급 중심의 접근 방식을 통해 높은 문해력을 달성했다. 국가의 인적 자원 수요를 충족시키기 위해 국가가 직접 아주 세밀하게 맞춤형으로 설계한 커리큘럼에 정신적 노력과 투자를 쏟아붓도

* 중국에서 어린이들이 처음 기초 한자를 배우는 노래. 기원은 불분명하나 한나라 이전은 아니라고 보이며, 당나라 둔황 석굴에서 발견된 일련의 고문서(敦煌写经)에서도 발견된다. 송나라, 명나라의 문헌에도 등장하며, 청나라 때에는 글씨를 처음 배우는 노래로 민간에 널리 퍼져있었다고 한다. 둘째 줄은 원래 丘乙己 였으나 丘이 훗날 공자를 뜻하는 孔으로 변하여 전해지는데, 원래는 특별한 뜻이 없었으나 시간이 지나면서 "공자의 제자 3,000명과 유교 성현 72명을 공경하며 학문에 정진할 것"이라는 교훈이 더해졌다. 근대 중국의 대문호 루쉰魯迅의 단편소설 〈공을기孔乙己〉는 이 노래에서 따온 것이다.

록 학교가 세워졌다. 이렇게 국가가 공급하는 투자는 중국인들에게 고전 문해력을 강제 주입했을 뿐, 평민들의 일상 문해력을 널리 보급하거나 민주화를 불러오지는 않았다.

17세기 이후 유럽 대중은 프로테스탄트의 반권위주의적 가치에 노출되었으나, 중국 대중은 6세기 이래로 줄곧 유교의 국가주의적 가치에 노출되었다. 개신교는 가톨릭교회의 정통성에 도전하기 위해 생겨났고 종교의 자유와 다양성에 영향을 미쳤다. (현재 독일의 가톨릭 신자 수는 2,200만 명, 개신교는 2,000만 명으로 거의 비슷한 수준이다.) 프로이센은 일찍부터 종교의 자유라는 개념을 발전시켰다. 프리드리히 대왕은 개인이 스스로 구원을 찾을 수 있는 자유를 선언했다. 이 책에서 사용하고 있는 '규모와 범위' 관점으로 말한다면, 종교의 자유는 프로이센의 범위 조건을 확장했다. 헨릭은 스코틀랜드에서 데이비드 흄, 애덤 스미스 같은 수많은 계몽주의 지식인이 나온 것은 개신교의 조기 확산 그리고 보편 교육에 대한 개념과 실천이 있었기 때문이라고 추측한다. 반면, 과거 제도를 통해 성취된 문해력은 지식 또는 새로운 아이디어를 생산하거나 진리를 발견하는 바탕이 되기 보다 국가에 봉사하는 것이 첫 번째 의무인 학자-관료들만을 대거 양산했다.[57]

과거 제도의 이러한 효과에 대해서는 현대의 교육학 연구자들이 표준화된 시험에 대해 제기하는 익숙한 비판을 통해서도 생각해 볼 수 있다. 표준화된 시험은 정답과 가치 정렬을 위해 권위에 의존하고 숭앙하는 정신적 습관을 만든다. 또한 표준화된 시험은 교육학자들이 복잡하고 이질적인 사회를 성공적으로 헤쳐나가는 데 필수적인 정신적 특성이라고 분류하는 것들을 평가절하한다. 여기에는 비판적 사고(의견의 독립성, 논리와 추론에 대한 신뢰), 다양성 인정

(우리 주변의 세계가 이질적이라는 인식), 공감(다른 사람의 관점에서 세상을 보는 능력)이 포함된다.[58] 과거 제도는 이러한 자유주의적 가치를 모조리 부정한다. 전제 군주들과 독재자들이 세상을 해석하는 방식과 마찬가지로, 과거 제도는 다양한 사람들과 견해와 관점이 존재할 수 있다는 가능성을 거부하는 것을 전제로 한다.

미묘하지만 중요한 차이점이 하나 더 있다. 개신교의 '오직 성경' 원칙은 살아 숨 쉬는 인물, 즉 교황의 권위를 조용히 약화했다. 개신교는 신도들이 교황 대신 '신'이라는 이름의, 천상에 있는 추상적인 존재와 저마다 개인적인 관계를 일굴 것을 권장했다. 과거 제도는 그보다 좀 더 구체적이다. 추상적 개념으로서의 전제 정치가 아닌, 전제 군주에 의해 인격화된 체제를 향한 경외심을 심어주었다. 사상적 경의는 사고 체계로서 유교의 권위가 아닌, 유학자 성현들을 향했다. 나는 이러한 정신적 틀을 '과거 인식론'이라고 부르는데, 이는 권력자를 둘러싼 제도보다는 권력자 개인의 특징에 초점을 맞추는 사고의 틀이다. 이 틀에서 나쁜 통치는 좋은 통치자를 통해 바로잡을 수 있다. 좋은 통치자는 좋은 통치의 필요조건이자 충분조건이며, 전제적 통치를 가능하게 하거나 제한하는 제도 자체는 방정식에서 제외된다. 오직 통치자만이 주목을 받는다. 마오쩌둥에서 시진핑에 이르기까지 역사상 수많은 황제의 순환과 재활용은 '과거 인식론'이 문제를 진단하고 원인을 규명하고 해결책을 처방하는 방식의 산물이다.

개인의 주체성 선점

이러한 명시적인 가치 외에도 과거 제도와 전제 통치 사이에는 근본적인 연관성이 있다. 리처드 니스벳Richard E. Nisbett*은 자신의 저서《생각의 지도》에서, 사물과 사건에 관한 이야기를 들려달라는 요청을 받았을 때 동아시아인은 정황적 환경에 집중하는 반면 서양인은 이야기 속 인물에 집중하는 경향이 있음을 보여준다.[59] 이러한 주의 집중의 차이는 동아시아인과 서양인의 가장 강력한 차이점 중 하나로 심리학 연구를 통해 밝혀진 바 있다. 중국인 사이에는 개인에 대한 이른바 정신적 '할인'이 존재한다.

고대 그리스 문명은 개인의 주체성과 개성을 더 강조하였으나 고대 중국 문명은 조화와 관계, 공동체의 집단적 복지에 더 중점을 두었다는 것이 일반적인 생각이다. 이는 의심할 여지 없이 사실이지만 너무 일반론적이고 모호하다. 더 근본적인 차이는 그리스 문명이 중국 문명보다 훨씬 이질적이었다는 점이다. 플라톤은 집단적 가치와 선한 행위를 중요하게 여겼지만, 에피쿠로스와 같은 다른 그리스 사상가들은 남의 시선을 개의치 않는 개인주의적 덕목을 중요시했다.[60] 송나라 이후 중국에서 개성과 개인의 주체성—즉 개인은 중요하고, 개인이 변화를 만들 수 있다는 생각—을 명확하게 주창한 철학자나 사상가는 거의 없었다.

나는 이것이 동양과 서양의 근본적인 차이점이라고 생각한다. 중국식 전통에 젖어 있는 사람들은 개인적으로 생각하고 행동할 때 불이익을 받고, 자연스럽게 개인적 요소들을 외면하게 된다. 그리스인에게는 개인 중심적 사고와 집단 중심적 사고 중 하나를 선

---

* 미국의 사회심리학자. 동서양의 사고방식의 차이를 사회심리학적으로 해석한 연구들로 유명하다.

택할 수 있는 범위 조건이 있었지만, 중국인에게는 그런 선택지가 아예 존재하지 않았다. 우리가 아는 한 유교적 정통성에 도전해 진사 학위를 취득하고 자신의 영웅적 활약을 후세에 알린 이는 단 한 명도 없다. 명청 시대에 고도로 정형화된 팔고문 이외의 형식으로 유교의 정통성을 천명하여 진사 학위를 취득한 이 또한 단 한 명도 없다. 과거 시험은 기발함이나 영리함, 여타 창의적인 일탈이 아닌 정해진 형식의 획일적인 답안에만 보상을 주었다. 순응이 승리의 공식이었다. 이 강력한 문화적 전통에 젖어 있는 수험생들이 개인적 요소에 집중하지 않는 것은 전혀 놀랄 일이 아니다.

이러한 개인적 주체성의 선점은 속박된 사회의 이면에 자리 잡고 있다. 개신교에서 개인적 주체성의 효과는 라틴어를 벗어나 대중에게 친숙한 모국어를 수용하는 움직임으로 나타났다. 개신교는 아주 드문 경우에만 사용되던 낯설고 이질적인 언어에서 평민들을 해방했다. 담론은 개인적이고 친밀해졌으며, 대화를 풍요롭게 하고, 아마르티아 센의 표현을 빌리자면 공식적인 민주주의 제도가 확립되기 전까지 "토론 민주주의"를 가능하게 했다.[61] 권한은 담론과 표현의 역량에서 나왔다. 이는 수평적인 커뮤니케이션과 잠재적 집단행동에 매우 중요한 자질이었다. 전제 국가는 과거 시험을 통해 인간의 관점뿐 아니라 정치의 공통 언어까지 독점했다.

과거 시험의 문해력은 낯선 담론을 강요해 토론 민주주의를 막았다. 유교 텍스트는 방대하고 어려웠다. 고전 문헌의 언어를 암기하고 그 안에 담긴 권위주의적 가치관을 흡수하는 것은 보통 일이 아니었다. 새로운 아이디어와 자연 현상을 탐색하고, 수학을 탐구하고, 정치적 반대파를 조직하고, 자유주의와 과학적 회의주의의 발전에 중대한 발자취를 남기는 등 다른 일을 할 시간이나 에너지가 없었다. 과거 제도는 인간의 능력을 이미 한계까지 밀어붙였다.

역량

왕조 시대 중국은 경제적인 관점에서 보면 문해력의 '과잉 성과'를 거두었다. 경제적으로는 인도, 이집트, 러시아와 같은 수준이었지만, 표 3.1에서 볼 수 있듯이 문해력에서는 유럽 수준이었다. 역량과 경제적 성과 사이에는 격차가 있었고, 그 격차는 오늘날에도 여전히 내려오고 있다. 프로테스탄트 문해력이 유럽인의 두뇌에 영향을 미친 것처럼 과거 문해력도 중국인의 두뇌를 재구성하는 계기가 되었을 것이며, 중국인들 역시 막스 베버가 강조한 개신교의 특징인 두뇌 작용 및 직업윤리를 습득하였다.[62]

하지만 여기에도 중국과 유럽 사이에 결정적인 차이점이 있다. 유럽인들은 로마 제국 붕괴 이후 유럽의 다원적 맥락에서 이러한 역량을 습득했으나 중국인들은 독재의 맥락에서 이를 습득했다.[63] 유능한 유럽인들 중 자유와 탐험의 날개를 단 이들은 과학, 기술, 상업에 뛰어들었고 세련된 정치 제도를 구축했다. 유능한 중국인들은 전제 정치를 제도화하고(1장), 영토의 규모를 확장하고(서론), 정치적 단일성을 유지하고, 엘리트 계층 내부의 갈등을 선점하고(5장), 인상적인 국가 통제하의 항해 프로젝트(7장)를 시작했다. 중국 관료제의 단일한 이동 채널은 다른 모든 역량의 활용을 몰아내고 절멸시켰다.

유럽의 범위 조건이 동아시아에 상륙하면서 이러한 추정을 시험할 순간이 찾아왔다. 제2차 세계대전 이후 동아시아는 지적 능력, 수리력, 기억력, 직업윤리 등 문해력의 인지적 혜택을 누리기 시작했고 이러한 역량들을 경제 발전에 적용했다. 일본을 시작으로 한국, 대만, 홍콩, 싱가포르 그리고 마침내 중국까지 급속도로 산업화를 시작하고 번영을 이루었다. 과거 제도의 유산이 결국 현실이 된 것이다. 수 세기 동안 조용히 잠복해 있었던 근대화의 특성들이 적절한 조건과 환경이 조성되자 폭발적으로 터져 나왔다. 나폴레옹의 "중국이 계속 잠들어있게 내버려 두라. 중국이 깨어나면 세계를 뒤흔들 것이다"라는 말은 바로 이런 의미였을 것이다.

동아시아의 기적은 인지적 역량과 범위 조건이 복합적으로 작용하여 일어났다는 점에 주목할 필요가 있다. 계몽 리더십, 세계화, 민간 기업가 정신, 경쟁 등등이 다양한 역량과 상호 교차했다. 이는 한 국가가 성공하기 위해서는 규모와 범위가 모두 필요하다는 이 책의 주제를 보여주는 또 다른 사례이다. 과거 제도의 유산을 지닌 두 중앙 계획경제 국가—마오쩌둥의 중국과 북한—가 동아시아의 기적에서 눈에 띄는 예외가 된 것은 놀랄 일일까? 가부장적인 문화에도 불구하고 유난히 높은 동아시아 여성의 노동 참여율은? 경제적, 정치적 자유화를 수용했으나 기본적 문해력이 없는 다른 많은 개발도상국의 장기적인 성장 실패는? 헨릭과 베버로도 동아시아를 설명할 수는 있지만 시차가 존재할 뿐더러, 범위라는 조건을 추가하여 설명해야 한다.

중국의 독재 체제는 놀랄 만큼 오랜 세월 지속해 왔으며, 권위주의적 구조와 가치가 강력하게 상호 지지하며 이를 유지해 왔다. 사실적인 세부 사항들은 제쳐두더라도 헨리 8세와 만력제의 이야기는 제20차 중국공산당 전국대표대회에서 시진핑에게 쏟아진 맹목적인 충성 맹세와 영국 국회에서 리시 수낙(또는 이 책이 출간된 시점

의 영국 총리 누구든)을 겨냥한 온갖 모욕적인 언사에 대해 많은 것을 말해준다.

왕조 시대 중국이 물려준 정치 구조는 한마디로 민주주의와는 어울리지 않았다. 민주주의는 질서정연한 무결점의 위계질서가 아니라 정치의 소란과 '확신과 경쟁'의 시끄럽고 이질적인 세계에서 더 자연스럽게 진화했다. 헨리 8세는 민주주의가 도입되기 훨씬 전부터 분화된 권력, 다툼, 개방성과 싸워야 했다. 중국을 통치한 그 누구도 이와 같은 경험을 한 적이 없다. 중국의 제도는 공자의 의도적인 훈계, "하늘에 두 개의 해가 있을 수 없듯이 백성에게 두 명의 왕이 있을 수 없다"에 완벽하게 부합했다.

중국은 정체政體가 아닌 조직이다. 여기에 또 다른 제한 조건이 있다. 중국에는 조직된 사회가 존재하지 않고, 시민사회의 부재는 계속해서 국가의 힘을 강화한다. 강한 사회는 국가 내부에 있는 사람들에게 외부로의 선택권을 제공한다. 민주주의에서 종종 '회전문'이라고 조롱받기도 하지만 이 선택권에는 매우 중요한 기능이 있다. 국가로부터 탈출하는 비용을 낮춰준다는 것이다. 트럼프 정권 시절, 수많은 공무원이 정부를 떠났다. 강한 사회는 국가가 인적 자본을 채용하고 유지하기 위한 기회비용을 증가시킨다. 중국에는 이 수용 기능이 없다.

과거 제도의 진정한 기적은 유능한 관료제를 만들었다는 것이 아니라, 높은 대중 문해력과 그 문해력이 촉발한 뇌의 변화다. 국민의 직업윤리, 수리력, 지적 능력은 적절한 조건이 갖춰지자 동아시아 및 중국의 경제성장을 이끌었다. 그러나 정치적으로는 정반대의 효과를 낳았다. 과거 제도는 근대화와 발전을 가로막거나 지연시켰다. 생애의 약 95퍼센트를 어떤 형태로든 과거 시험 준비로 보냈던 귀유광을 떠올려보라. 그리고 한 개인이 일생의 95퍼센트에 해당하는 시간 동안 국가가 중요하다고 정한 것—예를 들면 SAT 언어 영역, 성경, 코란, 셰익스피어 등—을 죽도록 공부한다고 상상해 보라. 그리고 인구의 상당수가 1,500년 동안 이 짓을 계속했다고 생각해 보라. 그 유산이 얼마나 강력한지 감이 올 것이다.

만력제와 헨리 8세의 세계에서 내가 주목한 한 가지 중요한 차이점, 즉 규범norms에 대해 이야기하는 것으로 이 장을 마칠까 한다. 규범이란 대중이 액면 그대로 당연하게 받아들이는 생각과 사고방식을 가리킨다. 규범은 한 나라의 과거는 물론 미래에도 긴 그림자를 드리운다. 과거 제도의 규범은 친독재와 반反 협업이다. 이 규범은 매우 강력하여 심리학자들은 "끈끈하게 달라붙는 과거 제도의 그림자sticky priors"라고 부른다. 독재는 의심이나 의문을 허용하지 않는다. 국민은 독재 정권을 샅샅이 조사할 수 없다. 국가는 자동으로 정당성을 부여받는다. 권위를 숭앙하는 것은 자연스러우며 회의론은 존재하지 않는다. 중국의 현 정치 체제에서 벗어나는 모든 움직임은 이러한 보편적인 규범에 위배된다.

과거 제도는 집단행동을 징벌하고 그 규범은 민주주의를 향한 중국의 길을 가로막고 있다. 민주주의는 개인의 가치를 중요시하지만, 역설적이게도 민주화는 집단행동—예를 들면 프로테스탄트 종교 개혁, 여성 참정권, 흑인 민권 운동, 교회, 정당, 심지어 볼링 리그[64]—을 통해 이루어진다. 투표는 호불호를 조정하고 협업 행위를 결집하는 도구이다. 반면 과거 제도는 개인의 주체성이 아닌 극도의 개인주의를 표방했다. 수험생들은 치열한 제로섬 토너먼트에서 죽도록 경쟁했고 협력하면 가혹한 불이익을 받았다. 작고 고립된 공간에 갇혀 거의 신화에 가까워진 한 고대 국가가 정한 조건에 따라 외롭고, 잔인하며, 인간을 거의 원자 단위로 부수는 경쟁에 몰두했다. 그 지경으로 개인화된 사회는 더는 사회라 부를 수 없다.

이 역동성의 상당수가 오늘날 중국에도 작용하고 있다. 치열하게 경쟁하는 기업가 정신이 어떻게 강압적인 중국공산당과 공존할 수 있을까? 간단하다. 기업가 정신은 원자 단위의 개인주의에서 번성하고, 전제 정권은 개인의 자율성이 부재할 때 번성한다. 사실 중국공산당은 시민들의 '정치 참여'를 적극적으로 장려한다. 다만 그 정치 참여가 공산당이 정해놓은, 조직화가 불가능한 고립 공간 안에서만 가능할 뿐이다. 시민들은 설문 조사, 온라인 포털, 청원 등을 통해 중국공산당에 자유롭게 의견을 제시할 수 있다. 독재와 폭압은 개인주의에 전혀 불리하지 않다.

오늘날 중국에는 독재의 규범과 경쟁할 만한 강력한 사회적 규범이 존재하지 않는다. 봉쇄 기간 상하이에서는 응급 의료조차 중단되었다. 병원은 긴급 처치가 필요한 환자들을 외면했고, 그 결과 제때 치료만 했다면 충분히 살 수 있었을 사망자가 속출했다. 국가의 지시에 우선은커녕 맞서 싸울 수 있는 히포크라테스 선서는 존재하지 않았다. 봉쇄령에 반대하는 시위가 일어나기는 했으나 시민들은 홀로, 그리고 서로 분리되어 고립된 채로 시위를 벌였다. 그들은 마치 과거 시험 응시자들처럼 재판이 끝날 때까지 작은 감방에 갇혀 촛불 세 개만으로 버텨야 했다. 영원히 혼자인 이들은 국가의 막강한 권력에 전혀 위협이 되지 못했다.

4장.
권위주의적 평균으로의 회귀

나의 아버지는 고르바초프가 멍청이라고 생각한다.
— 덩샤오핑의 아들이 했다고 전해지는 말

1980년 어느 날, 베이징의 한 극장. 관객들은 중국 관리들의 권력과 특권을 다룬 연극 〈만약 내가 진짜라면〉의 막이 오르기를 기다리고 있었다. 그때 스피커에서 한 관리가 늦게 도착해 공연이 지연된다는 안내 방송이 흘러나왔다. 기다리는 시간이 길어지자 관객들은 도대체 얼마나 고위 관리일까 추측하기 시작했다. 그 관리의 직급이 높을수록 더 오래 기다려야 하리라고 생각한 것이다. 마침내 '관리'가 입장하고 연극이 시작되었다. 사실 이것은 각본상의 지연으로, 공연의 일부였다.[1]

2011년 5월 8일 닝보 공항. 지금은 역사 속으로 사라진 하이난 항공* 소속 HU7297편이 더 일찍 이륙 예정이던 다른 비행기를 앞

---

* 원문에서는 HNA 항공. 중국 하이난성 하이커우시에 본사를 둔 HNA 그룹을 대표

질러 이륙했다. 중국에서는 종종 아무런 설명 없이 항공편이 지연되거나 취소되지만, 이번에는 공항 직원이 나서서 일정 변경에 대해 양해를 구했다. HU7297편 승객 중에 소위 VIP, 즉 차관급 이상 고위 공무원이 있었고 공항은 고위 공무원을 우선 대우해야 한다는 것이었다.

중국 공항 규정에 이러한 조항이 정말로 있을 수도 있고 아닐 수도 있지만, 한 가지 분명한 사실은 국가의 제도화된 특권에 대한 태도에 개혁개방 초기와 비교하면 극적인 변화가 일어났다.[2] 오늘날 정치 권력은 존경의 대상이다. 시진핑은 아직 마오쩌둥이 받는 거의 성층권 수준의 개인숭배에는 미치지 못하지만, 착실하게 그 길을 걷고 있다. 권력에 대한 경외와 존경이 정치 시스템 전반에 스며들었다. 한 가지 징후는 권력의 금권화이다. 시진핑의 반부패 캠페인은 '파리와 호랑이' 모두를 겨냥하고 있지만, 수많은 '파리들', 즉 중국 관료제에 포진한 무수히 많은 하급 관리들 역시 호랑이만큼 뇌물을 받고 있다. 베이징시의 회계사 첸완슈라는 인물이 약 1억 1,900만 위안(약 1,700만 달러)을 횡령한 사실이 밝혀지기도 했는데, 이 사건은 '작은 공무원, 큰 부패小官巨腐'의 대표적인 사례다.[3]

1980년대 초, 통제받지 않는 국가와 견제받지 않는 권력의 문제에 대한 중국 사회의 깊은 자아 성찰과 반성이 이루어진 시기가 있었음을 기억하는 사람은 많지 않을 것이다.[4] 대약진운동과 문화대혁명의 재앙은 단순히 마오쩌둥의 정신 나간 짓이 아니라 최고 지

하는 항공사였다. 2021년 9월 국영기업 랴오닝 팡다그룹에 인수되어 사실상 국영화되었다. 지금은 하이난항공이라는 이름으로 운항 중이다.

도자가 그 어떤 제약도 받지 않았던 일당 국가의 특성에서 촉발했다고 여겨졌다. 이는 중국 사상계에서는 매우 보기 드문 체계적인 관점이다.

중국공산당은 지금까지 단 한 번도 철저한 자기 진단을 한 적이 없지만, 그나마 가장 근접한 경우가 바로 건국 이래 중국공산당의 행동과 성과에 대한 1981년의 사후 진단이었다. 중국공산당은 마오쩌둥이 심각한 판단 오류를 범했고 그의 독단이 '민주적 중앙집권주의'의 원칙을 훼손했으며, 이로 인해 "마오쩌둥 동지에 대한 인격 숭배가 광적으로 극한에 치달았다"고 결론 내렸다. 〈건국 이래 당의 약간의 역사 문제에 관한 결의关于建国以来党的若干历史问题的决议〉라는 제목의 이 문서는 '지배적인 계급 관계에 대한 잘못된 평가'를 내린 마오쩌둥에게 주된 책임을 돌렸지만, '전국적인 규모의 사회주의 건설을 위해 충분히 준비되지 않은' 중국공산당과 중국의 오랜 봉건주의 전통에도 책임이 있다고 언급한다. 이 문서는 '관련 법률의 권한 부족'을 언급하며 '모든 형태의 인격 숭배를 금지'하기로 결의한다. 그러나 이 문서는 진단은 끝없이 늘어놓아도 제도적 해결책은 몇 마디 하지 않는다. 시진핑 체제에서 인격 숭배가 부활한 것은 이 운동이 얼마나 불완전했는지를 보여주는 증거이다.

그렇다고는 해도 1980년대 중국공산당은 당내 민주주의와 집단적 리더십에 가까운 그 무엇을 향해 서서히, 점진적으로 나아가고 있었다. 1980년대 중국의 공식적인 국가 구조는 중국 역사상 그 어떤 시기와도 달랐다. 한 가지 예를 들자면, 1980년대 내내 중국공산당 수장(중앙위원회 총서기), 국가 원수(국가 주석), 군 통수권자(중앙군사위원회 주석)가 모두 다른 사람이었다. 1993년 이후로는 한 사람이 이 세 직책을 독점하게 된다.

만약 덩샤오핑과 다른 중국공산당 원로들의 사망 이후에도 이 구조가 살아남았다면 어땠을까? 중국공산당의 권력이 더 견제되고 분산되었다면 시진핑이 헌법상의 임기 제한을 그렇게 쉽게 무너뜨릴 수 있었을까? 이 질문들에 대한 답은 알 수 없지만, 중국공산당 역사에서 중대한 이 시기를 다시 한번 짚어보는 것은 중요하다. 어느 정도 분산되었던 중국 정치 체제의 권력 구조는 어떻게 오늘날과 같은 단일 구조로 변신했을까? 1980년대의 독재적 범위 조건들은 어떻게 무너졌을까?

답은 간단하다. 천안문이다. 천안문 사태가 일련의 역학 관계를 도미노처럼 촉발하여 결국 이러한 결과를 초래했다. 가장 먼저 무너진 것은 자오쯔양과 같은 선구적이고 개혁적인 지도자 그룹이었다. 당 총서기였던 자오쯔양은 중국 역사상 가장 체계적이고 광범위한 정치 개혁 프로그램을 발표했지만, 그로부터 2년도 채 되지 않아 천안문 사태의 후폭풍으로 실각했다. 천안문 사태의 부수적 피해는 이에 그치지 않았고 후치리胡启立, 완리万里, 톈지윈田纪云, 옌밍푸阎明复 등 중국 지도부 내에서 가장 진보적이었던 인물들 역시 당 지도부 개편에서 밀려났다. 그리고 그 자리는 중국에서 가장 국가주의적인 상하이 출신들로 채워졌다. 토니 세이치Tony Saich의 표현을 빌리자면 "보수적 개혁가"였던 이들은 자오쯔양과 달리 정치 개혁에는 강경하게 반대했지만, (어떤 면에서는 급진적이고 다른 면에서는 국가 통제적인) 경제 개혁은 수용했다.[5] 정치와 경제 양쪽의 자유주의를 연결했던 1980년대의 이념적 끈은 끊어졌다. 정치와 경제가 다른 길을 걷게 된 것이다.

천안문 이후의 중국 지도부는 선천적으로 취약했다. 특히 장쩌민은 강력한 정치적 기반이 부족했던 것은 물론 정책적 역량과 업적 역시 자오쯔양의 상대가 되지 못했다. 중국의 혁명 원로들 사이에서는 위기감이 감돌았고, 장쩌민의 실패를 허용해서는 안 된다는 공감대가 형성되었다. 혁명 원로들은 장쩌민의 입지를 강화하기 위한 방편으로 자신들의 손으로 만든, 이제 막 등장하여 아직 견고하게 자리 잡지 못한 구조를 무너뜨렸다. 바로 중국 정치 계층구조의 최상위 권력을 분산시키는 구조였다. 나는 중앙고문위원회 CAC의 폐지를 특히 강조하고 싶다. 입김 강한 당 원로들로 구성된 중앙고문위원회는 미래의 독재자를 견제하고 균형을 추구하기에 최적의 기관이었다.

덩샤오핑, 후야오방, 자오쯔양이 이끌었던 1980년대는 시진핑의 중국이라는 시점에서 보면 거의 눈에 띄지 않는다. 1980년대 중국을 특징짓는 놀라운 수준의 권력 분산, 이념적 다양성, 눈부신 경제 성과는 1989년 6월 4일 천안문 항쟁 이후 새로운 지도부가 들어서자마자 이러한 업적들을 가능하게 했던 정치 개혁을 전부 뒤집으면서 끝장났다. 혁명 원로들은 천안문 이후 당 지도부의 권력을 강화하기 위해 다양한 권력 중심을 희생시키면서 중국공산당 총서기라는 단 하나의 직책에 힘을 실어주었다. 이러한 누적 투자의 수혜자가 바로 시진핑이다. 역설적으로 천안문은 미래의 독재자를 위한 길을 열어준 것이다.

최고의 10년

1980년대는 중화인민공화국 최고의 10년이었다. 우선 눈부신 경제성장을 달성했다. 1980~1990년 인플레이션 조정 기준 GDP

성장률은 평균 9.5퍼센트에 달했고, 개인소득 역시 크게 성장하여 경제적 혜택이 폭넓게 분배되었다. 많은 사람이 중국의 경제 개혁을 불평등과 연관시키지만, 1980년대의 경제 개혁은 그렇지 않았다. 1980년대 전반, 소득 불평등은 주로 농촌과 도시 간의 소득 격차 감소에 힘입어 상당히 개선되었다. 여전히 이데올로기 긴장이 팽배한 정치 환경에서 개혁파 지도자들은 농촌의 민간 기업가 정신이 도약할 수 있도록 새로운 정책들을 시행했다. 해외 무역과 자본을 유치하기 위한 경제특구가 설립되었다.

어찌 보면 당시 중국 정치가 이룬 성과도 인상적이다. 개혁가들은 소득 성장과 경쟁을 촉진하는 M자형 경제를 제도화하고 힘을 실어주었다. 문학적 창의성과 지적 탐구가 폭발했다. 중국공산당은 중국 사회에 대한 통제를 완화하고 일부 정부 기관, 사회와 경제 분야에서 자발적으로 손을 떼기 시작했다. 중국공산당의 정치적 권력은 더 많이 분산되고, 더 많이 공유되었으며, 일부는 희석되었다. 통치의 '범위'가 최대치에 달했다. 당시 공산주의 이론가들, 군 강경파, 혁명 원로들이 여전히 정치와 의사결정에 상당한 영향력을 행사하고 있었으며, 개혁주의 지도자들에게 야만적인 공격을 주기적으로 가해 힘을 빼려 했던 사실을 고려하면 이 모든 것은 더욱 주목할 만하다.

이 양극화 시대에 중국 정치에서 경제적 자유주의와 정치적 자유주의가 모두 폭발한 것을 어떻게 설명할 수 있을까? 이 질문 자체가 곧 질문에 대한 답이다. 정치와 정책의 혁신은 다양한 사상과 정치가 존재할 때 숙성한다. 중국과 같은 상명하달식 시스템에서는 양극화가 이러한 다양성의 유일한 원천이다. 양극화는 실험을 위한 뒷문과 시행착오의 기회를 제공한다. 이 소소한 개방의 문마

저 완전히 닫혀 버린 1990년대 이후의 수십 년과 비교해 보자. 정치 개혁은 역전되었고 고위층 정치는 점점 더 단일해졌다. 물론 일부 분야에서는 경제 개혁을 추진했지만, 이념적 정통성이 희미해지고 시장경제에 대한 노하우가 축적되고 냉전 종식 이후 훨씬 유리한 조건들이 조성되었음에도 중국 경제의 최고위층에 칼을 겨눌 만큼 개혁을 진전시키지는 못했다.

분열된 고위층

1987년 10월 제13차 당대회에서 자오쯔양은 '정치 개혁에 관하여 중국 지도부가 내놓은 가장 급진적인 문서'를 발표했다.[6] 자오쯔양의 개혁 프로그램은 타이밍으로 보나 그 파격적인 내용으로 보나 계시적이었다. 우선 시기적으로 위험하기 짝이 없었다. 1987년 초 중국공산당 보수파는 자유주의 성향인 총서기 후야오방에게 맹렬한 공격을 퍼붓기 시작했다. 1986년 말 안후이성 허페이에서 처음 발발한 뒤 베이징, 상하이 등 여러 도시로 확산된 학생 시위가 도화선이었다. 보수파는 후야오방이 "부르주아 자유화"와 "정신의 오염"을 조장한다고 비난했다. 1987년 1월, 후야오방은 숙청되었고 자유주의 성향의 지식인 세 명이 중국공산당에서 제명되었다.

후야오방의 사직서에 잉크가 채 마르기도 전인 1987년 10월, 자오쯔양이 중국 사회와 경제에서 중국공산당의 지위와 본질을 근본적으로 바꿀 수 있는 포괄적 개혁의 청사진을 발표한 것이다. 자오쯔양은 당내 이데올로기 세력을 무력화하기 위해 기발한 이론을 고안해 냈다. 그는 중국이 사회주의의 초기 단계에 있으며 이 단계는 카를 마르크스가 구상한 규범적인 청사진에 적합하지 않다고 주장했다. 이어서 당과 국가의 분리, 행정의 분권화, 국가의 역할과 기능의 명확한 차별화, 보다 분산된 권력 구조 등이 포함된 비전을 발표했다. 자유로운 영혼의 후야오방은 상상하기 힘들었을, 훨씬 더 체계적이고 실행 가능한 기획이었다. 자오쯔양은 한 사람이 여러 직책을 겸임하는 것을 줄이고, 국가 행정 단위 내 주요 당 조직을 폐지하고, 기업의 일상적인 운영에서 당의 관여를 배제할 계획이었다.

어떻게 정치판의 추가 이렇게 휙휙 넘어갈 수 있었을까? 1980년대의 중국 정치를 한마디로 정의하는 단어는 '분열'이었다. 경제 및 정치 개혁은 견고한 자유주의적 합의를 바탕으로 시행되지 않았다. 오히려 최고위층의 정쟁이 만들어 낸 공간 덕분에 전개되었다고 보아야 한다. 맨 꼭대기부터 시작해 보자. 1980년대 중국의 권력 구조는 덩샤오핑과 천윈이 엇비슷한 수준의 지위와 권력을 보유하고, 리셴녠李先念이 그보다 반 계단쯤 아래에 있는 '둘과 반'으로 묘사되었다.[7] 천윈과 덩샤오핑은 경제 개혁과 중국의 개방 정책에 대해서는 의견이 달랐으나 정치, 특히 중국공산당의 권력이 반드시 유지되어야 한다는 점에서는 일치했다. 이들은 후야오방, 자오쯔양과 같은 일선 정책 입안자들과 달랐다. 그리고 단결이라는 겉모습을 중시하는 정치 체제에서 이러한 차이는 모든 사람의 눈앞에 적나라하게 드러났다. 자오쯔양은 회고록《국가의 죄수》에서, 제13차 당대회 당시 자신이 정치 개혁에 관한 보고서를 발표하는 도중 천윈이 자리를 박차고 일어나 회의장을 떠났다고 기록했다.[8]

정치의 양극화는 국가 운영 측면에서도 존재했다. 자오쯔양이 총리였을 때 네 명의 부총리 중 야오이린姚依林과 리펑李鵬은 투명한 보수주의자였고, 완리万里와 톈지윈田紀雲은 투명한 자유주의자였다. 오늘날에는 리창李强 총리와 네 명의 부총리 사이에 정책을 비못해 어떤 면에서든 실질적으로 유의미한 차이를 발견하기 힘들다.

1980년대의 정치 개혁은 그 성공 가능성이 지극히 낮았다. 세이치에 따르면, 최소한 셋 이상의 반대 세력이 있었고 이들 모두 막강한 지위를 가지고 있었다.[9] 첫 번째 그룹은 덩리췬邓力群, 후챠오무胡喬木와 같은 당내 강성 이데올로그들이었다. 두 번째 그룹은 시장경제와 개방 정책에 반대하는 집단으로, 중국 중앙 계획의 브레인이라 할 수 있는 천윈이 그 수장이었다. 세 번째 그룹은 인민해방군 장성들이었다. 개혁파 지도자들은 일보전진 반보후퇴를 거듭하면서 신중하고도 전술적으로 이 위험한 수역을 헤쳐나가야 했다.

개혁파의 손에 쥐어진 비장의 카드는 이들이 거둔 괄목할 만한 경제적 성과였다. 이들의 정치적 자본은 문화대혁명 이후 경제 성장에 대한 국민적 공감대였다. 농촌의 급속한 소득 증가에 이데올로그들조차 입을 다물 수밖에 없었다. 개혁파는 덩샤오핑의 지지를 얻기 위해 경제적 논리에 기댔다. 정치적 보수주의자였던 덩샤오핑은 어느 선까지는 이데올로기와 경제적 이익을 기꺼이 맞바꿀 의향이 있었다(그리고 그 '선'은 그 누구도 예측하지 못했다). 하지만 이 전략에는 단점도 있었다. 먼저 격렬한 정치적 반대를 무력화시킬 수 있을 만큼 엄청난 경제적 성과가 필요했다. 또한 경제적 실수는 정치적 대가로 이어졌다. 1988년 여름 덩샤오핑은 상품 가격의 전면 자유화와 신용의 대규모 확대를 지시했다. 현명하지 못한 조합이었다. 자오쯔양은 이러한 성급한 조치에 반대했으나 보수파는 급격한 인플레이션을 틈타 자오쯔양과 개혁 프로그램 전체를 공격했다.[10] 몇 달 후, 중국공산당 역사상 최고 위기였던 천안문 사태가 발발하자 자오쯔양은 덩사오핑과 다른 원로들에 의해 축출당했다.

개혁 실험

1980년대가 일관되게 자유주의적이지는 않았다. 개혁과 개혁가들에 대한 이념적 반발이 밥 먹듯이 일어났다. 복고주의자들은 '투기 반대', '정신적 오염 반대', '부르주아 자유화 반대' 등의 캠페인을 통해 끊임없이 문화대혁명 이전 상태로 돌아갈 것을 주장했다. 연극 〈만약 내가 진짜라면〉은 몇 차례 무대에 오르지도 못하고 금지당했다. 하지만 이렇듯 어마어마한 장애물들에도 불구하고 개혁은 계속되었다. 수많은 복고 캠페인에서 '반反'이라는 접두사가 얼마나 자주 등장하는지를 보면 역설적으로 자유화 세력의 운동에너지가 얼마나 컸는지를 알 수 있다.

1980년대의 가장 두드러진 정치적 특징 두 가지는 '온화한 정치'—이전에는 정치적 경쟁이 곧 생사가 걸린 싸움이었지만 이제는 적어도 정쟁에서의 패배가 곧 범죄가 되지는 않았다—와 양극화였다. 좌파와 우파 이데올로기는 지식과 정치라는 영역의 최고 위층에서 대립했고, 최고 지도자들 역시 개혁파와 보수파로 나뉘었다. 양극화는 실험과 정책 혁신을 위한 공간을 창조해 냈다.

당시 전체 인구의 80퍼센트 이상을 차지한 농촌에서 실물 경제와 금융 부문의 민간 기업가 정신이 꽃을 피웠다. 민간 경제에 대한 마오쩌둥주의 이론가들의 공격에도 불구하고, 오늘날 중국의 기업 지형에서 선두를 달리는 회사들이 1980년대에 탄생했다. 1984년, 컴퓨터 회사인 레노버와 중국 최대의 백색가전 기업 하이얼이 세워졌다. 1983년에는 한때 중국 최대의 농업 기업이었으나 현재는 네 회사로 분리되어 각각 다른 영역에서 거대 기업이 된 희망그룹이 설립되었다. 최근 서방에서 이미지가 좋지 않은 5G 통신 기업 화웨이는 1987년 선전시에서 설립되었다.

나는 2장에서 M자형 경제가 지방의 지도자들이 실험할 수 있는 여지를 만들어 주었고, 중앙에서 조율한 청사진이 아닌 실험을 통해 개혁이 진행되었다고 설명한 바 있다. 그러나 설령 실험이 성공한다 해도 궁극적으로는 중앙의 지도부가 실험의 지속 또는 연장을 승인해야 하는 추가 단계가 필요했다. 자동적인 것은 아무것도 없었다. 결정을 받아야만 했다. 바로 이 지점에서 정치 및 정책 공간이 중요해진다.

정책 공간은 여러 가지 방법으로 만들어졌다. 하나는 공산당의 이데올로그들과 보수적 원로들이 강력하기는 해도 국가 운영에 필요한 정책 및 운영에 대한 세부 지식은 부족하다는 점을 토대로 했다. 그들은 날마다 국가를 돌아가게 하는 운전석의 관리자가 아니었다. 현장은 종종 그들이 생각하는 것보다 훨씬 빠르게 움직였고, 이미 결정된 사안을 뒤집어야 하는 난처한 상황이 생기기도 했다. 이것은 제안 단계에서 금지하는 것보다 더 어려운 일이었다. 때때로 개혁주의자들은 의도적으로 보수주의자들이 필요한 정보에 접근하지 못하게 하기도 했다. 예를 들어 1983년, 이데올로그 덩리췬은 민간 부문의 고용 상황 조사를 제안했지만, 개혁가 후야오방은 조사 결과가 이데올로그 집단의 비판을 불러올 수 있다는 우려에서 반대했다.

정책 공간은 혁명 원로들 사이의 의견 불일치로 인해 발생하기도 했다. 1980년대 초, 민간 기업의 고용 규모는 이념적으로 민감한 사안이었다. 당내 이데올로그들은 카를 마르크스의 '잉여 노동' 개념을 인용하여 민간 기업의 고용 인원을 7인 이하로 제한하는 규정을 만들었다(마르크스는 《자본론》에서 노동 착취 이론을 설명하기 위해 8인의 노동자를 고용하는 가상의 민간 기업을 예로 들었다). 이 규정은 실행으로 옮겨지지 않았고 농촌 지역의 일부 민간 기업은 수백 명의 노동자를 고용하기도 했다. 지금 우리는 그 이유를 알 수 있다. 덩리췬은 회고록에서 이 문제에 대해 천윈과 덩샤오핑의 의견 대립이 있었다고 적고 있다.[11] 민간 부문 고용 확대에 관한 정책 메모에 자극을 받은 천윈은 어떤 형태로든 제한은 있어야 한다고 주장했고 덩샤오핑은 이에 반대했지만, 이 문제를 놓고 공개적으로 충돌하지는 않았다. 덩샤오핑은 "지켜보자"며 관망하는 자세를 취했고 천윈은 당내에 다양한 의견이 존재하는 것이 바람직하다는 이유로 암묵적으로 동의하며 이 관행을 공론화하거나 대외적으로 선전하지는 말아달라고만 요청했다.

이러한 양면성은 개혁주의 지도자들이 필요로 했던 기회를 제공했다. 후야오방의 공산당은 1983년 〈농촌 노동에 관한 문서 제1호〉를 발표하여 7인 고용 규정을 공포함과 동시에 지방 관리들에게 규정 위반을 단속하지 말라고 강조했다. 중국의 개혁 역사는 현명한 통치자가 각 개혁 조치를 설계하고 세밀하게 관리해 온 역사가 아니라, 현장의 당연한 현실을 중앙 지도자들이 인정하고 승인해 온 역사다. 실험은 한 명의 통치자 아래 단결된 중앙 정부가 아닌 분열된 중앙 정부에서 일어났다. 덩샤오핑 시대와 시진핑 시대의 근본적인 차이점이 바로 여기에 있다.

정치 및 정책 신호

중국의 개혁개방을 알린 신호탄은 농촌 경제와 농촌의 이익에 집중되었다. 토지의 통제권은 중앙 정부에서 농민에게로 넘어갔다. 향진기업乡镇企业이 급성장했다. 농촌의 생산량은 네 배로 뛰었고, 빈곤은 감소했다. 향진기업은 도시에 기반을 둔 국유기업들을 긴장하게 했고, 중국 경제에서 본격적으로 경쟁의 장을 열었다.

1980년대 개혁에 대한 설명은 일반적으로 이 정도 수준에서 크게 벗어나지 않지만, 그 이면에는 드러나지 않은 이야기가 훨씬 더 많다. 예를 들어 많은 이들이 1980년대의 개혁은 국가 조치 아래 신중하고 점진적으로 이루어졌다고 믿으며, 향진기업의 기적은 지방 정부가 품은 기업가 정신의 산물이라고 주장한다.[12] 하지만 향진기업 현상은 실제로는 정부의 후원보다는 민간 부문의 자유로운 진입 때문에 가능했다. 나는 2008년 출간한《중국 특색의 자본주의 Capitalism with Chinese Characteristics》에서 향진기업의 공식적 정의의 기원을 추적한 결과, '향촌'은 행정적 의미가 아닌 지리적 의미라는 것을 분명히 밝힐 수 있었다. 향진기업이란 흔히 주장하는 것처럼 향촌 정부가 관리하는 기업이 아니라 향촌에 위치한 기업이었다. 이러한 일부 디테일만 제대로 파악해도 얼마나 많은 것이 달라질까? 1985년에는 1,200만 개의 향진기업이 존재했다. 이 1,200만 개 중 50만 개만이 '민간'으로 명확하게 분류되어 있어 향진기업이 기본적으로 공동 사업체라는 인상을 주었다. 그러나 1,200만 개의 향진기업 중 1,000만 개는 서구에서는 '개인 사업체'라고 부르는 것으로 알려진 가족 기업이었고, 마을과 지방이 후원하는 공동 사업체인 향진기업은 전체의 극히 일부인 160만 개에 불과했다. 향진기업은 압도적으로 민간 부문의 현상이었다.

회계 문제를 제외하면 1980년대 기업 활동의 물결을 어떻게 설명할 수 있을까? 중국 경제 연구에 있어 영원한 수수께끼인 이 유인은 어디에서 온 것일까? 당시나 지금이나 중국에는 견제받는 정부, 독립된 사법부, 자유로운 언론, 자산 계급을 위한 정치 권력 등 전통적인 재산권 보장의 원천이 존재하지 않았다. 덩샤오핑의 농업 개혁은 기업가적 유인을 강화하는 이러한 요소들을 전혀 건드리지 않았다. 표준적인 경제 이론에 따르면 경제 주체들은 미래의 이익이 안전할 것이라는 확신 없이는 현재의 노력과 자본을 기꺼이 지출하지 않는다. 재산권 보장은 바로 그러한 유인이다.

1984년 글로벌 IT 대기업 레노버를 창업한 류촨즈柳传志의 발언에서 단서를 찾을 수 있다:

> 1978년으로 기억합니다. 인민일보에 소를 키우는 것에 관한 기사가 실렸습니다. 그 기사를 읽고 너무나 흥분했습니다. 문화대혁명 시절에는 신문은 사설이 전부였고, 모든 사설은 혁명과 계급투쟁에 관한 것이었죠. 그 무렵에는 닭을 키우거나 채소를 재배하는 것은 당장 잘라버려야 할 자본주의의 꼬리 정도로 여겨졌어요. 그런데 이제 인민일보에 소를 키우는 것에 관한 기사가 실린 겁니다. 세상이 확실히 바뀌고 있었던 거죠.[13]

류촨즈는 다당제와 표현의 자유를 포용하는 헌법 혁명이 아니라 중국공산당 기관지에 실린 사설의 주제에서 변화를 감지했다. 류촨즈의 사고방식은 문화대혁명의 끊임없는 '혁명과 계급투쟁'에 고정되어 있었기 때문에, 인민일보에 소를 키우라는 흔해 빠진 권고가 실렸다는 사실 자체가 정책의 획기적인 전환을 알리는 신호탄이었다. 류촨즈의 유인을 이해하려면 그의 심리적 기준점과 1978년 상황이 문화대혁명의 기준점에서 얼마나 멀어졌는지 이해할 필요가 있다.

중국공산당은 소를 키우라는 사설만 쓴 것이 아니었다. 상황이 바뀌었다는 것을 알리기 위해 구체적인 행동들을 취했다. 1970년대 후반, 공산당은 투옥된 자본가들을 석방하고 몰수한 자산(은행 예금, 채권, 금, 주택 등)을 돌려주었다. 소유주의 신변 안전과 재산의 안전에는 차이가 있다. 그때나 지금이나 중국에서 사유재산권은 명백히 안전하지 않다. 하지만 중국공산당의 몰수 자산 반환 조치는 개인에게 더 많은 안전을 제공하겠다는 신호를 보냈다. 문화대혁명은 중국 자본가들을 파괴했지만, 포스트-마오쩌둥 지도부는 이제 그들의 인격을 회복하고 있었다. 물론 국가가 사유재산을 인정한다는 것도 중요하지만, 1980년대에 새로운 사업을 시작하려는 잠재적 소유주들에게 체포되지 않는다 신호의 유인 효과는 엄청났을 것이다.

중국공산당은 기업가의 정치적 지위도 높여주었다. 서구 연구자들은 종종 당에 민간 기업가를 영입하는 착안을 지지한 장쩌민의 2001년 〈삼개대표三个代表사상〉*을 이념적 돌파구라고 칭송한다. 이는 역사적 상처에 소금을 뿌리는 일이나 마찬가지다. 1981년 후야오방 휘하의 공산당은 이미 이러한 아이디어를 지지했지만, 천안문 사태 이후 극도로 보수화된 당 분위기에서 장쩌민은 민간 부문에서 당원을 모집하는 관행을 맹렬하게 공격하고 강력하게 금지했다. 따라서 장쩌민의 조치는 기껏해야 11년 전 자신의 행위를 철회한 자정 작용에 불과하다. 기업가 유인은 2001년 경제 도약 이후

---

* 2000년대에 중국공산당 총서기였던 장쩌민이 주창한 중국의 사회 정치 이론. 중국공산당의 지향점을 아래 세 항목으로 요약하고 있다.
항상 중국의 선진 사회 생산력의 발전 요구를 대표한다(始终代表中国先进社会生产力的发展要求). 항상 중국의 선진 문화의 전진 방향을 대표한다(始终代表中国先进文化的前进方向). 항상 중국 최대 인민의 근본 이익을 대표한다(始终代表中国最广大人民的根本利益).

가 아니라 1981년 경제 도약 이전부터 존재했다. 역사의 큰 줄기 속 사소한 잔가지가 아니다. 이 시점을 올바로 알아야 중국 경제에서 '유인'의 효과를 올바로 이해할 수 있다. 사건의 올바른 순서에 따라 기업가 유인에 대한 기록을 바로잡으면, 많은 이들이 그러는 것처럼 중국 경제를 설명할 때 기본적인 경제 논리를 억지로 쥐어짜낼 필요가 없다.

마지막으로 덩샤오핑의 독특한 성격을 빼놓을 수 없다. 덩샤오핑은 대개 외국인 투자를 향해 중국의 문을 열고 개혁의 방아쇠를 당긴 실용적이고 개방적인 정치가로 그려진다.[14] 모두 사실이지만, 이 중 어느 것도 덩샤오핑의 유인 효과를 설명하지는 못한다. 덩샤오핑에 대한 가장 중요한 사실은 그가 마오쩌둥에 의해 두 번이나 숙청되었다는 것이다. 그가 겪어야 했던 잔인함은 비단 정치적인 것만이 아니었다. 문화대혁명 당시 베이징 대학의 홍위병들은 그의 아들 덩푸팡鄧樸方을 3층 건물에서 밀어 떨어뜨렸다. 척추가 부러진 덩푸팡은 병원으로 옮겨졌으나 덩샤오핑의 아들이라는 이유로 치료를 거부당했다. 덩푸팡은 허리 아래 하반신이 마비되었고, 지금까지도 시대의 상처를 안고 살아가고 있다. 당신이 1978년에 창업을 고려하고 있는 중국인이고, 다른 사람도 아닌 덩샤오핑이 중국공산당을 이끄는 모습을 지켜보고 있다고 상상해 보라. 이것은 정책적, 정치적 변화에 대한 매우 믿을 만한 신호였다. 그 어떤 것도 덩샤오핑 효과에 근접조차 하지 못했다.

미하일 고르바초프를 바보라고 부를 당시 덩샤오핑은 고르바초프의 정치 개혁을 떠올리지 않았을까. 그러나 덩샤오핑은 자신과 고르바초프의 개인적 배경의 차이가 그들의 행보에 어떤 영향을 미쳤는지를 과소평가했다. 고르바초프는 소비에트 체제에서 떠오르는 별이었다. 처음에는 보잘것없는 공무원이었으나 국가 농업을 책임지는 중앙 정부 고위직으로 승진했고, 그 후 중국인의 기준으로는 놀랍게도 국가 전체를 책임지는 자리에 올랐다. 체제의 수혜자이자 체제 수립의 주역이었던 그는 현상 유지에서 벗어나겠다는 의지를 표명하기 위해 페레스트로이카perestroika*가 필요했다. 덩샤오핑의 개인사는 그의 집권 자체만으로도 그 의지를 충분히 드러나게 했다. 고르바초프는 이런 사치를 누릴 수가 없었다. 고르바초프는 여러 이유로 실패했겠지만, 적어도 그가 바보였기 때문에 실패한 것은 아니었다.

국가 권력의 완화

1980년대에 중국공산당은 몇 가지 제도적 개혁을 추진하기 시작했다. 한 가지 예는 농촌 금융이었다.[15] 중국에 관한 경제학적 연구의 상당수가 1990년대에 초점을 맞추고 있는데, 여기에는 잘못된 점이 한둘이 아니다. 하나는 저장성의 특수성에 관한 것이다. 저장성, 특히 원저우 지역은 민간 기업가 정신과 자유로운 비공식 금융으로 유명하다.[16] 하지만 비공식 금융은 원저우의 전유물이 아니었다. 비공식 금융은 1980년대에 이미 지리적으로 널리 퍼져 있

---

* Glasnost, perestroika. 러시아어로 '개방·재건'이라는 뜻. 미하일 고르바초프가 1985년 3월 소련 공산당 서기장에 취임한 후 실시한 일련의 개혁 정책을 가리킨다. 글라스노스트는 정보의 자유 및 개방, 페레스트로이카는 정치, 경제 분야의 개혁을 지칭한다. 글라스노스트·페레스트로이카의 결과 국내에서는 파격적인 정치 개혁이 이루어졌고, 대외적으로는 군비 축소, 서방과의 긴장 완화, 궁극적으로 소련 해체와 냉전 종식으로 이어졌다고 평가받고 있다.

었으며, 원저우에서 멀리 떨어진 지역에서도 찾아볼 수 있었다. 문헌 연구에 따르면 비공식 금융은 중국에서 가장 가난한 내륙 지방인 구이저우성, 북동부 국유기업의 요새인 지린성, 베이징을 둘러싼 허베이성 등 중국 각지에서 활발했다. 중국의 중앙은행인 중국인민은행의 1980년대 보고서에는 전당포와 표회标会* 집이 늘어선 구이저우성의 거리들이 등장하는데, 이는 1990년대 켈리 차이Kellee Tsai가 원저우의 뒷골목 금융에 대한 필드 리서치를 진행하며 기록한 장면과 동일하다. 1987년 지린성 인민은행 보고서에 따르면 농촌 가구를 대상으로 한 조사에서 68.9퍼센트가 비공식 신용 시장에서 대출을 받았으며, 지하 대출의 81퍼센트를 생산 활동에 사용했다고 답했다. 무하마드 유누스는 소액 금융을 발명한 공로로 2006년 노벨 평화상을 수상했지만, 중국은 1980년대에 이미 소액 금융을 대규모로 운영하고 있었다.

지린성 인민은행의 보고서는 또 다른 측면도 드러내고 있다. 그때나 지금이나 지린성은 경제적으로 보수적이라는 평판이 있지만, 인민은행 보고서는 지린성의 비공식 금융을 높이 평가하고 있다. 1980년대에는 비공식 금융이 그렇게 비공식적이지 않았다. 중국 최고위 금융 정책 입안자들이 때로는 암묵적으로, 때로는 명시적으로 비공식 금융을 지지했다.

---

* 대회抬会라고도 한다. 우리나라의 '계'와 유사한 중국의 자발적 민간 금융을 가리킨다. 당송 시대에 시작된 것으로 알려져 있으며 특히 예로부터 상업이 발달한 강남 지방(저장성, 광둥성, 푸젠성 등)에서 유행했다. 발기인이 친족, 지인들을 모아 회비를 걷어 기금을 조성하고 회원들에게 신용 융자를 해주거나 회비 할인을 통한 이자 수입을 지급한다.

은행업 관련 규정에 따라 개인은 금융 사업에 종사할 수 없습니다. 사금융의 출현은 우리의 금융 업무가 인민들이 필요로 하는 수준에 미치지 못함을 보여줍니다. 신용협동조합과 농업 은행의 서비스 개선이 요구됩니다. 이것은 엄청난 과제입니다.

이 말을 한 사람은 일개 중국인이 아니라 1985년부터 1988년까지 인민은행 총재를 지낸 첸무화陈慕华이다. 그는 오늘날 중국 지도자들이 인정하기를 거부하는 사실을 인정했다. 비공식 금융의 확산이 공식 금융의 소유 편향성 때문이라는 사실 말이다. 첸무화는 비공식 금융에 대한 단속을 옹호하기보다는 국유 은행이 민간 부문의 신용 제한을 완화하는 데 더 큰 노력을 기울이기를 촉구했다.

비공식 금융도 민간 기업의 한 형태이므로 민간 기업이 합법화되면서 비공식 금융도 번창했다. 비공식 금융의 지리적 확산은 급증하는 민간 부문의 수요와 민간 신용 공급의 증가가 만난 결과였다. 1980년대 말이 되자, 비공식 금융은 공식에 준하는 지위를 획득하기 시작했다. 1980년대에는 가축이나 농기구 같은 공동체의 생산 자산을 사유화하면서 농촌합작기금회农村合作基金会라는 조직이 유기적으로 생겨났다. 이러한 자산은 개별 가정에서 구하기에 너무 비싸거나 분할 할 수 없는 종류들이었다(당나귀를 둘로 자르면 생산에 쓸모가 없어진다). 마을 주민들은 이러한 자산을 증권화하고 조합원들에게 주식을 발행했다. 그리고 이렇게 모은 자본으로 농촌 기업체와 가계의 유동성 수요를 채웠다. 이들은 조합원들이 실질적으로 소유하는 저축 및 대출 기관이었다.

농촌합작기금회의 규모는 굉장했다. 1990년 중국 향촌 지역의 38퍼센트에 합작기금회가 존재했고, 일부 지역에서는 공식 신용 기관인 중국농업은행과 버금가는 수준이었다. 1990년 원저우의 합작기금회들은 조합원들로부터 2,000만 위안을 모았는데, 이는 중국농업은행의 총대출액이 2,650만 위안임을 고려하면 엄청난 규모였다. 가장 주목할 만한 점은 인민은행이 합작기금회를 공식적으로 인정하기를 거부하자 농업부가 나서 감독 책임을 맡았다는 사실이다.

1980년대에는 정치적 공간도 열렸다. 엘리트 계층에게 중국은 '온화한 정치'의 시대로 접어들었다. 정치적 경쟁은 더는 생사가 오가는 문제가 아니었다. 의사결정 권한이 보다 분산되고, 사회가 국가의 행위를 감시하는 데 도움이 되는 듯 보였다. 예를 들면 1980년 중국공산당은 베이징의 고급 레스토랑에서 식사비를 일부만 낸 상무부 장관을 공개적으로 제재했다.[17] 물론 중국공산당은 종종 구성원의 처벌을 일종의 퍼포먼스로 활용하기 때문에 이러한 처벌 자체는 드문 일이 아니다. 특이한 점은 제재 부서인 중앙기율검사위원회CCDI가 자체적으로 징계를 내리고 이를 공개적으로 발표했다는 사실이다. 오늘날 중국에서 중앙기율검사위원회가 중앙정치국 상무위원회, 더 구체적으로는 시진핑의 명확한 지시 없이 장관을 견책하는 일은 상상조차 할 수 없다. 1980년대 중국 언론은 이 사건에 독립적으로 계속 관심을 기울이며 내부 고발자인 식당 주방장을 처벌하려는 장관의 일련의 시도에 대해 후속 보도를 내놓았다.

국가가 좀 더 겸손해진 것이다. 관리들은 스스로 실수를 인정하고 자신이 직접 만든 정책을 번복했다. 오늘날의 중국공산당은 대개 정책이 입안된 후 한참이 지나야 번복하며, 이러한 번복의 행위 자체도 자신들이 무한한 지혜를 발휘했다는 자축 프레임으로 포장하곤 한다. 잘못을 인정하더라도 그것은 (아마도 이미 감옥에 갇혀 있을) 전임자의 잘못이지, 현재 지도자의 잘못은 절대 아니다. 반면 1980년대에는 국가가 실수와 잘못을 기꺼이 인정하고 때로는 참회와 후회의 표현을 동반하기도 했다.

예를 들어, 2장에서 언급한 바 있는 보하이만 석유시추선 전복 사건 조사에서 석유부는 다음과 같이 놀라울 정도로 솔직하게 발언했다. "1975년 이후 해양국은 크고 작은 1,042건의 사고를 보고했고 그중 33건은 아주 심각한 사고였지만, 우리는 심각하게 대처하지 않았다."[18] 지역 레벨에서는 중국 관료 사회에서 보기 드물게도, 관리들이 실수를 인정하고 공개 사과를 하기도 했다.

1982년에는 '경제 투기', 즉 1980년대 기업들이 흔하게 뛰어들었던 가격 차익거래를 단속하는 중앙 정부 시책이 실시되었다.[19] 후베이성의 성도省都 우한의 엔지니어 한칭셩은 이 캠페인의 초기 피해자 중 한 명이었다. 그의 혐의는 향진기업에 기술 지원을 제공한 대가로 600위안을 받은 것이었다. 국영기업의 많은 엔지니어와 마찬가지로 그 역시 컨설팅 업무를 통해 추가 수입을 얻었다. 한칭셩과 다른 엔지니어들은 일요일이면 향진기업 사무실에서 일했기 때문에 '일요일 기술자'로 불렸다. 한칭셩은 1982년 투기 단속의 일환으로 '기술 투기 활동' 명목의 300일 징역형을 선고받았다. 나중에 그는 2위안에 하루씩 감옥살이를 한 셈이라고 말했다. (당시 2위안은 미화 약 30센트 정도의 가치였다.)

그는 유명 인사가 되었다. 전국지인 〈광명일보〉*는 이 사건을 특

---

* 1949년에 창간된 중국공산당 기관지. 〈인민일보〉와 함께 문화대혁명 기간에도 존

집으로 다루고 양측의 견해를 모두 실었다(1980년대에 관해 잘 알려지지 않은 또 다른 사실은, 이 시대의 중국 언론이 매우 자유롭고 활발했다는 것이다. 언론이 양쪽의 상반된 의견을 나란히 싣는 광경을 흔히 볼 수 있었다). 지식인과 과학자들이 그의 편에 섰고 결국 정부는 한발 물러나 그를 석방했다.[20] 하지만 이것이 끝이 아니었다. 우한 시장이 사과하고, 법원 판결문과 정부가 압수한 600위안을 직접 그의 집에 가져가 전달하기까지 했다.

투기 단속은 중국의 민간 기업가 정신의 요새라 할 수 있는 원저우도 강타했다. 정부는 일명 '팔대왕'으로 알려진 원저우의 가장 부유한 민간 기업가 여덟 명을 추적했다. 일곱 명은 체포되었고 한 명은 도시를 떠났다. 원저우 경제가 흔들리자 원저우 정부는 신속하게 대응에 나섰다. 수감된 기업가들을 모두 석방하고 그들의 자산을 돌려주었다. 심지어 지역 신문에 잘못을 인정하고 시정 조치를 발표하기까지 했다.

흔히 말하는 것처럼 일화는 일화일 뿐 데이터가 아니다. 하지만 1980년대 이후에도 비슷한 일화들이 있었는지 물어보면 의미 있는 사실을 알 수 있다. 시진핑의 반부패 캠페인 당시 많은 관료가 강제로 공식 석상에서 후회와 참회를 표명했다. 이런 종류의 인위적인 책임감은 겸손이 아닌 국가의 강압에 의한 것이다. 앞서 언급한 우한과 원저우의 사례와 같이 대중에게 자발적으로 사과하고 잘못을 인정하는 대신, 수갑을 찬 범죄자가 된 숙청당한 관료들의

속했던 유이한 민간인 대상 일간지로 유명하다. 현재는 산하에 잡지사, 출판사 등을 보유한 관영 미디어 그룹이다.

모습이 TV에서 퍼레이드처럼 방영되었다. 이러한 광경은 역사 속의 1984년보다 소설 《1984》*에 더 가까웠다.

거대한 반전

1980년대 중국공산당 보수 원로들은 민주주의 국가의 야당과 같은 방식으로 행동했다. 옆에서 지켜보고 있다가 개혁주의자들이 실수할 때마다 달려들어 공격한 것이다. 이들은 비판 수위도 자유롭게 조절했다. 일상적인 국정 운영에서 배제된 원로들은 실제 정책 결정이나 실행에는 깊이 관여하지 않았다. 천윈은 경제에서 막강한 영향력을 휘둘렀지만, 현장의 경제 및 비즈니스 역학 관계에는 거의 관여하지 않았다. 중국공산당 이론가 덩리췬은 가끔 천윈과 덩샤오핑에게 개혁파를 향한 당 내부의 불만을 전달하는 역할을 했다. 덩리췬이 현실 세계의 경제에 가장 가까이 다가간 것은 마르크스의《자본론》을 인용해서 신문과 정부 보고서를 통해 주워들은 사업 개발 안건에 적용하는 수준이었다.

중국 정치의 위태로움은 개혁주의자들에게 조금의 실수도 용납되지 않는다는 것을 의미했다. 1988년 여름, 개혁주의자들은 오판을 내렸고 그 결과 몇 가지 오류를 범했다. 급격한 신용 확대를 배경으로 일부 생필품의 공급 부족이 여전한 상황에서 전반적으로

---

* 조지 오웰George Orwell의 디스토피아 소설. 집필 당시 기준으로 먼 미래인 1984년 가상의 전체주의 독재 국가에서 주인공이 겪는 일련의 사건들을 다룬다.

상품 가격이 자유화되었다. 인플레이션이 급등하자 보수주의자들은 공격의 기회를 포착했다. 여름의 끝 무렵, 개혁파는 수세에 몰렸다. 자오쯔양은 정치국 회의에서 자아비판을 했고, 경제 분야에 대한 그의 의사결정 권한은 축소되었다.

1988년 가을부터 1989년 봄까지 개혁파와 보수파 사이에서 위태롭고 긴장된 정치적 교착 상태가 지속되었다. 이 교착 상태는 사회경제적 유연성, 커지는 지적 자유, 높아진 기대감으로 각성한 시민사회라는 불청객에 의해 깨졌다. 1989년 4월 15일 자유주의 개혁가 후야오방의 사망이 대규모 시위를 촉발했다. 정치, 경제적으로 1980년대는 마지막 1년을 버티지 못하고 10년을 채우지 못한 채로 막을 내렸다. 1989년 6월 4일, 인민해방군이 천안문 광장을 점거하고 있던 시위대를 향해 발포했고, 그 여파로 자오쯔양은 중국공산당 총서기직에서 강제로 사임했다. 상하이 당서기 장쩌민이 자오쯔양을 대체했다. 중국은 완전히 다른 방향으로 나아가기 시작했다.

정치 개혁 포기

1980년대 개혁파 지도자들은 중국공산당의 사회 통제를 완화해 진정한 진보를 달성했다. 이러한 진보가 잘 알려지지 않은 이유는 그 기간이 너무 짧았기 때문이다. 천안문 사태가 일어나기 불과 1년 반 전인 1987년 10월, 제13차 당대회는 정치 개혁 의제를 제시했다. 그전에도 이미 중국공산당은 여러 정부 기관에서 당 지부를 폐지했고 중국 사회와 경제에서 당의 역할을 축소하고 있었다.

그러나 이러한 방향성 있는 정치 개혁의 가장 확실한 신호는 천안문 시위 그 자체였다. 1988년 가을과 1989년 봄, 중국 대학 캠퍼스는 정치 활동과 지적 탐구로 들끓었다. '민주주의 살롱'과 토론 그룹들은 중국의 역사와 문화를 재평가하고 중국 정치 체제의 미래에 대해 고민했다. 당시 대만은 막 정치적 반대를 합법화하기 시작했고, 중국공산당 내에서도 여러 지식인이 대만 모델에 관한 토론을 벌이고 있었다.

알렉시 드 토크빌Alexis de Tocqueville이《앙시앵 레짐과 프랑스혁명》에서 지적한 혁명의 선행 지표는 사회적 이완과 정치적 유연성의 출현이다.[21] 권위주의 정권은 가장 권위적이지 않을 때 가장 취약하다. 이것이 바로 '토크빌의 역설'이다. 중국공산당에게 토크빌의 순간은 1989년에 찾아왔다. 국가 부주석이자 2012년부터 2017년까지 일곱 명의 중앙정치국 상무위원 중 한 명이었던 왕치산은《앙시앵 레짐과 프랑스혁명》의 팬으로 알려져 있다. 이것을 왕치산의 자유주의적 성향의 증거로 해석하는 이들도 있다. 하지만 현실은 정반대이다. 왕치산과 같은 지도자들이 천안문을 통해 얻은 교훈은 중국 정치가 다시는 토크빌의 순간에 접근하지 말아야 한다는 것이었다.

천안문 이후 중국의 지도자들은 자오쯔양이 추진했던 모든 정치 개혁을 철회했다. 1987년 중국공산당 당헌은 국가와 당의 분리를 규정했고, 이에 따라 중국공산당은 일부 정부 부처와 국영기업에서 철수하기 시작했다. 천안문 이후 당 지도부는 이를 뒤집어 당헌을 개정하고 정부 부처 내의 당 지부를 복원했다. 1980년대에는 당 외부에 전문 공직자 조직을 만드는 것에 대한 논의가 있었다. 이 논의 역시 천안문 이후 폐기되었다.

상하이방上海帮의 부상*

천안문 이후 중국 정치는 권위주의적이고 보수적인 경향으로 나아갔다. 지적 자유는 축소되었고 정치적 반대 의견에 대한 탄압은 강화되었다. 천안문 사태의 영향이 충분히 평가되지 않고 있는 부문은 경제이다. 1989년 이후 중국은 높은 GDP 성장률을 유지해 왔지만, 데이터를 면밀하게 분석해 보면 천안문 이후 중국 GDP에서는 노동이 차지하는 비중이 감소하고, 가계 소비가 차지하는 비중도 감소하고 있음을 알 수 있다. 1980년대에는 가계 소득 증가율이 GDP 성장률을 앞지르거나 비슷한 수준이었다. 천안문 이후 수년 동안 GDP 성장률이 가계 소득 증가율을 앞질렀다.

천안문 이후 중국 지도부에 대한 한 가지 놀라운 사실은 이들 중 압도적 다수가 중국에서 가장 개혁이 뒤처진 지역인 상하이 출신이라는 점이다. 통계상으로 상하이의 국영기업은 여전히 지배적인 지위를 유지하고 있었다. 1977년 소유주 기준 고정자산 투자 비율로 보면 광둥성(96.6퍼센트)과 저장성(100퍼센트)이 상하이(84.6퍼센트)보다 국유 부문 점유율이 높았다. 하지만 1988년이 되면 광둥성의 국유기업 고정자산 투자 비중은 71.2퍼센트로 감소했고 저장성은 36퍼센트까지 떨어진 데 반해 상하이는 81퍼센트로 거의 떨어지지 않았다. 국유기업이 편중된 것으로 알려진 지린성도 1977년 78.6퍼센트에서 1988년 72.9퍼센트로 상하이보다 더 가파르게 하락했다. 1980년대는 초고속 성장의 10년이었다. 1977년부터 1988년까지 상하이의 1인당 GDP 성장률은 연평균 7.7퍼센트로 오늘날

---

* 방帮은 집단, 무리를 뜻하며 특히 타지에 거주하는 동향同鄕 출신 단체를 가리킨다.

의 중국과 비교하면 나쁘지 않지만, 같은 기간 광둥성의 10.3퍼센트, 저장성의 13.4퍼센트에 크게 뒤떨어졌고, 지린성의 9.6퍼센트와 비교해도 매우 저조했다.

상하이의 신통찮은 성적표에도 불구하고 천안문 이후 상하이 정부의 고위 공직자들이 거의 통으로 베이징으로 옮겨가 중앙 정부를 거의 완전히 장악했다. 1989년부터 2002년까지 상하이방은 전면에 나서 중국을 통치했고, 2002년부터 2012년까지는 후방에서 중국 정치를 주물렀다.[22] 시진핑은 시장 중심적인 저장성에 훨씬 오래 있었는데도 상하이 당서기로 있었던 1년간 매우 깊은 인상을 받아 저장성 시절의 경험을 무시했다고 말하는 사람들도 있다. 시진핑은 정치적으로는 상하이방을 표적으로 삼았지만, 경제 모델은 상하이의 고전적인 국가주의 모델을 충실히 따르고 있다.[23]

상하이방에는 누가 속해 있었을까? 상하이 당서기 장쩌민이 1989년 6월 중국공산당 총서기에 취임했다. 중국 경제의 황제라고 불린 주룽지朱鎔基는 1991년부터 2002년까지 상하이 시장을 지냈으며 1989년에는 장쩌민의 뒤를 이어 상하이 당서기 자리를 물려받았다. 그 후 1991년 부총리, 1993년 수석 부총리, 1993~1995년 중앙은행 총재, 1998~2003년 총리를 역임했다. 주룽지의 후임자로 역시 상하이 시장이었던 황쥐黄菊는 2002~2007년 중국 총리를 역임했다. 1989년 상하이 당부서기였던 쩡칭훙曾庆红은 백악관 부비서실장에 해당하는 중국공산당 중앙 판공청 부주임에 이어 1993년에는 주임이 되었다. 쩡칭훙은 1999년부터 2002년까지 당 중앙 조직부 부장으로서 중국공산당의 인사 시스템을 장악했다. 2003~2008년에는 국가 부주석을 역임했다. 상하이 푸단대학교의 정치학 교수였던 왕후닝 역시 장쩌민에게 발탁되어 베이징으로 옮겨왔다. 현재 왕후닝은 당내 서열 4위이다.

상하이의 테크노크라트들이야말로 천안문 사태의 수혜자였다. 이념적 이유이든 정치적 편의의 이유이든, 이들은 전국적인 시위의 원인이 된 1980년대의 접근법을 거부함으로써 승자가 되었다. 경제적으로 상하이 방식의 가장 큰 특징은 국가와 기업 간의 긴밀한 유대를 보장하는 방식으로 민간 부문의 발전을 촉진하는 이른바 '정실 자본주의'이다. 중국에서 가장 자발적이고 가장 대등한 자본주의 유형인 농촌 기업가 정신은 주변부로 내몰렸다. 자본이 고갈된 향진기업들은 즉각적인 타격을 입었다.

당국은 대대적인 비공식 금융 단속에 나섰다. 농촌합작기금회에 주어졌던 암묵적 면허는 1993년에 종료되었다. 농촌합작기금회가 마을 주민들로부터 예금을 받는 것이 금지되자 국영농업은행의 예금 부문 경쟁자가 사라졌다. 지방 정부가 운영하는, 그리고 머지않아 농업은행과 합병될 농촌신용협동조합農村信用合作社이 농촌합작기금회의 예금 업무를 인수했다. 다음은 대출 부문이었다. 농촌합작기금회는 이제 농업 생산 관련 대출만 할 수 있게 되었다. 1996년에는 농촌신용협동조합이 농촌합작기금회의 운영 전체를 인수했고, 1998년 국무원은 농촌합작기금회를 포함한 모든 비공식 금융 활동을 불법화했다. 1980년대 소규모 농촌 기업가들의 중요한 자금 조달 수단이었던 농촌합작기금회는 결국 종말을 맞았다. 그리고 자본이 고갈된 향진기업들 역시 역사 속으로 사라져갔다.

연구자들이 기록해온 원저우의 활기 넘치는 비공식 금융은 어떻게 설명할 수 있을까? 원저우는 다른 지역들과는 달리 잘 알려지지 않은 이유로 당국의 비공식 금융 단속을 피해갔다. 중국 경제학자들은 독특한 상거래 문화와 높은 신용도 등 원저우의 특수성을 설명하기 위해 엄청나게 노력해 왔다. 하지만 내가 생각하는 답은 그보다 평이하다. 원저우는 1980년대의 금융 정책 모델을 계속 유지했고 다른 지역들은 그렇지 않았다는 것이다.

1990년대에 제정된 비공식 금융 관련 법규는 오늘날에도 여전히 반향을 일으키고 있다. P2P 대출과 핀테크에 대한 단속은 바로 이 시대의 규제로 그 기원이 거슬러 올라간다. 오늘날 비공식 금융인을 감옥에 넣는 또 다른 관행도 이 시대의 유산이다. 1991년 원저우의 문맹 주부였던 쩡러펀郑乐芬*은 지하 금융에 발을 들여놓은 결과 최악의 대가를 치렀다. '금융 사기' 혐의로 사형을 선고받은 것이다. 중국 금융 정책의 전환점을 상징하는 쩡러펀이 '범죄'를 저지른 것은 1986년이었지만, 사형 선고가 내려진 것은 정치 환경이 민간 부문에 불리하게 돌아가기 시작한 1991년이었다.[24]

1990년대 초부터 공식 금융 루트로는 자금 조달이 불가능해 지하 금융을 이용할 수밖에 없었던 수많은 농촌 기업가들이 체포되었다. 유명한 사례로는 중국에서도 가장 빈곤한 지방 중 하나인 허

---

* 1980년대 중반 원저우 지역 민간 경제가 폭발적으로 성장했으나 개인들은 국영은행에서 대출을 받기가 어려웠고 사설 금융 기관들도 당국의 제재를 받자, 전통 민간 금융인 표회가 지하 금융으로 번성했다. 그러나 전적으로 개인 신용에 의존한다는 특성상 주로 혈연, 지연 위주 소규모로 운영되던 표회가 지역 민간 기업 발전의 가장 중요한 자금 동력이 되면서 각종 부작용이 나타났다. 회원이 수백 명, 운용 기금이 수천만 위안에 달하는 대형 표회도 등장하는 등 광란에 가까운 신용 버블이 발생했고 1986년 봄 이 중 몇 회가 도산하면서 연쇄 신용 패닉이 일어났다. 3개월 사이에 원저우에서만 60여 명이 자살하고 8만여 가구가 파산했다. 당국은 뒤늦게 단속에 나서 유명 표회의 회주(한국의 계주에 해당) 검거에 나섰고, 쩡러펀은 도주 중 장쑤성에서 체포되었다. 쩡러펀의 사형 선고는 당시 중국 법조계에서도 논란을 불러일으켰는데, 단순 사기죄인지 국가전복죄에 해당하는지를 놓고 의견이 분분했기 때문이다.

베이성*에서 동물 사료 회사를 운영하던 농촌 기업가 쑨다우孫大午를 들 수 있다. 그는 2003년 '공공 예금 불법 흡수' 혐의로 체포되었다. 중국에서 대출을 받으려면 은행가들에게 뇌물을 제공하는 것이 전제 조건이나 다름없는데, 그는 이 관행을 거부하고 직원들에게 자금을 공모했다. 이는 1980년대에 흔히 볼 수 있었던 보편적인 방식이자, 많은 민간 기업들이 의존한 합법적인 스타트업 자본의 원천이었다. 화웨이도 이러한 방식으로 초기 자본을 조달했다(화웨이가 공식적으로 '직원 소유' 기업인 이유이기도 하다). 쑨다우는 감옥에서 훗날 미디어에 폭발적인 반응을 일으킨 "불쌍한 중국 농민可怜的天下农民"이라는 문구를 만들어냈다.** 언론이 들고일어났고, 그 역시 집행유예로 석방되었지만 2020년 다시 체포되어 2021년 징역 18년형을 선고받았다. 혐의 중에는 불법 자금 조달도 포함되어 있었다.

1990년대 들어 재정적인 측면에서 중국 농촌의 운명이 역전되었다는 미시적 증거도 있다. 나는 메이준 첸Meijun Qian과 함께 발표한 논문에서 1986~1991년, 1995~2002년의 농촌 가구 조사 데이터 세트를 사용하여 두 시기 중국 농촌의 재정 상황을 비교해 보았

---

* 허베이성은 원서가 출간된 2023년과 시기상 가장 근접한 통계인 2022년의 중국 31개 성급행정구역별 1인당 GDP 조사에서 8,474 USD로 26위를 기록했다. 이는 인접한 수도 베이징(1위)의 1인당 GDP 28,294 USD의 삼 분의 일을 간신히 넘는 수준이다(출처: 중국 국가통계국).

** 영어 원문은 "Chinese peasantry, your name is misery." 이 문구는 쑨다우의 2003년 3월 13일 베이징 대학교 강연 제목으로, 이 강연에서 그는 중국 정부의 농촌 정책을 강력하게 비판함은 물론 민주공화제까지 언급하여 파장을 일으켰다.

다.[25] 두 표본 기간 사이에서 금융 접근성이 무너졌다. 1986년에는 농촌 가구의 약 34퍼센트가 공식 또는 비공식 대출을 받았다고 답했지만, 2002년에는 이 비율이 10퍼센트로 떨어졌다.

두 시기의 데이터를 모두 포함하는 통합회귀 분석에서 종속 변수를 다양한 대출 접근성 측정치로 구성했을 때, 1995~2002년 시기의 더미 변수는 일관되게 유의미한 음수로 나타났다. 우리는 중국 농촌의 금융 접근성 감소를 설명할 수 있는 다양한 대안 가설, 즉 농민공들의 도시 이주와 농촌 기업의 수익성 등을 검토했다. 하지만 이러한 가설 중 그 어느 것도 1995~2002년 기간의 음의 계수 효과를 사라지게 하지 못했다. 수많은 문서 증거로 뒷받침되는 1990년대의 정책 노선 변화만이 가장 유력한 설명으로 남는다.

이러한 재정적 반전이 중요했을까? 엄청나게 중요했다. 중국 농촌의 개인소득 증가를 생각해 보자. 보수적인 추정에 따르면 1979년부터 1988년까지 농촌 소득은 매년 7.2퍼센트씩 증가했다.[26] 그러나 1989년부터 2001년까지는 절반에 가까운 3.8퍼센트로 꺾였다. 실제로 1990년대 후반 수년 동안 농촌 가구의 명목 소득은 전혀 증가하지 않았으며, 실질 소득이 증가한 것은 1998년 아시아 금융위기의 여파로 중국이 일시적 디플레이션에 빠진 덕분이었다. 1980년대의 성장률이 1990년대까지 지속되었다면 중국 농민은 2000년 기준으로 평균 50퍼센트 더 부유해졌을 것이다. 그리고 이러한 성장 둔화를 기저 효과 탓으로 돌릴 수는 없다. 장쩌민과 주룽지 정권에서 도시 가계 소득은 성장률을 회복했고, 후진타오와 원자바오의 농촌 친화적 지도부 치하에서는 농촌 가계 소득의 성장률도 회복되었다. 정책은, 정말로 중요하다.

지난 30년 동안 중국 경제를 괴롭힌 거시경제 불균형을 이해하려면 먼저 소득에서 노동이 차지하는 비중이 줄어든 것을 눈여겨 보아야 한다. 1990년대에도 농촌 인구는 여전히 중국 전체 인구에서 큰 비중을 차지했으며, GDP가 고속 성장하는 동안 이들의 소득 증가율이 감소한 것이 중국의 노동 소득 비중 하락의 중요한 원인이었다. 많은 경제학자가 중국의 GDP 대비 소비 비율이 낮은 사실을 높은 저축률 탓으로 본다. 하지만 이는 불완전한 설명이다. 소득 비중 하락이 더 직접적인 촉매였다.

정실 자본주의

우리는 연구를 통해 1990년대 농촌 가구의 정치적 지위, 즉 가구원 중에 중국공산당 간부급이 있는가 하는 여부가 대출 접근성을 크게 좌우했다는 사실 또한 발견했다. 가구원 내 당 간부 여부가 공식 대출을 받는 데에 아무런 영향을 미치지 않았던 1980년대에 비하면 극적인 변화가 아닌가. 1990년대에는 똑같은 농촌 가구라도 정치적 지위가 높은 가구가 그렇지 않은 가구보다 더 쉽게 대출을 받을 수 있었다.[27]

정치와 사업 기회가 결합한 정실 자본주의가 도래한 것이다. 중국 정부는 1981년 초부터 민간 기업가를 중국공산당에 영입하는 것을 허가했는데, 이는 유인책이 아니라 정책 변화와 안정의 신호였다. 이 제안을 받아들인 기업가는 거의 없었다. 그러나 1990년대 정실 자본주의 아래에서는 당 가입이 귀중한 자원과 사업 기회를 얻을 수 있는 통로였다. 민간 기업가들이 몰려들기 시작했다.

천안문 이후 중국 지도부의 정책 전환이 가져온 장기적 영향 중 하나는 지대 추구와 조직적 부패의 증가였다. 부정부패 척결은 1989년 학생 시위의 구호이기도 했다. 시위대가 정부 관리와 그 가족의 자산을 투명하게 공개하라고 요구하자, 자오쯔양과 다른 개혁파 지도자들은 이를 조용히 받아들일 생각이었다. 자오쯔양은 자신의 자녀를 먼저 조사하고, 중앙정치국에서 공식적인 부패 수사에 착수하겠다고 제안했다.[28] 하지만 그는 이로 인해 다른 중국공산당 지도자들을 적으로 돌리고 말았다. 특히 자녀가 사업가로 활동 중이었던 리펑 총리는 더욱 강경하게 나왔다. 천안문 사태는 부패가 정치적으로 안전하다는 선명한 메시지였다. 금기가 해제된 것이다. 정치 개혁, 당의 투명성, 초기 시민사회 등 부패를 억제할 수 있었던 세력들은 천안문을 분기점으로 모두 후퇴했다.

경제 개혁에서 1990년대의 보수 개혁파들은 몇몇 문제에만 선별적으로 접근했는데, 특히 지대 추구 기회 극대화에 우선순위를 두었다. 민영화가 대규모로 진행되었다. 1996년부터 2003년까지 국유기업에서 5,000만 명에 달하는 노동자가 해고되었다는 추정도 있을 정도로 역사상 가장 큰 충격 요법이었다.[29] 상하이의 테크노크라트들은 도시 계획, 기술, 세계화에 매료되었다. 그들은 한 손으로는 농촌 기업가 정신을 찍어누르고 다른 한 손으로는 도시 부동산 시장을 자유화했다. 외국인 직접 투자의 문이 열렸고, 월스트리트와 우호적인 동맹을 맺었다.

이것이 바로 저 유명한 '차이나 신드롬'의 중국 쪽에서 일어난 일들이다. 뒤집어 말하면 미국의 메인스트리트(제조업)는 무너졌고 월스트리트(금융업)의 주머니는 두둑해졌다. 상하이 테크노크라트들이 주도한 개혁은 중국의 성장과 생산성 향상으로 이어졌지만, 중국 정치 시스템의 도덕성과 질적 수준은 처참하게 망가졌다. 개혁은 가격 특혜, 특권층 수혜, 내부자 약탈, 느슨한 규제 등으로 가득 차 있었다. 여기에 정치적 불투명성이 더해지자 대규모 부패가 발생할 완벽한 조건이 갖추어졌다.

천안문 이후 중국 지도부는 왜 국유기업 민영화와 외국 자본에 대한 개방을 공격적으로 추진하면서도 농촌 기업가 정신은 억압했을까? 순수하게 경제적인 측면에서만 보면 1990년대의 이러한 편향된 자유화는 1980년대와 비슷한 GDP 성장률을 가져왔다. 하지만 여기에는 정치적인 계산이 있었다. 이 전략은 중국 역사에서 수직적 자본주의, 즉 국가에 의존하는 자본주의를 재창조했다. 선택 편향에 따라 외국 자본은 정치적으로 안전했다. 중국에 들어오는 외국인 투자자들은 문제를 일으킬 가능성이 가장 낮고, 문제를 일으킬 만한 투자자들은 중국에 오지 않는다. 예를 들면 중국에 레이 달리오는 있지만 조지 소로스는 없다.* 반면 국내 민간 자본, 특히 정부와 대등한 관계의 민간 기업인들은 일괄적으로 분류하기가 어려웠다. 일부는 친정부 성향이고 일부는 그렇지 않았다. 두 번이나 체포된 농촌 기업가 쑨다우는 법치와 권리 보호에 대해 외국인 투자자보다 훨씬 더 목소리를 높였다.

정실 자본주의 아래에서 중국공산당의 권력은 국내 저축액에 국한되지 않고 전 세계적인 규모로 수익을 창출했다. 정실 자본주의

---

* 레이 달리오(브릿지워터)와 조지 소로스(퀀텀 펀드)는 모두 수십 년간 글로벌 금융시장을 좌지우지했던 헤지펀드 업계의 큰손들이다. 여기서는 둘의 투자 성향과 경력을 대조하고 있는데, 달리오가 전형적인 글로벌 매크로 전략과 포트폴리오 분산 전략을 따르는 투자자였다면, 소로스는 영국 파운드화, 태국 바트화 폭락 사태를 주도하는 등 상당히 공격적인 외환 투자를 감행한 적이 있으며 시진핑 정권에도 매우 부정적인 입장을 공개적으로 견지해 왔다. 즉 순수하게 시장과 수익 관점에서만 접근하는 달리오 같은 투자자들은 환영받았지만, 소로스처럼 국가 시스템에 대해 비판을 쏟아내는 투자자는 기피 대상이었다.

는 지대 수탈의 거래 비용을 낮춘다. 수백만 개로 쪼개져 있고, 그 하나하나의 면적도 작은 농촌의 개인 토지 소유주에게서 지대를 추출하고자 한다면 절대적으로도 (임대 금액을 고려하여) 상대적으로도 큰 비용이 든다. 그러나 주식 시장에서는 단 한 번의 기업공개로 의사 결정권자와 그 측근들이 수백만 달러의 이익을 챙길 수 있다. 천안문 이후 중국 정실 자본주의의 양과 질은 모두 돌연변이 수준의 변화를 겪었다. 원자바오 전 총리의 재산은 27억 달러로 추정되며, 부패 혐의로 몰락한 저우융캉周永康 전 중앙정치국 상무위원의 가족과 측근들은 당국에 압수당한 재산만 무려 145억 달러에 달한다.

원자바오 일가가 축적한 재산은 입이 벌어질 정도인데, 역대 중국공산당 지도자 중 무엇이 부패를 일으키는가에 대해 가장 예리한 진단을 내린 사람이 바로 원자바오였다. 그는 퇴임 직전에 1990년대 지도부가 지키지 않은 자오쯔양의 약속으로 돌아가 제한적으로나마 공직자 자산 공개를 검토하고 있다고 밝혔다. 물론 퇴임을 앞두고 이미지를 고려한 공허한 제스처였다. 그는 "부패는 막강한 권한을 가진 부서와 자금 관리가 중앙에 집중된 분야에서 자주 발생하는 경향이 있다"[30]고 말한 바 있다. 이 말은 절대적으로 옳았고, 원자바오 자신이 바로 그 증거였다.

1990년대, 정치 권력의 중앙 집중이 심화하며 그로 인한 수익도 급증했다. 얀 쑨Yan Sun은 저서에서 중국 내 부패의 유형과 수위가 1980년대와 1990년대 사이에 어떻게 변화했는지를 기록한다. 1992년 이전에는 부패가 적발된 공무원의 대다수가 하위직이었다. 1992년 이후에는 부패 관료의 직급이 "현저한 상승을 보이며" 시, 정부 기관, 사법 기관, 국영은행, 대형 국유기업의 최고위직 간부들이 적발되었다.[31] 부패의 규모 역시 극적으로 증가했다. 얀 쑨의 데이터셋에서 1992년 이전에는 최고 사례 값이 3만 8,000위안(1990년)이었던 반면, 1992년 이후 두 번째 구간에서는 최저 사례 값이 6만 4,000위안이었다. 두 번째 구간의 사례 값 가운데에는 997만 위안, 1,800만 위안, 2,500만 위안, 그리고 4,000만 위안도 포함되어 있다. 1980년대 사례 값에 0이 하나씩 더 붙은 것이다. 또 다른 변화는 부패 행위의 본질이다. 1980년대의 부패 관료란 부패를 묵인하는 이들이었다면, 1990년대의 부패 관료들은 스스로 부패 행위에 적극적으로 참여했다. 부패는 전이했다.

이 연구는 훌륭하지만 데이터 세트가 작다.[32] 관찰한 값의 수가 적으면 이상값 즉 편향된 데이터에 의해 결론이 흔들릴 수 있다. 이 시기를 들여다보는 더 큰 데이터 세트를 구축하기 위해 나는 연구 조교들과 함께 중국 법률에서 부패, 뇌물 수수와 관련된 아홉 가지 법률 용어를 골라낸 뒤, 파이썬 프로그램을 사용하여 1980년부터 2012년 사이에 발행된 〈인민일보〉의 모든 기사에서 이 법률 용어 중 하나 또는 여러 개가 포함된 기사를 다운로드했다. 이 방법론을 통해 1980년부터 2012년까지 총 568건의 부패 사건을 검색해 냈다. 기사 중 일부는 부패 사건의 금액도 공개했는데, 이를 활용하여 1989년 이후 부패 사건의 금액 변화를 파악할 수 있었다(표 4.1 참조).

데이터는 그 기간에 누가 공산당 총서기였느냐에 따라 세 개의 시대, 즉 (1) 후야오방과 자오쯔양(1980~1989), (2) 장쩌민(1990~2002), (3) 후진타오(2003~2012)로 분류했다. 각 시대 간의 차이는 극명했다. 첫 번째 시대에는 평균 12만 1,760위안, 두 번째 시대에는 399만 4,009위안, 세 번째 시대에는 3,047만 5,497위안으로 증가했다. 장쩌민 시대의 평균 사례 값은 후야오방과 자오쯔양 시대의 32.8배, 후진타오 시대는 장쩌민 시대의 7.6배였다. 이러한 증가는 데이터의 몇몇 이상값으로 인해 발생한 것이 아니다. 중간값은 1980년대와 그 이후 기간 사이에 큰 수치로 증가했으며, 이는 표에서 괄호 안의 기간 비율에서 찾아볼 수 있다.

이 수치들은 명목상 수치로, 인플레이션과 이후 수십 년간 중국의 급속한 GDP 성장을 고려하면 부패의 실제 액수는 앞서 언급한 정도만큼 증가하지 않았다고 주장할 수도 있다. 틀렸다. 표 4.1은 GDP 성장률과 인플레이션을 올바르게 반영하기 위해 중국의 GDP 대비 모든 부패 사건의 총액 비율을 보여주며, 여기서도 패턴은 명확하게 나타난다. 1989년이 전환점이었다. 1989년 이후 장쩌민과 후진타오 치하에서 부패 사건의 금액이 엄청나게 증가한 것이다.[33]

	1980-1989	1990-2002 (이전 구간 대비 증감)	2003-2012 (이전 구간 대비 증감)
평균 금액 (위안)	121,760	3,994,009 (32.8배)	30,475,497 (7.6배)
중간값 (위안)	66,167	1,353,618 (20.5배)	14,346,648 (10.6배)
중국 GDP(백만 위안) 대비 전체 부패 사건 금액(위안) 비중	0.042	0.161 (3.8)	0.442 (2.74)

참고: 위 데이터는 정권으로 구분하였다. (1) 후야오방과 자오쯔양 시대(1980-1989), (2) 장쩌민 시대(1990-2002), (3) 후진타오 시대(2003-2012). 괄호 안의 숫자는 이전 정권 대비 증감을 나타낸다. GDP의 단위는 백만 위안, 부패 사건 금액 단위는 위안이니 주의할 것. 데이터 수집을 위해 파이톤 프로그래밍으로 1980년부터 2012년까지 인민일보 전체 기사 중 중국법상 뇌물 수수와 관련된 용어 9개를 검색, 추출하였다. 해당 9개 용어는 다음과 같다. 贪污(횡령), 受贿(뇌물 수령), 行贿(뇌물 제공), 挪用公款(공금 유용), 巨额财产来源不明(거액재산출처불명), 渎职(부정행위), 滥用职权(직권남용), 玩忽职守(직무유기), 徇私舞弊(사익추구 목적의 불법행위).

표 4.1
인민일보에 보도된 부패 사건 규모(금액), 1980-2012

천안문의 긴 그림자

2018년 시진핑은 약 스물여섯 개 직함을 수집하여 영국의 〈이코노미스트〉로부터 '모든 것의 회장님Chairman of Everything'이라는 별명을 얻었다. 시진핑은 정치적 라이벌을 겨냥한 반부패 캠페인 등 일련의 교묘한 책략을 통해 권력을 손에 넣었다. 하지만 여기에는 닭과 달걀 같은 질문이 있다. 길고 광범위한 캠페인은 그의 권력을 증명하는 증거였을까? 아니면 오히려 이 캠페인을 통해 그의 권력이 강화된 것일까? 나는 전자를 믿는 편이다. 시진핑은 반부패 캠페인이 시작되기 전부터 이미 강력한 권력을 가지고 있었으며, 이것이 그가 오랫동안 권력을 유지할 수 있었던 이유이다.

반부패 캠페인은 드물지 않다. 장쩌민 시절부터 중국공산당 총서기들은 하나같이 취임과 동시에 반부패 캠페인에 착수했다. 하지만 이전의 반부패 캠페인들이 단기간에 특정 인물을 도려내는 경향이 있었다면, 시진핑의 반부패 캠페인은 광범위하고 높은 곳의 목표물들이 표적이었다. 가장 먼저 몰락한 것은 당 중앙정치법률위원회 위원장 저우융캉과 중앙군사위원회 부위원장 쉬차이허우徐才厚였다. 두 사람 모두 장쩌민의 강력한 측근이었다. 시진핑은 반부패 캠페인을 이용하여 2012년에 이미 건강이 악화하고 있던 장쩌민의 힘을 약화시켰다.

성격도 중요하다. 시진핑은 장쩌민이나 후진타오보다 더 단호하고 독재적인 성향의 지도자이며, 이러한 특성은 그가 최고 지도자 자리에 오른 후에야 비로소 드러났다(장쩌민과 후진타오가 시진핑의 의도를 아주 조금이라도 눈치챘다면 시진핑은 그 자리까지 올라갈 수 없었을 것이다). 2012년 중국공산당이 공식적으로든 비공식적으로든 총서기를 제약할 수 있는 능력을 상실하면서 시진핑의 이러한 성향은 더욱 심해졌다. 마찰 없는 독재 체제가 된 것이다. 천안문의 그림자는 길고도 컸다. 천안문 이후의 정치는 그 이전의 정치보다 더 위계적이고 질서정연했다. 결정적으로 천안문 이후의 지도부는 전임자가 후임자에게 어느 정도의 권력과 제약을 행사할 수 있는 공식적인 메커니즘이라 할 수 있는 중앙고문위원회를 단계적으로 폐지했고, 이로써 시진핑의 장기독재를 향한 길을 닦아 주었다.

시진핑으로 향하는 길

1992년부터 혁명 원로들은 권력을 통합하고 효율을 위해 움직였다. 양상쿤이 주석직에서 물러나고 장쩌민이 취임하면서 중국공산당 총서기라는 직책은 더 상징적이고 선명해졌다. 1982년 이후 처음으로 한 사람이 국가 주석과 당 총서기를 겸임하게 되었고, 이러한 관행은 지금까지도 이어지고 있다(주석 명칭은 1982년에 복원되었다). 1989년 11월 장쩌민은 덩샤오핑의 뒤를 이어 중앙군사위원회 주석에 취임, 당과 국가 및 군에 대한 통제권을 일원화했다.

문서상으로 장쩌민은 덩샤오핑보다 더 많은 권력을 가졌고, 어떤 면에서는 실제로도 그랬다. 덩샤오핑은 막후에서 막강한 권력을 행사했지만, 공식 직책인 중앙기율검사위원회 서기와 중앙고문위원회 위원, 후에는 주임으로서도 막강한 권력을 행사했다. 덩샤오핑의 섭정 권력에는 어느 정도의 형식주의가 존재했다. 이와는 대조적으로 장쩌민은 2004년 이후 공식적인 직책을 전혀 맡지 않았고, 후계자인 후진타오의 두 차례 임기 동안 일개 시민의 지위에서 다양한 방식으로 후진타오를 제약하고 좌절시켰다. 조지프 퓨스미스Joseph Fewsmith가 중국 전문 학술지 〈차이나 쿼터리〉에서 지적했듯이, 그것은 "이루어지지 않은 승계"였다.[34] 후진타오의 중앙정치국 상무위원회는 장쩌민의 사람들로 가득했고, 결정적으로 정치국에서 중국의 안보 및 군사 기구를 운영하는 이들은 후진타오보다 장쩌민의 색채가 강했다. 그 결과 후진타오의 임기 내내 정책 교착 상태가 끊이지 않았고 장쩌민의 발자취 역시 사라지지 않았다. 일각에서는 후진타오 정권을 '집단 리더십'이라고 묘사하지만, 현실에서는 후진타오가 완전하게 동의한 적도 없는 상황들이 마구 떠안겨졌다.

왜 시진핑에게는 전임자들이 그만한 부담이 되지 않았을까? 한 가지 간단한 설명은 그가 권력을 잡았을 때 전임자들의 권력이 이미 약해져 있었다는 것이다. 2012년 무렵 후진타오는 이미 70세였고 국정에 적극적으로 개입하기에는 다소 노쇠했다. 지금까지도 명확하게 밝혀지지 않은 이유로 그는 정계에서 완전히 은퇴를 결정했다. 그는 중국공산당 총서기, 국가 주석, 중국공산당 중앙군사위원회 주석 세 직책에서 동시에 물러났다. 시진핑은 1989~1993년의 장쩌민과 2002~2004년의 후진타오가 누리지 못했던 모든 권력의 지렛대를 한 번에 손에 넣었다. 하지만 여기에는 "장쩌민과 후진타오 외의 다른 원로 지도자들은?"이라는 의문이 자연스레 남는다. 그 답은 시진핑의 거침없는 권력의 근원에 있다. 1982년 은퇴한 원로들의 목소리를 대변하기 위해 만들어진 중앙고문위원회는 천안문 사태 이후 폐지되었다. 전직 지도자들이 집단적 행동을 통해 섭정 권력으로서 시진핑에게 제약을 가할 수 있는 제도적 장치가 존재하지 않는 것이다. 2012년의 유일한 긴장감은 시진핑이 무소불위의 권력을 이용해 자유주의적 개혁을 추진할지, 아니면 독재를 강화할지 여부였다. 지금은 우리 모두 그 질문에 대한 답을 알고 있다.

포스트-천안문 컨센서스

천안문 사태와 베를린 장벽의 붕괴는 중국의 집권 엘리트들 사이에서 공산당의 권력을 강화하고 당 총서기의 연이은 실패를 막아야 한다는 공감대를 형성했다. 장쩌민은 그 자신을 포함해 모두의 눈에 한시적인 지도자였다. 도시 출신에 국가주의자인 그는 익살스러운 성격의 보수적 개혁가로, 전임자 자오쯔양과는 다른 방식으로 지지 세력을 규합하고 청탁을 거래하는 데 능숙한 전술가이자 권력 브로커였다. 자오쯔양은 젊고 창의적인 정책 전문가들과 어울리기를 좋아했던 선구자이자 정치 개혁이 경제 개혁에 필수적이라고 생각한 보기 드문 체제 사상가였다. 자오쯔양에서 장쩌민으로 이어지는 권력의 교체는 스타일과 실체 양쪽 모두에서 급격한 파열을 의미했다.

로버트 쿤Robert L. Kuhn*이 쓴 장쩌민의 전기에 따르면 장쩌민의 총서기 취임에는 여러 의구심이 있었다.[35] 앞서 언급한 바와 같이 1980년대 상하이는 뛰어난 경제적 성과를 보여주지도 않았고, 지방 지도자들이 개혁 사상과 실천으로 각자 이름을 날리던 시대에 장쩌민은 두각을 드러내지 못했다. 그는 자신만의 차별성을 가져야만 했다. 장쩌민은 경제적 성과가 아닌 정치로만, 그것도 대체로 강경파 원로들의 주목만 받았다. 1989년 4월 장쩌민은 상하이에

---

* 미국의 작가, 언론인. 미국 내 대표적인 친중 지식인으로 분류되며, 2018년 중국의 개혁개방 40주년을 기념하는 중국개혁우정 메달을 수여 받았다.

본사를 둔 진보적 성향의 신문사 〈세계경제도보〉를 구조조정했다가 나중에는 폐간했다. 그리고 1989년 5월 25일, 그는 전국인민대표회의 의장 완리에게 계엄령을 지지할 것을 요구하는 덩샤오핑의 메시지를 전달했다. 당시 전국인민대표회의에서 계엄령을 무효화하기 위한 긴급회의를 소집하려는 움직임이 있었기 때문이다. 장쩌민이 상하이에서 완리를 붙잡아둔 덕분에 긴급회의는 끝내 열리지 못했다.

이것이 장쩌민이 중국의 최고 지도자 자리에 오르기 전 두 달 동안 이룩한 업적의 총합으로 보인다. 반면 그의 전임자들은 취임 전에 훨씬 더 많은 업적을 남겼다. 자오쯔양은 쓰촨성에서 선구적인 농촌 개혁을 통해 중국 인구의 열 명 중 한 명이 겪은 굶주림 문제를 해결했으며, 총리로서 눈부신 GDP 성장을 이끌었다. 후야오방은 문화대혁명 당시 기소된 관리들과 지식인들을 복권하고, 그들에게 남은 복잡하고 까다로운 소송들을 해결했다. 장쩌민에게서 새라 페일린Sarah L. Palin*의 향기를 느꼈다면, 그것은 근거 없는 불안감이 아니었다.

1989년 5월 27일, 장쩌민을 당 총서기로 선출하는 운명적인 회의가 다섯 시간이나 소요된 것은 일부 참가자들에게 설득이 필요했다는 증거일지도 모른다. 장쩌민의 가장 강력한 지지자였던 리셴녠과 보이보薄一波**는 혁명 원로 중 열렬한 강경파였던 반면에

---

* 미국의 정치인, 전 알래스카 주지사. 2018년 44대 미국 대통령 선거에서 존 매케인의 러닝메이트이자 공화당 부통령 후보였으나 낙선하였다. 선거운동 기간 내내 부통령의 정치적 자질은 물론 기본적인 역량조차 부족한 모습을 보여 논란이 되었다.

** 전 중국 부총리. 이른바 '중국공산당 8대 원로' 중 한 사람. 중국의 초대 재무부 장

당시 국가 주석이자 훨씬 자유주의적 성향을 보였던 양상쿤은 새 지도부가 "개혁개방의 이미지를 유지하고 인민의 신뢰를 얻어야 한다"고 강조했다. 덩샤오핑이 나선 후에야 결론이 났다. "오랫동안 신중하게 검토한 결과 상하이 당서기인 장쩌민 동지가 가장 적절한 선택인 것 같습니다. 나는 장 동지가 임무를 수행할 자질이 충분하다고 생각합니다."[36] 그다지 설득력 있는 지지는 아니었다.

천안문 사태는 실용적이고 경험이 풍부하며 개방적이고 혁신적인 지도자를 축출하고, 업적도 안정감도 부족한 인물로 그 자리를 채웠다. 원로들이 장쩌민을 선택한 가장 큰 이유는 그가 권력 기반이 없다는 것이었지만, 일단 선택한 후에는 바로 그 권력 기반 부재가 장쩌민의 발목을 잡지 않도록 막아야 했고, 따라서 장쩌민의 권위와 권력과 자격을 강화하기 위해 조치해야 했다. 이들이 가장 먼저 한 일은 장쩌민의 앞에서 길을 비켜주는 것이었다. 1989년 5월 27일 회의에서 보이보는 "우리가 방해하지 않고 그들(새 지도부)이 자신들의 길을 가도록 내버려 두면 잘 해내리라 생각한다"고 말했다.[37] 1987년 보이보가 후야오방을 공격한 이유가 다름 아닌 후야오방이 원로들에게 "방해하지 말라"고 요구했기 때문이었음을 떠올린다면 아이러니 그 자체다. 극도로 보수주의자인 보이보는 경험이 부족한 장쩌민에게 전폭적인 신뢰를 실어주었다.

덩샤오핑 역시 본인의 입장을 분명하게 했다. 1989년 11월, 그

관, 당 정치국 위원, 당 중앙자문위원회 부주임 등을 역임했다. 1966년 문화대혁명 당시 숙청되었다가 마오쩌둥 사망 후인 1970년대 후반 덩샤오핑에 의해 복권되었다. 시진핑에게 숙청당한 공산당 충칭 당서기 보시라이의 부친이기도 하다.

는 중앙군사위원회 주석직을 사임하고 장쩌민에게 군 통수권을 넘겨주었다. 후야오방과 자오쯔양 때에는 물러나기를 거부했던 자리였다. 혁명 원로들은 또한 장쩌민이 중국 지도부의 '핵심'이 되어야 하며 권력을 그에게 집중한다는 데 동의했다. 1992년 당 중앙고문위원회가 폐지되었다. 이로써 원로들이 국정의 최전선 관리에 개입할 수 있는 제도적 기반이 사라졌다. 이어진 조치는 1993년 양상쿤을 주석직에서 밀어내고 장쩌민을 그 자리에 앉히는 것이었다. 1982년 이후 처음으로 한 사람이 당과 국가를 모두 이끌게 되었다.

당시에는 국가 주석이 의전상의 지위에 불과했지만, 양상쿤을 몰아낸 것은 덩샤오핑과 그의 동료들이 양상쿤을 장쩌민의 권력에 잠재적 위협으로 여겼다는 것을 분명히 보여준다. 양상쿤의 진짜 문제는 중국 군이었다. 양상쿤은 군부와 밀접한 관계였고 그의 이복동생*은 인민해방군의 고위 장성이었다. 양 씨 형제는 인민해방군에 대한 작전 통제권을 가지고 천안문 사태 진압을 진두지휘했다.[38] 양 씨 형제를 축출함으로써 장쩌민은 군 통제권을 확고하게 손에 넣고 지도자의 지위를 더욱 공고히 했다.

1993년 중국공산당 총서기 직책은 권한과 책임, 상징성까지 확보하면서 1982년 덩샤오핑과 그의 동료들이 만들었던 변화를 뒤집었다. 덩샤오핑은 중국공산당의 수장을 주석에서 총서기로 의도적으로 '격하'하고, 총서기직의 기능으로 명령보다는 조율을 강조

---

* 양바이빙楊白冰. 인민해방군 총 정치부장이었고, 이복형인 양상쿤의 주석 재임 시에는 당 중앙군사위원회 비서장을 역임했다. 양상쿤-양바이빙 형제는 1980년대부터 양상쿤이 실각하는 1992년까지 사실상 중국 군부를 좌지우지한 실세로 평가받는다.

하여 연관 권력을 희석하고 분산하고자 했다. 집단지도 체제는 여전히 중국공산당의 공식적인 구호로 남았지만 더는 이를 떠받칠 제도적 기반이 없었다.

이러한 결정들이 낳은 결과는 어마어마했다. 미래의 독재를 막을 장애물들을 제거하거나 약화시켰기 때문이다. 놀랍게도 이러한 결정들이 장기적으로 어떤 영향을 초래할지 논의한 토론이나 숙고가 전혀 없었다. 5월 27일 회의에 참가한 그 누구도 "문화대혁명이 반복된다면 어떻게 할 것인가?"라고 질문하지 않았다. 1980년대 중국 개혁파들을 적극적으로 움직이게 했던 목적은 완전히 잊혔다. 10년간의 권력 공유, 이념적 분열, 내부 이합집산 끝에 중국은 더 효율적이고, 공고하며, 질서 있는 독재 통치를 받아들이려 하고 있었다. 독재 체제로의 회귀가 시작된 순간 시진핑과 같은 인물이 등장하는 것은 시간문제였다.

표 4.2는 1987년 제13차 당대회와 1992년 제14차 당대회 당시 중국공산당과 정부의 주요 기관 및 직책 다섯 개를 보여준다. 차이는 극명하다. 1987년에는 다섯 개의 권력 중심, 즉 다섯 개의 직책을 각각 다른 인물이 맡았다. 1993년에는 장쩌민이 세 자리를 동시에 차지하고 네 번째인 총리직은 리펑에게 돌아갔다. 중앙고문위원회는 사라지고 없었다.

섭정 통치의 종말

중앙고문위원회는 1980년대 중국공산당 권력의 다섯 번째 기둥이었다. 1982년 덩샤오핑이 초대 위원장으로 취임한 이 기구는 차세대 지도자가 그 자리를 이어받을 수 있도록 원로 간부들의 은퇴를 장려하고자 설립되었다. (그러나 이러한 취지가 무색하게 덩샤오핑

	13차 전국대표대회 (1987)	14차 전국대표대회 (1992)
중국 공산당 총 서기	자오쯔양	장쩌민
중화인민공화국 주석	리셴녠	장쩌민
중국공산당 중앙군사위원회 주석	덩샤오핑	장쩌민
중화인민공화국 국무원 총리	리펑	리펑
중국공산당 중앙고문위원회 주임	천윈	(폐지)

출처: 각종 공공 데이터베이스

표 4.2
중국 최고위층의 권력 분배, 1980년대와 1990년대

자신이 중앙고문위원회 위원장, 중앙정치국 상무위원, 군사위원회 주석직을 모두 유지했다.) 1987년부터 1992년 사이에는 보수 원로 중 한 명인 천윈이 위원장을 맡았다.

중국의 최고 지도자 두 명이 이끄는 조직은 강력할 수밖에 없다. 그리고 독재 체제에서 전직 지도자들은 현직 지도자의 눈치를 보지 않는 유일한 집단이다. 은퇴한 혁명 원로들은 중앙고문위원회를 통해 제도적으로 확실하게 목소리를 냈고, 상당한 영향력을 행사했다. 1980년대 중앙고문위원회는 후야오방과 자오쯔양이 제안한 아이디어와 발의에 연이어 태클을 걸었다. 1987년 후야오방을 축출하고 1989년 학생 시위대를 강경 진압하고 자오쯔양을 끌어내리는 데에도 중앙고문위원회가 결정적인 역할을 했다.

1989년 9월 덩샤오핑은 중앙고문위원회 폐지를 제안했다. 정황상 그의 동기는 정치 권력이 취약한 장쩌민에 대한 지지를 강화하는 것이었다. 다른 원로들은 포스트-천안문 컨센서스에 대한 충성서약 때문에 덩샤오핑의 제안을 받아들였지만, 이는 자신들의 발언권과 영향력을 스스로 축소함을 의미했다. 전임자들이 후임자들

을 상대로 권력과 제약을 행사할 수 있게 해주던 제도가 사라지면서 정책과 우선순위의 세대 간 일관성을 보장하는 체계가 깨지고 말았다.[39]

전성기 시절, 중앙고문위원회는 보수주의자들과 공산주의 이론가들의 보루라는 조롱을 받았다.[40] 1980년대 중앙고문위원회는 보수적인 원로들로 가득했고, 이들은 많은 이슈에서 자유주의 성향의 개혁파들을 좌절시키고 그들의 힘을 약화시켰다. 하지만 이것은 정적인 관점이다. 제도는 진화하고 발전하며 새로운 목적, 기능, 이해관계자들, 상관성, 이해득실을 만들어낸다. 우리는 보다 진보적인 당 총서기가 보수적인 당 총서기의 권력을 견제하고 균형을 맞추는 역할 역전을 상상할 수 있다. 또한 덩샤오핑과 천윈의 혼란스럽고 파괴적인 스타일에서 벗어나 규칙을 토대로 협상과 질서를 중시하는 중앙고문위원회로 진화하는 모습을 상상할 수도 있다. 이 위원회는 가식 없는 조언, 집단 의견, 여과되지 않은 정보 채널을 제공할 수 있었을 것이다. 핵심은 독재 체제가 하룻밤 사이에 갑자기 기능적 민주주의로 변신하지는 않는다는 사실을 인식해야 한다. 더 나은 길은 시간이 흐르면서 자연스럽게 범위 조건, 초기 유연성, 마찰이 나타나도록 허용하면서 진화하도록 두는 것이다. 그러한 체제의 시진핑은 오늘날의 시진핑보다는 확실히 덜 전제적이었을지 모른다.

서방 언론은 1980년대와 1990년대의 섭정 권력을 '불멸의 8인'(정치적, 생물학적으로 장수한 8명의 혁명 원로)이라는 조롱 섞인 표현으로 불렀다. 이들은 당대에 강력한 권력을 누렸다. 천안문 사태 이후, 불멸의 8인은 장쩌민에 대한 지지를 강화하여 당 총서기가 또 한 번 실패하는 재앙을 방지했다. 하지만 그들의 영향력은 희미해졌다. 천윈과 덩샤오핑이 1995년과 1997년 각각 세상을 떠나자, 이들의 족쇄에서 벗어난 장쩌민은 전임자들보다 더 강력한 지도자로 변신했다.

8대 원로 중에는 권력으로 보나 위상으로 보나 보수파가 온건파보다 많았지만, 수명으로 보면 온건파가 보수파보다 더 오래 살았다. 21세기 초까지 생존한 8대 원로 네 명 중 보이보(1908~2007)는 잘 알려진 강경파였지만, 쑹런충宋任穷(1909~2005)은 정치적 성향이 불확실했으며 시중쉰习仲勋(1913~2002, 시진핑의 부친)과 완리(1916~2015)는 그들 세대에서 가장 진보적인 편에 속했다. 시중쉰은 후야오방의 실각으로 이어진 1987년 1월 회의에서 보수적인 원로들과 맞서 후야오방을 옹호했다. 완리는 안후이성에서 농촌 개혁을 주도한 선구자로 자오쯔양의 가까운 동료였다. 충분한 시간만 주어졌다면 1990년대 중국공산당의 이념적 지향이 바뀌고 전세가 역전되었을 수도 있다. 진보적인 중앙고문위원회가 보수적인 현역 지도자들에게 제동을 걸었을 수도 있다.

고대 로마의 한 시인은 "누가 통제자를 통제할 것인가?"라고 물었다. 중국공산당의 위계질서에서 이 질문의 답은 "전직 지도자"이다. 중앙고문위원회는 전직 지도자들이 의견을 표명하고 현안에 대해 목소리를 낼 수 있는 합법적이고 강력한 채널이었다. 1993년 이후 원로들의 개입은 처음에는 덩샤오핑, 장쩌민이 퇴임한 후로 그 자신에 의해 개인적인 차원에서만 이루어졌다.[41] 그러나 개인의 능력은 사망이나 건강 악화와 같은 생물학적 제약을 받는다. 후진타오가 집권한 2002년과 비교하면 2012년의 장쩌민의 섭정 능력이 크게 약해졌고, 중앙고문위원회와 같은 제도적 기반이 없는 상황에서 다른 전직 지도자들—심지어 여전히 강력한 영향력을 가진 전 중앙정치국 상무위원들을 포함해서—은 하나의 일관된 권력 블록으로 활동할 수 없었다. 전직 지도자들은 완벽하게 권력을 박탈당했다. 전 세계는 시진핑의 세 번째 임기를 확정한 제20차 당대회 폐막 회의에서 노쇠한 후진타오가 강제로 퇴장당하는 슬픈 광경을 목격하게 된다.

중국에서 국가가 강력한 이유는 사회의 집단행동을 성공적으로 사전에 틀어막았기 때문이다. 중국공산당 시스템에는 엘리트들의 집단행동을 제한하는 정교한 프로토콜도 있다. 정치국 회의와 같은 국가 공식구조 밖에서 지도자들의 승인 받지 않은 상호 교감을 금지한다. 국무원, 중국인민정치협상회의, 전국인민대표회의 등 모든 국가 기관은 정치국 상임위원회의 확고한 통제 아래 있다. 중앙고문위원회는 이러한 중국공산당의 엄격한 궤도 밖에서 운영되는 유일한 기관으로, 법적으로나 현실적으로나 어느 정도의 독립성을 누리고 있었다.

중국의 자유주의자들은 중국 정치가 제도화되지 못한 사실을 한탄한다. 그들은 후야오방과 자오쯔양을 축출한 혁명 원로들의 개입과 천안문 사태 당시 배후에서 이들이 행한 결정적이고 초헌법적인 역할을 언급한다.[42] 천안문은 특히 뼈아팠다. 전국인민대표회의는 찬반 동수로 계엄령을 가결하지 않았다. 계엄령은 덩샤오핑이 다른 원로들을 결집하여 강경 대응을 천명하고 자오쯔양을 축출한 후 선포되었다.

중앙고문위원회에 대한 이러한 해석과 원로들의 권력을 집중시킨 중앙고문위원회의 역할은 기술적으로는 정확했으나 더 큰 맥락에서는 결함이 있었다. 이론적으로 총서기의 선출과 해임은 혁명 원로들이 아닌 공산당 중앙위원회의 권한에 속하지만, 중국 정치 현실에서 중앙위원회는 아무런 권한이 없었다. 덩샤오핑, 천윈, 그리고 다른 혁명 원로들은 최종 의사 결정권과 권력을 가진 사실상의 지배 엘리트였다. 그들의 권력은 모두 그들이 권력을 가졌다고 인식했기 때문에 가능했고, 그런 의미에서 그들의 권력 행사는 전적으로 합법적이었다. 사실 진짜 문제는 중국 헌법이라고 볼 수도 있다. 중국 헌법은 권력 분산 및 정치 관행의 현실과 근본적으로 상충한다.

또한, 중국의 자유주의자들은 불평과 칭찬의 기준에서 일관성이라고는 찾아볼 수가 없다. 경제 개혁으로 중국을 폐허에서 건져 올려 세계화의 길로 이끈 1992년 덩샤오핑의 저 유명한 '남순강화南巡講話'*를 떠올려 보라. 중국의 자유주의자들은 덩샤오핑의 개입을 환영하며 "개혁하지 않는 사람은 물러나야 한다"는 덩샤오핑의 위협에 동조했다. 하지만 이것은 중국의 국가적 공식 시스템에서 완전히 이탈하여 최소한의 형식주의조차 무시한 개입이었다. 남순강화 당시 덩샤오핑의 유일한 직책은 중국 브리지 협회의 명예 회장이었다.[43] 여기서 브리지는 교량이 아니라 카드 게임이다.

지도자가 있는 한 전임 지도자도 있을 것이고, 따라서 중앙고문위원회는 자동적으로 영구적인 생명을 갖게 될 터였다. 이 생명줄을 끊을 수 있는 권한은 오직 중앙고문위원회를 만든 가장 강력한

---

* 덩샤오핑이 1992년 1~2월에 걸쳐 우한, 선전, 주하이, 상하이 등을 시찰하며 천안문 사태 이후 답보 상태에 있었던 개혁개방 정책의 재개에 대한 의지를 표명한 일련의 담화를 가리킨다. "성자성사姓資姓社(자본주의냐 사회주의냐)"를 앞세운 보수주의자들의 이념 논쟁에 그는 "자본주의에도 계획이 있고 사회주의에도 시장이 있다"는 논리로 정면 반박했고, 이를 계기로 경제 개방에 다시 속도가 붙었다.

두 명의 창시자, 덩샤오핑과 천윈에게만 있었다. 그들은 자신들이 죽기 전에 중앙고문위원회 해체에 나섰다.[44] 만약 그러지 않았다면 중앙고문위원회는 여전히 살아남아 종신 주석을 노리는 야심가 시진핑의 앞을 가로막고 설 수도 있었다.

우리는 부모를 선택해서 태어날 수 없다. 현직 지도자 역시 마찬가지로 전직 지도자를 선택할 수 없다. 독재 체제에서 전직 지도자는 현직 지도자의 눈치를 보지 않는 유일한 존재이다. 이들은 독보적인 정당성과 권위를 지니고 있으며, 이론적으로 현직 지도자의 권력을 견제하는 역할을 할 수 있다. 문제는 이들이 집단행동을 조직하고, 정당성과 권위를 바탕으로 행동하고, 권력과 영향력을 행사할 수 있는 제도적 기반이 있느냐는 것이다. 중앙고문위원회는 이러한 메커니즘에 가장 근접해 있었고, 고질적인 "누가 통제할 것인가" 문제의 답이 될 수 있었다. 하지만 천안문 사태로 해체되어버리고 말았다.

우리는 일어난 역사는 알지만 일어날 수 있었던 역사는 알지 못한다. 나의 개인적인 견해를 밝히자면 중앙고문위원회의 소멸로 인해 중국 정치를 위한 현실적인 개혁 옵션, 적어도 미래의 독재자가 탄생하는 속도를 조절할 수 있는 옵션이 사라졌다. 천안문 사태의 역효과가 하나 있다면 바로 이것이다. 민주주의는 협상을 통한 동료 간 정치에서 출현할 가능성이 더 크며, 중앙고문위원회는 영국 민주주의 정치 초창기의 귀족 세력과 유사한, 중국공산당 버전의 동료 정치가 될 수도 있었다. 어떤 면에서는 권위주의적인 대통령제보다 공산주의 체제가 이러한 정치 발전 경로에 더 적합할 수 있다. 공산주의 국가는 위원회 시스템인 정치국에 의해 기능한다. 20~30명의 중앙정치국 위원들은 대통령 내각의 장관들보다 더 폭넓은 경험을 쌓은 이들이 많다. 이들은 또한 상당한 정치적 자본을 보유하고 있고 인맥을 축적해 왔으며 현직일 때 행사했던 권력의 규모에 걸맞은 숫자도 갖고 있다.

중앙고문위원회의 종말은 독재적 성향의 미래 지도자를 위한 정치 공간을 열어놓았고, 전제 정치에 쏠린 중국의 중력을 고려하면 독재자의 등장 확률은 수학적으로 거의 100퍼센트에 가깝다. 남은 문제는 이 독재자가 어떤 장애물에 직면할지 아니면 그를 막는 어떤 장애물도 없을 것인지다. 천안문 이후 중국의 지도자들이 권력을 중앙 집중시키기로 한 운명적인 결정은 그들의 자랑스러운 업적 중 하나인 보다 분산되고 개방적인 권력 구조를 약화시켰다. 이 원로들은 문화대혁명 동안 끔찍한 고통을 겪었고, 과도한 권력 집중의 위험에 대해 공감하고 있었다. 덩샤오핑과 천윈은 입헌 민주주의는 배제했지만, 적어도 세 개의 통치 기관인 중앙정치국 상임위원회, 중앙군사위원회, 국가 주석에게 권력을 분산하기 위해 의미 있고 합리적인 방식을 취했으며, 중국 정치 체제에 견제와 균형의 역학을 잠재적으로 도입할 수 있는 중앙고문위원회를 창설했다. 다시 말해, 그들은 마찰적인 독재 체제를 만들어 낸 것이다. 그리고 1989년 이후 이 체제를 스스로 말살해 버렸다.

오늘날 인격 숭배가 부활하고 문화대혁명의 '지저분하고 잔인하며 짧은' 정치의 망령이 또다시 중국을 배회하고 있다. 2022년 10월 제20차 당대회에서 시진핑은 두 전임자가 세운 선례를 깨고 세 번째 임기를 시작했다. 중국은 재앙과도 같았던 마오쩌둥의 종신 집권 체제로 완전히 돌아갔다. 마오쩌둥 시대는 독재적이었고 경제적 파탄을 초래했을 뿐 아니라 권력 투쟁과 후계 갈등이 끊이지 않았다. 그리고 이는 향후 중국을 기다리고 있는 불길한 미래일지도 모른다.

3부

안정

安定

5장.
무엇이 중국의 전제 정치를 안정적으로 만드는가?

매우 이상하고 역설적인 주장으로 들릴지 모르지만,
유럽의 다음번 민중 봉기 그리고 공화주의적 자유와 정부의 경제를 위한
다음번 운동은 현재 천자의 제국에서 벌어지고 있는 일에 더 크게 좌우될 수 있다.
— 카를 마르크스, 1853년 6월 14일

만력제는 유학자 관료들이 후계자 문제를 놓고 내명부와 난타전을 벌이는 와중에도 황제의 자리를 잃을 위험은 전혀 없었다.[1] 관료들은 골칫덩어리 황제가 셋째 아들을 후계자로 삼으면 황위의 정당성에 닥칠 실존적 위협을 두려워하기는 했으나, 군을 끌어들여 쿠데타를 모의하지는 않았다. 심지어 만력제가 황제의 임무를 버리고 완전히 태업에 들어간 후에도 명나라 군대의 장수들은 황제의 통치권에 의문을 제기하지 않았다. 만력제의 황위는 '헌법적으로' 견고했다. 실제로 중국 역사상 황제가 군인이나 고위 관료에 의해 물러난 경우는 거의 없었다.

로마 제국에서는 상황이 달랐다. 로마에서는 근위병들이 마음대로 돌아다니며 자신들에게 방해가 되는 황제를 그 누구든 마음대로 암살할 수 있는 것처럼 보였다. 69년은 갈바, 오토, 비텔리우스, 베스파시아누스 등 무려 네 명의 황제가 통치한 해로 알려져 있다.

한 기록에 따르면 기원전 27년부터 395년 사이에 재위한 로마 황제의 사인死因 중 오직 30퍼센트가 자연사였다. 나머지는 암살(37퍼센트), 전투 중 부상(12퍼센트), 처형(11퍼센트), 자살(8퍼센트), 독살(3퍼센트) 등이었다. 로마 황제들의 재위 기간은 평균 5.6년에 불과해 중국 황제들과 비교하면 매우 짧은 편이었다. 로마 제국을 분석한 글에 '황제—로마 제국에서 가장 위험한 직업'이라는 제목이 달리는 것도 놀랄 일이 아니다.[2] 시오노 나나미의《로마인 이야기》를 읽다 보면 이게 역사인지 암살 기록일지 헷갈릴 정도이다.[3]

1853년, 카를 마르크스는 청나라의 붕괴가 임박했다며 "천자의 제국the Celestial Empire"의 멸망이 유럽에 혁명의 불을 붙일 수 있다는 과감한 예상을 내놓았다. 마르크스는 오랫동안 유럽 어딘가에서 대규모 혁명이 일어나리라 생각했다. 하지만 청나라는 마르크스가 죽을 때까지 무너지지 않았다. 중국식 전제 정치가 이토록 장수를 누린 것은 어떤 이들에게는 경이로움의 원천이고 어떤 이들에게는 비탄의 대상이다. 여기에 대한 설명은 정치 문화에서 지리에 이르기까지 매우 다양하다.

이 장에서는 다른 연구자들의 풍부한 통찰을 바탕으로 내 나름의 설명을 제시하려고 한다. 중국 제국이 장수할 수 있었던 핵심 요인은, 인재 채용과 정치적 통제를 통해 로마 제국에서는 찾아볼 수 없었던 엘리트 지배 계층의 평화와 안정을 달성하는 방법을 확보한 데 있었다. 채용 기능은 앞에서 다룬 주제인 능력주의이고, 통제 기능은 통일된 능력주의 플랫폼을 활용하여 부유한 귀족이나 토지를 소유한 신사 계급 등 독립된 경쟁 집단에 권력을 희석 당하지 않고 황실이 유지한 정치적 독점을 의미한다. 주장의 근거로는 황제와 고위 관리들에 대한 데이터베이스를 활용할 생각이다.

장수長壽의 퍼즐

정위안 푸Zhengyuan Fu는 저서《독재 전통과 중국 정치Autocratic Tradition and Chinese Politics》에서 중국 정치 체제의 특징을 다섯 가지로 정리했다.[4]

(1) 국가의 공식 이데올로기 강요

(2) 권력 행사에 대한 제도적 제약 없이 소수 개인에 집중된 정치 권력

(3) 경제를 포함한 사회생활의 모든 측면에 퍼진 광범위한 국가 권력

(4)통치 도구로 법을 활용하는 법적 제약 위에 군림하는 통치자

(5) 모든 사회 조직에 대한 국가 지배, 그리고 국가의 주체이자 소유물이 되는 개인

언뜻 보면 시진핑 시대의 중국을 이야기하는 것 같지만, 이 책은 시진핑이 공산당 총서기로 취임하기 20년 전인 1993년에 출판되었다. 당시 시진핑은 푸젠성의 지방 관료에 불과했다.

사실 이 책은 대부분 기원전 220년부터 1911년까지, 즉 중국의 왕조 시대를 다루고 있다. 기원전 220년에 확립된 제도에 대한 설명이 오늘날 현대 중국 정치와 놀랄 만큼 유사하며, 여전히 공감을 얻고 있다는 사실은 중국식 절대군주제가 거의 변하지 않고 지금까지 살아남았다는 증거이다. 나는 '정치적 장수political longevity'를 기본 속성이 변하지 않으며 특정 정권이 오랫동안 지속하는 중국 정치 체제의 현상을 지칭하는 용어로 사용한다. 중국 정권들의 자기복제적 속성은 다른 나라, 예를 들면 영국의 군주제와 자국을 차별화한다. 영국의 군주는 그들이 행사하는 권력이 아닌 혈통으로 이

어진다. 찰스 왕세자의 혈통은 1,000년이 넘는 기간 동안 37대에 걸쳐 내려왔다. "영국의 모든 군주는 871년에 통치한 알프레드 대왕의 후손이다."[5] 반면 중국을 통일하고 진나라를 세운 영씨 가문은 진나라 멸망 이후 완전히 사라졌다.[6] 한때는 흔한 성씨였고, 진나라가 세워지기 이전 600년 동안 번성했던 영씨 가문은 현대 중국에는 후손이 거의 남아 있지 않다. 중국의 정치적 장수는 유전적인 것이 아니라 제도적인 것이다.

기존의 연구들

중국식 독재 정치의 장수에 관한 연구는 대부분 정치 문화, 특정 황제의 특이한 결정(예: 해외 항해 금지) 또는 귀족과 부르주아 계급의 약점과 같은 구조적 요인에 대한 풍부하고 광범위한 설명으로 구성되어 있다.[7] 어마어마하게 많은 논문 중 압도적으로 다수가 정치 문화의 역할을 강조한다. 정위안 푸는 중국 역사에 대한 이러한 관점을 다음과 같이 요약한다. "중국 황실 시스템의 상대적 안정성은 유교로 대표되는 정치 문화의 안정성에 상당 부분 기인한다."[8]

이러한 문화적 접근 방법에는 다양한 줄기가 있다. 한 학파는 중국 이데올로기의 보편적이고 원초적인 매력에 중점을 둔다. 유리 파인스Yuri Pines는 "중국 제국은 다양한 정치 행위자들에게 매력적이었던 매우 강력한 이데올로기적 구조물이었으며, 그 때문에 심각한 군사적, 경제적, 행정적 오작동 시기에도 생존할 수 있었다"[9]라며, 중국의 엘리트들이 전국 시대(기원전 475~기원전 221년) 같은 분열된 시기에도 단일 국가를 선호했다는 문헌 증거들을 발견했다. 이는 단일 국가에 대한 문화적 성향이 영토적으로 통일된 제국을 건설한 진 왕조 이전부터 있었다는 것을 의미한다. 문화가 인因

이고 정치가 과果였지 그 반대가 아니었다.

유교의 태생적 보수주의도 흔히 언급되는 또 다른 요인이다. 이러한 관점에 따르면 중국인들은 시간을 영속적인 진행이 아니라 주기적 발생으로 보았다. 인간의 활동과 사건은 일정한 간격으로 전개되며 미리 결정되고 확립된 패턴에 따라 상승, 정점, 하강을 반복한다. 역사는 "고정된 패턴과 유형의 반복, '영원한 귀환'이라는 주제의 변형, 그때그때 필요에 따라 살짝만 바뀔 뿐인 익숙한 역사적 사건들의 연속되고 확정된 목록"이다.[10] 이러한 공식에서 진보는 환영받지 못하는 침입자이자 어떤 대가를 치르더라도 저항해야 하는 무엇이었다. 지배 엘리트들은 이러한 믿음에 따라 진보를 차단하기 위한 길을 택했다.

다른 이들은 더 확실한 힘을 강조했다. 핑티호는 〈중국 문명: 그 장수의 뿌리를 찾아서The Chinese Civilization: A Search for the Roots of Its Longevity〉에서 중국의 안정은 경제적 기둥에 의존한다고 주장했다. 중국의 농업 생산성은 "중국 문명을 인류 역사상 가장 오랜 기간 지속한 문명으로 만드는 데에 크게 기여했다"는 것이 그의 주장이다. 또한 "생물학적, 사회적 영속에 대한 집착"과 "왕족과 귀족 혈통의 지위 유지 능력"이라는 인구학적 설명도 제시했다.[11]

다른 설명은 보다 사회과학적 추론에 근거를 두고 있다.[12] 그중 하나는 경로 의존성으로, 중국의 정치 발전 초기에 중국의 현재 경로가 만들어졌다는 것이다. 딩신자오Dingxin Zhao는 전국 시대 "경쟁과 제도화 사이의 변증법적 상호작용"이 진나라의 "유교-법가 국가"를 탄생시켰다고 말한다. "정치와 이데올로기 권력을 통합하고 군사력을 활용해 경제력을 주변부로 밀어낸" 이 시스템—만력제 시대의 특징이자 유교와 법가 사상을 혼합한—은 예를 들어 영국의 튜더 왕조와 뚜렷하게 대비된다.[13] 후쿠야마 역시 고대의 오랜 그림자에 대해 비슷한 견해를 가지고 있다. 후쿠야마는 찰스 틸리 Charles Tilly로부터 영감을 받아, 전국 시대 전란의 격렬함이 중국에서 합리적 관료주의 국가의 부상으로 이어졌다고 주장한다.[14]

또 다른 설명은 지리와 같은 요인을 강조한다.[15] 사회과학자들이 이러한 유형의 설명을 선호하는데, 지리는 외생적 요인이며 인간의 선택에 객관적인 제약을 가하기 때문이다. 개방적이고 접근성이 높은 유럽 지형과 대조적으로, 중국의 지리적 고립성은 독재 체제를 가능하게 하는 조건으로 지목되기도 한다.

자주 논의되는 또 다른 영향은 중국의 언어다. 핑티호는 한자가 "외세의 정복과 정치적 분열의 시기에도 다양한 비非한족 집단을 한족화하는 기나긴 과정의 주요 동인動因이자 문화적 통합을 이루는 힘으로 작용했다"고 지적했다.[16] 딩신자오도 비슷한 결론에 도달했다. 그는 언어의 근본적인 차이로 인해 유럽을 통일하는 것보다 중국을 통일하는 것이 더 쉽다고 주장한다. 유럽 언어에서 기호는 특정 음가를 나타내며, 시간이 흐르면서 발음의 변형으로 인해 철자법과 문장이 달라졌다. 딩신자오에 따르면 "알파벳 문자 체계는 문화와 정체성을 분열시키는 경향이 있다."[17] 중국어는 여러 지역에서 다르게 발음되지만, 표의문자인 한자로 쓴 중국어는 읽는 사람에게 같은 의미를 전달한다. "이로 인해 전혀 다른 지역 방언을 쓰는 다른 사람들도 같은 방식으로 텍스트를 읽고 이해할 수 있었으며 이는 근대 이전 중국에서 의사소통을 크게 촉진했다."

계속되는 탐색

1984년 독일의 역사학자 알렉산더 데만트Alexander Demandt는 학계에서 한 번이라도 언급된 모든 로마 제국의 멸망 원인을 조사하여, 총 210개의 원인을 열거했다.[18] 에드워드 기번Edward Gibbon의 대작《로마제국 쇠망사》는 수천 페이지에 달한다.[19] 반면, 중국식 절대군주제의 지속성에 대해서는 다양한 상상력이 발휘되지 못했으며, 그중 상당수는 유사한 주제의 변형에 불과했다. 특히 대부분 학자가 중국의 정치 형성과 정치 발전의 과정이 동일하고, 진나라가 주사위를 던졌고, 이후 2,000년 동안 중국은 이 진나라의 청사진을 거의 그대로 따랐다는 가정에서 출발한다. 이 '2Q' 관점은 매우 크게 드리워져 있다.

이러한 관점을 위조하는 것은 불가능하다. 종속변수나 독립변수 모두 모순이 없다. 또한, 무엇이 원인이고 무엇이 현상인지도 명확하지 않다. 예를 들어 유교의 보수성은 제국이 장수한 원인이 아니라 오히려 그 반대로 제국의 장수로 인한 우발적인 현상일 수 있다. 통치자는 이데올로기로 성공을 경험하면 이를 수정하거나 포기하지 않을 가능성이 크다. 제시된 변수 중 일부는 중국에만 국한되지 않았다. 이데올로기 독점을 예로 들어보자. 유럽의 많은 국가가 기독교를 통치 이데올로기로 받아들였으나 시간이 지나면서 기독교의 독점적 지배력은 느슨해졌고 개인주의, 세속주의, 자유주의 등 다른 사상이나 가치들과 경쟁한 끝에 자리를 내주었다. 진짜 문제는 중국이 이러한 이데올로기적 독점으로 시작되었다는 것보다, 중국에서 왜 그런 독점이 지속될 수 있었는가 하는 것이다. 경로 의존성은 이 문제를 해결하지 못한다. 중국 역사 자체가 경로 의존성에서 벗어난 극적인 예이다. 건국 왕조인 진나라의 이념적 지향은 법가였지만, 그 후의 국가들은 법가의 라이벌 유교로 방향을 선회했다. 경로 의존성이란 대안 경로를 선택하기보다 현재의 경로를 유지하는 것이 합리적이기 때문에 인간의 선택이 제한됨을 의미한다. 문제는 애초에 중국의 대안 경로가 얼마나 존재하고 가능했는가이다.

농업 생산성에 대한 핑티호의 지적에는 정확성이 부족하다. 핑티호의 논리는 중국 정치 체제의 장수보다는 중국 문명의 장수를 설명하는 것에 적합해 보인다. 지리와 언어는 흥미로운 아이디어이지만 구체적인 논리가 필요하다. 로마 제국 멸망 이후 '다중심' 그 자체였던 유럽과 경쟁했던 위진남북조 시대부터 당나라, 명나라와 같은 단일 국가에 이르기까지, 중국의 지리는 다양한 형태의 정치를 수용해 왔다. 한 걸음 더 나아가 지리적 제약은 고정되지 않았고 인간의 선택에 따라 달라진다고 주장할 수도 있다. 바다에 쉽게 접근할 수 있었던 지리적 특성이 유럽의 항해 능력과 무역 선호의 요인으로 높이 평가되지만, 한때는 중국이 바다를 지배했다는 사실을 잊지 말아야 한다.[20] 명나라와 청나라는 의도적으로 항해를 금지하고 항해 능력을 포기하며 중국을 다른 지역으로부터 격리했다. 지리는 외생적이지만 지리적 영향은 그렇지 않다. 이 논리는 중국의 내륙에도 적용된다. 수나라가 대운하를 건설하면서 중국 내 지리적 단절이 감소했다. 중국인들은 새로운 아이디어들이 나타나고 더 많은 아이디어가 교환되는 현장을 목격하지 않았을까? 과거 제도가 새로운 아이디어를 교환하는 모든 기회를 박탈하지만 않았다면 말이다. 지리의 외생성은 사회과학자들에게는 매력적이지만, 자세히 들여다보면 그 설명에는 아직 미흡한 점이 많다.

중국어에 대한 핑티호와 딩신자오의 통찰은 가치가 있지만, 그들의 이론에는 전파 메커니즘이 빠져 있다. 이러한 통일 효과를 가져오는 것은 언어 자체가 아니라 문자 언어이다. 문자 언어가 이 두

학자가 주장한 통일 효과를 발휘하려면 문해력이 널리 보급되어야 한다. 핑티호와 딩신자오와 같은 주장을 하려면 문해력을 전파하는 메커니즘이 무엇인지도 함께 설명해야 한다.

문화적 논쟁은 종종 모호한 용어들로 포장된다. 논의를 위해 유교 규범의 보수성이 중국의 정치 발전을 저해했다고 가정해 보자. 하지만 정확히 어떻게 저해했을까? 세뇌를 통해서? 혹은 경쟁의 억압을 통해서? 어떤 종류의 경쟁? 사상 경쟁 또는 정치 및 경제 세력 경쟁을 말하는 것인가? 그리고 유교만큼이나 독재에 우호적인 이데올로기인 법가 사상은 왜 왕조 시대 중국에서 성공하지 못했을까? 문화적 주장의 타당성을 증명하려면 그 주장을 현실화할 수 있는 가시적인 메커니즘을 입증해야 한다.

유교가 과거 제도의 원활한 운영을 돕는 우수한 도구였다는 앞서 나의 주장은 메커니즘에 기반한 설명으로, '무엇을'보다는 '어떻게'를 설명한다. 이 메커니즘의 효과를 입증하는 한 가지 방법은 시간에 따른 중국의 정치적 진화를 도해화하는 것이다. 이 장르에서 가장 유명한 아이디어는 〈당송변혁론〉으로 알려진 논문이다. 일본 중국학의 거두인 나이토 코난內藤湖南이 주창한 이론으로, 당나라와 송나라 시기에 중국이 획기적인 '대전환'을 경험했다는 것이 주요 논지이다.* 조슈아 포겔Joshua A. Fogel은 나이토 코난의 주장을 다음과 같이 요약한다. "당나라의 붕괴에서 나이토가 지적한 가장 큰 변화는 중국에서 귀족 정부가 무너지고 군주 독재와 포퓰리즘이 부상한 것이다."[21]

---

* 〈당송변혁론〉은 훗날 저 유명한 '중국사 시대구분 논쟁'으로 발전하는 근간이 되었다.

이것은 유망한 방향이지만, 귀족 정부가 붕괴하고 그 자리에 '군주 독재'가 들어선 원인이 무엇인지 좀 더 알아보자. 755~763년 중국을 폐허로 만들다시피 한 '안사의 난安史之亂'*과 같은 특정한 역사적 사건을 탓하고 싶은 유혹을 느끼는 이들도 있다. 이 반란으로 당나라 인구가 5,300만 명에서 1,600만 명으로 줄어들었다. 스티븐 핑커Steven Pinker는 안사의 난을 두고 역사상 최악의 참극이라 불렀다.[22] 그러나 이러한 수치는 논란의 여지가 있다. 반란이 엘리트 계층을 겨냥했기 때문에 정부의 정확한 인구조사 데이터 수집 능력이 떨어졌을 수도 있기 때문이다.

피해 규모의 실제 숫자야 어떻든 안사의 난은 재앙 그 자체였다. 그러나 당나라는 재기하여 144년을 더 버텼다. 또한, 반란으로 잃었던 조세 수입 대부분을 빠르게 회복했다.[23] 이는 안사의 난이 중국 귀족 계층을 전멸시켰다는 주장과는 다소 모순되는 부분이다.[24] 설사 그랬다 하더라도 전란이 끝난 후 귀족들이 왜 다시 결집하지 못했는지는 여전히 미스터리로 남아 있다. 물리적 절멸은 영구적인 이탈을 초래하기보다는 일시적인 효과에 그치기도 한다.

실제로 다른 많은 사례가 있다. 제2차 세계대전 중 연합군의 일본 폭격에 관한 한 연구에 따르면 이러한 파괴적인 공격으로도 도시의 상대적 규모나 인구 밀도는 크게 변화하지 않았다.[25] 한 국가의 도시 특성은 오랜 경제적 기초에 뿌리를 두고 있으며 시간이 지

---

* 당나라 중기인 755~763년 중국 북부에서 안녹산이 일으킨 반란으로 시작해 약 8년간 계속된 군사 전란. 안사의 난이라는 명칭은 초기 주동자 안녹산安祿山과 후기 지도자 사사명史思明에서 따온 것이나, 흔히 안녹산의 난으로 부르기도 한다. 원문은 안녹산의 난An Lushan Rebellion으로 표기하고 있다.

나면 원래의 패턴으로 되돌아간다. 1950년대 토지 개혁 당시 중국 공산당은 지주 계급 전체를 없애버리다시피 했지만, 개혁개방 이후 등장한 중국 기업가 중 일부는 지주 혈통 출신이었다. 귀족 집단을 파괴하는 것은 제도로서의 귀족을 파괴하는 것과는 다르다. 귀족이 영구적으로 사라지려면 귀족의 재등장을 억제하는 지속적이고 제도적인 힘이 필요하다. 게다가 귀족 제도의 소멸은 사제, 장군, 환관, 상인 등 다른 권력 중심이 아닌 오로지 황제에게만 권력이 집중된 이유를 설명하지 못한다. 왜 '군주 독재'만이 유일한 대체 옵션이었을까? 이 의문, 그리고 이와 관련된 다른 질문들을 탐구하기 위해 우리는 다시 과거 제도로 눈을 돌려야 한다.

중국식 정치적 장수의 분석

역사학자들은 중국의 지속적인 군주 독재 부상 뒤에는 인적 자본의 변화가 있었다고 주장한다. 송나라에서는 혈연보다 재능과 교육을 통해 지위를 획득한 새로운 엘리트층이 등장했다.[26] 로버트 하트웰Robert M. Hartwell이 강력하게 주장했듯이, 과거 제도는 이러한 발전을 주도했다.[27]

우리는 중국 정치의 장수 문제를 세 가지 방식으로 풀어볼 수 있다. 첫 번째는 시간에 따른 비교이다. 한 데이터 세트는 이러한 시간적 변화를 극명하게 보여준다. 중국의 통일 기간 대비 분열 기간 비율은 수나라 이후 0.81에서 0.29로 떨어졌다.[28] 두 번째 방법은 정치 시스템의 개별 구성요소들을 고려하는 것이다. 각 왕조는 특정 황제들이 통치하는 정권으로 구성되었고, 각 황제는 그들의 신하들을 통치했다. 각각의 황제가 더 오래 통치했기 때문에 중국 왕조의 유지 기간이 늘어났을 가능성이 있을까? 통치자가 권력을 유지한 기간은 정치학자들이 정치적 안정성을 측정하는 데에 자주 사용하는 지표이다.[29] 세 번째 방법은 중국 왕조의 장수에 결정적인 순간이 된 이정표를 가려내는 것이다. 중국에서 '당송 대전환기'는 약 661년에 걸쳐 있다. 이 과도기를 한 단계 더 좁힐 수 있을까?

서론에서 중국 왕조의 수명이 시간이 지남에 따라 늘어났다는 사실을 언급한 바 있다. 한나라를 전한과 후한 별개의 두 왕조로 간주할 경우, 후대의 왕조가 더 오랜 시간 지속했다. 수나라(581~618) 이전에는 전한(기원전 202~ 9)이 193년으로 가장 길었고, 당나라(618~907)는 289년, 명나라(1368~1644)는 276년, 청나라(1644~1911)는 267년 동안 지속했다(960~1279년의 송은 319년 동안 지속했으나 북송과 남송으로 갈라졌다).

중국의 통치자들은 시간이 지날수록 더 오래 권력을 유지했다. 황제의 평균 재위 기간은 한나라 24년, 수나라 17년, 당나라 19년이었다. 진나라는 7년밖에 되지 않았다. 반면, 송나라와 원나라(1280~1368)는 모두 28년, 명나라는 22년, 청나라는 36년이었다. 황제의 재위 기간과 왕조의 지속 기간 사이의 양방향 상관계수는 0.63이다.

공생관계의 부상

황제들은 어떻게 오랜 시간 권력을 유지할 수 있었을까? 황제보다 한 단계 아래, 즉 조정의 고위 관료들의 특성이 영향을 미쳤는지 살펴보자. 밀란 스볼릭Milan W. Svolik은 권위주의 정권의 안정성은 정치 엘리트의 동의에 달려 있다고 말했다.[30] 독재자가 정치 엘리트로부터 명시적 또는 암묵적 협력을 확보할 수 있다면 권력은 훨씬 안전해진다(로마 황제들은 이 부분에서 처참하게 실패했다).

우리의 황실 조정 데이터베이스에는 진나라에서 청나라에 이르기까지 역대 왕조에서 재임한 2,225명의 재상宰相에 대한 기록이 있다. 최고위 관료인 재상은 국가의 최고 운영 책임자COO로서 조정의 일상적인 업무를 수행했다. 우리는 이들이 어떻게 그 자리에서 물러났는지에 대한 정보를 수집했고, 그 결과 고대의 방식이 그리 아름답지 않았다는 사실을 발견했다. 기록이 남은 재상 중 14퍼센트는 처형당했고 나머지 13퍼센트는 귀양을 갔다. 약 19퍼센트는 자발적인 경로, 즉 사임을 통해 자리를 떠났다.

그림 5.1은 가로축에 재상의 사임 비율, 세로축에 황제의 재위 기간을 표시한 분산형 점그림이다. 재상의 사임 비율은 한 왕조에서 봉직한 전체 재상의 수에서 사임한 재상의 수의 비율을 나타낸다. (재상이 자리에서 물러나는 방법에는 사임 외에도 자연사, 처형, 유배, 강등, 자살 등 다양했다). 황제 재위 기간은 각 왕조의 평균 재위 기간을 연 단위로 표시하였다. 원의 크기로 황제 재위 기간을 시각화했다.

이 두 변수 사이의 강한 상관관계를 그림상에서 볼 수 있다. 이 두 변수 간의 양방향 상관계수는 0.74로 상당히 높다. 이러한 상관관계가 재상의 자발적 사임이 황제의 통치가 장수하는 좋은 원인이었음을 증명하지는 않지만, 사회과학 이론들을 활용하여 두 변수 간의 인과관계를 구성할 수 있다. 앨버트 허시먼Albert O. Hirschman은 고전이 된 자신의 저서《떠날 것인가, 남을 것인가》에서 조직 구성원의 세 가지 반응, 즉 이탈, 항의, 충성이 조직에 정보를 제공하는 방법을 이론화했다.[31] 허시먼의 분석에서 사임은 퇴장 옵션과 유사하지만 완벽한 비유는 아니다. 중국 황제들은 상당수의 재상을 처형했는데, 이는 현대 조직에는 존재하지 않는 출구 옵션이다.

허시먼은 참수가 인간에 대한 끔찍한 처사일 뿐 아니라 사람과 함께 정보도 죽인다는 점에서 조직에 좋지 않은 장치라고 눈살을 찌푸렸을 것이다. 정보를 침묵시키는 조직은 쇠퇴하기 마련이다. 관료들이 평화롭게 사임할 수 있도록 허용한 왕조는 더 순조롭게 운영되었고 훨씬 탄력적이었다. 이 이야기에서 황제에게 재상의 마지막은 통치 영역에 문제가 있음을 알리는 경보장치이다. 이러한 정보 기능을 갖춘 정권은 오래 유지되었다.

이 두 변수의 관계를 설명하기 위해 또 다른 이론을 사용할 수도 있다. 역사학자들은 한나라 이후 황제와 관료 간의 관계를 '공생'이라는 용어로 설명한다.[32] 공생관계는 상호 의무와 의존에 기반한 충성을 의미하며, 황제는 관료와 협력하여 통치했다. 자발적 퇴임은 공생의 한 형태로, 인센티브를 개선하고 중국공산당의 M자형 경제 체제 아래 있던 지역 관리들과 유사한 방식으로 재상들의 신뢰와 노력을 끌어냈다. 황제들은 재상들이 충성을 다하면 그 대가로 안전한 퇴임의 옵션을 제공했다. 그 결과 거버넌스와 행정의 질이 향상되었고 안정이 이어졌다.

결정적 순간

그림 5.1은 황제와 관료의 공생관계가 한나라 때부터 시작되었다는 주장을 뒷받침하는 증거로 제시할 수 있다.[33] 여기에 표시된 모델은 아홉 개 왕조(삼국 시대, 서진, 수, 당, 오대십국, 북송, 남송, 명, 청)의 가장 높은 예측값을 보여준다. 수나라 이후 유일하게 이 관계에 해당하지 않는 왕조는 원나라이다. 수나라는 황제와 신하 간의 공생

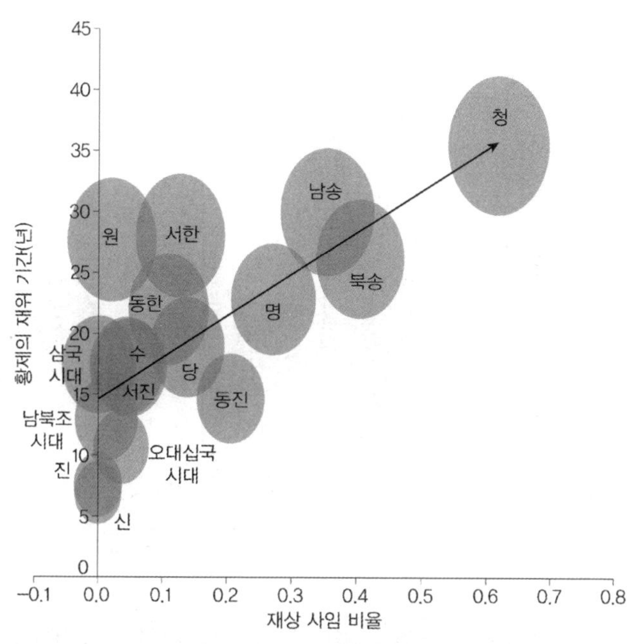

그림 5.1
진나라부터 청나라까지. 세로축은 황제의 재위 기간으로, 황제가 권력을 유지한 평균 연수를 나타낸다. 가로축은 사임을 통해 직위에서 물러난 재상의 비율을 나타낸다(다른 퇴임 방법에는 유배, 질병에 의한 사망, 처형, 자살 등이 포함된다). 재상이 봉직 중이던 왕조가 붕괴해 퇴임한 경우는 통계에 포함하지 않았다. 원의 크기는 황제 재위 기간을 나타낸다. 출처는 왕조 시대 중국 조정의 데이터베이스를 기반으로 하였다. 데이터베이스 구축 및 출처에 대한 자세한 내용은 야성 황, 웨이 홍 등의 〈니덤 문제Needham Question〉를 참조할 것.

관계를 형성하고 공고히 한다는 맥락에서 명확한 분계선이 된다.[34]

공생관계 이전 황제와 신하 간 관계의 본질은 무엇이었을까? 공생관계의 반대말은 적대감과 폭력이다. 중국 역사 속 황제는 의견 불일치나 갈등이 발생하면 일상적으로 신하를 처형했다(그 외의 불쾌한 처우로는 해임, 유배, 강등 등이 있다). 그림 5.2는 왼쪽 축에 재상의 사임 비율을, 오른쪽 축에 재상의 처형 비율을 보여주고 있다. 두 가지 퇴임 옵션이 서로 반비례한다는 분명한 패턴이 눈에 들어온다. 재상을 더 많이 처형한 왕조는 사임이 적었고, 그 반대의 경

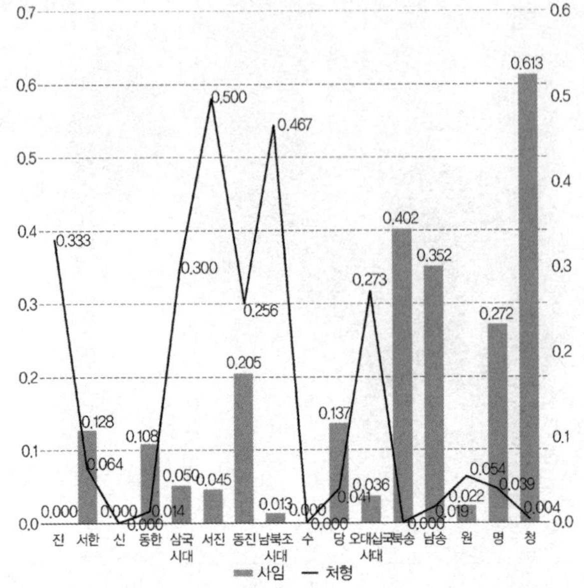

그림 5.2
중국 역대 왕조에서 사임과 처형을 통한 재상의 퇴임 비율. 왼쪽 세로축은 사임, 오른쪽 세로축은 처형을 통한 재상 퇴임의 비율을 나타낸다. 사임은 막대로 표시하고 처형은 선으로 표시하였다. 출처는 왕조 시대 중국 조정의 데이터베이스를 기반으로 하였다. 데이터베이스 구축 및 출처에 대한 자세한 내용은 〈니덤 문제〉를 참조할 것.

우도 마찬가지이다(양방향 상관 계수는 −0.44이다). 위진남북조 시대, 즉 삼국 시대, 서진, 남북조는 특히 섬뜩했다. 서진의 경우 재상의 50퍼센트 이상을 처형했다. 남북조 시대에는 46.7퍼센트가 처형당했다. 진나라는 중국 역사상 가장 냉혹한 왕조로 널리 알려져 있으나 위진남북조 시대에 비하면 미풍에 불과했다. 진나라 재상 중 처형된 사람은 불과 33퍼센트였으니 말이다.

이 두 가지 출구 옵션의 사용 비율이 시간이 지남에 따라 바뀌었다는 점이 중요하다. 중국 정치사의 다른 많은 사건과 마찬가지로 결정적 순간은 수나라였다. 수나라 이전까지는 황제와 관료 사이에 적대적인 관계가 지배적이었다. 수나라 이후에는 사임의 수치에서 알 수 있듯이 공생관계가 자리 잡았다. 수나라 전후의 여러 변수의 평균값에 대한 t-검정을 실시하면 이 점을 보다 공식적으로 뒷받침할 수 있다. (표 5.1 참조)

표 5.1은 중국 역사를 두 개의 큰 시기로 나누고 그 분기점이 수나라라는 것을 보여준다. 정확한 분기점은 알 수 없기에 '분기'를 두 가지 방식으로 정의할 수 있다. 서로 다른 정의가 비슷한 결과를 낳는다면 우리의 가설에 더 확신을 가질 수 있을 것이다. 패널 (1)은 1기를 진나라에서 수나라까지(수나라 포함)로, 2기를 당나라에서 청나라까지로 정의한다. 패널 (2)에서는 1기를 진나라에서 위진남

	왕조 지속기간 (년)	황제 재위기간(년)	재상 사임 (비율)	재상 처형 (비율)	재상 임기 (년)
패널 1: 진나라~수나라 vs 당나라~청나라					
평균값 (진~수)	95	16	0.06	0.22	4.4
평균값 (당~청)	184	25	0.26	0.06	4.1
p-값	0.061*	0.043**	0.0486**	0.0666*	0.761
패널 2: 진나라~위진남북조 vs 당나라~청나라					
평균값 (진~위진남북조)	102	16	0.07	0.24	4.0
평균값 (당~청)	184	25	0.26	0.06	4.1
p-값	0.089*	0.046**	0.056*	0.043**	0.895

이 표의 변수는 왕조 시대 중국 조정의 데이터베이스를 기반으로 하였다. 데이터베이스에 대한 자세한 내용은 야성 황, 클레어 양 등의 당송대전환 〈Great Tang-Song Transition〉을 참조할 것. 중국 왕조는 더 세분화한 정의를 기반으로 한다. 예를 들어 한나라는 전한과 후한으로 나누었다. 패널 1은 진(기원전 221~기원전 207), 전한(기원전 202~9), 신(9~25), 후한(25~220), 위진남북조(220~581), 수(581~618), 당(618~907), 오대십국(907~979), 북송(960~1127), 남송(1127~1279), 원(1271~1368), 명(1368~1644), 청(1644~1911)으로 하였다. 패널 2는 수나라를 제외하였다. 재상의 사임 및 처형 비율은 특정 왕조의 총 재상 수에서 사임하거나 처형된 재상의 비율을 나타낸다. T-검정을 실시하여 p-값을 생성하였으며, **는 p-값이 0.05 미만, *는 p-값이 0.1 미만임을 나타낸다.

표 5.1.
두 기간 동안 정권 교체 비교

북조 시대, 2기를 첫 번째 정의와 같이 당나라에서 청나라로 정의한다. 즉 두 번째 정의에서는 수나라를 계산에서 제외한다.[35]

두 정의 모두에서 왕조의 지속 기간은 1기(수나라 이전)보다 2기(수나라 이후)가 훨씬 길다. 1기는 95년, 2기는 수나라를 포함할 경우 184년, 수나라를 제외할 경우 102년이다. 수나라를 제외하지 않는 경우에서 전자와 후자가 거의 두 배 차이가 난다. 황제의 재위 기간 역시 두 정의 모두 1기 16년에서 2기 25년으로 증가했다. t-검정 결과 그 차이는 관습적인 수준(5퍼센트 또는 10퍼센트)에서 통계적으로 유의미한 것으로 나타났다.

황제의 재위 기간은 점점 더 길어졌다. 재상의 재임 기간은 그렇지 않았다. 두 시기 모두 재상의 재임 기간은 평균 4년이었다(이 결과는 황제의 재위 기간이 늘어난 이유는 기대 수명의 증가 때문이라는 우려를 불식시킨다). 하지만 퇴임 방식은 극적으로 바뀌었다. 수나라 이전 1기에는 6~7퍼센트의 재상이 사임을 통해 퇴임한 것에 반해, 수나라 이후 2기에는 이 수치가 26퍼센트로 올라갔고 처형을 통한 퇴임은 1기의 22~24퍼센트에서 6퍼센트로 감소했다. 표 5.1은 수나라 이후 정권과 통치자의 지속 기간이 증가했으며, 적대관계보다 공생관계가 통계적으로나 정치적으로 의미 있는 마진을 제공했다는 점에서 우세함을 보여준다.

과거 제도: 장수의 메커니즘

중국의 정치적 진화를 설명할 때 우리는 수나라로 돌아간다. 수나라는 대운하 건설을 비롯한 많은 업적을 남긴 왕조로 알려져 있으나 통치자와 관료의 관계에 지속적인 영향을 미친 유산은 바로 과거 제도의 출현이다.[36] 과거 제도는 자발적인 참여, '충忠'이라는 가치의 배양, 그리고 사상과 관습과 가치의 수렴에 의존했다. 규율의 준수는 더욱 자발적이고 자율적으로 이루어졌으며, 그 결과 수많은 로마 황제와 현대의 독재 정권을 파멸로 이끈 엘리트 계층 내부의 긴장을 완화할 수 있었다. 영향은 쌍방이었다. 관료들이 더 순종하고 충성하면서 천자들의 통치 방식도 덜 폭력적인 방향으로 변해갔다. 상호성과 호혜성이라는 새로운 사회 계약이 등장했고 엘리트 계층 내부는 평화가 지배했다. 황제들의 안전은 보장되었고 그들이 이끄는 왕조도 마찬가지였다. 이 윈윈 관계의 합의는 다른 모든 대안적 합의가 불가능하게 만들었다. 그야말로 완벽하고 전제적인, 탁월한 안정이었다.

황제의 딜레마

이탈리아의 위대한 사상가 니콜로 마키아벨리는 중국 제국이 어떻게 평화와 안정의 균형을 이룰 수 있었는지 이해를 돕는 두 가지 시나리오를 제시했다. 하나는 '프랑스 왕'이 귀족들의 특권을 제거하려다 왕권까지 위험에 빠뜨린 상황이고, 다른 하나는 '투르크의 군주'가 대신들을 노예처럼 지배한 경우이다.[37] 중국의 경우는 이 두 시나리오 사이의 어딘가에 위치하는 것으로 보인다. 황제는 귀족들의 권력을 선점했고, 자신이 성공적으로 포섭한 귀족들에게는 많은 자율권을 부여했다. 즉, 중국식 시스템은 적합한 사람을 포용하고 부적합한 사람을 배제하는 데 탁월했다. 유능한 인재를 확보하면서도 통치에 대한 도전은 피해갈 수 있었던 그 시스템은 무엇이었을까?

바로 인적 자본에 등수를 매기는 것이었다. 합리적인 독재자가 이러한 시스템을 고안한다면 과거 제도와 매우 흡사할 것이다. 과거 제도의 채용 기능은 브루스 부에노 데 메스키타Bruce Bueno de Mesquita와 동료들이 '선출권자'라고 부르는 개념의 확장된 버전이라 할 수 있다.[38] 선출권자 이론은 합리적인 독재자는 정치 시스템으로 유입되는 파이프라인을 확장하려는 동기가 있다고 주장한다. 선출권자 집단에 진입하기가 쉬울수록 기존 구성원이 권위주의적 통치자에게 도전하는 데 드는 비용이 증가한다. 경제학 용어로 말하자면, 관료제의 낮은 진입 장벽은 관료들 간의 완전 경쟁으로 이어지며, 각각의 관료들은 쉽게 교체될 수 있고 그만큼 관료 개인은 취약해진다.

과거 제도는 황실 관료제에 진입하기 위한 사회경제적 장벽을 낮췄다. 이러한 공개 채용 방식은 정치 엘리트들의 인센티브를 변화시켜 황제에게 도전하거나 배신할 가능성을 줄였다. 선출권자 역학 관계로 인해 엘리트들은 황제에게 더 고분고분해지고 충성하게 되었으며, 앞서 설명한 공생관계가 형성되기 시작했다.[39] 이 시스템의 가장 큰 장점은 규율 효과가 모두의 이익에 부합했기 때문에 상당히 자기 강화적이라는 점이다.

하지만 인센티브를 일치시키는 것만으로는 충분하지 않을 수 있다. 이론적으로는 능력주의 경쟁이 모든 사람에게 기회를 넓혀주지만, 여전히 부유층에게 유리할 수 있다. 재산이나 부모의 학력 등 집안 배경은 일반적으로 시험 성적에 유효한 영향을 미친다.[40] 중국 황제는 정통성과 지위를 소유한 귀족 및 상인 계급 출신의 엘리트들이 지배하는 조정은 되도록 피하고 싶었다. 여기에 대한 해답은 황제가 선호하는 후보자가 합격할 확률을 최적화하기 위해 과거 시험에 설계 기능을 추가하는 것이었다.

이미 앞서 과거 제도의 인프라와 단계 구조, 익명화에 관해 설명했다. 여기서는 그러한 세 가지 특징을 선출권자 기능의 관점에서 재구성해 보겠다. 과거 제도의 인프라는 설명하기 쉽다. 평민들의 시험 준비 비용을 덜어주고, 부유층과 그들 사이에 어느 정도는 공평한 경쟁의 장을 마련했다. 평민을 채용하여 관료 조직에 그들의 재능을 불어넣었을 뿐만 아니라 황제에게 유리한 권력 균형의 변화를 가져왔다. 황제는 귀족보다 평민에게 더 많은 영향력을 행사할 수 있었고, 그 영향력을 이용해 엘리트들을 몰아내거나 좌절시킬 수 있었다(황족에서는 황후를 맞지 않는 규칙도 같은 효과를 거두었다). 단계 구조의 경우, 익명으로 치러지는 첫 번째 향시와 두 번째 회시에서는 관료제의 입문직 및 하위직 후보자를 선발했는데, 이는 조정에 최고위 인력을 공급하는 기능이 아닌 선출권자 기능이다.

조정에 최고위 인력을 공급하는 역할은 최종 단계인 전시였다. 전시는 황실 조정의 성역으로 통하는 문을 열었다. 높은 학위를 손에 넣으면 황제와 직접 소통할 수 있었다.[41] 그들은 관료제의 단순한 톱니바퀴가 아니라 의사 결정권자이자 정책 자문가였다. 명나라의 내각대학사內閣大學士를 예로 들어보자(내각대학사는 명나라 때의 관직으로 다른 왕조의 재상의 직위에 해당했다).

명나라는 재상의 권력을 여러 관리에게 분배했다. 명나라의 내각대학사 92명 중 과거 시험을 거치지 않은 사람은 여섯 명에 불과했다(한 명은 일종의 비밀경찰이라 할 수 있는 금의위錦衣衛 출신이었다). 과거를 치른 86명 중 85명은 전시에 합격하여 진사 학위를 받았으며, 유일한 예외는 향시에 합격한 거인이었다(당시의 향시 합격률 역시 이미 하버드 합격률과 비슷했다는 점을 명심하자). 85명의 진사 학위 소지자 중 15명은 그 기수의 전시에서 수석이었고, 세 명은 차석이었다. 한마디로 엄청난 학업 성취를 이룬 집단이었다.[42]

우리는 황제의 딜레마에 대한 솔루션에 조금씩 가까워지고 있다. 황제는 능력주의에 기반을 둔 초기 파이프라인을 제공하면서도 최종 의사 결정권자 선정 단계에서는 정치적 충성도를 고려해야 했다. 과거 제도의 매우 독창적인 세 번째 설계 기능인 선택적 익명화가 그것을 해냈다.

과거 제도의 정치적 통제 성질

앞서 전시殿試를 교수 채용 면접에 비유한 바 있다. 즉, 서면 심사에서는 쉽게 파악할 수 없는 응시자의 무형적 자질을 평가하는 데 목적이 있다. 전시에서 황제는 응시자의 인격과 성향에 대해 질문했다. 또한, 응시자들은 기술적 정답이 정해져 있지 않은 주제에 대한 정책 서술을 펼쳐야 했다. 예를 들어, 만력제는 전시에서 "나는 그렇게 열심히 일했는데도 왜 성취한 것이 거의 없는가?"라는 절규와 같은 문제를 내기도 했다. 또 다른 질문은 "실제로 지배하지 않고 어떻게 통치할 수 있는가"였다.[43] 전시 응시자는 당연히 어마어마한 독서량과 명석한 두뇌의 소유자여야 했지만, 만력제의 논술 문제를 통과하려면 황제에 대해—그의 자신감과 불안감을 포함하여—잘 알고 있어야만 했다. 정책 서술은 내부자, 즉 만력제와 유학자 관료들 사이의 다툼, 그리고 황제가 총애하는 후궁 정씨 등에 대해 어느 정도 알고 있는 사람에게 유리했다.

평가는 또한 일련의 주관적인 기준에 따라 이루어졌다. 예를 들어 전시의 최종 순위 결정에는 글씨도 큰 비중을 차지했다.[44] 학식이 가장 높은 사람, 즉 한림원에 입학한 사람은 초서草書, 전서篆書와 같은 가장 높은 수준의 서예에 능통한 것이 보통이었다. 응시자의 글씨를 평가하기 위해서는 심사관이 원본을 읽어야 하므로(이 단계에서는 필사자가 없다), 심사관에게 더 많은 여유와 재량권을 부여했다.

전시는 경제적 특권층을 길들이려는 특정한 정치적 목적이 있었다. 송나라의 두 번째 황제인 태종(939~997)은 칙서를 통해 다음과 같이 알린다. "과거에는 황실 시험에 합격한 사람들이 대부분 귀족 가문의 후손이었다. 이로 인해 미천한 배경의 백성들이 조정에 봉사할 수 있는 길이 막혔다. 따라서 [옛 시험 제도는] 무의미하고 무가치하다. 요즘은 짐이 직접 시험을 주재하고 합격자를 결정한다. 이리하여 옛 제도의 병폐를 없앨 수 있게 되었다."[45] 태종의 발언은 역사가들의 평가와 일치한다. 엘먼에 따르면 황제들은 과거 시험을 "정치적 충성을 보장하기 위한 개인적인 리트머스 시험지"로 여겼다.[46] 즉, 능력주의는 객관성을 요구하므로 익명성이 필요하지만 정치적 통제는 판단력과 주관과 재량이라는 요소를 요구한다. 후보자가 누구인지, 어떤 배경이 있는지 알아야만 한다.

우리가 찾고 있는 변별력 있는 증거는, 응시자의 가족 배경과 재산 상태가 익명으로 처리된 단계와 익명으로 처리되지 않은 단계에서 각각 성적에 어떤 영향을 미쳤는지에 관한 것이다. 과거 시험의 능력주의적 요소가 성공적으로 작동하려면 익명화된 시험 단계에서는 가족 배경과 재산 상태가 시험 순위에 영향을 미치지 않아야 한다. 앞서 설명한 바와 같이 실제로도 그랬다. 하지만 정치적 통제의 목적이 있다면, 익명화되지 않은 단계에서는 영향을 미쳐야 한다. 여기에 핵심이 있다. 집안의 재산과 같은 변수는 과거 시험 순위와 음의 상관관계에 있어야 한다. 이것은 어려운 가설이다. 교육에 관한 기존 문헌들이 말하는 결과와 정반대이다. 부富라는 변수가 긍정적인 영향을 미친다는 기본 가설을 증명하기가 부가 부정적인 영향을 미친다는 대안 가설을 증명하는 일보다 훨씬 쉽다. 정치적 통제 효과는 회귀분석에서 음의 계수로 나타날 정도로 매우 커야 한다.

집안 배경의 효과

표 5.2는 나와 클레어 양이 공동 집필한 논문의 주요 회귀분석 결과를 요약한 것이다.[47] 종속변수는 향시, 회시, 전시의 최종 순위이다. 순위가 높을수록 더 우수한 성적을 의미한다. 두 개의 주요 독립변수는 가족 배경과 관련이 있다. 하나는 응시자의 가족 재산, 다른 하나는 아버지의 관직 계급을 나타낸다.

재산 변수의 경우 응시자의 아내 명수를 사용했다. 왕조 시대 중국에서 복수의 아내는 남성의 부유함을 드러냈다. 응시자 아버지의 직급은 명나라 관료제의 아홉 품계를 사용하여 고위 관료(1~3품)에 5, 중급 관료(4~7품)에 4, 8~9품에 3의 값을 할당했다. (하급 관료에 2, 평민에게는 1의 값을 할당했다.)

익명화 단계에서 재산 변수는 통계적으로 유의미하지 않았으며, 아버지의 직급 효과는 향시에서는 소폭이지만 통계적으로 유의미한 양(+)의 효과를 보였고, 회시에서는 유의미하지 않았다. 전반적인 회귀분석 결과, 익명화 단계에서는 가족 배경 변수가 시험 순위에 영향을 미치지 않거나 미미한 영향만 미치는 것으로 나타났다.

그러나 익명화되지 않은 단계에서는 두 가지 주목할 만한 차이점이 나타난다. 첫째, 아버지의 품계는 양의 값이고 통계적으로 유

	익명		기명
	향시(鄕試)	회시(會試)	전시(展試)
가족의 경제적 배경	0.334	0.234	-6.213**
부	(0.765)	(3.08)	(2.464)
가족의 정치적 배경	0.943***	1.493	5.099***
부친의 관위	(0.280)	(1.05)	(1.017)
기타 통제 변수	있음	있음	있음
고정 효과	현(縣)-해(年)	현(縣)-해(年)	현(縣)-해(年)
오차항	성(省)-군집	성(省)-군집	성(省)-군집
관측치	9,534	9,604	9,676
결정계수 (R^2)	0.627	0.25	0.25

전체 통제 목록, 각 변수에 대한 상세 설명 및 데이터베이스가 포함된 회귀 결과는 야성 황과 클레어 양의 〈장수 메커니즘Longevity Mechanism〉을 참조할 것. 기타 통제 변수에는 연령, 호적 유형(관료, 군인, 수공업자, 평민), 황실 학교 더미, 성 단위 학교 더미, 4개 시험 과목(예기, 시경, 서경, 주역) 등이 포함된다. 괄호 안의 숫자는 강건표준오차. **는 p-값이 0.05 미만, *는 p-값이 0.1 미만임을 나타낸다.

표 5.2.
가족의 배경과 과거 시험 순위: 주요 회귀 분석 결과

의미하다. 또한 아버지의 품계에 따른 정치적 효과가 향시 순위에 미치는 영향에 비해 큰 폭으로 증가해 응시자의 시험 순위에 다섯 배의 차이가 생긴다. 둘째, 재산 변수는 음의 값을 가지며 이 역시 통계적으로 유의미하다. 그 효과는 크다. 부의 척도인 아내의 수가 한 단위 증가하면 응시자의 시험 순위가 6.2단계 하락하는 것으로 나타났다.

재산이 과거 시험 순위에 부정적인 영향을 미친다는 결과가 얼마나 비직관적인지 강조할 필요가 있다. 평균적으로 부유한 가정의 자녀가 그렇지 않은 가정의 자녀보다 더 나은 교육 결과를 얻는다는 것은 잘 알려진 사실이다.[48] 자연히 이러한 부의 긍정 효과가 과거 시험에서도 작용했다고 예상할 수 있다. 과거 시험 준비는 일생에 걸친 과업이며 시간과 관심, 재정적 자원(지출 비용과 기회비용 모두) 등 여러 면에서 큰 비용이 든다. 다른 모든 조건이 같다면 부유한 가정이 과거 시험에서도 유리한 고지를 점해야 한다. 그리고 중국 역사학자들 사이에서는 부유할수록 유리하다는 것이 일치된 견해이다.[49] 그러나 우리의 연구 결과는 이러한 컨센서스와 모순된다.

집안의 재산이 많으면 시험 성적이 내려간다는 것은 받아들이기 매우 어려운 통계 결과이다. 그 효과는 응시자의 개인 역량에 대한 부의 긍정 효과를 상쇄할 만큼 충분히 커야 했다. 이렇게 큰 부정 효과가 우연히 발생했을 가능성은 거의 없다. 이것은 의도된 결과일 수밖에 없다.

우리는 실시한 모든 회귀분석에서 응시자의 연령, 가족 등록 유형, 시험 응시 과목, 응시자가 다닌 학교의 수준 등 일련의 통제 변수를 포함했다. 이러한 결과는 우리가 수행한 여러 가지 강건성 검사에서도 그대로 유지되었다. 예를 들어, 아버지의 계급과 재산 간의 상호작용을 살펴보자. 권력과 부는 서로를 강화한다는 가정이 일반적이다. 즉, 부는 권력을 낳고 권력은 부를 낳는다. 이 논리에 따르면 부유한 정치 내부자는, 비슷한 수준의 가문이지만 덜 부유한 정치 내부자 응시생보다 유리하리라 예상된다. 하지만 회귀분석 결과 정반대의 결과가 나왔다. 과거 제도는, 정치 내부자라는 지위와 부를 모두 가진 후보에게는 유난히 불리했던 것으로 나타났다.

부는 수많은 정치 체제와 사회에서 중심 위치를 차지하고 있다. 부를 가진 자에게 유리하도록 정치적, 사회적 제도가 만들어지고 부가 사회적, 정치적, 경제적 변화로 이어지는 현상이 자주 목격된다. 배링턴 무어Barrington Moore Jr.는 "자산 계급 없이는 민주주의도 없다No bourgeoisie, no democracy"는 명언을 남겼다. 중국에서는 아니다. 중국에서는 정치가 부를 통제하지 그 반대는 성립하지 않는다. 이런 의미에서 중국 황실의 조정 시스템은 매우 이례적이었고, 오늘날 중국공산당 체제 역시 마찬가지이다. 아마 마윈도 동의할 것이다.

중국은 부를 배척하지 않는다. 고대부터 중국은 활발한 상업 발전과 광범위한 정실 자본주의 시기를 경험했다. 그리고 황실 관료제의 하위직에서는 부유층에 대한 체계적인 차별을 찾을 수 없었다. 차별은 권력의 최상위 계층에서 부를 배제하기 위해서만 발생했다. 이렇게 포용과 배제를 신중하게 조정함으로써 부유층을 보호하는 동시에 그들이 내부에서 체제를 파괴할 가능성을 억제할 수 있었다.

고차 균형의 함정: 정치 버전

1973년 역사학자 마크 엘빈Mark Elvin이 그의 저서에서 제안한 "고차 균형의 함정"은 근대 이전 중국 경제에 대한 중요한 개념으로 자리 잡았다.[50] 엘빈은 중국이 14세기까지 외부 세계로부터 단절된 결과 중국 경제는 저렴한 노동력 공급과 정체된 수요 사이에서 편안하고 흔들리지 않는 상태의 균형에 안착했다고 주장했다. 한마디로 더 좋아질 필요를 느끼지 못하는 상태였다는 것이다.

이 그림의 정치 버전은 14세기 훨씬 이전에 발생했다. 6세기 무렵에는 황제와 유학자 관료 간의 공생관계가 지배적이었다. 황실 조정에 투입하고 배치하는 인적 자본에 대한 신중한 평가는 공생관계를 강화했다. 정치적 균형은 경제적 균형보다 우선했으며, 정치적 균형이 경제적 균형의 근본적인 대의명분이었을 것이다. 이런 의미에서 중국의 역사는 카를 마르크스의 말을 뒤집는다. 정치의 상부 구조가 토대를 다졌고, 뒤따른 경제 및 기술 발전의 길을 가두어 버렸다. 중국 제국은 그 권력을 희석하지 않고도 애덤 스미스적인 성장의 배당금을 거둬들였다. 역사의 긴 흐름에서 볼 때, 이는 중국에서 일어났어야 할 산업혁명을 몰수한 것이나 다름없으니 결국 중국으로서는 매우 부당한 거래였다. 하지만 명나라와 청나라의 통치자와 백성들이 곧 산업혁명이 일어난다고 상상할 수 있었을까. 중국인들은 자신들이 태평성대를 유지하고 있고, 그들이 고안해낸 능력주의가 인류 문명의 정점에 서 있다고 느꼈다. 비록 함정이었지만 말이다.

조직 문화

전 세계적으로, 권위주의 사회에서 한 통치자에서 다른 통치자로의 권력 이양은 종종 엘리트 계층 내부의 갈등(예를 들면 쿠데타)으로 촉발된다. 스볼릭에 따르면 현대의 권위주의 정권에서 비헌법적 수단으로 권력을 잃은 지도자 316명 중 68퍼센트가 쿠데타로 축출되었다.[51] 다른 연구에서도 유럽과 이슬람 국가에서는 통치자가 쿠데타로 실각하는 경우가 상당히 많다는 지적을 찾을 수 있다.[52] 로마의 높은 황제 암살률이 이러한 패턴에 부합한다.

중국은 다르다. 기원전 220년부터 1911년까지 233건의 권력 교체 중 38퍼센트만이 엘리트 계층 내부의 갈등으로 촉발되었다. 정위안 푸는 조정 관료들이 황제를 퇴위시킨 송나라 이전의 사례를 다수 제시했으나, 송나라 이후에는 단 한 건밖에 없다. 그에 따르면 송나라 이후에는 "강력한 대신이나 장수가 황위를 찬탈한 사례가 없고, 환관이 황제를 암살하거나 퇴위시킨 사례도 없었으며, 황후가 황권을 찬탈한 사례는 1861년 마지막 황조의 몰락에 일부분

영향을 미친 서태후의 사례 단 한 건이었다"[53]고 한다. 만력제가 한 번도 폐위를 두려워하지 않았음을 상기해 보자. 중국 황제들의 개인적 안전은 그들이 이끄는 체제의 안전과 불가분의 관계였다.

과거 시험은 처음부터 끝까지 무武의 호전성이 아닌 수동성, 복종, 유순함을 강조했다. 중국에서 쿠데타가 거의 일어나지 않았던 이유는 이 뚜렷한 가치 우위에서 비롯되었다. 황실 조정의 관료들이 왕조의 문화, 가치, 우선순위를 외부 세계에 묘사하기 위해 사용한 상징에서도 잘 드러난다.[54] 관료들은 조정 행사에 참석할 때 보補*를 단 관복官服을 입었다. 보란 자수를 놓아 만든 일종의 계급장이다.[55] 가장 높은 계급은 '구름 위로 날아오르는 위엄 있는 학 두 마리', 가장 낮은 계급은 '땅 위에서 풀을 쪼는 메추라기 두 마리'였다. 미국의 대머리독수리가 상징하는 강인함, 개인주의, 용기를 떠올려보라. 메추라기와 학은 무엇을 상징할까? 메추라기는 활기찬 기상을, 섬세하고 가는 목을 가진 학은 복종, 우아함, 고요함을 상징한다. 보는 복종과 유순함이 무의 가치보다 우선시되는 가치의 위계를 표현했다.

군인은 제국의 가치를 대표할 수 있는 명백한 권리조차 없었고 정해진 군사 의례에서만 예복을 입을 수 있었다. 메시지는 크고 분명했다. 군인에게는 자동적인 특권이 없으며, 그들은 관료의 통제하에 있다. 중국 제국은 군에 대한 문인 관료의 지배를 과시하기 위해 다양한 방법을 도입했고, 그 위계를 널리 알리는 데에 주저함이 없었다.

---

* 흉배胸背라고도 부른다.

황제조차도 군의 '하드 파워'와 연결되었다는 낙인을 피할 수 없었다. 놀기 좋아하는 성미로 유명한 명나라의 제10대 황제 정덕제는 1505년부터 1521년까지의 재위 동안 유교적 교조주의에 반기를 든 반항적인 황제였다.[56] 그는 술, 유흥, 음악, 궁술 등 로마 황제들과 비슷한 취미를 즐겼다. 변장하고 유곽을 찾는 정덕제의 즐거움 중 하나는 로마의 칼리굴라 황제를 연상케 한다. 무엇보다도 그는 군사에 대한 열정이 대단했다. 이는 육체와 손으로 하는 모든 행위를 경멸하는 유교 책벌레들에게는 경악을 금치 못할 일이었다. 정덕제는 당대의 문화를 거스르고 군복을 입은 채 관료들에게도 비단 관복 위에 황색 갑옷을 입으라고 명령했다. 또한, 직접 전투에 나가 군대를 지휘하기도 했다.

유교를 신봉하는 관료들의 관점에서 정덕제가 군사 활동에 매진하는 것은 황제의 격을 떨어뜨리는 짓이었다. 한마디로 황제가 "글을 읽지 못하는 무지렁이들이나 하는" 일에 빠진 것이다. 정덕제는 보, 고두례叩頭禮*, 사서삼경에 기초한 그들의 '국가 브랜드'를 위협하고 있었다. 관료들은 타타르족 침략자들에 대한 군사 작전을 친히 지휘하려는 정덕제에게 강력히 항의하며 만리장성의 수비대에게 황제의 군대를 막으라고 지시하기까지 했으나 소용이 없었다. 심지어 정덕제가 타타르군을 상대로 거둔 승리를 인정하기를 노골적으로 거부했다. 그들은 타타르군 16명을 사살하기 위해 600명의

---

* 엎드려 절하면서 머리를 땅에 부딪히는 행위. 중국에서는 고대 이래 최고의 경의를 표하는 예로 여겨져 왔으며, 주로 신불이나 조상에게 행하는 의식이었다. 명대에 이르러 황제에게 예를 올리는 행위로 바뀌면서 청대에는 삼궤구고두례三跪九叩頭禮라 하여 세 번 무릎 꿇어 절하고 아홉 번 바닥에 머리를 부딪는 예법으로 발전하였다.

황군 병사를 잃었다고 주장했다. 유학자 관료들과 그들이 수호한 시스템에는 다행으로, 정덕제는 서른 살의 젊은 나이로 붕어했다. 황제가 죽자 관료들은 정덕제의 최측근들을 체포하여 능지처참하는 등 복수를 감행했다.

문인 통치

과거 제도 도입 이후 중국에서는 붓이 칼보다 강했다. 지배 계급에서 무관들은 교육 받지 못한 야만인 취급을 받았다. 1796년과 1802년 백련교도의 난을 진압하여 두각을 나타낸 한 무관은 탈옥수 출신에 인육을 먹은 적도 있다고 전해진다. 유학자 관료들에게 좋은 인상을 남겼을 리가 없다.[57] 군에 대한 유교적 반감은 많은 무장이 환관 출신이었던 탓도 있다. 궁궐에서 일어나는 권력 투쟁에서 유학자 관료들의 영원한 라이벌인 바로 그 환관 말이다.

편견은 편견일 뿐, 교육 받지 못한 이 야만인들은 제국에서 유용한 기능을 수행했다. 명대에 환관은 '행동하는 자'였다. 이들은 경찰, 군대, 도자기와 배를 만드는 국영기업들을 운영했다. 이는 과거 급제자들의 능력을 완전히 직각으로 가로지르는 종류의 기능이다. 무관들은 반란을 진압하고 침략자를 격퇴했는데, 중국 북방 초원 지역이 바람 잘 날 없었던 당시에는 결코 사소한 일이 아니었다.

청나라의 황제들은 자신들이 직면한 문제와 그들이 육성하는 지도자 유형 사이의 불일치를 훨씬 잘 파악하고 있었던 것 같다. 청나라 지도부는 군사적 팽창주의를 지향했고, 과거 시험에 무과 과목을 도입했다. 그러나 만주족은 한족에게 과거 시험으로는 당해낼 수가 없었다. 강희제(1661~1722)는 과거 급제자들이 "말타기와 활쏘기"에 능숙하지 않고 "케케묵은 시험 족보"만 달달 외운다고 불만을 토로했다. 강희제는 전통적으로 과거 시험에서 강세를 보여온 남부에서 서부보다 더 많은 진사 급제자가 나오는 것에 대해 불만을 표출했다. 가장 강하고 사기가 충만한 병사들은 서쪽 출신이었고, 남쪽에서 온 병사들은 "가장 약해빠졌고", 이들은 "마찬가지로 약해빠진 친족들에게" 자신의 자리를 물려주었다.[58]

중국 왕조들이 강력한 서양 군대뿐 아니라 덜 발전한 유목 문명과의 전투에서도 패배했다는 사실은 흥미롭다. 약한 군대는 조정의 평화를 보장하는 대신 중국의 대외 방어력을 희생시켰다. 막강한 군대에 더 높은 지위와 특권을 부여한 로마 제국은 정반대의 문제를 안고 있었다. 군사 정복에서는 승리를 거두고 내정의 평화를 희생한 것이다.[59] 두 제국은 서로 다른 가치 판단과 결정을 내렸고, 그 선택에 따른 결과를 거두었다.

무武가 문文에 예속되는 것은 중국의 오랜 전통이었다. 한나라는 종종 많은 군사 직책을 공석으로 남겨두고 두 명의 장군을 같은 직책에 임명하여 서로를 감시하도록 했는데, 군의 결속력에 좋은 영향을 미쳤을 리가 없다. 시간이 흐르며 이러한 편향성은 더욱 심해졌다. '당송 대전환' 이론을 제안한 일본 학자 나이토 코난은 송나라에서 선을 그었다. 송 이전 시대에 황제 암살률이 높았던 것은 암살자, 즉 환관과 장군들이 스스로 어느 정도 동등한 지배 계급의 일원이라고 생각했기 때문이다. 송나라 이후에는 이 행위가 반란, 즉 부하가 상급자를 전복하는 행위로 간주되었다.[60] 동등한 사람을 죽이는 것은 괜찮지만 상급자를 죽이는 것은 극악무도한 행위이다. 과거 제도는 황제와 무장 사이의 지위 차이를 더욱 강조함으로써 내부 갈등에서 도덕적 비용을 상승시켰다.

역인수합병

전함 미주리호에서 일본의 항복 문서에 서명한 더글러스 맥아더가 일본식 군주제를 미국에 도입했다고 상상해 보자. 중국 역사에서는 이와 비슷한 일이 꽤 여러 번 일어났다. 몽골족이 통치한 원나라는 그 전의 당나라 및 송나라의 정치, 행정 구조를 그대로 답습했다. 원나라 초기에는 과거 제도가 잠시 중단된 적도 있지만, 오래지 않아 과거 시험은 다시 실시되고 유지되었으며, 몇 가지 중요한 변화가 도입되었다. 몽골 제국에는 과거 시험에 상응할 만한 제도가 없었다. 중국이 외세에 점령당하고 지배를 받는 동안에도 중국식 시스템은 부활할 수 있었다. 황실 시스템은 북방 대초원의 '야만인 유목민'들로부터 수시로 위협을 받았고, 실제로 이들은 한때 도읍을 점령하고 황제를 납치하기도 했다. 이러한 침략은 특정한 왕조를 무너뜨리기는 했지만, 중국 왕조 통치의 본질은 파괴하지 못했다. 오히려, 각각의 침략자들이 중국식 방식을 채택하는 역인수합병이 일어났다. 고대 로마의 시인 호라티우스의 표현을 살짝 바꿔 말하자면, 정복당한 중국인이 야만인 정복자를 다시 정복한 셈이다.

몽골인들은 지배 왕조의 이름을 지을 때 전형적인 유교 개념을 따왔다. 원元이라는 이름은 유교 고전인 주역의 한 구절에서 영감을 얻은 것이다.[61] 원나라 통치자들은 유교에서도 가장 엄격한 성리학을 과거 커리큘럼으로 채택한 것으로도 유명하다. 후대의 청 왕조는 명나라의 속국이었던 만주의 여진족 아이신기오로 가문이 세웠다. 중국의 유학자들은 처음에는 만주족 통치자에게 저항하고 그들을 경멸했으나, 만주족 통치자들은 스스로 열렬한 유교 신봉자로 변신하여 반격에 나섰다. 청나라 조정은 가장 순수한 버전의 성리학을 충실하게 받아들이고 가장 열성적인 신도가 되었다. 청나라 황제들은 각지에 유교 사당을 짓고 매년 공자에게 예를 올렸다. 건륭제(1711~1799)가 조지 매카트니 경George Macartney, 1st Earl Macartney*에게 양 무릎과 이마를 땅에 대고 예를 올리도록 요구한 것으로 유명하다. 이것은 청나라 황제들이 공자에게 예를 올릴 때와 같은 의식이었다. 청나라 황제들은 공자의 생가가 있는 곡부曲阜를 찾아 세 번 절하고 아홉 번 머리를 땅에 조아리는 삼궤구고두를 행하였다.[62]

강희제는 유교 왕조인 한나라의 건국 황제를 가장 개인적이고 친밀하게 여겼으며 마치 자신의 조상처럼 언급했다. "우리가 공자를 숭앙하는 것은 덕을 존중하는 교리, 교육 체계, 윗사람과 조상에 대한 사랑을 심어주었기 때문이다."[63] 이와 같은 발언을 보면 강희제는 자신의 만주족 정체성을 한족 정체성과 거의 구별하지 않고 있다. 강희제는 철저하게 한족화한 것이다.

유교는 본질적으로나 통치 수단으로서나 독재자의 이데올로기이다. 몽골족 통치자들은 처음에는 과거 시험을 중단했다가, 1315년 과거 제도 자체의 규모 확대에 기념비적인 결과를 가져올 커다란 절차적 개선과 함께 과거 제도를 다시 부활시켰다. 청나라 조정은 시험 결과가 종종 한족 응시자에게 일방적으로 유리하게 나왔음에도 불구하고 과거 시험을 중단하지 않았다. 건국 1년 후인 1645년 이래, 청나라는 문인들 사이에서 "반란의 사상을 없애기 위

---

* 제1대 매카트니 백작. 영국의 외교관, 정치가. 청나라가 쇄국정책으로 외국과의 무역을 강력히 통제하자 영국은 그를 전권대사로 임명하여 건륭제의 여든둘 생일을 축하하는 특별 사절단을 파견하였다. 사절단은 대서양, 인도양을 거쳐 1793년(건륭 58년) 7월 북경의 외항인 천진에 도착, 8월에 건륭제를 접견하고 영국 국왕 조지 3세의 친서를 전달하였다.

해" 정기적으로 과거 시험을 개최했다.[64] 청나라가 과거 제도를 중요시한 이유는 만주족 통치 초기 한족 문인들의 저항을 감지했기 때문이다. 청나라는 이에 대한 통제 수단이 한족 왕조들보다 더욱 더 필요했다.

한족이 아닌 통치자들조차 과거 제도를 이어갔다는 사실은 과거 시험의 엄청난 소프트 파워를 보여준다. 한 세대의 지도자에서 다음 세대로, 한 기능 집단에서 다음 집단으로 지식과 운영 노하우를 전수하려면 제도적 기억이 필요하다. 과거 제도가 있는 한, 제국이 사라지더라도 통치 방식은 남았다. 중국 역사에서 주기적으로 정복 왕조가 등장했다고 해서 그 기억이나 운영 노하우가 사라지지는 않았다. 과거 제도가 도구화한 역인수합병은 독재적 가치와 사상의 보전을 확고하게 했다.

체제의 최후

과거 제도를 통해 영속할 수 있었던 중국 왕조 시스템은 왜 1911년에 막을 내렸을까? 그 과정에서 체제에 심각한 타격이 여러 차례 있었다. 예를 들어 만력제의 완전한 퇴위와 황실의 내부 갈등은 명 왕조의 붕괴로 이어졌다. 만력제는 한때 막강했던 명나라 군대를 쇠퇴하게 했으며 국경을 비롯해 제국 곳곳에서 발생한 위협에 대처하는 데 소홀했다. 만력제가 죽은 지 24년 후, 대규모 농민 반란이 일어났고 만주족은 명나라를 무너뜨렸다.

중국 왕조 시스템은 만주족이 세운 청나라가 명나라의 복사판으로 변신하면서 267년간 지속되었으나, 청나라는 과거 제도의 위상이 무너지면서 함께 붕괴하기 시작했다. 청은 과거 제도를 계승하여 능력주의와 정치적 통제 목적을 달성하고자 했지만, 청 황실은 언제나 과거 제도를 양면적으로 보았다. 강희제가 과거 급제자들이 무인으로는 아무 쓸모가 없다고 분노했던 것을 떠올려 보라. 청나라 후기로 갈수록 황제들은 과거 제도를 더욱 낮춰 보았는데 여기에는 과거 시험이 만주족이 아닌 한족에게 월등하게 유리했다는 점도 작용했을 것이다. 결국 청나라는 급제자 정원을 줄이면서 과거 시험의 영향력을 제한하기 시작했다. 청나라 후기에 다다르면 과거 제도의 근본 원칙은 잠식되었다. 매관매직은 물론, 과거 급제까지 돈으로 사는 행위가 광범위하게 퍼졌다. 부패가 파다했다.

강희제의 재위 기간, 진사 급제자의 수는 급격하게 감소했다. 1662~1678년 사이에 과거 시험 한 회당 진사 급제자의 수는 평균 205.8명이었는데, 1644~1661년의 370.5명에서 대폭 줄어든 인원이다. 1679~1699년에는 159.3명으로 더욱 떨어졌다. 인구가 큰 폭으로 증가했음에도 불구하고, 과거 시험 한 회당 평균 진사 급제자의 수는 명대 289.3명에서 청대 238.8명으로 하락했다.[65] 청나라에서도 과거 시험은 여전히 중요했다. 청나라 재상의 70퍼센트가 과거 시험 학위 소유자였다. 하지만 이 역시 명나라의 93퍼센트와 비교하면 큰 폭으로 감소한 수치이다. 또한, 청나라에 들어와서는 과거 급제자들이 조정의 요직을 차지하는 관행도 줄어들었다. 명나라 재상의 98퍼센트가 진사였던 것에 비해 청나라 재상 중 진사는 57퍼센트에 불과했다. 전반적으로 청나라는 명나라보다 능력주의에 덜 의존했다.

청나라 황제들의 행동은 그들 자신의 정치적 수명을 단축했다. 유일한 신분 상승 통로가 좁아지면서 사회적 이동성이 위축되었다. 분노가 넓고 깊게 퍼져나갔다. 비록 과거 급제 가능성이 확률적으로 낮다고는 해도, 과거 시험을 통해 영웅적으로 입신양명한 평민들의 일화는 '대중의 아편'으로 기능해 왔다. 더는 이런 이야기들이 나오지 않게 되자 신화는 처참히 파괴되었고 좌절이 뿌리내리기 시작했다.

청나라의 과거 제도가 반드시 포용했어야 하는 단 한 사람을 꼽으라면 홍수전洪秀全이라는 이름의 객가客家* 농민일 것이다.[66] 홍수전은 열다섯 나이에 처음 과거 시험을 치른 것을 시작으로 총 네 번이나 응시했고, 번번이 낙방했다. 그러자 그는 기독교에 귀의하여 신이 그에게 태평천국을 세울 것을 명했다고 믿게 되었다. 1851년부터 1872년까지 이어진 유혈 봉기는 청나라 군대에 큰 타격을 입혔고, 반란은 휩쓸고 간 지방의 인구 35퍼센트를 절멸시켰다.[67] 청나라 조정은 태평천국의 난으로 입은 치명타를 끝내 완전히 회복하지 못했다. 타이밍도 유난히 나빴다. 이후 청나라는 서양 제국주의 물결의 군함들과 과거 제도로는 도저히 넘어설 수 없는 강력한 이데올로기를 직면한다. 짚 한 오라기가 아닌 거대한 나무줄기가 낙타의 등을 부러뜨린 셈이다. 중국 제국을 그토록 오랫동안 지탱해온 과거 제도가 공식적으로 폐지된 것은 1905년이지만, 사실은 그 전에 이미 내부는 곪아 썩기 시작했고 외부로부터는 끊임없는 폭격에 노출되어 있던 것이다. 진나라에서 시작해 수나라에서 제도화되었으며, 송나라에서 지식인들의 장이 되고 명나라에서 꽃을 피운 중국 왕조의 시스템은 1911년, 극적으로 무너져내렸다.

---

* 한漢족의 일파로, 중국 남부와 서부, 대만에 많이 거주한다. 그 기원은 정확하게 알려지지 않았으나 중원 지역에 살던 한족들이 서진西晉 시대에 전란을 피해 남하한 것이 시초라는 학설이 가장 일반적이다. 중화권의 유대인이라는 별명이 있을 만큼 고유한 정체성과 결속력으로 유명하다. 마오쩌둥, 덩샤오핑 등 다수의 유명 인사를 배출하였다.

1911년 청 왕조 붕괴 후 블라디미르 레닌은 "지구 인구의 사 분의 일이 앞으로 나아가고 있다. 수억 명의 사람들이 삶, 빛, 자유에 눈뜨고 있다"며 감격했다.[68] 역사가들 역시 레닌의 환희에 공감했다. 브라운 대학교 역사학 교수인 제롬 그리더Jerome Grieder는 "변화는 현대 중국 역사의 거대한 주제이다. 단순한 변화가 아니라, 그것에 저항하는 어떤 방어도 압도하는, 광대하고 상상조차 어려운 변화이다"라고 말했다.[69] 그러나 레닌과 역사가들은 너무 성급했다. 실제로 중국 왕조는 영원히 사라졌지만, 국민당의 허약한 통치, 외세의 침략, 그리고 내전을 겪은 후 정위안 푸가 제시한 독재의 다섯 가지 특징을 충실하게 체현하는 중국공산당 체제가 확립되었다. 2021년, 중국공산당은 다른 정권들이라면 무너질 수도 있었던 수많은 충격을 자랑스럽게 견뎌낸 100년의 역사를 자축했다. 나는 이제 다음 주제로 중국공산당의 놀라운 안정성과 그 취약함을 이야기하려고 한다.

6장. 털록의 저주

자네가 맡아준다면 안심할 수 있네你辦事 我放心

— 마오쩌둥이 임종 직전 화궈펑에게 남겼다는 친필 메모, 1976년 4월 30일

무슨 일이 있거든 장칭을 찾아가게나如有事 找江青

— 위 메모에 덧붙여져 있었다고 장칭이 주장한 말

화궈펑은 중국공산당 역사상 가장 불운한 지도자 중 한 명일 것이다. 그는 마오쩌둥 말년에 후계자로 선택된다. 신데렐라와도 같은 발탁이었다. 마오쩌둥은 화궈펑을 긍정적으로 평가했지만, 세계 최대 인구 대국을 이끌어갈 인물에게 보내는 전폭적인 지지라고는 볼 수 없었다. 예젠잉叶剑英*에 따르면 마오쩌둥은 화궈펑을 "공정하고, 멍청하지 않은" 사람이라 평가했다고 한다.[1]

1976년 마오쩌둥이 사망하자, 화궈펑은 다소 극적인 방식으로 업무를 시작했다. 마오쩌둥의 아내 장칭을 포함한 사인방을 체포

* 중국의 군인, 정치가. 이른바 인민해방군 10대 개국 원수 중 한 명이다. 마오쩌둥 사망 이후 화궈펑과 함께 사인방 숙청을 주도했으며, 이후 중앙군사위원회 부주석을 지내며 군부를 장악했다. 1978~1983년 전국인민대표대회 상무위원회 위원장을 역임하였다.

한 것이다. 누구도 예상하지 못했던 이 결단으로 그는 단번에 신뢰를 얻었다. 수많은 직위가 쌓이기 시작했고, 심지어 마오쩌둥에게 부여되었던 칭호의 수마저 넘어섰다. 화궈펑은 국무원 총리, 당 중앙위원회 주석(현재의 총서기에 해당), 중앙군사위원회 주석이었다.

그리고 어느 날 이 모든 것을 잃었다. 1980년 자오쯔양에게 국무원 총리직을, 1981년에는 후야오방과 덩샤오핑에게 각각 당 중앙위원회와 중앙군사위원회 주석직을 빼앗기고 모든 권력을 잃었다. 불명예스러운 몰락이었다. 당 부주석으로 화궈펑보다 직위는 아래였지만 혁명 원로로서 훨씬 입지가 확고했던 천윈은 1980년 11월 정치국 회의에서 화궈펑에게 물러날 것을 요구했다. "화궈펑 동지는 자신의 한계를 제대로 알고, 살아오면서 쌓은 플러스와 마이너스를 알아야 한다. 플러스는 올바른 일이고 마이너스는 잘못된 일이다. 화궈펑 동지는 자신이 한 일을 소중히 여기고 자신이 이룬 공헌을 함부로 던져버리지 말아야 한다."[2] 천윈이 말한 플러스는 사인방 체포라는 단 하나의 업적으로 집약된다. 다른 정치국 위원들도 이에 동조했다. 광범위한 비판 중 너무 사소해서 오히려 눈에 띄는 것이 하나 있다. 바로 공공건물에 그의 붓글씨를 너무 많이 새겨 넣었다는 비판이다. 공공장소에 자신의 붓글씨를 남기는 것은 오직 그럴만한 자격이 있는 지도자에게만 허용된다는 전제가 깔려 있다. 마오쩌둥은 수많은 공공건물에 붓글씨를 남겼다.

화궈펑의 붓글씨에 대한 공격은 왕조 시대 중국과 중화인민공화국을 잇는 하나의 역사적 연결고리이다. 과거 시험은 서예를 중국 관료들의 궁극적인 지위의 상징으로 격상시켰다. 서예는 전시에서도 평가받는 큰 성취이자, 가장 학식 있는 유생 문인들에게 수여되는 영예였다. 농민 출신인 화궈펑은 중국에서 변방 중의 변방으로 불리는 성 가운데 하나인 산시성에서 태어나 자랐고, 문화적, 교육적 수준이 낮은 사람들이 흔히 쓰는 심한 억양의 사투리를 사용했다. 화궈펑의 붓글씨에 대한 조롱은 그의 배경이 보잘것없다고 대놓고 비웃은 것이었다.

단 한 군데를 제외하고, 화궈펑의 글씨는 모든 공공건물에서 지워졌다. 그 한 군데는 천안문 광장에 있는 마오쩌둥 영묘이다. 지금도 남아 있는 화궈펑의 글씨는 민중의 눈앞에서 두 사람을 영원히 이어주는 상징과도 같다. 화궈펑은 2008년 조용히 세상을 떠났는데, 자신의 글씨가 수준 이하라는 비판에 여전히 상처를 받았는지 말년 많은 시간을 서예 습작으로 보냈다고 한다.

화궈펑의 사례는 중국의 후계자 정치가 얼마나 치열한지 잘 보여주지만, 이 에피소드에는 신사적인 면모도 있다. 화궈펑의 몰락은 불명예스러웠지만 연착륙이었다. 부패 혐의로 조사를 받지도 않았고, 당내에서 명목상의 직책을 유지했으며, 그에 따르는 특혜도 그대로 받을 수 있었다. 또한 개혁개방 시대 중국공산당은 덩샤오핑이 고안한 승계 체계에 따라 2002년과 2012년 두 차례 연속으로 평화적인 권력 이양을 달성했다.

이 장에서는 EAST 모델에 기반하여 현대 중국의 안정 요소를 설명할 예정이다. 두 종류의 안정이 있다. 첫 번째는 제도적 측면에서의 안정, 즉 시스템이 스스로를 보존할 수 있는 능력이다. 중국공산당은 다른 나라에서는 정권 전복을 초래한 수많은 재난을 겪으면서도 살아남았다. 시진핑 시대에까지 이르는 개혁개방 이후 중국공산당의 기록은 특히 인상적이다. 이 안정은 경제성장을 동반했다. 중국은 수나라가 세워지기까지 오랜 기간 기술적으로는 역동적이었으나 분열 속에 폭력이 난무하고 혼란스러웠다. 마오쩌둥은 중국공산당의 통치를 보존했으나 성장은 없었다.

중국공산당은 이러한 안정이 자신들의 완벽한 통치 때문이라고 주장한다. 나는 이 주장에 동의하지 않으며, 이 주장이 틀렸다고 증명할 수 있는 간단한 방법도 있다. 중국에도 사회 불안정의 지표인 시위와 데모가 끊이지 않는다는 사실을 들면 된다. 그러나 지금까지 이러한 시위가 중국공산당의 통치에 실존적 위협이 되지 못한 것 역시 사실이다. 중국공산당의 통치 기반 약화에 가장 근접했던 사건은 1989년 천안문 사태였으며, 중국공산당은 그 위협에서도 살아남았다. 이 책을 쓰고 있는 시점에 중국의 여러 도시에서 정부의 봉쇄령에 반대하는 시위들이 벌어지고 있지만, 이 시위들은 1989년 이후 다른 시위들과 마찬가지로 중국공산당 통치의 전반적인 정당성을 겨냥하는 것이 아니라 봉쇄나 저임금 등 특정한 불만이 그 동기이다. (중국공산당의 안정에 공헌한 또 다른 요인은 이러한 특정 불만을 해결할 수 있는 당의 능력이며, 이 문제는 10장에서 다시 다룰 예정이다.)

중국공산당 정권의 안정은 충격을 견뎌내는 끈기 때문이지, 완벽한 통치 덕분이 아니다. 그 끈기는 부분적으로는 감시와 억압에 기반을 두고 있지만, 진나라의 역사에서 알 수 있듯이 강압만으로는 장기적인 안정을 보장할 수 없다. 또한 이러한 끈기는 시민들의 심리, 즉 권위에 당연하게 복종하는 규범 그리고 세상을 유인과 통제의 시스템이 아닌 이슈, 사건, 개인의 관점으로 바라보는 인식론에 뿌리를 두고 있다.

두 번째는 중국공산당과 다른 독재 정권들을 괴롭히는 취약점, 즉 한 지도자에서 다른 지도자로 권력이 이양될 때 찾아오는 위험과 관련된 또 다른 유형의 안정이다. 중국공산당의 기록은 상처투성이다. 화궈펑은 중화인민공화국의 연이은 권력 승계 실패 사례 중 하나에 불과하다. 이 분야에서 중국공산당은 중국의 전통적 규범에 뿌리를 둔 안정과는 대조적으로 완전히 독자적인 길을 걷고 있다. 역사는 해야 할 일과 하지 말아야 할 일에 대한 쓸만한 로드맵을 제공하지 않는다. 왕조 시대 중국의 장자 승계 교훈과 선례는 쉽게 적용되지 않는다. 좁은 의미에서 중국공산당의 후계 정치는 만력제 시대보다 영국 튜더 왕조와 더 닮았다. 경쟁의 장이 더 개방적이라는 것이다. 다른 측면에서 중국공산당의 후계 정치는 다른 모든 비세습 독재 정권의 특징인 역기능적 유동성에 골머리를 앓고 있다. 즉, 게임의 규칙이 상황에 따라 만들어지고 상황에 따라 파괴되는 것이다. 이는 권모술수, 권력 투쟁, 배신의 장으로 이끄는 초대장이다.

나는 독재 정권의 승계 문제를 '털록의 저주'라고 부르는데, 이는 전제 정권의 승계에 있어 어긋나고 잘못된 인센티브에 대한 체계적인 이론을 개발한 고든 털록Gordon Tullock*의 이름을 딴것이다.[3] 이는 매우 진지한 접근으로, 거듭되는 승계 실패가 중국공산당 체제의 오류가 아니라 특징이라는 것을 역사는 분명하게 말해준다. 나는 이러한 틀을 세우고 중화인민공화국 역사에서 잘 알려진 몇 가지 승계 사례를 여러분께 들려주려 한다. 9장에서는 시진핑에게 털

---

* 미국의 경제학자, 법경제학자. 정치 과정을 경제학의 원리로 분석한 공공선택이론public choice theory의 선구자로 평가받는다. 공공선택이론은 종래의 경제학과는 달리 국가는 인격이 있는 유기체가 아니라 개인의 총합일 뿐이며, 개인은 정치 활동을 할 때도 경제 활동을 할 때와 마찬가지로 공공심이 아닌 이기심에 따라 움직이고, 정치인, 관료, 유권자 등 시장 구성원들은 자신의 이익을 극대화하기 위해 행동한다고 주장한다.

록의 저주를 재적용해 볼 것이다. 시진핑은 2022년 털록의 저주를 풀었는데, 그 비결은 독재자들에게 어울리는 아주 고전적인 방식이었다. 그는 후계자 결정 자체를 미뤄 버렸다.

권위주의적 복원력

1990년대 초, 중국을 주시하던 많은 이들이 천안문 사태로 중국공산당의 정통성이 치명적인 타격을 입었다고 믿었다. 이러한 믿음은 덩샤오핑의 건강 악화와 함께 더욱 힘을 얻었다. 많은 이들이 중국의 정치적 안정은 마오쩌둥, 덩샤오핑과 같은 강력한 존재감에 뿌리를 두고 있다고 생각했다. 하지만 중국공산당은 무너지지 않았고 오히려 더 강해졌다. 1997년 덩샤오핑이 세상을 떠난 후, 중국공산당은 장쩌민, 후진타오, 그리고 현재 시진핑의 시대로 이어졌다. 중국공산당의 이러한 끈기를 '권위주의적 복원력'이라고 부르기도 한다.[4] 그러나 이러한 복원력의 이유, 그리고 중국공산당이 정말로 복원력이 있는지는 논란의 여지가 있다.

2001년, 고든 창은 저서《중국의 몰락》에서 대중 시위, 악성 부채, 실업, 이념적 정당성 상실, 공산주의의 세계적 실패, 국유기업의 비효율성, 원시적인 농업, 당의 분열, 통제 불능 상태에 빠진 환경 오염, 부패, 정부의 간섭, 중앙 정부와 지방 간의 관계 악화 등 중국의 취약점을 나열했다.[5] 모두 틀린 말이 아니었지만 '중국의 붕괴'라는 예측은 완전히 빗나갔다.

이에 반대되는 견해는 중국공산당이 성장과 번영을 제공함으로써 사회의 동의를 이끌었다는 이른바 '성과에 따른 정당성'이다.[6]

이 견해는 기본적인 타당성 테스트를 통과하지 못했다. 1949년 이후 중국공산당 정권은 재난과 번영을 모두 겪었다. 대약진운동과 문화대혁명의 재앙적 결과뿐 아니라 세계화와 경제성장으로 국민들의 사고가 자유화되는 효과도 견디고 살아남았다. 1949년 이후 중국공산당은 성과로 말하자면 완전히 중구난방이었지만, 정권은 큰 변화 없이 안정적으로 유지되었다. 성과적 정당성은 일부를 설명할 수는 있어도 주요 구성요소가 될 수는 없다.

실패한 예언들 이후, 우리는 기본 접근 방식을 다시 생각해 보고 조정했어야 했다. 수정 답안은 중국공산당이 스스로 구축한 오류 내러티브로 가지 않는 것이다.[7] 중국공산당의 오류 가능성은 무시하기에는 너무 분명하지만, 그렇다고 해서 전반적인 안정성과 정당성이 치명적으로 손상되지 않은 것 역시 사실이다. 중국공산당의 안정성에 대해 다음과 같이 생각하여 보자. 중국공산당 시스템에는 당이 실패해도 그 충격을 흡수하는 강력한 안정 기반이 존재한다. 이러한 안정 기반은 중국인의 규범, 즉 오랜 역사를 통해 형성된 중국인의 정신과 사고방식에 뿌리를 두고 있다. 이러한 규범 중 하나는 '명제命題적 정당성axiomatic legitimacy'* 으로 설명할 수 있는 중국인들의 확고한 믿음이다. 명제적 정당성은 국가에 대한 무조건적 신뢰를 사전 부여하며, 국가의 행위와는 별개로 분리된 경우가 많다. 명제적 정당성은 국가를 강력하게 보호하고 다양한 충격을 견딜 수 있게 한다.

---

* '공리적 정당성'으로 번역하는 것이 정확하겠으나, 이 책을 읽는 독자들에게 공리주의Utilitarianism와 혼동하게 할 가능성이 있어 '명제적 정당성'으로 번역하였다.

충격과 끈기

지금까지 중국공산당의 전반적인 안정, 즉 제도적 불변성은 중국이 겪어온 트라우마에도 불구하고 매우 훌륭했다. 대약진운동과 문화대혁명, 1990년대 국유기업 노동자들의 대량 해고, 2020년 우한과 후베이, 2022년 시안과 상하이의 코로나19 봉쇄만 봐도 알 수 있다. 중국공산당은 폭풍우를 이겨냈을 뿐만 아니라 세력을 확장하여 현재 9,600만 명 이상의 당원을 보유하고 있다. 중국공산당이 국가라면 인구 수 기준 전 세계 16위로 베트남(9,600만 명)과 같고 콩고 공화국(8,700만 명)보다 많다.

대약진운동 기간 사망한 민간인에 대한 추정치는 다양하다. 중국 정부의 공식 추산에 따르면 1958년부터 1962년 사이에 1,650만 명이 사망했다. 독립 연구자들과 학자들은 이보다 훨씬 더 많은 희생자가 발생했다고 보고 있다. 내가 본 추정치 가운데 최대는 4,500만 명이다. 3,000만 명이라는 견해도 있다.[8] 1966~1976년에는 문화대혁명으로 인해 약 75만 명에서 150만 명의 민간인이 목숨을 잃었다.[9] 대약진운동이나 문화대혁명은 스스로 자초한 재앙이었지만, 체제 외부에서 비롯된 충격도 있었다. 1997~1998년 아시아 금융위기로 인도네시아 수하르토 정권이 무너졌을 때도 중국의 체제는 그대로 유지되었다. 심지어 중국공산당은 다른 국가들을 뒤흔든 외부 위기로부터 이익을 얻기도 했다. 2008년 글로벌 금융위기와 뒤이은 대침체는 중국식 모델의 우월성을 입증했다고 평가받는다.

중국공산당은 엄청난 충격 요법들을 시행하고도 살아남아 그 결과를 전 세계에 알렸다. 1990년대에 공공 부문에서 해고된 노동자 수는 3,000만에서 5,000만 명으로 추산된다.[10] 가장 놀라운 것은 중국에서 처음 발생한 코로나19가 (부분적으로는 중국 국가의 불투명성으로 인해) 부메랑이 되어 시진핑에게 힘을 실어주었다는 점이다. 우한, 후베이, 상하이의 봉쇄는 인류 문명사에서 전례가 없는 일이었다. 시진핑의 대규모 반부패 캠페인은 파리와 호랑이 모두를 겨냥했다. 한때 손댈 수 없는 존재로 여겨졌던 정치인들이 말라붙은 제비꽃처럼 시들어갔다. 시진핑의 그물에 걸린 호랑이 중에는 전 중앙정치국 상무위원회 위원이자 한때 중국의 모든 안보 기관을 장악했던 저우융캉도 있다. 정치국 위원 보시라이는 카리스마 넘치는 충칭 당서기이자 태자당 일원이었다. 그리고 링지화令計劃는 전 중국공산당 총서기 후진타오의 비서실장 격인 중앙판공청 주임이었다. 한 추정에 따르면 시진핑의 반부패 캠페인으로 부성장 또는 차관급 관리 440명과 인민해방군 장군 80여 명이 물러났다.[11] 기득권을 수거하는 일은 쉬웠고, 지금까지 시진핑은 체제 내 수많은 권력자의 경력과 재산을 파괴한 대가를 치르지 않았다. 중국공산당의 끈기에는 신비로운 면이 있다.

명제적 정당성

성과적 정당성은 묘하게 비대칭적인데, 중국공산당이 성과를 낼 때는 정당성이 있어도 성과를 내는 주체가 당이 아닐 때는 정당성이 전혀 없다. 중국공산당의 정당성을 재고할 다른 방법이 필요하다. 내가 제안하는 방법이 바로 명제적 정당성이다. 명제적 정당성은, 국가가 정당성을 얻기 위한 요건을 충족시킬 필요가 없고, 그 정당성에 의문을 제기할 여지가 전혀 존재하지 않으며, 우리가 알고 있는 세계의 기본 조건으로 무조건 받아들여진다는 뜻을 가진다. 그 어떠한 교환도 명시되어 있지 않으며 상호작용을 기대 받거나 요구 받지 않는다. 앞면은 중국공산당이 이기고 뒷면은 중국 사회가 지는 것이다. 성과가 나쁘다고 해서 이 효과가 반드시 감소하는 것은 아니며, 경제성장은 당연히 이 효과를 증대시킨다. 이는 티머시 스나이더Timothy Snyder가 "기대의 복종anticipatory obedience"이라고 부른 개념의 극단적인 버전이다.[12] 시진핑이 직접 경고한 '타키투스 함정Tacitus Trap'—인기 없는 정부는 어떤 일을 해도 인기가 없는 상황—*의 극단적 반대 현상이기도 하다.[13] 이제 우리는 마오쩌둥과 덩샤오핑의 시대를 모두 수용할 수 있는 틀을 갖추었다.

우리는 답을 찾기 위해 역사를 읽는다. 역사는 지식, 능력, 인식, 방법, 습관의 보고寶庫이다. 역사는 의문을 제기한 적 없는 가정과 추측으로 답을 만든다. 우리는 과거 제도에서 배양된 역량의 유통기한이 매우 길다는 것을 잘 알고 있다. 과거 제도의 태도적 특징이라 할 수 있는 전제 군주에 대한 존경, 신뢰, 국가적 정당성, 개인의 권리 행사에 대한 선제적 금지 등이 오늘날까지 살아 있는 이유는 중국공산당이 이러한 특징들을 강화하고 증폭시켰기 때문이라는 주장도 무리가 아니다.[14] 겉으로 보기에는 객관적이고 공정한 능력주의가 높은 실업률과 고용 미달의 정치적 비용으로부터 중국을 보호하고 있다고 엘리자베스 페리Elizabeth J. Perry는 지적한다. 고용조건은 정부 정책의 기능이 아닌 순전히 개인주의적 관점으로 보게 된다. 중국에서는 공무원이 되려는 사람도, 미용사가 되려는 사람도 각각의 자격시험을 치른다.[15] 이는 자유의지론을 신봉하는 미

---

*　정부가 한 번 신뢰를 잃으면 무엇을 하든 국민이 믿지 않고 부정적으로 반응하는 현상. 로마의 역사학자 타키투스가 로마의 6대 황제 갈바를 평가한 말에서 유래하였다.

국의 공화당원들이 금과옥조로 여기는 '개인의 책임'이라는 구호를 다소 으스스하게 연상시키는 태도를 낳는다. 당신이 실업자라면, 그것은 시스템의 잘못이 아니라 당신 개인의 잘못이다.

과거 제도의 인식 체계에 기반한 분석적 접근 방식이 무겁게 다가온다. 주변 세계를 시스템이 아닌 개인으로, 특정한 불만 사항의 관점으로 진단하는 방식이다. 중국의 역사학은 왕조의 번영은 영웅적인 황제의 업적으로, 왕조의 쇠퇴는 악랄한 황제의 소행으로 기술한다. 체제가 지도자에게 역량을 부여하거나 반대로 제약을 가하는 '체제 역학적' 관점의 부재가 느껴지기 시작한다. 이제 이 접근 방식을 중국인들이 중국공산당에 공과를 돌리는 방식에 대입해 보겠다. 대약진운동과 문화대혁명은 마오쩌둥의 과오다. 마오쩌둥은 이제 죽었으니 문제도 해결됐다. 코로나19로 인한 봉쇄는 깊은 분노를 불러일으키지만, 봉쇄가 끝나면 분노도 사라진다. 부패가 만연하니 부패한 공무원 400만 명을 끌어내린 사람은 영웅이다.

이러한 관점은 일견 타당해 보이지만, 대약진운동과 문화대혁명이라는 쌍끌이 재앙, 정책적 오만, 어마어마한 규모의 부패가 결국 본질적으로 일당 체제에서 비롯되었다는 더 깊은 현실 인식을 편리하게 덮어버린다. 중국의 반부패 캠페인을 예로 들어 이러한 사고방식을 이해해 보자. 광범위한 반부패 캠페인의 한 가지 잠재적 단점은 중국공산당의 정당성을 훼손할 수 있다는 것이다. 독재자는 그물에 걸린 관리들의 '충격과 공포'에 가까운 세부 사항들을 공개하여 반부패 캠페인의 이점을 보여주고 그 엄중함을 정당화한다. 그러나 너무 많은 비리가 드러나면 대중은 특정 관리가 아닌 시스템 전체의 부패가 선을 넘지 않았나 의심할 수 있다. 과거 중국의 통치자들은 이러한 역학 관계를 잘 알고 경계했을 것이다. 장쩌민과 후진타오 모두 부패 조사에 착수했지만, 임기 초기 단기간 표적이 된 인물들을 대상으로만 진행하였다.

선을 잘 파악해야 한다. 아기를 목욕물과 함께 버릴 위험이 있다. 당신이라면 물을 어디까지 따라낼 수 있을까? 시진핑은 아기를 빠뜨릴 위험을 감수하고서라도 선을 넘을 의향으로 보인다. 시진핑의 반부패 캠페인은 수많은 사람을 감옥으로 보냈을 뿐 아니라 부패 관리들에 대한 충격적이고 추악한 세부 사항까지 공개했다. 반부패 캠페인을 통해 드러난 사실 하나를 보자. 중국 정부는 저우융캉 전 공안부장의 가족과 측근들로부터 약 145억 달러의 자산을 압수했다. (이는 저우융캉이 한때 수장이었던 중국석유천연가스공사 영업이익의 약 10퍼센트에 해당하는 금액이다.)[16] 중국 인터넷에는 수사관들이 정치국 위원이자 당 중앙군사위원회 부주석이었던 쉬차이허우徐才厚가 자택 지하실에 쌓아놓은 현금을 세다가 지폐 계수기가 고장났다는 밈이 돌았다. 지폐 계수기 제조 기업들은 자신들의 제품이 중국을 깨끗하게 만들었다고 광고하기도 했다.[17] (부패 관리들도 뇌물로 받은 돈을 세기 위해 그들이 제작한 지폐 계수기를 사용했다는 사실은 편리하게 생략했다.)

반부패 캠페인은 모든 레벨의 정부 기관, 특히 지방 정부에 대한 만족도를 크게 높인 것으로 나타났다.[18] 시진핑의 반부패 캠페인 직전인 2011년에는 응답자의 55.2퍼센트가 지방 정부 공무원을 "전혀 청렴하지 않다"고 평가했고 35.4퍼센트만이 "완전히 청렴하다"고 평가했다. 2016년에는 이 두 지표가 바뀌어 응답자의 29.3퍼센트만이 지방 정부 공무원을 "완전히 청렴하지 않다"고 평가했으며, 65.3퍼센트는 "완전히 청렴하다"고 평가했다. (중국공산당의 정당성에 대한 손상 효과를 발견한 연구자들도 있지만, 그 효과의 크기는 크지

않았다.)[19]

반부패 캠페인의 규모와 성격을 고려할 때 이 결과는 놀랍다. 몰락한 지도자들의 면면을 보자. 이들은 정치국 위원이자 중국 정치 체제의 정점에 있던 정치인들이었다. 저우융캉, 보시라이, 쉬차이허우, 링지화는 하급 테크노크라트가 아니라 체제 내 최고 의사 결정권자였다. 그리고 이 쓰러진 호랑이들은 모두 시진핑의 전임자인 장쩌민과 후진타오와 개인적으로 긴밀하게 연결되어 있었다. 다시 말해 중국공산당 체제의 체현 그 자체라고 할 수 있다. 이토록 시스템의 최상층부에 만연한 부패가 단지 몇몇 특이한 '썩은 사과'의 돌출 행동에 불과하다고 뻔뻔하게 주장하기는 솔직히 어렵다.

'시스템'을 '서로 연결된 계약들의 집합', 즉 인센티브와 규칙과 제약의 집합과 배열이 아닌, '사람의 집합'으로 보는 관점 덕분에 중국공산당은 생존할 수 있었는지도 모른다. 이 개념에서 시스템을 바꾼다는 것은 산수 계산을 하는 것과 비슷하다. 반부패 캠페인을 벌여서 10만 명의 부패 공무원이 숙청되면, 국가는 전체 명단에서 10만 명을 뺀 만큼 더 깨끗해진다. 100만 명의 공무원이 숙청되면 국가는 100만 명만큼 더 깨끗해진다. 이는 스트롱맨Strongman*의 통치를 뒷받침한다. 스트롱맨만이 늪에서 대규모로 물을 빼낼 수

* 군사적 강제력을 통해 통치권을 행사하며, 강력한 대중적 지지를 받고 있다고 주장하는 권위주의적 정치 지도자. 자신을 국가의 문제를 해결할 수 있는 유일한 사람으로 묘사하고, 자유주의와 민주주의를 경멸하는 태도를 취한다. 사전적인 의미로는 "(특히 군사 정권의) 독재자"라는 뜻이지만, 민주주의 국가에서 정당한 절차를 통해 선출된 지도자 역시 확장된 의미에서 스트롱맨이 될 수 있다. 포퓰리즘과 극단적인 언행, 직설적인 화법, 강한 남성성의 과시 등 특징이 있다.

있다는 것이다.

시스템은 추상적인 개념이다. 만지고 느낄 수 없는 것은 존재하지 않는 것이나 마찬가지다.[20] 시스템 사고의 부재는 또 다른 방식으로 중국공산당을 보호한다. 시민들과 직접 부딪히는 지역 지도자들만 비난을 받는다. 중국의 여론에 대해 잘 알려진 조사 결과를 살펴보자. 중국인들은 지방 공무원에 대해서는 일관되게 부정적이지만, 중앙 정부에 대해서는 높이 평가한다. 선진 민주주의 국가에서 관찰되는 것과는 정반대다.[21] 2003년 에드워드 커닝햄Edward Cunningham, 토니 사이치, 제시 터리엘Jessie Turiel이 실시한 조사에서 응답자 약 50퍼센트 이상이 "그렇다"고 답한 지방 공무원의 특성은 다음과 같았다. (1) 냉담하고 콧대가 높다(48.2퍼센트) (2) 지식을 갖추고 있다(50.8퍼센트), (3) 말만 번지르르하다(51.2퍼센트), (4) 부유층의 이익에만 신경 쓴다(50.1퍼센트), (5) 상사의 비위를 맞추는 데에만 관심이 있다(54퍼센트), (6) 자신의 이익에만 관심이 있다(49.8퍼센트). 그 어떤 합리적인 잣대로 보더라도 참담한 결과이다.[22]

지방 공무원에 대한 이러한 암울한 시각이 전반적인 정치 시스템에 대한 시각으로 전환되면 그 결과는? 압도적인 지지이다! 2003년 응답자의 86.1퍼센트가 중앙 정부에 만족한다고 답했고, 75퍼센트는 지방 정부에 만족한다고 답했다. 이것은 일종의 인지 부조화이다. 중국인들은 하향식 시스템에서 지방 공무원을 임명하는 것은 바로 중앙 정부라는 사실을 무시하고 있다. 응답자의 54퍼센트가 지방 공무원이 "상사의 비위를 맞추는 데에만 관심이 있다"고 불만을 표시했지만, 같은 응답자의 대다수가 역설적으로 지방 공무원이 비위를 맞추는 바로 그 상사에 대해서는 만족하고 있다. 이 눈부신 논리적 모순은 인간 본성의 문제를 시스템의 언어로 인

식하고 분석할 수 없음을 보여주는 생생한 예라고 할 수 있겠다.[23]

중국공산당은 이러한 사고방식을 유리하게 이용했다. 2022년 11월 코로나19 시위의 여파로 중앙 정부는 지방 당국이 통제 조치를 제대로 이행하지 않았다고 비난하며 시정을 지시했다. 그리고 많은 중국인이 중앙 정부의 입장에 호응했다. 이러한 사고방식은 중국공산당의 우군이다. 중앙 정부는 정치 시스템의 정당한 체현이지만, 시민들의 경멸은 지방 공무원들에게만 집중될 뿐, 시스템 전체로는 흘러넘치지 못한다. 중국인들은 지방 공무원에 대해 더 많이 알고 있고, 지방 공무원은 사실상 인과관계 진단의 대상이 된다. 중앙 정부를 개인적으로 겪고 부딪혀본 중국인은 거의 없기에 중앙 정부는 분석의 지평에서 벗어나게 된다.

전통적 가치와 현상 유지 편향

재앙과도 같은 대약진운동이 한창이던 1959년 10월 3일, 한 남자가 자금성의 용상(황제가 앉는 옥좌)에 올라 자신이 중국의 황제라고 선포했다. 그는 체포되어 즉결 처형되었다.[24] 이러한 사건은 한 차례로 그치지 않았다. 안후이성의 푸양은 대약진운동 기간 가장 큰 피해를 입은 지역 중 하나였는데, 1957년 푸양에서만 31명의 자칭 황제가 체포되었다. 간쑤성에서는 경찰이 자칭 황제 20명을 체포했다. 1985년 쓰촨성의 농민 쩡잉룽曾应龙이 정부의 산아 제한 정책에 반대하는 저항 운동을 시작했다. 그를 지지하는 집회에 수천 명이 모였고, 그는 자신이 중국의 새로운 황제라고 선포했다.*

---

* 이른바 대유국大有国 사건이다. 1985년 쓰촨성 광안현 출신 농민 쩡잉룽은 아들을

중국 사회에는 전통적인 가치가 뿌리 깊게 자리 잡고 있다. 이 혼돈의 아수라장 속에서 황제 통치에 대한 향수와 경외가 급증한 것이다. 이것이 바로 중국의 지도자 중심 체제가 작동하는 방식이다. 쩡잉롱은 개인의 권리와 통제받는 정부라는 개념에 바탕을 두고 중국의 산아 제한 정책에 반기를 들지 않았다. 아니, 애초에 그러한 개념은 알지도 못했을 것이다. 쩡잉롱이 주장한 해결책은 게임의 규칙이 아니라 지배자를 바꾸는 것이었다.

앞서 나는 중국공산당이 누리는 안정의 기반을 수 세기에 걸쳐 형성된 독재의 규범과 연결했다. 전통적인 가치가 독재를 강화한다는 사실을 증명하는 보다 직접적인 증거가 있다. 한 가지 증거는 코호트cohort* 효과로 나타난다. 1970년 이전에 태어난 중국인과 1990년 이후에 태어난 중국인은 1970년대와 1980년대 출생자보다 반자유주의적이다.[25] 정치학 및 심리학 연구에 따르면 자유주의적 성향은 나이와 반비례하며, 이는 1970년 이전에 태어난 사람들의 성향을 설명한다. 하지만 1990년 이후 출생한 사람들의 반자유주의 성향을 설명하기는 어렵다. 해답은 중국의 교육 커리큘럼에 있다. 천안문 사태 이후 중국의 교육 커리큘럼은 민족주의와 전통

원했으나 딸만 둘을 낳자 정부의 산아 제한 정책에 반발하여 국호를 '대유'로 정하고 스스로 황제 자리에 올랐다. 이후 광안현의 병원을 점거, 원장과 의료진을 몰아내고 병원 내 모든 피임 용품을 불사른 뒤, 젊은 여성 간호사를 모두 비빈으로 삼았다. 광안현 정부가 군대를 파견하여 진압하였으며, 쩡잉롱은 사형 선고를 받았으나 교육 수준이 낮은 것이 참작되어 무기징역으로 감형받아 현재도 쓰촨성의 한 교도소에 수감 중이다.

* 통계상 같은 특색이나 행동 양식을 공유하는 집단. 여기서는 특정 기간에 출생한 인구 집단을 말한다.

적인 가치를 더욱 지향하는 방향으로 바뀌었다. 1990년 이후에 태어난 코호트는 교육에서 전통적인 가치에 더 많이 노출되었다. 이들이 바로 시진핑 시대의 '늑대전사戰狼' 초국가주의에 기름을 붓고 있는 집단이다.

연구에 따르면 전통적 가치는 독재와 계획경제에 대한 지지에 긴밀하게 연결되어 있다. 스탠퍼드 대학교의 제니퍼 판Jennifer Pan과 이칭 쑤Yiqing Xu는 계급주의를 지지하고 학교에서 유교 고전을 가르치는 것에 찬성하는 이들은 개인의 권리, 세계화, 인권의 보편성, 시장의 가격 결정, 성적 자유와 같은 가치들에 반대하는 경향이 있다는 사실을 발견했다.[26] 예를 들어 "자본 축적의 과정은 항상 노동자 계급의 피해를 동반한다"는 진술에 동의하는 응답자들은 "주역의 팔괘가 세상의 많은 것을 설명할 수 있다"는 말에 동의할 가능성이 더 크다고 한다. 이 논문은 또한 연령대별 자유주의 가치관의 ∩자 형태를 설명한다. 2012년부터 2014년까지 실시한 조사에 따르면 정치적, 경제적 자유주의 가치관은 35세에서 40세 사이에서 가장 높은 것으로 나타났다. 오늘날 가장 자유주의적인 중국인은 1970년대 후반에 태어났다.

중국공산당과 털록의 저주

이러한 강력한 규범 덕분에 중국이라는 시스템은 안정적이지만, 그 안정은 깨지는 때가 온다. '그 때'란 어떤 순간을 의미할까? 현대 중국 체제의 커다란 취약점 중 하나는 리더십 승계이다. 이 부분에서는 역사가 지주 역할을 하지 못한다. 왕조 시대 중국의 세습 승계에서 얻은 전통적인 지혜는 적용되지 않는다. 중국공산당의 승계는 개방적이고 규칙에 얽매이지 않는다. 예상하지 못한 상황이 많이 발생했고, 그에 따라 놀랄 일도 더 많이 생겼다.

앞서 언급한 화궈펑의 불명예스러운 몰락은 완전히 어긋나버린 다섯 번의 후계 승계 사례 중 하나에 불과하다. 무슨 일들이 있었는지 이해하기 위해, 이 장에 영감을 준 고든 털록의 글을 살펴보자. 털록의 기본적인 주장은 권위주의 정권은 이미 승계 갈등을 내재하고 있어 수명이 짧다는 것이다.[27] 털록은 독재 정권은 적절한 규제가 따르는 제도화된 승계 제도가 없으니 부패하기 쉽고, 인격주의 통치와 혼란으로 퇴보한다고 말했다. 나는 이러한 독재 체제의 선천적 결함이 독재 체제의 본질에 내재한 저주라는 의미에서 '털록의 저주'라는 이름을 붙였다.

털록의 저주에 대한 한 가지 해결책은 세습이다. 예를 들어 북한은 김씨 일가 내에서 두 차례에 걸쳐 권력을 이양했다. 세습은 후계자가 가족이어야 한다는 사전 각본이 있는 덕에 조금 더 안정적이다.[28] 반면 중국공산당의 후계 승계는 개방적이고 갈등이 발생하기 쉬우며, 그 결과 많은 실패가 있었다. 하지만 후계자 분쟁이 항상 공개적인 갈등과 시스템 붕괴로만 이어지지는 않았다. 두 가지 요인의 조합이 중재 효과를 낳았다. 하나는 최고 지도자의 카리스마이다. 마오쩌둥과 덩샤오핑의 카리스마는 그들의 행동과 실수가 부른 후유증을 감당할 수 있었다. 다른 하나는 통치자 자신에 대한 제약이다. 두 번의 임기 제한과 의무 은퇴 연령이 그것이다. 이는 재량권은 과다한데 그 범위의 제한은 부족한 시스템에 어느 정도의 자동적 속성을 입혔다. 덩샤오핑이 도입한 다른 규범들 역시 이념적 온도를 낮추고 정쟁을 비범죄화하는 등 중국 정치를 더욱 안정시켰다. 이러한 개혁들 하나하나가 독재자들의 변덕과 어긋난 유인으로 인해 혼란으로 점철될 수도 있었던 절차에 원칙과 확실성을 불어넣었다. 털록의 저주를 해결하지는 못했지만 완화한 셈이다.

중국공산당 승계의 전반적인 실적은 암울하기 그지없다. 1976년 이후 마오쩌둥와 덩샤오핑, 단 두 사람이 당 총서기 여섯 명 중 다섯 명을 임명했다. 유일한 예외는 시진핑이다. 시진핑은 보기 드물게 동료들의 합의에 기반한 인선 과정의 산물로, 이 때문에 그는 현 체제를 무너뜨리기 더 쉬웠다. 그가 정치적으로 신세를 진 사람들은 마오쩌둥이나 덩샤오핑과는 비교도 안되는 이들이기 때문이다. 또 다른 지표도 못지않게 많은 것을 말해준다. 1949년 이후 중국공산당을 이끌었던 일곱 명 중 화궈펑, 후야오방, 자오쯔양 셋은 외부 강압으로 권좌에서 내려왔다. 한편 마오쩌둥이 직접 후계자로 지명한 두 사람은 끝내 결승선에 다다르지 못했다. 둘 다 업무 중 사망했기 때문이다. 시진핑 체제에서 한때 후계자로 거론되던 쑨정차이*는 현재 감옥에 갇혀 있고, 역시 한때 후계자 물망에 올랐던 후춘화胡春华**는 제20차 당대회에서 정치국 위원이 되지 못했

---

* 차기 중국 지도자 후보 중 하나로 꼽혔으나 2017년 7월 북경대학교 정경 유착 비리와 부패 사건에 연루되어 약 270억 원의 뇌물을 받은 혐의로 무기징역을 선고받았다.

** 중국공산당의 3대 파벌 중 '중국 공산주의 청년단(일명 공청단)' 파로 2012년 중국공산당 제18차 당대회에서 중앙정치국 위원에 올랐고, 2018년 3월 국무원 부총리에 선출되었다. 그러나 시진핑의 3기 집권이 확정된 2022년 제20차 당대회에서 중앙정치국 위원에서 탈락하였다. 후춘화의 중앙정치국 위원 탈락은 후진타오 전 주석의 퇴장 사건과 함께 시진핑 1인 체제의 확립을 상징하는 사건으로 해석된다.

다. 이는 앞으로 다가올 불안정의 불길한 신호이다.

중국공산당의 승계에서는 왜 그토록 많은 실패와 중도하차가 일어났을까? 역사학자들은 마오쩌둥과 그가 지명한 후계자들 간의 정책 불일치와 같은 특정 요인을 강조한다. 물론 이러한 의견 불일치가 영향을 미쳤다는 사실은 의심의 여지가 없지만, 마오쩌둥과 덩샤오핑 모두 후계자 문제로 골머리를 앓았고, 이는 향후 시진핑도 피해갈 수 없을 것으로 보인다. 승계 문제의 반복은 비세습 독재 정권에서 우연한 오류가 아니라 고유한 특징이다.

털록은 독재 체제는 승계 문제를 다룰 때 기본적인 유인을 오해한다고 주장한다. 민주주의와 달리 독재 체제에는 한 통치자에서 다른 통치자로 권력을 이양할 때 선거와 같이 외부에서 정통성을 확립하고 검증할 메커니즘이 없다. 대신, 정계 내부자들이 싸움을 벌이고 그들 마음대로 게임의 규칙을 정한다. 이러한 통찰을 바탕으로 중국의 잘 알려진 권력 승계 투쟁 사례를 살펴보도록 하자.

중국공산당의 연이은 승계 실패

중국공산당의 역사는 승계 실패로 얼룩져 있다. 이 가운데 가장 잘 알려진 세 명에 초점을 맞추도록 하자. 바로 류사오치, 린뱌오, 후야오방이다. 각각의 사례에서 구체적인 갈등의 촉발 요인은 달랐지만, 후계자 결정 자체가 어긋난 기대와 상호 의심을 불러일으켜 불안정의 원인이 되었다.

마오쩌둥의 후계자로 지명된 첫 번째 인물은 류사오치이다. 류사오치는 마오쩌둥과 같은 후난성 출신으로 그의 혁명 과업 스토리는 마오쩌둥 못지않게 길고도 화려하다. 그의 후계자 지위는 두 단계를 지나며 공고해졌다. 첫 번째는 1956년 제8차 당대회에서 중국공산당이 마오쩌둥은 이선으로 물러나 국가의 전략과 이념적 방향 설정에 집중하고, 류사오치와 덩샤오핑이 일선에서 국가의 일상적 운영을 맡는 이른바 '일선이선一线二线' 지도체제를 고안하고 공식화하면서부터이다. 두 번째는 보다 공식적인데, 마오쩌둥이 국가 주석 자리에서 물러나고 그 자리를 류사오치에게 양보한 것이었다. 1959년 12월, 류사오치는 국가 주석에 취임했고 마오쩌둥의 후계자 지위도 확고해졌다(1980년대에는 1959년 중국공산당 내부 합의로 세워진 원칙에 따라 당 주석과 국가 주석의 직책이 분리되었다).

1956년 제8차 당대회가 일선이선 체제를 도입할 당시, 마오쩌둥과 류사오치 사이에는 이미 균열이 있었다. 제8차 당대회는 중국공산당 헌법에서 '마오쩌둥 사상'이라는 문구를 삭제하여 정책 우선순위를 이데올로기에서 경제 발전으로 전환하는 신호탄을 쏘아 올렸다. 중국공산당이 인격 숭배를 강조하지 않기로 결정을 내린 타이밍과 그 상징성은 분명하다. 제8차 당대회는 스탈린과 그의 인격 숭배 집단이 저지른 범죄를 비난하는 흐루쇼프의 비밀 연설 직후 열렸다. 마오쩌둥의 눈에 류사오치는 중국의 흐루쇼프처럼 부상하고 있었고, 실제로도 어느 정도 그랬다.

마오쩌둥의 승인이 없었다면 류사오치와 덩샤오핑이 자신들의 정책 의제를 그렇게까지 밀어붙일 수는 없었을 것이다. 하지만 마오쩌둥이 승인을 내렸다고는 해도, 그것이 그의 본심은 아니었다. 사석에서 마오쩌둥은 분노를 터뜨렸다. 류사오치는 당대회에서 가장 중요한 연설이자 당의 최고 지도자가 진행하게 되어 있는 대회 정치 보고를 할 예정이었다. 마오쩌둥은 자신의 주치의에게 류사오치가 사전에 연설문 사본을 주지 않았다고 화를 냈다. "나는 공화국 주석직에서는 내려오겠지만, 여전히 당의 주석이다. 당대회에 대해 왜 나에게 논의하지 않는가?"[29] 마오쩌둥은 자신이 죽은 조상 취급을 받고 있다고 불평했다.

대약진운동 기간 마오쩌둥이 저지른 치명적인 실수들은 '포위당했다'는 마오쩌둥의 망상을 더욱 악화시켰다. 낙타의 등을 부러뜨린 마지막 한 줄기 짚은 1962년 대약진운동의 심각한 결과를 평가하고 시정 조치를 채택하기 위해 류사오치가 주재한 '칠천인대회七千人大會'였다. 7,000여 명의 간부급 당원들이 모인 이 회의가 끝난 직후 마오쩌둥은 류사오치를 상대로 음모를 꾸미기 시작했다. 그 결과 중국 정치권 전체를 숙청하는 문화대혁명이 일어났다. 후계자 임명을 번복하기 위해 값비싼 대가를 치른 것이다. 1968년 류사오치는 모든 공식 직위를 박탈당했고, 이듬해 자택 연금 상태에서 폐렴으로 사망했다. 그의 아내와 가족은 3년이 지난 후에야 그의 사망 사실을 통보받았다.

류사오치의 죽음으로 후계자 자리는 비었고, 1969년 4월 린뱌오가 공식적으로 그 자리를 차지하면서 또 한 번의 역사적인 실패가 막을 올렸다. 린뱌오는 '1959년 루산 회의庐山会议'*에서 샛별처럼 떠올랐다. 루산은 장제스와 마오쩌둥이 별장을 두었을 정도로 고금의 중국 정치 엘리트들이 선호하는 여름 휴양지였다. 1959년 첫 번째 루산 회의에서 국방부장 펑더화이彭德怀가 마오쩌둥과 충돌

---

* 1959년 7월 2일~8월 1일에 걸쳐 장시성 루산에서 열린 중국공산당 중앙정치국 확대회의와 연이어 8월 2일~16일에 열린 중국공산당 제8기 중앙위원회 제8차 전체대회(8중전회)를 가리킨다. 이 회의에서 펑더화이가 대약진운동 실패의 책임을 물어 공개적으로 마오쩌둥을 비판하다가 실각하였다. 중국공산당 역사에서 총 세 차례의 루산 회의가 있었기 때문에 일반적으로 연도를 붙여서 1959년 루산 회의라고 부른다.

했다. 그는 대약진운동이 대규모 기근을 일으켰다고 비판하는 이른바 '만언서万言书'*를 작성했다. 마오쩌둥은 반격에 나섰고, 다른 지도자들도 자신에게 동조하도록 강요했다.

린뱌오는 전세가 펑더화이에게 불리하게 돌아설 때까지 회의장에 나타나지 않았고, 일단 그를 공격하는 쪽에 합류하자 눈에 띄게 악의적이었다. 펑더화이의 구체적인 진술과 사실에 근거한 발언을 집중적으로 비판했던 류사오치, 저우언라이와 달리 린뱌오는 전선을 확대하여 펑더화이를 음모자, 부르주아, 배신자, 개인주의자, '반혁명분자'라고 몰아세웠다. 여기에 자신의 전공이라 할 수 있는 마오쩌둥 찬양을 아주 영리하게 버무렸다. 그는 노상강도들이나 쓸 법한 언어를 구사하며 "오직 마오쩌둥 주석만이 대영웅이 될 수 있다. 다른 그 누구도 영웅이 되려고 하지 마라. 너와 나는 영웅과는 거리가 머니 그런 꿈도 꾸지 말라"고 조롱했다.[30] 린뱌오의 메시지는 분명했다. 너는 마오쩌둥의 지위에 도전했지만 나는 절대 그러지 않을 것이다. 린뱌오는 현직 통치자에게 자신의 변함없는 충성을 표명함으로써 후계자 지위를 노리고 있었다.

그리고 그 목표를 순조롭게 달성하고 있었다. 린뱌오는 불과 한 달 후 축출된 펑더화이 대신 국방부장에 임명된다. 자신의 정치적 야망을 위해 군을 동원하기에는 안성맞춤인 자리였다. 그는 마오쩌둥에게 아부하기 위한 천재적인 방법을 고안했는데, 바로 "작은 빨간 책小紅書 — 공식 제목 마오주석어록毛主席语录", 즉 마오쩌둥의

* 1만 자로 작성된 글이라는 뜻이나, 실제로 펑더화이가 제출한 만언서는 약 3,500자 안팎이다.

강연과 저술 중 일부를 발췌한 책자를 발행하여 군을 시작으로 중국 전역에 배포한 것이었다. 1962년 칠천인대회에서 당 지도부가 보인 대약진운동에 대해 반성하고 개선하려는 태도와 달리 린뱌오는 대약진운동의 오류는 오히려 마오쩌둥의 지시를 충실하게 따지 않은 데서 비롯되었다고 주장했다.

린뱌오는 문화대혁명을 겪으면서 잠정적 후계자에서 공식 후계자로 승격되었다. 평생 만성피로로 고생한 린뱌오는 지치는 기색도 없이 류사오치와 덩샤오핑을 무너뜨리기 위해 끊임없이 물고 늘어졌다. 그는 1966년 8월에 열린 제8기 당 중앙위원회 제11차 전체회의에서 마오쩌둥 바로 아래, 저우언라이보다 위인 중국공산당 부주석으로 승진했다. 류사오치는 당내 서열 8위로 강등당했다. 린뱌오는 1969년 4월 제9차 당대회에서 류사오치를 비난하는 공식 보고서를 발표했고, 중국공산당 헌법에 "린뱌오는 마오쩌둥 동지의 친밀한 전우이자 후계자"라는 내용이 추가되었는데, 이는 전무후무한 일이었다.

독재 체제에서 후계자 지위는 그 자체로 위험을 수반한다. 린뱌오는 1970년 루산 회의*에서 류사오치가 실각하면서 폐지된 국가주석 직위를 복원해 달라고 마오쩌둥에게 요구했다. 린뱌오는 국가 주석직을 복원한 뒤, 당연히 가장 먼저 그 직위를 제안받을 마오쩌둥이 사양하면 자신이 그 자리를 차지할 계획이었다. 린뱌오는

---

* 1970년 8월 23일~9월 6일에 걸쳐 열린 중국공산당 제9기 중앙위원회 제2차 전체회의(2중전회). 중국공산당 역사상 세 번째 루산 회의다.

당의 공산주의 이론가 천보다陈伯达*의 지원을 받아 마오쩌둥에게 수차례나 국가 주석직을 수락해 달라고 간청했고, 마오쩌둥은 그의 주장에 점점 더 짜증을 내기 시작했다. 린뱌오가 처음 의중을 떠보았을 때 그는 이 제안을 거절했고, 그걸로 끝난 문제라고 생각한 것이다.

마오쩌둥의 인내심은 바닥이 났다. 그는 세 번째 루산 회의**에서 린뱌오와 한편이었던 천보다를 숙청했다. 린뱌오는 자신이 다음 차례가 되리라는 것을 알았다. 그는 회의가 해산될 무렵 인민해방군 내부 자신의 지지자 중 한 명에게 "민간인 방식으로는 효과가 없었다. 무력을 사용하면 다를 것이다"라고 말했다.[31] 그는 류사오치와 달리 호락호락 물러날 마음이 없었다.

이후에 일어난 일은 잘 알려져 있다(비록 온갖 설이 난무하기는 하지만). 린뱌오와 공군 고위 장교였던 그의 아들은 마오쩌둥을 암살하기로 마음먹었다. 이 계획의 코드명은 중국어로 '무장봉기'와 발음이 같은 숫자 '571'이었다. 마오쩌둥에게는 B-52라는 암호명을 붙였는데, 이들이 고려한 방법 중에 비행기에서 폭탄을 투하하는 안도 있었기 때문이다. 그러나 이 음모는 매우 아마추어스러웠고, 린뱌오는 인민해방군 내에서 막강한 영향력을 휘둘렀음에도 불구하고 정작 신뢰한 것은 친아들뿐이었다. 자신의 지지 세력인 육군과 해군 장성들조차 끌어들이지 못한 것이다. 암살 계획이 폭로되

---

* 중국의 공산주의 이론가, 정치인. 마르크스주의의 중국화, 마오주의의 이론화 작업을 진두지휘했다. 문화대혁명 당시 홍위병 선동가로 악명을 떨쳤다.

** 앞서 언급한 바와 같이 1970년 루산 회의는 중국공산당 역사상 세 번째 루산 회의다. 첫 번째 루산 회의는 1959년, 두 번째 루산 회의는 1961년에 열렸다.

자 1971년 9월 13일, 린뱌오는 아내, 아들과 함께 소련으로 망명을 시도하던 중 몽골에서 비행기가 추락하여 사망했다.

1982년 후야오방이 1956년의 류사오치와 비슷한 상황에 놓인다. 즉 당시 국가 지도자인 덩샤오핑의 후계자로 내정된 것이다. 그해 정치 원로들은 후야오방을 중국공산당 총서기에 추대했는데, 이는 명목상 중국에서 가장 높은 직책이었다. 그러나 실질적인 권력은 여전히 덩샤오핑과 천윈, 리셴녠 등 원로들에게 있었다. 덩샤오핑과 천윈의 지위가 가장 높았고, 리셴녠과 다른 혁명 원로들은 그들의 승인과 지지, 호의를 구했다.

공식 권력과 실질 권력이 일치하지 않는 어색한 구도였다. 정치 원로들은 일선 경영진이라 할 수 있는 후야오방과 자오쯔양의 결정에 끊임없이 개입했다. 후야오방은 좌절감을 느꼈고 원로들의 은퇴를 요구했다. 그의 불만은 정당한 것이었다. 후야오방은 이미 당 총서기였고 자신이 공식적으로 부여받은 권력을 행사할 자격이 있다고 생각했다. 하지만 은퇴 후에도 여전히 왕성하게 활동하고 있는 80대 원로들의 시각은 달랐다. 그들은 후야오방이 권력을 찬탈하고 있다고 인식했다! 달리 말하자면 후야오방과 원로들 모두 본인들이 정당한 자격을 갖췄다고 느꼈지만, 그 자격이란 근본적으로 다른 근거, 즉 후야오방은 자신이 차지한 공식적인 지위, 원로들은 공산주의 혁명에 바친 피와 땀과 눈물을 통해 얻은 주인의식에 기반한 것이었다.

마른 장작이 쌓일 대로 쌓여 불이 붙기만을 기다리고 있었다. 1986년 12월과 1987년 1월, 정치 개혁을 요구하는 학생들의 시위가 그 불씨를 당겼다. 1987년 1월, 사실상 중앙고문위원회가 소집한 일련의 회의들*에서 덩샤오핑과 다른 중국공산당 원로들은 후야오방이 자유주의 이념과 자유주의 지식인들에게 너무 미온적이라고 비난했다. 그동안 그들을 무시해 온 후야오방에게 품은 감정이 그대로 드러나는 신랄한 어조였다.

회의들이 열린 시점에서 후야오방의 축출은 기정사실이었다. 후야오방은 이미 덩샤오핑에게 사표를 제출한 상태였다. 이는 매우 이례적인 일이었다. 중국공산당 절차에 따르면 총서기를 해임하려면 정치국 상무위원회의 결정, 중앙위원회 표결, 당대회의 최종 승인을 거쳐야 한다. 알려진 바로는 시진핑의 아버지 시중쉰이 유일하게 절차와 과정에 대해 문제를 제기했을 뿐, 그 외에는 아무도 개의치 않았던 것 같다. 덩샤오핑은 마오쩌둥과 마찬가지로 자신이 직접 구축한 후계 구도를 두 차례나—다른 한 번은 1989년 자오쯔양 축출이다—해체했다.

독재의 아킬레스건

류사오치, 린뱌오, 후야오방 모두 털록의 저주의 희생자들이었다. 털록의 저주는 모든 독재 정권의 아킬레스건이자, 수잔 셔크의 표현을 빌리자면 "권력 투쟁과 리더십의 경화를 초래하여 정권의 안정을 위협하는 약점"이다.[32] 수많은 학자가 독재 정권의 승계에 따라오는 권력 투쟁과 불안정성에 주목했다. 털록의 통찰은 문

---

* 대표적으로 1987년 1월 16일에 열린 중앙정치국 확대회의를 들 수 있다. 덩샤오핑이 주재한 이 회의는 "당의 집단지도원칙과 중대한 정치원칙을 위반한" 과오를 인정한 후야오방의 당 총서기직 사퇴를 승인하고 자오쯔양을 후임자로 선출하였다.

제의 핵심, 즉 독재 정권이 승계 유인을 아예 잘못 이해하고 있다는 점을 간파하고 있다. 잘못된 유인은 아무리 잘 짜인 승계 계획도 틀어지게 할 수 있다.

털록의 저주는 경제학적 방법론을 정치에 적용하는 '공공선택이론'의 창시자로 더 잘 알려진 고든 털록의 이름에서 따왔다. 1962년에 출간된 털록과 제임스 뷰캐넌의 공저《국민 합의의 분석》은 이 분야의 이정표라고 할 만한 저작이다.[33] 1987년에 출간된《전제정치Autocracy》는 이보다는 덜 유명하지만 독재에 대한 털록의 유일한 저서이자 정치에 대한 최초의 '과학적' 접근이라고 불리는 책이다. 털록의 예측 중 일부는 놀랄 만한 선견지명이었다. 털록은 이미 1987년 초에 북한과 싱가포르가 권위주의 세습의 길로 나아가리라고 예상했다. 김일성이 사망하기 7년 전이었다. 그 후 북한의 김정일과 김정은 부자는 두 차례 털록의 예언을 실현했다.

싱가포르를 북한과 같은 범주에 넣는 것은 너무 가혹한 평가이다. 경제 및 정치 발전 측면에서 싱가포르와 북한 사이에는 엄청난 격차가 존재한다. 매년 각 국가의 정치적 자유도와 시민의 권리를 측정하여 발표하는 미국의 비정부기구 프리덤하우스Freedom House는 2021년 싱가포르에 100점 만점에 48점을 부여하며 "부분적으로 자유롭다"고 평가했다. 반면 북한은 100점 만점에 3점이라는 암울한 점수를 받았다(중국은 100점 만점에 9점으로 북한과 큰 차이가 없었다). 싱가포르는 결국 세습의 길을 걸었지만 적어도 우회로를 선택했다. 리콴유가 물러난 후 리콴유와 혈연관계가 없는 고촉통吳作棟이 뒤를 이었다. 그리고 2004년 리콴유의 아들인 리셴룽李顯龍이 총리직을 물려받았다. 중간에 고촉통을 한번 '거쳐 가는' 형태가 사전에 계획된 설계였다는 증거는 없지만, 어쨌든 똑똑한 방식이었다. 고촉통에게 총리직을 넘겨줄 당시 리콴유는 한창 왕성한 활동을 하고 있었기 때문에, 필요하다면 고촉통에게 영향력을 행사할 수 있었다. 리콴유가 나이가 들어 더는 영향력을 행사할 수 없게 되자 가족으로 더 신뢰할 수 있는 아들이 권력을 이어받았다. 성공적인 세습이었다. 싱가포르는 중단 없는 평화와 안정, 번영을 누렸고 더는 세습에 의존하지 않아도 되는 위치에 올라섰다. 2021년 현재 리셴룽의 후계자로 거론되는 네 명의 후보들은 리셴룽 일가와 혈연관계가 없다.

털록의 저주가 탄생하는 데에는 중국이 나름의 이바지를 했다. 털록은 중국공산당 홍군紅軍이 중국을 장악해나갈 무렵 톈진 주재 미국 총영사관에 근무하면서 직접 경험을 쌓았다. 혼돈과 같은 국민당 정부 최후의 나날 동안 원치 않는 자유시간이 남아돌았던 털록은 정치학 서적을 읽고 눈앞에서 펼쳐지는 중국의 정치 역학 관계를 관찰하며 시간을 보냈다. 당시 새로이 수립된 중국공산당 정권에 매료된 일부 중국학자들과 달리 털록은 일당 체제의 균열과 역기능을 목격했고, 이러한 통찰을 고스란히 책 속에 담았다.

털록의 저주에는 크게 두 가지 요소가 있다. 하나는 승계 과정에서 핵심 인물의 유인과 관련된다. 다른 하나는 정보, 더 정확하게는 후계자의 성격, 성향, 능력에 대한 신뢰할 수 있는 정보의 부족과 관련된다. 유인과 정보의 복잡성이 결합하여 독재 정권의 승계는 지저분해질 수밖에 없다.

일단 후계자가 결정된 후, 독재자와 그가 선택한 후계자의 유인을 생각해 보자. 후계자는 "자신이 빨리 독재자가 될수록 좋으며, 현직 독재자의 수명 단축이 본인의 즉위를 앞당길 수 있는 확실한 방법이 된다"[34]고 판단한다. 독재자는 후계자의 이러한 생각을 잘 알고 있기에 필사적으로 위협을 걱정하게 된다. 후계자는 현직 독재자가 이러한 동기를 자신에게 뒤집어씌울지 의심하게 되므로 상황은 더욱 복잡해진다. 이러한 게임이론적 역학 관계는 잘 설계된 승계 계획조차 금방 엉망으로 만들 수 있다.

독재 정권 승계의 역기능 중 상당수는 이러한 오해와 잘못된 피드백의 무한 반복에서 발생한다. 정치학자 존 허츠John Herz는 이 위태로운 상황을 '황태자 문제Crown-prince problem'라고 이름 붙였다.[35] 황태자로서는, 신속하게 행동하여 자신의 지위를 확실하게 할지 아니면 현 통치자가 약속을 이행하기를 바라며 시간을 끌지 선택의 기로에 서게 된다. 중국공산당 역사에서는 국가 주석처럼 실질적인 권력을 나타내는 직함을 얻거나 원로들에게 권력을 양보하라고 요구하면 갈등이 촉발되어 거래 자체가 무산되는 경우가 많았다. 더 안전한 방법은 무관심한 척하며 지켜보는 눈들이 안심할 때까지 버티는 것이다. 하지만 이 전략에는 한 가지 단점이 있다. 후계자로 내정된 후보에 대한 잘못된 정보가 퍼질 수도 있다. 독재 정권이 후계자에 대한 왜곡된 정보를 찍어낸다는 것은 털록이 지적한 두 번째 고질적인 문제이다.

독재자는 후계자가 복종하고 자신을 충실하게 재현할 것을 원하지만, 그것은 그가 살아서 여전히 권력과 정보를 쥐고 있을 때만 가능하다. 마오쩌둥이 화궈펑을 선택한 것은 그가 문화대혁명을 부정하지 않으리라 생각했기 때문이었다. 이 특정 문제만 놓고 보면 마오쩌둥의 판단은 옳았지만, 화궈펑의 지도자로서의 생존 가능성이라는 훨씬 더 중요한 문제에서는 완전히 틀렸다. 화궈펑의 실각은 문화대혁명에 대한 의문을 자동으로 매조졌다. 놀랄 일은 언제나 생기는 법이다. 콘스탄틴 체르넨코Konstantin Chernenko*의 후계자로 미하일 고르바초프가 선택되었을 때 소련 공산당 중앙위원회 정치국은 '글라스노스트'와 '페레스트로이카'가 그렇게 멀리 갈 것이라고는 상상하지 못했을 것이다.

고르바초프는 다크호스였다. 그가 선출될 것이라고 예상한 사람도, 그가 누구인지 아는 사람도 별로 없었다. 시진핑은 다른 의미에서 다크호스였다. 시진핑의 부상은 고르바초프보다는 확실했지만, 2012년 집권 전에는 그에 대해 잘 아는 사람들이 많지 않았다. 네티즌들은 시진핑이 구사하는 표준 중국어를 극찬했는데, 이는 시진핑이 말하는 것을 처음 들은 사람이 그만큼 많았다는 뜻이다.[36] 한 에너지 기업 임원은 SNS에 "자신만만하고, 젊고, 적극적이며, 보통화(표준 중국어)를 구사한다"고 올렸다. 이 내용이 시사하는 바가 크다. 그는 1980년대 초에 정계에 뛰어들었고, 국가 부주석도 지냈지만, 침묵에 가까울 정도로 자기 목소리를 내지 않았다. 중국 분석가들은 몇 조각 안 되는 정보를 가지고 그를 가늠하려 했고, 일부는 문화대혁명 시대에 개인적 시련을 겪었던 시진핑이 개혁가가 되리라고도 생각했다.

〈뉴요커〉의 미-중 관계 전문 기자 에반 오스노스Evan Osnos는 시진핑의 프로필에 "벼룩에 물리고, 거름을 나르고, 댐 공사장에서 일하고, 도로를 수리했다"고 적었다.[37] 하지만 이런 정보들은 시진핑이 어떤 사람인지 예측하는 데에 그가 인간 남성이라는 사실만큼

---

* 1984~1985년 소련공산당 제5대 서기장이자 소련 최고회의 상무회 주석을 지냈으며, 이 기간 소련의 최고 권력자였다.

이나 쓸모없다. 도시 주민 중 시진핑의 코호트에 속하는 거의 모든 구성원이 비슷한 경험을 겪었기 때문이다. 문화대혁명 동안 이 세대 전체가 마오쩌둥의 하방운동下放运动*에 참여했으며, 개중에는 양샤오카이Xiaokai Yang**, 아이웨이웨이Ai weiwei*** 등 중국에서 가장 자유주의적인 사상가들이 있는가 하면 가장 보수적 마오주의 옹호자들도 있다. 오늘날 중국에서 가장 목소리가 큰 반미 민족주의 논객 쓰마난司马南도 그중 한 명이다.

신뢰할 수 있는 정보는 독재 체제에서 매우 귀중한 자산이라는 사실은 더욱 중요하다. 시진핑이 권력을 잡은 후 전임자들에 취한 조치를 보면, 중국의 정치 엘리트들조차도 그의 사고방식이나 정책 성향에 대해 아는 것이 별로 없었던 모양이다. 시진핑을 후계자

---

* 상산하향운동上山下乡运动이라고도 한다. 중국공산당 당원, 국가 공무원 등 도시인들을 벽지 농촌이나 공장에 보내 육체노동에 종사시킨 정치 운동으로, 1957년부터 1980년까지 꾸준히 추진되었으며 문화대혁명 시기인 1968년에 본격적으로 전개되었다.

** 호주의 중국계 경제학자. 문화대혁명 당시 홍위병으로 활동했으나 극좌적 관점으로 마오쩌둥을 비판하여 10년 징역형을 받았다. 감옥에서 수학과 영어를 공부했으며, 출소 후 중국사회과학원과 후난대학교를 거쳐 프린스턴 대학교에서 경제학 박사 학위를 받았다. 두 차례 노벨 경제학상 후보에 올랐으나, 쉰다섯 나이에 폐암으로 사망하였다.

*** 중국의 건축가, 예술가. 2008년 하계 올림픽 주경기장인 베이징국립경기장 설계에 참여한 것으로 유명하다. 1957년 비공산주의 계통 지식인을 대거 숙청한 반우파 투쟁反右派鬪爭 때 부친인 시인 아이칭艾青이 휘말렸고 이듬해 온 가족이 체포되어 노동 수용소에 수감되었다. 1961년에는 신장 위구르 자치구 스허쯔시로 유배당해 16년간 거주하였다. 마오쩌둥 사망 후 문화대혁명이 끝나자 베이징으로 돌아와 1978년 베이징전영학원에 입학, 장예모, 천카이거 등과 수학하였고, 회화, 현대 미술 등으로 활동 영역을 확장해 나갔다. 1980년대 이후부터는 미국에서 활동하며 세계적으로 유명해졌으나, 2010년 반체제운동가 류샤오보의 석방을 요구하다 가택 연금을 당하면서 중국 정부와 관계가 악화되었다. 현재는 영국에서 거주하며 사회 비판적인 창작활동을 꾸준히 이어나가고 있다.

로 지명하는 데 동의한 후진타오조차 어느 날 전 세계가 지켜보는 가운데 그가 자신을 회의장에서 끌어내게 되리라고는 상상도 하지 못했을 것이다. 시진핑을 후진타오의 후계자로 밀었던 장쩌민은 자신의 선택을 후회했을지도 모를 일이다.

정보의 불투명성은 독재 체제 승계의 특징이며, 이 때문에 후계 승계 과정이 매우 복잡해진다. 황태자는 현직 독재자의 인식을 자신에게 유리하게 형성할 유인이 있다. 이를 확실하게 하는 한 가지 방법은 납작 엎드려 지내는 것이다. 류사오치, 린뱌오, 후야오방의 사례에서 얻을 수 있는 중요한 교훈은 의도가 있든 없든 간에 불투명성은 긴 시간 검증된 기법이라는 것이다. 시진핑과 보시라이의 대조를 떠올려 보라. 보시라이는 문화대혁명을 연상시키는 선전 가요 캠페인을 시작한 정치가였다. 그는 민간 부문을 통제하고 범죄와 부패를 단속했으며, 수많은 포퓰리즘 정책을 단행했다. 하지만 보시라이에게는 선천적인 약점이 있었다. 바로 쇼맨십이었다. 그는 언론과의 장시간 인터뷰, TV 출연, 헨리 키신저 같은 국제적 명사와의 만남을 즐겼다. 이데올로기를 제외하고 행보만 놓고 보자면 그는 카메라를 좋아하는 서구 정치인과 다르지 않았다. 정책의 관점에서는 시진핑과 보시라이를 구분하기 어렵지만, 현재 시진핑은 세 번째 임기를 시작하고 있고 보시라이는 감옥에 갇혀 있다. 시진핑은 자신을 선택한 사람들까지 포함하여 그를 잘 아는 사람이 거의 없었기 때문에 결승선까지 도달할 수 있었다.

중국공산당의 황태자 문제

황태자 문제는 류사오치, 린뱌오, 후야오방의 후계 구도를 뒤흔들었다. 후계자라는 지위는 세 사람 모두에게 누구도 자신에게 대적할 수 없다는 자신감과 긴박감을 동시에 불러일으켰고, 반대편에 있는 현직 독재자들은 어느 때보다 경계심이 높아져 있었다. 마오쩌둥과 덩샤오핑은 자신이 선택한 후계자들에게서 아무리 희미하더라도 불충과 야망의 징후가 보이는지 촉각을 곤두세웠다. 불안과 희망을 동시에 품고 있는 현직 독재자에게 가장 좋은 후계자는 지나치게 적극적이지 않은 사람이다. 하지만 누군가가 열의가 있는지 무관심한지 어떻게 알 수 있겠는가? 후계자로 선정한 후에야 알 수 있는 데다, 선정 자체가 후계자는 대담하게 만들고 현직 독재자는 위협하는 역학 관계의 시발점이 된다. 다음에는 후계자의 의욕과 현직 독재자의 의심이 뒤섞여 승계 계획이 완전히 궤도에서 벗어날 수 있다.

1986년 후야오방이 바로 그런 상황에 직면했다. 그해 5월 덩샤오핑은 후야오방과의 사석에서 자신은 1987년 말로 예정된 제13차 당대회에서 은퇴할 계획이며, 후야오방이 뒤를 이어 중앙고문위원회 주임직을 물려받을 것이라고 말했다. 덩샤오핑은 후야오방을 당 총서기 직에서 몰아내려는 의도였던 것 같다. 자오쯔양에 따르면 1986년 즈음 덩샤오핑은 후야오방에 대한 환상이 깨진 상태였다.[38] 그러나 후야오방은 덩샤오핑의 제안을 모든 원로가 일선에서 물러난다는 뜻으로 해석했다. 덩샤오핑의 위상을 고려한다면 그의 은퇴는 다른 원로들의 연쇄 은퇴로 이어질 것이 확실했다.[39]

후야오방은 덩샤오핑의 제안을 덥석 물어 진심으로 지지를 표명했고, 이로 인해 덩샤오핑과 다른 원로들의 심기를 거슬렀다. 여기에 당내에서 이 문제를 공론화함으로써 자신의 실수를 더욱 키웠다. 쓰촨성에서 열린 당대회에서 후야오방은 80세 이상의 모든 고위 당직자들의 사퇴를 촉구했다(당시 덩샤오핑은 82세였다). 원로들은 위협을 느꼈다. 이제 이것은 이념이 아닌 개인적인 문제가 되었다. 후야오방에게 우호적이었던 원로들조차 1987년 1월 중앙고문위원회 회의에서 그에게 등을 돌렸다. 그 자리에 있었던 자오쯔양은 위추리余秋里의 신랄한 어조와 기나긴 비난에 충격을 받았다. 위추리는 후야오방과 긴밀히 협력했고 후야오방이 신뢰했던 원로였다.[40] 자오쯔양은 리셴녠이 "나는 저 녀석이 쓸모없는 놈이라는 것을 줄곧 알고 있었다"고 말했다고 회고했다.[41]

후야오방은 중국 정치인 중에서는 보기 드물게 위험을 회피하기보다 자신의 견해를 입 밖에 내는 경향이 있었고, 이로 인해 보수적인 원로들로부터 원한을 샀다. 후야오방보다 정치 IQ가 한 수 위였던 저우언라이와 비교해 보자. 1973년 마오쩌둥은 건강이 나빠지기 시작하자 자신을 위원장으로 하는 중앙고문위원회 창설을 제안하며 당 주석직을 양보하겠다는 뜻을 표명했다(진심이 아닌 단순히 떠보는 의도였을 수도 있다).[42] 이인자였던 저우언라이는 마오쩌둥의 뒤를 이어 주석직을 이어받을 가능성이 가장 컸으나 이 미끼를 물지 않았다. 한 번도 마오쩌둥의 뜻을 거스른 적이 없었던 저우언라이가 이번에는 강력하게 반대했다. 저우언라이는 후야오방과는 달리 독재자에게 반항할 수는 있지만, 그 반항은 독재자의 권력을 강화하는 경우에만 허용된다는 독재 체제의 기본 원칙을 이해하고 있었다. 마오쩌둥은 저우언라이의 반항에 "여러분 모두가 반대하니 당 주석직을 계속 유지할 수밖에 없겠다"고 응수했다. 이때 그는 "나는 끝까지 헌신하겠다"는 뜻의 고사성어 "국궁진체鞠躬盡瘁"*를

* 제갈량의 〈후출사표後出師表〉 마지막 문장 첫머리의 "鞠躬盡力 死而後已(국궁진

인용했다. 마오쩌둥의 종신 집권은 보장되었다. 동시에 저우언라이는 황태자의 야망을 품지 않고 있다는 의사 표시를 함으로써 황태자 시험에 합격했다. 마오쩌둥이 단 한 번도 진심으로 신뢰한 적 없는 저우언라이가 결과적으로는 마오쩌둥이 끌어내린 후계자들의 승계 구도에서 유일하게 살아남은 것은 우연이 아니다. (마오쩌둥과 저우언라이의 관계는 중국 고위 정치에 대한 흥미로운 통찰을 제공하는데, 더 알고 싶은 독자를 위해서는 이 책이 아닌 다른 훌륭한 책들이 많다.)[43]

중국공산당 정치의 한 가지 특징이 황태자 문제를 증폭시킨다. 바로 지나치게 긴 후계자 양성 과정이다. 중국공산당의 왕위 계승은 기업의 차기 CEO를 육성하는 과정과 비슷하다. 오랜 기간 현직 CEO의 날카로운 눈 아래서 성과를 내면서 그 직책의 요령을 익혀야 한다. 중국의 이선 지도 체제는 마오쩌둥이 사망(1976)하기 약 20년 전인 1956년에 만들어졌다. 덩샤오핑 역시 사망(1997)하기 거의 20년 전인 1980년대 초부터 승계 계획을 세우기 시작했다.

임신 기간이 길면 문제가 발생할 시간이 차고 넘친다. '레임덕'이 영원히 오지 않을 수도 있다는 사실도 한 가지 위험이다. 독재 체제에서는 레임덕의 조건이 명시되어 있지도, 법제화되어 있지도 않다. 현직 독재자가 레임덕에 들어갈지 말지를 스스로 결정할 뿐이다. 그리고 그에게는 대기 기간을 최대한 길게 가져가면서 야심만만한 후계자 후보의 인내심을 시험할 유인이 너무나 많다. 이 역학 관계에는 또 다른 반전이 있다. 종종 황제와 황태자의 나이 차가 그리 크지 않다는 것이다. 용상에서 불과 몇 발짝 떨어져 있음에도 자

쉐 사이후이, 엎드려 몸을 바쳐 일하고 죽을 때까지 정성을 다하여 일하겠다)"에서 유래하였다.

신의 정신적, 육체적 능력이 쇠약해진 뒤에야 앉을 수 있는 황태자의 머릿속을 상상해 보라(이것을 가장 잘 이해할 사람은 아마도 영국의 현 국왕 찰스 3세 아닐까).

1986년 후야오방은 일흔한 살이었고, 본인이 제정한 은퇴 시한이 9년밖에 남지 않은 상태였다. 1956년 류사오치는 쉰여덟 살로 예순세 살이었던 마오쩌둥보다 불과 다섯 살 아래였다. 류사오치가 인내심을 가질 수 있을 만한 나이 차가 아니었다. 1962년 칠천인대회에서 마오쩌둥을 향한 류사오치의 날카로운 비판은 불안한 마오쩌둥에게는 조급함의 표출로 비쳤을 수도 있다. 문화대혁명의 씨앗이 뿌려진 것이다. 마오쩌둥에 대한 위협이 실질적이었는지 여부는 중요하지 않다. 털록의 저주 중 상당 부분은 인식과 오해, 부서지기 쉬운 자존심, 불안정한 심리와 연관되어 있다. 다시 말해, 아주 많은 것이 잘못될 수 있다는 뜻이다.

린뱌오의 선택에는 더욱 문제가 많았다. 그는 신체적으로나 정신적으로나 후계자에 적합하지 않은 인물이었다. 1969년 마오쩌둥은 일흔여섯 살이었지만 여전히 정력적인 건강 상태를 자랑했다(1966년 7월, 그는 자신의 신체 능력을 과시하기 위해 양쯔강을 헤엄쳐서 건너기도 했다). 그에 비해 린뱌오는 예순두 살로 한참 아래였지만 건강이 좋지 않았다. 마오쩌둥의 주치의였던 리즈수이 박사는 린뱌오에게 신경쇠약이라는 진단을 내렸다. 그는 물, 바람, 빛, 추위 등 다양한 대상에 공포증이 있었고, 한 기록에 따르면 흐르는 물소리만 들어도 신체 기능 장애를 일으켰다고 한다.[44] 그는 의사의 진료를 받느라 수년 동안 일선에서 물러나 있었다. 해리슨 솔즈베리

Harrison Salisbury*에 따르면 그는 마약 중독이기도 했는데,** 마오쩌둥도 이 사실을 알고 있었다고 한다(놀랍게도 그럼에도 그를 후계자로 선택했다). 그는 고전 한시를 린뱌오에게 보낸 적도 있다.

盈縮之期,	사람 목숨의 길고 짧음은
不但在天,	하늘에만 달린 것이 아닐지니
養怡之福,	몸과 마음을 온유하게 다스린다면
可得永年[45]	오래오래 살리라.***

의도했든 의도하지 않았든, 마오쩌둥은 가뜩이나 건강 문제로 불안정한 린뱌오의 심리 상태를 더욱 악화시켰다. 마오쩌둥은 린뱌오에게 그의 후계자를 선정할 것을 제안했다(마오는 사인방의 일원인 장춘차오张春桥를 염두에 두고 있었던 것 같다).[46] 린뱌오는 완전히 불안해졌다. 황태자는 이미 황태자라는 지위만으로도 충분한 불안을 안고 있는데 이제 그 자신의 황태자를 지명하라는 요구까지 받았으니 말이다. 신경에 위로가 되는 상황은 전혀 아니었다.

린뱌오의 쿠데타 실패 이후로 마오쩌둥의 건강은 눈에 띄게 나

---

* 미국의 언론인. 소비에트 시대 러시아와 중국에 대한 다수의 저서를 남겼다.

** 린뱌오가 항일내전과 국공내전 당시 부상을 치료하는 과정에서 모르핀에 중독되었다는 설은 중국 내에서도 상당히 알려져 있다. 딸 린리헝林立衡의 회고에 따르면 그는 부상 후유증으로 평생 고생했으며, 아트로핀 오용으로 인한 각종 공포증, 불면증 등 신경쇠약 증상이 심했다고 한다.

*** 중국 위나라의 시조이자 삼국지의 등장인물 조조가 지은 〈거북이 비록 오래 산들龜雖壽〉에 등장하는 구절이다. 마오쩌둥이 이 시를 매우 좋아하여 즐겨 읊은 것으로 전해진다. 저자는 영어 번역문을 인용하였으나, 여기서는 조조의 시 원문을 실었다.

빠졌다. 전적으로 신뢰했던 사람에게서 깊은 배신감을 느낀 것이다. 쿠데타 미수만이 아니었다. 린뱌오는 원래 숭배에 가까운 아첨을 뻔뻔스러울 정도로 대놓고 늘어놓던 마오쩌둥의 신봉자였는데, 뒤에서는 그를 완전히 경멸하고 있었다는 사실도 드러났다. 린뱌오가 남긴 일기에는 대약진운동이 "환상에 기초한, 완전한 엉망진창"이라고 적혀 있었는데 이는 마오쩌둥과 린뱌오가 무너뜨린 펑더화이와 크게 다르지 않은 견해였다.[47] 또 다른 날에는 "[마오쩌둥이] 오늘은 달콤한 꿀과 같은 말로 사람들을 유혹하고 내일은 조작된 죄목으로 그들을 죽인다"라고 쓰여 있었다.[48] 린뱌오 자신의 운명은 마오쩌둥에 대한 그의 통찰을 증명한 한편, 털록의 저주에 뿌리를 둔 또 다른 역학의 증거이기도 했다. 바로 중국공산당의 후계 승계에는 부정확한 정보가 난무한다는 사실이다. 린뱌오는 마오쩌둥이 생각했던 그런 인물이 아니었다.

중국공산당의 역사는 잘못된 신뢰와 배신당한 약속으로 가득 차 있다. 1976년 마오쩌둥은 죽음을 앞두고 덩샤오핑의 실각을 획책했다. 그는 덩샤오핑이 문화대혁명을 계속 지지하지 않을까 우려했고, 이 문제로는 화궈펑을 신뢰했다. 그리하여 이 장의 서두에서 인용한 유명한 유언을 남긴 것이다. 하지만 마오쩌둥은 나무를 숲으로 착각했다. 앞서 언급했듯이 화궈펑은 마오쩌둥의 아내인 장칭을 포함한 사인방을 체포했고, 이로써 덩샤오핑 귀환의 문을 열었으며, 문화대혁명을 전면적으로 부정하기 시작했다.

장쩌민과 후진타오는 시진핑을 후계자로 선정하며 자신들이 파괴자가 아닌 현상유지형 지도자를 선택했다고 믿었을 것이다. 그러나 시진핑은 취임 후 몇 년 만에 중국공산당 내 권력 균형을 완전히 뒤엎고 장쩌민과 후진타오의 영향력을 크게 떨어뜨렸다. 독재자에게 있어 후계자를 믿는다는 것은 자신의 위험을 감수한다는 뜻이기도 하다.

털록의 저주 극복하기

털록은, 권위주의 정권은 승계가 제대로 기능하지 못해 필연적으로 수명이 짧고 권력자 한 사람에 의해 통치가 좌우되며 정치적 혼돈으로 쉽게 부패한다고 결론을 내렸다. 지금까지 중국공산당은 이 예측을 보기 좋게 뒤집었다. 중국공산당은 연이어 권력 승계에 실패했지만 체제 위기로는 이어지지 않았다. 더욱 주목할 만한 점은, 중국공산당이 과거로부터 교훈을 얻었다는 것이다. 중국공산당은 덩샤오핑 치하에서 털록의 저주를 길들이는 의미 있는 진전을 일궈냈다. 1989년 장쩌민, 2002년 후진타오, 2012년 시진핑 등 최근 세 명의 후계자 승계는 대체로 질서정연하게 진행되었고 장쩌민과 후진타오는 예정대로 임기를 마쳤다. 셔크의 "평화롭고 주기적인 사전 리더십 승계는 놀라운 정치적 성과이자 앤드류 네이선Andrew Nathan이 말한 중국의 '권위주의적 복원력authoritarian resilience'의 가장 중요한 원천"이라는 평가에 많은 이들이 마침내 동의하게 되었다.[49]

중국이 털록의 저주를 억제하는 것에 그치지 않고 길들인 데에는 네 가지 중요한 요인이 있었다. 첫째, 마오쩌둥과 덩샤오핑이라는 두 거물의 카리스마와 기타 특이한 요인들이 후계 갈등의 여파를 억눌렀다. 둘째, 중국 군부가 후계 갈등의 주요 선동자가 아니었다. 셋째, 1980년대에 중국 정치가 온건 정치의 시대로 접어들면서 승계 관련 이해관계가 줄어들었다. 넷째, 덩샤오핑의 개혁으로 후계자 승계를 위한 규칙이 도입되었다. 그러나 시진핑 체제에서는 이러한 조건 중 일부가 상당히 약화되었다. 털록의 저주가 앞으로 중국 정치에 검은 구름을 드리울 수 있다.

특이점

중국공산당의 후계 승계에는 일종의 '역 톨스토이' 역학이 존재한다. 실패한 승계는 비슷한 이유로 실패했고, 성공한 승계는 그 이면에 특이한 요인이 있다. 중국공산당의 승계 역학이 제 기능을 하지 못했음에도 당이 불안정해지지 않았던 이유 중 하나는 시진핑을 제외한 모든 승계가 중국의 최고 지도자인 마오쩌둥과 덩샤오핑의 감시와 축복 속에서 이루어졌기 때문이다. 털록의 저주는 분명 존재했으나 마오쩌둥과 덩샤오핑의 명성과 존재감 덕분에 승계 실패로 인한 더 큰 피해를 막을 수 있었다.

승계 결정의 타이밍도 중요하다. 화궈펑에게는 류사오치, 린뱌오, 후야오방과 비교했을 때 한 가지 유리한 점이 있었다. 바로 시간이 그의 편이었다. 화궈펑은 마오쩌둥이 말년에 선택한 후계자였다. 덕분에 그의 정치적 수명이 마오쩌둥의 생물학적 수명보다 길었다. 화궈펑에게는 오직 시간과의 경주가 중요했다. 장쩌민의 경우에는 우연히 권좌에 올랐다는 점이 도움이 되었다. 이전의 많은 승계 계획에서 문제가 되었던 오랜 준비 과정 같은 고려 사항은 아예 없었다. 장쩌민 자신의 회고에 따르면, 언젠가 자신이 당 총서기가 되리라고는 상상조차 하지 못했다고 한다. 1989년 초, 장쩌민은 예순세 살이었고 이미 은퇴 후 학문 연구로 여생을 보낼 생각을 하고 있었다. 그는 상하이교통대학에 '에너지 개발과 몇 가지 중요

한 에너지 절약 방안'에 관한 논문을 제출했고, 면접도 몇 차례 진행 중이었다.[50]

1989년 천안문 사건 때문에 장쩌민의 계획이 바뀐다. 1989년 5월 27일 원로들은 장쩌민을 총서기로 추대했고, 1989년 6월 24일 중국의 새 지도자가 대중 앞에 모습을 드러냈다. 전광석화의 속도였다. 대다수 원로가 물러난 1992년에야 장쩌민의 실질적인 통치가 시작되었는데, 그 정도면 다른 후계자들에 비하여 매우 짧은 기간이었다. 황태자 역학 관계는 존재하지 않았다.

이 주제 중 일부는 9장에서 다시 다루겠지만, 향후 시진핑의 승계에 주지할 사항은 시진핑이 중국 정치에 주입한 구조적 불안정성을 상쇄할 만한 특이한 요인이 충분히 있을지 여부이다. 아직은 알려진 요인도 없고, 앞으로도 알 수 없을지 모르지만 한 가지는 확실하다. 성공적인 승계는 유리한 조건과 구조적 안정 요소의 조합에 달려 있다는 것이다. 임기 제한과 정년퇴임 의무화와 같은 보호장치를 폐지한 시진핑으로서는 자신의 승계가 순조롭게 진행될 수 있도록 훨씬 더 유리한 조건을 만들어야 할 것이다.

군의 종속

5장에서는 나는 중국의 문민 통치를 전쟁과 군인 정신을 중시했던 로마 제국의 조직 문화와 비교한 바 있다. 로마 제국을 대표하는 상징은 콜로세움과 검투사였으며 명나라 관복에 수놓은 섬세한 학이 아니었다. 폼페이우스와 카이사르가 정치 권력을 차지하기 위해 경쟁하는 동안, 중국의 군부 실세들은 경기장 밖에서 방관할 뿐이었다. 유명한 전설에 따르면 송나라의 건국 황제는 술자리에서 장군들에게 권력을 포기하고 은퇴하라고 설득했다. 장군들은 이에

응했고, 수 세기 동안 이어질 문민 통치 시대가 시작되었다.[51]* 술 한 잔으로 이루어낸 일이었다.

2003년 온라인 시사 매거진 Slate.com은 "카다피는 왜 여전히 대령인가?"라는 제목의 기사를 실었다. 필자에 따르면 카다피는 자신의 나라는 평등한 유토피아 사회여서 거창한 호칭이 필요치 않다고 생각했다고 한다. 1969년 카다피가 스물일곱 나이의 일개 대령이었던 것은 하나도 중요하지 않았다. 나이, 계급과 상관없이 그는 쿠데타에 성공했다. 일부 개발도상국에서는 낮은 계급의 장교가 권력을 장악하는 일이 드물지 않다. 새뮤얼 헌팅턴Samuel P. Huntington과 같은 정치학자들에게 이것은 리비아의 시스템이 충분히 제도화되지 않았음을 보여주는 표지이다.[52]

반면 대담한 음모를 계획했으나 서투른 실행으로 무산된 린뱌오 원수의 경우를 생각해 보자. 쿠데타 계획 당시 린뱌오는 국방부장이자 당 중앙위원회 부주석, 국무원 제1부총리였다. 그는 인민해방

---

* 송 태조가 건국 공신 무장들을 연회에서 설득해 병권을 포기시킨 〈배주석병권杯酒釋兵權〉일화를 가리킨다. 다수의 병력을 거느린 무장들이 자칫 다른 마음을 품으면 또다시 난이 일어나리라 우려한 태조는, 황제 즉위 전 오랜 벗이었던 석수신石守信, 왕심기王審琦 등 고위 장수들을 불러 술을 마시며 "부하들이 반란을 일으키지 않을까 두렵다"며, "지방으로 가 좋은 전답과 집을 사고 기녀를 두고 즐겁게 천수를 누리면 군신 간에 의심 없이 위아래가 두루 평안할 것"이라고 말했다. 태조의 의중을 파악한 장수들은 날이 밝자마자 병권 해제를 청했다. 태조는 이를 받아들여 병권을 반납한 무장들에게 후한 보상을 내렸으며, 고위 공신 장수들과는 인척을 맺었다. 유혈 숙청 없이 위협을 제거하고 군을 장악하여 중앙집권에 성공한 이 사건은 태조의 정치력을 보여주는 사례로 종종 회자되나, 노련한 장수들 대신 문인들이 군을 통제하게 되어 송나라의 군사력을 떨어뜨렸다는 비판도 받는다. 실제로 송나라는 늘 변방이 불안정하였고, 북방 민족과의 전쟁에 연달아 패하는 등 내내 국방에 취약한 국가였다.

군 원수였으며 1969년 이래 중국공산당 헌법에 마오쩌둥의 후계자로 명시되어 있었다. 그러나 쿠데타를 계획하고 실행하는 데 있어 린뱌오의 공모자는 아내와 장남뿐이었으며, 단 한 명의 인민해방군 병사도 동원하지 못했다. 린뱌오의 전임 국방부장인 펑더화이도 비슷한 운명을 맞이했다. 마오쩌둥은 1959년 루산 회의에서 펑더화이를 손쉽게 해임했다. 서로 격렬한 언사를 주고받는 와중에 반란을 일으키겠다고 위협한 인물은 국방부장인 펑더화이가 아니라 마오쩌둥이었다.

중국공산당 통치하에서 군은 한 번도 권력 투쟁과 후계자 갈등의 최전선에 서지 않았다. 민간 관료 우선주의 규범과 군대 종속의 제도화는 중국공산당 통치의 무결점 역사—비록 엄청난 충격과 재앙으로 점철되기는 했어도—의 한 축을 지탱해 왔다.

예젠잉叶劍英 원수가 중심 역할을 한 1976년 사인방의 몰락이 군부의 정치 개입에 가장 근접했지만, 전통적인 의미에서 쿠데타라고는 할 수 없다. 당시 화궈펑은 당 중앙위원회 주석이자 중앙군사위원회 주석이기도 했다. 중국공산당 조직도에 따르면 사인방은 화궈펑의 부하들이었다. 체포 당시 장칭이 (이미 사망한) 마오쩌둥의 아내만 아니었어도 이것은 단순한 숙청으로 보였을 것이다. 후야오방과 자오쯔양의 축출도 쿠데타보다는 숙청에 가까웠다. 덩샤오핑은 당 중앙군사위원회 주석이었지만, 당의 수장을 끌어내리기 위해 탱크를 내세운 적은 없었다. 덩샤오핑과 다른 혁명 원로들은 군사적 혈통과는 상관없는 실질적인 권력을 휘둘렀다.

중국식 시스템에는 수많은 '쿠데타 방지' 요소들이 있다. 민간인 우위를 둘러싼 군에 대한 제도적 통제는 강력하며, 인민해방군의 제도화 자체도 개혁개방 시대에 강화되었다.[53] 한 가지 예로 1990

년대 장쩌민이 군산軍産 분리에 성공한 것을 들 수 있다. 1980년대에 중국군은 덩샤오핑의 승인하에 예산 부족분을 부업으로 보충했다. 장쩌민은 이러한 관행을 뒤집어엎고 군 예산을 늘리고 하급 장교들의 생활 수준을 개선함으로써 군의 자원 통제를 공식화했다. 군대는 충성스럽게 이러한 조치에 동의했다.[54] 몇몇 특수한 상황을 제외하면, 군은 중국 정치에서 혼란을 일으키기보다는 안정화하는 역할을 해왔다.

온화한 정치의 막간

덩샤오핑은 보통 중국의 경제 개혁을 이끈 인물로 기억되지만, 그의 공적은 경제 분야에만 그치지 않는다. 덩샤오핑은 중국 정치와 사회의 정상성을 회복하고 체제의 심각한 결함을 완화하는 후계 구도를 만들었다.

마오쩌둥 시대의 중국인들은 끊임없이 파괴적인 '캠페인'에 시달려야 했다. 마오쩌둥은 집권 첫 5년 동안 총 여섯 번의 캠페인을 벌였다. 평균 매년 한 번 이상이다. 덩샤오핑 시대에도 캠페인은 있었지만 간결하고 표적이 분명했다. 1983년 이른바 '정신오염제거淸除精神污染' 캠페인은 단 28일 동안만 진행되었고, 많은 공무원이 이 캠페인이 자신의 책임 영역에 해당하지 않는다고 선언했다.

1980년대에는 지적 풍토도 훨씬 관대했다. 덩샤오핑은 1981년 영화 〈짝사랑苦恋〉*이 반동적인 기조와 내용이라며 혹독하게 비판

---

* 정식 제목은 〈태양과 사람太阳和人〉. 바이화가 1979년 발표한 희곡 〈짝사랑〉을 감독 펑닝彭宁이 1980년 영화화했다. 국민당의 폭정에 해외로 도피했던 주인공이 유명 화

했고 영화는 곧 상영이 금지되었지만, 작가인 바이화白桦는 처벌받는 일 없이 계속 글을 썼다. 저명한 자유주의 지식인인 팡리즈Fang Lizhi*, 류빈옌Liu Binyan**, 왕뤄왕Wang Ruowang***은 실명으로 덩샤오핑을 비판했고, 결국 세 사람 모두 당에서 제명되었으나 미국 이주를

가가 되어 신생 중화인민공화국으로 돌아오지만, 문화대혁명으로 가정이 파괴되고 모든 것을 잃은 끝에 황야에서 비참한 죽음을 맞이한다는 내용으로 희곡 발표 당시부터 논란이 있었다. 특히 주인공의 딸이 "아버지는 이 나라를 간절하게 사랑하지만, 이 나라는 아버지를 사랑하나요?" 묻는 대사가 문제가 되었다. 중국공산당 내에서도 작품을 용납해서는 안 된다는 파와 예술가의 자유를 어느 정도 인정하자는 파가 갈려 격론이 일어났다.

* 중국의 천체물리학자, 반체제인사. 중국과학기술대학 부총장을 역임하였으나, 1986년 12월 중국 전역에서 학생 시위가 일어났을 당시 시위대에 동조하는 연설을 하여 덩샤오핑에게 공개 비판을 받고 당원과 부총장직에서 제명되었다. 1989년 6월 4일 천안문 사태가 무력으로 진압되자 다음 날 아내와 함께 베이징 주재 미국 대사관으로 피신하였다. 조지 부시 행정부가 헨리 키신저 전 국무장관을 베이징에 파견해 덩샤오핑과 비밀 담판 끝에 이듬해 6월 중국 정부가 망명을 허가하였다. 영국을 거쳐 미국으로 이주 후 애리조나 대학교 물리학 교수로 재직하며 중국의 인권 개선을 촉구하는 활동에 몸담았다.

** 중국의 작가, 언론인, 반체제 인사. 〈중국청년신문〉〈인민일보〉 등의 기자로 활동하다가 1956년 보고報告문학인 〈교량 건설 현장에서在桥梁工地上〉〈본보내부소식本報內部消息〉을 잇달아 발표해 관료주의, 중국공산당의 부패, 언론 통제를 비판하여 당에서 제명되었다. 문화대혁명이 일어나자 정치범 수용소라 할 수 있는 노동개조소에 8년 수감 되는 등 고초를 겪었으며, 1986년 중국 전역에서 학생 시위가 일어나자 그 여파로 두 번째로 당에서 제명되었다. 1989년 방미 중 천안문 사태가 일어나자 당과 정부를 강력하게 비판했으며 중국은 그의 귀국을 영구 금지하였다.

*** 중국의 작가, 반체제 인사. 중화민국 시대에는 공산주의자로, 중화인민공화국 수립 후에는 반혁명분자로 좌우 양측에서 정치적 박해를 받았으며, 이후 대약진운동을 비판하여 문화대혁명 기간에는 4년간 수감 되기도 했다. 문화대혁명 종료 후 지위 회복을 통해 중국 작가협회 이사에 올랐다. 1986년 전국 학생 시위 여파로 팡리즈, 류빈옌 등과 함께 다시 제명당했으며, 1989년 천안문 사태 당시 배후로 지목되어 13개월간 수감 생활을 했다. 1992년 도미, 1995년 뉴욕에서 중국민주당을 창당해 주석을 지내기도 했다.

허락받을 수 있었다. 2010년 노벨 평화상을 수상했으나 본인은 물론 아내의 대리 수상조차 허용되지 않았던 반체제 지식인 류샤오보刘晓波*의 처우와 비교해 보라. 그는 결국 2017년 감옥에서 사망했다. (1975년 안드레이 사하로프Andrei Sakharov**가 노벨 평화상을 수상했을 때 소련 당국은 그의 아내가 오슬로에 가서 상을 받는 것을 허용했다.)[55] 2020년에는 런즈창任志强***이 시진핑을 비판하다 감옥에 갇혔다.

덩샤오핑은 중국 정치를 더 온화하게 만들었다. 경제 성과에 초점을 맞추고 정치 행위를 비범죄화하여 정치적 긴장을 완화했다. 후야오방과 자오쯔양의 축출을 제외하면, 당시의 중국 지도자들은 타협과 협상을 통해 의견 차이를 조율했다. 문화대혁명 시기 끔찍

---

* 중국의 작가, 학자, 반체제 인사, 인권운동가. 2010년 중국 최초로 노벨 평화상을 수상하였으며, 중국 민주화운동의 아버지로 불린다. 1989년 천안문 사태가 일어나자 지식인을 대표해 단식 투쟁을 벌이다 체포되어 징역형을 받았다. 복역을 마친 후에도 망명을 선택하지 않고 계속 민주화 운동에 헌신하였고, 그 결과 노동개조소와 감옥에 반복 수감되었다. 2008년 민주화와 정치 개혁을 요구하는 08헌장에 주도적으로 관여했다가 국가전복 선동 혐의로 징역 11년형을 선고받아 수감 중 2017년 6월 간암 말기 진단을 받아 석방되었고, 한 달 후 세상을 떠났다.

** 구 소련의 핵물리학자, 인권운동가, 정치인. 소련 핵 개발 주도자 중 한 명이며 소련 최초의 수소폭탄을 개발하였다. 그러나 1960년대 이후 무기 개발에 회의를 느끼고 인권운동에 뛰어들었다. 1980년 소련의 아프가니스탄 침공을 공개 비판한 후 모든 명예를 박탈당하고 가택 연금을 받는다. 1975년 노벨 평화상을 수상했다. 고르바초프 집권 후 사면받아 1989년 소련 인민대표회의 의원으로 선출되었으나 그해 사망했다.

*** 중국의 기업인. 중국 5대 부동산 기업인 화위안 그룹 회장을 지냈으며, 중국의 소셜미디어 웨이보에 4,000만 명에 가까운 팔로워를 보유했던 유명 인사였다. 2020년 중국 정부의 코로나19 대응을 비판하며 시진핑 주석을 "광대"라고 비난한 뒤 실종되었다. 이후 중국 정부가 횡령, 뇌물, 공금 유용 등의 혐의로 런즈창을 수사하고 있다는 기사가 나왔고, 그해 9월 징역 18년형을 선고받았다.

한 죽음을 맞은 류사오치, 펑더화이와는 달리 후야오방과 화궈펑은 당 고위직과 신변의 자유를 유지하며 연착륙했다. 정치적 라이벌은 더는 적군이 아니었고, 합의에 기반한 정치 형태가 싹트며 권력 투쟁의 날이 무뎌졌다.

덩샤오핑의 온화한 정치는 훗날 중국에서 일어난 일과 비교하면 더욱 이해가 쉽다. 천안문 사태 이후 중국 정치는 눈에 띄게 강경해졌다. 자오쯔양은 가택 연금되었고 중국공산당은 현재까지도 천안문 사태에서 그의 역할에 대한 조사 보고서를 공개하지 않고 있는데, 이는 자오쯔양에 대한 처우가 당의 원칙, 규칙, 사실관계 조사 결과에 맞지 않아 난처함을 스스로 인정한 꼴이다. 자오쯔양은 16년 동안 정당한 명분 없이 신변의 자유를 박탈당했다.

장쩌민은 정치적 라이벌을 모함하기 위해 부패 혐의를 이용하는 전술의 창시자이다. 후진타오가 이어받고 시진핑이 무기화한 바로 그 전술이다. 1995년 베이징 당서기 천시통陈希同이 부패 혐의로 해임되었다. 천안문 사태 당시 베이징 시장이었던 그는 시위 진압에 중요한 역할을 하여 장쩌민의 강력한 라이벌로 자리매김했다. 그의 부하였던 왕바오센王宝森의 자살을 포함하여, 천시통의 숙청에는 여전히 미스터리가 많다. 왕바오센이 자기 등에 총을 쏘아 "자살"했다는 소문도 있었다.[56] 2006년 후진타오는 장쩌민의 측근인 상하이 당서기 천량위陈良宇를 부패 혐의로 끌어내렸다.[57] 시진핑이 반부패 캠페인을 전가傳家의 보도寶刀로 휘두른 것이야 말할 필요도 없다. 부패를 정치화하는 이 전술은 많은 개발도상국에서 널리 사용되고 있는데, 중국은 그 원조라 할 수 있다.[58]

임기 제한

털록은 자신의 저서에서 당시 권위주의 국가였던 멕시코와 브라질의 정권 승계가 비교적 순조롭게 진행된 것을 의아해한다. 그는 두 나라에 임기 제한이 있었다고 지나가는 말로 언급하며 특별히 주목하지 않았는데, 나는 이 임기 제한이야말로 중요한 안정화 요인이라고 생각한다. 세습 승계와 마찬가지로 임기 제한은 선택과 행동의 범위를 규정한다. 임기 제한은 새로운 통치자의 황태자 시기에 어느 정도 확실성을 부여하고, 이는 현직자와 후계자 모두에게 안정 효과가 있다.

후계자를 공식 지명하는 행위가 권력의 누수로 이어질 수 있기에 독재자들은 후계자 지명을 주저한다. 정치 엘리트들은 후계자가 임명되자마자 "현 독재자의 통치 기간보다 후계자의 통치 기간에 살날이 더 많으리라는 이론에 따라 작전을 짜기 시작한다"고 털록은 말한다.[59] 독재자는 권력을 잃지 않기 위해 결정을 늦춘다. 최후의 순간에 결정을 내리면 독재자가 마음을 바꿀 시간도 짧으니 황태자 기간을 단축하고 결국 승계가 진행될 확률이 높아진다.

하지만 단점도 있다. 마지막의 마지막까지 최종 결정을 미룰 경우, 승계 계획의 질이 떨어질 수 있다. "공정하고 어리석지 않은" 화궈펑도 장쩌민도 이 범주에 들어간다. 화궈펑에게 무슨 일이 일어났는지는 잘 알려져 있어도 장쩌민의 목이 거의 날아갈 뻔했다는 사실을 아는 이는 많지 않다. 장쩌민의 경제 보수주의에 심기가 불편했던 덩샤오핑은 1992년 남순강화*에서 "개혁하지 않는 사람은

---

*　국내에서는 일본식 표현 '남순강화'를 보편적으로 사용한다. 중국어로는 '덩샤오핑 남순邓小平南巡' '92남순九二南巡' 또는 (1978년 덩샤오핑의 동북지방 시찰에 대응해) '남방담

물러나야 한다谁不改革，谁就下台"고 말했다. 이 불길한 메시지는 동석한 군 고위 장성들의 존재로 더욱 강조되었다. 결과적으로 덩샤오핑은 총서기 세 명을 연달아 숙청하는 것은 너무하다고 판단하고 한발 물러섰다.[60]

임기 제한은 이러한 문제를 부분적으로나마 해결한다. 임기 제한은 의사 결정 시간표에서 재량권을 없애는, 일종의 강제성을 부여하는 구조이다. 이제 승계 시간표는 생물학적 시간표가 아니라 달력형 시간표가 되었다. 중국의 국가 주석 임기는 10년으로 현직 독재자와 후계자 사이에 적당한 나이 차를 보장한다. 꼭 그 때문만은 아니지만, 어쨌든 임기 제한이 있는 동안 중국은 털록의 저주를 어느 정도 피해갈 수 있었다.

임기 제한이 있었던 1989~2012년, 중국공산당은 현직 지도자의 임기가 만료되기 훨씬 전에 승계와 관련된 거의 모든 세부 사항을 마무리했다. 시진핑의 권력 승계는 임기 제한의 안정화 효과를 잘 보여주는 사례이다. 2012년은 원자바오 총리 일가의 재산 폭로, 충칭시 부시장 왕리쥔의 주 청두 미국 영사관 진입 사건, 노골적인

화南方谈话'라고도 한다. 1989년 천안문 사태와 1991년 소련 붕괴에 충격을 받은 중국공산당 지도부는 천원을 대표로 하는 보수파가 힘을 얻었고, 덩샤오핑이 강력하게 밀어붙였던 개혁개방 정책들은 답보 상태였다. 덩샤오핑은 이를 타개하기 위해 1992년 1월 가족여행을 핑계로 인민해방군 실세인 양상쿤 중앙군사위원회 부주석을 대동하고 남부 지방 순회에 나섰다. 우한, 창사, 선전, 주하이, 광저우, 상하이, 난징 등을 돌며 개혁개방 필요성을 역설하고, 자신에 대한 인민해방군의 충성을 확인하였다. 결국, 장쩌민을 비롯한 당 지도부는 3월 9~10일의 당 중앙위원회 전체회의와 3월 20일~4월 3일의 제7기 전국인민대표대회 5차 회의에서 남순강화를 전적으로 수용하고 개혁개방 정책의 가속화를 결의하게 된다.

보시라이 숙청 등 중국 정치가 팽팽한 긴장 속에 있던 한 해였다.[61] 이러한 일련의 사건들에도 불구하고 시진핑이 예정대로 권력을 잡은 것은 임기 제한에 따라 고안된 승계 계획의 견고함과 복원력을 보여준다.

하지만 개혁개방 시대는 이미 오래전에 막을 내렸다. 시진핑 치하에서 정치 경쟁의 대가는 높아졌다. 임기 제한은 폐지되었고, 다른 많은 규범 역시 그 힘이 약해졌다. 개혁개방 시대 중국공산당이 털록의 저주를 개선하는 데에 큰 도움이 되었던, 후계자 선출의 역학 관계를 통제할 수 있는 가드레일은 더는 존재하지 않는다. 조만간 중국공산당은 시진핑의 조치들로 인한 폐해를 실감하고 임기 제한의 부재가 불러온 효과를 인식하게 될 것이다.

독재자들은 충성심이란 언제든지 그 대상을 바꿀 수 있다는 것을 잘 알기에 권력을 놓기 싫어한다. 화궈펑의 권력이 시들기 시작하자 그의 부하들은 충성의 대상을 바꾸기 시작했다. 1980년 1월, 화궈펑이 한 회의에서 방중한 미국 관리와 대화하고 있는 동안, 그 자리에 있었던 중국 관리들은 당 총서기의 존재를 무시하고 자기들끼리 잡담을 했다.[62] 처음에는 눈에 띄지 않았어도 권력이 화궈펑으로부터 급속도로 빠져나가기 시작했음을 감지한 것이다. 새로운 질서가 도래하고 있다는 뜻이었다.

당시에는 이 전환이 가져올 영향—변화 그 자체로서나 결과로서나—을 예견한 사람은 거의 없었다. 덩샤오핑의 시대는 폭발적인 성장, 정치적 유연함, 전반적인 안정, 그리고 다음 주제이자 EAST 공식의 마지막 구성요소인 기술의 눈부신 발전으로 이어졌다.

4부

기술

技術

7장.
니덤 문제의 재구성

인쇄술, 화약, 나침반⋯ 이것들이 세계의 겉모습과 상태를 바꾸어놓았다. 첫 번째는 지식에서, 두 번째는 전쟁에서, 그리고 세 번째는 항해에서.

— 프란시스 베이컨, 1620

1405년 명나라 3대 황제 영락제 3년, 62척의 대형 함대가 푸젠성 우후먼*에서 먼바다를 향해 출항했다. 원정대의 대장은 황실 환관이자 무슬림인 정화鄭和였다(정화는 영락제로부터 삼보三寶라는 이름도 하사받은 적이 있는데, 명나라 황제들의 불교 신앙을 엿볼 수 있다). 1405년부터 1433년까지 총 일곱 차례의 원정이 있었고, 모두 1차 원정과 비슷한 규모로 남중국해와 인도양, 대만에서 페르시아만을 거쳐 중국인들의 상상 속 엘도라도, 아프리카에 다다랐다.

1433년 7차 원정이 정화의 마지막 원정이었다. 정화는 그해 사망했다. 그 후 5대 황제 선덕제는 전면 해금령海禁令을 내린다.** 항

---

* 현 푸젠성 창러시 민강 하구.

** 다만, 명나라 실록에 따르면 이후 1434년에도 정화의 부관이었던 왕경홍王景弘이

해 선박의 건조와 수리를 금지하고 약 3,500척의 선박을 불태웠다. 항해 기록도 모두 말살되었다. 해금령을 위반한 민간인은 무거운 처벌을 받았다. 해금령이 시행된 400년 동안 중국은 내부로 눈을 돌렸다. 해군력이 절정에 달한 중국이 자발적으로 국제 사회에서 퇴장한 사건은 이후 500년 동안 세계의 지정학적, 경제적 질서를 형성하고 재배열했다. 중국의 부재는 팍스 브리타니카에 이어 팍스 아메리카나가 부상하는 길을 열었다. 서방이 중국을 상대로 '포함 외교gunboat diplomacy'를 펼치던 19세기, 루이즈 리버시스Louise Levathes의 책 제목*처럼 "중국이 바다를 지배했던" 시절이 있었다는 사실을 아는 사람은 거의 없었다.[1]

막 떠오르던 팍스 시니카Pax Sinicaz—중국이 지배하는 세계 질서—를 물거품으로 만든 것은 명나라 '바보'들만의 작품일까?[2] 명나라가 첨단 항해 기술을 동력 삼아 유교의 이미지로 빚어낸 세계 질서에 대한 대체 역사 시나리오는 여러 세대의 역사학자와 관찰자들을 매료시켰다. 존스에 따르면 당시 중국은 산업혁명이 일어나기 직전("머리카락 한 올 만큼")이었다.[3] 이 이야기에서 명나라는 서구가 막 도약하기 시작한 순간 중국이 주저앉은 이유에 대한 비난의 상당 부분을 떠안고 있다.

충분히 이해할 수 있는 감정이다. 명나라의 해금 정책으로 중국의 기술 발전은 얼어붙었다. 중국은 정화의 30년 원정 동안 해외에

이끄는 8차 원정대가 예정대로 인도네시아 수마트라로 떠났다는 기록이 있어, 해금령은 1435년 선덕제 사망 후 즉위한 정통제가 내렸을 수도 있다. 1436년 정통제가 왕경홍에게 서양 무역을 중단하도록 지시한 기록 역시 명나라 실록에 남아 있다.

* *When China Ruled the Seas: The Treasure Fleet of the Dragon Throne, 1405–1433*(1994).

서 생산된 다량의 상품, 의약품, 지리적 지식을 수입했다. 정화 자신이 이러한 기술 교류의 주체는 아니었지만(정화의 원정은 상업적 목적이 아니었다), 해금 정책은 중국이 세계 시장에서 완전히 후퇴하면서 기술 교류가 갑자기 중단되는 결과를 가져왔다. 명나라의 초대 황제 주원장은 과거 제도를 직접 세밀하게 관리하면서 지적 풍토를 질식시켰다. 그러나 후임 황제들은 덜 폭압적이었고, 따라서 해금 정책이 아니었다면 명나라는 당나라나 송나라 때와 같은 수준의 발명 속도를 회복할 수 있었을 것이다.

명나라의 해금 정책은 중국의 기술이 왜 쇠퇴했는지에 대한 토론과 논의에서 자주 등장한다. 영국의 생화학자 조지프 니덤Joseph Needham은 중국 과학기술사 분야를 개척한 인물로 널리 알려져 있다.[4] '니덤 문제Needham question'라는 용어는 그의 이름을 딴 것이다. 1969년 출간한 저서《중국의 과학과 문명》*에서 그는 다음과 같은 질문을 던진다. 왜 중국은 초기 기술 우위를 활용하지 못하고 독자적인 산업혁명을 시작하지 못했을까?[5]

그는 길고 화려한 경력에 걸쳐 수많은 설명—중국에 과학적 사고가 존재하지 않았다는 추정부터 봉건적 관료주의, 상업의 낙후에 이르기까지—을 제시했다. 그는 서양의 도시 국가들과 중국을 비교하며 서양이 부상한 덕분에 민주주의가 탄생했다고도 말했다.[6] 니덤은 1430년대 이후 외국 지식의 흡수를 막은 관료주의적

---

* 중국이 어떻게 과학기술에서 서구에 뒤지게 되었는가를 규명하고자 한《중국의 과학과 문명》은 비교철학과 중국학에서 중요한 저서로 평가받는다. 니덤이 편찬을 시작한 해당 시리즈는 그의 사후에도 케임브리지 대학교에서 계속 이어서 출판되고 있다.

통제를 비난한다. 그는 종종 중국 쇠퇴의 시작을, 서방에서는 과학이 부상하기 시작했고 길고도 억압적이었던 명나라의 치세가 종식된 17세기로 거슬러 올라간다.

중국에서 니덤은 자신이 던진 질문에 답하기 위해 방대한 문헌을 만들어냈다. 이 문헌은 추측에 기반한 추정과 풍부한 서사가 특히 뛰어나지만, 그러한 추정을 뒷받침할 세부적인 실증적 근거는 상대적으로 부족하다. 7장의 한 가지 중요한 출발점은, 나는 역사적으로 만 개가 넘는 중국 발명품에 대한 상세한 데이터베이스를 바탕으로 주장을 구성하고 근거를 제공했다. 이는 니덤 문제를 분석하기 위해 수집된 데이터베이스 중 내가 아는 한 최대 규모이다.

우리가 수집한 데이터에서 주목할 만한 발견은 중국의 기술 발전이 단절된 시점이 많은 이들이 생각하는 명나라 때가 아니라 훨씬 이전 6세기였다는 사실이다. 해금 정책이 중국의 쇠퇴에 심각한 영향을 미쳤으나 쇠퇴를 촉발한 근본적인 원인은 아니었다. 물론 명나라의 지배계급은 엉망진창이었다. 하지만 그것은 이미 700여 년 전에 시작된 추세에 가속도가 붙어 탄생한 엉망진창이었다. 17세기 또는 18세기까지 중국은 산업화 근처에도 가지 못했다.

니덤의 문헌 속 많은 설명이 유럽과 중국이 왜 달랐는지를 살피는 단면적인 해설에 그친다. 이것은 구조적으로 어려운 연구 질문이다. 과학적 사고의 유무 등 니덤이 주목한 요인 외에도 중국과 유럽은 다양한 측면에서 서로 달랐다. 이러한 요인 중 일부는 근본적인 원인이라기보다는 상관관계일 수도 있다. 또는 구체적으로 명시한 변수들과 기술 사이에 공통적인 인과관계의 근원이 존재할 수도 있는데, 이는 니덤이 제시한 설명과는 완전히 다르다. 니덤의 질문을 "중국은 왜 특정 시기에는 창의적이었지만 다른 시기에는 그렇지 않았을까?"라고 변경한다면 더 생산적으로 답을 찾을 수 있다. 니덤 문제를 시간에 따른 동적 변화에 관한 질문으로 바꾸면, 일부 변수는 일정하게 유지하면서 중국의 창의성과 상관관계가 있는 변수에 집중할 수 있다는 방법론적 이점을 누릴 수 있다. 이 방법이 확실한 인과관계를 보장한다고 말하기는 어렵지만, 각각 고유한 특징과 조건을 가진 두 대륙의 지리를 비교하는 것보다는 훨씬 더 따라가기 쉬운 접근 방식이다.

역사를 바로 알아야 인과적 역학 관계도 제대로 파악할 수 있다. 니덤의 질문에 답하기 위해 나는 6세기 이전과 이후의 중국을 비교할 것이다. 이제 우리는 6세기에 수나라가 중국을 통일하고 과거 제도를 창시한 역사를 알고 있다. 중국의 절대주의를 영구화한 과거 제도의 도입은 수많은 정치적, 사회적, 인지적 효과를 낳았다. 여기서 문제는 이러한 과거 제도에서 기인한 효과가 6세기 이후 중국의 기술 쇠퇴와 침체를 촉발했는지 여부이다. 나의 대답은, "그렇다." 나는 **규모와 범위의 구조**를 사용하여 중국 기술의 흥망성쇠를 설명할 예정이다. 데이터를 기반으로 설명하겠지만, 혁신과 산업혁명에 관한 기존의 사회과학 이론도 인용할 것이다.

니덤 문제에 대한 답을 찾는 과정에서 많은 연구자가 종종 놓치고 잊어버리는 질문, 즉 중국이 애초에 어떻게 기술 분야에서 초기 우위를 점할 수 있었을까로 돌아가 보자. **니덤 문제**는 분석의 축을 중국의 실패에 놓는다. 고대 중국의 엄청난 업적들은 종종 중국의 기술 우위가 후대 왕조에서 완전히 무너졌다는 부정을 통해 긍정된다. 이러한 접근 방식은 실질적 측면과 방법론적 측면 모두에서 문제가 있다. 실질적 측면의 문제는 중국의 업적을 설명하지 않고는 완전한 설명이 될 수 없다는 것이다. 방법론적 측면을 살피자면 좋은 설명은 간결해야 한다. 즉 실질적 성과에도 불구하고 중국이 쇠퇴했다는 사실을 설명하거나, 최소한 수용할 수 있어야 한다. 덧붙여 간결한 설명은 반대 주장도 평가할 수 있어야 한다. 예를 들어 중국의 쇠퇴를 반과학적이고 보수적인 유교 윤리 탓으로 돌리는 설명이 널리 받아들여지고 있는데, 그렇다면 유교의 존재에도 불구하고 거두었던 고대 중국의 업적들은 어떻게 해명할 수 있을까? 중국인의 타고난 창의력을 전제로 하는 설명도 똑같은 문제를 안고 있으며 그 방향은 정반대이다. 후대 중국의 쇠퇴를 어떻게 설명할 수 있을까? 고정 효과 모형은 분산을 설명하지 못한다. **니덤 문제**를 풀기 위해서는 먼저 중국의 기술적 성취를 알아볼 필요가 있다.

제국의 과학과 기술

고대 중국인들은 놀라운 창의력의 소유자들이었다. 기술 분야에서 상당한 발전을 이루었으며 전반적으로 동시대 세계의 다른 나라들보다 훨씬 앞서 있었다. 예를 들어, 유럽에서는 빨라야 14세기 후반에야 철을 주조할 수 있었던 반면 중국인들은 기원전 200년에 이미 철을 주조했다.[7] 해양 기술 분야에서의 업적 역시 인상적이다. 중국은 선박 건조와 운항 능력, 항해 기술에서 유럽보다 훨씬 더 앞섰다. 중국의 다른 기술적 성취로는 종이, 물시계, 활자의 발명 등이 있다.[8] 중국은 수력 공학, 벼농사, 관개, 직물 방적, 도자기, 수레 설계 및 기타 여러 분야에서도 선구자였다.[9]

중국의 가장 유명한 발명품 네 가지를 꼽으라면 소위 '4대 발명',

즉 종이, 인쇄술, 화약, 나침반이다. 하지만 고대 중국인들은 이외에도 매우 많은 것들을 발명했다. 니덤의 제자이자 《중국의 천재성: 3,000년의 과학, 발견, 발명The Genius of China: 3,000 Years of Science, Discovery, and Invention》의 저자인 로버트 템플Robert Temple은 다음과 같이 말했다.

> 아직 밝혀지지 않은 역사의 가장 큰 비밀은 우리가 사는 '현대 세계'가 동서양 모두의 요소들, 그리고 현대 세계의 기반이 되는 기본적인 발명과 발견들이 어우러져 만들어진 훌륭한 합성체라는 것이다. 아마도 그중 절반 이상이 중국에서 태어났을 것이다.[10]

템플은 당대 가장 앞서갔다고 평가받는 고대 중국의 발명품 백 가지를 제시한다. 그중에는 놀랍게도 브랜디와 위스키도 있다.

다른 나라 또는 지역들보다 훨씬 빨랐던 중국의 창의성을 설명하려는 상세한 시도는 의외로 거의 없었다. 중국인의 타고난 독창성이 초기의 기술 선도를 가능하게 했다는 기본적인 설명은 해석보다는 추론이, 입증보다는 주장이 더 많다. 이 전제는 자연스럽게 중국의 독창성을 방해했다고 추정되는 요인들로 초점을 옮겨가게 한다. 종종 콕 찍어서 국가가 비난의 대상이 되기도 한다. 국가가 그렇게 억압적이지 않았다면 중국은 산업화 국가로서 성공적으로 부상했을 것이다. 데이비드 랜즈David S. Landes는 "중국의 기술 발전을 죽이는 것은 바로 국가"라고 말했다.[11]

연구자들의 의도는 아니겠지만 이러한 관점은 잘 알려져 있고 몹시 유독한 "유럽의 번영과 산업화는 유럽인의 민족적 우월성 때문"이라는 주장의 먼 사촌쯤 된다고 볼 수 있다. 모리스는 후자를

"서구 우월성의 장기적 고착화 이론"이라 해석한다.[12] 어떤 특정 문명이 본질적 우월성을 가졌으며 더 창의적이라는 생각은 함축된 의미 자체에 문제가 있을 뿐 아니라, 반증 가능성이나 외부 검증이 없는 나쁜 이론에 불과하다. 서양이든 동양이든 이러한 주장은 관찰된 결과를 근거로 하며, 심지어 그 관찰된 결과만이 유일한 근거일 때도 많다. 종속 변수 선택이 크게 작용한다는 것이다.

나는 여기서 다른 설명을 제안하려 한다. 창의성의 결과가 다양한 이유는 창의성을 허용하고 가능하게 하는 조건이 다양하기 때문이다. 나는 중국이 초기에 기술을 선도할 수 있었던 데에는 국가의 역할이 결정적으로, 어쩌면 독점적으로 작용했다고 추측한다.

더글러스 노스Douglass C. North에 따르면 "현대 기술의 잠재력 실현은 국가와 함께는 불가능하지만, 국가 없이도 불가능하다."[13] 이는 전근대에도 다르지 않았다. 왕조 시대 중국은 정부가 직간접적으로 기술을 지원했다. 대규모로 의학 및 농업 지식을 편찬하여 보급하고 기술 표준을 제정하였다. 또한 발명가들에게 금전적 보상과 승진이라는 직접 보상을 제공했다. 지진계를 발명한 후한의 장형张衡은 천문과 역법을 관장하는 조정 대신인 태사령太史令을 거쳐 재상에 버금가는 상서尙書까지 올랐다. 발명에 대한 보상으로 공직을 얻은 지방 관리들도 많았지만, 반대로 공직을 받은 후 발명에 성공하는 경우도 있었다. 예를 들어 인류 역사상 가장 유명한 기술적 성취 중 하나인 종이를 발명한 사람으로 널리 알려진 채륜蔡倫은 97년 황실의 각종 기구 제작을 감독하는 책임자로 임명된 후 105년에 종이를 발명했다.[14]

국가의 직접 지원은 중국의 초기 기술 우위를 설명할 만큼 대단하지는 않았다. 사후 지원은 종이나 지진계 같은 영향력이 큰 몇 가지 발명품을 설명할 수는 있어도 대량 발명은 설명할 수 없다. 일부 황제들은 기술에 열광했지만 그렇지 않은 황제들도 있었다. 보상이 제도화되어 있었던 것도 아니다. 황제들이 중요하게 여긴 점성학의 발전을 돕는 발견에 보상이 집중되는 경향도 있었다. 예를 들어 송나라는 천문학을 전담하는 정부 부처인 '한림천문원翰林天文院'*을 설치했다. 직접 지원은 중국의 천문학 및 관련 분야 발전에 공헌했으나 다른 분야의 획기적인 발전으로 이어지지는 못했다.

고대 중국에서 발명의 씨앗을 뿌리는 데에는 국가의 간접 역할이 훨씬 더 중요했다. 중국 황실은 정부 기구에 상을 내렸고, 그 규모도 컸다. 한 가지 방법은 정부가 발명가들을 고용하는 것이었다. 사후 보상과는 달리, 발명 활동 비용의 저감은 전반적인 기술 발전에 이바지했다. 이러한 국가의 사전 지원 기능은 고대 문명들 가운데 가장 독특하며, 중국이 우위를 점할 수 있었던 진정한 원천이었다.

니덤은 "과학(순수 과학과 응용과학 모두)의 상대적으로 '공식적인' 성격"에 주목했다.[15] 그가 연구한 바에 따르면, "(왕조 시대 중국의) 천문학자는 그리스 도시 국가들에서처럼 자신이 속한 사회의 주변부에 있는 시민이 아니라, 공공 서비스에 필수적인 정부 기관에 소속된 공무원으로 때때로 황궁 일각에 머물기도 했다." 그러나 니덤은 그가 정리한 중국 기술 업적의 기록을 정부의 역할과 연결하지

---

* 한림천문국이라고도 한다. 한림학사원 소속 기구로 천체 현상을 관찰하고 황제에게 천문 관련 자문을 제공했으며 천문 서적 편찬, 역서 제작, 황실 행사의 길흉일 및 황릉 입지 선정 등의 업무를 수행하였다.

는 않는다. 사실 그는 정부 주도 과학에 대해 냉소적이고 신랄한 비판을 퍼붓는다. 니덤은 "우리는 '파킨슨의 법칙' 비슷한 것이 이미 고대 중국에서 나타나고 있었다는 결론을 내릴 수 있다"고 말했다('파킨슨의 법칙'은 일의 본질적 가치보다는 할당된 시간을 채우기 위해 일을 한다는 주장이다). 니덤은 많은 발명가가 정부 관리가 아닌 평민이었다는 점을 강조하며, 정부의 지나친 개입이 부분적으로 중국 과학의 비이론적 성향의 원인이 되었다고 비판하였다.

중국 역사에서 정부의 과학기술 인력 고용이 얼마나 큰 비중을 차지했는지 보여주는 자료가 있다. 중국의 한 역사가가 기원전 700년부터 1900년까지 249명의 기술자에 대한 서지학 데이터를 분석한 자료이다.[16] 249명 중 55퍼센트는 국가에 직접 고용되었고, 5퍼센트는 황실 의관이 되었다. 그 55퍼센트 중 26퍼센트만이 관리 집안에서 태어났으며, 이는 채용에 개입이 있었음을 시사한다. 또 다른 분석에서는 국가에 직접 고용된 비율은 48.5퍼센트라는 더 낮은 수치가 나온다.[17] 니덤은 정부 주도 과학에 대해서는 대체로 부정적이지만, 대부분 기술자가 '하급 공무원' 범주에 속한다는 점을 주목하며 정부의 역할을 인정하고 있다.

지금까지 인용한 두 논문은 엄격한 취합, 편집 기준을 적용한 출처 자료에 바탕을 두고 있다. 이 출처 자료의 편찬자는 중국과학원 자연과학사연구소 연구원으로, '상당한 과학적 업적'이 문헌에 남은 기술자만 수록했다. 즉, 중국 역사상 엘리트 기술자 또는 과학자만 포함한다면 문서에 기록된 업적을 남긴 사람들에만 편향된다. 또 다른 출처도 있다. 중국 역사에서 저명한 인물을 분야별로 정리한 백과사전이다.[18] 과학과 기술 분야에는 424명이 등재되어 있다. 전체 왕조 시대 동안 과학기술 인력의 66퍼센트가 정부에 의해 고용되었으며, 이는 중국 역사학자들이 제시하는 수치보다 높다. 흥미롭게도 인문 분야는 정부의 지배력이 더욱 두드러져 인문 분야의 창의적 인재 중 85퍼센트가 고용되었다. 과학기술 인력의 정부 고용이 가장 높았던 시기는 수-당 시대로 76퍼센트였으며, 청나라는 55퍼센트로 최하위를 기록했다.

황실 조정에는 기술 어젠다가 없었다.[19] 발명은 정부가 인재 독점을 통해 의도한 효과라기보다는 부수적인 결과였다. 중국이 거둔 성과는 국가가 운영하는 자금 지원 프로그램의 결과가 아니라 인센티브를 형성하는 제도적 능력의 결과였다. 니덤은 정부 주도 과학의 응용적 특성을 문제라고 보지만, 그 문제의 행동적 측면을 파고들거나 정부 개입의 긍정적 인센티브 효과를 고려하지 않았다. 이에 대한 논의가 명백히 필요하다.

발명은 고정비가 크고 보상은 불확실하다. 심지어 현대에도 혁신은 많은 비용과 시간을 소요할 수밖에 없다. 미래에 기술이 어떻게 작동할지에 대한 추측을 기반으로 하기 때문이다. 결과가 성공적이라는 보장도 없다. 추측이 완전히 틀릴 수도 있고, 추측한 미래가 실현되지 않을 수도 있다. 고대에는 이런 문제가 훨씬 더 심각했다. 전근대 사회의 평민들은 생명 유지에 필요한 최소한의 열량만을 섭취해 간신히 생존하는 수준이었다. 수익이 불확실한 새로운 활동에 도전하는 것은 위험하다. 생존을 위한 최소한의 필요를 충족하는 데 들어가는 시간과 노력을 빼앗는다. 창의적인 기술 추구와 활동에 대한 기회비용은 항상 높지만, 잠재적 발명가들이 벼랑 끝에서 살아가고 있을 때는 특히 더욱 그렇다.

정부는 발명가들을 고용하여 발명 활동의 비용을 낮춰주었다. 오늘날의 국영기업 공장이라 할 수 있는 황실 작업장에는 수많은 기술자와 장인들이 일하고 있었다. 생계를 유지하는 것이 매일매일의 투쟁이었던 고대에 이러한 제도가 확보해 주는 엄청난 재정적 안정을 생각해 보라. 니덤의 표현을 빌리자면, "부역이라는 이름의 강제 노동을 돈 한 푼 받지 못하고 끝없이 제공해야만 했던" 한나라 시대 평민의 상황과 비교해 볼 수 있다.[20]

고대 중국의 창의성이 우세했던 이유는 종일 허리 한 번 못 펴고 일해야 하는 원시 농경의 단순 노동 대신 즉각적인 물질적 보상을 기대할 수 없는 창의적 활동을 수행할 만한 여유가 있는 기술자들을 고용했기 때문이었을 수 있다. 이 기술자 중 일부는 발명에 성공했다. 다른 고대 문명에서는 국가 규모가 훨씬 작았기 때문에 이러한 유한계급의 규모도 더 작았다. 로마 제국과 튜더 왕가의 관료제는 송나라 관료제의 규모에 비하면 새 발의 피에 불과했다.[21] 이들 문명에서 관료 계급의 규모가 작았던 것은 중국 정부를 채웠던 문인 인적 자본보다는 전투에서 승리하거나 세금을 징수하는 등 국가에 즉각적인 서비스를 제공할 관리들로 채워졌기 때문이기도 하다.

그러면 사적인 후원은 어땠을까? 유럽에서는 귀족들이 비슷한 자금 지원 기능을 수행하며 과학과 예술을 후원했다. 레오나르도 다빈치에게는 로렌초 데 메디치 같은 후원자가 여럿 있었다. 하지만 이러한 민간 자금 지원은 (적어도 르네상스 시대까지는) 유럽이 중국에 대하여 기술 우위를 점하게 돕지 못했다. 이유가 무엇일까? 아마도 이러한 후원은 이탈리아에서만 볼 수 있었고, 다빈치 시대에야 생겨났기 때문일 것이다. 중국 정부가 창의적인 인력을 고용한 시기는 전국 시대, 즉 기원전 475년에서 기원전 221년까지 거슬러 올라간다. 또 다른 차이로는 규모가 있다. 왕조 시대 중국의 국가는 전국 규모였던 반면, 유럽의 귀족들은 지역 기반이었다. 또한 현대의 민간 과학 분야와 마찬가지로 귀족의 후원은 이미 성취한 재능과 업적에 대한 보상 형태로 이루어졌다. 반면 국가가 발명가에게 미리 자금을 지원하는 방식은, 이미 성과를 낸 발명가와 잠재적 발명가 모두에게 자금을 지원해 더 많은 발명을 끌어냈다.

중국의 초기 발명 능력은 국가 역량에 의해 능력을 얻은 비금전적 전문가 수의 함수라는 나의 주장을 증명할 데이터는 정부의 기술자 고용 데이터 외에는 따로 없다. 이 가설은 추측에 불과하지만 추측치고는 매우 매력적이다. 매우 단순하기 때문이다. 이 가설은 창의성과 재능의 분포는 여러 문명에서 비슷하며, 창의성과 재능의 활성화는 가용 시간과 인지적 자유의 함수라고 가정한다. 이론적 반증도 가능하다. 또 다른 장점은 간결함이다. 중국이 일찍부터 수많은 발명품을 쏟아낸 이유는 물론 예술과 문학이 번성했던 배경도 설명할 수 있다.

하지만 현대의 감수성에 따르면 이 방식에도 단점이 있다. 하나는 과학의 정치화이다. 앞서 언급했듯이 황제들은 점성술의 발전이라는 맥락에서 천문학에 특권을 주었는데, 당연히 천문학이 87.5퍼센트로 관직에서 차지하는 비중이 가장 높았고 연금술(66.7퍼센트), 지리(63.6퍼센트), 농학(60퍼센트)이 그 뒤를 이었다.[22] 천문 지식에 대한 과도한 프리미엄은 자연재해를 격변과 대규모 반란의 선행 지표로 보는 천명天命사상에 뿌리를 두고 있다. 천문 지식은 정치적으로 활용되었고, 이 때문에 중국 천문학자들은 유럽 천문학자들보다 정부와의 관계가 좋았다. 중국 천문학자들이 수많은 발견에도 불구하고 갈릴레오와 코페르니쿠스만큼 근본적인 돌파구를 만들지 못한 것은, 그들의 연구 의제가 지적이기보다 정치적이었기 때문일지도 모른다.

역사, 그리고 인과관계의 역학 바로 알기

중국의 기술이 쇠퇴하게 된 이유에 대해서는 널리 알려진 여러 가지 설명이 있다. 모두 그럴듯하다. 문제는 데이터 부족으로 인해 학자들이 명확하게 검증할 방법이 없다는 것이다. 정량화 없이는 전환점이 언제 발생했는지 합리적인 추정에 도달할 수 없으며, 그 추정이 확정되지 않으면 합리적인 설명을 제시할 수도 없다. 지금까지 제시된 아이디어들은 사회과학적 설명이라기보다는 흥미로운 묘사적 서술에 불과하다.

2012년 **니덤 문제**에 대한 중국의 저명한 학자와 사상가들의 생각과 관점을 정리한 한 권의 책이 중국에서 출간되었다.[23] 노벨 물리학상 수상자인 양전닝杨振宁, 중국 사회학의 아버지 페이샤오퉁费孝通, 저명한 역사학자 첸무, 선구적인 언어학자 린위탕林語堂 등 수많은 학자의 견해가 실렸다. 이 기라성 같은 학자들은 과학적 추론과 탐구 정신이 결여된 유교 문화로 인해 중국 과학이 수난을 겪었다고 결론내린다.

이는 특히 서구 교육을 받은 중국의 식자층 사이에서 지배적인 견해이다. 일견 타당한 생각이지만, 그 주장의 형식상 이를 검증 또는 반증하는 것은 불가능하다. 우선, 유교와 과학적 사고의 부재는 개념적 동족conceptual cognate이다. 유교 교리를 가득 채운 규범적이고 정형화된 주장들이야말로 '비과학'의 정의 그 자체이다. 유교에 과학적 사고가 결여해 있다는 지적은 점성술은 천문학이 아니라거나 연금술이 화학이 아니라는 수준의 통찰이다. 이 진술은 그 자체로 사실이지만 설명이 될 수는 없다. 유교는 과학이 아니다. 이는 우리가 이미 알고 있는 사실이다.

반과학적 편견을 가진 이데올로기는 전 세계에 유교 하나가 아니다. 가톨릭교회도 역사 속 어느 시점에서는 맹렬하게 과학에 적대적이었다. 하지만 '갈릴레오 사건'에도 불구하고 가톨릭교회는 과학을 완전히 배척하지는 않았다. 중국은 왜 달랐을까? 합리적인 가설은, 기존에 어느 정도 과학을 수용하고 있는지에 대하여 모든 문명은 무작위적인 사고로 시작했다는 것이다. 이러한 과학에 대한 사고는 과학보다 앞서 있었기 때문에 과학에 대한 '입장'은 그 목적을 위해 특별히 고안되었다기보다 부수적인, 어디까지나 우연의 산물이었다. 과학적 사고에 대한 동시대의 반응으로 만들어진 것이 아니었다. 그 후 중국의 정치, 사회, 경제는 깊은 역사적 힘에 따라 가장 과학을 수용하지 않는 사상을 선호하는 방향으로 움직였고, 유럽에서는 각종 사상의 토너먼트가 전개되어 과학에 더 수용적인 이데올로기의 승리로 끝났다. 우리가 탐구할 대상은 형태 없는 이데올로기의 특징이 아니라, 어떤 이데올로기는 죽고 어떤 이데올로기는 살아남게 한 이 토너먼트의 메커니즘이다.

사회과학적 설명은 변동을 조사하는 것으로 시작한다. 그리고 이러한 조사는 **니덤 문제**를 다룬 문헌들에 수없이 등장하는 잘 알려진 변동, 즉 중국과 유럽의 '대분기the Great Divergence'* 너머까지 닿

---

* 서구, 정확하게는 유럽이 산업혁명을 거치며 자본 집약적 생산 경로로 나아갔으나 동양은 노동 집약적 생산 경로에 머물러 동서양의 경제성장 격차가 커지게 된 분기점을

아야 한다.[24] 중국 역사를 공부하는 장점이 하나 있다면 방대한 분량이다. 중국 역사는 길고 복잡하며 결정적으로 문서화가 매우 잘 되어 있다. 니덤과 그의 동료 연구자들은 풍부한 자료에 의존하여 중국의 발명품 기록을 정리했지만, 정량적 분석에는 적합하지 않은 형식으로 정리했다. 디지털화를 통해 **니덤 문제**에 정량적 접근법을 적용해 보자.

중국의 역사적인 발명품 데이터베이스

나는 2014년부터 대규모 데이터베이스 구축 프로젝트를 이끌었다. 중국의 역사적 발명품 데이터베이스Chinese Historical Inventions Database, 약칭 CHID는 내가 다른 학자들과 함께 진행하고 있는 여러 연구 프로젝트의 기반이 되었다.[25] CHID의 주요 출처는 니덤이 동료 및 학생들과 함께 집필하고 편집한《중국의 과학과 문명》 시리즈로, 이 자료는 고대 중국의 과학기술과 그 역사를 펼쳐서 보여준다. 자유 형식 텍스트로 편찬되었으며, 현재 일곱 개 주제로 27권까지 출간되었다. 이를 보완하는 자료 출처는 중국과학원 소속 학자들이 편찬한《중국 과학기술사The History of Chinese Science and Technology》이다.

우리는 데이터베이스를 구축하면서 이 두 출처에 등재된 모든 항목을 '발명'으로 분류했다. 발명은 과학 이론, 기계 장치, 특정 생산 기술, 의학에서의 접근, 또는 발견을 의미할 수 있다. 그러나 우리의 두 출처에 과학과 기술 또는 기계 장치와 새로운 방법을 충분

지칭한다. 미국의 정치학자 새뮤얼 헌팅턴이 1996년 처음 사용한 것으로 알려져 있다.

히 명확하게 구분할 수 있을 정도로 상세한 정보는 많지 않다. 이 책에서 나는 '발명'이라는 표현을 광의적으로 사용하였으며, '과학'과 '기술' 역시 구분 없이 사용하였다.

CHID에는 10,350개의 발명품이 등재되어 있으며, 이 중 7,913개는 명확하게 어느 시대에 발명되었는지 알 수 있다. 나머지 2,437개는 우리가 개발한 추정 방법에 따라 분류할 수 있다.[26] 이 책에서 나는 전체 10,350개의 발명품에 기반한 정보와 발명 시기가 명확한 7,913개의 발명품에 기반한 정보를 모두 분석했다. 두 시나리오 모두에서 같은 패턴이 나타났다.

중국인의 발명성

왕조의 발명성을 측정하는 방법에는 여러 가지가 있다. 가장 간단한 방법(일부 학술 연구에서 사용하는 방법)은 주어진 기간 동안, 예를 들어 100년마다 또는 왕조별로 발명 건수를 집계하는 것이다. 이 방법에는 문제가 있다. 인구 대비 발명가 수의 비율이 고정되어 있다면 인구에 비례한 발명 건수를 측정하는 것이 옳다. 인구 규모에서 중국의 왕조들은 어마어마한 차이가 난다. 단순히 발명품의 수를 세는 것은 인구가 많았던 왕조의 발명성을 과장할 수 있다(정도는 더 약하겠으나 지속 기간이 길었던 왕조의 발명성을 과장할 수도 있다. 이 문제는 뒤에서 다시 다루겠다).

이 방법의 결함을 설명하는 쉬운 예를 들겠다. 2019년 러시아는 2만 9,711건의 특허를 출원했고 싱가포르는 7,354건의 특허를 출원했다. 러시아가 싱가포르보다 더 창의적이라고 선언할 수 있을까? 러시아의 인구는 1억 4,400만 명이고, 싱가포르의 인구는 545만 명이라는 중대한 사실을 무시하고 말이다.[27]

한 왕조의 발명성을 측정하기 위해 내가 사용한 기본 척도는 그 왕조의 발명 건수를 인구(백만 명 단위)로 나눈 값이다. 나는 이것을 중국 왕조 발명성Chinese Dynasty Inventiveness, CDI 지수라고 부르기로 했다. 내가 아는 한 중국 기술의 역사적 분석에 이러한 지표를 적용한 것은 이번이 처음이다.

CDI 지수가 인구가 많았던 왕조의 창의성을 과소평가할 수 있으며, 앞서 언급한 발명품의 단순 개수 집계에 기반한 방법과 정반대의 편향성을 초래할 수 있다는 반대 의견이 있다. 이러한 비판은 타당하며 역사적 판단에도 중요하다. 인구가 많았던 왕조는 주로 왕조 시대 말기에 집중되어 있기에 우리의 척도는 왕조 시대 말기로 갈수록 중국 기술이 쇠퇴하는 쪽으로 편향된 듯한 결과가 나오게 된다. 복잡한 문제이지만 올바른 측정치의 선택은 수학적 기계론, 즉 분모가 크면 비율이 낮아진다는 식으로 결정되어서는 안 된다는 점을 언급하고 싶다. 측정은 인구 증가가 창의성에 어떤 영향을 미치는지에 대한 설명에 근거해야 한다. 암묵적으로, CDI 측정에 대한 반대 의견은 인구가 많으면 발명품이 줄어들고 생산성이 낮아진다는 맬서스적 논리에 근거하고 있다. 해당 논리는 잘못된 것으로 밝혀졌다. 창의적이고 혁신적인 사람들이 전체 인구에서 일정 비율을 차지한다고 가정하는 것이 보다 합리적이다. 인구가 증가하면 발명가의 수도 증가한다. 유럽에 이를 뒷받침하는 사례가 있다. 1750년에서 1850년 사이에 인구는 두 배로 증가했지만, 유럽은 농업 기술의 발전으로 인한 수익 감소를 경험하지 않았다.[28]

그 반대가 진실에 더 가깝다. 사람이 많을수록 아이디어가 늘어난다. 이는 학자들이 일부 문명이 다른 문명보다 더 많은 발명품을 생산한 이유를 설명할 때 사용하는 논리이다.[29] 인구 밀도가 한 가지 통로가 될 수 있다. 인구 증가가 도시 인구의 증가로 인한 것이라면, 인구가 많을수록 창의성이 높아질 수 있다. 도시 인구는 평균적으로 지방 인구보다 더 창의적인데, 이는 밀집된 환경에서 창의적이고 발명적인 사람들이 서로 교류할 확률이 높아지는 등 다양한 클러스터 효과를 기대할 수 있기 때문이다.[30] 그러나 멀리 떨어진 새로운 영토를 획득하는 등의 방식으로 인구가 증가하면 인구 밀도는 증가하지 않을 수도 있다. 즉 인구가 증가하면 CDI 지수가 상승할 수도 있고 그렇지 않을 수도 있다.

CDI 측정이 왕조의 지속 기간을 고려하지 않는다는 또 다른 반대의견이 있다. 연간, 분기, 월 등 동일 기간 단위에 따라 정리하는 현대의 경제 데이터와 달리 우리의 데이터는 왕조라는 정치 단위로 정리되었으며, 왕조의 지속 기간은 매우 다양했다. 예를 들어 당나라는 288년 지속하였고 수나라는 37년 만에 멸망했다. 수나라의 CDI 지수는 1.8로 인구 100만 명당 1.8건의 발명을 의미하지만, 당나라의 지수는 17.6이다. 이것은 수나라의 창의성을 38년으로 압축한 통계적 가공물일까?

지속 기간이 짧은 왕조의 경우 왕조의 수명보다 발명가의 수명이 더 길 수 있다. 그러니 지속 기간이 긴 왕조보다 귀인 오류가 발생할 가능성이 더 크다. 수나라는 37년, 진나라는 14년밖에 유지되지 않았다. 왕조의 지속 기간이 너무 짧으면 발명가의 생산성은 여러 왕조의 영향을 함께 받을 수 있다. 중국 역사 연구에서는 짧은 왕조와 그 뒤를 이은 긴 왕조(예: 진-한 또는 수-당)를 함께 묶는 것이 일반적이다(진나라는 짧아도 너무 짧았기 때문에 나의 CDI 지수에서는 진나라와 한나라를 한 개의 왕조로 간주하였다). CDI 지수에 오류가 있으면 지속 기간이 짧은 왕조에 대한 상향 편향이 포함될 확률이 높다. 수나라의 1.8 역시 수나라의 창의성을 과대평가했을 수 있다.

어차피 기간 압축은 우리의 데이터에 영향을 미치지 않는다. 오대십국 시대(908~979년, 지속 기간 72년)와 청나라(지속 기간 267년) 두 왕조를 살펴보자. 청은 오대십국보다 3.7배 더 오래 유지되었으나 CDI 지수는 2.85로 오대십국의 CDI 지수인 2.8과 거의 같다. 왕조의 지속 기간이 이 지수를 결정하는 유일한 요인은 아니며, 반드시 그래야 하는 이론적 이유도 없다. 인구 분모에는 이미 어느 정도의 시간 효과가 반영되어 있다. 오래 유지된 왕조일수록 더 평화로운 경향이 있었고, 더 평화로운 왕조일수록 인구가 많은 경향이 있었다. 인구에 의한 발명품의 **규모** 확장은 이미 부분적으로 왕조 기간에 의한 **규모** 확장을 포함하고 있다.

또 하나, CDI 지수를 구성할 때 모든 발명에 같은 가중치를 부여하는 것이 타당하냐는 별개의 질문이 있다. 누군가는 이 접근 방식이 사과와 오렌지를 비교하는 것이라고 반박할 수도 있다. 예를 들어 송나라는 세상을 바꾼 세 가지 발명품 화약, 인쇄술, 나침반을 발명했지만, CDI 지수는 발명품의 상대적 경제적 중요성을 전혀 고려하지 않는다. 타당한 지적이다. 이 질문은 두 가지 논점으로 대답할 수 있다. 첫째, 몇몇 경우를 제외하면 만 번의 발명을 경제적 중요도에 따라 구분할 수 있는 객관적인 방법이 없다. 둘째, 발명의 경제적 중요성을 추적하는 현대 경제학 연구는 나와는 전혀 다른 질문을 던진다. 바로 "이 연구의 생산성은 증가했는가, 감소했는가?"의 질문이다. 이러한 방식의 연구에서는 R&D 생산에 투입된 인풋과 해당 R&D의 경제적 효과인 아웃풋을 비교한다. 인풋은 연구원 수와 R&D 지출이다.[31]

우리의 연구에서 인풋은 인건비와 연구원의 총수지만 우리가 현대적 의미에서 이해하는 '아웃풋'은 없다. 이 연구의 광범위한 맥락을 잊지 말자. 중국은 자체적인 산업혁명을 일으키지 못했으며, 이는 중국의 발명품이 경제적으로 유의미한 대규모 상용화를 이루지 못했다는 뜻이다. 이론적으로 CHID의 모든 발명품은 경제적 중요도가 0이거나 0에 가깝다. 예를 들어 중국의 위대한 발명품인 인쇄술, 화약, 나침반은 경제적으로 엄청난 영향을 일으켰으나 이는 중국이 아닌 유럽에서였다. 이런 의미에서 보면 CHID에 등재된 모든 발명품에 동일한 경제적 가중치를 부여하는 것이 올바른 절차이다. 송나라가 다른 왕조보다 인류 문명에 더 큰 영향을 미쳤을 수는 있지만 이는 내가 알고 싶어 하는 주제, 왜 어떤 왕조가 더 많은 발명품을 내놓았는지와는 다른 연구 문제이다.

CDI는 세계은행에서 한 국가의 비즈니스 환경을 측정하기 위해 개발한 지표와 유사한 밀도 측정법이다. 세계은행은 노동 가능 인구당 연간 신규 사업체 수를 집계한다. 여기서 전제는 비즈니스 환경이 허용할 경우 노동 연령 인구의 모든 개인이 동등하게 새로운 사업을 시작할 의향이 있다는 가정이다. 이 가정은 우리의 연구에도 적용할 수 있다.

중국 기술의 세 시대

우리의 데이터에서 중국 기술의 두드러진 패턴은 무엇일까? 중국의 발명품들은 어떤 역사적 궤적을 그릴까? 가장 창의적이었던 왕조와 가장 창의적이지 않았던 왕조는 어디일까? 그림 7.1은 세로축에 CDI 지수를, 가로축에 전국 시대부터 청나라에 이르는 약 2,400년에 걸친 중국 왕조를 표시한 그래프이다. 중국 기술에는 세 가지 시대가 있다. 첫 번째 시대는 기원전 475년부터 581년까지로 중국 기술의 정점이며, 평균 CDI 지수는 24.5이다. 두 번째 시대는 581년부터 1279년까지로 평균 CDI 지수는 9.4이며, 세 번째 시대는 1279년부터 1911년까지로 평균 CDI 지수는 5.3이다. 책의 앞부분에서 나는 중국 정치를 "조숙했다"고 묘사하는 학자들의 말을 인용한 바 있다. 중국 기술에도 조숙한 특성이 있다. 일찍 발전하고 일찍 정점에 도달했다.

그림 7.1에서 눈에 띄는 한 가지 특징은 중국의 발명성이 (CDI 지수의 주기적 반복에서 알 수 있듯이) 정점을 찍었다가 다시 하락하는 패턴을 보인다는 점이다. 즉 왕조 시대 중국의 기술 발전은 누적되지 못했다. 중국 발명가들은 앞선 시대의 위인들과 어깨를 나란히 하지 못했다. 이전의 발명이 이후 발명의 밑거름이 되지 못했고, 개별적인 창의성의 분출이 결합해 창의력과 독창성의 다음 물결로 이어지지 못했다. 이런 의미에서 중국의 발명품은 엄밀한 의미에서 '기술'이라고 불러서는 안 될지도 모른다. 브라이언 아서William

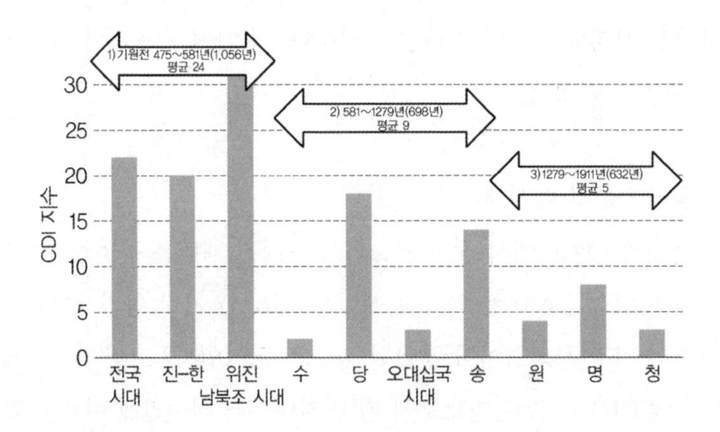

그림 7.1
중국 기술의 세 시대(기원전 475년~1911년). CDI 지수는 중국의 역사적 발명품 데이터베이스의 데이터에서 발명품을 각 왕조의 인구(백만 명)로 나눈 값으로 추출하였다. 인구 추정치 출처는 거젠숑葛劍雄의 《중국인구발전사》

B. Arthur의 영향력 있는 저서《기술의 본질: 기술은 무엇이고 어떻게 진화하는가The Nature of Technology: What it is and How it Evolves》에서 주장하듯이 기술은 기존의 발명품과 기술의 구성요소들이 블록처럼 결합하고 재결합하는 과정을 통해 진화한다.[32] 중국에서 비축적 패턴이 발생한 이유는 무엇일까? 중국의 발명은 진공 상태에서 이루어졌기 때문이다. 과학도, 상업적 발전과 시장경제도, (특허와 같은) 지식 창출과 보호의 제도화도 없는 진공 상태 말이다.

하지만 산업혁명 이전에는 서구에서도 기술 발전이 기하급수적으로 이루어지지 않았다는 점에 유의할 필요가 있다. 기하급수적인 발전은 수백 년 동안 꾸준한 진전과 고립된 발전 끝에 이루어진다. 그림 7.1에서 볼 수 있듯이 중국은 분산되고 다소 무작위인 기술 발전이나마 꾸준하고 여유로운 속도로 유지해 급격한 추락은 피할 수 있었다. 나는 보다 근본적인 질문과 씨름하고 있다. 왜 개별적이고 고립된 발명들이 6세기 이후 후퇴한 것일까?

그림 7.1은 두 차례에 걸친 CDI 지수 하락을 보여준다. 첫 번째는 6세기 무렵, 두 번째는 약 14세기 즈음에 발생했다. 이 두 파동 사이에는 중국 역사상 가장 창의적이고 풍요로웠던 두 왕조로 알려진 당나라와 송나라가 있다. 두 왕조는 쇠퇴의 곡선을 꺾었지만, 곡선의 방향을 완전히 바꾸지는 못했다. 명나라와 청나라는 저조한 숫자를 보여 중국의 기술 발전이 이 두 왕조 동안 지속되었다는 견해를 반박한다. 명나라의 CDI 지수는 8.51에 불과하여 송나라의 14.5에서 급락하였고, 청나라는 이보다 더욱 하락하여 2.85에 불과했다.[33]

여기서 한 가지 놀라운 사실이 드러난다. 중국의 발명성은 일반적으로 생각하는 것보다 훨씬 일찍 정점을 찍었다. CDI 지수는 한

나라와 수나라 사이 위진남북조 시대(220~581)에 가장 높았다. 위진남북조 시대의 CDI 지수는 31.1로 청나라의 10배, 당나라와 송나라의 약 2배에 달한다. 중국 역사에서 비교적 덜 알려진 이 시기는 주로《삼국지》의 시대적 배경으로나 기억되지만, **니덤 문제**를 풀 열쇠를 쥐고 있다.[34]

그림 7.1에 나타난 패턴, 즉 중국의 기술 발전은 일찍 부상하여 일찍 정점을 찍었다는 결론과 일치하는 정량적 연구 결과가 적어도 한 건은 존재한다고 알고 있다. 이 연구는 '획기적인 기술'에 초점을 맞춘 소규모 데이터베이스를 기반으로 한다.[35] 이 논문에는 태고 시대부터 20세기까지 1,700개의 혁신적인 기술이 나열되어 있다. 이 중 77개가 중국에서 유래했으며, 그중 57개가 위진남북조 시대 이전에 발명되었다.

이 연구가 지지를 받는다면, 중국 기술 역사에 대한 기존의 많은 생각이 뒤집힐 것이다. 일반적으로 중국 역사상 가장 빛나는 왕조를 꼽으라면 당나라와 송나라다. 특히, 중국의 4대 발명 중 세 가지—나침반, 활자 인쇄술, 화약—과 발명된 송나라는 기술사 연표에서 두드러진다. 하지만 당나라와 송나라의 영광은 발명의 **규모**보다는 두 왕조의 중요성에 더 큰 영향을 받았다. 당과 송은 위진남북조 시대나 그 이전의 전국 시대와 비교하면 보잘것없다. 당과 송은 나름대로 혁신적인 시대였을지 모르지만, 그 영광은 이전 시대가 남긴 잔영에 불과했다.

인과의 역학 관계를 올바르게 파악하기

인과관계 분석의 첫 번째 단계는 "변동이 있는가?"라는 질문이다. 또는 당면한 연구에 대해 "중국 기술 발전에 전환점이 있는가,

있다면 언제 발생했는가?"라고 질문할 수도 있다. 기존 설명의 대부분은 그림 7.1에 표시된 것보다 훨씬 늦은 시점을 전환점으로 가리키고 있는데, 이는 정확한 인과 요인을 파악하는 데에 중요하다.

오늘날 중국 기술의 쇠퇴를 두고 가장 자주 언급되는 설명은 문화적 요인이다. 산업화와 정반대 지점에 있다 할 수 있는 가족 문화, 형식 논리의 결핍과 과학적 사고의 부재로 인한 분석 문화 부재, 제품 개발에의 과학기술 적용 실패의 영향 등이다.[36] 다음으로 많은 접근이 중국 기술 자체의 특성을 강조한다. 브레이가 언급한 한 가지 이론에 따르면, 벼농사의 우세는 기계화에 적합하지 않았다.[37] 또 어떤 이론은 발명의 잠재력과 중국의 기술이 제한적인 농업 부문에 집중되어 있었다고 주장한다.[38]

그 외에도 여러 가지가 있다. 일부 학자들은 정교한 관료적 통제 위에 있던 제국 국가가 사회의 권력 계층을 지배하고 창의성과 상업성을 약화시켰다고 주장하며 정치에 화살을 돌린다.[39] 또 다른 범주의 설명은 해금 정책과 해외로부터의 지식 차단을 비난한다. 또 다른 설명은 중국이 정체했다는 전제 자체를 반박한다. 서구가 비상했을 뿐이라는 것이다.[40]

그림 7.1에서 확립된 패턴을 보면 이러한 설명 중 몇 가지는 제외할 수 있다. 가족 문화는 고정 요인이므로 시대에 따른 창의성의 큰 선회에 대한 주요 설명 변수로 배제할 수 있다. 벼농사와 농업 집중설은 개념적으로나 경험적으로나 모두 문제가 있다. 실제로 중국의 발명품은 광범위하게 분포되어 있다. CHID에 등재된 총 만여 건의 발명품 중 농업 관련은 809건에 불과하니 중국의 발명이 농업에만 국한되었다는 주장은 옳지 않다. 또한 한 부문의 발명이 다른 부문으로 확산되지 못했다면, 왜 못 했는지에 대한 추가적

인 설명이 필요하다. 부문별 집중은 설득력 있는 설명이 아니다.

무역 금지는 6세기경 나타난 최초 쇠퇴의 물결보다 훨씬 늦게 일어났다(정화의 마지막 항해는 1433년이다). 그리고 무역 금지 조치가 복합적으로 작용하여 중국의 쇠퇴를 가속화하고 CDI 지수의 두 번째 하락에 영향을 미친 것은 사실이지만, 첫 번째 하락을 설명하지는 못한다. 서구 비상 이론도 그래프와 모순된다. 이 이론의 전제는 중국의 기술이 쇠퇴하지 않았다는 것이다. 그래프를 보면 금방 알 수 있지만, 중국의 CDI 지수는 하락했다.

나머지 두 가지, 각각 과학과 관료주의에 기반한 설명은 그림 7.1이 제시하는 패턴과 조화를 이룰 수는 있지만, 상당한 조정과 재구성을 거쳐야만 한다.

중국 경쟁성의 진화

유럽과 중국은 놀라운 역사의 합류 지점에서 각자의 정치적 이정표를 근소한 차이로 넘나들었다. 476년 서로마 제국의 붕괴는 유럽의 정치적, 경제적 분열로 이어졌고 유럽은 단 한 번도 뒤를 돌아보지 않았다. 불과 100년 후, 중국에서 그 반대의 일이 벌어졌다. 수나라의 등장으로 중국의 분열은 갑작스럽게 종식되었다. 수나라 역시 수명이 짧았지만, 수나라가 고안한 과거 제도는 중국이 다시 분열되는 것을 막았다. 이후 놀라운 항상성이 유지되었고, 이는 기술 발전에 치명적인 폐해를 끼쳤다.

수나라 왕조는 기술의 역사에서 가장 오래된 수수께끼 중 하나인 중국 기술 패권 붕괴의 열쇠를 쥐고 있다.[41] 중국 경제는 계속 성장했지만, 대부분 상업 활동의 확대와 수익화에 기반한 애덤 스미스 유형의 성장이었다.[42] 유럽이 르네상스와 산업화 시대로 접어들 무렵 중국의 기술 발전은 주춤했다. 1600년이 되자 중국을 찾은 이라면 누구나 중국의 명백한 기술 열세를 확인할 수 있었다.[43] 중국과 유럽 사이의 이러한 기술 격차는 수 세기에 걸친 아편 전쟁, 불평등 조약, 중국 자체의 전반적인 불안정과 혼돈으로 이어지는 결정적인 역사의 분수령이 되었다.[44]

맨셀 데이비스Mansel M. Davies의 파괴적인 양적 묘사가 보여주는 그대로 중국 과학은 총체적 붕괴에 직면했다.[45] 988~1988년 사이의 주목할 만한 과학적 성과 3,988건 중 중국이 이뤄낸 것은 단 45건이었고, 그나마 이 중 38건은 988~1600년의 성취였다. 이 수치조차 같은 기간 각각 81건, 47건의 성과를 거둔 이탈리아와 독일에 이미 뒤처지고 있었다. 중국의 쇠퇴를 서양과 비교했을 때, 잠재적 정체는 명나라 훨씬 이전에 시작되었다.

정성적인 설명으로는 파악하기 어려운 패턴을 밝혀낼 수 있는 것이 바로 데이터의 힘이다. 많은 이들이 명나라가 중국의 기술 패권에 종지부를 찍었다고 비난한다. 아마도 해금 정책처럼 눈에 보이는 조치와 그 중요성, 그리고 해금 정책과 기술 쇠퇴의 연결이 주는 설득력 때문일 것이다. 하지만 우리의 데이터를 신뢰한다면, 중국의 기술은 명나라보다 약 7세기 전에 쇠퇴하기 시작했다.

더 중요한 순간은 내가 앞선 분석에서 초점을 맞춘 시기인 6세기에서 11세기 사이라 할 수 있다. 이 시기에 과거 제도가 확립되고 완성되었으며, 이념적 공간이 축소되고, 정치적 분열이 종식되며 통치자의 안정성이 향상되었다. 6세기 중국이 장기간의 정치적 항상성에 접어든 것이 중국의 창의력에 해를 끼쳤고, 발명성 부문에서 첫 번째 쇠퇴의 물결을 가져왔다. 송나라 이후 중국의 이념적 공간은 더욱 좁아져 두 번째 기술 쇠퇴의 씨앗을 뿌렸다.

니덤 문제의 재구성

니덤은 '적정滴定, Titration'을 수행하기 위한 사고 실험으로 그의 유명한 질문을 던졌다. 적정이란 하나의 화합물에 계량된 양의 다른 화합물을 첨가하여 변화를 유도하는 화학 실험이다. 그러나 니덤은 직접 꼼꼼하게 수집한 자료의 정량적 분석에 근거하여 견해를 밝힌 것이 아니다. 그는 〈보편 과학의 진화에서 유럽과 중국의 역할〉이라는 제목의 논문에서 기원전 300년에서 2000년 사이의 중국과 유럽의 과학 발전에 대한 개략적인 밑그림을 그렸다.[46] 이 논문에 따르면 중국은 17세기 이전까지는 과학 분야에서 유럽보다 우위를 유지했으며, 이후 서구의 잇따른 발전, 특히 니콜라우스 코페르니쿠스와 갈릴레오 갈릴레이, 요하네스 케플러로 상징되는 르네상스와 과학 혁명이 서구를 선도적인 위치로 밀어 올렸다고 설명한다. 이러한 과학적 혁신의 뒤를 이어 기술 혁신이 찾아왔다.

산업혁명의 씨앗을 뿌리는 데 있어 과학이 얼마나 중요한 역할을 했는지에 대한 논쟁이 있다. 조엘 모키르는 고대 그리스인들에게도 과학이 있었으나 실험과 응용 없는, 어디까지나 호기심의 행위로서 과학을 추구했다고 주장한다.[47] 17~18세기 유럽인들의 특징은 더 풍족한 물질적 행복을 위해 과학을 적용했다는 점이다. 단순한 지식 생산만으로 산업혁명이 도래하지는 않았다. 17세기 영국의 과학자들은 과학 관련 단체와 기관을 통하여 시공간을 넘나들며 자신들의 연구 성과와 지식을 공유했다. 지식은 금고에 모셔져 잠자는 대신 교류되고 축적되었다. 산업혁명은 폭넓은 지적, 인

지적, 사회적, 제도적 발전의 산물이었다.

왜 중국이 초기 주도권을 키우고 유지할 수 있는 비슷한 지적, 제도적 환경을 발전시키지 못했는지, 왜 중국의 개별적인 발견과 발명들은 축적되어 지식 시스템이 되지 못했는지 더 깊고 광범위한 질문을 던져보자. 니덤의 스케치에 따른다면 중국 과학은 17세기에 유럽을 능가할 때까지 지속적 상승 곡선을 그렸다. 그러나 정작 니덤 본인의 저서에서 추출한 데이터인 CHID는 이러한 견해에 동의하지 않는다. 데이비스가 보고한 데이터도 니덤의 견해와 모순된다. 988년에서 1600년 사이, 중국은 이미 주요 과학적 혁신 측면에서 이탈리아와 독일에 뒤처지고 있었다.

17세기는 지적, 정치적으로 억압적이었던 명나라의 종말과 서구의 과학 혁명이 맞물린 시기였기 때문에 니덤에게 편리한 타이밍이었을 수 있다. 여기에서 니덤의 사고에는 역동성이 엿보인다. 그는 국가 주도 시험 제도의 진화에 대한 논의에서 과거 제도 시행 초기에는 수학, 천문학과 같은 과목이 있어 창의성을 발휘할 수 있었지만, 이후 고전에 집중하면서 다른 모든 분야를 고사시켰다고 주장한다.[48] 과거 제도에 대한 이러한 해석은 내가 1장에서 제시했던, 과거 시험의 지적 **범위**가 시간이 지나면서 점점 협소해졌다는 서술과 일치한다.

니덤에게 과거 제도는 일부라도 과학적 내용을 담고 있다면 과학과 양립할 수 있는 제도였다.[49] 당나라와 송나라의 과거 제도가 후대 왕조들과 비교해 좀 더 유연하고 개방적인 형태였던 것은 사실이지만, 실상 당나라와 송나라는 이미 발명 곡선의 쇠퇴기에 접어들고 있었다. 당나라와 송나라 사람들은 후대의 원, 명, 청 왕조보다 더 창의적이었지만 위진남북조 시대, 전국 시대에 비교하면 뒤처졌다. 데이터를 보다 직관적으로 해석하자면 중국은 과거 제도가 있을 때보다 없을 때 더 창의적이었다. 원나라, 명나라, 청나라의 과거 시험 커리큘럼의 **규모** 확장과 제한적 **범위**는 추가적인 연쇄 효과를 낳았지만, 중국 기술 쇠퇴의 초기 촉발 요인은 과거 제도의 확립과 **규모** 확장에 수반된 광범위한 정치적, 인식적 변화로 인해 발생했다.

전환점으로서의 수나라

모키르에 따르면 계몽주의는 "정통성과 기득권을 가진 지배계급이 혁신가들을 억압하는 것을 한층 어렵게 만든 유럽의 정치적 분열"과 "국적을 뛰어넘는 문자의 공화국에서 나타난 지성의 일관성"[50]이라는 독특한 조건의 결합에서 출현했다. 이것은 유럽의 경제 및 기술 도약에 대한 '경합성contestability'* 관점이며, 내가 이 책에서 사용한 **규모**와 **범위**의 개념 가운데 **범위** 측면과 유사하다.[51] 이 개념을 중국에 적용해 보자.

기본 명제는 다음과 같다. 6세기 이전의 중국은 그 이후의 중국보다 경합성이 높았다. 즉, 더 이질적인 사회, 정치, 사상 체계였다. **규모**와 **범위**의 이분법으로 돌아가면, 6세기 이전의 중국은 **규모**와 **범위**가 더 균형 있게 조합되어 있었다. 당시 중국의 국가 **규모**는 제국보다는 왕국에 가까웠고, 서로 영토를 뺏고 뺏기는 상대적으로 자치적인 개체로서 존재했다. 각각의 정치 체제 안에서 다양한 사

* 경합성이란 어떤 대상에 대한 도전 또는 대체 가능함을 의미한다. 경제학에서는 낮은 비용으로 특정 산업이나 시장에 자유로운 진입과 퇴장이 가능함을 의미한다.

상이 서로 충돌하고 식자층의 관심을 끌기 위해 경쟁했다.

수나라는 중국 역사에서 전환점이 되는 시기이다. 581년 수나라가 중국을 통일하면서 분열을 거듭하던 361년간의 위진남북조 시대가 종식되었다. 그뿐 아니라 수나라는 중국의 정치 체제를 영구적인 제도적 기반 위에 올려놓았다. 5장에서 설명했듯이 통치자와 왕조의 안정성이 향상되고 황제와 재상의 갈등이 완화되었다. 그 밖에도 중국의 정치적, 영토적 통일은 이데올로기 경합성의 붕괴, 정치적 장수 그리고 결국에는 기술의 동맥경화 같은 일련의 변화를 불러왔다. 이 정치적 대전환은 훨씬 후대에 일어난, 그리고 더 널리 알려진 17~18세기의 경제적 대전환의 토대를 마련했다.

표 7.1은 (1) 전국 시대, (2) 위진남북조 시대, (3) 당나라, (4) 송나라, (5) 명나라, (6) 청나라 등 여섯 가지 대표적인 역사적 시기를 각각의 경합성 조건과 창의성 측면에서 보여준다. 중국 역사에서 이념적, 정치적 경쟁이 가장 심했던 시기는 중국이 통일되지 않았던 두 개의 시대였다. 전국 시대에는 일곱, 위진남북조 시대에는 약 서른한 개의 정권과 영토적 실체가 동시에 또는 단기간에 서로를 대체하며 존재했다.

중국의 첫 번째 기술 정체의 물결은 중국의 정치적 분열이 끝난 시기와 일치한다. 표 7.1에서 볼 수 있듯이 581년부터 중국에는 하나의 정체政體만 존재했다. 두 번째 기술 정체 물결은 송나라 이후에 발생했다. CDI 지수는 당(17.6)과 송(14.5) 수준에서 원(4.43), 명(8.51), 청(2.85)으로 하락했다. 시기적으로 이 두 번째 물결은 6세기 이후에 찾아온 또 다른 변화, 즉 송나라에서 시작된 사상의 경합성이 붕괴하기 시작한 시기와 겹친다.

단편적이지만 중국의 사상적 발전을 측정하는 데 활용할 수 있는 데이터가 있다. 이 데이터베이스는 왕조 시대 중국의 역사적 인물 약 만 명의 전기 프로필을 바탕으로 구축되었다.[52] 모두 중국 역사에서 저명한 인물들로, 과학, 인문학, 군사 등 이들이 명성을 얻은 분야별로 분류되어 있다. 종교 분류에서는 중국의 역사적 인물들에게 양대 종교라 할 수 있는 도교와 불교 신자였던 경우 표시가 되어 있다.[53] 이 정보를 통해 역사적 인물 명단 전체에서 불교 또는 도교 신자의 비율을 계산할 수 있다. 이 측정의 배경에는, 기본 이념이 유교이기 때문에 불교와 도교의 비율이 높을수록 상대적으로 더 큰 이념적 다양성을 나타낼 수 있다는 생각이 깔려 있다.

이 수치는 불교와 도교의 편성을 과소평가할 수 있다. 분모가 법가, 무종교 등 불교와 도교를 믿지 않는 모든 비신도非信徒를 유교도로 간주하기 때문이다. 그러나 역사적 데이터의 제약을 고려할 때 이것이 우리가 할 수 있는 최선이다. 주의할 점은 비율 자체는 부정확할 수 있지만, 시간에 따라 변화하는 값은 여전히 의미 있는

	영토/정체의 분화 (개체 수)	사상의 다양성 (비율)	창의력 (CDI 지수)
전국 시대	높음 (7)	높음 (0.01)*	높음 (21.8)
위진남북조 시대	높음 (31)	높음 (0.05)	높음 (31.1)
당나라	낮음 (1)	높음 (0.06)	중간 (17.6)
송나라	낮음 (1)	낮음 (0.02)	중간 (14.5)
명나라	낮음 (1)	낮음 (0.01)	낮음 (8.5)
청나라	낮음 (1)	낮음 (0.00)	낮음 (2.9)

정치적·영토적 분열은 독립된 정치적·영토적 단위의 수를 의미한다. 영토 단위에 대한 정보는 엔디미온 윌킨슨Endymion Porter Wilkinson의 《중국사Chinese History》를 기본으로 하였다. 사상적 다양성은 《중국고대명인분류대사전》(2009)을 기준으로 왕조의 역사적 인물에서 불교와 도교 신도가 차지하는 비율로 표시했다. 전국 시대의 경우 수치는 낮지만 이념적 다양성은 높은 것으로 판단되는데, 이는 지수의 두 구성요소 중 하나인 불교가 전국 시대보다 한참 뒤인 한나라 때에 중국에 전래해 그 값이 0이기 때문이다. (불교와 도교의 발전을 별도로 표시한 그림 7.2 참조) 전국 시대가 중국 역사상 가장 자유로운 시기였다는 것이 학자들의 압도적인 일치된 의견이다. 창의성은 중국 역사 발명 데이터베이스에서 산출한 CDI 지수를 사용했다.

표 7.1.
왕조별 경합성contestability

역학을 보여줄 수 있다는 것이다.

그림 7.2는 그림 7.1에 표시된 왕조별 CDI 지수와 불교 또는 도교 신자였던 중국의 역사적 인물 비율을 모두 보여준다. 왼쪽 세로축은 각 종교의 신도인 인물의 비율을, 오른쪽 세로축은 CDI 지수를 나타낸다. 불교는 기원전 1세기에 중국에 전래했다. 즉 기원전 220년 이전 낮은 불교 신자 비율은 이념적 동질성의 증거가 아니다. 그 증거로 이 기간 도교 신자 비율은 높았다. 그림 7.2는 중국의 이념적 다양성이 시간이 지남에 따라 큰 폭으로 감소했음을 보여준다. 정치적 분열이 6세기에 갑자기 막을 내린 것과는 대조적으로 종교적 쇠퇴는 수 세기에 걸쳐 길게 진행되었다. 불교는 두 번째 기술 시대 중반에, 도교는 세 번째 기술 시대 중반에 각각 쇠퇴했다. 수백 년에 걸친 데이터는 이데올로기의 위축이 기술 쇠퇴의 '원인'이라고 단정할 만큼 정확하지는 않다. 그림 7.2는 이데올로기의 위축과 CDI 지수 하락 사이에 겹치는 부분이 있다는 것을 보여주지만, 구체적인 인과관계를 증명하지는 못한다.

장기간의 역사적 데이터에서 인과관계를 정확히 파악하는 것은 매우 어렵지만, 차선이 없는 것은 아니다. "그림 7.2가 제시하는 패턴을 고려할 때 이데올로기의 위축이 기술 쇠퇴를 초래했다는 가설과, 반대로 기술 쇠퇴가 이데올로기의 위축을 초래했다는 가설 중 어느 것이 더 타당한가?"라고 질문해 보자. 기술 쇠퇴의 인과적 영향을 배제할 수는 없지만, 내가 아는 한 기술 쇠퇴 때문에 중국의 이데올로기적 위축이 발생했다고 주장하는 사람은 아무도 없다. 관련 연구들은 전반적으로 기술을 종속 변수로 취급한다. **니덤 문제**를 설명하기 위해 제안된 많은 아이디어 역시 이러한 인과적 방향성을 가지고 있다. (일부 기술 연구자들은 기술이 이데올로기를 해방했다고 주장하기도 한다. 예를 들어 인쇄술은 자유주의와 민주주의의 확산에 이바지한 것으로 여겨진다. 하지만 그런 일이 중국에서는 일어나지 않았다. 그림 7.2에서 볼 수 있듯이 위진남북조 시대의 높은 CDI 지수는 그 후 수 세기 동안 이데올로기의 쇠퇴로 이어졌다.)

더 세밀한 데이터가 나오기 전까지는 이데올로기가 통제받는 환경이 창의성에 해롭다는 이미 자리 잡은 일반적인 명제를 기본으로 삼는 것이 합리적이다. 마찬가지로, 이데올로기에서 기술로 추론하는 것이 아니라 그 반대로 추론하는 것이 이 시기의 역사에 대해 우리가 알고 있는 사실들에 비추어 보아도 타당성이 있다. 과거 제도의 진화 궤적을 떠올려 보자. 과거 시험 시스템은 다과제로 시작하여 송대에는 엄격한 단과제로 변모했다. 중국인들의 정신은

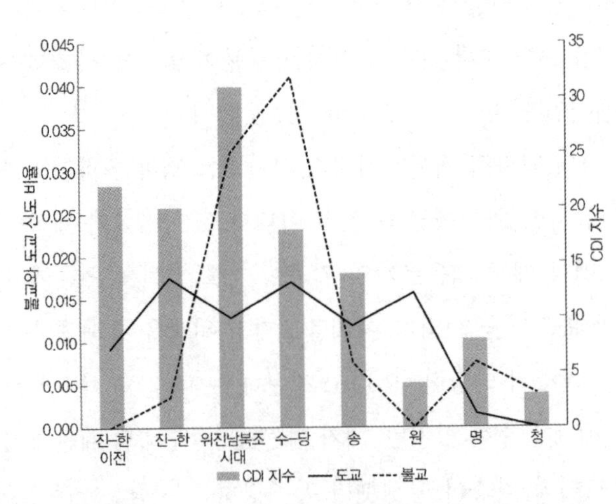

그림 7.2.
불교와 도교 신도 비율 및 CDI 지수. 왼쪽 세로축은 역사적 인물 중 불교와 도교 신도의 비율을 나타낸다. 역사적 인물에 대한 데이터는 《중국고대명인분류대사전》(2009)에서 추출하였다. 오른쪽 세로축은 CDI 지수를, 가로축은 중국의 각 왕조를 나타낸다. CDI 지수는 중국의 역사적 발명품 데이터베이스의 발명 데이터에서 산출하였다. 각 왕조의 발명품을 그 왕조의 인구로 나눈 값이다. 인구 추정치는 〈중국인구발전사〉(1991)를 인용하였다.

과거 제도가 확장되면서 폐쇄되었다. 니덤과 린이푸林毅夫는 중국 기술 쇠퇴의 주범으로 과거 제도를 지목했고, 그림 7.2는 이 견해를 뒷받침한다. 그러나 이 결론에 도달한 추론—그리고 이러한 쇠퇴가 17세기에 시작되었다는 시점 역시—은 잘못되었다. 니덤과 린이푸는 인적 자본에 대한 과거 제도의 구축 효과를 강조했다. 물론 구축 효과가 발생했을 수도 있지만, 과거 제도의 1차 효과는 인적 자본의 전반적인 증가였다는 점을 잊어서는 안 된다. 중국의 기술 창의성에 더 해로웠던 전개는 정치적, 이념적 경쟁의 좌절이었다.

이데올로기 헤게모니

이제 유교가 중국의 창의성을 약화했다는 중국 학자들의 공통된 견해로 돌아가 보자. 이들의 견해와 나의 견해를 최대한 선명하게 구분해 보겠다. 나는 유교의 특정 교리가 아니라, 유교의 지배와 헤게모니와 독점에 집중하겠다. 나는 유교든 다른 어떤 사상이든 이데올로기 헤게모니는 과학에 유해하다고 생각한다. 만약 과거 제도가 다른 모든 것을 희생하면서 법가 사상—혹은 아예 기독교라도 해도 좋다—을 확대했다고 해도 역사는 큰 차이 없이 전개되었을 것이다.

헤게모니는 대안적이고 비전통적인 아이디어와 가치의 출현을 선점했다. 과거 시험 응시자들은 기계적 암기와 팔고문八股文의 경직성으로 인해 회의적인 사고를 하지 못했고, 과학의 기본인 인과적 사고와 추론 능력, 가설을 생성하는 능력 역시 키우지 못했다.[54] 유교는 표준화와 형식화에 더 적합하다는 점에서 반과학적이며, 40만 자에 달하는 문자와 문구는 중국의 동질화를 위한 최고의 기술적 도구였다.

그렇다고는 해도 유교의 특정 교리는 중국의 다른 이데올로기들보다 특히 더 과학에 반대되는 측면이 있다. 니덤에 따르면 도교는 직감적이고 관찰을 중시하는 관점으로 자연에 접근하여 화학과 천문학의 초기 발전에 영향을 주었다.[55] 중국의 모든 사상 가운데 가장 추상적이고 형이상학적인 묵가墨家 사상은 결과주의적 추론에 기반을 두고 있으며 논리와 논증이 고도로 발달하였다.[56] 유명한 묵가 사상가로는 피타고라스 정리를 독자적으로 증명한 3세기의 중국 수학자 유휘劉徽*가 있다. 또한, 일부 현대 신경과학자들은 불교에서 소개하는 인간의 마음에 대한 경험적 접근법이 과학과 접하는 지점이 있다고 주장하기도 한다.[57] 이러한 주장들이 사실일 수도 있고 아닐 수도 있지만, 유교에도 과학적 성향이 있다는 주장은 내가 아는 한 없다.

이데올로기 헤게모니의 가장 치명적인 영향은 아마도 호기심의 파괴일 것이다. 정화와 마르코 폴로를 향해 기술의 측면이 아닌 자신의 존재와 외부 세계에 대한 인식과 지식의 관점에서 비교해 보라. 마르코 폴로는 상세하고도 생생한 중국 여행기를 통해 고향 유럽에서 찬사를 받았다. 그가 독자를 사로잡을 수 있었던 까닭은 교육 수준이 높은 유럽의 도시 중산층이 직접 경험할 수 없는 신비하

---

* 220~280년경 고대 중국 수학자이다. 위나라 사람으로 전해지고 있으며, 삼국 시대에 주로 활동하였다. 연립방정식, 분수 사칙연산, 양수와 음수 연산, 기하학적 도형의 부피면적 계산 등의 해법을 제시하는 등 탁월한 업적을 남겼다. 주요 저서로《해도산경》《구장산술주》등이 있다.《구장산술주》에서는 무한등비급수와 유사한 방법을 적용하여 원주율을 소수점 이하 네 자리까지 계산해냈는데, 이는 아르키메데스보다 훨씬 더 정밀한 수학적 성취이다. 십진 소수 개념을 최초로 제안한 사람으로 알려져 있으며, 무리수의 세제곱근을 십진 소수로 표현하여 중국 고전 수학 이론을 정립하였다.

고 이국적인 땅에 대해 진정한 호기심을 공유하고 있었기 때문이다. 애덤 스미스, 프리드리히 빌헬름, 고트프리트 빌헬름 라이프니츠, 사무엘 폰 푸펜도르프 모두 중국에 대해 한마디씩 했다. 반면, 정화의 원정기가 중국 사회의 식자층 사이에서 흥분이나 관심을 불러일으켰다는 증거는 내가 아는 한 없다.[58]

현대의 연구자들은 정화의 원정에 대해 알 수 있는 것들이 너무 적다고 한탄하며 명나라 조정의 공식 문서 파기를 비난하는데, 이 행위 자체가 이미 시사하는 바가 크다. 지식에 대한 공식적인 독점이 얼마나 철저했는지를 보여주기 때문이다. 중국이 이룩한 위대한 항해 업적을 노래한 비공식적인 기록은 존재하지 않는다. 항해에 나섰던 수만 명의 선원 중 단 한 명도 여행기를 출판하지 않았다. 명대 중국인들은 더는 외부 세계에 대한 호기심이 없었고, 자극하고 키울 수 있는 호기심조차 거의 없었다는 것이 나의 생각이다.

15세기 유럽인들은 첨단 항해 기술을 보유하고 있지는 않았지만 적극적인 세계화 욕구와 지식에 대한 갈증, 직접 경험하지 못한 새롭고 이국적인 세계에 대한 호기심은 중국인보다 훨씬 앞서 있었다. 마르코 폴로는 중국을 탐험했지만, 정화는 자신이 도착한 땅을 그저 쓱 둘러만 보고 거쳐 갔다. 오늘날 현대 역사가들은 마르코 폴로와 서양 선교사들의 기록에 의존하여 송대와 명대 중국인들의 생활을 재구성하지만, 동남아시아와 아프리카에 대한 정보를 얻기 위해 정화와 그의 동료 여행자들에게 의존하지는 않는다. 지식과 해답을 추구하는 근대의 사고방식이 그 자리에 머물러 있는 일부 기술보다 훨씬 더 중요하다. 그렇다면 중국의 과학에 대한 니덤의 질문보다 훨씬 더 근본적인 질문을 던져볼 수 있다. "중국인의 호기심에 대체 무슨 일이 일어난 것일까?"

송나라의 이상 현상

당나라와 송나라는 전국 시대, 위진남북조 시대에 이어 중국의 창의성이 두 번째로 정점을 찍은 시기이다. 당나라의 높은 CDI 지수는 경합성 모델로 쉽게 설명할 수 있다. 당 왕조의 특징이라 할 수 있는 정치적 통합은 이데올로기보다는 주로 영토의 통일이었다. 당나라는 국제적이고 외부 세계에 개방적이었다. 당나라 수도 장안에는 수만 명의 외국인이 장기 체재하고 있었다.[59]

송나라는 풀기 어려운 수수께끼이다. 애초에 송은 왜 독창적이었을까? 우리의 경합성 분석이 송나라를 설명할 수 있을까? 겉으로만 보면 송나라는 지금까지 논의한 경합성 조건 중 그 어느 것도 갖추지 못했다. 정치적, 영토적 통일 국가였고, 중국의 이데올로기 다양성을 파괴하는 씨앗을 뿌렸다. 그러나 송나라는 당나라에 필적하는 CDI 지수를 자랑하며, 중국의 4대 발명 중 세 가지가 일어난 것으로 유명할 정도로 창의적이었다. 어떤 이들은 이 시대를 미니 르네상스라고 부르기도 한다.[60] 가장 혁신적인 사상가들이 이 시대에 살았다. 심괄沈括은 역사상 가장 위대한 팔방미인 중 한 명으로, 다빈치보다 500년이나 앞선 발명가이자 과학자, 박식한 사상가이다.

심괄은 1088년에 출간한《몽계필담夢溪筆談》에서 광물학, 침식, 침강과 융기, 수학, 천문학, 기상학 등을 설명했다. 한편 송나라의 지배층은 극단적으로 폐쇄적이고 국수주의적인 성리학을 무기로 여성의 도덕적 종속을 강제하는 물리적 수단인 전족을 도입한 주인공이다. 물론 성리학 역시 송의 또 다른 산물이었다. 보다 젠더 포용적인 불교의 지위는 이 시기 급격히 떨어졌다.

중국 역사가들은 송나라에 대해 상반된 견해를 보인다. 어떤 이들은 송이 "약하고 가난했다积弱积穷"라고 주장하고, 어떤 이들은 국가는 약하고 가난했으나 사회는 그렇지 않았다고 주장한다.[61] 이 주장에 따르면 송은 상업과 부의 축적을 장려했고, 국가는 공급 주도 경제학을 실행했기 때문에 현금이 부족했다. 역사가들이 동의하는 한 가지는 왕조 시대 중국의 시장경제는 송나라에서 정점에 이르렀다는 것이다. 홍콩과학기술대학교의 윌리엄 류William Liu는 정밀한 연구를 통해 송나라의 시장경제가 후속 왕조들, 특히 명나라와 청나라와 비교하면 얼마나 선진적이었는지 기록하고 있다.[62]

송나라의 높은 CDI 지수를 설명할 수 있는 한 가지 가설은 시장경제가 혁신에 불을 붙였다는 것이다. 송나라는 중국의 모든 왕조를 통틀어 기술을 자본화하고 물질적 이익을 실현할 활기 찬 민간 부문이 발전할 수 있는 기회가 가장 많은 시대였다. 지식과 학습을 실생활에 응용해야 한다는 방향성을 지지한 지식인들도 나왔다. 호원胡瑗, 백거이白居易, 한유韓愈, 유종원柳宗元 등은 모두 지식의 발견을 실용적인 목적에 적용해야 한다고 주장했다. 이러한 지적 풍토에서 '성장의 문화'가 생겨났을지도 모른다.

독재라는 맥락에서 민간 부문의 발전은 **범위** 조건에 해당한다. 경합 시장은 기술의 수요와 공급 측면 모두에 영향을 미치는 특징이 있다. 기술은 수요에 의존하며 수요는 정부 또는 민간 부문에서 창출된다. 공급 측면에서는 새로운 아이디어와 혁신을 통한 기술 변화가 발생할 수 있는데, 이는 외생적으로, 종종 예측 불가능한 방식으로 일어난다.[63] 송의 이데올로기 위축은 공급 측면에서는 경합성을 억압했을 수 있지만, 강력한 민간 부문이 수요 측면에서 기술의 원동력이 되었을 수 있다. 항해 기술을 예로 들어보자. 명나라 조정은 항해 기술에 대한 수요를 독점했지만 송나라에서는 민간 부문이 항해 기술을 활용하여 해외 무역에 필요한 대규모 민간 함대를 지원했다.[64] 개혁개방 시대 중국과 마찬가지로 송의 시장경제는 이념적 경직성의 영향을 완화하고 상업적 응용 시장을 개척하며 기술 개발을 촉진했다.

왕국 vs 제국

유럽에서는 정치적 분열, 민주주의, 시민사회, 시장경제가 과학기술과 함께 발전하였고 서로 자극을 주고받으며 선순환 구조를 끌어냈다. 왕조 시대 중국은 기술 격차의 반대편에서 경합성 효과를 명백하게 보여준다. 중국의 기술은 스스로 반전된 것이다. 누적되기 쉽고 자연스러운 경로 의존성이 고착화하는 어떤 발전을 반전시키려면 강력한 대항 세력이 필요하다.

명나라 황제들이 해금령을 제정하고 시행할 수 있었던 것은 그들의 권력을 견제하고 균형을 잡을 다른 정치 주체들이 존재하지 않았기 때문이다. 단일 계급 체제에서는 항해를 지지하는 환관과 이에 반대하는 유학자-관료 간의 내부 분쟁이 있었지만, 이러한 권력 투쟁은 정당성과 지속성 모두 부족했다. 이들은 직접 원정에 나서고 싶을 야심만만한 탐험가들에게 외부 선택지를 전혀 제공하지 않았다. 황실 조정이 모든 인재와 자금 조달 채널을 독점했다. 정화는 중국 최고의 권력자 영락제의 후원을 받았으나 독재자의 지원은 변덕스럽다. 오늘은 전폭적인 지원을 하다가도 내일은 그 지원을 뚝 끊어버리기도 한다(오늘날 중국의 테크 기업가 중 일부는 이 말이 무슨 뜻인지 너무나 잘 알 것이다).

모키르가 지적한 바와 같이 유럽과 중국의 진정한 차이점은, 중국에서는 통치자의 선호가 매우 중요했으나 유럽에서는 그렇지 않았다는 점이다.[65] 유럽에도 혁신과 무역을 싫어하는 통치자들이 있었지만, 그들이 대륙 전체를 통제하지는 못했다. 스페인 왕이 콜럼버스를 거부했다면 다른 군주가 나타나 필요한 자금을 제공했을 것이다. 통치자의 선호에 따라 경제의 무게 중심은 움직일 수도 있지만, 경제성장과 기술 혁신은 여전히 자금을 조달하고 유지할 수 있었다. 하지만 6세기 이후 중국은 이러한 조건을 잃었다. 명나라의 해군력에 기반한 팍스 시니카를 상상하는 대신 "중국이 6세기 이후에도 경합성 조건을 유지했다면 중국의 기술은 어떻게 되었을까?"라고 질문하는 것이 더 생산적인 접근 방식이다.

476년 게르만족 오도아케르 왕이 로물루스 아우구스투스 황제를 몰아내면서 서로마 제국의 오랜 통치가 막을 내렸다. 역사학자 발터 샤이델이 그의 저서 《로마로부터의 탈출Escape from Rome》에서 주장했듯이 로마 제국의 종말은 결국 GDP 성장, 기술, 기대 수명 증가, 민주주의를 낳은 정치적, 경제적, 지적인 힘을 폭발시켰다. 로마로부터의 '탈출'이 우리가 알고 있는 현대 세계를 탄생시킨 것이다.[66]

불과 백 년 후인 581년, 중국에서는 역발전이 일어났다. 수나라가 361년간의 분열과 수많은 영토, 정치 단위 간의 정치적, 군사적 경쟁을 종식한 것이다. 수 문제는 뛰어난 군사 지휘관은 물론 제도주의자로서 중국을 통일한다. 통일 제국을 영속시키는 **규모** 확장의 도구를 발명한 것이다. 바로 과거 제도이다.

수나라는 수많은 왕국 집단으로부터 하나의 거대한 제국으로 중국을 탈바꿈시켰다. 왕국 간의 경쟁은 필요에 의해서이고, 제국 간의 경쟁은 선택에 의해서이다. CDI 지수는 경쟁 상황의 변화에 매우 민감하다. 전국 시대와 위진남북조 시대 사이에 진한 시대가 있다. 진나라와 한나라는 각각 중국 최초와 두 번째의 통일 제국 왕조였다. 다른 통일 제국 왕조로는 당나라, 원나라, 명나라, 청나라가 있다. 통일 제국 왕조는 분열된 왕국 왕조만큼 창의적이지 못했다. 중국이 전국 시대에서 진한 시대로 넘어갈 때 CDI 지수는 21.8에서 19.8로 하락했고, 진한 시대에서 위진남북조 시대로 넘어가자 19.8에서 31.1로 상승했다. 동질적이면서 광대한 영토를 소유하는 제국은 기술 발전에 해로운 것으로 밝혀졌다. 작고, 내외부적으로 경쟁이 많은 왕국은 창의성이 뛰어났다.

이 패턴은 일관성을 보여준다. 영토 면적과 CDI 지수 사이에는 음의 상관관계가 수립된다. 그림 7.3은 중국 왕조의 영토 면적 대비 CDI 지수를 나타내는데, CDI 지수를 세로축에, 영토 면적(단위: 백만 제곱킬로미터)을 가로축에 표시하였다. 원의 크기는 영토 면적을 반영한다. 그래프는 뚜렷한 우하향 패턴을 보여준다. 면적이 가장 컸던 원나라가 맨 아래, 또 다른 통일 제국이었던 청나라가 그 뒤를 잇고 있다. 전국 시대, 위진남북조 시대, 춘추 시대와 같은 왕국 규모의 왕조들은 진, 한, 당, 명과 같은 중형 제국보다, 중형 제국은 청, 원과 같은 거대 제국보다 더 큰 성과를 냈다. 흥미롭게도 이 '작은 것이 아름답다' 패턴에서 눈에 띄는 두 가지 예외는 수나라와 오대십국 시대이다. 두 시대 모두 면적은 작았으나 독창성이 없었다. 이 두 시대는 중국이 전제 국가로 변모하는 그림자 아래 존재했다. 작은 크기에서 오는 창의성의 이점이 정치적, 이념적 동질성에 의해 완전히 무력화된 것이다.

중국 속 유럽의 순간

나는 중국 역사에서 가장 흥미로운 시기로 220년부터 581년까지, 즉 위진남북조 시대를 꼽는다. 중국 역사에서 이 시기는 혼란스럽고, 전쟁이 끊이지 않았으며, 경쟁이 치열했고, 정치적으로도 분열되어 있었다. 다시 말해 로마 제국이 무너진 후 '다원화된' 유럽과 매우 흡사했다. 유럽과 또 다른 유사점이 있다면 이 시기가 기술의 전성기였다는 점이다. 위진남북조 시대는 왕조 시대 중국 역사를 통틀어 가장 높은 CDI 지수인 31.1을 기록했다. 이 시기는 중국의 '유럽의 순간'이며, 심지어 유럽보다 먼저 그 지점에 도달했다. 위진남북조 시대는 220년에 시작했지만, 로마 제국이 무너진 것은 476년이다.

위진남북조 시대는 수나라와 마찬가지로 서구에 거의 알려지지

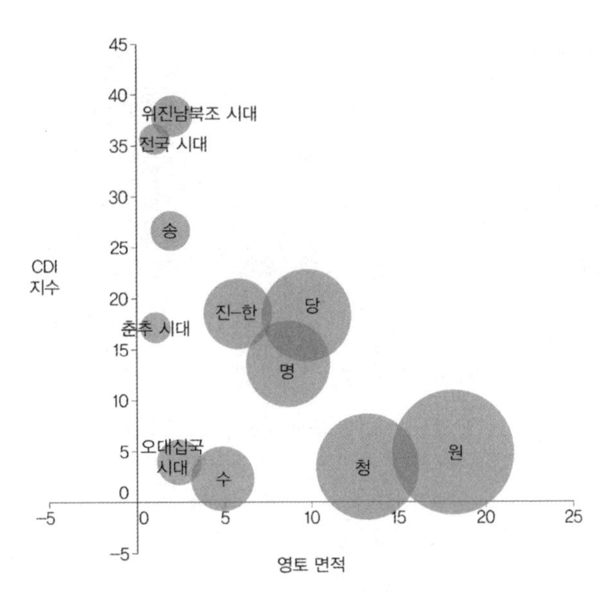

그림 7.3.
중국 왕조의 CDI 지수와 영토 면적. 세로축은 CDI 지수로, 발명 건수를 왕조별 인구로 나눈 값이다. 가로축은 영토 면적으로 백만 제곱킬로미터 단위로 표시하였다. 원의 크기는 영토의 크기를 나타낸다. CDI 지수는 중국의 역사적 발명품 데이터베이스의 발명 데이터에서 산출하였다. 인구 추정치는 《중국인구발전사》(1991)를 인용하였다.

않은 시기이다. 또한 역시 수나라와 마찬가지로 중국 역사에서 매우 중요한 시대이다.[67] 위진남북조 시대는 이해하기 쉽지 않다. 중국 역사상 가장 복잡하고 이질적인 시기로, 여러 정권과 민족이 영토와 지배권을 놓고 싸웠다. 나는 위진남북조 시대를 한-수 막간기 Han-Sui Interregnum라고 부르는데, 위진남북조 시대 앞뒤의 두 왕조와 얼마나 뚜렷하게 다른지를 보여주려고 만든 용어이다. 한나라와 수나라는 중앙집권적인 통일 왕조였다.

위진남북조 시대의 정치 체제에 대해 간략하게 살펴보자:

(1) 361년의 기간 동안 총 서른한 개의 왕조 또는 정권이 공존하거나 단기간에 교체되었다.
(2) 265년부터 316년까지 서진이라는 짧은 통일 정권이 한 번 있었다.
(3) 서진을 제외하면 늘 전쟁 상태였던 독립 왕국들로 분열되어 있었는데, 그중 가장 유명한 왕국은 이른바 삼국, 즉 위, 촉, 오(220~280)이다.
(4) 304년에서 439년 사이, 흉노족, 갈족, 선비족, 저족, 강족 등 여러 북방 민족이 중국을 침략하여 각자의 통치 기반을 구축했다.*
(5) 420년에서 581년 사이, 중국은 사실상 남과 북으로 나뉘었다. 이 기간 남방의 정권들은 단기간에 서로를 교체하고 계승했으나 북방

---

* 위진남북조 시대 초기에 해당하는 오호십육국 시대에 중국을 침략하여 왕국을 세운 다섯 북방 유목 부족을 가리킨다. 오호五胡는 한족 관점에서 '다섯 오랑캐'라는 뜻으로, 이들은 주로 중국의 북부에서 서부 내륙으로 이어지는 지방을 지배하였다.

에서는 여러 정권이 병렬 공존했다.

이 시기는 역사학자 패트리샤 에브리Patricia B. Ebrey의 표현을 빌리자면 "분단의 시대Age of Division"였으며, 통제 없는 사회, 활발한 지적 반대, 탐구, 논쟁, 사상과 이념의 충돌 시대였다.[68] 내가 만약 이 시기에 관한 책을 쓴다면 제목을《한나라로부터의 탈출》이라고 붙이고 싶다. 한나라는 유교를 공식 국가 이념으로 확립했을 뿐 아니라 진나라로부터 물려받은 제국 관료제를 기반으로 삼고 이를 크게 확장했다. 한나라는 단일 정치 체제하에 광대한 제국을 통치했다.

정치적으로나 지적으로나 위진남북조 시대는 진한 시대나 그 이후의 왕조들과 극적으로 달랐다. 정치 체제의 측면에서 본다면 후쿠야마가 지적한 대로 이 시기는 세습 통치와 귀족 정권의 복귀일 뿐이지만, 그보다 훨씬 많은 것을 의미한다. 이 시대의 통치자 중 다수가 무장 출신이었다. 그들은 전투에서 승리하는 방법은 알았어도 정부 운영에는 능숙하지 못했다. 그들은 귀족들에게 도움과 자원을 구했고, 귀족들은 그 대가로 통치자들로부터 양보를 얻어냈다. 즉 기브 앤 테이크의 정치였고 어느 쪽도 절대적인 우세를 점하지 못했다. 의도하지 않은 결과였겠지만 견제와 균형의 조화와 상호상관, 상호의존의 초기 환경이 잠정적으로 유지되었다. 몇 세기 후 유럽에서도 유사한 정치적 역학 관계가 발전하며, 이러한 역학 관계가 행정의 제약과 정치적 다원주의의 씨앗을 심었다고 알려져 있다.

유럽과 비슷한 부분이 또 있다. 일부 귀족이 창의적인 인재의 후원자가 되었지만, 이러한 사적 후원이 이 시기에 상대적으로 빈약했던 국가의 급여 지원을 보완하거나 대체했는지는 알 수 없다는 점이다. 새로운 영토 주체들이 등장하고 국가의 통제가 느슨해지면서 이러한 후원의 가치는 더 높아졌을 것이다. 지식인들은 국가의 부속물이 아니었다. 이들은 지식인 계급의 새싹이라 할 수 있는 활동의 자율성과 인지의 자유를 얻었다.

저명한 역사적 인물들의 백과사전을 바탕으로 구축한 척도를 통해 이 시기의 지적 독창성을 정량적으로 측정할 수 있었다.[69] 역사적 인물들의 전기에는 이들이 창작한 시, 소설, 수필 등 문학 작품의 수와 오늘날까지 전해지는 문학 작품의 수가 모두 기록되어 있다. 첫 번째 척도로는 위진남북조 시대가 다른 모든 시대를 압도한다. 위진남북조 시대에는 인구 100만 명당 347개의 문학 작품이, 수당 시대에는 176개의 문학 작품이 생산되었다. (송나라는 85개, 명나라 52개, 청나라 30개이다). 두 번째 척도인 현재까지 살아남은 문학 작품의 수로 보면 위진남북조 시대는 수당 시대에 밀려 2위를 차지하는데, 이는 아마도 이 시대의 전란으로 인해 일부 문서가 소실되었기 때문일 것이다.

송나라 시대는 중국의 르네상스로 칭송받곤 한다. 그러나 억압적인 과거 제도 이데올로기와 여성의 전족을 발명한 국가도 송나라다.[70] 실제로는 잘 알려지지 않은 위진남북조 시대가 중국의 진정한 르네상스였으며, 오늘날의 중국보다도 더 르네상스에 더 가까웠다고 볼 수 있다. 위진남북조 시대의 '유럽의 순간'은 우연이 아니라 구조적 조건에 의해 만들어졌다. 이 당시 중국은 통일 정권이 아닌 일종의 연합국가와 같은 상태였다.

지적 독창성뿐 아니라 사상과 이데올로기의 다양성 또한 엄청났다. 에브리는 교육 수준이 높은 이 시대의 엘리트들이 유교에 신뢰를 잃고 도교와 불교라는 대안에서 위안을 찾았다고 지적한다. 이는 데이터에서도 확인할 수 있다. 그림 7.2에서 위진남북조 시대는 사상적 다양성 측면에서 수당 시대에 이어 2위를 차지하지만, 이 수치에서는 불교의 인기가 과소평가되어 있을 수도 있다. 불교는 위진남북조 시대가 시작되기 불과 100년 전에 중국에 전래했으며, 중국 역사에서 두 번째로 높은 지위를 차지할 정도로 빠르게 자리 잡았다. 당나라에서 꽃핀 불교의 황금기는 신도가 급증하던 위진남북조 시대의 상승세가 바탕이 되었다.

이데올로기의 다양성은 유교, 불교, 도교 사이에서 사상적 충돌을 일으켰다. 에브리는 "공직에 대한 유교적 이상은 더는 통하지 않았다"며, "대신 교육 수준이 높고 부유한 계층이 사치스럽고 종종 비전통적인 생활 방식으로 경쟁했다"고 말했다.[71] 교육받은 계층은 진정한 의미의 독립적인 지식인에 가까웠다. 이들은 '현학玄學'* 에 뛰어들어 '비존재'의 의미나 '비존재'와 '존재'의 관계와 같은 형이상학적 질문을 놓고 토론을 벌였다. 이들은 또한 응용적이고 실용적인 주제를 피하는 '청담淸談'이라는 대화에 빠져들곤 했다. 이들은 논쟁하기를 좋아했고, 무대에서 스포트라이트를 자기 쪽으로 끌기 위해 영리한 말장난을 하기도 했다. 이것이 바로 중국식 '토론 민주주의' 였다.[72]

집단 도덕보다는 개성이 이 시대의 지식인들을 움직였다. 문인들과 예술가들은 '자연'과 '무위'를 추구했고, 정치와 공공 도덕을 혐오했다. 훗날 '죽림칠현竹林七賢'이라 불린 이 시대의 천재 시인들은 개성과 자기표현을 중시하는 동시에 집단 도덕의 강요를 경멸

---

* 도가와 유교의 사상을 융합한 위진남북조 시대의 중국 철학.

했다. 그중 한 명인 완적阮籍은 유교적 감수성을 무시하고 저항하는 행동을 서슴지 않았다. 이웃집 처녀가 시집도 가지 못하고 죽었을 때는 울었지만, 자신의 어머니가 세상을 떠나자 술과 진수성찬을 즐겼다. 누가 이를 책망하자 이렇게 대답한다. "설마 예법이 나에게도 적용된다는 뜻은 아니겠지요?" 또 다른 칠현의 한 사람인 유영劉伶은 종종 벌거벗고 손님을 맞이하며, 자신의 집이 곧 자신의 옷이라고 주장하기도 했다.[73] 이 시대를 고대 그리스의 도시 국가들에 비유해도 무리가 아니다. 쾌락주의hedonism의 어원은 그리스어이다. 완적과 유영은 그리스인들과 마찬가지로 쾌락주의자로 행동했을 뿐 아니라 그러한 행동의 근거까지 개발했다. 이렇게 자유로운 탐구 정신이 살아남아 만개했다면 중국에서 어떤 일이 일어났을지 한번 상상해 보라.

이러한 폭발적인 탐구열과 지적 자유가 과학과 기술 분야로 번질 수도 있었을까? 정확하게는 알 수 없다. 확실한 것은 위진남북조 시대가 중국 역대 왕조 중 가장 높은 CDI 지수를 기록했다는 사실이다. 인과관계까지는 아니더라도 상관관계는 존재한다. 또한, 중국 역사상 가장 저명한 이론 수학자 두 명이 모두 이 시대 사람들이라는 사실도 고려해야 한다. 유휘는 피타고라스 정리를 독자적으로 증명했고, 조충지祖沖之는 아르키메데스와 유사한 접근법을 사용하여 파이값을 계산해 냈다. 위진남북조 시대는 추상적 사고와 추론의 발전이라는 측면에서 고대 그리스 문명에 가장 근접했다. 이 시대의 CDI 지수는 당나라(17.6)의 1.8배, 송나라(14.5)의 2.1배, 청나라(2.85)의 10배에 달한다.

2위는 21.8을 기록한 전국 시대인데, 이것도 우연이 아니다. 전국 시대와 위진남북조 시대는 많은 특징을 공유한다. 전국 시대는 세계 곳곳에서 주요 종교적, 정신적 사상이 동시에 출현한 이른바 '축의 시대Axial Age'로 불리던 시기에 들어간다. 유가, 법가, 그 외 다른 사상들이 서로 경쟁하던 '제자백가諸子百家'의 시대였다. 왕국 간 인적 자본과 아이디어의 이동이 활발했다. 빅토리아 휘Victoria Tin-bor Hui는 이러한 자유가 "사람들이 기꺼이 전쟁에 나가 싸우고 죽도록 동기를 부여"해야 하는 정권의 필요에서 기인한다고 말한다.[74] 진나라가 제정한 법가 개혁은 '물질적 복지, 법적 보호, 표현의 자유'를 제공했다. 두 시대 모두 과도한 중앙 권력이 없었고, 지적 자유와 창작의 자유가 폭발적으로 증가했다. **범위** 조건은 번성했다.

위진남북조 시대는 **규모**와 **범위**의 균형을 이룬 시대였을까? 기술의 관점에서는 그렇다. 하지만 이 시대에 수많은 재상이 처형되었다는 점을 기억하자. 위진남북조 시대는 폭력의 시대였다. 왕국들은 영토와 인적 자본을 차지하기 위해 잔인하게 싸웠다. 기술의 측면에서 보면 위진남북조 시대에는 지나친 **범위** 확장이라는 문제가 있었다. 수많은 창조가 있었지만, 그만큼 수많은 파괴가 있었다.

합리적인 타협은 당나라였다. 당의 CDI 지수는 17.6으로 위진남북조 시대의 31.1에 비해 인상적이지는 않지만 주목할 만한 기술적 성과가 있었다. 당나라는 통일 제국 왕조였으며 장기간 지속되었고 통치는 안정적이었으며, 처형된 재상이 거의 없었다. 당나라는 위진남북조 시대보다 더 나은 모델을 제시한다. 좋은 사회는 평화와 안정을 중시하고, 이러한 필수 요소들과 '창조적 파괴'가 최적의 균형을 이룬다.

오늘날의 중국은 당나라의 부활일까? 중화인민공화국은 당나라의 영토와 국가적 통일성을 보유하고 있으며 상당히 안정적으로 통치되고 있다. 또한, 기술의 황금기를 누리고 있다. 과학이 주도하는 국가로, 수많은 중국 기업가들이 새로운 기술을 현실의 문제에 적용하고 있다. 하지만 중국공산당은 독재적이고 억압적이며 자유와 반대의견을 탄압하는 것으로도 악명이 높다. 중국공산당에 과연 **범위** 조건이라는 것이 존재할까?

8장. 정부 공화국

자유롭게 숨 쉴 수 없는 국가에서는 다르게 생각할 수 없다.
정통에 도전할 수 없는 나라에서는 다르게 생각할 수 없다.
변화는 오직 정통에 대한 도전에서 오기 때문이다.
— 부통령 시절 조 바이든, 2013

라오이饶毅, 시이공施一公, 얀닝颜宁은 중국에서 태어나 미국에서 교육받은 명망 있는 생명과학자들이다. 라오이는 신경생물학자로 2007년까지 노스웨스턴 대학교에서 교수로 재직하다가 중국으로 돌아와 베이징 대학교 생명과학원 원장이 되었다. 시이공은 2008년 칭화대학교 생명과학원 원장을 맡기 전까지 프린스턴 대학교 분자생물학과의 석좌 교수로 재직했다. 구조 생물학자인 얀닝은 프린스턴 대학교에서 박사후연구원 생활을 했으며 시이공의 제자였다. 2007년 서른 살의 나이에 중국으로 돌아와 칭화대학교 최연소 교수가 되었다.

일단 중국에 돌아오자 이 뛰어난 학자들도 비슷한 상황에 직면했다. 이들의 상당한 업적에도 불구하고 세 명 모두 권위 있는 중국과학원CAS의 원사院士가 되지는 못했다. 정확한 이유는 밝혀지지 않았다. 한 가지 추측은 원사가 되려면 꼭 필요한 정치적 인맥이 부족했다는 것이다. 보스턴 대학교의 행동경제학자 레이 피스먼Ray Fisman과 공동 저자들은 중국과학원 원사가 되는 것은 정치 자본과 인맥에 크게 의존하며, 인맥에 의존해 중국과학원에 들어간 학자들은 영향력 지수impact factor(다른 학자들이 논문을 인용하는 빈도)가 낮은 논문을 발표한다는 사실을 발견했다.[1]

2017년, 얀닝은 프린스턴 대학교의 교수직 제안을 수락하고 미국으로 돌아갔다. 중국과학원 원사는 되지 못했지만, 2년 후인 2019년에 미국과학아카데미의 외국인 회원으로 선출되었다. 얀닝은 중국을 떠나면서 '정부 공화국'을 뒤로 하고 '과학 공화국'으로 알려진 학계에 다시 합류했다고 볼 수 있다.

바로 그 정부 공화국이 최근 많은 주목을 받고 있다. 많은 이가 두려워하고 일부는 질투한다. 2019년, 기술 분야의 권위 있는 학술지인 〈MIT 테크놀로지 리뷰〉는 한 호 전체를 중국에 할애했다. 기드온 리치필드Gideon Lichfield 편집장은 이 기사에서 "중국은 무엇을 잘하는가?"라는 질문을 던졌다. "중국이 혁신 대신 해외에서 모든 지적 재산을 훔친다는 일반적인 편견이 사실이 아니게 된 지는 이미 오래다. 하지만 그렇다고 해서 중국 기업들이 세계를 변화시키는 제품을 만들고 중국 과학자들이 노벨상을 탈 수 있을까? 기후 변화와 같은 당면한 문제들을 해결하는 데에 있어 중국의 하향식 정부 시스템이 점점 더 분열되고 있는 세계의 민주주의 국가들보다 더 나은 성과를 낼 수 있을까?"[2] 〈MIT 테크놀로지 리뷰〉 특별호는 자율주행 및 전기차, 마이크로칩부터 원자력, 고압 전력망, 우주 탐사, 양자 컴퓨팅과 통신, 유전자 편집에 이르기까지 광범위한 기술 전반에 걸쳐 중국의 진전을 살펴보았다.

중국은 기초 과학과 거대 혁신 프로젝트에 많은 투자를 해왔다.

세계 최대의 단일 접시 전파 관측소 중 하나인 직경 500미터 구면 전파망원경은 중국에 있다. 이 망원경은 직경 500미터의 접시를 사용하여 중력파를 감지하고 고속 전파 폭발이라고 부르는 신비한 방사선의 흐름을 분석할 수 있다.[3] 양자 통신 분야에서 중국은 선두 주자로 부상했다. 중국과학기술대학교의 판젠웨이潘建伟 교수는 획기적인 연구 성과로 '양자의 아버지'로 불린다.[4] 양자 통신은 두 지상국 간의 중계에 의존하는데, 이 중계는 보안이 취약하다. 판젠웨이와 그의 팀은 위성 중계기를 개선하고 다운링크의 효율성을 높였다.[5] '해킹이 불가능한' 양자 통신의 군사적 응용은 즉각적이고 막대하다. 양자 통신 분야에서 중국 과학자들이 작성한 논문과 특허는 미국 과학자들의 그것을 훨씬 능가하고 있다.

〈MIT 테크놀로지 리뷰〉는 1899년에 창간되었다. 1899년은 중국의 마지막 왕조인 청나라가 내부 반란과 외세의 침략으로 무너지던 시기다. 이후 중국은 특히 지난 40년 동안 많은 발전을 이뤄냈다. 최근 여러 연구 보고서에서 미국의 기술적 선도는 계속되고 있지만 더는 단독 질주가 아니라는 견해가 제시되고 있다. 중국은 어떤 분야에서는 '전방위적 경쟁자'이고 어떤 분야에서는 미국보다 앞서 있다.[6] 각국의 기술 리더십 순위는 기준에 따라 다를 수 있지만, 전반적인 메시지는 같다. 중국은 미국의 기술 패권에 도전하고 있다.

이 장에서는 EAST 공식의 T의 후반부, 즉 개혁개방 시대 중국 공산당 치하의 기술 발전에 대해 살펴본다. 이 주제는 방대하고 매우 복잡하다. 한 장에서 모든 것을 다룰 수 없으므로 한 가지 질문에만 집중하겠다. "기본적인 법치주의와 아주 원시적인 사상의 자유도 없는 독재 국가가 어떻게 그토록 많은 성취를 얻을 수 있었을까?"라는 질문이다. 과학 연구에는 뛰어났으나 상업화에는 실패했던 소련의 선례를 인용하는 것만으로는 충분하지 않다.[7] 중국은 연구개발과 상업화, 두 마리 토끼를 다 잡았다.

기술 및 경제적 역동성이 **규모**와 **범위** 사이의 균형에 달려 있다는 전제에서 현대 중국은 예외일까? 중국의 성과와 중국공산당의 전방위적인 (대학과 교육 커리큘럼을 포함하여) 통제를 어떻게 나란히 놓고 설명할 수 있을까? 과연 **규모**만으로 모든 것을 설명할 수 있을까? 최고의 과학기술 분야 전문가와 연구자 및 기관들이 작성한 중국의 과학기술에 대한 보고서를 읽어보면, 그 대답은 "그렇다"이다. 한 보고서는 (1) 공공 부문과 민간 부문의 분리가 모호한 특수성, (2) 거대한 인구, (3) 국가의 막대한 자본 지원, (4) 데이터 생성 감시 장치로 인해 현재 인공지능이 '비대칭 경쟁' 상태라고 설명한다.[8]

이러한 보고서는 분석보다는 사실의 나열에 더 탁월하기 마련이다. 보고서가 나열한 요소 중 네 번째, 데이터 생성 감시 장치에 주목해 보자. 이것은 중국이 얼마나 성공했는지를 보여주는 척도로 쓰이기도 하고 중국이 성공할 수 있었던 원인으로 지목되기도 한다. 이 보고서를 주도한 사람은 에릭 슈미트Eric Schmidt 전 구글 대표이사이다. 자, 누군가 다음과 같은 주장을 한다고 한번 상상해 보자. 구글은 효율적인 검색 엔진 발명에 성공했고, 구글의 독창적인 성공의 토대는 효율적인 검색 엔진이었다. 여기에는 약간의 논리적 비약과 순환 오류가 있다. 보고서가 나열하고 있는 다른 세 가지 요소는 모두 **규모**와 관련된 것이다. **규모** 우위는 중국의 가장 눈에 띄는 특징이며, 중국공산당이 찬양해 마지않는 이점이기도 하다. 이에 대해서는 중국공산당과 미국 연구자들의 공식적인 표현이 일치한다.

명확하게 짚고 넘어가도록 하자. **규모**는 중요하다. 중국의 R&D 투자 의지는 다른 어떤 개발도상국과도 비교할 수 없으며 선진국과 비교해도 뒤지지 않는다. 중국의 강력한 행정 도구는 새로운 기술을 보급하고 구현하는 플랫폼으로 활용되고 있다. 프라이버시를 침해하지 않으면서 다양한 영역에서 데이터를 수집, 편집, 분석하는 능력은 전 세계에서 타의 추종을 불허한다. 이런 이유 때문인지는 몰라도 앞서 언급한 프린스턴 대학교의 얀닝 교수는 2022년 중국으로 귀국을 결정했다. 그가 새로 이끌게 될 연구소는 미국 국립보건원이 프린스턴에 지원한 연구비보다 훨씬 더 많은 자금을 중국 정부로부터 지원받게 된다.

하지만 **범위**는 어떨까? 이 질문에 답하기 전에 한발 물러서서 꽤 많은 권위자가 중국을 혁신 강국으로 보는 시각에 회의적이었던 점을 상기해 보자. 그중 한 명이 현 미국 대통령 조 바이든이다. 2013년 미국 부통령이었던 시절 바이든은 "중국이 우리의 점심을 먹어치울 것"이라는 입장에 대해 코웃음을 쳤다. 그는 미국의 장점으로 대학, 개방적이고 공정한 사법 시스템, 벤처캐피털, 혁신과 기술 분야의 리더십을 꼽았다. 그런 다음 스티브 잡스를 인용하여 미국이 앞서가는 이유를 설명했다. 미국인들은 "다르게 생각한다"고 말이다.

하지만 바이든은 대통령이 된 뒤 생각을 바꿨다. 2021년 미 의회 상하원 합동 연설에서 바이든은 중국이 미국을 빠르게 따라잡고 있다며 의회에 공공 지출을 늘릴 것을 촉구했다.[9] '다르게 생각'하지 못하는 나라 중국에 무슨 일이 일어난 것일까?

2013년 바이든이 중국을 과소평가한 것은 그의 (그리고 스티브 잡스의) 논리가 틀렸기 때문이 아니다. 그들이 잘못된 사실을 알고 있었기 때문이다. 중국은 '다르게 생각'하는 데에 필요한 조건들을 갖추고 있었다. 하지만 중국이 다르게 생각하도록 해주는 **범위**의 조건은 그 형식과 형태가 외부 세계에는 낯설다. 그래서 인식하지 못하는 경우가 많다.

마침 개혁주의 공산당이 만들어 낸 이러한 숨겨진 범위 조건들을 살펴보기에 좋은 시기이다. 그중 하나가 바로 내가 "학문적 세계화"라고 부르는 연구 및 교육 분야의 국제 협력이다. 중국의 해외 교육 및 연구 프로그램에 대해서는 이미 잘 알려져 있으므로, 여기서는 사실 나열을 반복하는 대신 중국이 국제 협력을 통해 국내에서의 사실상 학문의 자유를 확대했지만, 고도로 선별되고 조율된 방식이었다는 추정만 제시하겠다. 다른 **범위** 조건은 능력 있는 중국 기업가들이 중국공산당의 직접적인 감독을 벗어나 시장 기반 금융에 접근하고 권리를 보호받을 수 있어야 한다는 것이다. 홍콩은 이 점에서 매우 중요한 역할을 하고 있다, 아니 했었다.

문제는 이러한 **범위** 조건이 개혁과 자유화의 뚜렷한 징후 없이 확대되었기 때문에 중국이 독재적 환경에서 어떻게 기술 분야와 기업 모두 성공을 거둘 수 있었는지에 대한 다양한 설명들조차 쉽게 놓친다는 점이다. 중국이 정반대의 방향으로 움직여왔다는 점은 우리의 분석을 더욱 흐리게 한다. 중국공산당은 1990년대 초부터 대학과 교육 커리큘럼에 대한 통제를 강화했다. 정치 개혁은 후퇴했으며, 법치주의는 존재하지 않고, 금융은 여전히 국가주의에 머물러 있다. 바이든 부통령이 2013년에 내린 결론에 우리도 쉽게 도달할 수 있다. 중국은 다르게 생각하지 못한다.

그러나 독재적 **범위**라는 특수함이 있다. 개혁개방 시대 중국은 독재적 **범위** 아래에서 성공했다. 마치 위진남북조 시대와 당나라가 CDI 지수에서 높은 점수를 받았던 것과 유사하다. 개혁주의 중국공산당은 개방성과 국내 자유주의를 결합한 이단적 모델을 고안했다. 이 이종 교배 모델은 개혁주의 중국공산당에 큰 도움이 되었다. 중국은 과학과 기술 분야에서 진전을 이루었고, 가오카오 개혁이나 교육 커리큘럼 자유화, 광범위한 제도 및 사법 개혁을 꿋꿋하게 피하면서 첨단 기술에 기업가 정신을 끌어들이고 활성화했다. 자율과 통제 사이에서 균형을 잡는 역할을 해온 M자형 경제를 떠올려 보자. 여기에도 비슷한 역학 관계가 있다.

우리는 중국의 **규모** 우위, R&D 지출, 산업 정책, 국가 주도 실행에 대해 잘 알고 있다. 이러한 요소들은 눈에 잘 띄지는 않으나 중국의 성공 배경에 매우 중요한 기여를 해왔다. 법치주의를 예로 들어보겠다. 바이든이 중국에 개방적이고 공정한 사법 시스템이 없다고 말한 것은 맞다. 그가 놓친 부분은 중국의 수많은 첨단 기술 기업가들이 1997년 이전에는 영국 영토였고 1997년 이후에는 일국양제 정책에 따라 상당한 자치권을 가진 홍콩에 자산을 두기로 했다는 점이다. 중국은 또한 '다르게 생각하기'를 '아웃소싱'했다. 중국은 해외 교육 및 연구 프로그램을 통해 학생들과 연구자들을 창의성, 위험 감수, 권위에 의문을 제기하는 성향을 배양하고 장려하는 환경에 배치했다. 가장 영향력 있는 연구 논문이 국제 협력의 산물이며 미국에서 교육받은 중국인들이 귀국하여 중국에서 가장 혁신적인 생명공학 회사를 설립하고 운영하는 것은 당연한 일이다.

이 이야기를 올바르게 전달하는 것은 아주 중요하다. 바이든이 중국의 **범위** 조건을 과소평가했다는 점을 상기하자. 나는 여기에 같은 분석 오류를 범한 또 다른 집단을 추가하겠다. 바로 중국공산당 지도부 그 자신이다. 시진핑 치하에서 중국공산당의 이단적 모델은 회복할 수 없을 정도로 훼손되었다. 중국의 반서방 외교 정책 기조로 인해 서방과의 교육 및 기술 협력은 점점 더 압박을 받고 있으며, 홍콩의 자치권은 말살당하고 있다. 중국의 지도자들은 많은 서방 연구자들이 열을 올렸던 논리, 즉 중국의 막강한 우위는 중국의 **규모**에서 온다는 주장을 그대로 수용했다. 중국의 역사와 미래는 이 명제가 틀렸다는 것을 증명할 것이다.

규모 확장 성공

중국은 중상위 소득 국가이다. 그러나 과학기술 분야에서는 일반적으로 미국, 유럽연합 국가들, 일본과 같은 고소득 국가와 동일군으로 분류한다. 중국이 발전 수준 대비 '역량 과다'인 것은 최근의 이야기가 아니다. 18세기 중국은 경제적 지위에 비해 놀라운 수준의 수리력을 자랑했다. 1960년대 중국 경제의 기반은 농업이었지만 그들은 핵무기 프로그램을 개발했고, 1970년에는 혼돈의 도가니였던 문화대혁명 한복판에서 인공위성을 쏘아 올렸다. 1990년대 중국은 인간 게놈 프로젝트에 참여한 유일한 개발도상국이었다. 오늘날 인공지능과 양자 통신 분야에서 중국의 발전은 잘 알려져 있다. 이러한 성과를 칭송하는 사람들도 있지만, 나에게 그보다 깊은 의문은 따로 있다. 왜 중국이 이러한 역량을 그에 상응하는 경제적 이득으로 연결하지 못했는가 하는 것이다.

가장 최근에 중국이 선두에 오른 분야는 인공지능AI이다. 저명한 벤처캐피털리스트 리카이푸Kai-Fu Lee는 중국을 "AI 초강대국"이라고 부른다.[10] 중국의 급성장하는 AI 기업 중 하나인 아이플라이텍은 세계 최고 수준의 번역 툴을 개발하고 있다. 중국의 거대 검색업체인 바이두는 자율주행차, 스마트 로봇 등의 첨단 시스템을 개발했으며 딥 러닝에 막대한 투자를 아끼지 않고 있다. 중국은 핀테크와 전자 결제, 그리고 안면 인식 분야에서 이미 업계 선두로 인정받고 있다. 데이터 수집, 취합, 분석은 중국의 기술 및 인프라 역량뿐만 아니라 중국 사회의 태도적 특성에도 뿌리를 두고 있다. 중국인들은 국가가 대놓고 침범의 손길을 뻗어도 수용적이다. 영국의 뱃사람 전통이 대항해시대의 팍스 브리타니카를 탄생시킨 것과 마찬가지로, 중국의 이러한 문화적 성향이 데이터 강국으로서 팍스 시니카의 부상에 이바지했다. 역사는 중요하다.

역량의 역사

'과학 하기'에는 상상력, 기본적인 지능, 영감, 노력이 필요하다. 이는 또한 인적 자원의 문제이기도 하다. 밀턴 프리드먼Milton Friedman은 이렇게 말한 적이 있다. "지리적 개척지 정복과 마찬가지로 기술적 개척지 정복에도 수백만 명이 필요하다." 발명과 과학적 발견은 인적 자본의 측면에서 점점 더 많은 투자를 요구하고 있다. 오늘날 '무어의 법칙'으로 잘 알려진, 컴퓨터 칩의 용량을 두 배로 늘리는 데 필요한 연구원의 숫자는 1970년대 초와 비교했을 때 열여덟 배 증가했다.[11] 크기—이 경우에는 연구원의 수—도 중요하다. 그리고 이 부분에서 중국은 결정적인 우위를 점하고 있다.

2018년 미국에서는 180만 명이 학사 학위를 취득했지만, 같은 해 중국에서는 750만 명이 학사 학위를 취득했다. 2007년부터는 중국이 미국보다 더 많은 박사 학위자를 배출하고 있다. 중국 학생의 자질에 의문을 제기할 수도 있지만, 여기서 우리는 밀턴 프리드먼의 관찰을 염두에 두어야 한다. 중국 학생 중 극히 일부만이 뛰어난 수준이라 하더라도, 중국의 대졸자 수가 훨씬 많으면 중국에는 경쟁력이 생긴다. 또한 과학 관련 산업을 이끌어나가는 인력은 스타 과학자들뿐만이 아니며, 전체 지식 생산에 이바지하기 위해 수많은 실험실 테크니션과 랩 어시스턴트가 무대 뒤에서 일하고 있음을 명심하자.

대다수 분석가는 이쯤에서 멈추고 중국이 인적 자본에서 우위를 점하고 있다고 주장할 것이다. 하지만 잠깐 숨을 돌리면서 다음 사항을 생각해 보자. 중국은 문화대혁명 동안 자신들의 고등교육 시스템을 파괴했다. 1966년부터 1976년 사이에 중국 대학은 교육 및 연구 기능을 중단했다. 1960년 중국의 대학생 수는 96만 명이었지만 1970년에는 4만 8,000명에 불과했다.[12] 같은 기간 동안 고등교육에 막대한 자원을 끊임없이 쏟아부은 인도와 비교해 보자. 하지만 중국은 문화대혁명이 막을 내리자마자 놀라운 속도로 인도를 따라잡았다. 중국의 대학 등록 학생 수는 1981년 128만 명, 1990년 210만 명, 2002년 900만 명, 2007년에는 1,900만 명으로 회복되었다. 1998년 중국의 석박사 학위 프로그램에 등록한 학생 수는 7만 명이었으나 2007년에는 36만 5,000명이었다.[13]

놀라운 회복 속도가 아닐 수 없다. 중국의 오랜 문맹 퇴치 역사가 존재감을 발휘하는 지점이 바로 이 부분이다. 역사는 규범, 방법, 인구의 누적된 역량을 불러일으켜 현재의 기술 발전에 영향을 미친다. 문해력이 뇌를 재구성하고 두뇌 활동의 처리와 인지 능력을 배양한다는 조지프 헨릭의 지적을 떠올려 보자. 문화대혁명은 수천 년에 걸쳐 축적된 역량과 교육적 성향이 일시적이고 극적으로 일탈한 사건이라고 보는 관점이 올바른 평가일 것이다. 충격이 지나가자 이러한 역량들은 빠르게 회복되었다.[14]

과거 제도는 중국 인식의 역사에서 큰 부분을 차지한다. 그리고 중국공산당은 과거 시험의 형식과 용도를 공격적으로 조정하여 가오카오로 재탄생시켰다. 가오카오는 매년 수백만 명의 중국 학생들이 치르는 세계에서 가장 엄격한 이중검증 표준화 시험 중 하나이다. 과거의 커리큘럼은 유교 경전이었지만, 가오카오는 수학·물리·화학·영어 등의 숙달을 요구한다. 소프트웨어는 업데이트를 마쳤으나 인프라는 그대로 유지되고 있다.

역사가 현재에도 강력한 영향을 미치고 있는 또 다른 분야가 있으니 바로 인공지능이다. 중국 사회는 국가가 개인의 행동 데이터를 수집하고 활용하는 데 있어 '사전동의' 또는 거의 백지수표에 가까운 관대한 동의를 제공해 왔다. 물론 이러한 동의는 암묵적이거나 비명시적이지만, 그렇다 하더라도 그 존재를 유추하는 데에는 큰 논란의 여지가 없다. 중국을 '디지털 권위주의'의 전형으로 보는 논의는 중국 정부가 감시 기술에 대해 국민으로부터 받는 상당한 지지를 고려하지 않고 있다.[15] 디지털 권위주의의 정당화 시도가 아니다. 디지털 권위주의를 비판할 때 중국인의 문화적 규범을 고려해야 한다고 주장하는 것이다. 디지털 권위주의에 대한 지능적인 비판을 위해서는, 디지털 권위주의가 중국인의 성향과 이익을 자동으로 해치고 억압한다는 관점보다는 중국인의 동의가 가진 제한적 성격에 초점을 맞춰야 한다.

중국은 오랜 데이터 수집의 역사를 자랑한다. 이미 진한 시대에 각 가정 단위로 데이터를 수집한 기록을 찾을 수 있다. 여기에 과거 제도는 권위에 토달지 않는 문화를 정착시켰다. 이러한 역사적 맥락은 개인을 침범하는 파괴적 신기술에 대한 중국인들의 낙관주의를 설명하는 열쇠가 된다. 2019년 베를린 자유대학교의 중국학 교수 게니아 코스트카Genia Kostka가 실시한 조사에 따르면, 중국인 응답자의 80퍼센트가 사회신용시스템社会信用体系*을 지지하며, 1퍼센트만 매우 반대하거나 대체로 반대한다 답했다. 코스트카의 분석에 따르면 사회적으로 더 많은 혜택을 받는 시민들, 즉 부유하고 교육 수준이 높은 도시민과 노년층의 지지도가 가장 높은 것으로 밝혀졌다.[16]

미국에서 파괴적 기술의 도입에 수반되는 불신 및 정치적 불화와는 정반대로, 중국인들은 대체로 이러한 기술, 특히 오랜 거버넌스 문제를 해결하는 데 도움이 될 수 있다고 여겨지는 기술에 열광한다. 코스트카의 조사에서 응답자의 76퍼센트는 신뢰 결핍이 중국에서 심각한 문제라고 생각하며, 사회신용시스템이 사기를 방지하고 기업의 부정행위를 처벌하는 데 효과적인 해결책이 될 수 있다고 답했다. 2018년 칭화대학교 보고서의 AI 관련 조사 결과에서도 중국 대중의 AI 개발에 대한 지지도는 매우 높다고 나타났다.[17] 여러 왕조를 거치며 진화하여 오늘날까지 이어지고 있는 이러한 사회문화적 기반은 디지털 감시라는 침입적 수단을 더 매력적으로 만드는 데에 도움이 되었다. 국가의 역량은 심리적 순응이라는 뿌리 깊은 습관 덕분에 가능한 부분도 크다.

경험 법칙에 따르면 우리는 '거대함'과 관련된 모든 것에서 중국

---

* 중국 정부가 개발 중인 개인, 기업 신용 등급 확인 및 블랙리스트 시스템의 통칭.

의 우위를 어느 정도 기정사실로 받아들여야 한다. 현재 기술 수준에서 AI는 데이터 집약적이다.[18] 동시에 AI는 기능 집약적이며, 이는 중국이 명백하게 우위를 점한 또 다른 부분이다. 데이터를 일일이 손으로 라벨링하고 검증을 수행하려면 일정 수준 이상의 숙련된 노동력이 다수 필요하다. 메리 그레이Mary L. Gray와 시드하스 수리Siddharth Suri는 일반적으로 우리가 흔히 상상하는 알고리즘과 컴퓨터 과학의 화려함과는 거리가 먼 AI의 실체를 파헤쳤다.[19] 이들의 저서《유령 작업Ghost Work》은 AI의 기반이 저임금 또는 무급으로 이미지 라벨링 작업을 수행하는 대규모 디지털 노동력의 수작업과 단순 노동으로 구축되었음을 보여준다. 이미 '세계의 공장' 중국은 숙련된 노동력의 용도를 변경하여 AI의 최전선으로 나서고 있다. 이 분야에서 중국은 이미 전통적인 강점을 지니고 있다. 강력한 직업윤리로 무장한 잘 훈련되고 글을 읽을 수 있는 노동력 말이다.

정치적 집념

세계은행의 데이터에 따르면 중국의 R&D 지출은 1996년 GDP의 0.563퍼센트에서 2018년 GDP의 2.14퍼센트로 증가했다.[20] 중국과 같은 중상위 소득 국가에 속한 나라들의 평균 GDP 대비 R&D 지출은 1.6퍼센트이다. 개발도상국의 일반적인 전략은 선진국의 R&D 성과에 무임승차하는 것이다. R&D는 비용이 많이 들고 성과도 불확실하다. 예를 들어 인도의 R&D 지출은 GDP의 0.65퍼센트에 불과하다. 반면 중국은 싱가포르(1.92퍼센트)보다도 더 많은 돈을 R&D에 쓰고 있다. 과학과 기술에 대한 중국의 정치적 의지는 타의 추종을 불허한다. 이것이 바로 중국의 탁월한 **규모** 확장 이점이다.

절대적인 금액으로 보면, 현재 중국은 유럽연합 전체와 맞먹는 액수를 R&D에 지출하고 있으며, 이는 일본보다 더 많은 금액이다. 최근 몇 년 동안 '중국제조 2025中国制造2025'가 서방 언론과 정책 입안자들의 주목을 받았지만, 이는 중국 정부가 지난 30년 동안 추진한 다양한 대규모 발의 중 가장 최근의 것일 뿐이다. 과학기술에 대한 중국의 집념은 광범위하다. 863 계획이라고도 부르는 국가첨단기술연구발전계획(1986), 성화星火 계획*, 횃불火炬 계획, 국가중점연구계획, 211 공정(1996), 중국 대학들을 세계적인 수준으로 끌어올리겠다는 목표를 내세운 985&211 공정, 863 공정(1998), 111 공정(2006) 등이 그 산물이다.

중국 정부는 범정부적 접근 방식을 채택하고 있다. 이른바 973 계획이라 불리는 '국가중점기초연구발전규획 항목계획'을 예로 들어보자. 973 계획은 전략적 산업 분야의 기초 연구에 초점을 맞췄다. 973 계획의 지원을 받는 기초 연구는 일반적으로 할당받는 자금의 10~15배를 받았다. 전략적 산업의 정의와 세부 사항은 정부가 정했다. '국가과학기술영도소조'는 총리인 주룽지가 직접 조장을 맡았다. 국립 학술 기관, 대학 등 주요 과학 연구 생산자 모두가 이 그룹에 보고했다.

국가과학기술영도소조는 임무 일부로 장기적인 과학 및 기술 목표를 제시했다. 예를 들어 2006~2020년 과학 기술 발전 중장기 계획에서는 특허 및 학술 논문 인용 수치를 높이고, 2020년까

---

* 과학기술을 통하여 농촌 경제 발전을 꾀한 1980년대 중국의 국가 주도 계획. 인재 부족, 기술 낙후 등 농촌이 당면한 과제들을 과학기술로 해결하고자 하였다.

지 R&D 지출 수준을 당시의 네 배인 9,000억 위안으로 끌어올려 GDP의 2.5퍼센트에 도달하고, 국가 발전에 대한 과학 기술의 기여도를 60퍼센트까지 높이는 것을 골자로 하는 비전을 제시했다. 이 계획은 생물학, 정보 기술, 나노 기술 분야의 개척 및 획기적인 기술 육성뿐만 아니라 중국의 에너지, 물, 인체 장기 부족 문제를 해결하고 바다, 대양, 우주 탐사 기술을 개발하는 데 중점을 두었다. 이러한 프로그램 중 다수는 단기적으로는 외국과의 협력을 모색했으나 장기적으로는 외국 기술에 대한 의존도를 낮추도록 설계되었다.

세 가지 규모 확장 프로젝트

규모 확장은 세 가지 방식으로 생각해 볼 수 있다. 하나는 말 그대로 새로운 **규모**를 만들어 내는 것이다. 예를 들면, 중국 정부는 국내에 세계 최장인 3만 7,900킬로미터의 고속철도 시스템을 깔았다. 다른 하나는 기존의 **규모**를 대체하는 것이다. 새로운 기술을 도입하려면 기존 기술을 교체해야 하는 경우가 많고, 기술 교체는 비용이 많이 든다. 미국에서 아셀라Acela 고속철도*를 건설할 때 가장 어려웠던 점은 이미 사용 중인 선로와 규격이 다른 선로가 필요하다는 것이었다. 이는 선로를 새로 건설함은 물론, 기존의 철로까지 철거해야 함을 의미했다.

---

* 미국의 공영 여객 철도회사 암트랙이 운영하는 고속열차. 매사추세츠주 보스턴을 시작으로 뉴욕 맨해튼, 워싱턴 D.C 등 미국 북동부의 주요 대도시를 모두 연결한다.

세 번째는 빠르게 확장하는 것이다. 보스턴의 빅 디그Big Dig*와 같은 대규모 프로젝트는 완공에 수십 년이 걸렸다. 규모는 거대한데 속도가 빠르지 않았기 때문이다. 이 책에서는 센서 지원 인프라, 5G 네트워크, 코로나19 보건 코드 등 세 가지 기술 프로젝트에 대해 설명하겠다. 각 프로젝트는 규모가 크고, 기존 기술을 대체하며, 매우 빠르게 구축한다는 세 가지 차원의 확장성을 모두 구현했다.

우선 센서 지원 인프라를 살펴보자. AI의 근간은 데이터, 그리고 다양한 영역 활동에서 데이터를 수집, 취합, 분류하는 기반 시설 또는 시스템이다. 미국의 인공지능 국가안보위원회NSCAI**의 보고서에서 지적한 바와 같이, 미국은 여전히 AI 분야에서 중국보다 전반적으로 우위를 유지하고 있지만, 일부 분야에서는 중국이 빠르게 격차를 좁히고 있고 심지어 미국을 앞서는 분야도 있다.[21] 중국이 확실하게 앞서고 있는 분야는 데이터이다. 이것이 바로 중국과 미국의 진짜 차이점이다. 중국 정부는 데이터에 대한 체계적인 접근 방식과 프로그램을 보유하고 있으며 고도의 데이터 인프라를 구축해 왔다.

---

* 미국 보스턴의 도시 중심부를 통과하는 고속도로 I-93의 고가도로 구간을 지하화하여 왕복 8~10차선의 지하 차로로 만드는 등 대규모 토목 공사 프로젝트. 1998년 완공이 목표였으나 공사 과정에서 다양한 이슈들이 발생하여 여러 부수 공사가 추가되는 바람에, 2002년부터 순차적으로 개통을 시작, 2007년 12월에 최종 개통하였다.

** 2018년 "미국의 국가 안보와 국방 분야의 필요를 해결하기 위하여 인공지능, 머신러닝 및 관련 기술의 개발을 촉진할 것"을 대통령과 의회에 권고하기 위하여 설립된 미국의 독립 위원회. 전 구글 CEO인 에릭 슈미트를 비롯하여 관, 학, 산업계의 유명 인사들이 참여하였다. 2021년 3월 최종 보고서에서 미국은 AI 시대 중국을 방어하거나 경쟁할 준비가 충분하지 않다고 밝혔다.

그동안 서방 언론은 중국의 공공장소에 설치된 감시 카메라들에 초점을 맞춰왔다. 사실은 사실이다. 중국은 개인의 행동 데이터를 수집할 수 있는 광범위한 역량을 갖추고 있다. 추산에 따르면 중국 전역에 약 6억 대의 감시 카메라가 설치되어 있으며, 이는 중국이 이미 구축한 촘촘한 경찰 네트워크의 힘을 더욱 강화한다.[22] 그러나 중국이 행동 데이터만 수집한다고 가정한다면 섣부른 판단이다. 중국의 감시망에는 산업적인 측면도 있기 때문이다. 산업용 센서는 자율주행차, 예측 분석, 환경 모니터링 및 기타 빅데이터 애플리케이션의 AI 개발에 매우 중요하다. 중국 정부는 사람은 물론 사물, 에너지의 흐름, 유체의 움직임도 감시하고 있다. 행동 데이터는 디지털 권위주의와 밀접한 관련이 있지만, 센서가 내장된 인프라는 에너지 효율, 보존, 안전을 개선하고 사회에 실질적인 혜택을 가져다준다.

중국 동부 장쑤성의 우시는 센서 내장 인프라 구축의 선구 도시이다. 우시시의 일부 기업은 이 분야의 세계적 리더로 부상하고 있다. 예를 들어 우신과학기술유한공사가 개발한 무선 센서는 중국, 홍콩, 인도네시아, 영국의 교량 안전, 산사태, 터널, 지하철 시스템을 모니터링한다.[23] 이 회사가 우시시의 노후 교량의 주요 부분에 20개 이상의 센서를 설치하여 움직임, 진동, 위치 이탈, 균열, 온도 및 습도를 모니터링한 결과를 바탕으로 당국은 안전상 이유로 해당 교량을 철거했다.

물, 전력, 가스, 배수, 라디오 송신, 통신 신호를 공급하는 중국의 지하 유틸리티 터널에도 센서가 광범위하게 설치되어 있다. 센서를 통한 실시간 데이터 수집은 이러한 터널의 효율적인 배분과 최적화를 가능하게 해준다. 가난한 광시 좡족 자치구 난닝시의 사례를 보자. 난닝시는 깊이 89, 길이 1.57킬로미터에 달하는 센서 내장형 유틸리티 터널을 건설했다. 이 터널에는 이산화탄소, 온도, 습도 센서가 장착되어 있다. 화재 안전 터널에는 자동으로 전원을 차단하고 소화기를 작동시킬 수 있는 소방 시스템이 설치되어 있다. 상하이의 첸타루횡경대교에는 다양한 유형과 기능의 센서 181개가 설치되어 있어 교량 구조의 이상을 감지한다. 상하이의 터널들 위를 순찰하는 로봇에도 고정밀 센서가 장착되어 있어 실시간으로 경고 신호를 감지한다.

중국은 새로운 인프라의 구축뿐 아니라 기존 인프라를 교체하는 데에도 뛰어나다. 5G 통신망이 대표적인 예이다. 5G는 4G보다 10배에서 100배 빠른 속도로 데이터를 전송할 수 있어서 AI 개발, 특히 자율주행, 차량 간 통신, 차량-인프라 간 통신 분야에서 매우 중요하다. 중국은 5G 기지국 및 인프라 분야에서 세계를 선도하고 있다. 화웨이가 등록한 5G 특허 수는 3,325건으로 세계 1위이며[24], 또 다른 중국 기업인 ZTE는 2,204건으로 5위에 올라 있다.

기술 도약이 항상 쉬운 것은 아니다. 경로 의존성과 이른바 '현직 우위incumbency advantage'가 존재하기 때문이다. 어떤 기술은 '충분히 좋은' 기술이고 비즈니스의 보수적인 선입관으로 인해 계속 쓰인다. 의사가 종이에 처방전을 쓰는 연유는 단순히 그 방식에 익숙하기 때문이지, 약을 처방하기에 가장 좋은 방법이라서는 아니다(실제로 수기 메모의 가독성 문제로 인해 조제 시 사고가 발생할 수 있다). 기술 도입에는 비용도 많이 든다. 얼리 어답터들은 자신이 채택한 기술이 실패로 판명되는 대가를 치를 수 있다. (세그웨이를 기억하시는지?) 어떤 기술은 채택률이 낮다는 이유로 실패할 수도 있다. 이러한 함정은 자체적으로 심해질 수도 있다.

싱가포르에 관한 유명한 논문에서 앨윈 영Alwyn Young이 밝힌 내용처럼, 이 시나리오에서 정부의 강력한 역할은 자본 스톡을 '폐기'하는 것이다.[25] 영은 싱가포르가 너무 많은 자본 스톡을 조기에 폐기한 사실에 대해 비판적이지만, 정부의 이러한 파괴적인 역할이 오늘날 싱가포르가 글로벌 기술 선구자로 뛰어오르는 데에 도움이 되었을 수 있다. 중요한 질문은 새로 주입한 자본 스톡의 잠재적 생산성 보상이 기존의 자본 스톡을 충분히 초과하는지 여부이다. 싱가포르는 올바른 베팅을 했다.

중국이 5G에 올바른 베팅을 했는지는 여전히 논란의 여지가 있다. 서구에서는 거의 알려지지 않았지만, 중국의 5G 네트워크 출시는 중국 국내에서도 꽤 논란이 있다. 2020년 9월, 저명한 경제학자이자 전 재무부 장관을 지낸 러우지웨이楼继伟는 5G 인프라에 수천억 달러를 지출하려는 중국 정부의 계획을 비판하여 파문을 일으켰다.[26] 그는 5G 기술은 시기상조이고 운영 비용이 많이 들며 응용 분야가 제한적이라고 주장했다. 또한 5G 네트워크는 기존 네트워크를 활용하지 못하기 때문에 인프라를 완전히 새로 구축해야 하는데, 네트워크 설치는 개별 기술 설치보다 더 많은 자본 폐기를 초래하며 어마어마한 비용이 든다. 이러한 비판에도 불구하고 중국은 5G 인프라 구축을 계속하고 있다.

접촉자 추적과 격리 여부 결정을 위한 디지털 여권이라 할 수 있는 '건강 코드健康码'의 신속한 도입은 규모 확장의 세 번째 차원인 중국의 속도를 잘 보여준다. 전염병에서는 타이밍이 가장 중요하다. 중국의 코로나19 관리 당국은 자국의 방대한 디지털 감시 시스템의 용도를 변경하여 코로나19 추적에 사용했다. 영국의 〈이코노미스트〉는 이러한 접근이 중국 당국으로 하여금 "감염 가능성이 있는 사람들을 모니터링하여 대다수 시민이 일상생활을 재개할 수 있도록 허용"함으로써 "보다 맞춤화된 접근 방식"을 제공했다고 썼다.[27] 인구 5,800만 명의 후베이성을 완전봉쇄한 일을 "보다 맞춤화된 접근 방식"이라고 부르다니 이상하게 들릴 수도 있겠지만, 〈이코노미스트〉의 기사는 코로나19 초기 단계에서 중국 정부가 전국의 14억 인구를 봉쇄하지 않았다는 뜻이었을 것이다. 그럴 필요가 없었던 이유 중 하나는 중국은 발병 초기 몇 달 동안 기록적인 속도로 전국에 건강 코드를 도입했기 때문이다.

미국은 접촉자 추적을 목적으로 하는 전자 건강 코드를 개발하려다가 금방 포기했으며, 한 번도 개발을 완료한 적이 없다. 미국에서 건강 코드에 가장 근접한 것이라면 구글과 애플이 공동으로 개발한 '노출 알림' 애플리케이션 정도일 것이다. 완전히 익명 기반이고 자발적인 옵트인Opt-in 형식*인 이 애플리케이션은 블루투스 통신 기술을 활용하여 사용자가 코로나19 양성으로 등록된 사람과 가까이 있으면 이를 알려준다. 사용하는 사람은 별로 없었다. 내가 거주하는 매사추세츠주에서는 이 애플리케이션이 즉각 활성화되지 않았다.

중국의 건강 코드는 구글과 애플의 작품보다 훨씬 더 침입적이고 투명하며 검증이 쉽다. 중국이 AI 분야에서 앞서 있는 이유는 **규모**뿐 아니라 **범위**에서도 우위를 점하고 있기 때문이다. 여기서 범

---

* 옵트인은 모바일 기기에서 어떤 기능을 제조사나 통신사, 혹은 규제 당국이 기본 설정으로 강제할 수 없으며, 사용자 개개인이 직접 해당 기능을 활성화하고 그에 따르는 규정에 동의해야 함을 말한다. 반대로 옵트아웃Opt-out은 사용자의 동의나 행위 없이도 해당 기능이 활성화되며, 만약 사용자가 기능을 원치 않으면 직접 비활성화해야 한다.

위란 다양한 활동 영역의 데이터를 의미한다. 여행 정보가 쇼핑 지출, 온라인 검색 패턴, 의료 기록 등에 대한 정보와 통합된다. 여기에서 '통합'이란, 위치, 건강 상태, 행동 패턴, 개인 정보 등 다양한 데이터베이스에 액세스하여 사용자가 제공한 정보를 행동 데이터와 상호 참조하고 검증하는 작업을 포함한다. 데이터 인프라를 구축하는 정부의 역량과 데이터 통합에서 나오는 알고리즘 파워 두 가지 **규모** 확장의 이점이 서로를 강화하는 것이다.

두 가지 유형의 데이터 통합이 필요하다. 첫 번째는 서로 다른 영역의 데이터 통합인데, 중국과 미국의 디지털 플랫폼 기업 간 큰 차이를 불러온다. 중국 기업은 거대 기업이라는 인식이 일반적이다. 하지만 실제로 중국 기업은 시장 평가(심지어 회사가 잘 나갈 때도)로 보나 사업 관점으로 보나 미국 기업보다 훨씬 작다. 2018년 알리바바의 매출은 232억 달러로 아마존의 2,329억 달러의 십분의 일에 불과하다.[28] 그 이유는 중국 기업이 훨씬 더 경쟁적인 환경에서 활동하기 때문이다. 이커머스 업계에서 아마존은 이렇다 할 경쟁자가 없지만, 알리바바는 핀둬둬, 징동닷컴과 같은 경쟁 기업들이 끊임없이 물고 늘어진다. 또 다른 이유는 중국 기업이 재벌 집단이라는 점이다. 알리바바는 전자 상거래(미국의 경우 아마존), 전자 결제(페이팔), 핀테크(월스트리트) 등 다양한 분야에서 사업을 영위하고 있다. 알리바바의 장점은 **규모**가 아니라 **범위**이며, 평범한 중국인의 일상생활 속 다양한 영역에서 데이터를 통합할 수 있는 역량을 갖추고 있다.

두 번째 데이터 통합은 정부와 기업 간의 데이터 통합을 말한다. 알리바바는 사용자가 제공한 건강 코드 속의 데이터를 소유하지 않는다. 이 데이터베이스는 정부가 관리한다. 하지만 중국 최초로 건강 코드를 개발한 곳은 알리바바의 전자 결제 부문인 알리페이였다. 알리페이는 중국인의 거래 활동에 대한 데이터를 보유하고 있다. 코로나19 초기, 방역 정책이 우한 관련 노출 여부에 초점이 맞춰져 있을 때 우한을 여행했는지를 파악한 것은 정부가 아닌 알리페이였다. 알리페이는 사용자가 제공한 정보를 방대한 결제 데이터베이스와 대조하여 검증했다. 방대한 사용자 데이터를 실시간으로 수집하는 이 기업들은 인구 이동에 대해 정부보다 훨씬 더 많이 알고 있다. 마찬가지로, 위챗이 수집하는 데이터의 양만으로는 '수퍼 데이터'가 되지는 않는다. 위챗의 활성 유저는 10억 명이 조금 넘는데, 이들은 2019년에는 인스타그램에서 보낸 시간보다 평균 두 배 이상 많은 시간을 위챗에서 보냈다. 소셜 미디어, 인스턴트 메시지, 결제, 음식 배달, 차량 호출, 헬스케어 및 기타 행동 데이터를 자체 플랫폼에 통합한 것이 건강 코드의 배포와 확산을 가능하게 했다.

알리바바의 건강 코드는 사용자가 자발적으로 보고한 데이터와 수집한 데이터를 사용하여 계산한 코로나19 위험 프로파일에 따라 사용자를 세 개의 카테고리—제한 없는 이동은 녹색, 일주일 자가격리는 노란색, 이주일 자가격리는 빨간색—중 하나로 분류했다. 알고리즘은 알리바바가 만들었어도 데이터는 정부가 관리했다. 이는 서구에서는 일반적으로 눈살을 찌푸리는 정부와 기업의 원활한 협업을 보여주는 사례이자 중국 전략 그룹이 강조하는 공공과 민간 부문의 융합을 확고하게 나타내는 예시이다.

2020년 2월 9일, 알리바바 본사가 있는 항저우시는 알리페이 건강 코드로 더 잘 알려진 항저우 건강 코드를 공식 발표했다. 시 정부는 모든 주민이 항저우 건강 코드를 다운로드 후 건강 신고서에 여행 이력, 체온 등의 정보를 입력하도록 의무화했다. 그런 다음 이 정보를 상호 참조하고 알리페이의 방대한 결제 데이터베이스와 대조하여 검증했다. 항저우를 방문하는 사람도 건강 코드를 의무적으로 사용해야 했다. 출시 첫날, 다운로드 건수는 항저우 인구와 맞먹는 1,000만 건이었으며 2월 14일까지 총 3,500만 건의 다운로드를 기록했다.

2월 16일, 중앙 정부가 행동에 나섰다. 국무원은 알리페이에 건강 코드 기능을 전국적으로 확대하라고 지시했다. 이후 상황은 순식간에 전개되었다. 2월 20일까지 성도인 항저우를 포함한 저장성의 11개 도시가, 2월 24일부터는 저장성 전체가 알리페이 건강 코드를 사용하게 되었다. 쓰촨성(8,100만 명)과 하이난성(900만 명)도 마찬가지였다. 2020년 3월 말에는 다양한 버전의 건강 코드 사용자가 9억 명을 돌파했다.

다양한 건강 코드들은 자연스럽게 등장했다. 알리페이 건강 코드 외에 가장 널리 쓰이는 건강 코드는 텐센트에서 개발되었다. 텐센트의 위챗페이는 중국 전자 결제 시장에서 알리페이의 경쟁자이다. 텐센트 역시 건강 코드에서 상호 참조 및 검증을 위해 사용자의 결제 데이터를 사용했다. 현지화된 건강 코드도 있다. 베이징과 상하이에는 자체 지역 버전이 있고 광둥성은 세 가지 버전이 있었다. 장쑤성에서는 도시 이름을 따서 지역 건강 코드를 명명한 지자체가 많았다. 이러한 지역 건강 코드는 서로 다른 표준과 형식을 기반으로 하고 있어 상호 운용성이 부족했으며 사용자는 해당 지역 바깥으로 이동할 수 없었다.

건강 코드를 배포하는 데에 있어서는 기술적인 문제뿐만 아니라 확장성, 속도, 상호 운용성도 중요한 요소로 작용한다. 별개의 건강 코드 간에 서로 정보를 교환하고 인식할 수 있어야 한다. 치열한 경쟁 관계인 알리바바와 텐센트는 각각 데이터를 처리하고 저장하는 기술인 'ElasticSearch' 시스템에서 건강 코드를 운영했다. 그러자 중국 정부는 두 회사에 건강 코드의 상호 운용이 가능하게끔 명령했다.

2월 말까지 장강 삼각주 지역의 세 성(안후이성, 장쑤성, 저장성)과 한 개 도시(상하이)가 건강 코드 비호환성 문제를 해결했다. 저장성은 이 프로토콜을 허난성, 하이난성, 산둥성, 구이저우성으로 확대했다. 시행 한 달 만에 중국의 건강 코드는 여러 성에서 통합된 방식으로 운영되고 있었고, 3월 말에는 "건강 코드 하나로 전국 이용"이 가능해졌다.

2020년 건강 코드가 없었다면 코로나19의 확산세는 어떻게 되었을까? 공격적인 봉쇄 조치로 조기에 '곡선 평탄화' 즉 감염률 정체가 가능하기는 했지만, 건강 코드가 없었다면 감염률이 더 높았을 가능성도 생각할 수 있다. 건강 코드 덕분에 더 큰 봉쇄 조치를 피했을 수도 있다. 중국의 건강 코드에 대해 부정확성, 개인 정보 보호 이슈 등 비판이 있고 이러한 비판들은 모두 타당하지만, 건강 코드가 없었다면 권위주의 정권은 코로나19를 통제하기 위해 다른 방법을 사용할 수 있다는 점을 염두에 두어야 한다. 건강 코드가 없었다면 중국은 수동 검증 방식에 의존했을 것이다. 이 방식도 오류와 개인 정보 침해 문제가 없지 않을뿐더러, 규모와 속도라는 이점은 누릴 수 없었을 것이다.

정부 공화국인가 과학 공화국인가?

'과학 공화국'이라는 용어는 고전이 된 마이클 폴라니Michael Polanyi의 1962년 논문 〈과학 공화국: 그 정치적, 경제적 이론The Republic of Science: Its Political and Economic Theory〉에서 처음 등장했다. 폴라니는 과학 공동체의 두 가지 중요한 특징으로 "자유롭게 문제를 선택하고 개인적인 판단에 비추어 그 문제를 추구할" 자유와 "긴밀하게 연결된 조직의 구성원으로서 협력하는" 협동성을 꼽았다. 더 나아가 그는 자유는 있어도 협업이 없는 과학 공동체를 상상해 보라고 말한다.

> 과학자 개개인은 처음에는 모든 사람이 접근할 수 있는 정보에서 파생된 문제를 계속 발전시킬 것이다. 그러나 이러한 문제는 곧 소진된다. 다른 사람들이 달성한 결과에 대한 추가적인 정보가 없으면 가치 있는 새로운 문제는 더는 발생하지 않게 되고 과학적 진보는 멈추게 된다.[29]

자유와 협업은 서로를 필요로 한다. 만약 내가 이 책을 다른 저자와 함께 쓰도록 강요받는다면 그것은 협업이 아니다. 위진남북조 시대의 중국 과학, 아니 모든 문명의 원시 과학은 고립된 상태에서 수행한 과학이었다. 개별적인 발명은 번성했지만, 이러한 발명은 서로 결합하여 더 많은 발명과 지식 체계로 발전하지 못했다. 과거 제도가 어떻게 중국 사회를 개인화하고 협업을 억압했는지에 대한 앞선 논의를 상기해 보자. 6세기 이후 중국은 탐구와 협업을 할 수 있는 자유와 **범위** 조건을 잃었다. 중국은 상당한 기술적 우위를 달성했지만, 이것이 중국을 과학 공화국으로 만들지는 못했다.

폴라니는 민주주의 체제에서 수행되는 과학을 논했기 때문에,

과학자들의 자유롭고 독립적인 판단을 당연하게 여겼다. 내가 중국 시스템을 '정부 공화국'이라고 부르는 이유는 중국에는 정부와 관련된 자금 지원의 이점은 있지만, 과학 공화국의 기본 요소라 할 수 있는 탐구의 자유와 협업이 없기 때문이다. 중국 대학은 정부의 엄격한 통제와 감독을 받으며, 정부가 운영에도 아주 세밀하게 관여하는 경우가 많다. 엄밀하게 말해서 모든 중국 대학은 관료제의 일부이다. 각 대학은 재정부나 외교부처럼 행정상의 위계가 있다. 예를 들어 베이징 대학교와 칭화대학교는 차관급으로, 하위 대학들 대비 여러 특권을 누린다. 중국의 대학 총장은 정부가 임명하며, 대학 내에서는 엄격한 위계질서가 시행되고 있다. 교수진은 학장이나 총장과 같은 지도자들의 행정적 부속물이다. 연구비는 정부 지원으로 충당된다. 미국에서도 정부에서 연구비를 지원받는 일은 드물지 않지만, 중국에서는 미국의 국립과학재단이나 국립보건원과는 달리 학계보다 관료들이 연구비 지원 결정에 더 많은 재량권을 가지고 있다.

정부 공화국

두 개의 MIT 이야기로 시작하도록 하자. 매사추세츠 공과대학교(통칭 MIT)는 미국 매사추세츠주 케임브리지에 있지만, 베이징에도 칭화대학교라는 '중국판 MIT'가 있다. 두 기관 모두 과학 및 공학 연구 분야의 강자다. 두 대학 모두 자국 정부로부터 막대한 연구비를 지원받는다. 두 대학 모두 입학 및 학업 커리큘럼에 엄격한 기준이 있다. 두 대학 모두 졸업생 가운데 자국에서 가장 유명한 첨단 기술 기업가들이 즐비하며, 이들 중 일부는 두 대학 모두에서 학위를 받았다. 중국 최초의 검색 엔진 중 하나인 소후닷컴의 창업자

장차오양张朝阳은 칭화대학교에서 학사 학위를, MIT에서 박사 학위를 받았다. 중국의 4대 안면 인식 기술 회사인 센스타임, 이투, 메그비, 클라우드워크는 두 대학과의 관계에 따라 나뉘는 것으로 알려져 있다. 센스타임과 이투는 MIT 졸업생이, 메그비와 클라우드워크는 칭화대학교 졸업생이 운영하는 회사들이다.

두 학교의 닮은꼴은 여기서 끝난다. 연방 정부로부터 수억 달러의 연구 보조금을 받고 있음에도 MIT는 연방 정부로부터 독립적이며 학문의 자유 문제에 대해서는 반발도 주저하지 않는다. 2021년 1월 기계공학과 강 첸Gang Chen 교수가 전자 사기와 탈세 혐의로 미국 법무부에 의해 체포되어 기소되었다. 실제 표적은 그가 중국 과학자들과 수행한 공동 연구였다. 200명이 넘는 MIT 교수진이 그를 지지하는 시위에 나섰고, 라파엘 레이프Rafael Reif MIT 총장은 강 첸 교수뿐만 아니라 과학의 개방성과 학문적 자유의 원칙을 옹호하는 공개 성명을 발표했다. MIT는 그를 위한 법률 비용을 모두 부담했다.[30]

MIT가 연방 정부에 맞선 일은 이번이 처음이 아니다. 가장 잘 알려진 미국 정부 비판자 중 한 명인 노엄 촘스키Noam Chomsky의 사례도 마찬가지다. 촘스키는 MIT의 언어학 및 철학부 명예교수이다. 베트남 전쟁 당시 미 국방부는 여러 차례 MIT에 촘스키 교수의 해고를 요청했지만, MIT는 이를 단호하게 거절했다. 전쟁 관련 연구를 많이 하는 대학에서 어떻게 일할 수 있느냐는 질문에 촘스키 교수는 MIT가 "자유주의적 가치"와 개인의 권리, 그리고 시민 불복종에 대한 오랜 전통을 구현하고 있다고 답했다.[31]

촘스키와 칭화대 로스쿨 교수 쉬장룬의 상황을 비교해 보자. 2020년 2월, 쉬장룬은 〈분노하는 인민은 더는 두려워하지 않는다

愤怒的人民不再恐惧〉라는 글을 발표하여 우한에서 발생한 코로나19 사태에 대한 중국 정부의 대처를 신랄하게 비판했다. 쉬장룬과 중국공산당의 충돌은 처음이 아니었다. 그는 2018년에는 시진핑 체제의 권위주의적 반전을 비난하는 공개서한을 발표하기도 했다. 2020년 7월, 경찰은 그를 구금했고, 석방 직후 칭화대는 곧바로 그를 해고했다. 칭화대 총장은 물론이고 단 한 명의 교수도 쉬장룬을 공개적으로 옹호하는 발언을 하지 않았다.

1980년대와 1990년대 초, 대학이 국가로부터 더 많은 운영 자율성을 부여받았던 짧은 시기가 있었다. 1993년 '중국 교육 개혁과 발전 요강中国教育改革和发展纲要'은 국가 통제에서 국가 감독으로 전환하여 "대학 총장이 각 대학의 정책과 장기 발전 계획을 책임지게 할 것"을 구상했다.[32] 하지만 더는 아니다. 최근 몇 년 동안 당서기가 대학 총장보다 더 많은 권한을 행사하고 있다. 교육부가 박사 과정 학생을 지도할 자격이 있는 교수진을 정하고 대학의 학위 수여 요건을 결정한다. 심지어 커리큘럼 개발에도 교육부의 검토와 승인이 요구된다. 국가는 정말 시시콜콜한 것들까지 하나하나 관리하고 개입한다. 공식적으로 확인되지는 않았지만, 교육부는 모든 정치경제학 수업에서 마르크스의《자본론》을 가르칠 것을 의무화했을 뿐 아니라 어떤 중국어 판본을 써야 하는지까지 명시하고 있다고 한다. 한 저명한 경제학 교수는 몇 년 전까지만 해도 자신의 수업에서는 학생들이 대만과 티베트의 독립을 옹호하는 발언을 제외하고는 무엇이든 원하는 주제에 대해 자유롭게 토론할 수 있었다고 말했다. 이제 그는 종종 무엇을 가르쳐야 하는지 지시를 받고, 일부 학생들은 그가 수업 시간에 한 말을 대학 당국에 보고한다. 중국 대학들은 네거티브 통제에서 포지티브 통제로 전환하였다.

최근 몇 년 어느 선구적인 중국 과학자가 과학 공화국의 방향으로 대학을 바꾸려 한 아래로부터의 시도가 있었다. 그 과학자는 2009년부터 2014년까지 남방과기대학의 창립 총장을 지낸 주칭시朱清时이다. 이 시도는 완전히 실패했다.[33]

주칭시는 농민 반란군 출신으로 명나라의 건국 황제에 오른 주원장의 후손으로 알려져 있는데, 그 자신도 주원장만큼이나 파격적인 인물이다. 그는 2008년 한 인터뷰에서 대학에 대한 정부 감독을 폐지할 것을 촉구하고 가오카오를 비판했다. 당시 그는 중국과기대 총장이었고, 이런 파격적인 발언이 명문대에서 나왔다는 점에서 중국 내에서 큰 반향을 일으켰다. 주칭시는 이듬해 총장직을 잃었으나 대신 남방과기대학의 창립 총장으로 영입되었다. 진보적인 성향의 선전시 정부가 대학 운영에 있어 교육부로부터 더 자율적이고자 하는 의지로 설립한 학교이다.

하지만 교육부는 그렇게 호락호락하지 않았다. 교육부는 3년 동안 남방과기대의 학생 입학을 허가하지 않았다. 2010년 주칭시는 50명의 학생을 직접 입학시켰고 입학 사정 절차에서 가오카오 성적을 아예 보지 않았다. 2012년 교육부가 한발 물러서서 남방과기대를 공식 인가하기는 했으나, 시진핑 집권 이후 이를 번복했다. 주칭시는 2014년 총장직에서 사임했다. 정치적 안전판을 더하기 위해 선전 공안국장 출신이 교내 당서기로 임명되었다. 이제 이 대학은 경찰이 운영하고 있다. 깔끔하게 백기를 들고 정부 공화국에 재편입된 것이다.

양量의 혁명

과학 공화국에서 학문적 통제는 대학과 연구자의 영역이다.[34] 이

공화국을 지배하는 원칙은 "열린 과학"이다. 여기에는 교수진의 자율성, 학문의 자유, 공공 공개, 동료 검토, 누적 연구 기여도에 따라 승진과 정년 보장tenure을 받는 보상 시스템 등이 포함된다.[35] "(논문을) 출판하지 않으면 사라진다publish or perish"는 말은 학계에서 과장이 아니다. 동료 평가peer review는 대중에 공개된 지식을 기반으로 수행되며, 종종 평가 대상자를 한 번도 만난 적이 없는 사람들이 평가자가 되기도 한다. 아무도 당신이 누구인지 모른다면 평가를 받을 수가 없다. (한편, 이것은 왜 평가에서 학생을 가르치는 일은 연구 성과와 같은 비중을 차지하지 않는지에 대한 질문에 일부 답이 되기도 한다. 가르치는 능력은 종종 대중에게 공개된 영역으로 간주하지 않기 때문이다.)

정부 공화국의 운영 원칙은 완전히 다르며, 단편적인 평가와 금전적 인센티브에 의존한다. 중국공산당 시스템의 하향식 성과 평가와 마찬가지로 중국 학계의 성과 평가는 정해진 대본에 따라 지표 중심으로 이루어진다. 최근에는 좀 덜하지만, 교수진의 보상이 논문 수와 직접적인 상관관계일 때가 많다.

이 두 가지 보상 시스템에는 몇 가지 근본적인 차이점이 있다. 과학 공화국은 폴라니의 표현을 빌리자면 "보이지 않는 대학", 즉 같은 과학자들의 커뮤니티 안에서 이루어지는 지적 동료들의 평가에 의존한다. 이 평가는 하나의 개별적이고 단편적인 업적보다는 해당 학자가 쌓아 올린 총체적인 영향력에 대한 동료 학자들의 합의를 반영한다. 반면, 정부 공화국은 수직적인 평가 끝에 하향식으로 판단한다. 의사결정권자는 계산기를 두드리는 것 외에는 전문성을 찾아볼 수 없는 정부 공무원이다. 관료적 결정과 판단에는 단편적이고 점진적인 성과가 크게 작용한다.

라오이와 시이공은 〈사이언스〉에 기고한 논평에서 중국 과학계

펀딩 문화의 하향식 관료주의 특성을 신랄하게 비난했다. 이들에 따르면 펀딩 관련 지침은 도대체 이 기준으로 누가 돈을 받을 수 있을지 의심스러울 정도로 빡빡하다. "자금 지원 기관의 관료들이 임명하는 위원회가 이러한 연례 지침을 결정한다. 당연히 위원회의 위원장들은 관료들의 말을 경청하고 대체로 그들의 의견에 협조한다." 이러한 시스템에서 관료들은 막강한 권한을 행사한다. 라오이와 시이공은 "중국에서 주요 기금으로부터 연구비 지원을 받으려면 좋은 연구보다 힘 있는 관료와 그들이 좋아하는 전문가에게 아부하는 것이 더 중요하다는 사실은 공공연한 비밀"이라고 지적했다.[36]

라오이와 시이공의 신랄한 비판은 오늘날의 중국에서는 빛을 보기 어려울 것 같다. 2016년 〈사이언스〉에 실린 펑광차오 지난대학 교수와 황유 홍콩침례대학교 교수 겸 학장의 이메일 서한에 따르면, 라오이와 시이공이 중국과학원 원사 심사에서 탈락한 것은 그들의 솔직함에 대한 일종의 징벌로 보인다.[37] 사실이라면, 이는 중국 시스템에 대한 라오이와 시이공의 비판의 본질을 재확인시켜주었을 뿐이다.

정부 공화국의 거대함 그 자체 덕분에 많은 연구 프로젝트가 자금 지원을 받았고 양量의 혁명이 일어났다. 단편적인 인센티브 프로그램에서 교수의 보수와 논문의 수는 정비례한다. 이 보상 제도의 본래 의도는 관료인 심사자의 결정을 객관적인 지표에 묶어 재량권을 줄이자는 것이었다. 단순한 갯수 판단은 학술지에 대한 명시적인 존중이자 동료 심사에 대한 암묵적인 존중이다. 중국의 교육 개혁가들은 관료 권력을 일부나마 제거할 수 있는 방법으로 이 방식을 구상했다. 관료의 결정권은 유지하되, 결정을 내릴 때 관료의 재량권은 축소하는 절충안이었다.

다음 교수 회의에서 유진 가필드Eugene Garfield라는 이름을 꺼내 보라. 다들 멍한 표정을 지을 가능성이 크다. 하지만 중국 학자들 앞에서 유진 가필드를 언급하면 학문적 성과를 평가하는 특정 방법론의 장단점에 대한 열띤 토론이 펼쳐지는 광경을 볼 수 있을 것이다. 가필드는 과학논문 인용색인SCI의 창시자이다. 1990년대 초부터 다수의 중국 대학들은 자국 학자들의 SCI 저널 게재를 장려하기 위해 정교한 시스템을 고안해 왔다. 어떤 면에서 중국 학계의 보상 체계는 월스트리트의 그것과 비슷하다. 기본급은 비교적 적은 대신 거액의 보너스를 받을 가능성이 더해져서 총 보상 패키지가 정해진다. 시간이 지남에 따라 SCI 논문과 연계된 금전적 인센티브가 점점 늘어나고, 논문의 순위에 따라 금액도 조정되었다. 일부 대학에서는 〈네이처〉 또는 〈사이언스〉 같은 명망 있는 학술지에 논문이 게재되면 수십만 위안을 지급하겠다고 제안하기도 했다.

최근 몇 년 동안 단편적인 인센티브 프로그램은 특히 중국의 엘리트 대학들에서는 그 중요성이 약해졌지만 여전히 중국 과학계에 강력한 영향을 남겼다. 2007년부터 2017년까지 웹오브사이언스(SCIE, SSCI, A & HCI 등을 웹에서 동시에 검색할 수 있는 학술 데이터베이스)가 추적한 인용 데이터를 분석한 결과, 중국의 지식 생산은 질이 아닌 양에 압도적으로 치우쳐 있다고 나타났다.[38] 이 기간 중국 과학자들은 206만 건의 논문을 발표하여 미국(380만 건)에 이어 두 번째로 많은 논문을 발표했다. 그러나 논문의 평균 인용횟수는 9.4회로 미국 과학자들이 발표한 논문의 17.47회에 비해 훨씬 낮았다. 분석에 포함된 10개 국가 중 중국은 평균 인용횟수에서 꼴찌였다.

이단 모델

학문의 자유가 없다고 해서 칭화대학교의 세계 대학 순위 상승을 막을 수는 없다. 2015년에 〈월스트리트 저널〉은 "중국 대학, 공학 부문에서 MIT를 제치고 1위"라는 제목의 기사를 실었다.[39] 이러한 구체적인 발언이 사실일 수도 있고 아닐 수도 있지만, 중국이 과학과 기술 분야에서 이룬 상당한 진전은 누구도 부인하지 못한다. 표면적으로만 보면 범위는 전혀 중요하지 않다.

정부 공화국은 규모에서 타의 추종을 불허한다. 중국은 (자국의 국민 1인당 GDP를 감안할 때) 일당 독재 체제만이 할 수 있는 방식으로 R&D에 공격적으로 투자해 왔다. 미국이 과학과 기술에 자체 투자를 늘리지 않는 바람에 중국 시스템의 이러한 전통적인 장점이 더욱 부각되기도 했다. 미국 연방 정부 예산에서 지출이 차지하는 비중은 1960년대와 비교하면 새 발의 피 수준이다.[40] 인플레이션을 조정한 실질 지출은 상당 기간 정체되어 있었다. 과학 공화국이 혁신의 우위를 점하고 있다는 바이든의 말이 틀린 것은 아니지만, **규모**가 줄어들면서 그 우위가 갉아 먹히고 있다. 반면 중국은 **규모**의 우위에 기대 R&D에 돈을 쓰고, 대형 프로젝트에 착수하고, 적극적으로 협업을 모색함으로써 **범위**의 불리함을 만회하고 있다.

해외와의 협력은 중국 과학과 기술의 핵심적인 원동력이다. 학계의 국제 협력은 작동 중인 비교우위의 한 버전이다. 중국은 **범위**보다는 **규모**에서 상대적으로 우수하다. 기본적인 경제 논리를 따른다면 중국은 **규모** 확장에 특화하면서 글로벌 시장을 통해 **범위** 조건과도 거리를 좁혀나갈 것이다. 그러나 자본과 노동 같은 자질적 요소와 달리 중국 학계의 **범위** 조건은 정책 입안자들의 세심하게 의도된 결정에서 기인한다. 중국의 지식인들은 오랫동안 중국

대학에 대한 행정 개입을 줄이기 위해 개혁을 요구해 왔으며, 중국의 체제가 창의력과 독창성을 억압하고 중국공산당의 혁신 정책 의제에 역행한다는 엄중한 경고도 늘 있었다. 중국공산당은 진정한 개혁을 요구하는 이러한 분명한 메시지를 꿋꿋하게 무시하고 있다. 아니, 오히려 반대 방향으로 나아가고 있다.

중국공산당은 과학과 기술이라는 '다르게 생각하기'의 특정한 결과물은 원하지만, 그 결과를 만들어 내는 과정은 혐오한다. 이유는 간단하다. 중국의 대학은 당의 통제 수단이다. 대학은 중국의 중요한 인구 집단의 사상과 행동의 자유를 통제하고 억압한다. 바로 청년층이다. 1989년 천안문 사태 이후 중국공산당은 특히 대학 캠퍼스 내 정치 활동에 민감하게 반응한다. 대학에 대한 통제를 완화하는 순간 중국공산당의 즉각적인 결함, 즉 부정적인 외부효과가 드러날 수 있다. 중국공산당은 창의적인 과학자와 기술자를 더 많이 확보하는 성과를 기대할 수 있지만, 창의적인 법조인, 사회과학자, 언론인, 학생운동가, NGO 활동가들이 더 많이 배출되는 결과도 마주해야 한다. 중국공산당은 알렉산더 솔제니친의 말을 직관적으로 이해하고 있는 것일지도 모른다. "위대한 작가는, 말하자면, 그의 나라에서 두 번째 정부다." 두 번째 정부를 저지하겠다는 중국공산당의 결심에는 흔들림이 없다.

중국공산당의 개혁주의자들은 대학 개혁 대신 협업을 통한 창의적 역량 확보라는 기발한 해결책을 고안해 냈다. 중국공산당이 학계를 세계화하는 시도에 대해 생각해 볼 수 있는 한 가지 측면은 이러한 아웃소싱 기능의 제공이다. 유학 프로그램, 외국 과학자들과의 연구 협력, 해외 인재 영입 및 채용을 통해 전 세계 과학 공화국과 협력하는 것이다. 학계의 세계화는 중국 학계의 자유화를 보완하는 대신 대체한다. 이 이단적인 모델은 중국공산당에게 과학 공화국의 이점 몇 가지를 제공하는 동시에 정부 공화국의 비용을 부담한다. 이 모델을 통해 중국공산당은 선택과 집중을 할 수 있다. 당이 중요하다고 판단한 분야의 협력에는 자금을 지원하고 정치적인 리스크가 있는 협력은 피할 수 있다. 중국 지식 기업의 글로벌화는 중국공산당에게 이러한 외부 옵션을 제공했으며 시진핑 집권 전까지 중국공산당에게 정치적, 지적 이익을 가져다주었다.

국제 협력

중국은 대외 무역과 투자를 개방하기 전부터 과학 분야에서는 이미 서구와 협력을 모색했다.[41] 1978년 서방 국가로는 최초로 프랑스가 중국과 기술 협력에 관한 협정을 체결했다. 그리고 이듬해에는 미국도 유사한 협정을 체결했다. 연이어 일본, 독일과도 협력 협정을 체결했다. 잘 알려져 있지는 않지만, 독일의 학자들과 연구기관들은 1990년대에 이미 중국의 인터넷 구축을 위해 기술을 제공했다.

중국의 입자물리학 분야를 크게 발전시킨 베이징 전자-양전자 충돌기Beijing Electron-Positron Collider, BEPC의 설립은 이러한 기술 협력이 이뤄낸 결실이었다. 이 프로젝트의 일환으로 수백 명의 중국 과학자들이 미국으로 건너가 입자물리학을 공부하고 연구를 수행했다. 정부 간 협력에 이어 학계 내 협업에 자금을 지원하는 프로그램이 등장했다. 상향식으로 과학 공화국에 접근하기 위해 기획된 최초의 자금 지원 프로그램은 2001년 중국 과학기술부가 관리하는 국제과학기술협력프로그램国际科技合作计划, ISTCP이었다.[42] 이 프로그램은 신청 기반으로, 지방 정부들이 ISTCP를 표본으로 삼아 추가 지원을 제공하기도 한다. 지원 규모는 상당히 크다.

중국의 해외 교육 프로그램도 개방 정책의 최전선에서 시작되었다. 양국이 공식 수교를 맺기 전인 1978년, 정부 후원을 받은 최초의 유학생들이 미국으로 향했다. 1979년 중국이 외국인 투자법을 공포하기도 전이었다. 중국의 해외 교육 프로그램은 방대하고 문서화가 아주 잘 되어 있다.[43] 중국과 인구 구성이 비슷하고 마찬가지로 아직 개발도상국인 인도와 비교했을 때, 미국 대학에서 이공계 박사 학위를 취득하는 중국 학생의 수는 인도를 전반적으로 압도한다고 나타났다.[44]

1995년에는 인도가 중국보다 더 많은 이공계 박사 학위 취득자를 배출했다. 2015년에는 이 숫자가 역전되었다. 이 해에 미국에서 이공계 박사 학위를 받은 중국인은 5,000명이었지만 인도인은 2,000명에 불과했다(이 데이터는 체류 기간이 제한된 비자를 받은 사람만 포함하므로 중국계 미국인이나 인도계 미국인은 제외한다). 1995년부터 2015년까지 중국이 6만 3,576명의 이공계 박사를 배출한 반면 인도는 3만 251명에 그쳤다. 두 그룹이 학위를 취득한 분야는 대체로 비슷하다. 상위 세 개 분야가 중국인 박사 학위 취득자의 67퍼센트, 인도인 취득자의 68퍼센트를 차지한다. 심지어 세간에서 인도가 우위를 점하고 있다는 인식이 강한 컴퓨터 과학 분야까지 포함, 중국은 모든 분야에서 인도를 압도한다. 1995년부터 2015년까지 중국인 컴퓨터 과학 박사 학위 취득자는 4,229명, 인도인 취득자는 2,477명이었다. 놀라운 사실은 여전히 기아와 영양실조가 국가 문제인 인도가 농업과학 분야의 해외 연수생 숫자에서 중국을 전혀 따라잡지 못하고 있다. 농업과학 분야에서 중국인 연수생은 1,745명인데 비해 인도는 823명에 불과했다.

앞서 언급한 중국 과학의 양적 혁명은 점진적으로 증가하는 유인에 힘입은 복제 증식적인 연구의 기나긴 레프트 테일left tail*이 주도하고 있다. 물론 영향력 있는 논문의 수는 아주 적고 매우 드물게 나오지만, 중국 과학자들은 어마어마한 양의 논문을 생산하기 때문에 비록 소수라 할지라도 절대적인 양으로 환산하면 상당한 숫자이다. 바로 이 점이 국제 협력이 중요한 이유이다. 중국 과학자들이 작성하는 영향력 있는 논문은 외국 과학자들과의 협력의 산물인 경우가 대부분이다.

나는 MIT 동료인 피오나 머리Fiona Murray와 함께 이 현상을 조사해보았다. 〈네이처〉 〈네이처 바이오테크놀로지〉 〈네이처 머티리얼스〉 〈네이처 나노테크놀로지〉 〈네이처 메디신〉 등 인용횟수와 영향력으로 각 분야의 전문 저널로 자리 잡은 〈네이처〉의 파생 학술지에 한정하여 데이터를 수집했다. 조사 결과, 중국 과학자들이 〈네이처〉와 그 파생 학술지에 게재한 논문들은 국제 공동 연구의 일환인 경우가 압도적으로 많다는 것이 밝혀졌다. 〈네이처〉와 그 파생 학술지에 게재된 논문 중 중국인이 저자로 참여한 논문의 80퍼센트가 해외 연구자들과의 공동 연구이며, 이 중 43퍼센트는 미국, 23퍼센트는 유럽, 11퍼센트는 중국을 제외한 아시아 지역 과학자들이 공동 저자였다. 순수하게 중국인 저자가 저술한 논문은 전체의 20퍼센트에 불과했다.

---

* 통계 분포에서 레프트 테일, 즉 그래프의 왼쪽에 위치한 꼬리 부분은 평균 이하를 의미한다. 여기에서는 고만고만한 수준의 연구들이 폭증하여 레프트 테일이 두꺼워지면서 중국 과학의 '양적' 혁명을 이루어냈지만, 평균 이상의 퀄리티를 나타내는 의미 있는 연구(라이트 테일rught tail)는 적다는 것을 의미한다.

국제 협업은 외국의 재능과 역량 및 아이디어는 물론 국내에 없는, 있어도 억압되어온 '다르게 생각하기' 자질에 대한 접근성도 제공한다. 협업 프로젝트의 질을 끌어올리는 여러 요인을 전부 파악할 수는 없지만, 중국의 연구자들이 중국이라는 좁은 **범위** 환경을 벗어나면 더 영향력 있는 연구 결과를 생산한다는 추측은 합리적이다.[45] 중국 과학의 현황에 대한 많은 분석에서 **범위**는 흔히 주목받지 못하는 변수이다. 중국 학계 시스템의 기본 요소가 아니라 아예 외주화한 바람에 관심을 끌지 못했다.

중국식 '스타트업 국가'

《고독한 아이디어들: 러시아는 경쟁할 수 있는가?Lonely Ideas: Can Russia Compete?》에서 역사학자 로렌 그레이엄Loren Graham은 러시아와 소련이 개척한 수많은 기술들—무기, 철도, 레이저 등등—을 기록했지만, 어느 것도 경제에 실질적인 도움이 되지는 못했다.[46] 그레이엄은 이를 러시아-소련의 기업가 정신이 부족했기 때문이라고 생각했다. 왕조 시대 중국도 수많은 아이디어를 내놓았지만 모두 비슷하게 '고독한' 아이디어였다. 그러나 오늘날의 중국은 러시아-소련은 물론 과거 왕조 시대와도 전혀 다르다. 중국은 거대하고 역동적인 기업 부문을 보유하고 있으며, 기업가들은 높은 동기 부여와 기술의 규모를 확장할 수 있는 능력을 갖추고 있다. 이제 중국의 아이디어들은 여러 방면에서 실질적인 성과를 내고 있다. 이러한 아이디어들은 경제성장, 건강 코드, 그리고 (서방에게는 매우 유감스럽게도) 군사적 역량을 창출하는 데 활용되고 있다.

윌리엄 보몰William J. Baumol의 표현을 빌리자면, 왕조 시대 중국과 소련은 창의적이었으나 혁신적이지는 못했다. 발명 혼자서는 경제성장을 뒷받침하지 못한다. 성장은 혁신, 즉 발명을 시장으로 이끄는 기업가 정신과 사업 개발이 뒷받침되어야 한다. 자본주의는 발명을 혁신으로 전환시키는 메커니즘을 가지고 있다는 점에서 혁신 기계라 할 수 있다.[47] 보몰의 관점에 따르면 개혁주의 중국공산당 치하의 중국 역시 마찬가지로 혁신 기계였다.

잘 이해가 가지 않는다. 베스트셀러《스타트업 국가: 이스라엘의 경제 기적 이야기Start-up Nation: The Story of Israel's Economic Miracle》의 저자 댄 시너와 폴 싱어는 격식을 따지지 않고 거리낌 없이 질문을 던질 수 있는 문화와 조직적인 평등주의에 정부 정책과 프로그램의 지원이 더해져 어떻게 이스라엘이 기업가적 성공의 선두 국가가 되었는지 보여준다.[48] 이 책은 위계질서의 대명사인 군대에서조차 부하가 상급자에게 어떻게 반론을 제기할 수 있는지 생생하게 묘사하고 있다. 중국은 이스라엘과 정반대이다. 중국은 하향식이고, 위계적, 억압적이며 개인의 주체성을 질식시킨다. 이스라엘의 민주주의 문화는 물론, 법치주의와 재산권 보호 개념도 부족하다. 혁신의 원동력이 되는 몇 가지 요소에서 중국의 결핍은 너무나 두드러져 학자들은 중국의 혁신 잠재력을 낮게 평가해 왔다.[49]

자본주의의 제도적 기반은 법치주의인데, 중국의 법은 지도자에게 의미 있는 제약을 가하지 않는다. 부통령 시절 조 바이든은 중국의 금융은 국책 은행 시스템이 지배하고 있으나 미국의 장점은 벤처캐피털이라고 내세웠다. 최근 몇 년 동안 중국에서 벤처캐피털은 기하급수적으로 성장했지만, 알리바바, 화웨이, 레노버와 같은 기업들은 스타트업 단계에서 자국 벤처캐피털의 투자를 받지 못했다. 중국의 기업가적 자본주의는 어떻게 번성할 수 있었을까? 어떻게 중국은 하나의 스타트업 국가가 될 수 있었을까? 글로벌 컴퓨터 공룡인 레노버라는 기업의 역사를 자세히 살펴봄으로써 이 퍼즐의 실마리를 풀어보겠다.

하나의 국가, 두 개의 시스템

2004년 레노버는 IBM의 제조 부문을 인수했다.[50] 〈파이낸셜 타임스〉 기자인 리처드 맥그리거는 이 거래가 "빠르게 성장하는 중국이 미국을 대표하는 브랜드를 집어삼킬 만큼 순식간에 강력해진 새로운 경제 시대의 상징"[51]이라고 요약하여, 전반적인 정서를 포착했다.

하지만 레노버는 전통적인 의미에서 중국 기업이 아니다. 엄밀히 말하면 외국 기업이라 해야 한다. 레노버의 성공은 중국의 체제와 어느 정도 거리를 둔 법적 지위 덕분에 가능했다. 1984년 중국과학원 산하에 설립된 레노버의 생산 및 기술 개발에 대한 실질적인 경영권과 지분은 홍콩 지사가 보유하고 있다. 레노버 베이징과 레노버 상하이라는 두 사업부가 제조, R&D, 소프트웨어 개발 및 고객 서비스를 운영한다. 두 사업부 모두 외국 기업 완전 자회사外商独资企业, WFOE로 등록되어 있다. 즉 법적으로 외국 기업인 홍콩 레노버가 100퍼센트 소유하고 있는 것이다.[52] 외국 기업의 완전 자회사로서 레노버 베이징과 레노버 상하이는 법적으로는 50대 50 지분 합작회사인 GM의 상하이 사업부보다 더 외국 기업인 셈이다.

레노버의 본사가 홍콩이었던 1993년, 홍콩은 아직 영국의 식민지였다. 중국 법과 국제 협약에 따라 오늘날에도 홍콩은 경제적으로는 여전히 일종의 외국으로 취급되며, 홍콩에 대한 중국의 주권을 인정하되 자율적인 사법과 행정을 인정하는 일국양제 원칙에 따라 통치되고 있다. 레노버의 홍콩 기업 지위는 얼마나 중요할까?

이 지위에 법적 지위 이상의 의미가 있을까? 이러한 질문에 대한 답변은 레노버 스토리의 세심한 파악이 얼마나 중요한지 보여준다. 이는 우리가 레노버의 성공과 중국 첨단 기술 기업가 정신의 광범위한 성공을 설명하는 데에 중요한 역할을 하기 때문이다.

역사적으로 홍콩은 시장 지향적인 금융 시스템, 법치주의, 재산권 보장을 기반으로 하는 자유방임경제였다(시진핑 체제에서 이러한 특징들은 상당히 약해졌다). 중국 자체는 이러한 **범위**의 기능이 없지만, 일부 기업가들에게는 이러한 기능을 제공했다. 레노버의 역사에서 획기적인 발전은 홍콩의 금융을 활용할 수 있었던 점에서 가능했다. 레노버는 스타트업 단계에서 대부분의 자금을 홍콩에서 조달했다. 1984년 중국과학원으로부터 받은 초기 자금을 제외하면, 레노버의 성장에 결정적인 순간마다 후속 자본을 공급한 것은 시장 지향적인 서구 전통의 홍콩 자본시장이었다.[53] 1988년 레노버는 홍콩에 본사를 둔 차이나 테크놀로지로부터 90만 홍콩달러를 투자받아, 이 돈을 다시 홍콩의 합작 법인에 투자했다. 이 합작 법인은 레노버라는 브랜드로 유명해지게 된다. 1993년 홍콩 레노버는 홍콩 증권거래소에 상장하면서 조달한 자금으로 중국 본토에 투자할 자금을 마련했다. 당시만 해도 중국의 국영금융은 어디에도 등장하지 않았다.

성장을 촉진하는 이러한 제도들에 대한 접근은 중국의 개방 정책의 의도하지 않은 효과일 가능성이 크다. 중국의 관문인 홍콩과 중국 경제의 세계화는 개방의 **범위**를 넓히는 두 가지 중요한 조건이었다. 중국의 개방 정책은 외국인 투자를 유치했지만, 한편으로는 두 체제 사이에서 차익 거래를 하던 중국인 기업가들에게 국가주의가 지배하는 중국에 대한 의존도를 낮출 수 있는 출구 옵션을 제공하기도 했다. 1990년대 상하이의 보수 개혁주의자들은 왼손으로는 농촌 기업가 정신을 찍어누르고 오른손으로는 중국 경제의 세계화를 공격적으로 밀어붙였다. 이는 1990년대 지도자들에 대한 균형 잡힌 평가이다. 이들은 한쪽 문을 닫고 다른 쪽 문을 열었다.

개혁과 반개혁의 상호작용에서 홍콩의 역할은 매우 중요하다. 나는 2003년 《중국을 세일즈하다Selling China》에서 1990년대 홍콩이 중국 중소기업에 초기 벤처캐피털에 해당하는 자금을 공급하여 민간 부문이 직면하고 있던 자금 조달의 족쇄를 풀어주었음을 설명하였다. 나와 공저자들은 대규모 데이터 세트를 사용하여 신용 제약이 심한 민간 기업일수록 외국인 투자자에게 더 많은 경영권 지분을 양도하여 많은 조건을 통제했음을 보여주었다.[54] 홍콩은 중국 토종 민간 부문의 생명줄이었으며, 홍콩이 없었다면 레노버가 오늘날과 같은 글로벌 브랜드로 발전할 수 있었을지 상상하기 어렵다.

법치주의에의 접근

중국 첨단 기술 기업들 사이에는 중국 본토 이외의 지역에 자산 소유권을 등록하는 관행이 어느 정도 퍼져 있을까? 이 관행은 매우 광범위하게 퍼져 있다. 중국 사업체들의 등기 정보를 통해 이 사실을 설명할 수 있다. 등기부에는 회사의 자기자본 출처, 특히 홍콩, 마카오, 대만에서 자본을 조달했는지 여부가 기재되어 있다. 나는 기업 정보 검색 사이트인 치차차와 치신바오를 이용해보기로 했다.[55] 기업이 새로운 자회사를 설립할 때에는 여러 층위의 사업을 영위하기 마련이다. 우리가 보아야 하는 등기 정보는 중국에서 최초로 설립된 사업체의 것이다. 중국 등기 시스템에서 외국 기업이 소유하고 있는 자회사는 일반적으로 국내 사업체로 분류된다. 오너의 진짜 국적을 확인하려면 중국 본토에서 최초로 설립된 사업체를 조회해야 한다.

중국의 3대 인터넷 기업이라 불리는 일명 BAT—바이두, 알리바바, 텐센트—를 예로 들어보자. 이 세 기업 중 텐센트만 중국 선전에 국내 사업체로 등록되어 있다. 한 등기 기록에 따르면 알리바바의 지주회사는 케이먼 제도에 등록되어 있다. 또 다른 등기 기록에 따르면 알리바바의 중국 내 사업체는 1999년 홍콩 법인과 중국 법인의 합작 투자로 설립되었다. 케이먼 제도의 지주회사가 홍콩의 중간 지주회사를 통해 중국 내 사업회사를 설립했을 가능성이 높다. 바이두는 미국령 버진 아일랜드에 등록되어 있으며, 2000년에 설립된 중국 내 사업체는 외국 기업의 100퍼센트 자회사로, 레노버 베이징, 레노버 상하이와 법적 지위가 동일하다. 미국 정부의 블랙리스트에 오른 중국 최대의 안면 인식 기술 회사 센스타임은 홍콩에 등록되어 있다. 중국에서 두 번째로 큰 이커머스 기업인 징동닷컴은 케이먼 제도에 등록되어 있다. 바이트댄스라는 영문 사명으로 알려진 틱톡의 최종 지주회사 지제탸오둥은 홍콩에 등록되어 있다. 〈MIT 테크놀로지 리뷰〉의 중국 특집호는 세계 20대 기술 기업에 포함된 아홉 개 중국 첨단 기술 기업을 다루고 있다. 이 중 순수하게 국내에 본사 법인을 둔 기업은 단 세 곳, 텐센트, 샤오미, 앤트그룹뿐이다(단 앤트그룹은 모회사가 외국에 등록되어 있다). 나머지—알리바바, 바이트댄스, 바이두, 디디추싱, 메이투안, 징동닷컴—는 모두 홍콩 또는 여타 국외에 본사를 두고 있다.

중국의 첨단 기술 기업가들은 다양한 요인들로부터 혜택을 누리고 있다. 이들은 우수한 경력을 자랑하는 수백만 명의 교육받은 기술 인력을 고용할 수 있다는 **규모**의 이점과, 빠르게 성장하는 GDP의 성장 기회에 올라탄다. 또한, 홍콩 등이 제공하는 법치주의와 시장 기반 피난처의 혜택도 누리고 있다. 중국은 유능한 기업가들이 세계에서 가장 효율적인 금융시장과 사법 제도를 이용할 수 있다는 점에서 매우 독특하다. 세계화의 긍정적인 효과는 외국 자본과 기술을 도입하는 데 그치지 않는다. 세계화의 과소평가된 측면 중 하나는 중국 기업가들의 **범위** 조건이 확장되었다는 점이다.[56]

새로운 모험가

애너리 색스니언AnnaLee Saxenian은 자신의 저서《새로운 모험가The New Argonauts》에서 미국에서 교육받은 후 고국으로 돌아가 창업하고 미국의 벤처캐피털 및 비즈니스 커뮤니티와 긴밀한 관계를 유지하는 기업가인 '새로운 모험가'들이 미래의 국제 비즈니스 환경을 형성해 나갈 것이라 주장한다.[57] 바로 그 비즈니스 환경이 중국의 생명과학 분야에 상륙했다. 새로운 모험가들은 중국의 생명공학 및 제약 분야를 이끌며 해당 분야에서 중국의 급부상에 이바지하고 있다. 중국의 생명과학 분야 인력은 IT 분야 인력과 비교해 교육, 경력, 방향성 모두에서 훨씬 더 글로벌하다. 화웨이, 알리바바, 텐센트의 창업자들은 중국에서 교육을 받았지만, 중국 최고의 생명공학 기업들은 모두 해외 경험자들이 운영하고 있다.

나는 피오나 머리와의 공동 연구를 통해 생물학, 의학, 농업과학 분야의 국제 협력이 가장 앞서나가고 있음을 알게 되었다. 이들 분야의 비즈니스는 연구 집약적인 데다, 앞서 설명한 연구 협력의 혜택도 누리고 있다. 특허협력조약Patent Cooperation Treaty*의 데이터에 따르면 2010년까지만 해도 중국은 미국 생명공학 특허 수의 약 5.5퍼센트, 미국 제약 특허 수의 7.8퍼센트만을 생산했다. 이 두 비율은 2015년에 각각 15퍼센트와 17퍼센트로 증가했고, 2021년에는 42퍼센트와 39퍼센트까지 상승했다. 중국이 미국을 바짝 추격하고 있다.[58]

학계에 따르면 기술 강국으로서의 위상은 스타 학자들과 기업가라는 핵심 생산 인력의 집적과 밀접한 연관이 있다. 보스턴, 샌프란시스코, 시애틀의 혁신 클러스터로의 부상은 수십 년 전 몇몇 스타 교수와 기업가들이 이들 도시에 이주하여 정착하기로 결정한 것이 그 시작이었다. 빌 게이츠가 마이크로소프트를 설립할 곳으로 시애틀을 선택하지 않았다면, 시애틀이 오늘날과 같은 첨단 기술 허브가 되기는 어려웠을 것이다.

지식의 파급은 종종 현지화된다.[59] 따라서 지식의 생산과 상업화는 같은 곳에 위치해야만 한다. 즉, 입지가 중요하다는 의미이다. 중국 정부는 이를 빠르게 간파했다. 리카이푸는 중관춘이 중국의 실리콘밸리로 알려지기 수년 전에 중관춘의 한 관료와 나눈 대화를 회상한다. 리카이푸는 몇 개의 혁신적인 첨단 기술 기업이 실리콘밸리에 둥지를 튼 후 미국의 다른 지역들로부터 인재를 끌어들인 것이 실리콘밸리의 성공 요인이라고 말했고, 이 관료는 눈 깜짝

---

* 지식재산 분야에서 국제적인 규범으로 통용되는 특허 법률 조약. 1970년에 체결, 1978년 발효 및 최초 시행되었다. 특허협력조약에 가입한 나라 간에 특허를 좀 더 쉽게 획득하기 위해 출원인이 자국의 특허청에 출원을 희망하는 국가를 지정하여 PCT 국제출원서를 제출하면 즉시 해당 지정국에 출원서를 제출한 것으로 인정받을 수 있다.

할 사이에 첨단 기술 기업 전체를 중관춘으로 유인할 만한 거대한 인센티브 프로그램을 결정했다.

중국 정부는 체계적으로 학계 스타들의 자국 이주를 주도했다. 가장 성공적인 프로그램 중 하나는 생명과학 분야이다. 미국 대학에서 생명과학 관련 학위를 받은 수많은 중국인 학자들이 졸업 직후, 또는 수년 동안 미국에서 경력을 쌓은 후 중국으로 돌아왔다.

인재 관점에서 보면, 중국에서 수여되는 이공계 학사 학위 중 생명과학 분야가 차지하는 비중은 매년 11퍼센트로 미국의 6퍼센트보다 높다(그리고 그 6퍼센트 중 상당수가 중국인 유학생이다). 또한 생명과학 분야는 중국으로 돌아오는 인재 집단에서 가장 큰 비중을 차지한다. 2011년부터 2014년까지 생명과학 분야 귀국자는 전체의 18퍼센트에 달했다.

생명과학 분야에서 중국 인재의 스타파워를 가늠할 수 있는 척도로, 중국어와 영어를 모두 구사하는 중국계 미국인 엘리트 생명공학 및 제약 전문가 집단인 베이헬릭스 그룹의 구성 변화를 들 수 있다.[60] 샌프란시스코에 처음 설립된 2001년에는 구성원의 100퍼센트가 미국에 거주했다. 2011년에는 이 비율이 47퍼센트로 감소했고 중국 거주자 비율은 44퍼센트로 올라갔다. 2016년에는 미국 거주자 비중이 38퍼센트로 더 떨어진 반면, 중국 거주자 비중은 57퍼센트로 증가했다(나머지 5퍼센트는 미국, 중국 외의 제3국에 거주했다). 이들은 생명과학 분야의 '새로운 모험가'들이며, 중국은 이 분야의 중심축으로 부상하고 있다.

이 엘리트 모험가들은 중국을 대표하는 생명공학 기업을 설립했다.[61] 세 개의 생명공학 스타트업인 베이젠, 우시 앱텍, 자이 랩을 살펴보자. 베이젠은 연쇄 창업가인 존 오일러와 왕샤오동 교수가 설립한 중국 최고의 항암제 개발 기업이다. 현재는 브리스톨-마이어스 스큅의 자회사가 된 셀진과 협력하여 PD-1 억제제를 개발하는 프로젝트를 진행하고 있는데 업계에서는 중국 기반 바이오테크 기업이 동급 최고의 암 치료제를 발명하고 개발할 준비가 끝났다는 신호로 받아들이고 있다. 왕샤오동은 미국에서 교육을 받았다. 미국 국립과학원 회원이며 텍사스 대학교 사우스웨스턴 메디컬 센터의 생화학자이자 세포 생물학자이다.

리 거Li Ge는 중국으로 돌아와 바이오테크 분야의 스타가 된 또 다른 기업가이다. 중국에서 태어나고 자란 그는 베이징 대학교에서 화학 학사 학위를, 컬럼비아 대학교에서 유기화학 박사 학위를 받았다. 뉴저지에 있는 파마코피아의 창업 멤버로 일하다가 2000년 중국으로 돌아와 우시 앱텍을 설립했다.[62] 우시 앱텍의 경영진 소개 페이지에 나와 있는 이들은 대부분 미국에서 생명과학을 공부하고 해당 분야에서 전문 경험을 쌓은 귀국자들이다. 우시 앱텍은 위탁 연구 기관으로 시작했지만 현재는 자체적인 신약 발굴과 개발을 적극적으로 추진하고 있다. 2006년에는 〈하버드 비즈니스 리뷰〉에도 소개되었다.[63]

자이랩의 창업자로 이사회 의장이자 CEO인 사만다 두Samantha Du는 중국에서 태어나 자랐으며, 신시내티 대학교에서 생화학 박사학위를 받고 화이자에서 업계 경력을 시작, 다양한 의약품의 개발과 출시에 참여했다. 중국 최초의 서양식 신약 개발 회사 중 하나인 허치슨 메디파마를 창업, 2001년부터 2011년까지 CEO를 역임했다. 사만다 두는 중국을 기반으로 하는 바이오 제약 혁신의 선구자로, 자체 개발한 다섯 개의 신약을 임상 단계까지 가는 데 성공했으며, 그중 두 개는 글로벌 임상 3상까지 도달했다. 자이랩을 설립하기 전에는 2년간 세쿼이아 캐피털 차이나에서 헬스케어 투자를 주도했다.

중국이 홍콩에서 언론의 자유를 탄압하던 2019년, 코넬 대학교 경제학 교수 에스와르 프라사드Eswar Prasad는 1997년 홍콩 경제는 중국 경제의 오분의 일에 달했지만, 2018년에는 삼십 분의 일에 불과하다고 주장했다. 〈뉴욕타임스〉에 실린 "중국은 왜 홍콩을 더는 필요로 하지 않는가"라는 그의 주장의 근거가 된 데이터이다.[64] 나는 다른 통계를 인용해 보겠다. 내가 앞서 소개한 분야 선도적인 세 바이오테크 기업—베이젠, 우시 앱텍, 자이랩—은 모두 홍콩 법인이다. 중국에서 가장 역동적인 첨단 기술 기업들도 마찬가지이다. 홍콩이 중국의 첨단 기술 분야를 손에 쥐고 있다고 해도 과언이 아니다.

프라사드의 글은 중국이 홍콩을 생각하는 방식과 매우 흡사하다는 점에서 시사하는 바가 크다. 하지만 그 사고방식은 완전히 틀렸다. 홍콩이 중국의 수많은 도시 중 하나가 되어버리는 순간, 중국의 수많은 첨단 기술 기업가들이 합법적인 차익거래 기회와 그에 따른 이점을 누릴 수 없게 된다. 시진핑 체제에서 훼손당한 것은 홍콩의 자치권뿐만이 아니다. 중국의 정치와 경제는 다시 중앙집권화되었고, 실용주의를 내세웠던 당의 개혁주의자들이 고안한 이단적 모델은 중국의 적대적인 외교 정책으로 깊은 상처를 입었다. 개혁개방 시대의 **범위** 조건이 축소되면서 중국의 경제, 정치, 외부 세계와의 관계에 중대한 영향을 미쳤다. 지금까지 중국에 대한 나의 논의는 주로 개혁개방 시대에 초점을 맞춰왔다. 이 책에서 말하는 개혁주의 시대란 2018년까지로 정의했다. 이제 시진핑 시대로 넘어가 보자.

5부

EAST 모델의 미래

9장.
시진핑의 공산당

촌장: 좋은 소식이오! 당 총서기 동지, 국가 주석 동지, 외교부장 동지,
농무부장 동지, 재무부장 동지, 교육부장 동지가 자네를 방문할 예정이오!
마을 사람: 잘됐네요! 하지만 집에 의자가 몇 개 없는데요….
촌장: 걱정 마시오. 의자는 하나면 충분하니.

— 시진핑 집권 초기 인터넷에서 유행한 농담

톈지윈은 1970년대 자오쯔양이 쓰촨성 당서기였을 무렵 자오쯔양 밑에서 일했다. 1980년 총리가 된 자오쯔양은 그를 발탁해 국무원으로 불러들였고, 톈지윈은 1983년부터 1993년까지 처음에는 자오쯔양 밑에서, 다음에는 보수주의자인 리펑 밑에서 부총리를 역임했다. 그는 개혁파였고, 천안문 사태 이후 사실상 경력이 끝나버렸다. 1990년대에 그는 정계에서 거의 외면 당했다.

1992년 톈지윈은 중앙당교에서 사회주의 경제특구 설립을 제안하는 유명한 연설을 했다. 그는 "급여와 물가가 낮고, 줄서기와 배급이 일상이고, 외국인 투자는 없고, 외국인은 배제되고, 아무도 해외여행을 할 수 없는 곳"을 생생하게 그리며 현실을 비꼬았다.[1]

시진핑 전까지는 그 어떤 중국 지도자도 그의 제안을 받아들이지 않았다. 2012년 집권한 시진핑은 중화인민공화국 역사상 최대 규모의 개혁을 단행했다. 민간 부문에 대한 신용 공급을 줄이고, 규

제에 따른 구조조정이라는 명목으로 저명한 민간 기업들을 표적으로 삼았으며, 민간 기업들을 다시 국유화했다.[2]

시진핑은 개혁주의 공산당이 이룩한 체제에 두 가지 관점에서 큰 충격을 가했다. 첫 번째로, 4장에서 천안문 사태 이후 당 지도자들이 일부 분야(농촌 금융)에서는 퇴보했지만 다른 분야(민영화와 세계화)에서는 개혁을 이루었다는 점을 상기하자. 시진핑은 외교 정책부터 국내 정치, 소셜 미디어, 경제에 이르기까지 모든 분야에서 전면적인 변화를 도입했으며, 그 방향성은 일관적으로 강경주의 일색이었다. 천안문 사태 이후 중국의 지도자들은 정치적 **범위** 조건을 약화했지만 경제 및 사회적 **범위** 조건은 그 지평을 넓혀나갔다. 시진핑 체제에서는 그 어떤 **범위** 조건도 남지 않았다. 이제 중국은 그 누구도 마찰을 일으키지 않는 독재 국가가 되었다. 두 번째는 시진핑의 행동 속도이다. 중국은 대체로 점진적이고 누적되는 접근 방식으로 움직인다고 알려져 있다.[3] 시진핑은 그렇지 않았다. 그의 반부패 캠페인은 수백만 명의 공무원을 끌어내렸고, 부동산, 게임, 사교육 서비스, 핀테크에 대해 동시다발로 대규모 단속을 실시해 실물 경제에서 수조 달러의 부와 수십만 개의 일자리를 증발시켰다.

시진핑이 촉발한 수많은 충격은 여전히 시스템에 스며드는 중이며, 궁극적으로 어떤 영향을 가져올지는 아직 추측만 할 수 있을 뿐이다. 나는 시진핑이 시스템화, 지방 자치, 민간 부문의 **범위** 조건 등 EAST 모델의 현대적인 특징들을 약화했다고 생각한다. 시진핑은 자신의 의도와는 관계없이 중국공산당의 지속성을 강화하는 조건들 역시 약화했을 수도 있다. 시진핑의 접근 방식이 그대로 유지될 수 있을지는 모르겠다. 정치 체제는 전제주의로 후퇴할 수도 있고, 개방을 더 포용하는 방향으로 갈 수도 있다. 현재 상황은 아직 균형에 도달하지 못했다.

중국은 경제적으로는 남한을 지향하지만, 정치적으로는 북한 모델을 수용하고 있다. 북한의 한 가지 상대적 장점을 제외하고 말이다. 바로 세습 통치이다. 세습 통치는 임기 제한과 마찬가지로 후계 갈등을 완화할 수 있다. 하지만 시진핑은 후계 구도도 없이 규칙도 없이 질주하고 있다. 코로나19 감염자 급증, 경제적·정치적 비용이 막대한 도시 봉쇄, 성장 둔화, 정책 실패, 중국 엘리트 계층의 불안과 공포감, 민간 부문과 지방 공무원들의 위축, 불리한 글로벌 환경 등 총체적 난국이다. 불길한 징조로 2022년 11월, 중국의 여러 도시에서 시진핑 정부의 '제로 코로나' 정책에 반대하는 시위가 동시다발적으로 발생했다. 일부 시위대는 시진핑 축출을 요구하기도 했다.

이러한 시위는 2012년 이후 시진핑의 정책으로 인해 일어난 공포와 불안에 코로나19가 불확실성을 더하고 있음을 보여준다. 2020~2021년, 시진핑은 제로 코로나라는 극단적인 접근법을 통해 자신감을 얻었고, 초기 확산을 통제할 수 있었다. 그러나 시진핑은 상황이 바뀐 후에도, 그리고 국가가 막대한 경제적·사회적 피해를 겪게 되어도 그의 방식을 바꾸지 않았다. 독재자 시진핑은 정책을 만들고 정책을 변화시킬 수 있는 역량을 손에 넣었지만, 우리가 다른 유사한 상황에서 본 바와 같이 독재자가 변화를 만들어 낼 수 있는 역량은 변화의 의지와 반비례한다.

시진핑은 중국의 팬데믹 경험에 대한 임상적 교훈을 도출하고 데이터 기반 접근 방식을 따르기보다는 본인과 정부를 위한 표준 벤치마크로서 '제로 코로나'를 내세웠다. 시진핑은 "동양은 떠오르고 서양은 가라앉고 있다"고 주장하며 자신의 결정에 대해 확고한 자신감을 드러냈다. 행정상의 강제를 위해 '과학'을 거부했고, 화이자나 모더나가 개발한 백신과 같은 외국 과학을 거부하고 그보다 수준이 떨어지는 자국 시노백 백신과 다양한 생약 형태의 유사 과학을 장려했다. 시진핑의 원대한 비전은 경제 분야로까지 펴졌다. 2021년 하반기, 변화하는 세계 질서에 대한 승리 선언에 이어 유명 민간 기업들에 대한 탄압에 가까운 단속이 잇따랐다.

이것은 최고 수준의 오만이다. 합리적인 정치인이라면 자신을 위한 다소의 여지를 남겨두고 현실적인 기대치를 설정할 것이다. 지나치게 높은 기준을 설정하면 시민 기대치도 따라 올라가고, 동시에 그것을 달성할 확률은 떨어진다. 제로 코로나 정책의 혹독한 조치와 막대한 경제적 피해에도 불구하고 중국은 (매우 의심스러운) 공식 통계에서조차 코로나19 확진자 수를 0으로 줄이지 못했다. 그런데도 이 정책이 계속 유지된 이유는 시진핑에게 소위 '경쟁 팀'이 없고, 아무도 감히 그에게 진실을 말하지 못하기 때문일 것이다. 중국 경제와 사회의 복잡성과 바이러스 전파 역학을 고려할 때, 일개 개인들의 지혜에 시스템이 의존한다는 것은 상식적으로도 말이 되지 않는다. 안타깝게도 오만은 종종 정책적 실수와 오류를 동반하고 그로 인해 상황은 더욱 악화한다.

다음 두 장은 추측에 근거한 내용임을 미리 밝힌다. 여기서 다루는 유동적인 주제는 시사 이슈와 매우 밀접한 연관이 있다. 주제가 매우 유동적이다 보니 여기서 언급하는 역학 관계와 상황의 발전이, 책이 실제로 서점에 비치될 때쯤에는 달라 보일 수 있다는 점을 겸허히 받아들인다. 시진핑 시대에 대한 나의 설명은 서문에서 제시한 **범위**와 **규모**의 분석 구조의 표본 외 적용으로 보일 수 있다.

유사한 많은 표본 외 적용 사례에서와 마찬가지로, 예상치 못한 사건과 모든 우발 상황을 포착할 수 없는 방법의 한계로 인해 오류가 있을 수 있다. 결함이 없다고는 할 수 없지만, 시진핑이 남아 있는 모든 **범위** 조건을 제거했다는 일반 명제는 사실관계상 정확하다. 중국이 어떻게 그리고 어떤 방식으로 이러한 **무범위** 상황에서 벗어날지 예상하기는 어렵지만, 추측해볼 수는 있다.

시진핑 쇼크

개혁주의 중국공산당은 성장과 안정이라는 두 마리 토끼를 모두 잡음으로써 EAST 모델을 현대화하며 선조들의 저주를 깨뜨렸다. 이 모델은 시간이 흐르며 다소 무뎌졌고 부담과 질적 저하를 겪었으나 대다수 분석가와 당 내부자들은 전면적인 개편보다는 개선과 진로 수정을 기대했다.

이 책이 2012년에 출간되었다면 거기서 끝났을 것이다. 그러나 그런 일은 일어나지 않았다. 시진핑은 모든 예상을 깨고 개혁 시대 중국공산당의 방식을 철저하게 파괴했다. 평화적 권력 이양의 제도적 토대를 무너뜨리고, 첨단 기술 민간 부문의 핵심을 무력화시켰다. 서방과의 생산적인 경제 및 기술 협력을 위기에 빠뜨렸다. 중국공산당의 통치를 더욱 인격화시키고 제도적 수준을 떨어뜨렸다. 이 책에서 나는 시진핑의 시대는 임기 제한이 폐지된 2018년 이후라고 정의한다. 시진핑 시대는 매우 중요한 시대, 드라마와 놀라움과 극적인 격변의 시대가 될 것이다.

정치적 루비콘을 건너다

전제 군주의 권력이 아무리 강하다 한들 우리와 마찬가지로 인간이다. 시진핑의 세 번째 임기가 보장된 이제, 그가 정계에서 어떻게 퇴장할 것인지가 초미의 관심사가 되었다. 자발적인 퇴임이라는 선택지는 가능성이 매우 희박해졌다. 시진핑은 중국 정치를 다시 한번 "지저분하고, 짧고, 잔인하게" 만들었다. 당신이 시진핑이라고 생각해 보자. 2012년 이후 400만 명 이상이 숙청당했다. 셀 수 없이 많은 이들이 투옥되고, 몇몇은 처형되었다. 이들의 정치 경력은 망가졌고, 권력과 특권을 박탈당하고, 반체제 인사들에게 적용되던 심문을 받고, 재산은 몰수당했다. 이들 중 일부는 한때 군과 안보 기관에서 막강한 영향력을 행사했다. 당신이라면 보복과 응징에 대한 두려움 없이 자발적으로 물러나겠는가?

임기 제한은 과도한 권력 투쟁을 억제하여 퇴장 비용을 낮춘다. 장쩌민과 후진타오는 두 번의 임기 후 퇴진이 확실했기 때문에, 부정부패에 대해 외과 수술이라는 방식으로 대응했다. 모든 다리를 불태우는 방식은 어리석기 짝이 없어 보였을 것이다. "스스로 부패하고 타인을 부패하게 두는 것"은 자기 보존 행위라 할 수 있다. 임기 제한에는 전임자의 신변 안전이라는 또 다른 보장이 내재해 있다. 퇴임 후 안전이 보장되지 않는다면 누가 물러나고 싶겠나. 중국 공산당은 평화로운 권력 이양을 이뤘으나 구소련이 어려움을 겪은 이유는 바로 이 "은퇴 패키지"로 설명할 수 있다.[4] 시진핑은 이 '사회주의 계약'을 파기했고 이로써 본의 아니게 자신의 미래에 위험을 증가시켰다.

앞서 언급한 바와 같이 중국 시스템에서 현직 지도자에게 가장 강력한 제약은 전임 지도자이다. 집권 초기 시진핑의 반부패 캠페인은 전임자들의 힘을 약화시키는 것이 목표였다. 가장 먼저 쓰러진 희생자는 정치국 위원이자 후진타오의 오른팔이었던 링지화令計劃*였다.[5] 후진타오는 측근이 많지 않았기 때문에 링지화를 잃고 나자 퇴임 후 권력을 행사할 수 있는 손발이 잘린 셈이 되었다. 장쩌민을 상대하는 것은 후진타오보다는 어려웠다. 일설에 따르면 2012년 당시 정치국 위원 25명 중 15~16명이 장쩌민 충성파로 분류될 수 있었으며, 상무위원회는 아홉 명 중 다섯 명이 장쩌민 파벌에 속해 있었다고 한다. 시진핑은 전직 또는 현직 정치국 위원이었던 저우융캉, 쉬차이허우, 궈보슝郭伯雄 등 세 명의 장쩌민 충성파를 부패 혐의를 앞세워 표적으로 삼는 것부터 시작했다. 이러한 행보는 장쩌민에게 분명한 메시지를 보냈다. 이미 고령으로 위상이 약해진 장쩌민의 영향력은 그렇게 시들어갔다.

저우융캉은 이미 정치국에서 은퇴했지만, 안보 기관 경력이 있었기 때문에 여전히 영향력을 발휘할 수 있었다. 그런 저우융캉을 무너뜨린다면 일석이조의 효과를 기대할 수 있었다. 시진핑은 저우융캉의 안보 쪽 인맥을 차단하고 다른 전임자들에게 은퇴 후에도 면책특권이 없다는 사실을 주지시켰다. 시진핑 정권은 전임자들과 그들의 대리인들을 축출하고 임기 제한을 폐지함으로써 전임자들에게 부여된 안전망을 완전히 파괴했다. 따라서 그가 순순

---

* 공산주의청년단 계파로, 후진타오 집권 시기 당 총서기의 비서실장이라 할 수 있는 중앙판공청 주임을 역임하였다. 제17기 중국공산당 중앙위원회 위원과 중앙서기처 서기, 중앙통일전선공작부장 등 요직을 두루 거쳤으나, 2014년 뇌물 수수, 직권 남용, 부패 등 정경유착 비리 혐의로 조사를 받았고 2015년 7월 당적을 박탈당했다. 2016년 무기징역과 정치적 권리 박탈, 재산 몰수가 선고되었다.

히 은퇴하여 그 자신이 전임자가 되고 싶지 않은 것은 너무나 당연하다.

시진핑의 반부패 캠페인이 부패한 공무원들을 실제로 뿌리 뽑았는지는 의심할 여지가 없다. 이 책을 쓰는 시점에서 약 400만 명이라는 숙청 규모는 단순한 정치적 청산이라고 하기에는 너무 커 보이지만, 분명 정치적 어젠다가 있었다. 시진핑은 첫 임기 동안 여섯 명의 당내 실세를 숙청하고 감옥으로 보냈다. 두 번째 임기에도 숙청은 줄어들지 않고 계속되었다. 시진핑의 반부패 캠페인에는 내생적 특성이 있었다. 원래의 어젠다가 순수하게 부패에 관한 것이었더라도 그물에 걸린 사람들이 입는 피해가 워낙 혹독하다 보니 캠페인 자체가 적대감과 반대의 씨앗이 되고, 그로 인해 캠페인이 더욱 강화되는 악순환이다. 한마디로 피드백 루프(행위의 결과가 행위의 원인에 인과의 영향을 미치며 반복되면서 결과가 강화되는 현상) 역학이 존재하며, 반부패 어젠다와 정치적 어젠다의 분리가 어려워지는 것이다. 이 둘은 밀접하게 결합해 있다. 시진핑의 반부패 캠페인은 더 큰 정치적, 개인적 안전을 위한 모색이 되어갔다. 수잔 셔크는 "시진핑은 당과 자신에 대한 충성심을 강화하는 데 몰두하고 있다. 권력을 확고하게 장악하고 있는 것처럼 보이지만, 불안정이 두드러지게 눈에 띈다"고 지적한다.[6] 무기가 되어버린 반부패 캠페인의 악영향과 남은 규범과 양심의 가책이 시진핑을 코너로 몰아넣고 있다. 시진핑은 루비콘강을 건너고 말았다.

대숙청

불안정은 불안정을 낳는다. 그 불안정이 심리적 불안정, 물질적 불안정 어느 쪽인지는 어떤 의미에서 중요하지 않다. 두 불안정 모두 숙청으로 이어지고, 더 많은 숙청은 더 많은 반목과 반대의 씨앗을 뿌리는 악순환의 고리를 형성한다. 시진핑의 반부패 캠페인은 이제 10년째에 들어서고 있다. 더는 캠페인이 아니라 '영구 혁명permanent revolution'과 같이 중국공산당이 만들어 낸 모순적인 개념 중 하나라고 설명하는 것이 더 맞을지도 모른다.

부패는 중국 시스템에 만연해 있다. 시스템을 좀먹는 것은 사실이지만, 때로는 필요악이기도 하다. 중앙 계획의 경직성을 완화하고 중국공산당의 권력 유지에 도움을 주는 '성장'을 가능하게 한다. 그러나 시진핑은 부패를 타협 불가능한 위협으로 간주한다. 2021년 11월 중국공산당이 채택한 '당의 100년 분투의 중대한 성과와 역사적 경험의 결의党的百年奋斗重大成就和历史经验的决议(이하 '결의')'는 시진핑 집권 3기의 성명서와도 같은 문서이다. '결의'는 부패가 "당의 창의성, 응집력, 전투력을 약화하고, (이로 인해) 당의 국정 통치는 중대한 시험에 직면하게 된다"고 명시하고 있다. 시진핑은 국가주의가 부정부패의 해결책이라고 주장한다. 그는 중국공산당의 "느슨하고 관대한 통치"를 뒤집고 자본주의의 악한 본질의 싹을 자르겠다는 의도가 드러나는 행보를 보여왔다.

학자들은 오랫동안 시진핑의 반부패 캠페인이 정치적이며, '하필이면' 부패한 경쟁자를 손쉽게 겨냥한 것이 아니냐 의심해 왔다.[7] 이러한 추론에는 더는 회귀 분석이 필요하지 않다. 중국공산당도 이를 공개적으로 인정한다. '결의'는 다음과 같이 명시하고 있다. "당은 정경유착성 부패 사건에 초점을 맞추고, 당내 이익집단의 형성을 방지하며, 저우융캉, 보시라이, 쑨정차이, 링지화 등 법과 당 기율을 중대하게 위반한 사건을 조사, 처벌하였다." 여기에 언급된 이름들은 모두 시진핑과 권력을 놓고 경쟁했던 이들이었다.

시진핑의 반부패 캠페인은 대중에게는 인기가 높았으나, 엘리트들에게는 적대감을 불러일으켰다. 독재 정권의 대중은 주체성이 결여되어 있으며, 정권 생존의 관점에서 볼 때 엘리트를 적대시하는 것은 합리적인 행동이 아니다. 엘리트들의 분노가 시진핑에게 위험할까? 과거 문화대혁명의 혼돈 끝에 린뱌오 사건이 일어났을 때 중국공산당이 살아남을 수 있었던 것은 중국 정치 엘리트들 사이에 억눌린 불안이 있었기 때문이었다. 당시 상황을 통제한 인물은 다름 아닌 마오쩌둥이었으며, 마오쩌둥만큼의 위상을 지니지 못한 지도자는 유사한 상황이 일어났을 때 통제가 어려울 수도 있다는 점을 명심하자. 또한, 린뱌오가 몰락하자 중국 정치 엘리트들은 심리적 '종결closure'을 경험했다. 그들을 무자비하게 괴롭히고 박해한 린뱌오를 마오쩌둥이 나서서 제거했기 때문이다. 오늘날 비슷한 상황이 재현된다면, 시진핑은 후계자로 선정된 이가 충분히 부패하지 않았다는 이유로 후계 구도를 해체할 것이다!

시진핑의 반부패 캠페인은 정말로 엄청나다. 한 집계에 따르면, 2012~2017년까지 시진핑이 숙청한 중앙위원회 정위원과 후보위원의 수는 중국공산당이 지난 63년 동안 부패 혐의로 숙청한 중앙위원회 정회원과 후보위원의 수와 맞먹는다. 2012~2021년 약 400만 명의 공무원이 부패 혐의로 조사 및 처벌을 받았으며, 중앙부처 및 성급 이상 고위 공무원 392명이 조사를 받았다.[8] 심지어 경제와 환경에 관한 중앙 정책을 이행하지 않은 지방 공무원들에 대한 징계 절차가 발동되기도 했다.

상황이 개선될 기미는 보이지 않는다. 진정한 반부패 캠페인은 현실의 부패 수준에 대응하는 반면, 정치적 동기에 의한 캠페인은 그 무엇에도 제약을 받지 않는다. 정치가 존재하는 한 정치적 경쟁도 계속될 것이고, 불안정은 전염될 것이다. 한 곳에서 경쟁자가 보이면 모든 곳에서 경쟁자가 눈에 들어오기 마련이다. 금융은 일반적으로 중국에서 테크노크라시의 영역이자 정치와는 거리가 먼 영역으로 여겨진다. 하지만 2021년 10월, 공산당은 중국의 주요 국영 금융 기관에 대한 고강도 감사에 착수했다. 정치적 목적임이 누가 보아도 명백했다. 그 이유는 알 수 없지만 한 가지 단서는 왕치산王岐山 국가 부주석이 금융 분야에서 광범위한 인맥과 영향력을 구축했다는 점이다. 2021년에는 왕치산의 오랜 측근이었던 동홍董宏이 사형 선고와 2년 집행유예를 받았는데, 그의 혐의가 열거된 시기가 왕치산과 함께 일했던 시기와 거의 일치한다. 2022년에는 왕치산의 과거 부하직원 중 한 명인 판이페이范一飞 전 중국인민은행 부행장이 조사를 받았다.

부패의 정치적 도구화는 자기 영속적인 역학을 만들어 낸다. 정치적 경쟁자를 표적으로 삼는 행위 자체가 정치적 경쟁을 촉발하고 따라서 반작용을 일으킬 수 있다. 부패가 만연하므로 시진핑의 미래 경쟁자는 자신의 정치적 동맹자들을 부패 혐의로 고발하여 우위를 점할지도 모른다. 시진핑의 전임자들이 반부패 캠페인에 신중에 신중을 기하고, 시행할 때에는 마치 외과 수술과도 같이 정확하게 특정 부위만 도려냈던 이유가 바로 여기에 있다. 정치적 동기에 의한 반부패 드라이브는 숙청과 재숙청의 끊임없는 순환의 함정을 파고, 이번 숙청은 다음 숙청을 위한 씨앗을 뿌린다. 이러한 불안정한 환경에서는 가만히 있으면 도전을 받고, 가만히 있지 않아도 도전을 불러일으킨다.

인격 통치로의 추락

정치 시스템을 운영하는 방법은 세 가지가 있다. 첫 번째는 일부 결정권, 특히 인사권을 시민에게 위임하는 것이다. 이것이 바로 민주주의이다. 두 번째는 결정권을 국가 공무원에게 위임할 수도 있다. 이것이 개혁개방 시대의 상당 기간 개혁주의 중국공산당의 접근 방식이었다. 세 번째는 모든 권력을 독재자 자신이 손에 쥐는 것으로, 시진핑이 선택한 방법이다. 민주화를 하지 않거나 국가 관료들을 신뢰하지 않는다면, 유일한 선택지는 인격 통치뿐이다.

셔크가 예측한 대로, 중국은 빠르게 인격 통치로 빠져들고 있다.[9] 그가 주목한 몇 가지 현상이 있다. 주요 관리들에게 개인적으로 충성 서약을 요구한 마오쩌둥 시대 관행의 부활과 중앙위원회가 차기 지도자들을 추천하는 비공식 '투표'의 폐지 등이 그것이다. 임기 제한이 폐지되면서 중국의 후계 구도는 자의적이고 혼란스러운 마오쩌둥 시대로 되돌아갔다. 마오쩌둥과 덩샤오핑의 개인적인 카리스마도 없이 인격 통치 체제로 퇴보해버린 것이다. 화궈펑이 순식간에 깨달았듯이 인격 통치하에서는 정당성, 신뢰성과 같은 리더십의 특성이 전수되지 못하는 경우가 많다.

시진핑은 인격 통치를 공개적으로 받아들였다. 2021년 '결의'에서 공무원 선발 기준에 관한 단락을 살펴보자.

> 당은 근면 성실하고 공정하고 청렴한 신시대의 좋은 간부의 기준을 명확히 하고, (…) 올바른 고용 지향을 확립하며 능력과 덕을 모두 갖추되 덕을 우선으로 한다. 전국에서 고르게 현명하고 유능한 인재를 임명하고, (…) 투표, 평가 점수, GDP, 나이는 물론 공개적인 인기 경쟁을 통해 인재를 선발하고 채용하는 잘못된 관행을 시정한다.[10]

시진핑이 배제하려 하는 기준과 그가 지지하는 기준을 비교해 보자. 평가 점수, 투표, GDP, 나이, 동료들의 의견은 사실과 객관적인 조건에 근거를 두고 있다. 나이를 제외한 이들 기준은 중국공산당 내 동료들 간의 암묵적인 조율과 의견 일치에 따라 달라진다. 나는 이것을 수평적 권력이라고 부른다.

시진핑의 중국공산당은 수직적 권력을 강화하기 위해 수평적 권력을 축소하고 있다. 시진핑이 옹호하는 규범(덕)과 자질(근면 성실, 공정, 청렴)을 먼저 생각해 보자. 대체 '덕'은 무엇일까? 근면 성실, 공정, 청렴의 정의는 누구의 정의가 우선일까? "당, 정, 군, 민간, 학계, 동서남북과 중앙의 일체를 당이 영도한다"*와 "권력은 새장에 가둬야 한다"**는 발언은 같은 인물이 한 말이다. 바로 시진핑이다. 당신이라면 어느 쪽을 따르겠는가? 무책임한 리더의 특징 중 하나가 바로 일관성이 없다는 것이다. 가치관이 주관적이고 형태가 없고 모순적일 때에는, 그로 인해 발생하는 분쟁을 해결할 최종 중재자가 필요하다. 중앙집권적 독재 체제에서 그 중재자는 바로 독재자 자신이다. 중국의 관료 조직 내에서 코로나19에 대한 초기 보고가 지연된 것은 독재자의 고립 거품의 징후이다. 모든 수직적 권력을 쥐고 있는 사람에게 나쁜 소식을 전하고 싶을 사람은 아무도 없다. 마오쩌둥과 달리 시진핑은 세부 사항 하나하나까지 전부 통제하고 싶어 하는 관리자 유형으로, 모든 결정을 직접 내리기를 고집

---

* 중국공산당 총서기로 선출된 직후인 2012년 11월 17일 시진핑이 제18기 정치국의 첫 집단학습을 주재하는 자리에서 한 발언.

** 2015년 2월 2일 시진핑이 중앙부처와 각 성급 주요 간부를 대상으로 하는 특별 세미나 개강식에서 한 발언.

한다는 점이 문제를 더욱 복잡하게 만든다. 이는 필연적으로 정책 오류와 마비를 불러온다.

당내 민주주의 도구라 할 수 있는 비공식 투표는 폐지되었다. 셔크에 따르면, 중국공산당은 그 대신 엄선된 '엘리트 의견'과 인터뷰를 바탕으로 후보를 지명하게 되었다. 과거 제도가 도입되기 이전 황실 조정의 관료제 역시 개인의 추천 기반으로 채용이 이루어졌지만, 현대의 중국공산당과 비교하면 그 대상 면에서 훨씬 규모가 작았다. 시진핑의 중국공산당은 거대한 관료 사회임에도, 점점 더 부티크 운영에나 적합한 방식으로 운영되고 있다. 이 시스템은 시간이 지남에 따라 일관성이 없는 결과를 낳고 정책과 인사에서 많은 오류를 범할 가능성이 크다. 인격 통치의 철칙은 일관성과 무작위성 없이는 규모의 확장이 불가능하다는 것이다. 이러한 시스템에는 비뚤어진 유인이 넘쳐나며, 부하직원은 시민은 물론 자신의 상사를 대할 때에도 불투명하게 행동할 동기가 다분하다. 그리하여 제임스 스콧James C. Scott이 '가독성 문제legibility problem'라고 이름 붙인 현상이 발생한다.[11] 시스템은 아부하는 자들을 선호하고, 이렇게도 저렇게도 해석될 수 있는 이중화법, 전략적 게임, 계산된 신호들을 용인한다. 정보의 노이즈 비율이 올라간다. 린뱌오처럼 개인 일기장에서는 지도자(여기에서는 마오쩌둥)를 경멸하나 공개적으로는 그를 열렬히 찬양하는 이들이 더 많아진다. 솔직하고 허심탄회하게 의견을 말하는 후야오방은 줄어든다. 시스템의 질이 나빠진다.

GDP 대신 품행이 기준이 되다

중국인민은행의 정책 고문인 마쥔은 2021년 한 경제 포럼에서 중국 정부에 GDP 목표치를 영구적으로 낮출 것을 촉구했다.[12] 시진핑 시대 내내 GDP 목표 달성의 중요성은 떨어졌고, 이러한 우선순위의 변화는 중국공산당의 공무원 성과 평가 선언뿐 아니라 정책 실행에서도 명확하게 드러난다. 국가주의의 단점 중 하나는 성장이 부패에 의존하기 때문에, 부패를 표적으로 삼는 지침은 성장 지향의 반대라는 것이다. 프로젝트 승인 속도가 느려지고 공무원들은 민간 기업과의 거래를 경계하게 된다. 민간 부문 단속, 경제에 파멸적이었던 코로나 봉쇄와 마찬가지로 시진핑의 다른 조치들 역시 GDP 목표 달성주의의 종말을 알리는 신호가 되었다.

GDP 목표제는 통계 조작, 부패, 환경오염, 과도한 부채 등 이미 잘 알려진 수많은 병폐를 낳았다. 나 역시 다른 저서에서 GDP 목표제가 GDP 성장률과 복지의 지표에 가까운 성과 차원(예를 들면 가계 소득)에서 괴리를 초래한다고 비판한 적이 있다.[13] 그러나 GDP 목표제를 완전히 폐기하기 전에 "중국공산당이 GDP 목표제를 포기할 경우 대체할 목표 체계는 무엇인가?"라는 질문을 던질 필요가 있다.

하향식 정치 시스템은 무언가를 목표로 삼아야만 한다. 하향식 조직일수록 더더욱 명확하고 객관적인 기능을 구체화할 필요가 있기 때문이다. 잘 알려진 단점들에도 불구하고 GDP 목표제는 부분적으로는 노동 공급, 생산성, 세계 경제 상황과 같은 객관적인 조건에 기반한다. 중국 지도자들이 아무리 강력해도 그들이 세상만사 모든 것을 통제하지는 못한다. 기본적으로 GDP 목표제는 정부의 움직임을 외생적으로 주어진 조건에 고정하기에 정부의 의사 결정은 보다 근거를 토대로 움직이게 된다. 시진핑 정권에서는 다른 어떤 이슈보다 경제에 대한 반발이 가장 많았다. 존재감이 미미할 정도로 위상이 낮아졌지만, 어차피 퇴임이 코앞이라서인지 다소 대담해진 리커창은 경제 문제에 대해 시진핑과 다른 목소리를 내기도 한다. 낙관적이지만 가능성이 희박한 시나리오는 경제 정책에서 시진핑을 견제하고 균형을 잡을 수 있는 강력한 총리가 집권하는 것이다. 시진핑의 독재 체제는 여전히 유지되겠지만, 약간의 마찰이 발생할 것이다. 경제라는 고정된 요소가 객관성이 결여된 정치 시스템에 어느 정도나마 객관성을 불어넣을 수 있다.

투자, 소비, 순 수출의 합계인 GDP는 복합적인 지표이다. GDP 목표제는 다양한 여러 지표를 목표로 하는 것과 같다. 대안은 단일 지표를 사용하는 것이다. 〈월스트리트 저널〉은 시진핑의 절대 빈곤 퇴치 의제를 이행하기 위해 지방 관리들이 농민들의 집을 하얗게 칠했다고 보도한 바 있다.[14] 하얗게 칠한 집이 굿하트의 법칙의 존재를 증명하는 데 쓰였다니, 아이러니한 점이 한두 개가 아니다(굿하트의 법칙이란, 어떤 수치가 정책의 측정 목표가 되면 지표로서 가치가 없어진다는 의미이다). 덩샤오핑 시대에 광둥성의 공무원들은 GDP 목표에 맞춰 외국 투자와 무역에 경제를 더 개방하도록 밀어붙였고, 종종 중앙 정부가 눈살을 찌푸릴 방법을 사용했다.[15] 그 시대는 오래전에 막을 내렸다.

또는 공무원의 '품행'을 목표로 삼을 수도 있다. 2019년 중국공산당은 '학습강국学习强国'이라는 애플리케이션을 공개했다. 공무원들은 이 애플리케이션을 받아서 시진핑의 최근 활동과 지시 사항들을 파악해야 한다. 시진핑의 프랑스 방문 관련 동영상을 시청하면 1점을, 시진핑의 경제 정책에 대한 퀴즈를 맞히면 10점을 받을 수 있다. 2019년 현재 등록된 사용자 수는 1억 명이 넘는다. 결과에서 품행으로의 목표 전환은 중국 관료 사회의 동질화가 그 목적이다. GDP 목표제는 (어느 정도까지는) 다양한 접근 방식을 허용한다.

GDP 목표제 역시 여러 가지 측면에서 문제가 있었지만, 대체 목표 체계는 훨씬 더 왜곡이 심하다. 대니 로드릭Dani Rodrik의 표현을 빌리자면, GDP 목표제는 기껏해야 차선책일 뿐이다.[16]

GDP 창출은 자본, 노동과 같은 생산 요소와 상호적, 반복적으로 작용하는 수천만 명의 개인의 결정, 행동, 선호도의 총합을 반영한다. GDP 목표제는 민간 기업과 외국 기업을 포함하여 사람을 조율하는 공무원의 역량과 활동을 보상한다. 이는 폭넓은 능력과 기술을 보상하는 **범위** 개방적인 조치이다. 심지어 통계를 위조하는 데에도 어느 정도의 조율이 필요하다. 통계를 위조하는 한 가지 방법은 세금계산서의 날짜 도장을 바꿔치기하는 것인데, 이것만 해도 세무 당국과 사업주의 협력이 있어야 가능하다.

반면, 품행 목표제는 공무원의 행동이 미치는 광범위한 영향보다는 공무원 개인의 개별적인 행동을 면밀하게 들여다본다. 시간을 쪼개 학습강국에서 시진핑의 프랑스 방문을 시청하는 공무원은 본인과만 조율한다. 품행 목표제는 또한 중국 시스템을 더욱 억압적으로 만들 수 있다. GDP와 달리 자신의 충성심을 드러낼 기회가 제한적이기 때문에, 국가와 사회 사이에 의도적으로 긴장을 조성한 다음 국가가 사회보다 우위에 서도록 조치를 하는 것이 새로운 기회를 창출하는 한 가지 방법이 될 수 있다. 상하이 봉쇄 기간 시 당국은 코로나19 양성 판정을 받은 신생아를 부모에게서 빼앗아 강제 격리했다. 이러한 조치는 공중 보건상 아무런 이득이 없었다. 중앙 정부의 봉쇄 정책에 대한 상하이의 충성심을 과시했을 뿐이다. 앞으로 중국 경제가 둔화할 때 지방 정부는 줄어드는 파이에서 자신들의 몫을 차지하기 위해, 그리고 당에 대한 충성을 과시하기 위해 가계와 기업의 사유재산권에 대해 약탈적 조치를 확대할 수 있다.

시진핑 이전 개혁주의 중국공산당은 지역 관리들에게 상당한 자율성을 부여했지만, 그 자율성은 당이 원하는 결과와 반드시 일치해야만 했다. GDP 목표제는 그 **범위**에 경계 조건과 규율을 부과한다. "검은색만 아니면 어떤 고객이든 자신이 원하는 색으로 자동차를 칠할 수 있다"는 헨리 포드의 명언이 떠오르는 대목이다. 개혁주의 중국공산당은 GDP를 목표로 삼음으로써 총체적인 결과만 만족스럽다면 일상적인 업무의 마이크로매니징에서 자유로워질 수 있었다. 이것이 바로 경영학 원론 첫 번째 수업에서 배우는 내용이다. 올바른 지표를 선택하면 기관의 권한이 강화되고, 잘못된 지표를 선택하면 기관의 권한은 약화된다.

GDP 목표제에는 또 다른 장점이 있다. 중국공산당이 끝없는 계급 투쟁, 파멸적인 권력 다툼, 이데올로기 세뇌, 공격적인 외교 정책, 적색 테러라는 이미 여러 번 가본 길에서 벗어날 수 있게 해준다는 것이다. 이런 이유로 류사오치, 저우언라이, 천윈과 같은 경제 테크노크라트들이 실제로는 열렬한 일당 통치 체제 지지자였음에도 불구하고, 우리는 이들을 종종 온건파로 간주한다. 나는 후야오방과 자오쯔양 같은 경제 개혁가들이 권력 투쟁에 소질이 없었던 것도 같은 이유에서였다고 생각한다. 중국과 같은 과잉 정치 체제에서는 정부의 우선순위를 아주 조금이라도 정치에서 멀어지게 하는 모든 것이 순이익을 창출한다. 이념적 온도를 낮추고 중국 사회를 더 정상적으로 만들기 때문이다.

품행 목표제는 중국 공무원들의 업무 자율성과 중국 체제의 실용주의를 갉아먹는다. 또한 "검은 고양이든 흰 고양이든 쥐를 잡을 수 있으면 좋은 고양이"라는 덩샤오핑의 일명 '흑묘백묘론'과도 상충한다. 지금은 쥐를 잡고 못 잡고가 아니라 고양이의 색깔이 중요하다. 품행 목표제는 또한 국가의 성과 인센티브를 약화한다. 시진핑 자신도 이 문제를 여러 번 통탄했다. 그는 수차례 연설에서 "게으른 정부懒政", 즉 경제성장을 끌어내지 못하는 정부를 혹독하게 비판했으나, 정작 그 근본 원인은 자신의 정책이라는 아이러니에 대해서는 한마디도 하지 않았다. 모든 단점에도 불구하고 GDP 목표제는 품행 목표제와는 달리 어느 정도의 표준화를 기반으로 한다. GDP 목표제를 버린다는 것은, 중국공산당의 통제에서 벗어나 있는 귀중한 몇 개의 정박장에 닻을 내릴 수 없게 됨을 의미하며, 이는 개혁주의 중국공산당이 하나로 이어 붙여놓은 조직의 기초적인 일관성을 잃는 길이다.

더욱 얇아지는 정치 체제

2012년 집권 직후 시진핑은 소련의 몰락에 대해 다음과 같은 진단을 내렸다. "소련은 왜 붕괴했는가. 소련공산당은 왜 붕괴했는가. 한 가지 중요한 이유는 그들의 이상과 신념이 흔들렸기 때문이다. 위대한 당이 사라지는 데에는 소련공산당 해체를 선언하는 고르바초프의 조용한 말 한마디만으로 충분했다." 시진핑은 중국공산당이 이념적 일관성 덕분에 더 강하다고 주장한다.

한 마디로 틀렸다. 공산주의 이데올로기가 바닥을 찍은 1989년, 개혁주의 중국공산당은 천안문 사태를 극복하고 살아남았다. 그것을 가능하게 해준 힘은 유연함과 실용주의였다. 개혁주의 중국공산당은 지역 자치와 민간 부문 개발 등 성장을 위해 필요한 만큼의 **범위**는 허용하되, 정치적 현상 유지를 위태롭게 하지는 않았다. 중국공산당의 위대한 혁신이라 할 수 있는 M자형 경제는 정책 혁신과 실험을 장려했지만, M자형 자율성은 중앙집권적 인사 관리, 모니터링, 성과 평가 구조 속에 뿌리 내렸다. 그 외에 다른 이점도 있었다. M자형으로 분산되는 중국 경제의 특징은 베이징에서 발생하는 위험도 함께 분산시켰다. 1989년 천안문 사태로 중앙 정부의 의사 결정이 마비된 와중에도 중국 경제는 거의 온전하게 살아남았다. 오늘날 비슷한 충격이 발생한다면 훨씬 더 큰 타격이 발생할 것이다.

구소련은 잘못된 조합을 선택했을 뿐이다. 경직된 U자형 경제는 성장에 실패했고, 소련 중앙 정부는 지역 파벌주의에 무신경했다. 구소련의 지역 관리들은 중국의 지역 관리들보다 평균 재직 기간이 두 배나 길었다. 소련에는 우리가 2장에서 다룬 대리인 문제를 극복하기 위한 정교한 조직적 장치들이 존재하지 않았다.[17]

개혁주의 중국공산당이 천안문 사태로 괴멸될 뻔한 위기에서 살아남은 것은 개혁 덕분이었다. 이 부분에서 덩샤오핑은 시진핑보다 훨씬 뛰어난 통찰력의 소유자였다. 1992년 저 유명한 남순강화에서 덩샤오핑은 특유의 직설적인 화법으로 말했다. "개혁개방 정책의 성과가 없었다면 우리는 6월 4일(군대가 천안문 광장으로 진입하여 유혈 사태가 정점을 찍었던 날)을 버텨낼 수 없었을 것이다. 우리가 실험에 실패했다면 혼란과 내전이 일어났을 것이다."[18] 소련이 이념적으로 흔들리는 바람에 붕괴했다는 시진핑의 진단은 여러 면에서 자국 체제의 강점과 정교함을 크게 과소평가한 것이다.

2012년 집권 이래 시진핑은 소련 붕괴에 대한 자신의 진단을 확고하게 품고 여러 정책을 실행에 옮겼다. 홍콩의 자치권, 즉 재산권 보장의 아웃소싱을 가능하게 하는 핵심이 해체되었다. 소셜 미디어는 차단되었다. 이제 중국 대학들의 핵심 커리큘럼은 시진핑

사상이 주입된 공산주의 이데올로기 교육이다. 지방 공무원들은 GDP 성장을 위해 머리를 짜내는 대신 시진핑에 대한 구역질 나는 충성심을 과시하기 위해 치열한 경쟁을 벌이고 있다. 국가의 행동이 어느 정도 객관적인 제약을 받는 GDP와 달리, 지도자에 대한 개인적 충성은—그 개인의 능력과 의지에 따라—무한대로 생성될 수 있다.

앞서 나는 헨리 8세 치세의 튜더 왕조 체제를 "두꺼운 정치", 즉 여러 층위와 차원을 보유한 정치라고 설명한 바 있다. 반면 시진핑이 후진타오로부터 물려받은 정치는 얇았다. 위계적이고, 단순하며, 나열적이고, 경직되어 있었다. 시진핑은 이를 더욱 얇게 만들었다. 시진핑은 중국공산당의 권력 **규모**를 확장했다. 1980년대 중국공산당은 1987년 제13차 당대회에서 자오쯔양이 제시한 개혁 프로그램의 핵심 사상에 따라 일부 정부 부처와 국영기업에서 지부를 철수하기 시작했다. 장쩌민과 후진타오는 국가 행정 단위별로 공산당 지부를 복원시켰지만, 여전히 일상적인 기능에 대한 책임을 이들 행정 단위에 위임하고 있었다. 중국공산당은 민간 부문과의 대등한 관계에 크게 불만이 없었다.

시진핑은 한 조직에 공산당원이 세 명을 초과할 경우 당 지부를 설치하도록 한, 이전에는 아무도 신경 쓰지 않았던 당헌 조항을 엄격하게 시행했다. 2020년 말까지 상위 500대 민간 기업 중 92퍼센트가 조직 내에 당 지부를 설치하여 중국공산당의 직접적인 통제 아래 놓이게 되었다. 이러한 "소유 없는 영향력"은 개혁 시대 이래 이어진 시민사회의 명맥을 완전히 끊어버렸다.[19] 2014년 기준, 등록된 297만 개의 비정부 부문 기업 중 158만 개가 당 지부를 설치했다.[20] 시진핑은 민간 기업의 국유화에도 적극적으로 나섰는데, 직접적인 국유화뿐만 아니라 '압박 청산'이라 불리는 간접적인 메커니즘도 동원했다. 2014년부터 2019년까지 서른 개 상장기업이 이러한 압박 청산을 통해 국유화되었다.[21]

시진핑은 국가 행정기구의 권한과 자율성도 대폭 축소했다. 국무원 대신 당 기구에 의사 결정을 집중시켰고, 전통적으로 국무원의 특권이었던 경제 관련 의사 결정은 이제 시진핑이 의장인 중앙재경위원회의 권한이 되었다. 중국 국가공무원국을 사실상 폐지하고 그 기능을 당 중앙위원회 조직부가 흡수하게 했다. 사이버 보안은 공업정보화부에서 당 기관인 중앙사이버안전정보화위원회로 넘어갔다. 언론, 출판, 라디오, 영화, TV 방송 등 미디어에 대한 감독 책임 역시 국가광파전시총국에서 당 중앙선전부로 이관했다.

국무원 산하 여러 기관을 운영하던 이들은 반란군이나 배신자가 아니었다. 모두 조직부에서 엄격한 심사를 거쳐 선발되었고 정기적으로 평가를 받아온 충성스러운 당원들이었다. 당서기는 항상 장관보다 직급이 높았고, 어떤 경우에는 당서기가 장관을 겸직하기도 했다. 하지만 시진핑은 이 정도의 위임조차 신뢰하지 않았다. 당과 정부의 융합은 전문성과 프로페셔널리즘을 내다 버리면서 문화대혁명 당시의 수준으로 퇴보했다.

증가하는 재량권

전제 정치의 정의 자체가 독재자가 막대한 재량권을 손에 쥔다는 것이다. 이러한 재량권은 때로는 권력의 원천으로 작용하기도 하지만, 때로는 정책 오류와 승계 미정으로 인한 불안정의 원천이 될 수도 있다.

문화대혁명 이후의 지도자들은 이전보다 덜 전제적인 권력 구조를 만들었다. 그들은 '중국공산당 주석'이라는 직함을 폐지하고 '중국공산당 총서기'라는 직함을 채택하여 해당 직위에 있는 사람의 권한을 의도적으로 축소했다. 같은 목적으로 임기 제한도 도입하였다. 그러나 1990년대 초, 권력은 또다시 당 총서기에게 집중되었고, 2018년 시진핑은 1980년대 개혁의 마지막 자취였던 국가 주석직의 임기 제한도 폐지했다. 즉, 총서기의 재량권을 완전히 복원해, 총서기가 지휘가 아닌 조정 기능을 수행하도록 한 본래의 설계 원칙을 배신한 것이다.

장예쑤이张业遂 전국인민대표대회 대변인은 임기 제한이 없는 당 총서기, 당 군사위원회 주석의 임기와 국가 주석의 임기가 일치하는 것이 중요하다는 이유로 임기 제한 폐지를 정당화했다.[22] 눈 가리고 아웅이다. 굳이 일관성이 필요하다면 다른 두 직책에 임기 제한을 두면 되었을 일이다. 장예쑤이는 국무원 총리의 임기 제한은 그대로 두고, 시진핑이 맡은 직책들만 임기 제한이 폐지되었다는 사실은 언급도 하지 않았다.

이러한 권력 집중은 마오쩌둥 시대 이후 전례가 없는 일이다. 심지어 시진핑은 마오쩌둥조차 한 번도 보여준 적 없는 수준으로 일상적인 행정 영역까지 빠짐없이 통제한다. 마오쩌둥은 실무에 손을 대지 않는 것으로 유명했다. 그는 종종 관저에서 고전 시가를 읽고 쓰며 시간을 보냈고 정치국 회의에 결석하는 일도 흔했다. 시진핑은 그 반대다. 2021년 현재 시진핑은 아홉 개 이상의 지도부 회의체를 이끌고 있다. '모든 것의 의장'인 시진핑은 의자가 하나밖에 없는 마을 주민의 고민을 한 방에 해결했다.

현명한 독재자는 후계자를 선택하지 않지만, 후계자를 선택하지 않는다고 해서 황태자 문제가 해결되는 것은 아니다.[23] 단지 뒤로

미뤄질 뿐이다. 2022년 말 제20차 당대회에서도 적어도 공개적으로는 뚜렷한 후계자가 나타나지 않았다. 장쩌민과 후진타오 시절에는 부주석이 후계자가 될 것이라는 암묵적인 기대가 있었지만, 현 부주석인 왕치산은 시진핑보다 나이가 많고 정치국 위원도 아니라 시진핑의 뒤를 이을 만한 조건이 못 된다.

후계자 결정을 연기하면 모든 사람이 (정확하게는 모든 '남자'가) 자신에게도 기회가 있다고 생각하게 된다. 경쟁의 장이 평평해져 불법적인 정치 경쟁이 불붙는다. 덩샤오핑의 임기 제한은 권력 투쟁의 불을 완전히 끄지는 못했지만 적어도 기간은 단축했다. 장쩌민과 후진타오는 두 번째 임기가 시작될 무렵 후계자를 결정했다. 무한한 시간의 수평선은 추측, 오해, 의혹, 야망을 부채질하고 배양한다. 끝이 좋을 수가 없다.

이미 승계 갈등의 조짐이 나타나고 있다. 2017년 7월, 정치국원이자 충칭시 당서기였던 쑨정차이가 해임되어 조사를 받은 끝에 2018년 5월 종신형을 선고받았다.[24] 쑨정차이에게 적용된 혐의 중 특히 눈에 걸리는 것은 "당 중앙에 대해 뒤에서 함부로 담화를 했다妄议中央"*는 것이다. 쑨정차이는 정치국 위원이었으며, 그 자격으로 중국공산당 지도부의 구성원이자 핵심인물이었음을 떠올려 보자. 이 '범죄'로 인해 그는 여생을 감옥에서 보내게 될 것이다.

---

* 망의중앙妄议中央이란 당원이나 간부가 법적 절차와 경로를 따르지 않고 당의 방침과 정책에 대해 "앞이 아닌 뒤에서 함부로" 논의하고 비판하는 것을 말한다. 중국공산당 기율검사위원회에 따르면 '중국공산당 기율처분 조례' 제46조에 따라 처벌 또는 징계, 재교육 대상이 되는 행위이다.

미래에는 무엇이 기다리고 있는가?

1990년대 말, 나는《중국을 세일즈하다Selling China》의 집필을 위해 상하이에서 현장 조사를 하고 있었다. 이 책의 기본 주제는 중국의 금융 시스템이 중국 토종 민간 부문이 직접 자본을 조달하지 못하도록 막았기 때문에 중국이 비정상적으로 외국 자본에 의존하게 되었다는 것이었다. 상하이 같은 곳에서는 민간 부문이 외국 자본으로 눈을 돌렸다.

당시 상하이의 한 공무원과 인터뷰를 하면서 민간 기업가들을 소개해 달라고 부탁한 적이 있다. 그는 내가 마치 자신의 사생활에 대해 부적절한 질문을 하기라도 한 것처럼 충격적인 표정을 지었다. 그는 얼굴을 찡그리며 "당신은 하버드 교수 아닌가요?"라고 물었다. "하버드 교수가 왜 길거리에서 차茶와 수박을 파는 사람들과 대화하려 합니까?" (당시 나는 하버드 경영대학원 교수로 재직 중이었다.) 중국 관리들에게는 불쾌한 일이지만, 외국 학자들은 관리의 말에 순순히 수긍하지 않고 종종 말대꾸까지 한다. 나도 마찬가지였다. "외람되지만, 민간 기업이 기술 분야에 접근하지 못할 이유가 없습니다. 마이크로소프트와 GE도 모두 민간 기업입니다." 나는 더 나아가 "상하이의 민간 기업가들이 길거리에서 차와 수박을 파는 것은, 정부가 팔아도 된다고 허용한 것이 차와 수박뿐이기 때문 아닐까요?"라고 반문했다. 요점을 더욱 강조하기 위해 하버드가 사립이라는 말까지 덧붙였다.

나는 그 대화를 언제까지나 기억할 것이다. 나는 나의 반응이 그의 생각을 바꾸었다거나, 지난 40년 동안 중국의 성장이 민간 부문에 대한 공식적인 시각에 영향을 미쳤다고 생각하지 않는다. 민간 부문이 이끈 경제성장에도 불구하고 중국공산당은 명시적으로 민간 부문을 중국 경제성장의 진정한 엔진으로 인정한 적이 없다. 중국 정부는 민간 부문의 고용 기여도는 인정하지만, 공개적으로 생산성, 기술, 혁신의 원천이라고 긍정한 발언은 찾아보기 어렵다.[25] 사유재산권의 신성함을 공식적으로 선언한 경우는 더욱 드물다.

해외에서 중국을 바라보는 사람들은 시진핑이 민간 기업과 기업가들, 심지어 중국의 보물이라 불리는 알리바바, 마윈 등을 의도적으로 찍어누르는 것을 이해하지 못하며 독점을 억제하기 위한 강력한 기술주의적 근거가 있겠거니 추측한다. 시진핑이 중국 최대의 독점 기업인 국유기업들은 그대로 두고 있다는 사실은 제쳐두더라도, 우리는 중국 지도자들에게 우리 외부인의 관점을 투영하고 있다. 중국 지도자들은 민간 부문을 보물이라고 생각하지 않을 수 있다. 내가 인터뷰한 상하이 공무원처럼, 이들은 지난 40년 동안 중국이 어떻게 그리고 왜 성장했는지에 대해 완전히 다른 시각을 가지고 있다. 이들은 중국이 기업가와 민간 부문에 움직일 공간과 자유를 제공했기 때문이 아니라 자신들이 설계한 지혜 덕분에 성장했다고 진심으로 믿는다. 일각에서는 시진핑이 민간 부문을 무너뜨림으로써, 즉 막대한 경제적 비용을 감수하더라도 정치적 목적을 달성하려 한다고 주장한다. 이번에도 추측일 뿐이지만, 시진핑은 애초에 자신의 행동이 경제적 비용을 치르고 있다고 생각하지 않을 수도 있다.

중국공산당의 가장 출혈이 큰 인식 오류 중 하나는 민간 부문의 가치를 제대로 인지하지 못하는 것이다. 2021년 민간 부문 일제 단속은 물론 그 이전인 2013년 이후부터 보고되지 않은 대규모 민간 부문 축소는 성장뿐 아니라 중국공산당의 통치력에도 해롭다. 텐

지원의 사회주의 경제특구 설치 제안은 경제적 실험인 동시에 정치적 실험이기도 하다. 시진핑은 소련의 운명에 대한 엄중한 경고로 임기를 시작했지만, 그의 정책은 브레즈네프식 해결책을 통해 소련식 붕괴를 예방하는 것에 불과하다. 중국공산당이 흔들린다면 그 책임은 오로지 중국공산당 자신에게 있다.

도와주는 자본주의의 손을 물다

티모시 프라이Timothy M. Frye와 안드레이 슐라이퍼Andrei Shleifer는 기업의 성장을 돕는 "도와주는 손"을 가진 정부와 기업으로부터 지대를 갈취하는 "잡아채는 손"을 가진 정부를 구분했다.[26] 이 개념을 적용해서 '도와주는 손' 자본가와 '잡아채는 손' 자본가를 구분해 보자. 자본가들은 다양한 방식으로 정부 부문의 비효율성을 보완하는 데 도움을 준다. 이들은 국가가 소화하지 못하는 초과 노동력을 흡수한다. 이들이 내는 세금은 국가 부문의 세수 부족을 채운다. 이들의 개발 프로젝트는 토지 거래의 가치를 높여 토지 자산의 최종 소유자인 국가를 부유하게 만들고, 야심 찬 산업 정책 프로그램에 자금을 댄다. 물론 한쪽에서는 (그리고 테이블 밑으로) 부정부패의 공급 측면인 지대 배분의 일부를 공무원 개인에게 돌려줌으로써 그들의 가계 살림에도 도움을 준다.

이와는 다른 자본가들도 있다. 이들은 정부로부터 이익을 챙긴다. 이들은 권력 공유, 정책 결정에 참여할 수 있는 권한, 정부의 공식 입장과 경쟁하고 반박할 수 있는 발언권, 사법부로부터의 면책 특권 등을 원한다. 다시 말해, 이들은 국가로부터 정치 시스템의 일부를 가로채려 든다.

중국 자본가들은 압도적으로 잡아채는 손보다는 도와주는 손에 가깝다. 알리바바의 창업자이자 중국에서 두각을 나타내는 기업가인 마윈을 예로 들어보자. 그가 운영하던 핀테크 기업 앤트그룹은 중국공산당의 구세주였다. 앤트그룹은 신용의 수요와 공급을 효율적으로 연결하고 중국 경제의 중추인 소외된 중소기업들에 자금을 지원함으로써 국유은행 시스템의 막대한 부담을 덜어주며 경제성장을 떠받쳤다. 심지어 마윈은 정치적 반항아도 아니었다. 언론 보도에 따르면 그는 이미 1980년대부터 중국공산당 당원으로 활동한 것으로 밝혀졌다.[27] 해외 언론은 종종 중국 금융 시스템에 대한 마윈의 비판을 집중 조명했지만, 실제로는 마윈이 얼마나 자주 중국공산당을 옹호했는지가 훨씬 흥미롭다. 2017년 마윈은 인공지능과 빅데이터 혁명이 중앙 계획의 실현 가능성을 높일 수 있다고 언급했는데, 중앙 계획의 완화 덕분에 성공할 수 있었던 기업가의 입에서 나왔다고 보기에는 놀라운—그리고 틀린—견해였다.[28]

학계 연구는 중국의 민간 부문이 정치적 개방을 요구하거나 심지어 원한다는 증거조차 발견하지 못했다. 장쩌민의 기업인 포섭 전략은 성공적이었다. 브루스 딕슨Bruce Dickson에 따르면 중국공산당은 "기업가들을 포섭하고 기존 당원들에게도 사업을 하도록 독려했다."[29] 민간 기업인들은 중국공산당 네트워크에 편입되어 성공을 거두었다.[30] 정실 자본주의는 중국공산당에 경제적, 정치적 배당을 제공했다. 소련은 GDP를 성장시키고 수익에 보탬이 되고 정치적으로 순응하는 민간 부문이 없었기 때문에 붕괴했다. 중국의 개혁주의자들은 프라이와 슐라이퍼가 제시한 개념을 기꺼이 받아들였다. 한쪽으로는 민간 부문에 도와주는 손을 내밀고 (물론 다른 한쪽으로는 잡아채는 손을 내밀었다) 그 대가로 정치성 대표성을 요구하지 않는 민간 부문으로부터 세금을 거둬들였다.

일각에서는 강력한 민간 부문이 중국공산당에 위협이 된다는 논리를 믿고 있다. 그러나 정실 자본주의는 민간 부문의 인센티브와 중국공산당의 정권 안정 목표를 합치하는 강력한 메커니즘이라는 점을 잊어서는 안 된다. 중국의 정치적 안정은 성장 집약적이다. 중국공산당의 국내 안정을 위한 지출은 국방 지출을 능가한다. 중국공산당은 소셜 미디어를 통제하고 감시하고 검열하는 데에 막대한 자금과 인력을 쏟아붓고 있다.[31] 제로 코로나 정책의 비용은—실제 비용과 기회비용을 모두 포함하여—천문학적인 액수였다. 또 중국은 소프트 파워를 벌충하기 위해 하드 파워를 활용하여 개발도상국에 어마어마한 금액을 쓰고 있다. '정부 공화국'의 산업 정책 프로그램과 기술 발전 야심은 엄청난 비용이 드는데, 비용 자체도 높지만, 부패라는 상상 이상의 거래 비용이 존재하기 때문이다(중국의 부정부패가 갉아먹고 있는 대표적인 분야가 바로 첨단 반도체 산업이다). 중국의 역동적인 민간 부문은 이 모든 돈을 대주는 최종 인수인이다. 결론은 "바보야, 문제는 경제야"로 귀결된다.

우리는 법인으로서의 중국공산당과 자연인으로서의 중국공산당을 구분할 필요가 있다. 민간 부문의 긍정적인 측면—세수 확보, 일자리 창출, GDP 성장 등—은 법인으로서의 중국공산당에 누적되었으며, 당원들의 경력에도 도움이 되었다. 하지만 이 모든 것이 자연인으로서의 중국공산당, 즉 정치 계급의 맨 꼭대기에 있는 한 사람에게는 위협이 되었다. 정실 자본주의 자본가들의 정치적 관계 구축, 그리고 강력한 정치 명문가에서 운영하는 벤처캐피털들(한 곳은 장쩌민의 아들이 운영하고 있다)이 벌어들이는 달콤한 프리

IPO 거래들*은 시진핑의 권력 기반에 상당한 위협으로 여겨지고 있다.

시진핑은 중국공산당의 통치를 강화하는 데 핵심적인 도움을 준 손을 물어뜯으면서 중국공산당이라는 기관의 이익을 침해했을 수 있다. 2020년과 2021년에 일련의 충격적인 전개가 이어졌다. 앤트 그룹의 IPO는 예정일을 불과 수일 앞두고 취소되었고, 공식 석상에 자주 나타나던 마윈은 이후 몇 달 동안 흔적도 없이 사라졌다. 이후 시진핑은 부동산, 사교육 서비스, 공유 경제, 게임 산업 등을 차례로 단속했다.

그러나 민간 부문에 대한 시진핑의 공격은 두드러진 행보 그 이상이다. 예를 들어 피터슨 국제경제연구소의 니콜라스 라디는 시진핑 집권 직후 신용 배분 패턴의 변화를 지적한다.[32] 2013년에는 비금융 기업을 대상으로 하는 은행 신용의 약 35퍼센트가 국영 기업에, 57퍼센트가 민간 기업에 제공되었다. 그러나 2014년에는 이 비율이 국영 부문 60퍼센트, 민간 부문이 34퍼센트로 역전되었다(나머지는 외국 기업 또는 중국과 혼합 소유 기업이다). 2016년에는 불균형이 더욱 심해졌다. 83퍼센트가 국유 또는 국영 기업으로 흘러 들어갔고 민간 기업에는 불과 11퍼센트가 돌아왔다. 또한 많은 민간

---

* 금융 시장을 완전히 개방하지 않은 중국에서 벤처캐피털의 정치적 네트워크는 대단히 중요한 것으로 알려져 있다. 정치적 네트워크를 보유한 유명 벤처캐피털들은 프리 IPO (주로 증권거래소에 상장 신청을 하기 1년 이내에 이루어지는) 투자를 통해 시가보다 저렴한 기업 가치에 지분을 인수하고, 금융 당국에 상장 승인을 위한 압력을 행사하여 높은 수익을 올린다는 통념이 있다. 다만 이러한 비상장 기업 투자의 조건이나 규모는 공공에 공개되지 않는 경우가 많으므로, 실제 현황은 정확한 파악이 불가능하다.

기업이 국유화되거나 정부의 법정관리로 넘어갔다. 중국의 민간 부문은 끔찍한 타격을 입었다.

기술과 민간 부문

8장으로 돌아가서 코로나19 팬데믹 초기에 텐센트와 알리바바가 중국의 건강 코드를 출시했던 것을 상기해 보자. 텐센트와 알리바바뿐만이 아니었다. 다른 민간 부문 기업들도 팬데믹 대응에 블랙 테크놀로지Black Technology*를 활용했다. 중국에서 가장 유명한 마이크로칩 스타트업 중 하나인 캠브리콘은 딥러닝 기술을 사용하여 의료 진단을 지원했다. 안면 인식 기술로 유명한 센스타임과 메그비는 AI 기반 비접촉식 체온 감지 소프트웨어를 개발하여 배포했다. AI 알고리즘과 적외선 열 감지 기술을 통합한 센스타임의 '스마트 AI 방역 솔루션'은 ±0.3도 이내의 정확도로 발열을 감지하고 코로나19 감염자를 99퍼센트 이상 식별해낸다. 건강 코드 배포 시에는 민간 첨단 기술 기업이 데이터와 상호 참조 및 검증에 사용되는 기능들을 제어했다.

우리 외부 세계는 알리페이 건강 코드가 공익을 위한 민관 파트너십이라고 찬사를 보낼지 모르지만, 시진핑에게는 건강 코드의 신속한 출시 과정에서 드러난 방대한 데이터와 분석 능력에 대한 민간 주권의 레벨이 충격적이었을 것이다. 이것은 관념적 위협—국가 통제의 물리적 실체에 대한 위협이 아닌 심리적인 위협—일

---

* 중국어로는 黑科技. 현재의 기술과 지식수준을 훨씬 넘어선 신기술과 제품을 가리키는 신조어.

수 있지만, 모든 것을 통제하려는 사람에게 위협이란 여러 방면에서 다양한 방식으로 다가오게 마련이다.

도널드 트럼프가 미국 대통령으로 당선되자 마윈은 미-중 관계 긴장을 완화하기 위해 트럼프를 만나러 직접 미국으로 날아갔다. 마윈은 트럼프가 중국과의 무역 전쟁을 포기하면 미국에 100만 개의 일자리를 창출하겠다는 통 큰 약속을 했다. 또 다른 사업가인 데스먼드 슘 역시 서방 언론에 묘사된 중국이 아닌 풍요롭게 개방적인 "진짜 중국"에 대한 이해를 높이기 위해 유럽의 전직 관리들을 중국으로 데려온 노력을 설명한다.[33] 중국공산당을 돕기 위한 이러한 민간 이니셔티브의 노력은 인정받지 못한 것은 둘째치고, 당이 대외 메시지에 대한 통제력을 상실했다는 신호로 전달되었다고 알려졌다. 중국공산당은 고마워하기는커녕 경악을 금치 못했다.

중국공산당은 기술을 통제하고 싶어 하지만, 2022년 시안 봉쇄 기간에 일어난 일들이 다음 팬데믹에서 정부의 기술 프로젝트가 어떻게 작동할지 보여주는 암시라면 걱정할 이유가 충분하다. 2021년 12월과 2022년 1월, 시안에서 코로나19 확진자가 발생하자 시 당국은 봉쇄 조치를 시행했다. PCR 검사가 의무가 되었지만, 정부의 QR 코드가 수차례나 말썽을 일으켜 PCR 검사가 제대로 시행되지 못했다. 중국 정부가 개발한 IT 제품은 신뢰하기 어렵기로 악명이 높다.

중국 산업 정책의 역사는 국영기업이 개발한 기술의 실패로 점철되어 있다. 2014년 중국 정부는 엄청난 비용을 들여 개발한 검색 엔진인 Chinaso.com을 대대적으로 공개했다.[34] Chinaso.com에 대해 들어보지 못했다고 해도 전혀 걱정할 필요가 없다. 2021년 중국에서는 상위 여섯 개 검색 엔진이 시장의 99.69퍼센트를 점령하고 있고, 바이두가 70.3퍼센트로 압도적이었다.[35] Chinaso.com은 이 상위 검색 엔진에 들지 못했으며, 나머지 0.31퍼센트의 일부라도 차지하기 위해 애쓰고 있다. Chinaso.com의 치욕은 여기서 끝나지 않는다. 중국에서 공식적으로 금지된 구글의 시장 점유율이 2.57퍼센트였다.

중국 테크놀로지의 성공은 압도적으로 민간 부문의 몫이다. 중국 첨단 기술의 확실한 성공 사례 중 하나는 중국의 통신 장비 회사이자 5G 분야를 선도하는 화웨이이다. 화웨이가 중국 정부의 지원을 받았다는 것은 주지의 사실이지만, 이것이 전부는 아니다. 1990년대 초 중국에는 4대 통신 장비 제조업체가 있었다. 주롱, 다탕, ZTE, 화웨이가 그들이다. 국영기업인 주롱과 다탕은 정부의 보조금을 듬뿍 받고 수익성 높은 시장에 쉽게 접근하는 특혜를 누렸다. 화웨이와, 국영기업에서 민영화된 ZTE는 보다 자유시장 환경인 선전시에서 사업을 영위했다. 화웨이는 국영기업이 무시한 농촌 시장과 그들의 손길이 미치지 않는 해외 시장에 집중했다. 오늘날 화웨이는 업계 거대 기업으로 성장했고, ZTE가 그 뒤를 따르고 있다. 주롱은 오래전 파산했고, 다탕은 시장에서 존재감이 미미해졌다.

화웨이는 처음에는 IP 불법 복제, 이후 자체 혁신을 통해 민간 부문의 성공 사례가 되었다. 트럼프가 대중 무역 전쟁을 선포하기 이전인 2018년에는 R&D 지출에서 인텔과 애플을 제치고 세계 5위를 차지했다. 화웨이의 역사는 지저분하고 그들 스스로 이를 인정했지만 최근 몇 년, 모방꾼에서 혁신가로 진화에 성공했다.[36] 정부의 더 많은 지원에도 불구하고 국영기업들은 실패했다. 결국 5G에서 기술 리더십을 차지한 것은 화웨이와 ZTE였다. 민간 부문 스타트업을 육성한 관용적인 비즈니스 환경은 중국 기술 발전의 핵심적 요소였다.

협업 해체

개혁주의 성향의 중국 지도자들도 의심의 눈초리로 미국을 바라보았지만, 그들은 더 신중했고 더 많은 내부 갈등을 겪었다. 시진핑은 다르다. 시진핑은 미국의 위협을 실존적 관점에서 정의하고, 자신의 인식 속에 존재하는 서방의 위협에 맞서 전쟁을 벌이기 위해 중국 사회 전체에 동원령을 내렸다. 그는 안보 강화를 위해 국가와 사회, 정부와 민간 부문 사이의 모든 공간을 완전히 없애는 정책과 법규를 제정했다. 민간 부문에 적대적인 시진핑의 정책은 제2, 제3의 화웨이 탄생을 막고 미국과의 긴장을 고조시켜 중국 기술 발전의 한 축인 국제 협력을 망가뜨릴 것이다.

시진핑은 취임 직후 보안 강화를 목표로 일련의 법률을 제정했고 정부의 권리와 시민 및 조직의 의무에 있어 민간과 공공 기관의 구분을 모호하게 만들었다. 방첩법(2014), 국가보안법(2015), 반테러법(2015), 사이버보안법(2016), 외국 NGO 관리법(2016), 그리고 국가정보법(2017)이 여기에 포함된다. 특히 국가정보법의 언어와 적용 범위는 포괄적이고 광범위하며 제한이 없다. 상세한 분석에 따르면, 국가정보법은 "개인, 조직 그리고 기관은 공안 및 국가안보 담당 공무원이 광범위한 '정보' 업무를 수행하도록 지원할 의무를 지"며, "모든 조직과 시민은 법에 따라 국가 정보 업무를 지원, 보조, 협력해야 한다"고 규정하고 있다. 또한 정보기관은 "관련 기관, 단체 또는 시민에게 필요한 지원, 보조 및 협력의 제공을 요구할 수 있"으며, "일반적으로 접근이 제한된 시설에 출입하고, 개인 기록을 조사하고, 직원을 조사, 질문하고, 기업이나 개인이 소유한 통신

또는 운송 장비에 접근하거나 압수할 수 있는 권리"를 갖는다.[37]

이것이 현재 화웨이가 활동하는 보다 넓은 맥락이다. 화웨이는 미-중 관계 긴장의 최전선에 서 있다. 화웨이는 자신들은 민간 기업이므로 중국 정부의 요구를 거부할 수 있다고 주장하지만, 이는 더는 신뢰할 수 없는 주장이다. 화웨이 오너십의 본질을 두고 일어나는 논쟁은 대체로 학문적이라고 보아야 하는데, 다름 아닌 정책 실행자들이 그렇게 말하기 때문이다.[38] 화웨이는 민간 기업이지만, 그들의 오너십은 회사의 수익 권한과 통제 권한이 어느 수준 이상 일치할 때 의미가 있다. 그러나 시진핑 체제에서 이러한 일치는 사라졌고 화웨이가 임직원 소유 기업이라는 주장은 기술적으로 맞는 말이어도 실제로는 의미가 없다.[39] 민간의 수익 권한과 국가의 통제 권한 사이에 이제 더는 경계가 없다.

시진핑은 학계의 해묵은 논쟁을 해결하는 데 일조했다. 아예 이러한 경계를 없애버리는 법들을 만든 것이다. 시진핑은 불확실성을 결정적으로 해결했다. 이는 "사회 전반에 걸친 중국의 위협"을 부르짖는 미국 외교가의 매파들이 환호할 만한 방향이었다. 모든 뉘앙스와 모호함이 사라지고, 다음과 같은 명확한 메시지가 미국에 던져졌다. "우리와 거래하는 것은 자유지만, 너희들의 데이터에 대한 권리가 우리에게 있다는 사실을 주지할 것." 이로써 중국은 전 세계와 중국의 디커플링 필요성의 정당한 근거를 스스로 제공했다.

미국의 정책 입안자들은 이 메시지를 신호탄으로 중국 기반 테크놀로지와의 디커플링을 결정했다. 2019년 5월, 미국 상무부는 화웨이를 거래 제한 기업 목록에 올렸다. 이제 미국 기업은 정부 승인 없이는 화웨이를 상대로 제품을 공급할 수 없다는 뜻이다. 또한 미국 기업과 거래 관계에 있는 제3국 기업 역시 화웨이에 제품을 공급하는 것이 금지된다. 2020년에 영국은 무선 네트워크에서 화웨이 장비를 배제한다고 결정했다. 호주, 스웨덴, 노르웨이, 덴마크, 벨기에, 프랑스, 에스토니아 등이 뒤를 이었다.[40] 2021년에는 인도가 5G 시험 운영에서 화웨이를 탈락시켜 인도에서 화웨이의 미래가 불투명해졌다. 이러한 제재로 인해 화웨이는 심각한 타격을 입었다. 2020년 화웨이의 해외 핸드셋 출하량은 42퍼센트 감소했으며 중국 국내에서도 국내 경쟁업체들에 시장 점유율을 빼앗기고 있다.

충분히 예상할 수 있는 결과였다. 화웨이는 수많은 다른 첨단 기술 기업들과 마찬가지로 세계 최고의 첨단 기업들과 긴밀한 협력 관계를 구축해 성공을 거두었다. 미국에만 130개 이상의 화웨이 공급업체가 있으며, 높은 평가를 받는 트리플 카메라는 독일의 라이카와 협력해 개발했다.[41] 화웨이는 스마트폰과 5G에 필요한 소프트웨어와 핵심 칩의 삼 분의 이를 미국과 영국에서 조달하고, 구글의 운영체제와 영국 기업 ARM이 공급하는 마이크로프로세서에 의존하고 있다. 화웨이에 대한 미국의 제재가 가져온 영향 중 하나는 화웨이가 점점 더 자국 내수에 의존하게 된 것이다. 화웨이의 전체 매출에서 국내 매출이 차지하는 비중은 2016년에는 약 45퍼센트였으나 2020년에는 65퍼센트로 증가했다. 화웨이는 이제 성공의 핵심 요소인 다양성—시너지 효과를 내는 협업과 글로벌 경쟁—을 포기하고 동질적인 국내 환경에서 사업을 영위하고 있다.

가장 가까운 경제·기술 파트너에 대한 적대적인 외교 정책은 중국의 첨단 기술 기업과 연구 기관이 수십 년 동안 구축하고 발전시켜온 그물처럼 복잡한 네트워크에 돌이킬 수 없는 상흔을 입혔다. 중국 과학자들은 국제 협업을 통해 영향력 있는 연구를 창출해 왔다. 미국 국립과학재단에 따르면 1995년 중국과 외국 과학자가 공동 저자로 등재된 논문 가운데 중국-미국 조합은 38.1퍼센트를 차지했으며, 2010년에는 이 비율이 45퍼센트로 증가했다. 미국 과학자의 경우, 외국 과학자와 공동 저술한 논문 중 미국-중국 조합의 비중이 3퍼센트에서 13퍼센트로 증가했다.[42]

에릭 슈미트가 중국을 "전방위적 경쟁자"로 묘사한 AI 분야에서도 중국의 발전은 국제 협력을 기반으로 이루어지고 있다. 칭화대학교에 따르면 AI 관련 논문의 60퍼센트가 미국 과학자와의 공동 저술이며, 이는 싱가포르(7.8퍼센트), 호주(7.3퍼센트), 영국(5.8퍼센트), 캐나다(5.8퍼센트) 학자들과의 공저 비율을 큰 폭으로 앞지른다.[43] 이 데이터를 반대로 해석하면 미국 AI 연구자들이 중국 연구자들과의 협력에 의존하고 있다고 주장할 수도 있다. 하지만 칭화대학교의 보고서에 따르면 미국이 보유한 AI 분야 최고 권위 학자들은 중국보다 여섯 배나 많다. 연구 역량은 미국에 일방적으로 유리하다.

겉으로 잘 드러나지는 않아도 두 국가 사이에는 서로에게 이익이 되는 협력과 상호보완의 측면이 많다. 예를 들어, 미국의 R&D 지출은 기초 연구 중심인 반면 중국의 R&D 지출은 응용과 실험에 비중을 두고 있다. 또한 미국의 R&D 지출은 특정 분야에 더 집중하는 반면, 중국의 R&D 지출은 분산되어 있다(미국의 R&D 지출은 생명과학 분야에 편중해 있고, 중국은 하드웨어 기술에 더 지출하고 있다). 이러한 구조적 차이는 생산적인 협업의 기회를 만들어냈다. 경제적 관점에서 시너지와 상호보완에의 주장은 완벽하다.

디커플링은 양국 모두 손해이며, 중국뿐 아니라 미국에도 피해를 준다. 2018년 제프리스 투자 은행의 보고서에 따르면 트럼프의 대중 무역 전쟁 이전까지 미국의 테크 기업들은 중국에서 1,000억 ~1,500억 달러의 매출을 올렸다.[44] 디커플링은 이러한 매출 흐름을 감소시켰다.

중국과 미국의 디커플링은 장기적으로 어느 쪽에 더 손해일까? 이 질문에 접근하는 방법에는 두 가지가 있다. 첫째는 경제적 타격과 기술적 타격을 구분하는 것이다. 반도체 같은 산업에서 미국 기업이 입는 피해는 주로 매출 관련이지만, 중국은 기술적 피해를 얻는다. 미국에는 첨단 기술 공급업체보다 금융회사가 더 많다는 사실을 잊지 말자. 미국 정부가 기술 분야에 과거보다 적극적인 자세를 취하면 더 많은 자원을 확보할 수 있고, 중국 관련 매출 손실을 일부 만회할 수 있다. 기술은 그렇지 않다. 예를 들어 반도체는 한두 개의 기업이 핵심 부품의 공급망 전체를 장악하고 있다. 네덜란드 기업인 ASML은 세계에서 유일하게 최첨단 노광 장비를 만들 수 있는 회사이다. 그래픽 카드 시장은 미국의 엔비디아가 지배하고 있으며, 반도체 제조용 특수 화학 물질은 모두 일본 기업이 생산한다.

둘째, 중국의 미래 기술이 어떤 궤적으로 나아갈 것이냐를 예측하는 것은 기술 패권 국가로서 중국의 부상을 어떻게 설명하느냐에 따라 달라진다. 앞서 인용한 차이나 스트래터지 그룹과 하버드 케네디 스쿨의 보고서는 **규모**에 크게 의존하고 있다.[45] 이들 보고서는 국제 협력을 기본 요소로 간주하지 않으며, 대신 미국을 뛰어넘으려는 중국의 의지, 그리고 중국의 조직적, 통합적 역량에 기초하여 선형적인 예측 결과를 내놓고 있다.

이 관점에서, (앞서 언급한 미국 연구자들이 작성한 보고서들은 인용하지 않은) 중국 연구자들은 매우 다른 시각을 제시하고 있다는 점에 주목할 필요가 있다. 칭화대학교의 AI 보고서에 따르면, 세계 최고 레벨로 꼽히는 AI 학자는 구글이 185명, 마이크로소프트가 91명, 페이스북이 59명 보유하고 있다. 센스타임과 알리페이 핀테크가 아무리 높은 기업 가치를 인정받아도, 중국 기업 중 최고 수준의 AI 학자를 보유한 곳은 단 한 곳도 없다. 리스트에 오른 기관 중 유일한 중국 기관은 칭화대학교로, 27명의 최고 수준 AI 과학자를 보유하고 있다. 베이징 대학교의 한 연구팀이 작성한 보고서는 기술 디커플링의 의미를 더 명확하게 설명한다. "기술 및 산업 발전 측면에서 중국과 미국 모두 디커플링으로 인한 피해에 직면해 있지만, 현재 정보에 따르면 중국의 피해가 더 클 것으로 보인다."[46]

떠오르는 동양?

2021년, 시진핑은 팬데믹 이후 세계 질서에 대한 자신의 평가를 선언했다. "동양은 떠오르고 서양은 가라앉는다东升西降." 2021년은 중국공산당 창당 100주년이자 코로나19를 성공적으로 통제했다고 결론 내린 해였다. 2020년 대선 이후 미국의 정치적 혼란과 높은 코로나19 사망자 수에 힘입어 중국 지도자는 자신의 승리를 선포하고 투사할 만큼 대담해진 것이다.

시진핑의 행보 역시 그만큼 대담해졌다. 2021년 하반기, 시진핑은 민간 기업들에 대한 대대적인 단속을 시작했다. 경제는 빠르게 반응했고, 2021년 하반기 경기 둔화가 시작되었다.[47] 2022년 제로 코로나 정책에 발목을 잡힌 중국 경제는 1990년대 초 이후 최저 수준으로 하락했다.

〈이코노미스트〉의 전 편집장 빌 에모트는 일본이 경제적 성공으로 오만해지면서 더 많은 정책 오류를 저지르기 시작했다고 지적한 바 있다.[48] "떠오르는 동양"이라는 서사가 중국의 오만이 될지 궁금해지는 대목이다. 2020년 중국 정부가 코로나19를 통제할 수 있었던 것은 왕조 시대의 전통인 인구 이동 통제 능력 덕분이었다. 이러한 능력은 근본적으로 시민사회의 퇴보와 배제에 뿌리를 두고 있다. 고대의 국가들은 이 역량을 현대 국가가 모방하기 어려운 방식으로 탁월하게 발휘했다. 도널드 G. 맥닐 주니어Donald Gerard McNeil Jr.는 자신의 뉴욕타임스 기사 〈코로나 바이러스에 맞서려면 중세로 돌아가라〉에서 1892년 미국이 독일 함부르크에서 발생한 콜레라의 국내 전파를 막기 위해 전국 단위 격리를 성공적으로 시행했던 사례를 언급했다.[49] 공산주의 국가 쿠바는 1980년대에 HIV 환자를 강제 격리했고, 그 결과 에이즈 사망률이 뉴욕보다 낮았다. 1918~1919년 스페인 독감 팬데믹 당시 중국의 사망률은 인구 1,000명당 1.3명이었던 반면, 다른 지역에서는 1,000명당 25명 이상이었다.[50]

1980년대 쿠바는 선진 제도, 과학, 기술 계통의 모범 국가가 아니었고, 스페인 독감 팬데믹 기간의 중국도 마찬가지였다. 당시 중국은 베르사유 조약에서 독일이 점령했던 산둥성을 반환받지 못하고 일본에 빼앗길 정도로 약소국이었다. 스페인 독감 팬데믹 대응에서 중요한 국가적 역량은 인구 이동 통제였는데, 이는 중국 최초의 통일 왕조 진나라 때부터 이미 충분히 보유하고 있던 능력이었다. 진시황은 12만 가구를 수도 인근으로 강제 이주시키고 감시했다. 중국의 인구 통제는 중국이 부족 사회에서 일찍이 진화했음을 보여주는 좋은 사례이다.[51] 중국공산당이 초기 팬데믹 통제, 특히 행정력을 바탕으로 전국적으로 건강 코드를 배포한 역량을 자랑스럽게 여기는 것은 당연하다. 하지만 원시적인 인구 통제 방식으로 동양의 부흥을 주장하는 것은 근거로 삼을 만한 사실이 미미할 뿐 아니라 개념적으로도 문제가 있다. 여기서는 프랑스 혁명에 관한 저우언라이의 명언이 적확한지도 모르겠다. "무어라 말하기에는 너무 이르다." 혹은 행동하기에 너무 이른 것일 수도 있다.

정치적, 경제적 위험

중국은 (개혁개방 노선을 공식 선택한) 1978년 이후, 어쩌면 (중화인민공화국이 수립된) 1949년 이후 가장 불확실하고 복잡한 시기를 맞이할 것으로 보이다. 악성 부채, 불리한 인구 구조, 생산성 성장 저하, 경기 둔화, 중산층 함정 등 경제 전반에 걸쳐 불확실성이 가득하다. 조지 매그너스George Magnus의 표현을 빌리자면 "시진핑의 중국은 위험에 처해 있다"고 말할 수 있다.[52] 매그너스가 지적한 위험 요소는 비교적 장기적 리스크로, 중국 지도부와 국민은 기대치를 조정할 시간이 있다. 그보다 걱정스러운 것은 경제적 위험과 정치적 위험이 어느 지점에서 합류할 것이라는 전망이다.

시진핑 정권 3기에 들어서면서 불거진 온갖 정치적 문제와 함께 중국 경제도 격변 속에 흔들리고 있다. 2021년 8월 한 주 사이에 중국과 홍콩 증시에서 시총 5조 달러가 증발했고, 중국 부동산은 급락할 것으로 보였다.[53] 그 결과 도시 중산층의 자산 가치가 큰 타격을 입을 수밖에 없고, 지방 정부로 유입되는 수익도 마찬가지이다. 중국공산당의 야심 찬 산업 정책 이니셔티브를 포함한 수많은 대형 프로젝트는 토지 판매 수익*으로 자금을 조달한다. 중국공산당

* 정확하게 표현하면 '토지 사용권 판매'이다. 공산주의 국가인 중국은 여전히 토지

으로서는 예산 삭감이라는 반갑지 않은 상황에 놓일 수 있다. 이미 몇몇 지방 정부는 급격한 세수 감소를 경험하고 공무원 급여 삭감을 발표했다.

독재 국가가 겪는 불안정에는 두 가지 종류가 있다. 하나는 엘리트 계층 내부의 불안정으로, 엘리트들이 권력, 자원, 이권을 놓고 서로 싸우는 것이다. 다른 하나는 엘리트 계층에 대한 대중의 반란으로 발생하는 불안정이다. 지금까지 중국공산당은 경제 번영 덕분에 두 가지 유형의 불안정에서 벗어나 성장할 수 있었다. 경제의 파이가 커지면 노동, 자본, 국가의 관계가 개선되고 분배 갈등이 완화된다. 중국은 그동안 소득 불평등을 측정하는 지니 계수가 엄청나게 높았음에도 불구하고, 분배 갈등은 관리 가능한 수준이었다.

몇 년 전 마틴 와이트Martin K. Whyte는 빈부 격차 확대로 인해 중국에서 사회적 불안의 화산이 폭발에 직면하고 있다는 통념을 반박했다.[54] 와이트의 설문조사 데이터에 따르면 중국의 응답자들은 많은 학자가 가정하는 것보다 소득 불평등에 대한 내성이 더 높은 것으로 나타났다. 그러나 이 조사 결과의 더 큰 맥락에 주목하는 것이 중요하다. 와이트의 책은 2010년에 출판되었고, 경제성장이 여전히 견고했던 2010년 이전 시기의 데이터를 기반으로 하고 있다. 절대적 소득 증가의 효과가 상대적 소득 감소의 효과를 능가했기 때문에 사회적 불안의 화산이 폭발하지 않고 버틴 것이다.

소유권이 인정되지 않으며, 공식적으로 중국의 도시 지역 토지는 국가 소유, 농촌 지역 토지는 집체 소유이다. 국가 소유 토지의 경우 민간이 사용료를 내고 일정 기간 토지 사용권을 양도받으며, 이렇게 획득한 토지 사용권은 매매·증여·기타 합법적인 방식을 통해 재양도가 가능하다. 통상 토지 사용권의 기간은 70년이다.

절대적 소득 증가는 정치적 안정에 매우 중요하다. 경기 침체로 인해 경제 파이가 작아지면 엘리트 간, 엘리트와 비엘리트 간 분배 갈등이 증가한다. 이러한 갈등은 어떤 상황에서도 관리하기 어려우며, 정치가 규칙 위에 서지 않고 권력 투쟁이 극심하며 의사 결정권자에게 도착하는 정보가 왜곡되고 독재자가 지나치게 자신만만할 때 더욱 심각해진다. 시진핑의 3기 집권에 가장 큰 위협은 경제를 잘못 다루는 바람에 일어난 경기 침체가 초래할 정치적 파장이다.

중국의 경제 침체는 국가를 더욱 약탈적으로 만들어 사회적 반목을 일으킬 수도 있다. 경제의 세 주체—국가, 자본가, 가계*—간의 정치적 역학 관계는 경제가 확장될 때와 축소될 때 매우 다르다. 소득에 대한 1차 청구자는 가계 부문이다. 개혁개방 시기에는 소득에서 노동이 차지하는 비중이 감소했지만, 여전히 절대적 소득 증가가 있었기 때문에 이러한 감소는 정치적으로나 심리적으로 나쁘지 않았다. 소득에 대한 2차 권리는 과세를 통한 국가와 이윤 유지를 통한 자본가에게 있다. 역사적으로 양쪽 모두 빠르게 증가하는 소득과 자신에게 유리하게 소득 분배를 변화시킴으로써 막대한 이득을 얻었다.

이제 경제가 위축되는 상황을 상상해 보자. 이 시나리오에서 가계 부문을 달래는—그리하여 가계가 여전히 정치적으로 고분고분하게끔 관리하는—유일한 방법은 가계 부문에 유리한 소득 변화를 설계하는 것이다. 절대적 소득 증가라는 카드는 더는 사용할 수 없다. 감세라는 선택지도 있지만, 중국 정부는 자신들의 소득이라

---

* 일반적으로 정부, 기업, 가계라는 용어를 사용한다. 여기서는 원문을 따랐다.

면 놀라울 정도로 양보가 없다. 그렇다면 이 시나리오에서 취약해지는 것은 자본가들이다. 시진핑이 중국 자본가들에게 수모를 주고 대규모 기부금을 받아내서 3차 소득 재분배를 위한 자금을 조달하고 이른바 '공동부유共同富裕'를 실현하는 것이 바로 이러한 약탈적 전술이다. 언론 보도에 따르면 텐센트는 중국 정부가 자사에 대한 조사를 강화하자 150억 달러를 사회 원조에 기부하기로 합의했다.[55] 알리바바, 핀둬둬, 징동닷컴, 메이퇀 등 다른 첨단 기술 기업들도 비슷한 약속을 한 바 있다.

이들이 약조한 기부금 액수가 아무리 커도 실질보다는 허울에 가깝다. 14억 인구의 경제에서 경기 침체로 인한 소득 감소를 상쇄하기에는 턱없이 부족하다. 중국의 첨단 기술 억만장자들 사이에서 우연히 양심의 부름이 동시다발적으로 일어난 것이 아니라면, 이들의 기부 서약이 일제히 공표된 것은 그 배경에 강압이 있었음을 시사한다. 강제적인 재분배는 초부유층은 물론 중국 중산층 주주들의 개인적 인센티브와 부의 축적을 약화한다. 알리바바, 텐센트, 기타 첨단 기술 기업이 약속한 대규모 기부금은 기업가 개인의 재산이 아닌 회사 자금, 즉 투자자의 돈으로 출연하는 것이기 때문이다. 당연히 기부금 발표 이후 이들 기업의 주가는 하락했고, 이는 첨단 기술 부문의 해고로 이어져 전문 노동력의 소득 지위에 악영향을 미쳤다.

털록의 저주의 귀환

공산주의 독재자에게 궁극의 명예 훈장은 임기 중 자연사하는 것이다. 이오시프 스탈린, 마오쩌둥, 레오니드 브레즈네프, 북한의 김일성과 김정일, 쿠바의 피델 카스트로는—비록 국민들은 억압과 빈곤이라는 무거운 대가를 치러야 했지만—행운아들이었다. 니콜라에 차우셰스쿠는 처형, 니키타 흐루쇼프와 화궈펑은 축출, 후야오방과 자오쯔양은 불명예 퇴진 등 다른 이들의 결말은 그리 아름답지 않았다.

2002년과 2012년, 중국은 공산주의 국가로는 드물게 두 차례 연속으로 평화적인 권력 이양을 달성하는 쾌거를 이뤘다. 그러나 현재로서는 향후 권력 이양을 위한 체계가 존재하지 않고 후계자도 보이지 않는다. 중국공산당은 이제 승계 계획도, 카리스마 넘치는 지도자의 정당성도 없는 미지의 영역에 들어섰다. 털록의 저주가 또다시 추악한 고개를 들게 될까? 가능성을 완전히 배제할 수는 없다. 6장에서 나는 임기 제한의 규범적 특징이 '온화한 정치'와 함께 승계 실패의 위험을 억제하고 그 발생률을 낮추는 효과라고 설명한 바 있다. 시진핑은 임기 제한을 폐지하고 권력 투쟁에 불붙여 덩샤오핑이 램프 속에 가두어 두었던 지니, 즉 털록의 저주를 풀어주고 말았다.

쑨정차이 사건은 앞으로 다가올 후계자 전쟁의 예고편일지도 모른다. 쑨정차이는 2018년 표면적으로는 2,600만 달러에 달하는 뇌물 수수죄로 종신형을 선고받았다. 실제로 부패가 있기도 했겠지만, 쑨정차이 사건에 대한 공식 발표는 정치적인 측면을 전면에 내세웠다. 쑨정차이가 (2012년 후진타오의 임기 만료에 따른 권력 이양을 앞두고 시진핑의 경쟁자였던) 보시라이의 남은 지지 세력을 뿌리 뽑는 데 무능했다고 공개적으로 비판한 것이다. 하지만 쑨정차이는 후계 구도상 보시라이보다 한 단계 아래였다. 쑨정차이와 보시라이를 억지로 연결하는 것은 '딥 스테이트'의 징후이거나 후계 역학에 대한 편집증이 어느 정도로 심각한지를 반영한다.

쑨정차이 사건의 타이밍은 후계 승계와 밀접한 관련이 있다. 쑨정차이가 축출된 것은 시진핑이 임기 제한을 폐지하기 1년 전인 2017년이었다. 이 일련의 행보는 잠재적 후계자를 먼저 제거한 다음 세 번째 임기에 대한 헌법상 제약을 삭제하려는 조직적이고 치밀하게 계산된 움직임을 시사한다. 쑨정차이가 후계자로 지목된 것은 자연 상속인이나 마찬가지인 그의 지위 때문이었다. 쉰네 살의 쑨정차이는 "당 정치국의 유일한 차세대 지도자 중 한 명"이었고 "2022년 제20차 전국인민대표대회에서 시진핑이나 총리 리커창의 후임으로 최소한 잠정적인 지명을 받은 상태"였다. 쑨정차이의 젊음이 그를 잠재적 위협인자로 만들었다.[56] 중앙기율검사위원회CCDI는 2018년 9월 성명을 통해 쑨정차이가 자신을 "중국에서 가장 젊은 정치인"이라고 칭한 것은 중국공산당 지도부의 단결을 떨어뜨리려 한 증거라고 밝혔다.[57] 털록의 저주가 공식적으로 봉인 해제를 알린 것이다.

오늘날 중국에는 또 다른 안정화 요소가 부재하고 있다. 바로 지도자의 카리스마이다. 중국공산당이 과거 승계 실패의 파급 효과를 억제할 수 있었던 것은 마오쩌둥과 덩샤오핑이라는 강력한 개인 덕분이었다. 시진핑은 덩샤오핑이나 마오쩌둥이 가졌던 특별한 위상을 획득했는가? 그럴 가능성은 매우 적다. 한 가지 단서는 시진핑의 별명인 '모든 것의 주석'이다. 시진핑의 권위는 막스 베버가 말한 권력의 세 가지 원천 중 하나인 '법적 권위'에만 의존하고 있다. 다른 두 가지는 카리스마와 전통이다.[58] 중국공산당 체제에서 카리스마와 법적 권위는 부분적으로 상호 대체재이다. 마오쩌둥이 두 번 연속으로 국방부 장관을 손쉽게 해임한 것은 그의 위상 덕분이었지, 오늘날 시진핑처럼 인민해방군의 일상적 운영을 일일이 관리했기 때문이 아니다. 1992년 덩샤오핑은 중국 브리지게임 협회의 명예 회장 자격으로 경제 개혁을 재추진했다. 당시 덩샤오핑이 가진 것이라곤 카리스마밖에 없었다.

공공장소 어디에나 시진핑의 초상화가 걸려 있는 것을 보면 시진핑이 일종의 인격 숭배를 구축하는 데 성공했다고 말할 수 있지만, 그것은 화궈펑(과 그의 붓글씨)도 마찬가지였다. 문제는 시진핑의 인격 숭배가 실제로 정당성과 권력을 상징할 수 있는가이다. 알기 어렵다. 마오쩌둥과 덩샤오핑의 업적, 즉 국민당을 몰아내고 중화인민공화국을 수립하고 중국을 GDP 기준 세계 2위의 경제 대국으로 성장시킨 것은 객관적으로 매우 높은 기준이다. 심지어 마오쩌둥의 위상조차 그에게 무한한 권력을 주지는 않았다. 마오쩌둥은 화궈펑의 부상은 보장했지만, 화궈펑의 정치적 생존을 보장할 수는 없었다. 시진핑이 직함과 칭호를 쌓는 데 열심이라는 사실은 그가 자신을 카리스마 있는 지도자로 인식하지 않는다는 증거이다. 카리스마는 형태가 없고, 대체 가능하며, 그 자체로 합법적이다. 즉 공식 직함으로 부여할 수 있는 것이 결코 아니다.

역사적으로 중국공산당의 후계 갈등은 시스템 위기로 확대되지는 않았다. 하지만 중국은 다음번에도 운이 좋을까? 향후 후계 갈등이 더 넓은 정치 영역으로 퍼지지는 않을까?

두 가지 요인이 매우 중요하다. 하나는 중국의 군사 및 안보 기관이 향후 후계 갈등에 개입하는가이다. 이 부분은 중국 정치의 블랙박스에서도 가장 어두운 구석이며 가장 예측이 어려운 부분이다. 중국공산당은 지도자 개인의 위상, 민간인 우선주의라는 제도적 규범, 군의 후한 대우 등 복합적인 요인들 덕분에 다행스럽게도 위헌적인 권력 장악과 군사 쿠데타를 피할 수 있었다.

하지만 시진핑은 '쿠데타로부터 자유로운' 인민해방군 시스템의 특징들을 당연한 것으로 여기지 않는다. 수잔 셔크에 따르면 시진핑은 첫 임기 동안 여섯 명의 고위 장성을 정치적인 이유로 숙청했다.[59] 셔크는 중국군 전문가의 발언을 인용하여 "마오쩌둥을 포함한 그 어떤 중국공산당 지도자도 오늘날 시진핑만큼 군을 통제하지 않았다"고 말한다. 인민해방군 운영을 손에 쥐고 있는 것은 군 장성들이 아닌 시진핑이다. 시진핑은 중국의 준군사경찰인 인민무장경찰부대도 장악하고 있다.

시진핑은 중국의 안보 기관도 겨냥했다. 저우융캉을 끌어내리는 것으로 시작한 반부패 캠페인은 2013년부터 2021년까지 공안부 부부장(차관) 네 명을 연쇄적으로 숙청했다. 이들 중 한 명인 푸정화傅政华는 "극도로 팽창한 정치적 야망"과 '총기 소지'라는 불길한 혐의를 받고 당적을 박탈당했다.[60] 푸정화는 시진핑 본인의 감독 아래 승진한 인물로, 시진핑에 대한 충성심을 과시하기 위해 엄청난 노력을 기울여왔다. 2015년 7월 9일, 수백 명의 인권 변호사와 시민사회 활동가들이 대규모로 체포되었는데, 시진핑의 강경노선을 보여주는 초기 신호였다. 이를 지휘한 사람이 바로 푸정화였다. 그런 그도 시진핑의 칼날을 피하지는 못했다. 2021년 11월, 시진핑은 갑자기 왕샤오훙王小洪을 공안부 부장으로 승진시키며 경력상 훨씬 선임인 자오커즈 부장을 밀어냈다. 왕샤오훙은 1980년대 시진핑이 푸젠성 지방 관리로 일할 때 그의 밑에서 일했던 적이 있다. 시진핑의 신뢰 서클이 점점 더 조여들며 파벌화되고 있다는 것은 불신과 불안의 신호로 보인다. 별로 위안이 되지 않는 관찰이다.

두 가지 요인 중 다른 하나는 상황적 요인들과 후계 갈등의 조합과 관련이 있다. 여기서 가장 두드러진 요인은 잘못된 정책 때문이든 코로나19의 관리 실책 때문이든 경제성장이 둔화하고 있다는 것이다. 경제적 맥락에서 시진핑 시대는 이전 시대와 뚜렷하게 구분된다. 중국 경제의 성장 잠재력이 여전히 컸고, 중국이 공격적인 경제 개혁을 지속하던 시기에 덩샤오핑은 후야오방과 자오쯔양으로 후계 구도를 정리했다. 오늘날 경제 환경은 훨씬 덜 우호적이다.

자해를 당한 중국 경제의 생산성은 민간 부문 둔화로 인해 더욱 악화했고, 이는 분배 갈등의 심화로 이어질 것이다. 중국의 성장이 갑자기 멈추면 정치적 피해뿐만 아니라 심리적 불안도 이어진다. 단기적으로 가장 큰 경제적 위험 요소는 중국공산당의 제로 코로나 전략이다. 홍콩중문대학교 마이클 송 교수에 따르면 상하이의 전면 봉쇄로 인한 중국의 GDP 손실은 보수적인 가정으로도 4퍼센트에 달할 것으로 예상된다. 최악의 시나리오는 모든 도시가 한 달 동안 봉쇄되는 것으로, 이 경우 GDP 손실은 53퍼센트에 달할 것으로 추정된다.[61]

중국공산당의 가장 큰 실책 중 하나는 2020년과 2021년, 대형 병원들의 환자 수용 능력과 전반적인 의료 서비스를 강화하고, 효과가 검증된 화이자와 모더나 백신을 국민에게 접종할 수 있는 2년간의 기회를 허비한 것이다. 어느 시점에서 중국 정부는 경제적으로도 피해가 심각하고 사회적으로도 적대적인 봉쇄 전략을 계속 유지할지, 아니면 봉쇄로도 오미크론 변종의 전파를 막지 못했을 때 발생할 높은 사망자 수를 받아들일지 결정해야 했다. 시진핑의 세 번째 임기, 중국공산당이 경제 둔화, 외교적 긴장, 후계 문제와 씨름하는 와중에 이와 같은 비상사태가 일어나 당내 정치로 번질 수 있다.

소요 사태에 대한 우려와 '사회적 화산social volcano'과 같은 단어가 중국 관련 담론을 뒤덮고 있지만, 특별한 사건이나 상황 전개가 없는 한 중국 시스템은 급성 경련보다는 안정을 지향한다는 점을 유념해야 한다. 명제적 정당성과 심리적 순응은 중국공산당이 자체적으로 안정을 찾는 데 도움이 될 것이다.

시진핑의 통치와 그의 정책적 오만이 이러한 '세테리스 파리부스ceteris paribus' 조건을 뒤집어 놓았는가? 대약진운동의 희생은 서로 고립되어 있고 재난의 진행 상황을 실시간으로 알 수 없었던 중국의 농촌 대중에게 큰 피해를 주었다. 이런 점에서 제로 코로나 정책은 판도를 바꾸어 놓았다. 극단적인 상하이 봉쇄 조치는 활기차고 교육 수준이 높으며 잘 연결된 도시 인구에게 가해진 것이며, 경제에 대한 부수적인 피해 역시 실시간으로 느껴지고 있었다. 2022년 11월 신장의 우루무치 고층 건물에서 발생한 끔찍한 화재는 전국적으로 공감과 공분을 불러일으키며 시위를 촉발했다. 평소 우루무치 주민들과 공통점이 거의 없는 부유한 상하이 사람들도 비슷한 고층 건물에 살고 있었다. 우루무치에서와 마찬가지로 이들의 비상구도 봉쇄령에 따라 자물쇠로 잠겨 있었다. 중국 사회에는 집단행동의 전통이 없었는데 시진핑이 이를 제공했다. 엘리트 내부의 불안정과 엘리트 간의 불안정, 이 두 가지 유형의 불안정은 이전보다 더 자주 서로 교차할 수 있다.

이질성을 무시하면 위험을 감수해야 한다. 이것은 진승·오광의 난의 중요한 교훈이자 시진핑이 무시하고 있는 교훈이다. 그는 마오쩌둥과 덩샤오핑 시대보다 훨씬 더 복잡하고 다양해진 중국 사회와 경제에 동질성을 강요하고 있다. 모순과 불화가 커지고 있다. 시진핑이 2012년에 의지했던 임기 제한은 더는 존재하지 않는다. 시진핑 체제하에서 정치적 경쟁은 다시 '지저분하고 잔인하며 단명'해졌다. 이러한 상황은 향후 중국공산당이 우발적인 상황과 위기에 대처하는 능력을 가지기에 좋은 징조는 아니니다.

군과 보안 기관에 대한 민간의 제도적 통제가 지금처럼 강력하게 유지될 수 있을 것인지는 가장 큰 시험대가 될 것이다. 이 문제에 대해 신뢰할 만한 정보는 거의 없다시피 하다. 지금까지 중국공산당의 안정성은 다양한 조건들에 달려 있었고, 이 조건들은 단 하나의 결정 요인을 집어내기 위해 완전히 분리하거나 풀어낼 수 없는 방식으로 서로를 강화했다. 역사는 수많은 요소의 결합이고, 한 개의 사건으로 발전한 경우는 거의 없다. 털록의 저주의 리스크는 더욱 커졌지만, 이러한 승계 리스크가 더 폭넓은 사회 시스템적 리스크로 이어질 것인가는 아직 말하기 어렵고, 실제로 현실이 될 때까지 아예 알 수 없을지도 모른다.

배리 노턴Barry Naughton의 《계획을 넘어선 성장Growing Out of the Plan》은 상당히 통찰력 있는 책이다.[62] 중국공산당은 경제성장을 통해 정치 안정, 분배 갈등, 대중-공무원-자본가 동시에 달래기 등 수많은 난해한 문제를 해결할 수 있었다. 40년의 견조한 성장 후 시작된 성장률의 둔화는 그 자체로 놀랍거나 충격적인 일은 아니지만, 기존의 정치 체제가 이러한 변화를 견딜 수 있을지는 의문이다. 정치적 복잡성은 경제성장이라는 매개체를 통해서가 아니라 제도와 정책에 의해 직접적이고 독자적으로 해결되어야 할 수도 있다. 중국 정치의 다음 단계에서는 그 형태나 방향에 상관없이 '변화'가 하나의 화두로 떠오를지 모른다. 나의 EAST 공식은 지금까지 중국의 특징으로 '끈기'를 강조해 왔는데, 이제 "중국이 과연 EAST 모델을 깨고 나올 수 있을까?"라는 질문을 던져보겠다.

10장.
EAST 모델을
깨고 나오기?

관리: 왜 미국으로 가려고 하지?
우리 정부는 자네에게 높은 급여를 제공하지 않나?
시민:네, 맞습니다.
관리:우리 정부는 자네의 안전을 지키지 않나?
시민:네, 맞습니다.
관리:우리 국가의 GDP는 아주 빠르게 성장하고 있지 않나?
시민:네, 맞습니다.
관리: (좌절해서)그러면 대체 왜 미국으로 이민을 가려는 것인가?
시민:가끔은 "아니오"라고 말할 수 있는 곳으로 가고 싶습니다.

— 중국의 농담

전통적으로 중국인들이 가족 단위로 가장 많이 움직이는 춘절 직전, 당국은 봉쇄령을 내리고 주요 교통로를 폐쇄했다. 치명적인 폐렴이 잠복 중일지도 모른다는 공포 때문이었다. 정부는 학교 건물을 병원으로 개조하고, 중국의 전통을 정면으로 위배한 방식으로 폐렴 사망자들의 장례를 치렀다. 봉쇄령을 집행할 군대가 파견되었고, 다양한 관련 조치를 조율하기 위해 새로운 정부 기구가 설치되었다.

2020년 1월 23일, 코로나19의 확산을 막기 위해 인구 1,100만 명의 도시 우한에 내려진 (그리고 며칠 후에는 인구 5,900만 명의 후베이성 전체로 확대된) 저 유명한 봉쇄령 이야기로 들리는가? 사실 이

것은 1911년 1월 청나라 조정이 '중국 북동부의 대역병'에 맞서 벌인 격렬한 전투의 기록이다. 이 폐렴성 전염병은 코로나19와 같은 인수공통전염병으로, 전염성이 높아 중국 북동부 전역으로 빠르게 퍼져나갔다.[1]

청나라 조정은 곧 전염병을 통제했다. 격리는 효과가 있었다. 2020년 중국에서도 마찬가지였다. 우한 봉쇄 3주 후부터 코로나19 확진자 곡선이 평평해지기 시작했다. 일일 신규 확진자 수는 2020년 2월 13일 1만 5,141명으로 정점을 찍은 후 2월 15일에는 2,538명으로 급감했고 2월 19일 이후에는 1,000명 이하로 떨어졌다.[2] 2022년 3월 오미크론 변종이 등장할 때까지 중국의 낮은 감염률은 미국의 정책 혼란과 높은 사망자 숫자와 뚜렷한 대조를 이뤘다.

정말로 공을 세운 곳에서는 공을 인정해야 한다. 2020년 중국공산당은 시민들의 목숨을 살리고 경기 침체를 피해갔다는 측면에서는 좋은 성과를 거두었다. 그러나 중국공산당은 이러한 성과를 중국 체제의 전반적인 우월성에 대한 포인트로 끌어올렸다. 중국공산당이 스스로 효과적이고 대응력이 뛰어난 정부라 자찬한 2021년 백서는 코로나19 통제에 대한 기록이 중국공산당 시스템의 우월성을 보여주는 증거라고 주장한다.[3] 몬티 파이튼Monty Python*이 말한 것처럼, 이것은 완전히 다른 무엇이다.

중국공산당의 우월성을 주장하려면 사실과 if 가정법 질문에 답해야 한다. "만약 중국에 언론과 정보의 자유로운 흐름을 보호하는

---

* 영국의 희극인 그룹. BBC에서 1969~1974년에 걸쳐 네 개 시리즈로 방영한 코미디 쇼 〈몬티 파이튼의 플라잉 서커스Monty Python's Flying Circus〉로 유명해졌다.

보다 개방적인 시스템이 있었다면 어떤 일이 일어났을까?"

중국 정부의 방역 성과란 바이러스의 조기 발견 실패라는 대가를 치르고 얻은 성취라고 중국공산당의 주장에 반박할 수 있다. 조기 발견을 위해서는 자유로운 정보 흐름과 바이러스 발생에 대한 전문적이고 비정치적인 감시가 필요하다. 중국공산당은 이 임무를 제대로 수행하지 못했고, 조기 발견에 실패함으로써 바이러스가 기하급수적으로 전파되는 단계에 이르러서야 강력한 방역 조치가 활성화되었다. 중국공산당은 승리를 선언하면서 이 중요한 부분을 편리하게 건너뛰었다.

우리는 중국공산당이 문제 해결에 탁월한 능력을 보이지만, 그 문제는 대개 스스로 만들어낸 문제라는 보다 넓은 진실을 말할 필요가 있다. 좋은 시스템은 문제를 해결하지만, 더 좋은 시스템은 문제가 커지는 것을 예방하는 데에 탁월하고, 애초에 문제를 만들지 않는다. 첫 번째 기준에서 중국 시스템은 뛰어난 역량을 보여주었지만, 두 번째 기준으로 보면 중국 시스템은 실패했을 뿐만 아니라 실패를 거듭했다. 이 장에서는 중국공산당 시스템의 강점과 약점을 살펴볼 것이다. 이 더하기 빼기 연습은 중국공산당의 단순한 주장을 뒷받침하지 않는다. 중국공산당이 주장할 수 있는 최고의 성과는 큰 틀에서 볼 때 고작 무승부일 뿐이며, 그 성과 역시 실패로 인해 완전히 또는 부분적으로 상쇄된다. 이 판결이 중국공산당 체제를 비난하는 것은 아니지만, 그렇다고 중국공산당 체제의 우월성을 입증하는 것도 아니다. 좋게 말하면 개선의 여지가 많다 정도로 해두자.

문제는 방법이다. 이 이슈에 대해 다음과 같이 생각해 볼 것을 제안한다. 중국 체제의 유연성은 환영할 만한 발전이다. 외부의 간섭이 없는 한, 중국은 수나라 이래 줄곧 본능적으로 정치적 특이점, 그리고 권력과 사상의 독점을 향해 기울어졌다. 중국의 독재 체제에 조금이라도 마찰을 일으킬 수 있는 모든 정책적 움직임은 진전으로 볼 수 있다. 보수적이든 개혁적이든 모든 형태의 양극화는 중국을 더 넓은 공간으로, 이 책의 표현을 빌리자면 독재적 **범위**로 슬쩍 떠미는 데에 도움이 된다.

미국은 중국 정치에 관해서는 한 번도 방관자였던 적이 없다. 트럼프 정권이 들어서기 전까지 미국은 중국에 대해 '관여 정책the engagement policy'을 추구했다. 중국의 점진적 변화를 유도한다는 기준에서 보면 관여 정책은 실패했다. 여기에 대한 평가부터 시작하겠다.

미국의 관여와 독재적 집요함의 만남

중국의 독재 혈통은 강력하다. 1,000년이 넘는 세월 동안 성리학에 기반한 인식론과 가치관이 각인되고 고착화되었기 때문에 독재적 통치 방식에 뿌리를 둔 경로 의존성은 이상하지도, 부자연스럽지도 않다. 사실 민주주의에 반하는 역사가 켜켜이 쌓여서 지금의 중국이 되었다고 해도 과언이 아니다. 설문 조사에 따르면 중국의 현 체제에 반대하는 사람 중 절반 가까이가 다당제 민주주의를 거부하는 것으로 나타났다.[4] 자칭 중국의 진보Chinese liberal 중 상당수가 이 범주에 속한다. 어쩌면 역사의 고정 효과란 너무 압도적인지도 모르겠다.

미래의 중국에 대한 현실적인 비전은 서구의 이미지로 만들어진 자유민주주의가 아닐 가능성이 크다. 적어도 당분간은 말이다. 중국은 경제 발전과 지리적 여건이라는 민주주의의 흐름을 거스르고 있다. 동아시아는 민주주의의 활기가 넘친다. 한국과 대만은 오늘날 중국보다 훨씬 높은 소득 수준에서 체제 전환을 시작했다. 동아시아의 이런 패턴에서 눈에 띄는 예외는 중국과 북한이다. 민주화의 '제3의 물결'은 중국 해안에 도달하지 못했다.

북한은 설명하기 쉽다. 북한은 경제와 정치 모두 중세의 퇴행적 균형에 갇혀 있으며, 변화를 이끌 뚜렷한 선도자가 없는 상황이다. 중국은 완전히 다른 이야기이다. 중국은 높은 문해력으로 모든 인지 능력을 갖추고 있으며, 빠르게 성장했고, 대규모 중산층을 형성했으며, 경제를 세계화했다. 하지만 중국은 세계적인 민주주의 추세에 동참하기를 완강히 거부하고 있다. 중국의 GDP는 한국에 근접하고 있는 반면, 정치 체제는 북한에 점점 더 가까워지고 있다다. 이는 냉정한 현실이다.

6세기 이후 중국은 권위주의 노선에서 벗어난 적이 거의 없었다. 1980년대에 막간의 자유주의를 경험했지만, 시진핑 치하에서 도저히 알아볼 수 없을 정도로 퇴보했다. 개혁주의 지도자들이 서방과 신중하게 구축한 협력 관계는 모두 무너져 내렸다. 덩샤오핑이 경제적 우선순위에 따라 현명하게 방치한 대만 문제는 이제 동아시아의 평화와 안정을 위협하고 있다. 현실적으로 모든 면에서 홍콩은 이제 중국의 도시 중 하나일 뿐이다. 중국공산당은 중국 본토에서 권력을 재확인하고 시민단체, 변호사들, 소셜 미디어, 대학 및 민간 부문에 남아있던 자율의 잔재를 완전히 제거해 버렸다. 중국이 마오쩌둥 시대로 돌아갔다는 판단도 과소평가다. 마오쩌둥은 시진핑만큼 많은 이질적인 세력을 통제할 필요가 없었다.

미국과 서방은 관여 정책을 통해 중국의 민주주의 시나리오에 많은 투자를 해왔다. 이 정책은 근대화 이론의 변형을 기반으로 한다. 스탠퍼드 대학교 사회학자 마틴 립셋Martin Lipset이 주창한 이 이론은 "경제 발전의 수준이 민주주의를 낳고 뿌리내리게 한다"고 요약할 수 있다.[5] 서구의 많은 이들이 일부는 이 이론에, 일부는 다른 동아시아 국가들의 경험에 근거해 경제발전, 시장화, 중산층의 증가, 세계화가 결국 중국에 민주주의를 가져오리라 믿었다. 하지만 그렇게 되지 않았다.

무엇이 잘못된 것일까? 한 가지 이유는 중국의 시장화가 과장된 경향이다. 경제학 논문과 비즈니스 언론에서는 중국 경제가 미국 경제보다 더 시장 중심적이라는 주장을 심심치 않게 찾아볼 수 있다. 2004년 〈월스트리트 저널〉의 한 기사는 중국 경제의 질에 대한 여러 노벨 경제학상 수상자들의 견해를 보도했다.[6] "노르웨이와 미국이 공동 1등, 바로 다음이 중국"에서부터 "마지못해 존경"에 이르기까지 다양한 견해가 있었다. 앞서 언급했듯이 중국은 1990년대에 농촌 개혁을 역전시켰고, 국내 개혁을 강화하기는커녕 오히려 외부 개혁으로 대체했다. 나 자신으로 말할 것 같으면 단 한 번도 중국의 개혁에 대한 이러한 과장된 주장을 믿은 적이 없으며, 데이터와 상세한 문서 기록 연구를 통해 이러한 주장이 거짓임을 증명해 왔다.[7]

더 큰 문제는 근대화에 대한 우리의 이해가 외교 정책적 맥락에서 지나치게 단순하다는 것이다. 조잡한 버전의 근대화 이론은 1인당 GDP라는 한 가지 변수에 집중하는 반면, 더 정교한 버전은 기술, 시장화, 중산층, 민간 경제와 같은 다양한 관련 변수 또는 파생 변수 역시 강조한다. 양쪽 버전이 공통으로 실패하는 지점은 정치를 순전히 경제와 기술의 내생적 요인으로 취급한 부분이다. 문해력, 활자 인쇄술, 화약이 유럽에서 정치적 변화를 일으켰다는 주장을 떠올려 보라. 나는 이러한 주장을 하는 이들을 '정치적 내생성' 학파라고 부른다.

이 책에서 수집한 증거는 역逆인과관계를 제시한다. 경제와 기술의 역학 관계는 정치 변화의 결과가 아니라, 오히려 그 반대이다. 6세기 이후 정치적, 이념적 동질성은 중국의 기술 궤도를 바꾸어 놓았고, 중국공산당 치하에서 강력한 정치적 관심과 **범위** 확장은 기술 및 경제성장에 박차를 가하는 조건이 되었다. 기술 자체만으로는 자유화 효과가 나타나지 않는다. 중국의 창의성이 절정에 달했던 위진남북조 시대 이후 1,000년 넘게 독재 정권이 이어졌다. 오늘날 기술 및 경제 강국인 중국은 그 자체로 민주화 추세에 있다고 보기 어렵다.

'동아시아 호랑이'들의 경험은 종종 정치적 내생성의 증거로 인용된다.[8] 이들 국가의 역사를 더 깊이 들여다보았다면, 이러한 가정의 오류를 발견했을 것이다. 한국과 대만은 오늘날 중국에는 없는 중요한 선결 조건들을 갖추고 민주주의로 넘어왔다. 개인의 선택과 자율성을 어느 정도 보장하는 정치적, 제도적, 사회적 유연성이 바로 그것이다. 인간의 주체성은—그 모든 취약점과 불확실성에도 불구하고—동아시아의 정치 전환에 있어 중요한 요소였다. 또 다른 차이는 미국이 한국과 대만에 대한 정책적 접근법에서 경제적 관여와 정치적 관여를 함께 묶었다는 점인데, 이는 미-중 관계의 냉담한 경제적 성격과는 대조적이다.

민주주의 수요 측면과 공급 측면의 구분은 경제만으로 동아시아가 민주화되지 않았음을 설명하는 또 다른 방법이 된다. 중산층의 부상, 민간 부문의 확대, 세계화는 민주주의의 수요에서 작용한다. 보편 권리에 대한 인식을 불러일으키고, 미래에 대한 기대감을 높이며 개인의 가치를 함양한다. 하지만 이를 정치적 변화로 전환하려면 이러한 수요를 대변하고 활성화할 메커니즘이 필요하다. 1980년대 한국과 대만에는 이러한 메커니즘이 제한적으로나마 존재했지만, 오늘날 중국에는 없다. 중국에는 공급 측면의 조건이 존재하지 않는다.

미국식 접근법의 근본적인 오류는 이러한 민주주의의 수요 조건과 공급 조건의 차이를 인식하지 못했다는 점이다. 미국의 역대 행정부는 수요 조건이 저절로 민주주의로 이어진다고 가정해 왔다. 클린턴 대통령의 2000년 연설은 이러한 사고방식을 잘 보여주는 사례다. 클린턴은 중국의 한 지방 선거를 예로 들며, 그 선거를 세계화 시대에 중국인의 고용 자유 확대에 대한 반응으로 묘사했다.[9]

클린턴은 중국 경제가 무역과 외국인 투자에 개방되기 훨씬 전인 1980년대에 중국은 이미 지방 선거를 실행 중이었다는 사실을 몰랐다. 또한 천안문 사태 이후 전반적인 독재로의 회귀 추세 속에서 치러진 2000년대 지방 선거가 1980년대 선거보다 더 제한적이었다는 사실도 알지 못한 것 같다. 투표를 통해 촌장을 선출하기는 했지만, 진짜 촌장은 위에서 임명한 그 지역의 당서기들이었다. (여기서 새로운 주제가 등장한다. 미국 학계에는 중국을 잘 아는 중국학자들이 많지만, 미국의 정책 입안자들이 이들에게 자문하는 경우는 거의 없다. 중국에 대해 이 정도로 무지하기도 쉽지 않다.) 잘못된 사실과 잘못된 전제를 바탕으로 운영된 미국의 대중국 정책은 공급 측면의 역학을 정책 심의에 포함하려는 시도조차 하지 않았다.

미국의 관여 정책은 그 목표가 지나치게 거창했다. 중국 체제의 사소한 변화와 점진적인 유연성의 누적을 통해 중국을 2000년대가 아닌 1980년대의 한국이 되도록 유도했어야 했다. 이러한 자극은 지나치게 정치적이지도 않고, 쌍방 협상에서 서로 주고받을 수 있는 범위 내에 있으며, 경제 관여라는 정상적인 도구를 통한 실행이 가능하다. 미국은 정반대의 전략을 취했다. 민주주의와 인권이라는 원대한 목표를 이야기하면서도 가시적이고 점진적인 전진은 촉구하지 않았다.

정치적 내생성

시장경제는 종종 정치적 변화의 원동력으로 추켜세워진다. 기술도 마찬가지이다. 1989년 6월 20일, "중국의 팩스 침공"이라는 제목의 〈뉴욕타임스〉 기사에 따르면 해외에 거주하는 중국 학생들은 팩스를 사용하여 "천안문 광장의 소요와 세계의 반응"에 대한 검열되지 않은 언론 기사를 꾸준히 중국으로 전송했다."[10] 1년 후, 〈뉴욕타임스〉는 "팩스 민주주의"라는 제목으로 이 팩스 침공 사례를 다시 한번 다루었다.[11] 그러나 팩스 기계는 민주주의는 물론 천안문조차 중국으로 전송하지 못했다. 오늘날 대다수의 중국 젊은이들이 천안문 시위에 대해 아무것도 모른다.

1989년 당시의 기술은 팩스였지만, 21세기에 중국인의 정신을 자유롭게하리라 기대된 기술은 인터넷이었다. 2000년 연설에서 빌 클린턴은 중국이 인터넷을 통제할 수도 있다는 아이디어에 킬킬 웃었다. 클린턴은 인터넷 통제를 "젤리를 못으로 벽에 박는 것"에 비유하며 "중국 지도부에게 행운을 빈다"고 말했고, 존스홉킨스대학교 국제관계학 대학원에 모인 청중들은 웃음을 터뜨렸다. 실제로 중국은 '만리방화벽Great Firewall'*을 쌓고 젤리를 벽에 박았다. 중국공산당 정권은 첨단 도구를 사용하고 인력을 배치하여 정부를 비판하는 게시물을 검열, 삭제하고 공식 소통 라인으로 소셜 미디어에 선전을 전파하고 있다.[12]

중국공산당 체제를 무너뜨릴 수 있다는 생각은 잊어버리는 게 좋다. VPN을 통해 정치 관련 정보를 검색할 수 있어도, 중국 젊은 이들은 그렇게 하지 않는다.[13] 전 세계의 권위주의 정권들은 기꺼이 기술을 받아들이고, 기술의 태생적 자유주의 편향성에도 당황하지 않는 것으로 보인다. 대신 조지 오웰의 세상을 더 잘 구현하기 위해 맞춤형 감시 기술을 활용한다. 디지털 독재 앞에 KGB와 슈타지Stasi**는 명함도 못 내밀 지경이다. 기술이 모든 사람을 위한 평평한 세상을 만들지는 못했지만, 독재자들을 위한 평평한 세상은 만들어냈다.[14]

이른바 팩스 침공에 관한 〈뉴욕타임스〉의 기사는 무엇이 진정으로 정치적 변화를 이끄는지에 대한 힌트를 준다. 이 기사는 "중국의 모든 팩스 기계에 경찰과 공안 요원이 배치되었다는 소식이 홍콩으로부터 전해지고 있다"고 썼다. 이 기사에는—우연일지도 모르지만—아주 중요한 통찰이 들어있다. 기술의 정치적 효과에는 인간이라는 매개가 필요하며, 인간은 사회를 자유주의 또는 비자유주의의 방향으로 움직일 수 있다. 1989년 중앙 정부는 똑같은 팩스 기술을 통해 지방 정부에 해당 지역의 시위를 진압하라는 명령을

* 만리장성Great Wall과 인터넷 검열을 위한 방화벽Firewall의 합성어.

** 동독의 비밀경찰. 국가안보부Ministerium für Staatssicherheit의 줄임말.

내렸다.

카를 마르크스는 "화약, 나침반, 활자 인쇄술은 부르주아 사회를 이끈 3대 발명품"이라고 말한 바 있다. 화약은 기사 계급을 폭파했고, 나침반은 세계 시장을 발견하고 식민지를 건설했으며, 활자 인쇄술은 개신교와 과학 일반을 재생산하는 도구이자 지적 전제 조건을 만들어내는 가장 강력한 지렛대였다.[15] 마르크스의 발언은 유럽의 맥락에서는 옳을지 모르지만 일반 명제로서는 틀렸다. 단순히 틀린 것이 아니다. 마르크스는 이 세 가지 기술을 모두 중국인이 발명했다는 사실을 알고 있었고, 왕조 시대 중국에는 부르주아 계급이 아예 존재하지 않았다는 사실 역시 알고 있었다. 마르크스는 사적 소유와 원시 농업 경제의 부재를 의미하는 '아시아적 생산 방식'이라는 개념을 만들어냈다(이와는 대조적으로 프랜시스 베이컨도 이 세 가지 발명의 마법 같은 힘에 대해 비슷한 주장을 했지만, 베이컨은 기술력만을 언급했을 뿐 이 세 가지 발명의 기원이 모두 중국이라는 사실은 알지 못했다). 고대 중국은 발명 분야에서 전 세계를 선도했지만, 경제 성장과 민주주의를 개척한 집단은 로마 제국 멸망 이후의 유럽이었다. 양자 통신, 극초음속 미사일, 달 착륙, 위챗의 땅인 오늘날의 중국은 정치적 내생성이라는 개념과 정면으로 모순된다.

마크 컬란스키Mark Kurlansky의 표현을 빌리자면, 기술이 사회와 정치에 중대한 변화를 일으킨다는 생각이야말로 "기술적 오류"이다.[16] 기술 자체는 사회나 정치를 변화시키지 못한다. 기술은 정치의 방식을 변화시킬 수 있으며, 정치적 상황을 교란하기보다는 강화하는 데 사용될 수 있다. 문해력과 종이, 인쇄술, 화약, 나침반의 발명은 유럽에 혁신적인 변화를 유도했지만, 그것은 유럽은 이미 분열과 치열한 경쟁을 통해 그러한 변화를 위한 준비가 되어 있었기 때문이다. 지구 반대편 왕조 시대 중국의 얇은 정치는 이러한 복합적인 역학 관계를 방해하여 결국 기술 발전을 지연시키고 중국을 오랜 기간 정체 상태에 빠뜨렸다. 오늘날 중국공산당의 독재 정권은 경제와 기술의 힘에 맞서 정치를 지키기 위해 어마어마한 노력을 기울이고 있으며, 정치적 변화를 틀어막는 데에 대체로 성공했다.

초기 유연성

일본, 대만, 한국은 교육 수준이 높고, 산업화를 이루었고, 부유할 뿐만 아니라 조지프 헨릭의 WEIRD 중 W-서양Western을 제외한 나머지—교육Educated, 산업화Industrialized, 부Rich, 민주주의Democratic—를 모두 충족하는 역동적인 민주주의 국가들이다.[17] 싱가포르 역시 점진적으로 민주화 대열에 합류하고 있다. (홍콩도 중국의 개입이 없었다면 민주주의 체제였을 것이다.)

그들 사회는 민주주의 발생 수요 측면의 조건을 매우 풍부하게 갖추고 있었다. 1960년대 초부터 한국과 대만은 빠르게 성장하며 중산층이 증가했고, 1980년대에 민주화를 달성했다. 이 순서는 먼저 근대화를 이룬 다른 나라들의 선례와 일치한다. 공교롭게도 동아시아의 호랑이들이 민주화를 달성한 시점은 천안문 사태 이후 미국이 중국을 어떻게 해야 할지 논의하던 시기였다. 동아시아의 민주화 경험은 중국에 대한 정책 논의에 큰 영향을 미쳤다. 1989년 6월 5일, 조지 H. W. 부시 대통령은 "중국이든 다른 전체주의 체제든, 대중이 경제적 유인을 얻으면 민주주의로 향하는 흐름은 더욱 거세지리라 생각한다"[18]고 말했는데, 중국과 동아시아 호랑이들을 염두에 둔 언급이다.

하지만 동아시아 호랑이들의 이야기는 그렇게 간단하지 않다. 경제가 중요한 역할을 한 것은 사실이지만, 이는 우호적인 공급 측면의 조건이 존재하고 기능할 때 가능하다. 한국과 대만은 권위주의 독재 국가였지만 철통같은 중국공산당 체제와는 달리 사회에 충분한 마찰이 있었다. 4장에서 살펴보았듯 중국공산당은 정치적 통제를 강화하고 총서기 직책에 권력을 집중시켰다. 공급 측면의 조건은 사라졌다. 미국의 대중국 관여 정책은 동아시아에 대한 잘못된 개념을 중국에 투영한 데에서 비롯되었다. 시장경제가 한국과 대만을 민주주의 쪽으로 슬쩍 떠밀었지만, 실제로 변화를 불러온 요인은 인간의 중재와 기존의 사회적, 정치적 조건이었다. 1990년대 미국이 중국에 무역 최혜국 지위와 세계무역기구 회원국 지위를 부여하는 문제를 논의하고 있을 때, 이런 세부 사항은 아무도 신경써서 체크하지 않았다.

1961년 쿠데타 이후 한국의 박정희는 케네디 행정부의 압력으로 문민정치와 대통령 선거 절차를 복원했다.[19] 하버드 대학교 교수였던 루퍼트 에머슨이 제3공화국 헌법 초안을 만들었다. 박정희 정권 기간 한국은 정기적으로 선거를 치렀고, 1971년 대선에서 박정희는 야당 후보인 김대중에게 패배할 위기에 처했다. 이후 박정희는 헌법의 효력을 정지시키고, 국회를 해산하고, 대학을 폐쇄하고, 모든 정당 활동을 금지했다. 김대중을 체포하고 사형을 선고했으나, 마지막 순간에 지미 카터 대통령이 직접 개입하여 김대중은 목숨을 건질 수 있었다.[20]

1987년 이전까지 대만은 정기적으로 지방 선거를 실시했다. 국민당 정부는 중앙 정부-지방 정부라는 이원 체제를 유지하여 자기들이 중국 전역을 통치한다는 허구를 유지했다. 야당의 존재는 불허되었으나 일부 야당 후보들은 국민당 내에서 경쟁했고, 가끔은 그러한 선거에서 승리하기도 했다. 권위주의 정권에서 선거는 보여주기를 위한 쇼에 가깝지만, 그래도 선거라는 형식이 중요한 이유는 조율과 요구가 있는 플랫폼을 제공하기 때문이다. 1970년대 대만의 시민권과 정치적 권리는 스페인, 포르투갈과 거의 같은 수준으로 평가되었으며, 당시와 오늘날의 중국보다 훨씬 앞섰다.[21]

1979년 박정희가 암살되자 김영삼, 김대중, 김종필 등 세 명의 야당 지도자가 다음 선거에 출마하겠다고 선언했으나 또 다른 군사 독재자 전두환의 탄압에 부딪혔다. 미약했지만 시민사회가 존재했고 학생 시위와 노동자 파업이 꾸준히 일어났다. 한국 인구의 상당수가 기독교(가톨릭, 개신교) 신자이며, 개중에는 정치 엘리트도 다수 있었다. 대만에도 대만섬 원주민과 본토에서 건너온 인구 사이의 분열로 인해 사실상 정치적 이질성이 존재했다.

2002년 주석직을 놓고 자오쯔양이 후진타오와 경쟁을 벌였다고 상상해 보자. 전국인민대표대회에 중국공산당 소속이 아닌 위원들이 그들의 유권자를 대표하여 참석한다고 상상해 보자. 1970년대와 1980년대 한국과 비슷한 상황이 벌어졌을 것이다. 중국에는 이와 같은 중요한 중재 메커니즘이 없었고 중국공산당은 중산층, 세계화, 기술의 영향으로부터 고립되었다.

다른 사례는 19세기 서구화의 압력에 대한 메이지 시대 일본과 청나라의 상반된 대응이다. 메이지 시대 일본은 정치와 문화의 기본 구조는 보존하면서 경제와 사회를 근대화했다. 반면 청 왕조는 세계화와 군함 외교의 힘에 밀려 주저앉았다. 무엇이 이 차이를 설명할 수 있을까? 일본은 중국 역사에서 이념적으로 다양하고 유연했던 당나라로부터 정치와 문화를 배웠다. 당나라는 과거 제도를 시행하기는 했지만, 그 기간은 짧았다. 일본은 이를 기반으로 개혁을 단행했고,[22] 송, 원, 명, 청의 경직된 독재 체제를 답습하지 않았다. 메이지 시대 일본은 중국 체제에 민첩함까지 더해진 상태에서 서구화에 맞서는 동시에 포용할 수 있는 행운을 가졌다. 반면 청은 사회의 주변화, 이념적 동질성, 국가에 의한 지식인 탄압 등 당나라 이후의 전제 왕조들이 남긴 모든 경직성을 떠안고 있었다. 청은 서구화의 충격에 마주할 때까지도 유연성을 발휘하지 못했기 때문에 남은 유일한 방법인 붕괴로 대응할 수밖에 없었다.

일방적인 개입

미국과 중국의 관계는 경제적 측면에서는 성공적이었다. 역사 속에서 정치적, 이념적으로 정반대인 두 경제가 이렇게까지 얽힌 적은 없었다. 경제학 교과서에서는 무역과 외국인 투자를 비교우위, 외국 기업의 자산 특유성asset specificity*, 다국적 기업의 이익 극대화라는 관점에서 설명하지만, 정치인들은 외국과의 거래를 정당화하기 위한 무기가 추가로 필요하다. 천안문 사태 이후 역대 미국 행정부는 경제가 중국 정치를 변화시킬 수 있다는 이유로 중국과의 경제 교류를 옹호해 왔다. 미국이 중국에 경제적으로 관여하기 시작한 정치적 기원을 살펴보면 의도한 목표와 그 목표를 달성하기

---

* 특정한 거래에 사용되는 자산의 이전 불가능한 성질. 자산 특이성, 자산 전용성이라고도 한다. 특유성이 높은 자산은 이전 가능성이 작고, 따라서 특정한 거래 이외의 다른 거래 관계에서는 가치가 떨어지게 된다. 해외에 투자한 자산은 해당 국가에서 철수해야 할 경우 일반적으로 다른 지역으로 이전하여 재사용하기가 어렵기에 자산 특유성이 높은 것으로 간주한다.

위해 활용한 방법이 그렇게 동떨어져 있었다는 것은 더욱 놀랍다. 현장의 정치적 상황에 따라 경제를 조정한 경우는 거의 없었다.

빌 클린턴 대통령은 2000년 존스홉킨스 대학교 연설에서 중국의 세계무역기구 가입을 강력하게 주장하면서 관여 정책을 가장 설득력 있게 표현했다. 그는 경제적 논거와 함께 정치적 근거도 명확히 제시했다.

> 중국은 단순히 우리가 생산한 제품을 더 많이 수입하는 데 동의하는 것이 아니라 민주주의의 가장 소중한 가치 중 하나인 경제적 자유를 수입하는 데 동의하는 것이다. 중국이 경제를 더 많이 자유화할수록 중국 국민의 잠재력, 진취성, 상상력, 놀라운 기업가 정신이 더 크게 발휘될 것이다. 그리고 개인은 꿈꾸는 것뿐만 아니라 꿈을 실현하는 힘을 갖게 되면 더 큰 발언권을 요구하게 마련이다.[23]

클린턴 대통령은 중국을 세계 경제 질서에 받아들일 것인가 거부할 것인가 이분법적 선택지를 제시했다. 정치적 목표를 달성하거나 발전시키기 위해 경제적 참여를 어떻게 조정할 것인지에 대한 고려는 없었다. 중간 단계의 진전에 대한 로드맵도 없었고, 최종 목표를 달성하기 위해 이러한 단계들을 점진적으로 연결할 수 있는 메커니즘도 없었다. 그 대신 미국은 정치란 본래 경제 내부로부터 발생한다는 이상한 마르크스주의적 믿음에 따라 움직였다. 클린턴 대통령이 말했듯이 중국 시민들은 "더 큰 발언권을 요구할 것"이지만, 이러한 요구가 엄격한 일당 체제에서 어떻게 실제로 더 큰 발언권으로 이어질 수 있을지는 정의되지도 않았고, 구체적이지도 않았다.

기업가의 프레젠테이션을 듣고 있다고 상상해 보자. 이 기업가는 1,000억 달러의 매출을 올리겠다고 장담하지만, 어떻게 고객 기반을 확보하고 운영 팀을 구성하고 성과 지표를 설정하고 달성할 계획인지는 말하지 않는다. 그의 사업에 투자한다면 미국 정책 입안자들이 중국에 관여할 때 저지른 것과 같은 실수를 저지르게 될 것이다.

현 바이든 행정부에서 중국 관련 정책 책임을 맡은 커트 캠벨과 엘리 래트너는 2018년 외교 전문지 〈포린 어페어스〉에 기고한 글에서 관여 정책에 대한 확정적인 사후 평가를 내렸다.[24] 이 기고문에서 그들은 역대 미국 행정부가 선포한 비전과 희망의 시나리오를 줄줄이 나열하지만, 경제적 연결이 실제로 중국의 정치를 개선하는 데 어떤 역할을 했는지에 대한 세부 사항은 거의 언급하지 않았다. 미국이 추구한 것은 관여였지, 관여 전략이 아니었다.

직관과는 정반대지만, 언제든지 관여를 중단할 준비가 되어 있음이 관여 전략의 특징이다. 중국은 의도적이고 끈질기게 관여 전략을 추구해 왔다. 중국 정부는 류샤오보에게 노벨상을 수여한 노르웨이, 코로나19의 기원에 대한 독립적인 조사를 촉구한 호주, 영토 영유권을 주장하는 일본, 사드THAAD 미사일 방어 시스템을 설치한 한국, 소속 선수 중 한 명이 표현의 자유를 행사*한 전미농구

---

* 2021년 미국의 보스턴 셀틱스 소속 프로 농구 선수 에네스 캔터Enes Kanter가 자신의 SNS 계정에 시진핑의 독재를 비판하고 티베트 독립을 지지하는 글을 올린 사건으로 보인다. 이에 중국은 중국 내에서 보스턴 셀틱스 경기 중계를 전면 중단시켰으며, 그는 팀에서 방출되었다. 캔터는 인권과 자유를 지지하는 행보들로 2022년 노벨 평화상 후보로 선정되기도 하였다.

협회NBA에 보복 조치를 했다. 중국은 긴밀한 경제 관계가 그 자체로 우호적인 외교의 길이 된다고 생각한 적이 없다. 중국은 관여와 이탈 사이를 오가는 전략을 적용하고 있으며, 때때로 성공을 거둔다.

반면, 미국은 "인권을 개선하고 지적 재산권을 존중하지 않으면 더는 중국에 투자하지 않겠다"는 공허한 위협과 정치적 내재성 사고에 근거하여 더 끈끈한 관계를 정당화하는 방침 사이에서 갈피를 잡지 못했다. 한 가지 예외는 도널드 트럼프 대통령이 실수로 의도적인 관여 전략을 적용한 경우이다. 트럼프의 접근 방식에 대한 장단점은 논쟁의 여지가 있지만, 대중국 관세는 미국 제품의 관세 처리, 지적 재산권, 보조금 등 구체적인 이정표와 연계되어 있었다. 무역 전쟁은 어느 정도 진전을 보였고, 트럼프는 실제로 관여를 중단할 의지가 있다는 신호를 보냈다.

미국의 정책 입안자들은 종종 민주주의, 인권, 법치를 주장하면서도 의미 있는 개방으로 이어질 수 있는 작고 구체적이며 점진적인 이정표들은 무시해 왔다. 2002년 사베인스-옥슬리 법Sarbanes-Oxley Act.* 통과로 의회가 설립한 상장기업 회계감독위원회Public Company Accounting Oversight Board를 예로 들어보자. 2003년 출범한 이 위

---

* '상장회사 회계 개선과 투자자 보호법'(상원) 또는 '법인과 회계 감사 책임법'(하원) 또는 SOX로도 불리는 미국의 연방 법률. 1990년대 말 월드컴, 엔론 같은 거대 기업들의 회계 부정으로 막대한 피해가 발생하자 회계 감사와 공시 제도 개혁의 필요성이 제기되었다. 이에 미국 의회는 회계 부정에 대한 제재와 재무 보고 감사 절차를 강화하는 법안을 도입하였다. 법안 발의자인 상원의원 폴 사베인스와 하원의원 마이클 옥슬리의 이름을 따서 제정되어, 2002년 7월 30일 발효되었다.

원회는 미국 내에서 주식이 거래되는 기업의 회계 감사를 국적 관계없이 감독하게 되어 있다. 하지만 중국은 이를 무시했고, 지난 20년 동안 미국 정부는 정당한 이유 없이 이러한 행위를 묵인하고 중국 기업들이 미국 자본 시장에 진출하는 것을 허용했다. 이 규정이 국가안보와 관련된 정보의 노출로 이어질 수 있다는 중국의 주장은 자충수이다. 만약 해당 기업이 국가안보와 관련되어 있다면, 왜 미국은 그러한 기업이 미국의 자본 시장에 접근하는 것을 허용해야 하는가? 중국 기업에게도 이 규정의 준수를 강제하라는 바이든 행정부의 결정은 올바른 방향으로의 한 걸음이다.[25]

중국이 변화하도록 쿡쿡 찌르기

미국의 대중국 관여 정책의 역사를 보면 목표는 길고 전술은 짧다. 막대한 이해관계를 고려할 때, "광둥성에서 부품을 조달하고 상하이에 자동차 공장을 지어서 어떻게 기적적으로 중국에 입헌 정부 형태를 가져올 것인가?"라는 질문을 위해 정부, 산업계, 학계의 최고 인재들이 모여 진지하게 노력한 적이 없다는 사실에는 놀라움을 금할 수 없다. 수십 년 동안 미국의 외교 정책은 명료하고 의도적인 논리보다는 믿음과 모호한 전제를 기반으로 운영되었다.

사업을 하는 사람들은 이렇게 말한다. "100만 명의 고객에 대해 말하지 말라. 첫 번째 고객에 대해 말해보라." 이제 나는 중국을 거창하게 '변화' 시키기보다는, 중국이 방향을 바꾸도록 쿡쿡 찌르는 넛지nudge* 전략의 사례들을 펼쳐보고자 한다. 충분한 근거와 조건을 기반으로, 훈계보다는 교류를 통해 아이디어의 영역에서 조건부로 중국을 관여시키는 전략이다. 작게 생각하고 구체적으로 생각하라. 이것이 중국과의 관계에서 우리의 원칙이 되어야 한다.

호혜

넛지는 목표가 소박하고 전술의 강도가 단계별로 측정되어 있을 때만 성공할 수 있다. 중국과 미국의 경제적 상호작용에 대해 소박한 목표를 세워보자. 바로 호혜성이다. 상호주의는 협력을 달성하는 가장 효과적인 방법이지만 미-중 관계에서는 거의 실종 상태이다.[26] 구글의 검색 엔진은 중국에서 차단되었지만, 바이두는 미국에서 자유롭게 접속할 수 있다. 〈뉴욕타임스〉는 2012년부터 중국에서 발행과 유통이 금지되었지만, 〈차이나데일리〉와 〈인민일보〉는 미국에서 손쉽게 (그리고 종종 무료로) 구할 수 있다. 알리바바와 같은 중국 기업들은 미국에서 아무런 제약을 받지 않고 클라우드 컴퓨팅 서비스 사업을 하지만, 아마존과 애플은 중국에서 수많은 규제 장벽에 부딪힌다. 이와 유사한 비대칭성은 곳곳에서 찾아볼 수

---

* 넛지는 '팔꿈치로 쿡쿡 찌르다'라는 뜻으로, 행동경제학에서는 개인이나 집단의 행동과 의사 결정에 영향을 미치는 자유주의적인 개입, 혹은 간섭을 의미한다. 즉, 특정 방향을 간접적으로 유도하되, 실제 행동이나 의사 결정 여부는 개인이 선택할 수 있도록 영향을 미치는 방식이다. 2008년 시카고 대학교의 행동경제학자 리처드 세일러와 같은 학교 로스쿨 교수였던 법학자 캐스 선스타인의 저서《넛지》를 통해 대중화되었다. 세일러는 "행동경제학을 체계화해서 학문적으로 확립하고 개인의 의사 결정에 관한 경제학적 분석과 심리학적 분석 사이의 가교를 수립한" 공로를 인정받아 2017년 노벨 경제학상을 수상했다. 이 책에서는 넛지 또는 '쿡쿡 찌르다' '슬쩍 떠밀다' 등으로 번역하였다.

있다.

미국의 역대 행정부가 중국에 압력을 가하지 않은 것은 아니지만, 중국 시장을 미국 기업에 개방하라는 압력이었지 이러한 불균형을 바로잡으려는 뜻은 아니었다. 미국은 월스트리트를 대신해 중국의 수익성 높은 투자 시장을 개방하라고 외쳤지만, 중국의 정보 공간을 개방할 수 있는 구글과 〈뉴욕타임스〉를 대변하지는 않았다. 중국 정치에 영향을 미친다는 관점에서 볼 때 이는 미국이 저지른 최악의 실수 중 하나로, 중국 엘리트들의 자본 조달은 적극적으로 도왔으나 정보 산업에 종사하는 이들과 향후 정치적 외부효과를 심을 수 있는 이들은 돕지 않았다.

바이든 행정부는 이러한 역사적 실수를 반대 방향의 극단으로 더욱 심화시켰다. 중국을 미국 기관에 개방하도록 요구하는 대신 미국 대학 캠퍼스에서 운영하는 공자학원孔子学院, Confucius Institute* 을 폐쇄하도록 압력을 가했다(공자학원은 중국 정부의 자금 지원을 받아 중국 문화와 가치를 전파한다). 트럼프 행정부는 미국 학자들을 중국으로 파견하는 풀브라이트 프로그램을 취소했다. 우리는 우리와 다른 가치관을 받아들이기 두려울 만큼 불안정한가? 중국 내 공자학원의 지속적인 운영을 대가로 미국 비정부기구의 중국 내 개설을 사안별로 요구하는 접근 방식이 더 효율적이다. 미국 외국인투

---

* 중국 정부가 세계 각국 대학교들과 맺은 교류 프로그램의 하나로, 중국어와 중국 문화 등의 교육 및 전파를 위해 설립하는 교육 기관. 중국 정부가 운영비를 일부를 지원한다. 공자학원이라는 이름과는 달리 유교 관련 교육은 하지 않는다. 2010년대 중반 이후 각국에서 공자학원의 인권·학문의 자유 침해 등이 문제가 되면서 서방 국가들을 중심으로 공자학원 폐쇄가 잇따르고 있다.

자위원회CFIUS에서도 비슷한 접근법을 채택할 수 있는데, 미국에 투자하고 싶어 하는 국가가 자국에서 미국으로부터의 투자를 어떻게 대하는지를 고려하여 평가하는 것이다.

미국은 현재 '차이나 이니셔티브'에 따라 중국계 미국인 과학자들에 대한 경제 스파이 혐의를 조작하면서까지 중국과의 광범위한 과학 협력을 해체하려 하고 있다. 중국과의 과학 협력은 실수가 아니었다. 미국과 과학 전반에 도움이 되었다. 미국의 실수는 이러한 협업을 상호 균형 없이 수행한 것이다. 1978년 중국을 방문한 지미 카터 대통령의 과학 고문 프랭크 프레스Frank Press는 과학 기술 분야의 중국 유학생 700명을 받아달라는 덩샤오핑의 요청을 받았다. 카터는 동의했으나 미국은 중국 측에 어떤 상호적 조건도 제시하지 않았다.[27]

〈인민일보〉가 이례적으로 프레스의 방문을 대대적으로 보도한 것에서 알 수 있듯이 외국 과학기술의 습득은 덩샤오핑의 최우선 과제였다. 미국은 이를 지렛대로 삼아 미국 학자들이 중국에서 과학 분야뿐만 아니라 다양한 주제에 대해 제한 없이 자유롭게 강연하고 컨퍼런스를 개최할 수 있도록 중국에 요구했어야 했다. 또한 미국은 미국의 연구소와 연구 기관을 중국 연구자들에게 개방하는 조건으로, 중국 역시 미국 학자들이 중국의 데이터와 연구에 접근할 수 있도록 허용할 것을 요구할 수도 있었다. 예를 들어 MIT는 사우디에서 공동 연구 프로젝트를 운영하면서 사우디의 여성 연구자들이 완전히 자유롭게 참여할 수 있어야 한다는 명확한 조건을 내걸었다.

1980년대 중국 학계는 지금보다 개방적이었고 과학 공화국 모델을 향해 자체적으로 나아가고 있었다. 그러나 중국이 교육에 대한 통제를 강화하고 소련이 붕괴하면서 전략적 균형 측면에서 중국의 가치가 감소한 1989년 이후, 미국은 중국에 대한 막강한 영향력을 더 현명하게 사용했어야 했다. 고립되어 있던 중국은 국제 사회와 다시 교류하기를 간절히 원했고 이는 환영할 만한 전개였지만, 미국은 더 많은 상호주의를 요구했어야 했다. 기회를 놓친 것이다.

인권

경제를 제외하고 미국이 관여하려 시도했던 이슈가 한 가지 있는데, 바로 인권이다. 그러나 미국의 관여는 보편적 가치와 개인의 자율성이라는 친숙하고 신성한 언어를 기본으로 하는 형식적인 경우가 많다. 미국이 인권 정책을 옹호하기 위해 제시하는 근거는 듣는 사람에 따라 방어적이고 오만하며 이기적이다. 바이든 대통령은 시진핑 주석에게 인권 이슈를 제기한 이유를 설명하면서 "미국의 가치를 반영하지 않는다면 어떤 미국 대통령도 대통령 자리에 오래 앉아있을 수 없다는 점을 시진핑 주석에게 명확히 했다"고 말했다. 1989년 조지 H. W. 부시 대통령도 덩샤오핑에게 보낸 비공개 서한에서 같은 표현을 사용했다.[28] 중국 지도자가 "우리나라의 (독재적) 가치를 위해 그렇게 해야 한다"고 주장한다면 미국은 미국의 민주주의에 대한 중국의 비판을 받아들일 수 있겠는가?

미국은 인권에 대한 담론을 재고하고 관여가 호혜적 교환으로 나타나는 순간을 최대한 활용해야 한다. 2021년 3월, 신임 바이든 행정부와 중국 지도부 간의 첫 고위급 회담*에서 중국 대표단의 수장이었던 양제츠는 미국 국내 인권 이슈에 대해 신랄한 비판을 시작했다. 양제츠의 비판이 옳은지 아닌지는 부차적인 문제이다. 양제츠와 앤서니 블링컨 국무장관 모두 주목하지 않은 것은 이러한 비판을 제공함으로써 양제츠가 미국에 상당한 양보를 했다는 점이다. 즉 인권 문제가 양국 간에 논의 가능한 합당한 주제라는 점을 시사한 것이다. 블링컨은 이 양보를 인식하지 못했고, 중국 측이 이러한 입장을 수용하거나 철회하도록 공론화 할 기회를 놓쳤다.

미국은 미국이 실패한 부분에 대해 겸손하고 개방적인 자세를 보이며 중국의 인권에 관여했어야 한다. 블링컨 장관이 미국이 "완벽한 나라"는 아니라고 인정한 부분은 점수를 줄 수 있지만, 좀 더 구체적이고 솔직하게 평가했다면 좋았을 것이다. 그랬다면 중국의 비판을 그대로 돌려주며 미국이 인권에서 부족한 부분은 바로 그 분야가 아직 완전히 민주화가 되지 않았기 때문이라고 주장할 수도 있었다. 예를 들어 선거인단 제도, 필리버스터, 게리맨더링 Gerrymandering**은 미국 정치 시스템의 기능 장애와 낮은 책임감에 기

---

* 2021년 3월 18~19일 미국 알래스카주 앵커리지에서 미국과 중국의 외교 정상들이 모여 양국 간 이슈들을 의논한 고위급 외교회담. 미국 대표로는 앤서니 블링컨 국무장관과 제이크 설리번 국가안보실장, 중국 대표로는 양제츠 외교담당 정치국원과 왕이 외교부장이 주축이었으며, 대부분의 회담은 비공개로 진행되었다. 미국 측은 신장 위구르와 홍콩의 인권 문제, 대만 해협 문제, 중국 측은 하나의 중국 원칙 문제가 주요 의제였으며, 의제의 민감성을 반영하듯 회담은 줄곧 상당히 비우호적인 분위기였던 것으로 알려졌다. 이틀간 세 차례 회담을 가졌으나 결국 최종 결론을 도출하지 못했고, 공동발표문도 나오지 않았다.

** 특정 후보자나 특정 정당에 유리하도록 선거구를 기형적으로 변형, 획정하는 것.

여한 반민주적 특징이다. 민주주의는 병이 아니다. 미국이 충분히 민주적이지 않다는 것이 문제다.

또한 미국 정책 입안자들은 중국인들이 눈뜬 그들 자신의 이익에 호소해야 한다. 블링컨은 앵커리지 회담에서 신장 위구르, 홍콩, 남중국해, 사이버 공격 등을 열거한 후 "이러한 행위들 하나하나가 세계의 안정을 유지하는 규칙 기반 질서를 위협하고 있다"고 말했다. 잘 모르는 사람들이 들으면 블링컨은 미국과 미국의 동맹국들이 만든 세계 질서를 옹호하고 있을 뿐이다. 평범한 중국인이라면 "너희도 너희의 질서가 있고, 우리도 우리의 질서가 있다. 너희가 우리의 질서에 도전하면 우리도 너희의 질서에 도전한다"라고 정당하게 반응할 수 있다.

사실 이 글로벌 질서는 중국에 막대한 이익을 가져다주었으며, 이 질서가 훼손되면 중국의 이익에도 반하게 된다. 블링컨은 덩샤오핑의 명언—"지난 수십 년을 되돌아보라. 미국과 좋은 관계를 맺은 모든 나라가 부자가 되었다"—을 인용할 수도 있었다.[29] 또는 역사적으로 중국을 가장 못살게 군 나라는 러시아였으며, 베이징 조약(1860)*과 톈진 조약(1858)**을 통해 오늘날 중국 영토의 10퍼센

---

* 1860년 10월 18일 청나라가 영국, 프랑스, 러시아와 체결한 조약. 이 조약에 따라 청나라는 영국에 홍콩, 러시아에는 연해주를 할양하였으며, 이후 열강들에게 철도 부설권을 포함한 수많은 이권을 강탈당하고, 상하이 등지에 강제로 조차지, 조계지를 설치해야만 했다.

** 제2차 아편전쟁에서 패한 청나라가 1858년 6월 13일 러시아, 미국, 영국, 프랑스와 체결한 조약. 전쟁 배상금, 기독교 포교의 자유, 10개 항구 개방 등의 내용에 대해 청나라 정부가 불평등 조약을 강도 높게 비난하며 비준을 거부하자 영국과 프랑스 연합군이 다시 톈진에 상륙하여 베이징을 점령하기에 이른다. 러시아의 중재로 체결된 1860년 베이

트에 해당하는 영토를 강탈해 갔다고 언급할 수도 있었다. 이러한 수사가 시진핑의 외교 정책을 바꾸지는 못하더라도, 중국의 지식인, 개혁주의자, 과학기술 전문가, 그 외 중국 사회의 다른 부문들은 설득할 수 있었을 것이다.

미국은 소수의 반체제 인사들—반정부 인사나 중국 사회의 경계에서 활동하는 이들—을 도덕적으로 지원함으로써 중국 인구의 주류 부문을 소외시켰다. (한 연구 논문에 따르면 "현대 중국의 반체제 시민들은 더 두려움이 많고, 불만이 많고, 내성적이며, 타인과의 친밀한 정서적 애착이 부족하다"고 한다.)[30] 예를 들면 서방 지도자들은 달라이 라마 같은 명사와 형식적이고 실질적으로 의미도 없는 사진 촬영 행사를 조직하여 중국 인권 문제 지지를 과시한다. 하지만 중국 내에서 달라이 라마는 분리주의자로 악마화된 인물로, 중국인 대부분은 그에 대해 중립적이거나 부정적인 의견을 가지고 있다. 달라이 라마가 정말로 분리주의자인지는 중요하지 않다. 현실은 이것이 중국인들의 인식이고, 달라이 라마에게 쏟아지는 순전히 상징적인 제스처는 그러한 인식을 강화하는 동시에 정작 중국 내 인권 개선에는 전혀 도움이 되지 않는다는 것이다.

일부 반체제 시위 운동은 중국을 자유주의적인 방향으로 이끄는 데 해로운 영향을 미쳤다. 이러한 운동들은 종종 체제 개혁주의자들을 처벌하고 중국 정치 시스템의 가장 확고한 기득권 세력에게 이득이 돌아가는 결과로 끝났다. 슬프게도 중국의 '민주화 운동'의 역사는 중국을 더욱 획일적이고 억압적인 사회로 몰아간 반작용을

징 조약으로 비로소 비준되었다.

불러온 역사이다. 이것은 이러한 군중 운동에 참여한 개인의 잘못이 아니라 독재 체제의 본질적인 잘못이다. 독재 체제의 개인은 주체성이 부족하지만, 군중 운동은 그 개인에게 주체성을 느닷없이 부여한다. 문제는 목적의식과 책임감을 바탕으로 주체성을 행사하는 방법에 대한 규범을 함께 부여하지 않는다는 것이다. 하룻밤 사이에 최소한에서 최대한의 주체성으로 전환하는 것은 매우 위험한 리스크를 초래한다. 물론 미국은 현지의 역학 관계에 영향을 미칠 수 있는 레버리지가 거의 없지만, 무분별하고 무모한 주체성 적용에 부주의하게 도덕적 지지를 제공하는 것은 자제해야 한다.

타협은 민주주의의 덕목이자 기능적 민주주의를 위한 필수 요소이다. 극단주의 공화당원들이 바이든의 인프라 법안에 찬성한 동료 의원들의 위원회 위원 자격 박탈을 요구했을 때, 그들의 타협하지 않는 극단주의는 언론의 비난을 받았다. 그런데 중국의 '자유 투사' 중 일부는 타협하지 않는 공화당원처럼 행동한다. 1989년 학생 시위대는 중국공산당 지도자들과 전례 없는 대면 대화를 할 수 있었지만, 일단은 더 많은 대화의 자리를 만들고 이러한 대화들이 부여한 정당성을 활용하는 대신 정부가 수용할 수 없는 양보를 요구했다.[31] 이들의 급진주의는 자오쯔양 몰락의 직접적인 원인이 되었고, 점진적이고 누적적인 개혁을 향해 중국이 가질 수 있었던 최선의 희망을 묻어버리고 말았다. 30년 후 홍콩에서도 비슷한 상황이 벌어졌다. 2019년 홍콩 시위대는 자신들의 요구에 대한 홍콩 정부의 양보를 받아들이지 않았다. 과격 시위대는 공공건물에 불을 지르고 대학 캠퍼스를 약탈했으며, 수일간 도로와 대중교통을 차단하여 홍콩 시민들의 일상을 방해했다.

훈련되지 않은 주체성 권력의 한 가지 징후는 통로를 가로질러 동맹 맺기를 거부하는 것이다. 홍콩 시위대는 무고한 중국 본토인 행인들을 공격하여 평범한 중국인들을 중국 정치 체제와 동일시했다. 그들은 스스로 적이 되었고, 처음에는 동정심과 지지를 보낸 중국 여론을 적으로 돌렸다. 한편 서방 정부와 인권 단체들은 시위대의 폭력적인 전술에 대해 대부분 침묵을 지켰는데, 중국인들은 이 침묵을 암묵적인 승인으로 해석했다.

중국공산당은 쐐기 이슈Wedge Issue*를 활용하는 데 능숙하다. 홍콩 시위대의 행동은 민주주의는 혼란을 낳는다는 중국공산당의 주장을 증명하는 증거를 제공했다. 중국 정권은 홍콩의 혼돈을 소중한 자유가 남아있는 얼마 되지 않는 중국 영토를 억압하기 위한 구실로 써먹었다. 자유와 민주주의의 관점에서 볼 때 오늘날의 홍콩이 2019년 이전의 홍콩보다 더 낫다고 진심으로 말할 수 있는 사람은 아무도 없을 것이다.

성과 기반으로 민주주의를 주장하는 중국

천안문 사태와 홍콩 민주화 시위에서 얻은 교훈 중 하나는 인권과 언론의 자유에 대하여 상황별 접근 방식이 필요하다는 것이다. 현 체제의 파괴에 몰두하지도 않고, 그렇다고 절대적으로 현상 유지를 원하지도 않는 '중도' 중국인에게 어필할 수 있어야 한다. 대부분의 중국 시민과 일부 중국공산당 엘리트에게도 인권, 법치,

---

* 집단 내에서 논란이 되거나 분열을 일으키는 정치적, 사회적 이슈. 특히 공직 후보자가 양극화된 상대편 지지자를 끌어들이거나 환멸로 지지를 철회하도록 하기 위한 목적으로 제기하는 경우가 많다.

민주주의의 실질적인 혜택을 보여줄 수 있어야 한다. 민주주의로의 주장은 일반적으로 인권의 보편성, 그리고 자유와 자율에 대한 인간의 타고난 열망을 내세운 폭풍 같은 도덕적 호소로만 기울기 쉽다.

이 주장은 언제나 공허하게 들리는데 오늘날에는 특히 빈 깡통처럼 들린다. 2020년 대선에서 7,400만 명 이상의 미국인이 명백한 권위주의자에게 투표했고, 미국인의 26퍼센트가 우파 권위주의라는 척도에서 높은 점수를 기록했다.[32] 민주주의의 가치는 다른 문화와 국가는 둘째치고 미국 내에서조차 보편적이지 않다.

중국과 서구 사이에는 깊은 가치관의 골이 존재한다. 중국인은 '최대 다수의 최대 이익을 옹호하는 권리'라는 공리주의적 개념을 가지고 있다. 서방에서 권리란, 정치적 반체제 인사 등 권리를 박탈당한 소수가 받는 침해로부터의 보호를 말한다. 이러한 권리 개념은 중국인들에게는 널리 공감을 얻을 수 없다. 인종적으로 동질적인 사회와 융합을 중시하는 정치 문화에서는 인구의 하위 집단이 고유한 불변적 특성을 가질 수 있다는 생각은 쉽게 받아들여지지 않는다.

중국인과 관여하는 한 가지 방법은 민주주의에 대한 성과 기반 논리에 호소하는 것이다. 성과 기반 논리는 중국공산당이 주로 사용하는 논리이기 때문에 중국인들이 관심을 가질 수밖에 없다. 중국공산당은 자신들이 독재 국가라는 사실을 부인하고 서방보다 우수한 성과를 거두었기에 더 민주적이라고 주장한다. 미국이 소집한 2021년 '민주주의 정상회의Summit for Democracy'* 전날, 국무원은 〈중국: 작동하는 민주주의〉**라는 백서를 발표하여 코로나19 감염과 사망자 수 등 서방 민주주의의 여러 실패와 비교하여 중국공산당 체제를 전면적으로 옹호했다.

서방이 이 서사를 진지하게 받아들이고 직접 맞서야 한다. 그렇게 어려운 일도 아니다. 중국공산당은 자신들에게 유리한 성과 지표를 골라내고, 인용된 증거를 잘게 썰고 쪼개며, 일반 명제를 특정 국가와 기간에 국한된 명제와 뒤섞고 있다. 중국공산당은 개혁개방 시대에 우수한 시스템을 개발하여 성장을 일궈냈다고 믿고 싶겠지만, 개혁개방 시대 이전의 암울한 실패들은 설명하지 못한다. 중국공산당은 가혹한 코로나19 방역 조치로 많은 생명을 구했다고 선전하면서, 정보의 자유로운 흐름을 억압한 것이 바이러스 발생 초기 단계에서 정부의 대응을 지연시킨 원인일 수 있다는 사실은 제거했다. 1979년 이후 인상적인 빈곤 퇴치 성과를 찬양하면서도, 애초에 중국 농민을 빈곤과 궁핍에 빠뜨린 것은 1978년 이전의 중국공산당 정책이었다는 사실은 언급하지 않았다.

경제는 중국공산당이 가장 좋아하는 성과 지표이지만, 중국이 발표하는 경제 데이터는 종종 조잡한 국가 간 비교(일반적으로 중국과 이름을 밝히지 않은 일부 민주주의 국가)를 기반으로 하며 선택 편향과 인과관계 왜곡이 넘쳐난다. 이런 종류의 논리와 사회과학 스킬

---

* 2021년 12월 9~10일 사이에 조 바이든 미국 대통령의 주도로 개최된 비대면 화상 국제회의. 권위주의에 맞서기, 부패와의 싸움, 인권 존중 증진 등을 3대 의제로 제시하였다. 총 110개국이 초청 받았으며, 중국과 러시아는 초청국 명단에서 제외되었다.

** 원제는 〈중국의 민주주의中国的民主〉.

로 무장한 연구자는 MIT 세미나에서 5분도 살아남지 못한다.

반면 우리는 사실과 증거에 기반한 민주주의 담론을 이끌어내야 한다. 다양한 성과 차원에서 더 개방적인 시스템이 체제가 폐쇄적인 정치 시스템보다 더 나은 성과를 보인다는 증거가 속속 등장하고 있다.[33] 동아시아의 맥락에서는 1970년대와 1980년대의 한국, 위진남북조 시대의 중국, 1980년대의 중국 등 **범위** 조건이 더 풍부한 독재 국가들이 **범위** 제한적인 국가들보다 더 나은 성과를 냈다. 경제성장에 있어 민주주의가 독재 국가에 대하여 결정적으로 우월하지는 못할 수도 있지만, 독재 국가가 민주주의보다 우월하다는 설득력 있는 증거 역시 없다.

자유민주주의의 가장 강력한 증거는 아마도 개인의 신변 안전일 것이다. 스티븐 핑커는 20세기에 전체주의 국가에서 발생한 '부자연스러운' 민간인 사망자 수가 1억 2,000만 명인 반면 민주주의 국가의 경우 그 수가 200만 명이라는 연구를 인용했다.[34] 200만 명도 여전히 엄청난 숫자이기는 하지만, 민주주의와 전체주의의 수치가 동등한 수준이라고 주장할 수 있는 사람은 없다. 그렇다. 중국공산당은 민주주의가 아니다. 중국공산당은 독재처럼 걷고, 독재처럼 짖어대고, 독재처럼 행동한다.

미국 외교관들은 개인의 신변 안전을 논의할 때 '권리'가 보장되는 시스템에서는 중국공산당의 엘리트들을 포함, 모든 사람이 보호를 받는다는 점을 강조해야 한다. 중국 엘리트들은 이 점을 즉시 직관적으로 이해할 것이다. 충칭시 공안국장 왕리쥔은 러시아나 이란 대사관이 아닌 미국 영사관으로 피신했다. 많은 중국 관리들이 민주주의 국가가 제공하는 신변 안전과 재산 보호를 암묵적으로 신뢰하며 가족을 미국으로 보냈다. 나는 왜 미국 지도자들이 중국인 상대방과 이야기할 때 이 논리를 더 자주 사용하지 않는지 의아하다. 중국 엘리트들은 자국에서도 좀 더 안전하기를 원하지 않을까? 신장 위구르 사태를 인종 학살로 규정하는 대신, 문화대혁명의 재교육 수용소와 연결해, 그 고통스러운 시대를 살아야 했던 수많은 중국인의 트라우마를 되살리는 것이 더 현명한 방법 아닐까?

정치적 개방을 위한 사례

중국의 경제성장은 둔화하고 있다. 더 중요한 것은 민간 부문, 세계화, 인센티브, 의사 결정의 자율성 등 성장 동력이 손상되었다는 점이다. 중국공산당이 마오쩌둥 시대의 자유재량 승계 방식으로 회귀하면서 EAST 모델의 S, 즉 안정성 요소가 훼손되고 있다. 중국이 정치, 경제 시스템, 외교 정책을 논의할 때 상투적인 표현과 늑대전사 논쟁에 빠지지 않고 성찰, 자아 분석, 자기반성을 사용할 수 있는 순간이 올지도 모른다. 그때가 오기는 올지, 온다면 언제일지는 알 수 없지만, 그 순간이 올 경우를 대비해 중국이 더 많은 정치적 개방성을 수용하고 **규모**와 **범위**의 포트폴리오를 재조정해야 하는 이유에 대한 논거를 제시해 보겠다.

분명히 말해두고 싶은 것은 여기서 정치적 개방은 특정한 형태나 속도의 정치적 개방이 아니라는 점이다. 민주주의로의 전환도 정치적 개방에 해당하지만, 나의 관점에서는 1980년대의 중국으로의 회귀도 정치적 개방에 해당한다. 우리가 축하하고 장려해야 하는 것은 혁명이 아닌 진화이며, 권력의 집중을 완화하고 민간 부문의 자율성을 활성화하는 모든 조치가 환영할 만한 발전이다. 실용적이고 문제 해결과 솔루션에 기반한 서구에 대한 접근 방식은 정치 개방을 향한 한 걸음이다. 많은 사람이 중국의 민주주의를 원하지만, 체제 전환에는 리스크가 수반되며, 나는 이러한 리스크들이 체제 전환의 장단점에 대한 숙고에 명확하게 반영되어야 한다고 생각한다. 체제 전환에 대한 추가 논의는 다른 분들의 연구에 맡기려고 한다. 지금은 정치 개방에 대한 엄격한 정의를 강요하는 대신 **범위**를 과도하게 잃지 않는 방식으로 **규모**를 확장하는 움직임을 의미하는 것으로 하자.

전 〈환구시보〉 편집장이자 극우 민족주의자인 후시진은 중국이 미국과 비슷한 코로나19 사망자 수를 경험했다면 중국 국민은 반란을 일으켰을 것이라고 주장한 적이 있다. 후시진 본인도 인지하지 못했지만, 그 발언은 민주주의에 대한 은근한 찬사였다. 민주주의는 스트레스가 높은 순간에도 안정적이다. 정부에 대한 투표와 비판은 주기적으로 분노와 좌절감을 배출하는 열린 밸브 역할을 하여 압력이 한계점까지 쌓이지 않도록 한다. 1월 6일의 반란*은 민주주의의 불안정성의 반대쪽 극단에 있지만, 무려 현직 대통령이 응원한 이 반란조차 문화대혁명의 대혼돈이나 천안문 사태의 심각성과는 비교할 수 없다. 충격적인 것은 이런 일이 미국에서 실제로

* 2021년 1월 6일, 도널드 트럼프 전 대통령을 지지하는 폭도들이 트럼프의 대선 패배에 불만을 품고 연방 의회가 당선인 조 바이든을 대통령으로 공식 인준하는 것을 막기 위해 워싱턴 DC의 미합중국 국회 의사당에 침입, 점거한 사건. 폭도 4명, 경찰관 1명이 사망하는 등 미국 역사상 자국민에 의한 최악의 헌법 기관 유린 사건으로 간주한다. 마이크 펜스 부통령을 포함한 상·하원의원들이 긴급 대피하였고, FBI와 주 방위군이 투입되어 가까스로 폭동이 진압되었다.

일어났다는 사실 그 자체였을 따름이다.

나는 후시진의 칭찬을 바탕으로 더 큰 정치 개방이 중국에 엄청난 이익을 가져다줄 것이라고 주장할 참이다. 그러나 이러한 주장을 하려면 먼저 중국공산당이 그들의 권력과 정치적 현상 유지를 위해 내세워온 논거들을 평가해야 한다.

효율성

중국의 일당 체제가 경제, 사회, 그리고 인류가 직면한 미래 과제들(질병, 기후 변화 등)을 해결하는 데 더 효율적이고 효과적일까? 토머스 프리드먼Thomas Friedman은 미국이 딱 하루만 중국이 되었으면 좋겠다고 말한 바 있다. 프리드먼은 인프라 개선과 지속 가능한 에너지 정책을 도입하는 데 있어 중국의 효율성을 본받았으면 했다.[35] 프리드먼의 발언은 특히 서구 자유주의 지식인들 사이에 만연한 '권위주의에 대한 부러움'을 떠올리게 한다. 이들이 권위주의를 부러워하는 이유는 자신들의 체제에 대해 비판적이며 항상 대안을 찾고 있기 때문이라고 생각한다.

그런데 프리드먼이 원하는 그 "딱 하루"는 어떤 날일까? 마오쩌둥이 대약진운동을 시작한 1958년의 어느 날? 홍위병의 광풍이 불어닥친 1966년 5월 16일? 천안문 광장에 탱크가 밀고 들어간 1989년 6월 4일? 그도 아니면 우한시 공안국이 SARS와 유사한 폐렴이 퍼지고 있다고 경종을 울린 안과 의사 리원량李文亮*을 심문했던

---

* 리원량은 2019년 12월 30일 SARS 바이러스에 높은 신뢰도로 양성 반응을 보이는 환자에 대해서 의대 동창생들에게 메신저로 알렸다. 이 포스팅이 외부에 퍼지자, 2020년

2020년 1월 3일?

프리드먼이 완전히 틀렸다는 것이 아니다. 중국식 시스템은 분명히 효율적인 측면이 있다. 하지만 중국공산당 시스템은 하나의 패키지로 고려해야 한다. 프리드먼은 중국의 대체 에너지 투자에 찬사를 아끼지 않지만, 1990년대 중국 정부가 충분한 논의와 공개 토론 없이 자동차를 주력 산업으로 지정하여 탄소 배출량 증가, 대재앙 급의 대기오염, 교외 거주 통근, 에너지 집약적인 GDP와 함께 자동차 문화의 발판을 놓았다는 사실을 모른다. 이러한 중공업 드라이브는 중국 정부가 세계에서 가장 가솔린을 많이 먹는 차종 중 하나인 GM 뷰익의 턴키 생산을 유치하면서 방점을 찍었다.

중국공산당 시스템은 고속철도 체계를 구축하는 데에 효율적이지만, 반우파운동으로 지식인을 추방하는 데에도 효율적이다. 이 두 가지 효율성은 서로를 상쇄하여 장기적으로 볼 때 경제 발전에서 무승부로 귀결된다. 대약진운동과 문화대혁명 동안 발생한 막대한 손실을 만회하고 균형을 맞추기에는 중국이 1978년 이후 달성한 고속 성장으로도 충분하지 않았다. 2020년 중국의 1인당 GDP는 달러 환산 기준 USD 10,500로 대만(USD 28,894)과 한국(USD 31,346)의 약 삼 분의 일, 일본(USD 39,484)의 약 사 분의 일

1월 3일 우한시 공안국은 허위 사실을 유포한 혐의로 그를 소환 조사한 후 경고·주의 조치를 주었다. 이후 바이러스 확산으로 우한이 봉쇄되자 최전선에서 의료 활동에 매진했고 결국 코로나19에 감염되어 사망하였다. 국가 영웅에 대한 추모의 물결이 전국으로 퍼졌으며, 2020년 10월 2일, 중국 국가위생건강위원회는 원인을 알 수 없는 집단 질병에 대한 내부 고발자 보호조항, 일명 '리원량법'을 추가하는 감염병예방법 개정안을 발표하였다.

수준이다.[36] 중국은 왜 지난 수십 년간 고속 성장을 했는가가 아니라 중국은 왜 다른 동아시아 국가들만큼 부유하지 않은가가 더 중요한 질문이다.

이 비교에 이의를 제기할 수도 있다. 중국과 다른 동아시아 국가들 사이에는 경제와 정치 이외에도 수많은 차이가 있다. 또한 소위 동아시아의 기적이야말로 경제 발전에서 권위주의의 우월성을 입증하는 증거가 아닐까? 모두 공정한 지적이다. 지금부터 북한과 남한을 정면으로 비교해 보도록 하자. 북한과 남한은 문화, 전통, 문해력, 인구의 유전적 구성 등 경제와 관련해서 우리가 떠올릴 수 있는 모든 측면에서 같은, 한반도의 두 반쪽이지만 결정적으로 경제 구조에서 차이가 있으며, 정치 구조도 부분적으로 다르다.

오늘날 북한의 1인당 GDP는 1,700달러로 남한의 5퍼센트에 불과한 보잘것없는 수준이다. 북한 남성의 키는 남한 남성보다 약 8센티미터나 작다.[37] 아시아를 촬영한 위성 사진을 보면 눈부신 빛의 바다 가운데 한 점 어둠이 있다. 그 어둠은 체제의 힘과 그 안에 갇힌 사람들의 운명을 결정한 역사의 잔혹한 무작위성을 상징한다. 소련군이 물밀듯이 남하하고 있던 1945년, 미군 중령 딘 러스크와 찰스 본스틸에게 한반도 분할 임무가 떨어졌다.[38] 두 사람은 단 한 명의 한국인과도 상의하지 않고 처음에는 북위 39도선을 따라 나눴다가, 나중에 38도선으로 변경했다. 이 결정의 근거는 지방 경계조차 표시되지 않은 1942년 내셔널 지오그래픽 지도였다. 한반도의 분단은 단 30분 만에 이루어졌고 수천만 명의 운명을 결정지었다. 몇 년 후 미국 국무장관이 된 딘 러스크는 이를 '운명적'인 결정이었다고 인정했다.

일부에서는 동아시아의 성공을 독재의 우월성을 주장하는 근거로 삼아 남한, 대만, 싱가포르 정권의 독재 정권과 동아시아의 GDP 성장을 연결 짓기도 한다. 이 결론은 고전적인 선택 편향의 문제를 안고 있다. 독재의 수위가 더 높은 북한은 무시하고, 호랑이들의 경제적 성과는 제외한 것이다. 동아시아 독재 정권들의 성공 사례 뒤에는 각각 또 다른 동아시아 독재 정권의 실패 사례가 있다. 대만은 풍요로워졌지만, 마오쩌둥의 중국은 그렇지 못했다. 남한은 빠르게 발전했지만, 북한은 허우적거렸다. 싱가포르의 강력한 1인 통치는 성공했지만, 자유방임주의였던 홍콩도 마찬가지였다. 1989년 이후 새로운 독재 체제가 도입된 중국이 좋은 성과를 거둔 것은 사실이지만, 보다 리버럴했던 1980년대의 중국이 훨씬 더 인상적인 성과를 거두었다. 동아시아의 경험을 종합해 볼 때 독재의 우월성을 뒷받침하는 증거는 없다. 오히려 남한과 같이 독재의 수위가 낮은 정권이 북한과 같은 극단적인 독재 정권보다 나은 성과를 거두었다.

중국공산당은 성과 면에서 1949년부터 1978년까지는 북한을, 1978년 이후에는 남한을 상대로 큰 틀에서 무승부를 기록했다. 급속한 성장을 이룰 수 있었지만 기근(대약진운동)과 파괴(문화대혁명)를 불러왔다. 개혁개방 시대에 5억 명 이상의 인구가 극심한 빈곤에서 벗어난 것은 당연히 큰 성과이고 인정할 수 있지만, 애초에 중국 농민을 빈곤에 빠뜨린 인민공사人民公社 제도*와 강제 산업화는

---

* 중국은 대약진운동을 펼치면서 1958년에 농업 집산화를 위해 소련의 집단농장을 모델로 농촌의 행정과 경제 조직을 일체화시킨 인민공사를 만들었다. 한 개의 인민공사는 1만 명~최대 4만 명 규모로, 10개 내외의 집단농장의 결합체였다. 인민공사라는 하나의 사회 단위에서 그 모든 주민이 생산, 소비, 교육, 정치 등 생활의 모든 기능을 수행하였고, 분배 제도로서 무상급여제와 임금제를 병행하여 실시하였다. 대약진운동의 처참한

누가 책임져야 할까? 코로나19 확산을 억제하기 위한 엄격한 방역 조치는 서방 세계 일각으로부터는 찬사를 받았지만, 중국공산당은 경제를 파괴하고 평범한 중국인들의 생계를 망가뜨린 제로 코로나 정책에 사로잡혀 있었다.

한 걸음 더 나아가 손익을 임상적으로 비교하는 방식으로 중국공산당의 업적을 평가하는 것이 옳은지 의문을 제기할 수 있다. 대재앙이었던 대약진운동과 문화대혁명은 국가의 의도적인 결정과 행동의 결과였다. 반면에 중국이 부러울 만한 경제적 성공을 거둘 수 있었던 것은 국가가 방해하지 않고 기꺼이 길을 비켜주었기 때문이다. 행동하지 않아서 얻은 한 번의 업적이 행동으로 저지른 오류들을 완전히 보충할 수는 없다. 중국공산당의 우월성 주장을 평가할 때, 증명 책임은 시스템이 실행하지 않은 행동보다는 시스템이 실행하도록 설계된 행동에 더 무겁게 부과되어야 할 것이다. 그런 의미에서 중국공산당 시스템의 장점과 단점 사이에는 대칭이 존재하지 않는다.

이러한 이중 평가는 불공평할까? 1978년 이후 중국공산당은 스스로 변화하고 현대화했으며 이전의 정체성에서 벗어났다고 주장할 수 있다. 비유하자면, 오늘날의 미국 민주당을 노예제와 인종 차별을 지지했던 과거의 민주당과 같은 범주로 묶는 일은 터무니없는 짓이다. 문제는 중국공산당 스스로가 역사에서 이러한 이분법

실패로 약 3,000만~5,000만 명이 굶어 죽는 대재앙이 발생하였고, 사실상 이에 대한 책임을 지고 권력 일선에서 퇴진한 마오쩌둥은 뒤를 이은 류사오치 등 실용주의자들이 자신의 노선에서 이탈하는 것을 보고 격노해 재집권을 기도하고, 이는 중국 현대사에서 두 번째 대재앙이라 할 수 있는 문화대혁명으로 이어졌다.

적 비연속성을 인정하지 않는다는 것이다. 덩샤오핑의 중국공산당은 1978년 자신들의 실패를 한층 더 솔직하게 인정하고 선을 그었다.* 시진핑은 그렇게 하지 않았다. 중국공산당이 2021년에 채택한 예의 '결의안'은 중국공산당을 중단된 적 없는 영광스러운 전체로 묘사하며, 1978년 이전의 중국공산당이 1978년 이후의 중국공산당의 토대를 마련했다고 주장하기까지 한다. 대약진운동과 문화대혁명을 중국공산당의 책임이 아닌, 마오쩌둥의 실수를 바로잡지 못한 탓으로 돌리고 있다. 초현실적인 시각이다. 마치 중국공산당이라는 추상적 실체이자 법인이 무소불위의 우두머리(마오쩌둥)와는 별개로 독자적인 의지와 주체성을 소유하기라도 한 것처럼 말하고 있다. 이는 중국공산당이 가장 암울했던 시기에조차 변함없이 아무 결함도 잘못도 없다는 암시이다(이 거창한 주장은 당연히 거짓이다. 대약진운동과 문화대혁명은 마오쩌둥 개인이 아닌 중국공산당 중앙위원회의 이름으로 시작되었다). 중국공산당이 스스로 역사를 연속적인 완만한 곡선으로 본다면 그에 따라 평가받아야 한다.

규모와 범위의 균형

데이터 통계 사이트인 Statista.com에 따르면 2022년 11월 기준 코로나19로 사망한 미국인은 100만 명이 넘고 중국은 5,229명이다.[39] 중국의 사망자 수가 심각하게 과소 보고되었다고 하더라도

---

* 덩샤오핑이 마오쩌둥의 노선을 수정 없이 계속 옹호하고 추종해야 한다고 주장(이른바 양개범시兩個凡是)한 화궈펑을 축출하고 실사구시와 사상 해방을 내세운 개혁개방을 당의 기본노선으로 채택한 1978년 중국공산당 제11기 중앙위원회 3중전회를 가리킴.

이만한 격차를 설명할 만큼 오차가 크지는 않을 것으로 보인다. 백신이 나오기 전까지 중국의 방역 정책이 효과가 있었다는 것은 의심의 여지가 없다. 서방에게 격리 능력은 제한적이고 과학만이 유일한 해결책이었지만, 과학은 시간이 들었고 과학을 기다리는 동안 대가를 치러야 했다.

이는 신중한, 그리고 내가 보기에는 사실에 기반한 방어적 관점이다. 그러나 중국의 접근 방식은 서방에서 많은 찬사를 받았다. 일각에서는 중국의 통제가 중국이 서구보다 여러 측면에서 더 현대적이라는 사실을 보여준다고까지 말했다.[40] 영국의 언론인 마틴 작스는 대놓고 중국 시스템에 찬사를 보냈다.[41] 벤처캐피털리스트인 에릭 리는 〈이코노미스트〉에 중국의 코로나19 관리가 얼마나 선진적인지를 늘어놓았다.[42]

한마디로 초현실적인 주장이다. 중국의 무기는 인구 이동을 제한하는 행정 능력이다. 이는 고대의 부족 사회에서 성공적으로 전환한 특징이라는 점에서만 현대적이다. 중국의 방역 조치에는 건강 코드와 같은 현대적인 요소들도 있지만, 중국 도시의 가혹한 봉쇄—주거용 건물에 바리케이드를 치고, 물리적 장벽을 세우고, PCR 검사를 강제하고, 필요한 경우 공권력을 동원하여 감염자들을 임시 병원으로 이송하는 등—는 대규모 노동력을 동원했기 때문에 가능했다. 궁극적으로 중국공산당의 힘은 심리적 순응, 다른 한편으로는 인력을 동원할 수 있는 원시적인 힘에 달려 있다. 백신이 나오기 전에는 유용한 기능을 수행했지만, 수나라 대운하 건설의 21세기 버전일 뿐 근대적인 의미는 전혀 없다. 7세기에는 근대적이었을지 모르지만 21세기에는 그렇지 않았다.

이 책을 쓰고 있는 현재, 중국은 코로나19 감염자가 급증하여 베이징, 광저우, 충칭을 비롯한 여러 도시에서 전면적 또는 부분적 봉쇄 조치가 취해지고 있다. 중국공산당의 동원 능력은 놀랍지만, 우한과 상하이 등 한두 곳에서 제로 코로나 정책을 시행하는 것과 여러 지역에서 동시에 시행하는 것은 차이가 있다. 3년의 극단적인 봉쇄 정책은 정부 재정은 물론 공중보건 자원과 역량을 압박하고, 경제를 억압하고, 부동산 부문을 불안정하게 만들고, 코로나19 자체보다 더 심각한 부수적인 피해들을 낳고 있다. 수억 명의 사람들이 자택과 임시 병원에 사실상 감금된 데에 따른 심리적 피해는, 아마도 시진핑의 중국공산당이 대중으로부터 받는 지지에 영구적으로 상흔을 남겼을 것이다.

또한 중국이 초기에 팬데믹 통제에 성공한 것은 특별한 일이 아니다. 인구 밀도가 높아서 바이러스 전파에 취약한 한국, 이스라엘, 대만은 비인도적인 봉쇄 조치 없이도 코로나19를 통제해 냈다. 이 국가들은 행정 역량과 시민들의 높은 신뢰를 바탕으로 과학의 도움을 받기 전에 사망자 수를 최소화했다. 심지어 학습 곡선과 자정 능력에 있어서는 더 극적인 대비를 보여준다. 한국은 2015년 MERS 대응의 실패에서 중국이 2003년 SARS에서 끝내 배우지 못한 교훈을 배웠다.[43] SARS와 코로나19는 모두 살아있는 동물을 매매하던 시장에서 유래했다고 추정되지만 중국 정부는 발병 직후 이들 시장을 한시적으로 폐쇄했을 뿐이다.[44] 오늘날 중국에서는 여전히 많은 야생 동물 시장이 운영되고 있어 향후 또 다른 인수공통 감염병이 발생할 수 있는 잠재적 여지가 있다.

SARS 이후 중국 정부가 시행한 질병 감시 전략은 완전히 실패했다. 가오푸高福 중국 질병예방통제센터장은 공식 보고 시스템이 아닌 소셜 미디어를 통해 바이러스 발생에 대한 '소문'을 처음 접했다. 이를 폭로한 중국 경제학자 화셩华生은 "SARS 이후 17년 만에 우리는 두 번이나 같은 바이러스 강에 빠졌다."[45] 고 말했다. 화셩은 이유를 굳이 명확하게 언급하지는 않았지만, 2020년 중국의 시스템은 너무 중앙집권적이어서 나쁜 소식을 제일 먼저 보고하는 일을 누구도 맡으려 하지 않았다.

초기 발병 감지에 실패한 중국의 독재 정권은 전염병이 퍼지자 신속하게 자원을 동원하여 바이러스 전파를 차단했다. 비유하자면 불을 끄는 것과 같다. 중국 독재 정권은 일단 불이 나면 진화 능력은 탁월하지만, 불이 처음 났을 때 경보를 울리는 데에는 끔찍하게 무능력하다. 중국은 2003년 SARS 때에도 정부가 바이러스 조기 발견에 도움이 될 수 있는 정보를 억압했던 같은 사례가 있으니 더욱 주목해야 한다. 설계 관점에서 보면 위기 발생을 예방하는 시스템이 위기를 통제하고 경감시키는 시스템보다 우월하다.

검열은 정보가 적시에 드러나는 것을 방해한다. 물론 단정할 수는 없고 역사에 가정은 없는 법이니 가정법으로 과거를 단정할 수도 없다. 그렇지만 코로나19 팬데믹이 검열의 가장 값비싼 실수 중 하나로 역사에 기록될 만한지는 생각해 볼 필요가 있다. 2019년 12월 30일, 우한의 의사 리원량은 자신의 메신저에 "SARS와 유사한 폐렴"에 대한 글을 올렸다. 경찰은 적절한 후속 조치를 하는 대신 리 박사가 메시지를 삭제하도록 강요했다(리 박사 자신도 나중에 코로나19로 사망했다). 중국은 2002~2003년 SARS 때에도 비슷한 상황을 경험한 적이 있다.[46] 현지 관리들은 정보를 숨기고 경보를 울린 사람들을 처벌했다. 당국의 SARS 정보 은폐를 폭로한 베이징의 인민해방군 301병원 외과 주임 장옌융蒋彦永 박사에 따르면, 그의 병원은 베이징에 SARS가 퍼지고 있다는 정보를 받았지만, 전국

인민대표대회에 방해가 될까 우려하여 이를 공개하지 말라는 지시가 내려졌다고 한다. 인수공통 감염병에 대한 경험이 훨씬 적은 서방 정부와 달리 중국 정부는 상황 인식, 역사적 학습, 정책 노하우, 공중 보건 관련 정보의 자유로운 전달을 방해함으로써 발생하는 피해에 대한 충분한 지식을 가지고 있었어야 했다. 하지만 중국은 2020년에도 같은 실수를 반복했다.

바이러스 발생 초기에는 상황이 객관적으로 어렵고 유동적이었다고 주장할 수도 있다. 당국은 바이러스의 전염성과 치사율에 대한 완전하고 정확한 정보가 없었다. SARS-CoV-2는 새로운 질병이었으며 많은 것이 불확실했다. 그러나 기술적 불확실성으로 인한 지연과 시스템의 불투명성으로 인한 지연 사이에는 근본적인 차이가 있다. 데이터와 정보 부족을 초기 지연의 핑계로 삼고, 그 부족을 악화시키는 시스템을 찬양하는 것은 비논리적이다. 리원량 박사와 다른 의사들을 침묵시키는 대신 당국이 발병 초기에 적극 조사하고 정보를 요청했다면, 정보 부족으로 인한 초기 지연이 훨씬 더 설득력이 있었을 것이다.

우리는 **규모**의 이점을 인정하면서도 **범위**의 유용성을 충분히 존중하는 대차대조표의 관점을 채택해야 한다. 7장과 8장에서 살펴본 것처럼 **범위** 조건은 중국의 기술 발전에 이바지했지만, 이는 중국공산당의 공식 노선이 아니다. 중국공산당은 적극적으로 **범위**를 축소하며, 심지어 **범위**를 축소하는 능력을 강점으로 내세우고 있다. 코로나19 통제 외에도 중국공산당이 자주 인용하는 또 다른 예는 인프라 구축 능력이다. 중국공산당이 인상적인 인프라 구축 성과를 보여준 것은 사실이나 그 인프라의 힘은 부분적으로는 중국 농민들로부터 강제로 토지를 빼앗아 가능했다는 점을 분명히 해두

자. 사람을 통제하는 방식이 또 한 번 작동한 것이다.

만약 중국에 토지 사유권과 강력한 계약권이 있었다면 중국 경제는 도약하지 못했을까? 그렇지는 않다. 다만 지금과는 전혀 다른 경제 모델로 성장했을 것이다. 중국의 인프라 건설 비용은 더 커졌겠지만, 중국 가계, 특히 농촌 가계로 유입되는 소득은 더 커졌을 것이다. 토지 강제 수용이 사유의 고착화에 대한 유일한 해결책은 아니다. 국가는 인프라 프로젝트의 지분 일부를 토지의 원 소유주인 농민에게 할당하여 인프라로 인한 미래 성장에 따르는 인센티브를 제공했을 수도 있다. 사유재산 인정으로 부채가 아닌 소비가 주도하는 보다 균형 잡히고 지속 가능한 성장 모델을 갖게 되었을 것이다. 경제학 원론 첫 수업에서 배우는, 한 경제주체가 치르는 비용은 다른 경제주체의 수입이라는 돈의 순환 흐름을 상기해 보자. 1980년대에 중국 경제는 나중에 중국 정부가 자랑하게 되는 인프라 없이도 번성했다. 소득의 급격한 증가에 힘입어 가계 소비가 성장하고 있었다.

규범적인 진술을 하려면 일어난 역사뿐만 아니라 일어날 수 있었던 역사도 고려해야 한다. 중국공산당과, 서방에서 중국공산당을 옹호하는 이들은 이 기본적인 사실 기준조차 충족하지 못한다. 그들의 주장에 콧방귀를 뀔 수밖에 없는 이유다.

호환성

1990년대에 서구적 가치에 대한 반론으로 '아시아적 가치'라는 학파가 등장했다. 이 학파의 핵심 주장은 법치, 민주주의, 언론의 자유를 바탕으로 하는 서구 시스템이 유교 이념에 뿌리를 둔 국가에는 적합하지 않고 근본적으로 양립할 수 없다는 것이었다.

이 주장에는 결함이 있다. 서구적 가치에는 '유전적'인 요소가 없다. 표현의 자유와 개인의 권리는 서구에 먼저 들어왔어도 그 기원과 도래는 때때로 논쟁의 대상이다. 데이비드 그레이버David Graeber와 데이비드 웬그로우David Wengrow는 정통 '서구'식 사상 중 중 일부는 토착민과의 교류에서 유래했다고 주장한다.[47] 이사야 벌린Isaiah Berlin은 서구에서 개인의 자유라는 개념이 언제 등장했는지 질문에 다음과 같이 답했다. "나는 고대 세계에서 이 개념이 명확하게 형성되었다는 설득력 있는 증거를 찾지 못했다."[48]

우리가 타인이 발명한 아이디어를 사용하는 이유 중 하나는 내 조상들이 만들어낸 가치 중 일부가 끔찍하기 때문이다. 오늘날 중국에서 전족을 옹호하는 이는 아무도 없다. 아이디어의 국적은 중요하지 않다. 중요한 것은 어떤 아이디어가 옳은지 그른지, 그리고 이익을 가져오는지이다. 그런 다음 유용성에 대해서, 그리고 무엇이 합리적이며 무엇이 합리적이지 않은지도 논쟁을 벌여야 한다. 이 논쟁의 결과 실제로 몇몇 서구적 가치와 관행을 거부하게 될 수도 있지만, 여기서 한 가지 문제가 있다. 이러한 결론에 도달하기 위해서는 자기 의견을 말할 자유, 비판하고 비판받을 자유, 토론할 자유, 즉 완전한 민주주의는 아니더라도 '토론 민주주의'라는 자유가 필요하다.[49] 다시 말해, 우리는 아시아의 가치를 긍정하기 위해 서구의 가치 중 일부, 즉 의사 표현의 자유와 토론을 긍정해야 하며, 그러한 가치들을 거부한다면 유용성이 떨어질 수밖에 없다.

중국인들은 민주주의와 유교가 양립할 수 없다는 이유로 민주주의를 거부해야 할까? 이 견해를 지지하는 사람들은 일본, 한국, 대만을 아시아적 존재로 정의한 다음, 완전히 다른 두 가지 개념을 뒤섞는 듯하다. 하나는 무언가를 발명하는 것이고, 다른 하나는 기존의 발명을 응용하고 활용하는 것이다. 과거 제도는 시장경제와 민주주의라는 개념의 싹을 잘랐지만, 오늘날 일본, 한국, 대만은 유교와 시장경제, 민주주의가 완벽하게 양립할 수 있다는 살아 있는 증거이다. 중국인이 개인의 권리와 자유를 발명한 것은 아니지만, 그렇게 따지면 나는 내가 발명하지도 않은 컴퓨터를 매일 사용하고 있다. 우리는 우리가 발명한 것만 사용하지 않는다. 사실 발명과는 반대되는 개념으로서 '도입'에도 장점이 있다. 도입자는 알렉산더 거셴크론Alexander Gerschenkron이 말한 "후진성의 이점"을 가지고 있다.[50] 우리는 발명가 대신 도입자가 되어 선구자들의 실수로부터 배우고 "최초에 드는" 비용을 피할 수 있다. 물론 체계적이고 신중한 선택을 해야 하지만 "우리가 발명하지 않았다"를 판단 기준으로 삼는다면 잘못된 선택을 초래할 수 있다.

서구의 가치에 대한 또 다른 주장은 서구의 역사가 오점투성이라는 것이다. 미국과 호주에서 원주민 대량 학살, 노예제, 인종 차별, 보편적 참정권의 늑장 도입 등의 끔찍한 일들을 수도 없이 저지른 사람들의 가치를 어떻게 받아들일 수 있을까? 서구에 대한 이러한 비판은 완벽히 공정하고 사실적으로도 정확하지만, 역사에서 배우기 위해 비판을 하는 것과 오늘날의 독재 정권이 계속하고 있는 유사한 행위를 정당화하기 위해 비판을 하는 것은 완전히 다르다. 한때 보시라이의 정책 고문이었던 칭화대학교 교수 추이즈위안崔之元은 천안문 사태와 1932년 후버 행정부의 미국 참전용사 항의 시위 진압*을 비교했다.[51] 이 두 사건 사이의 엄청난 사실적 차이는

* 1932년 대공황으로 생계가 어려워진 제1차 세계대전 참전용사들과 그 가족들이

제쳐두더라도, 이는 천안문 사태 무력 진압에 대한 이상한 옹호이다. 오늘날 대학의 모든 천문학과 학생들이 여전히 프톨레마이오스의 오류(천동설)를 반복해야 한다고 상상해 보라. 정말이지 말도 안 되는 주장이다. 우리는 이 주장을 뒤집어 서양이 그런 끔찍한 실수를 저질렀기 때문에 다시는 그런 실수를 반복하지 말아야 한다고 말해야 한다. 서구가 그런 끔찍한 일들을 자행하고 있었을 때 아직 덜 민주적이었던 서구의 정치 체제가 오늘날 중국의 독재 체제와 더 유사했다는 점도 덧붙여야 할까? 서방이 과거에 지적 재산권을 오염시키고 해적질을 했으니 우리도 똑같이 해야 한다는 주장도 마찬가지이다. 이러한 주장들은 현대의 국가들이 과거의 실수로부터 배울 수 있고, 이전에는 존재하지 않았던 기술과 선택지들을 활용하여 발전 경로를 설계할 수 있다는 사실을 무시한다.

엘리트의 자기 보호

독재 정권은 엘리트 계층에게 특권과 권력을 안겨준다. 궁극적으로 국가의 미래를 결정하는 것도 엘리트들이다. 중국의 엘리트들이 관심을 보일 만한, 민주주의를 지지해서 얻을 수 있는 사익이 있을까? 이 주장을 전개하기 위해 존 롤스John Rawls가 《정의론》에서 제안한 '무지의 베일'이라는 유명한 사고 실험을 생각해 볼 수 있다.[52] 이 사고 실험에서 개인은 합리적이고 이기적이며 타인의 안

워싱턴 DC에 모여 정부가 1945년에 지급하기로 약속한 추가수당을 당장 지급하라고 시위하자, 당시 육군 참모총장이었던 더글러스 맥아더가 시위대를 무자비하게 유혈 진압한 사건. 다음 대선에서 공화당 소속 후버가 참패하며 재선에 실패하고 민주당의 프랭클린 D. 루스벨트가 압도적인 지지를 받아 당선되는 데에 이 사건이 결정적으로 작용하였다.

위에는 관심이 없는 것으로 가정한다. 롤스는 묻는다. 그렇다면 어떤 상황에서, 이 개인은 '공정'하다고 할 수 있는 사회를 조직하는 원칙을 선택할 것인가? 정답은 "이 개인이 성별, 인종, 재능, 사회적 지위 등 자신의 특정 상황과 조건에 무지할 때"이다. 무지의 베일 아래에서는 편견, 차별, 억압이 없는 사회를 선택하는 것이 그 개인의 이익에 부합한다. 이 사회의 비전은 특정 개인이 아닌 보편 인간에게 이익이 되는 사회이다. 이렇게 탄생한 사회가 "공정"한 사회이며, 명제적으로 정의로운 사회이다.

롤스의 원칙은 중국 엘리트들의 이기심에 호소 가능한 방법을 제공한다. 한 가지 도움이 되는 사실은 중국 체제가 반우파운동과 문화대혁명 동안 일부 엘리트 구성원에게 매우 잔인했다는 것이다. 온화한 정치가 잠시 끼어들었던 기간을 제외하면 1989년 이후 중국 정치는 나날이 불안정해졌다. 오늘은 권력과 특권을 손에 쥐었다가 내일은 갑자기 흔적도 없이 실종될 수도 있다.

마오쩌둥의 후계자였던 류사오치는 홀로 죽었고, 넝마에 둘둘 싸여 가명으로 묻혔다. 1959년 루산 회의에서 충돌한 군부의 두 거물 중 린뱌오는 중국에서 탈출하던 중 비행기 추락 사고로, 펑더화이는 감옥에서 치료받지 못한 암으로 끔찍하고 고통스러운 죽음을 맞이했다. 오늘날 중국에서 정치는 덜 치명적이지만 여전히 생사를 걸어야 하는 일이다. 2000년에는 전국인민대표대회 부의장

*과 2007년에는 중국 식품의약품감독관리국 국장**이 처형되었다. 2010년에는 충칭시 공안국 부서기였던 웬치앙文强, 2021년에는 국유 자산운용사 대표였던 라이샤오민赖小民이 처형되었다. 더 일반적으로는 자백을 받아내기 위해 고도의 강압적인 수사 기법을 사용한다. 〈뉴욕타임스〉는 푸젠성의 부패 관리 왕광룽王广龙의 사례를 들어 "잠을 자거나 앉거나 벽에 기대는 것조차 금지되었으며, 차가운 방에서 며칠 동안 굶주리고 구타당하고 취조받았다."[53] 보시라이는 그가 '심리적 압박'을 견디지 못하고 자백했다고 암시했다.[54]

놀랍도록 많은 중국 정치 엘리트들이 권좌에서 추락했다. 지난 20년 동안 중국의 4대 직할시 중 베이징, 상하이, 충칭의 당서기가 그대로 감옥으로 향했다. 시진핑의 반부패 캠페인은 중국 공직사회에 심리적으로든 다른 방식으로든 압박을 강화했다. 2003~2012년 동안 68명의 관리가 자살했는데, 2012~2016년에는 더욱 급증하여 무려 120여 명이 스스로 목숨을 끊었다.[55] 〈파이낸셜타임스〉의 칼럼니스트 기디온 라크먼은 "왜 중국 엘리트들은 위험한 길을 걷는가"라는 제목의 기사에서 중국의 유명 방송인으로 한때는 (내가 보기에는 그럴 만한 이유도 없이) 자신감이 흘러넘쳤던 루이청강芮成钢에 대해 썼다.[56] 어느 해 그는 다보스에서 부유하고 유명한 사람들과 어울리다가 이듬해 감옥에 갇혔다. 라크만은 중국 언론을 인

---

* 청커제成克杰 제9기 전국인민대표대회 상무위원회 부위원장이 뇌물 수수 혐의로 사형을 선고받은 사건. 청커제는 중화인민공화국 건국 이래 처형된 최고위 인사이다.

** 정샤오위鄭篠萸 중국 국가 식품약품감독관리국 국장(차관급)이 제약회사의 뇌물을 받고 안전성이 입증되지 않은 의약품을 승인해준 혐의로 사형을 선고받은 사건.

용해 2011년 기준으로 중국의 억만장자 72명 중 14명이 사형, 15명이 살해, 17명이 자살, 일곱 명이 사고, 19명이 질병으로 사망했다고 보도했다.

중국의 유명한 전설에서 알 수 있듯이 고문하던 자가 하룻밤 사이에 고문당하는 처지로 떨어질 수도 있다. 이 전설에 따르면 측천무후는 관리인 내준신來俊臣으로 하여금 또 다른 관리 주흥周興을 심문하도록 했다. 내준신은 주흥에게 범죄자의 자백을 받아내는 방법에 대해 조언을 구했다. 주흥은 "큰 독 주위에 불을 붙이고 범인에게 그 안으로 들어가라고 하면 된다"고 대답했다. 내준신은 그 말대로 큰 독을 가져와 불을 붙인 다음 주흥에게 "당신이 들어가라"고 말했다. 이후 '독으로 들어가라请君入瓮'라는 사자성어는 중국식 정의의 부메랑을 상징하게 되었다(내준신은 자신이 만들어낸 저주에서 벗어나지 못하고 측천무후에게 처형당했다).

2016년, 인터폴은 멍훙웨이孟宏伟 중국 공안부 부부장을 신임 총재로 선출했다. 이 임명으로 중국이 정치적 반체제 인사들을 추적하는 데 인터폴을 이용할 수 있다는 우려가 널리 퍼졌다. 2018년 중국 출장 중 멍훙웨이는 아내에게 두 통의 문자 메시지를 잇달아 보냈다. 첫 번째는 "내 전화를 기다리라" 였고 두 번째는 식칼 이모티콘이었다. 멍훙웨이의 아내는 이 이모티콘을 위험 신호로 해석했고, 실제로도 위험 신호였다. 멍훙웨이는 체포되었으나 그 이모티콘은 단순한 위험 신호가 아니었다. 칼 손잡이를 뜻하는 중국어 단어인 '다오바즈刀把子'는 법 집행 기관을 의미한다. 멍훙웨이는 자신이 중국의 반체제 인사들을 위해 준비했던 것과 같은 독에 들어갔음을 전한 것이다. 2018년 이후 아홉 명의 공안부 부부장(차관) 중 세 명이 감옥행을 면치 못했다. 2018년에는 멍훙웨이, 2020년에는 쑨리쥔孫力軍, 2021년에는 푸정화傅政華가 감옥으로 갔다. 또 다른 부부장 리둥성李东生은 2013년에 체포되었다.

칼을 든 사람은 종종 그 칼끝에 서게 된다. 스탈린 치하의 공안 책임자였던 라브렌티 베리야는 이런 말을 한 적이 있다. "범인을 보여달라. 그러면 범죄를 찾아내겠다." 그는 스탈린의 후계자들에 의해 처형되어 두 전임자와 같은 운명을 맞이했고, 자신의 말이 옳았음을 증명했다. 한때 중국 전 국토의 공안 기관을 통솔했던 저우융캉은 현재 중국 감옥에 있다. 처형된 충칭 공안국 부서기 웬치앙은 재직 기간 동안 여러 차례 사형을 집행했다. 웬치앙의 사형 집행을 감독한 왕리쥔 역시 체포되어 징역형을 선고받았다. 국가가 독점한 폭력을 수행했던 수많은 관리자가 결국 같은 폭력을 당하게 된 것이다. 중국 속담 "왕을 모시는 것은 호랑이와 동행하는 것과 같다伴君如伴虎"에는 이러한 지혜가 들어있다.

중국 관료들이 서방의 '개인의 권리'를 비판하는 것을 들을 때면, 이런 망언을 하는 순간에도 이들이 얼마나 큰 개인의 권리를 누리고 있는지 확신할 수 있다. 중국의 늑대전사 외교관들은 서방의 위선을 비난할 때, 자국민에게는 차단된 해외 소셜 미디어를 사용하기도 한다. 늑대 전사들 본인들만 모를 뿐 전 세계의 모두가 이 아이러니를 똑똑히 볼 수 있다. 중국공산당의 떠오르는 스타였던 보시라이의 아내 구카이라이는 1998년 출간한 책에서 개인의 권리에 대한 미국 사법부의 집착을 조롱하고 중국 시스템의 신속한 사법 정의를 찬양했다. 2012년, 그의 후원자였던 남편이 축출된 후 영국인 사업가를 살해한 혐의로 단 하루의 재판으로 사형 집행유예를 선고받았다. 자신의 목이 걸린 상황이 되자 그도 신속한 사법 정의에 대해 다른 견해를 가지게 되었을 것이라고 믿는다.

중국식 시스템은 많은 권리를 부여하지만, 그 권리를 누리기 위해서는 권력을 손에 넣어야 한다. 시스템을 개혁하려는 동기는 그러한 방식의 불안정함을 인식하는 것이다. 당 정치국 위원이 될 확률 분포와 감옥에 갈 확률 분포를 알 수 없다고 가정할 때 어떤 제도를 고르겠는가? 합리적이고 자기 이익에 관심이 있는 사람이라면 현직 정치국원이든 전직 정치국원이든 모든 사람에게 보편적 권리가 보장되는 제도를 선택할 것이다. 민주주의는 보험과 같다. 사고가 발생할지를 알 수 없을 때는 보험 가입이 현명하다.

중국식 시스템의 함정은 롤스의 원칙의 장점을 인정하기에는 이미 너무 늦었다는 것이다. 류사오치는 홍위병들이 그를 끌고 나가 조리돌림을 할 때 헌법 사본을 흔들며 자신에게 권리가 있음을 미약하게나마 항의했다. 1980년대 중국공산당 총서기이자 국무원 총리였던 자오쯔양은 가택 연금에 처한 후에야 민주주의로 개종했다. 자오쯔양의 고백은 그의 저서《국가의 죄수》에 실려있다. 1998~2002년 중국 총리를 지낸 원자바오는 2021년, 마카오의 한 잡지에 어머니를 기리는 추모사를 게재했는데, 자유와 민주주의에 대한 가벼운 열망을 표현했다는 이유로 중국 인터넷에서 검열 및 공유 금지되었다. 중국의 총리로서 언론의 자유에 대해 무언가를 할 수 있었던 시절에는 이런 시나리오를 예견했을까? 2002~2012년 당 총서기로서 정치 개혁과 법치주의에 자신의 권력이 희석되는 것을 줄기차게 거부했던 후진타오로서는 어느 날 자신이 전국대표대회 회의장에서 독재자에 의해 강제 퇴장당하리라고는 상상조차 하지 못했을 것이다.

롤스의 논리가 중국에서 공감을 얻을 수 있을까? 그것은 중국 정치가 얼마나 예측 불가능하고 변덕스러워질지에 결정적으로 달려 있다. 이 점을 예리하게 인식한 인물이 바로 린뱌오이다. 국가주석직 부활 주장에서 참패한 후 위험을 감지한 그는 마오쩌둥에게 편지를 써서 사부四不 원칙, 즉 체포, 구금, 처형, 해임하지 않을 것을 제안했다. 여기서 해임이란 현직 정치국 위원 및 후보위원 및 각 지역 인민해방군의 최고 사령관을 해고하는 것을 의미한다.[57] 린뱌오 자신도 지금까지 저 네 가지 중 하나 이상의 행위에 책임이 있었지만, 어쨌든 당시 중국 정치 엘리트 상당수가 느끼고 있었을 불안에 호소하고 있었음은 분명하다.

중국은 엘리트들을 표적으로 삼아 수많은 생명과 생계를 파괴한 문화대혁명 직후 "위험하게 사는 세상"에서 영원히 벗어날 기회의 창을 놓쳤다. 당시는 승자에서 패자로의 몰락이 너무 갑작스러워 힘 있는 자와 힘없는 자 사이의 경계가 모호해져 무지의 베일에 가까운 상황이었다. 1980년대의 중국공산당은 또 다른 내부 분열을 막기 위해 진정한 정치 개혁을 시행했다. 문화대혁명은 이 지도자들에게 공감 능력, 즉 승자와 패자의 관점에서 정치를 바라볼 수 있는 능력을 가르쳐주었다. 1980년대의 온화한 정치는 어느 정도 "서로서로 살려주고 살아 있는 세상"을 보장했다.

시진핑 치하의 중국 엘리트에 대한 대대적인 공격은 문화대혁명 직후와 비슷한 순간을 한 번 더 만들지도 모른다는 희망을 품게 할 수도 있다. 이 시나리오에서, 현재 권력을 쥐고 있는 이들을 포함하여 더 많은 이들이 권력을 제한하는 것이야말로 자기 보전 행위이며 한 명의 통치자 또는 한 개의 국가 기관에 모든 권력을 집중시키는 것은 태생적으로 위험하다는 견해를 갖게 되기를 바란다.

나는 진나라의 잔인함을 설명하기 위해 자주 인용되는 진승·오광의 난으로 이 책을 시작했다. 진정한 교훈은 조금 더 깊이 들어간다. 이질성을 무시하는 것은 곧 자기 자신의 위험을 감수해야 한다는 뜻이다. 과거 제도는 새로운 아이디어가 떠오를 기회를 제한함으로써 중국 황제들의 이질성 문제를 해결해 주었다. 왕조 시대 중국은 이러한 방식으로 정치적 안정을 얻었지만 혹독한 대가를 치렀다. 기술의 우위를 잃은 것이다.

역사는 반복되지 않을지 모르지만, 운율이 있다. 시진핑은 왕조 시대의 '고도의 균형 함정'에 빠져 있지 않은 국가에 이념적 동질성과 일상적 독재(이제는 모든 국민의 스마트폰에 설치된 건강 코드를 통해 가능하다)를 다시 강요하고 있다. 시진핑 정책의 장기적인 결과가 정말로 끔찍하고 견딜 수 없을 정도로 심각해지면 그에 대한 반발이 있을까? 중국공산당의 자신감에서 비롯된 제로 코로나 정책이 중국 사회의 습관적인 심리적 순응을 깨뜨릴 정도로 극단적인 결과를 초래할 수 있을까? 중국의 엘리트들은 통치자 중심의 세계관에서 벗어나 보다 체계적인 세계관으로 전환할 수 있을까? 또 한 번 토크빌의 순간이 올 수 있을까?

우리는 이러한 질문들에 대한 답을 알지 못한다. 중국은 이전에도 우리를 놀라게 한 적이 있고 앞으로도 그럴 것이 분명하다. 우리가 알고 있는 것은, 시진핑의 시대가 이미 해소되었다고 생각했던 많은 질문을 다시 테이블 위에 올려놓았다는 사실이다. 정상적인 상황이라면 중국은 경련보다는 안정을 추구하겠지만, 시진핑 시대는 정상이 아니다. 2022년 제로 코로나 정책에 반대하는 전국적인 시위에서 보듯이, 개혁주의 지도자들이 만든 EAST 모델의 혁신 요소들을 강제로 파괴한 조치들은 경련의 원인으로 변모하고 있다. 소요, 즉 일상의 작은 반항 행위가 다가오는 시대의 어떠한 징표가 될지도 모른다. 중국공산당의 수명을 예측하기는 어렵지만, 건강하지 않다는 진실을 증명하기는 그리 어렵지 않다.

금융 위기, 사회 질서의 붕괴, 갑작스럽고 무질서한 정치 변화 등 예상치 못한 우발적 상황이 발생하면 변화가 찾아올 것이다. 코로나19 봉쇄와 같은 시진핑의 극단적인 정책은 의도치 않게 중국 엘리트들에게 롤스의 명제를 일깨워줄지도 모른다. 자기중심적인 중국의 중산층이 자산 압류, 구금, 퇴거 등을 겪으면서 그들 눈앞에서 수년간 학대받은 영세 상인들과 판자촌 주민들의 처지에 마침내 공감하게 될지도 모른다. 어쩌면 상하이의 화이트칼라 전문직들도 홍콩인들이 왜 민주주의를 외쳤는지 이해하게 될지 모른다.

중국 역사의 독보적 특징이라 할 수 있는 집요함은 중국을 다시 전제 군주가 있는 과거로 후퇴시킬 수도 있다. 또는 EAST 균형을 깨고 나올 수도 있다. 중국의 미래 정치가 변화할 방향과 방식이 무엇이든, 오랜 인고의 세월을 견뎌온 중국 국민 모두 1978~2018년과 같은 정상적인 삶을 영위할 수 있기를, 계속해서 평화롭게 생계를 방해받지 않고 살아갈 수 있기를 바란다. 정치는 어떤 사람들에게는 나라를 다스리는 일이고, 어떤 사람들에게는 열정이며, 나머지 사람들에게는 직업이겠지만, 중국 국민은 지금보다 더 나은 대우를 받을 자격과 그 누구에게서도 괴롭힘을 겪지 않을 자격이 있다.

연표

왕조 시대 중국

춘추 시대: 기원전 770~기원전 476

전국 시대: 기원전 475~기원전 221

진나라: 기원전 221~기원전 207

한나라: 기원전 202~(기원후) 220

위진남북조 시대: 220~581(589)

수나라: 581~618

당나라: 618~907

오대십국 시대: 907~979

송나라: 960~1279

원나라: 1271~1368

명나라: 1368~1644

청나라: 1644~1911

근·현대 중국

중화민국: 1912~1949

중화인민공화국: 1949~

—마오쩌둥: 1949~1976

—화궈펑: 1976~1981

—덩샤오핑, 천윈, 후야오방, 자오쯔양: 1978~1989

—장쩌민: 1989~2002

—후진타오: 2002~2012

—시진핑: 2012~

주

서론

인용문: 미합중국 국무부, "Foreign Relations of the United States, 1969 – 1976," 240.

1. 따로 언급이 없는 한, 시대 구분은 2020년 3월 20일 기준 중국 정부 공식 웹사이트 http://www.gov.cn/guoqing/2005 – 09/13/content_2582651.html의 데이터를 사용하였다.
2. 여기서 사용한 숫자는 다음 웹사이트를 참조하였다. Heyzhen.com, https://www.heyzhen.com/%E4%B8%AD%E5%9B%BD%E5%8E%86%E4%BB%A3%E7%9A%84%E7%96%86%E5%9F%9F%E9%9D%A2%E7%A7%AF/#%E5%85%83%E6%9C%9D1400%E4%B8%87%E5%B9%B3%E6%96%B9%E5%85%AC%E9%87%8C.
3. 여기서 제시한 지리적 영역에 대한 역사적 추정치는 정확하거나 일관적이지 않다. 가장 긴 시계열 관측 자료를 보유한 네 군데 출처를 참조하여 추정치를 구했으며, 사용 가능한 모든 추정치의 평균을 낸 결과 동일한 결론을 얻었다.
4. Guowuyuan, *Zhongguo Disanci Renkou Pucha Ziliao Fenxi*.
5. 전한과 후한 사이에 왕망(王莽, 기원전 45~23)이 황위를 찬탈하여 세운 신新나라가 있었다(기원전 9~24).
6. Spence, *Search for Modern China*, 194.
7. Nathan, "China's Changing of the Guard."
8. Huang, "Why China Will Not Collapse."
9. Sng, "Size and Dynastic Decline."
10. Alesina and Spolaore, *Size of Nations*.
11. Scheidel, *Escape from Rome*.
12. Ibid.
13. Grandin, End of the Myth, 27.
14. 이 부분에서 이루어지는 논의는 다음 책을 바탕으로 하였다. Grandin, *End of the Myth*.
15. Stasavage, *Decline and Rise of Democracy*.
16. Langworth, *Churchill by Himself*.
17. Quoted in Sen, "Contrary India."
18. Fearon, "Ethnic and Cultural Diversity by Country."

19. Hasan and Jandoc, "Distribution of Firm Size in India."
20. Subramanian, *Of Counsel*.
21. Science is advanced through forming consensuses among scientists. Oreskes, *Why Trust Science?* 참조.
22. Hale et al., "Russia May Be about to Invade Ukraine."
23. 이 항목은 삭제되었다. 영문 위키피디아의 "List of Chinese Dissidents"에 등재된 42명의 "주목할 만한" 이름들을 참조할 것(https://en.wikipedia.org/wiki/List_of_Chinese_dissidents). 이 책에서는 2020년 7월 12일 기준 데이터를 사용하였으며, 이 42명의 반체제 인사들은 소비에트 시대보다 훨씬 개방적이었던 개혁주의 시대의 인물들이라는 것을 명심하자.
24. Strittmatter, *We Have Been Harmonized*.
25. Wang, *The China Order*.
26. 이 이야기는 내가 고故 로더릭 맥파커 교수에게 직접 들은 일화이다.
27. Fu, Autocratic Tradition and Chinese Politics.
28. Scheidel, Escape from Rome.
29. Bell, China Model.
30. 이 명칭은 내가 직접 만든 것이다. 역사학계의 공식 명칭은 '위진남북조 시대'이다.
31. Acemoglu and Robinson, *Narrow Corridor*.
32. Lee, *AI Superpowers*.
33. China Biographical Database Project에 관해서는 다음의 하버드 대학교 공식 웹사이트를 참조할 것. 이 책에서는 2014년 7월 8일 기준 데이터를 사용하였다. https://projects.iq.harvard.edu/cbdb/home.
34. Needham, *Grand Titration*.

1장. 규모 확장 수단으로서의 과거 제도

인용문: Chen, "Civil Service Examination and Culture of Two Song Dynasties."

1. 아시아에서 과거 제도의 영향력에 대한 자세한 내용은 Liu, "Influence of China's Imperial Examinations on Japan, Korea and Vietnam"을 참조할 것. 익명 오디션이 어떻게 오케스트라로 하여금 더 많은 여성 연주자를 채용하게 하고, 스웨덴 노동 시장에서 여성과 소수자 지원자에게 혜택을 주었는지에 대한 흥미로운 내용은 다음을 참조할 것. Goldin and Rouse, "Orchestrating Impartiality,"와 Åslund and Skans, "Do Anonymous Job Application Procedures Level the Playing Field?"
2. Têng, "Chinese Infl uence on the Western Examination System."
3. 과거 제도에 관한 문헌은 중국어와 영어 모두 방대하다. 나는 다음을 주로 인

용하였다. Bai and Jia, "Elite Recruitment and Political Stability"; Chen, Tang Song Keju Zhidu Yanjiu; Chen, Kung, and Ma, "Long Live Keju!";

Ch'ien, Merits and Demerits of Political Systems in Dynastic China; Guo, "Size and Admission Rate of Keju in the Ming Dynasty"; Guo, Mingdai Xuexiao Keju Yu Renguan Zhidu Yanjiu; Huang, "Study of the Chinese Civil Service Examination System in Ming Times"; Hucker, "Governmental Organization of the Ming Dynasty"; Jiang and Kung, "Social Mobility in Pre-Industrial China"; Liu, Zhongguo keju wenhua; Miyazaki, China's Examination Hell.

4. Fu, *Autocratic Tradition and Chinese Politics*.
5. Huang Liuzhu, *Qinhan Shijin Zhidu*.
6. Ibid.
7. Chi'en, *Traditional Government in Imperial China*.
8. Chen, "An Explanation on 'Han Official Needs to Be Able to Recite 9000 Words.'"
9. Chinese Government, "Sao Chu Wen Mang Gong Zuo Tiao Li."
10. Yuan, *Sinitic Civilization*, vol. 2, 389.
11. Zhang Chuangxin, *Zhongguo zhengzhi zhidushi; Ho, Ladder of Success*.
12. Fu, *Autocratic Tradition and Chinese Politics*, 97.
13. Sun, *Collection on Tang and Song History*.
14. 이 부분의 논의는 다음 책을 바탕으로 하였다. *Troubled Empire*, 2013.
15. Bol, *Neo-Confucianism in History*, 118.
16. Fu, *Autocratic Tradition and Chinese Politics*, 97.
17. Spence, *Search for Modern China*.
18. Zhang *Chuangxin, Zhongguo zhengzhi zhidushi*; Guo, *Mingdai Xuexiao Keju Yu Renguan Zhidu Yanjiu*.
19. Elman, Civil Examinations and Meritocracy, 227.
20. 여기서 남부는 저장성, 장시성, 푸젠성, 난징시(명대의 명칭은 응천應天), 광둥성, 후광(湖廣, 현재의 후난성과 후베이성을 아우르는 지역을 가리키는 명대의 명칭)을, 북부는 베이징(명대의 명칭은 순천順天), 산둥성, 산시성, 허난성, 산시성을 가리킨다. 중국 중부는 오늘날의 광시 좡족 자치구, 쓰촨성, 윈난성에 해당된다.
21. 미국의 표준화 시험의 역사에 대해서는 Erik Jacobsen의 독립 웹사이트 http://www.erikthered.com/tutor/sat-act-history.html 를 참조할 것. 이 책에서는 2021년 7월 3일 기준 데이터를 사용하였다.
22. 후쿠야마는 왕조 시대 중국 시스템의 "조숙할 정도로 근대적인" 특징에 대해 논의하고 있다. 다음을 참조할 것. Fukuyama, *Origins of Political Order*.

23. Elman, *Civil Examinations and Meritocracy*, 56.

24. 역사가 복수를 하는 방식은 흥미롭다. 왕아오는 상루의 "3대 최초" 기록보다 훨씬 더 큰 영향을 미쳤다. 왕의 문체는 이후 500년 동안 과거 시험 답안의 표준을 세웠다. 왕아오는 다름 아닌 팔고문의 창시자로 알려져 있다.

25. Björklund and Salvanes, "Education and Family Background."

26. 데이터의 주요 출처는 하버드 대학교에서 생성 및 유지 관리하는 China Biographical Database (CBDB)이다. 분석에는 Ming Jingshilu_52y_release.xlsx 데이터 세트를 사용했다.

27. Fairbank, *China*.

28. Ch'ien, *Traditional Government in Imperial China*.

29. Hart, *The 100*. 수 문제와 다른 역사적 인물들에 대한 통찰 외에도, 백인 분리주의를 옹호한 것으로도 유명한 괴팍한 저자이다.

30. Central Committee Document Office, *Mao Zedong Duwenguji Piyuji*. 특히 수 문제가 책에 관심이 없었다는 점을 제외하면 두 사람은 크게 다르지 않았다.

31. Fu, *Autocratic Tradition and Chinese Politics*.

32. Sutton and Rao, *Scaling Up Excellence*.

33. Fu, *Autocratic Tradition and Chinese Politics*, 56.

34. Fukuyama, *Origins of Political Order*.

35. Fu, *Autocratic Tradition and Chinese Politics*, 193.

36. Kristof, "Suicide of Jiang Qing."

37. 무측천에 대한 묘사는 Paludan, *Chronicle of the Chinese Emperors*를 인용.

38. Wilkinson, *Chinese History*, 898.

39. Paludan, *Chronicle of the Chinese Emperors*, 101.

40. Han, "Political Incentives for Wu Zetian's Keju Reform."

41. Elman, "Political, Social, and Cultural Reproduction."

42. Liu Haifeng, *Zhongguo keju wenhua*.

43. Chen, *Tang Song Keju Zhidu Yanjiu*.

44. Liu Haifeng, *Zhongguo keju wenhua*.

45. Blank, "Effects of Double-Blind versus Single-Blind Reviewing."

46. Ho, *Ladder of Success*, 216.

47. 반부패 캠페인에 대한 상세한 소개는 다음을 참조. Yang, Wang, and Yang "Probe into the Anti-Corruption Mechanism."

48. Wu, *Zhu Yuanzhang Zhuan*.

49. 주원장에 대한 이 논의는 다음 자료에 근거하였다. Fu, *Autocratic Tradition and Chinese Politics*.

50. 2018년 기준 중국 상위 400개 대학의 평균 입학률은 12.4%였다. 베이징은 30%였으나 광시 좡족 자치구, 허난성, 산시성은 10%에 불과했다. Tencent, "Big Data on Gaokao"를 참고할 것.
51. Ma Mingdao, *Mingchao Huangjia Xinyangkao Chugao*.
52. Fu, *Autocratic Tradition and Chinese Politics*.
53. Elman, *Cultural History of Civil Examinations*.
54. 하버드 옌칭 도서관은 Chinese Text Project를 발족한 기관 중 하나이다. 공식 웹사이트(https://ctext.org) 를 참고할 것. 이 책에서는 2022년 3월 20일 기준 데이터를 사용하였다.
55. Ho, *Ladder of Success*, 11.
56. 이 이야기는 Deresiewicz, *Excellent Sheep*에서 인용하였다.
57. Fu, *Autocratic Tradition and Chinese Politics*, 70.

2장. 중국의 조직화 – 그리고 중국공산당

1. Micklethwait and Wooldridge, *Fourth Revolution*.
2. Fukuyama, *Political Order and Political Decay*, 3.
3. Young, *Rise of the Meritocracy*.
4. Kung and Chen, "Tragedy of the Nomenklatura."
5. Harding, *Organizing China*.
6. Qian and Xu, "M-Form Hierarchy and China's Economic Reform."
7. Williamson, *Markets and Hierarchies*.
8. Chandler, *Strategy and Structure*; ibid.
9. 1992년 데이터를 구할 수 있는 26개 성의 평균 국내 거래/GDP 비율은 14.7%로, 평균 국외 무역/GDP 비율인 17.5%에 비해 낮았다. 유럽 연합(당시 European Community) 회원국 간의 무역/GDP 비율은 28.3%였다. World Bank, China, 37–43에서 인용.
10. Vogel, *One Step Ahead in China*.
11. Hayek, "Use of Knowledge in Society."
12. Huang, "Information, Bureaucracy, and Economic Reforms."
13. 셔크는 자신의 저서 *Political Logic*에서 지나치게 단순하게 경제적 관점으로 개혁을 설명한 것에 대해 좋은 비판을 제시한다.
14. 이 에피소드에 대해서는 Harding, *China's Second Revolution* 참조.
15. 보시라이는 중화인민공화국 8대 원로 중 하나인 보이보의 아들이다. 다음 동영상을 참조할 것. https://www.youtube.com/watch?v=MVPvJRB74NM (이 책에서는 2018년 6월 8일자 버전을 참고하였다.)

16. Lawrence and Martin, "Understanding China's Political System."

17. 이는 많은 연구자들에 의해 확립된 결과이다. 또한 시간이 지남에 따라 외부인이 성장, 당 비서, 중국공산당 성省 위원회 상임위원회 위원 가운데 더 많은 비중을 차지하게 되었다. Li, "Analysis of Current Provincial Leaders"; Zeng "Control, Discretion and Bargaining"; and Bo, *Chinese Provincial Leaders*.

18. Zeng, "Control, Discretion and Bargaining."

19. 장관급 공무원은 당 최고 지도부와 가까운 곳에서 거주하며 일하기 때문에 선출직 고위직들에 접근하여 인맥을 구축하기가 쉽다. 정치학계에서는 중국 정치가 비공식적이고 파벌적인 관계망에 의해 좌우된다고 말한다(예를 들어, Shih, Adolph, and Liu, "Getting Ahead in the Communist Party." 참조). 이러한 논리는 중앙부처 공무원이 지방 공무원보다 더 유리하다는 결론을 도출하지만, 베이징의 중앙부처 장관들은 일반적으로 국가 레벨의 정치에서 그다지 큰 역할을 하지 않는다. 이 것은 중앙 정부, 즉 베이징의 권력자들과 연줄이 닿아 있는 특정 지역 공무원 그룹 역시 마찬가지이다. 중앙 정부와의 지리적 근접성이 오히려 정치적 근접성에는 반작용을 불러오는 무언가가 있을 것이다.

20. 소련 정치에 대해서는 다음 책을 참고할 것. Hough and Fainsod, *How the Soviet Union Is Governed*. 소련 경제에 대해서는 다음 책을 참고할 것. Hewett, *Reforming the Soviet Economy*. 고르바초프 시대에 대해서는 다음 책을 참고할 것. Zubok, *Collapse*.

21. 이 리스트에는 게오르기 말렌코프가 포함되어 있지 않다. 말렌코프는 소련 국가원수 권한대행직에 오른 지 불과 몇 주만에 흐루쇼프로 교체되었다.

22. Landry, *Decentralized Authoritarianism in China*.

23. Huang, *Inflation and Investment Controls*; Landry, *Decentralized Authoritarianism in China*.

24. Williamson, *Markets and Hierarchies*.

25. Landry, *Decentralized Authoritarianism in China*.

26. Li and Zhou, "Political Turnover and Economic Performance"; Shih, Adolph, and Liu, "Getting Ahead in the Communist Party."

27. Yin et al., "Effect of Air Pollution."

28. 이 사건에 대한 더 많은 정보를 원할 경우 다음 책을 참고할 것. Lieberthal and Oksenberg, *Policy Making in China*, 253.

29. 교과서적인 방식은 Milgrom and Roberts, *Economics, Organization, and Management*이다.

30. Jensen and Meckling, "Theory of the Firm," 308.

31. Nove, *Soviet Economic System*, 93－94.

32. Holmström, "Managerial Incentive Problems.

33. 이 명제에 대한 기업 차원의 지원이 있다. 정치적 승진 가능성이 있는 공기업 관리자는 그렇지 않은 관리자에 비해 명시적 인센티브(즉, 급여)를 더 적게 받는 것으로 나타났다. 이는 커리어와 관련된 암묵적 인센티브가 임금 및 급여와 관련된 명시적 인센티브를 대체할 수 있다는 이론과 일치한다. Cao et al., "Political Promotion."를 참고할 것.
34. Lieberthal and Oksenberg, *Policy Making in China*.
35. Huang, *Inflation and Investment Controls*; Huang and Sheng, "Political Decentralization and Inflation."
36. Xie, *Brief History*, 171.
37. Fu, *Autocratic Tradition and Chinese Politics*, 83 – 84.
38. Huang, "Managing Chinese Bureaucrats."
39. 이 시기는 문화대혁명(1966~1976년) 기간, 그리고 포스트 문혁 지도부가 문혁 동안 승진한 관리들을 대대적으로 숙청한 1977년에서 1982년 사이의 기간을 말한다.
40. Landry, *Decentralized Authoritarianism in China*.
41. Manion, *Corruption by Design*.
42. 원 인용을 보기 위해서는 다음을 참조. Huang, "Managing Chinese Bureaucrats."
43. 이에 대한 반론은 전문성이다. 여러 지방을 관리하는 데에는 비슷한 기술이 필요하지만, 여러 부처를 관리하기 위해서는 서로 다른 기술이 필요하다. 이 주장은 지역에 대한 지식과 전문성을 무시하고 있다. 어쨌든 증거는 이 주장을 뒷받침하지 않는다. 2002년 발표한 논문 "Managing Chinese Bureaucrats"에서 나는 장관급 승진에 대해 조사한 결과, 부처 간 승진(주니어에서 고위직으로의 이동)은 드물지 않다는 것을 보여주었다. 전문성에 대한 고려는 승진 패턴을 주도하는 요소가 아니다.

3장. 사회 없는 국가

인용문: *New York Times*, "Singapore's Lee Kuan Yew."

1. 황런위(黃仁宇, Ray Huang)는 자신의 저서 *1587, a Year of No Significance*에서 만력제의 이 유명한 일화를 다루고 있다. 이 책에서는 별도의 언급이 없는 한 이 책을 바탕으로 하였다.
2. Henrich, *WEIRDest People*.
3. 황런위에 따르면 "역사적 교훈을 포함한 고전 교육을 통해 아버지는 아들에게 공평해야 하고, 형은 동생을 지도하고 이끌어야 하며, 올바른 남성은 사적인 감정으로 인해 여성의 영향에 흔들려 공적인 의무를 수정해서는 안 된다는 것을 온 백성이 배웠다. 이 신조는 모든 지방의 모든 학교에서 반복적으로 주입되었으며, 제국의 질서를 유지하기 위해 문맹자에게도 전수되었다."

4. Migdal, *Strong Societies and Weak States*.

5. Acemoglu and Robinson, *Narrow Corridor*.

6. Stasavage, *Decline and Rise of Democracy*.

7. Shue, *Reach of the State*; Szonyi, *Art of Being Governed*.

8. Khilnani, *Idea of India*, 9.

9. Anderson, *Private Government*, 37.

10. Fukuyama, *Origins of Political Order*, 273.

11. 이 부분은 Dincecco and Wang, Violent Conflict, and Wang, "Sons and Lovers."을 바탕으로 하였다.

12. 이 부분은 Zhang, "When Were Marriages between Cousins Banned?"을 바탕으로 하였다.

13. Ebrey, "Concubines in Sung China."

14. Wang, "Sons and Lovers."

15. Scarisbrick, *Henry VIII*, 498.

16. 이 논의는 Zhang Jian, "Zhongguo gudai guojia zongjiao lishitedian yanjiu."을 바탕으로 하였다.

17. Xiong, Bin Ye, and Bihan Cai, "Needham Puzzle."

18. 이 용어는 과거에 합격하여 관직을 얻은 사람들에게 적용된다. Tackett, *Destruction of the Medieval Chinese Aristocracy* 참조.

19. 송나라의 시장 경제를 훌륭하게 다룬 책을 원한다면 Liu, *Chinese Market Economy*을 참조할 것.

20. Wakeman, *Fall of Imperial China*.

21. Rajan and Zingales, *Saving Capitalism*.

22. Wu Xiaobo, *Lidai Jingji Biange Deshi*, 100.

23. Mungello, *Great Encounter*.

24. Fukuyama, *Political Order and Political Decay*, 68.

25. 이 논의는 Creel, *Origins of Statecraft in China*를 바탕으로 하였다.

26. Ibid., 25.

27. Ibid.

28. Fukuyama, *Political Order and Political Decay*.

29. Ibid., 196. 스타새비지는 이러한 순차적 발전을 인류 문명이 태동하던 시대까지 추적해냈다. Stasavage, *Decline and Rise of Democracy*.

30. Acemoglu and Robinson, *Narrow Corridor*.

31. Ho, *Ladder of Success*.

32. Bai and Jia, "Elite Recruitment and Political Stability."
33. Guo, *Mingdai Xuexiao Keju Yu Renguan Zhidu Yanjiu*.
34. Huang and Yang, "Longevity Mechanism."
35. Rawski, *Education and Popular Literacy*, 23.
36. Liu Yonghua, "Qingdai Minzhong Shizi Wentide Zairenshi"를 참고할 것
37. Xu Yi and Leeuwen, "Shijiushiji Zhongguo Dazhong Shizillvde Zaigusuan 19."
38. Rawski, *Education and Popular Literacy*, 11.
39. Brook, *Troubled Empire*, 200.
40. Ibid.
41. Naquin and Rawski, *Chinese Society in the Eighteenth Century*.
42. Rawski, *Education and Popular Literacy*, 11.
43. Zhao Gang, *Zhongguo Chengshi Fazhanshilunji*.
44. Elman, *Civil Examinations and Meritocracy*, 19.
45. 확률은 인종에 따라 다르다. 연방준비제도이사회에 따르면 흑인이 0.064로 가장 낮다. Stilwell, "What Are Your Odds?"을 참고할 것.
46. Guo, "Size and Admission Rate of Keju in the Ming Dynasty."
47. Henrich, *WEIRDest People*.
48. Table 4 in Xu Yi and Leeuwen, "Shijiushiji Zhongguo Dazhong Shizillvde Zaigusuan 19."
49. Henrich, *WEIRDest People*, 7.
50. Buringh and Zanden, "Charting the 'Rise of the West,'" table 4.
51. *WEIRDest People*에서 바로 위 책을 인용한 헨릭은 문해력을 추정하기 위해 도서의 수요를 사용한 반면, Rawski는 학교 기록을 사용했다. Rawski의 수치는 남성 문해력을 의미하지만, Buringh 과 Zanden이 사용한 방법론은 남성과 여성의 문해력을 구분할 수 없다.
52. Oxford University, Our World in Data, https://ourworldindata.org/literacy, 이 책에서는 2020년 2월 2일 기준 데이터를 사용하였다.
53. 이 수치의 출처는 다음과 같다. Bao Weimin, "Zhongguo Jiudaoshisanshiji Shehuishizilv Digaodejige Wenti."
54. Ho, *Ladder of Success*, 14.
55. Miyazaki, *China's Examination Hell*.
56. 엘리자베스 페리는 "과거 시험은 공정하고 능력주의에 기반한다는 평판 덕분에 왕조 시대 중국에서 국가의 정당성을 유지하는 데 주축이 되었다"고 쓴 바 있다.

57. Perry, "Higher Education and Authoritarian Resilience"; Henrich, *WEIRDest People*.
58. 캔자스 대학의 용 자오Yong Zhao는 중국 모델에 기반한 표준화 시험을 전면적으로 비판하고 있다. (Zhao, Who's Afraid of the Big Bad Dragon?). 아시아적 맥락에서 표준화 시험 대 인문학 중점 교육에 대한 좋은 논의는 Nussbaum, "Democracy, Education, and the Liberal Arts"을 참고할 것.
59. 여기서 나는 중국인과 동아시아인(East Asians) 또는 동양인(Easterners)을 같은 의미로 사용하였다.
60. 에피쿠로스는 "행복이란… 개인적 정의의 문제이며, 공공적 또는 정치적인 종류의 그 어떤 선험적 약속도, 개인을 가두고 행복에 대한 공적 정의에 따르도록 하기 위해 고안된 덫이라는 의심을 받는다"고 주장했다. Wolin, *Politics and Vision*, 72을 참고할 것.
61. Sen, *Argumentative Indian*.
62. Weber, *The Religion of China*.
63. Scheidel, *Escape from Rome*.
64. Putnam, *Bowling Alone*.

4장. 권위주의적 평균으로의 회귀

인용문: Zubok, *Collapse*.

1. Saich, *From Rebel to Ruler*, 291.
2. "Ranlingdao Xianfei Guiding Zainali?" 을 참고할 것.
3. Li, "In Chinese Corruption Cases, Who's Taking What?"
4. Goldman, *Sowing the Seeds of Democracy*.
5. Saich, *From Rebel to Ruler*, 297.
6. Ibid., 302.
7. Vogel, *Deng Xiaoping*.
8. Zhao, *Prisoner of the State*, 123.
9. Saich, *From Rebel to Ruler*, 291 – 293.
10. Zhao, Prisoner of the State, and Vogel, *Deng Xiaoping*. 두 책 모두 이 에피소드에 대해 자세하게 설명하고 있다.
11. Deng, *Shierge Chunqiu*, 1975 – 1987.
12. TVE에 대해서는 방대한 자료와 문헌이 존재한다. 나는 2008년 저서 *Capitalism with Chinese Characteristics*에서 이에 대한 리뷰를 기술한 바 있다.
13. 다음과 같은 아주 멋진 책에서 가져온 인용문이다. Wu Xiaobo (吴晓波), *Jidang Sanshi Nian* (激荡三十年 : 中国企业) 1978 – 2008, vol. 1, 3.
14. Vogel, *Deng Xiaoping*.

15. 이 부분은 나의 2008년 저서 *Capitalism with Chinese Characteristics*에서 발췌하였다. 이 책을 위한 연구는 상세한 기록 증거와 중국 은행들의 수많은 기록을 바탕으로 하였다..
16. Allen, Qian, and Qian, "Law, Finance, and Economic Growth in China"; Tsai, *Back-Alley Banking*.
17. Wu, *Jidang Sanshi Nian*, 1978 – 2008, vol. 1.
18. Ibid., vol. 1, 55.
19. 이어지는 두 개의 에피소드는 바로 위의 책 vol. 1, 85 – 86. 에서 인용하였다.
20. 언론 보도를 통해 한 중앙 지도자의 관심을 끌었고, 이 지도자가 이 문제에 대해 문의해 왔다. 바로 위의 책 참조.
21. Tocqueville, *Ancien Régime and the Revolution*.
22. Fewsmith, *Rethinking Chinese Politics*, 101 – 108.
23. 나의 다음 책, *Statism with Chinese Characteristics*에서 이 내용을 자세하게 다룰 예정이다.
24. Wu, *Jidang Sanshi Nian*, 1978 – 2008, vol. 1, 175.
25. Qian and Huang, "Political Institutions, Entrenchments, and the Sustainability of Economic Development."
26. 중국 정부가 발표한 원본 데이터를 사용할 경우 1980년대 농촌 가구 소득은 연간 12%씩 증가했지만 계산에 사용된 디플레이터(명목 수치를 실질 수치로 변경하기 위해 쓰이는 물가 지수)가 너무 낮을 수 있다. 그래서 여기서는 1984년부터 1988년 사이의 성장률을 사용하여 1980년대 전체 10년에 적용된다.
27. Huang and Qian, "How Gradualist Are Chinese Reforms?"
28. Zhang, *Tiananmen Papers*, 151.
29. Naughton, *Chinese Economy*, 322.
30. China.org.cn, "Corruption Is Crucial Threat, Wen Says."
31. Sun, *Corruption and Market*, 48.
32. 또 다른 훌륭한 연구로는 민신 페이의 *China's Crony Capitalism*가 있다. 이 책의 한계는 대부분의 데이터가 1990년 이후의 데이터여서, 시간 경과에 따른 변화를 평가하는 데에 한계가 있다는 것이다.
33. 반부패 캠페인의 목표와 언론 보도의 성격의 변화와 같은 대안적인 해석은 타당하지 않다. 1980년대 중국공산당은 중국강화발전공사(中国康华发展总公司, 문화대혁명 당시 홍위병의 폭력으로 장애인이 된 덩샤오핑의 장남 덩푸팡이 설립한 회사. 한때 중국 5대 기업 중 하나로 꼽혔다)와 관련된 인물 등 정치적으로 중요한 인사들을 표적으로 삼았으며, 1980년대에 언론은 상당한 자유를 누렸다.
34. Fewsmith, "Succession That Didn't Happen."

35. Kuhn, *Man Who Changed China*, 164.

36. Ibid., 163.

37. Zhang, *Tiananmen Papers*, 310.

38. Ji, "Jiang Zemin's Command of the Military."

39. Zhu and Mukhin, "Modern Regency" 에서는 이것이 중국과 구소련의 퇴진 방식과 전임자 처우에 있어 중요한 차이점이라고 주장한다.

40. Fewsmith, *China Since Tiananmen*, 76.

41. 덩샤오핑은 장쩌민이 너무 보수적이라고 생각했고, 1993년 장쩌민의 교체까지 고려했다. 덩샤오핑은 후진타오를 장쩌민의 후계자로 선정하는 데에도 개입했는데, 그 결과 후진타오의 재임 기간(2002~2012) 내내 후진타오와 장쩌민은 서로에 대하여 상당한 적대감을 감추지 않았다.

42. 1989년 5월 17일 중앙정치국 상무위원회 회의에서 계엄령에 대한 표결은 찬성 2명, 반대 2명, 기권 1명으로 교착 상태에 빠졌고, 그 후 계엄령에 찬성하는 원로들에게 결정권이 넘어갔다. 상무위원회가 교착 상태를 원로들에게 넘기기로 비밀 결의를 한 정황이 있다. Nathan, "Tiananmen Papers"를 참조.

43. Kristof, "A Year Later."

44. 하나의 기관은 시간이 지남에 따라 정체성, 이해관계, 새로운 구성원을 확보하고, 그 과정에서 자원과 동맹을 획득한다. 미국 민주당이 상원의 필리버스터 규칙을 없애는 것이 매우 어려웠던 것처럼 덩샤오핑과 천윈 이후의 중국공산당 역시 전직 지도자들로 구성된 기관을 없애는 데 많은 장애물에 부딪혔을 것이다. 현직은 연임을 통하여 기득권을 낳고, 스스로를 방어하는 자신만의 메커니즘을 구축한다.

5장. 무엇이 중국의 전제 정치를 안정적으로 만드는가?

인용문: Karl Marx, "Revolution in China and in Europe," *New York Daily Tribune*, 1853년 6월 14일. 다음 사이트에서 열람 가능 https://www.marxists.org/archive/marx/works/1853/06/14.htm.

1. Ray Huang, *1575: A Year of Insignificance* 는 정말 멋진 책으로, 만력제의 조정에서 어떤 일이 벌어졌는지 생생하게 보여준다.

2. Preskar, "Roman Emperor."

3. Shiono, *Rome Was Not Built in a Day*, vol. 1.

4. Fu, *Autocratic Tradition and Chinese Politics*, 2.

5. Kuroski, "Lineage."

6. Wang, *China Order*, 48.

7. Zhao, *Confucian-Legalist State*를 참고할 것.

8. Fu, *Autocratic Tradition and Chinese Politics*, 68.

9. Pines, *Everlasting Empire*, 3.

10. Grieder, *Intellectuals and the State*, 19.

11. Ho, "Presidential Address."

12. Fukuyama, *Origins of Political Order; Zhao, Confucian-Legalist State*.

13. Zhao, *Confucian-Legalist State*.

14. Fukuyama, *Origins of Political Order*.

15. Diamond, *Guns, Germs, and Steel*; Morris, *Why the West Rules*.

16. Ho, "Presidential Address," 554.

17. Zhao, *Confucian-Legalist State*, 58–59.

18. Scheidel, *Escape from Rome*.

19. Gibbon, *History*.

20. Levathes, *When China Ruled the Seas*.

21. Fogel, *Politics and Sinology*, 1980. 별도의 언급이 없는 한, 당송 대전환과 관련된 주요 개념에 대한 이 요약은 다음 문헌들을 바탕으로 작성하였다. Fogel, *Politics and Sinology*, 1980; Miyakawa, "Outline of the Naito Hypothesis."

22. Pinker, *Better Angels of Our Nature*.

23. Mingxi Lishi, "Economic Analysis."

24. Twitchett, *Cambridge History of China*, vol. 3.

25. Davis and Weinstein, "Bones, Bombs, and Break Points."

26. Tackett, *Destruction*.

27. Hartwell, "Demographic, Political, and Social Transformations."

28. Fu, *Autocratic Tradition and Chinese Politics*.

29. Blaydes and Chaney, "Feudal Revolution"; Kokkonen and Sundell, "Delivering Stability"; Wang, "Sons and Lovers."

30. Svolik, *Politics of Authoritarian Rule*.

31. Hirschman, *Exit, Voice, and Loyalty*.

32. Zhao, *Confucian-Legalist State*, 297.

33. 적합도는 적합 모델의 예측 값이 실제 값에 얼마나 가까운지에 따라 정의된다. 이 9개 왕조는 가장 낮은 잔차(residual, 회귀분석에서 관측값으로부터 회귀식에 의한 추정량을 뺀 값)를 생성한다. 절대값의 평균은 1.22이며 나머지 왕조의 평균은 6.84이다.

34. Zhao, *Confucian-Legalist State*.

35. 나는 다른 두 가지 정의도 시도해 보았다. 하나는 두 번째 기간에 수나라를 포함시키는 것이고, 다른 하나는 첫 번째 기간에 당나라를 포함시키도록 정의하는 것이다. 그 결과는 이 표에서 보여주는 결과와 대체로 일치하였다. 그러

나 각 왕조의 지속 기간의 통계적 유의성은 이 두 가지 대안 정의에 민감하다.

36. 대운하가 왕조의 지속과 황제의 재위 기간의 증가에 영향을 미쳤을까? 이를 위해서는 예를 들면 낮은 운송 비용이 정권의 적이 아니라 오히려 정권에 힘을 실어주었다는 복잡한 추론이 필요하다. 간단한 설명으로 될 일이 아니다. 나는 대운하와 재상의 사임을 연결시킬 수 있는 어떤 이론도 알지 못하며, 출구 전략으로서 재상의 처형은 감소시키고 사임은 증가시킬 수 있는 그 어떤 합리적인 논리도 들어본 적 없다. 수나라 이후 황제와 관리들 사이에 떠오른 새로운 공생 관계에 대하여 대운하로는 충분히 설명이 되지 않는다.
37. 마키아벨리식 사고관에 대해서는 다음을 참고할 것. *Svolik, Politics of Authoritarian Rule*, 6.
38. Bueno de Mesquita et al., *Logic of Political Survival*.
39. Bai and Jia, "Elite Recruitment and Political Stability." 클레어 양과 공동으로 계속 진행 중인 연구에서 우리는 과거 제도의 도입 이후 대규모 반란이 감소했다는 증거를 찾지 못했고, 이는 사회적 이동성이 정치적 안정의 주요 원인이라는 주장에 의문을 제기한다.
40. Björklund and Salvanes, "Education and Family Background."
41. Hucker, "Governmental Organization."
42. Calculated from the imperial court database.
43. Huang, *1587*, 31.
44. Elman, *Civil Examinations and Meritocracy*, 51.
45. 다음에 인용된 내용에서 번역하였다. Chen, "Civil Service Examination and Culture of Two Song Dynasties," 57. 중국어 원문은 다음과 같다.: "向者登科名级，多为世家所取，致塞孤寒之路，甚无谓也°今朕躬亲临试，以可否进退，尽革除昔之弊矣."
46. Elman, *Civil Examinations and Meritocracy*, 101.
47. 데이터베이스, 사용 및 구축한 변수, 견고성 검사, 계량경제학적 절차에 대한 자세한 내용은 다음을 참조할 것. Huang and Yang, "Longevity Mechanism."
48. Björklund and Salvanes, "Education and Family Background"는 광범위한 문헌 조사를 통해, 관련 데이터에 접근할 수 있는 모든 국가에서 학교 교육 기간의 변화 중 50% 이상이 가족 배경 요인에 기인하며, 그중 가족 소득이 가장 중요하다는 결론을 내렸다.
49. Eberhard, *Social Mobility; Miyazaki, China's Examination Hell*.
50. Elvin, *Pattern of the Chinese Past*.
51. Svolik, "Power Sharing and Leadership Dynamics."
52. Blaydes and Chaney, "Feudal Revolution and Europe's Rise."
53. Fu, *Autocratic Tradition and Chinese Politics*, 122.
54. Hofstede, *Hofstede, and Minkov, Cultures and Organizations*.

55. Huang, *1587*, 54.

56. Ibid., 96 – 101. 이 책에서는 Zheng De 대신 Cheng-te라고 표기하였다.

57. Ho, *Ladder of Success*, 218.

58. Spence, *Emperor of China*, 50.

59. Fukuyama, *Origins of Political Order*; Craig, *Heritage of Chinese Civilization*.

60. Fogel, *Politics and Sinology*, 171.

61. Fu, Autocratic Tradition and Chinese Politics, 59.

62. Ibid., 61.

63. Spence, Emperor of China, 80.

64. Fu, Autocratic Tradition and Chinese Politics, 61.

65. Ho, *Ladder of Success*, 189.

66. 태평천국의 난에 대한 생생한 설명은 Platt, *Autumn in the Heavenly Kingdom*.

67. Li and Lin, "A Re-Estimation."

68. Wright, *China in Revolution*, 2.

69. Grieder, *Intellectuals and the State*.

6장. 털록의 저주

인용문: 마오쩌둥이 사망한 후 화궈펑은 마오쩌둥이 남겼다는 지시를 톡톡히 써먹었다. 하지만 마오쩌둥이 장칭에게 조언을 구하라고 했는지는 확인되지 않았다. 당시 베이징에서는 이 메모를 장칭이 직접 작성했다는 소문이 돌았다. "毛泽东遗嘱之谜"를 참조할 것.

1. In Chinese this is "公道不蠢." See "Ye Jianying Yi Mao Zedong Lingzhong Tuogu."

2. Central Committee Documentation Research Offi ce, *Chen Yun Nianpu*.

3. Tullock, *Autocracy*.

4. Nathan, "China's Changing of the Guard."

5. Chang, *Coming Collapse of China*.

6. Zhu, "Performance Legitimacy." 일반적인 이론상의 요점은 Huntington, *Political Order in Changing Societies*에서 인용하였다. 헌팅턴은 대표성에서 정당성을 도출하는 정권과 "자비로운 결과"를 제공하는 정권을 구분한다.

7. Girard, "Secret."

8. 디쾨터는 가장 높은 추정치를 제시하지만, 자신의 책에서는 다른 추정치를 인용하고 있다. 가장 낮은 추정치인 1,650만 명이라는 공식 수치를 받아들이더라도 대약진 운동은 현대사에서 가장 큰 인위적 재난 중 하나이다. Dikötter, *Mao's Great Famine*을 참고할 것.

9. MacFarquhar and Schoenhals, *Mao's Last Revolution*. 추정치 중 일부는 다음을 참고.

10. Naughton, *Chinese Economy*, 214–215.

11. 이 추정치는 Cheng Li(李成)가 2021년 12월 8일 하버드 대학교 페어뱅크 중국학 센터에서 한 강연에서 나온 것이다. 강연 영상은 다음 URL에서 시청이 가능하다. https://www.youtube .com/watch?v=xn6DxmelkLU
(이 책에서는 2022년 10월 15일 버전을 참고하였다.)

12. Snyder, *On Tyranny*.

13. *People's Daily Online*, "Xi Jinping Diguode Sange Xuanjin Dinlu Doushisha?"

14. 명나라 때 과거 시험에서 성공적인 결과를 얻는 것은 21세기의 학교 등록율과 상관관계가 있다. Chen, Kung, and Ma, "Long Live Keju!"를 참조할 것.

15. Perry, "Higher Education and Authoritarian Resilience."

16. Lim and Blanchard, "Exclusive."

17. Sina News, "Pandian Shaohuai Dianchaoji de Yiwan Tanguan."

18. Cunningham, Saich, and Turiel, "Understanding CCP Resilience."

19. Ibid. 부패 조사에 노출되면 합법성 변수(척도 1~10) 중 약 0.001이 감소하며, 노출의 한계 효과는 일정하게 유지되지 않을 가능성이 높다.

20. 리처드 니스벳은 "어떤 사람의 주의를 끄는 것은 그가 인과적으로 중요하다고 생각할 가능성이 높은 것"이라고 말한다. Nisbett, *The Geography of Thought*.

21. Ibid.

22. Cunningham, Saich, and Turiel, "Understanding CCP Resilience."

23. 응답자들이 상급 기관에 대해 부정적인 의견을 표명할 경우 보복을 당할까 봐 두려워했을 가능성도 있다. 사실이다. 하지만 실제로 보복을 하는 것은 지방 공무원이며, 시민들은 지방 공무원에 대해서는 부정적인 의견을 자유롭게 표출한다. 이 특이한 계층적 만족도를 이해하려면 보복 계산 이상의 무언가가 필요하다.

24. 황태자들에 대한 이 이야기는 아래 URL에 올라와 있었으며, 이 책에서는 2018년 1월 6일 기준으로 인용하였다. 이 포스팅은 이후 삭제되었다. http://mp.weixin.qq.com/s/cpzM _rrN6whlh8NQplvOyQ

25. 스탠퍼드 대학교의 이칭 쑤가 이 현상에 대한 연구를 계속 진행 중에 있다. 이 부분은 저자와 이칭 쑤와의 개인적인 대화를 인용하였다.

26. Pan and Xu, "China's Ideological Spectrum."

27. Tullock, *Autocracy*.

28. Kurrild-Klitgaard, "Constitutional Economics"; Kokkonen and Sundell "Delivering Stability"; Wang, "Sons and Lovers."

29. Li, *Private Life of Chairman Mao*, 183.

30. 중국어로는 "只有毛主席能当大英雄，别人谁也不要想当英雄，你我离得远的很，不要打这个主意." Gu and Du, *Mao Zedong He Tade Gao Canmen*.

31. MacFarquhar, *Origins of the Cultural Revolution*, vol. 3, 262.

32. Shirk, "China in Xi's 'New Era,'" 22.

33. Buchanan and Tullock, *Calculus of Consent*.

34. Tullock, *Autocracy*, 151.

35. Herz, "Problem of Successorship," 30.

36. Wertime, "Finally."

37. Osnos, "Born Red."

38. Zhao, *Prisoner of the State*, 169.

39. 덩샤오핑은 1980년 초에 이미 이탈리아 언론인 오리아나 팔라치와의 인터뷰에서 원로 집단 전체의 은퇴에 대해 자신의 주장을 분명히 밝힌 바 있다.

40. Zhao, *Prisoner of the State*, 175.

41. Ibid., 173.

42. Pang and Feng, *Mao Zedong Nianpu*, 1949 – 1976, 493.

43. 저우언라이는 공식적으로 황태자로 인정받은 적은 한 번도 없지만, 마오쩌둥보다 오래 살았다면 마오의 뒤를 이었을 가능성이 컸다. 저우언라이에게 합리적인 전략은 공식적인 황태자 지위를 얻는 것이 아니라 그의 숙청에서 살아남는 것이었다. 어쩌면 마오쩌둥도 이를 알고 있었을 것이다. 저우언라이는 1972년 5월 18일에 암 진단을 받았고, 의사들은 즉시 치료 계획을 세웠다. 기묘하게도 치료 계획에는 마오쩌둥의 승인이 필요했지만 마오쩌둥은 1973년 3월 5일까지 승인을 보류했고, 저우언라이는 결정적 시기에 치료를 놓쳤다. 이 이야기는 저우언라이의 주치의와 공식 사진작가 등 저우언라이와 긴밀히 협력했던 사람들의 인터뷰를 바탕으로 하였다. Gu, *Zhou Enlai Zuihou 600 Tian*.

44. Dikötter, *How to Be a Dictator*, 109.

45. 이 부분 전체는 다음을 참고하였다. Salisbury, *New Emperors*, 284 – 285.

46. MacFarquhar, *Origins of the Cultural Revolution*, vol. 3, 258.

47. Dikötter, *Mao's Great Famine*, 100.

48. MacFarquhar, *Origins of the Cultural Revolution*, vol. 3, 258.

49. Shirk, "China in Xi's 'New Era,'" 23.

50. Jiang, "Nengyuan Fazhan Shishi Ji Zhuyao Jieneng Cuoshi."

51. Lorge, "Entrance and Exit."

52. Huntington, *Political Order in Changing Societies*; Umansky, "Why Is Qaddafi

Still a Colonel?"

53. Joffe, *Chinese Army after Mao*.

54. Ji, "Jiang Zemin's Command of the Military."

55. Worship, "Witness."

56. Saich, *From Rebel to Ruler*, 330.

57. Cheng, "Was the Shanghai Gang Shanghaied?"

58. Gillespie and Okruhlik, "Political Dimensions."

59. Tullock, *Autocracy*, 152.

60. Kuhn, *Man Who Changed China*, 211-218에 이 에피소드에 대한 정보가 포함되어 있다. 이 책에 따르면 덩샤오핑이 장쩌민을 보다 개혁적인 성향의 정치국 상무위원회 위원인 차오시(乔石)로 교체할 것을 고려하고 있었고, 차오시 자신도 개혁을 지지하는 척했던 일부 주요 인사들에게 권좌에서 물러나라고 조언했다고 한다.

61. Cheng, "End of the CCP's Resilient Authoritarianism?"는 이 주제에 대한 초기 자료이다.

62. Vogel, *Deng Xiaoping*.

7장. 니덤 문제의 재구성

인용문: septisphere.wordpress .com /2014/01/28/four-great-inventions.

당대의 많은 유럽인들처럼, 베이컨 역시 종이를 인쇄술의 일부로 지칭했다.

1. Levathes, *When China Ruled the Seas*.

2. Ian Morris, *Why the West Rules*, 413 에서 중대하지만 어리석은 결정을 내린 통치자를 묘사하기 위해 사용한 용어이다. 명나라 황제들은 이 카테고리에 맞아떨어진다.

3. Jones, *European Miracle*, 160.

4. 이들에 대한 전기를 쓴 학자는 극소수인데, 니덤이 그중 한 명이다. Winchester, *The Man Who Loved China*.

5. Needham, *Grand Titration*.

6. Needham and Harbsmeier, *Science and Civilisation in China*, vol. 7.

7. Rostoker and Dvorak, "Cast-Iron Bells."

8. Ronan and Needham, *Shorter Science and Civilisation in China*.

9. Mokyr, *Lever of Riches*.

10. Temple, *Genius of China*, 9.

11. Landes, *Wealth and Poverty of Nations*, 57에 따르면 "비단, 차, 도자기, 종이, 인쇄술 등 인류에게 많은 것을 제공한 중국인의 독창성과 창의성은 이 질식할

것 같은 국가 통제만 아니었다면 중국을 더욱 풍요롭게 하고 아마도 근대 산업의 문턱에 도달하게 했을 것"이다.

12. Morris, *Why the West Rules*, 520.

13. North, "Government and the Cost of Exchange," 160.

14. Needham, *Grand Titration*, 27.

15. Ibid.

16. Mao Zhonggeng, "Zhongguo Gudai Kexuejia Zhengti Zhuangkuan Tongji Yanjiu."

17. Dai Jianping, "Zhongguo Gudai Kexuejia Lishi Fenbude Tongjifenxi."

18. Ouyang and Hu, *Zhongguo Gudai Mingren Fenlei Dacidian*은 총 4권으로 구성된 전집이다.

19. 공식 활동이 더 잘 기록에 남기 때문에 공식적인 지위를 가진 사람들이 공식 기록에 포함될 가능성이 더 높다는 것이 잠재적인 편견이다. 그러나 그 비율을 임의로 절반으로 줄이더라도 여전히 과학자와 기술자의 25~30%가 정부의 지원을 받았다.

20. Needham, *Grand Titration*, 25.

21. Stasavage, *Decline and Rise of Democracy*.

22. 수치의 출처는 Dai Jianping, "Zhongguo Gudai Kexuejia Lishi Fenbude Tongjifenxi."

23. Wang Qianguozhong and Zhong Shouhua, *Li Yuanse Dadian*.

24. 이 문구는 중국과 유럽 간의 기술 격차보다는 경제적 격차에서 가장 널리 적용된다. Pomeranz, *Great Divergence*.

25. 데이터베이스, 발명 관련 수치 및 출처는 현재 집필 중인 Huang et al, *Needham Question*에서 자세히 설명하고 있다.

26. 발명 수를 집계할 때 진나라와 한나라를 함께 묶었다. 진나라는 14년밖에 지속되지 않았기 때문에 진나라의 발명을 따로 분류하는 것이 정확하지 않을 수 있다. SCC와 HCST는 이 기간의 발명들에 대해 정확한 연대를 밝히지 못한다. 중국의 역사가들은 종종 정치 체제의 유사성을 이유로 진나라와 한나라를 묶어서 본다. 나 역시 여기에서 같은 접근 방식을 취했다.

27. 특허 관련 데이터 출처 World Intellectual Property Organization https://www.wipo.int/portal/en/index.html.

28. Mokyr, *Lever of Riches*.

29. 이제는 고전이 된 논문 Simon Kuznets, "Population and Economic Growth"에 따르면 "인구가 많을수록 창작자와 생산자가 많아지기 때문에, 기존 생산 패턴에 따른 상품과 새로운 지식 및 발명품 양쪽 모두 증가하며, 이 관계는 느슨하다." 여기서 요점은 발명과 인구 간의 관계가 자동적으로 긍정적이거나 자동적으로 부정적이지는 않다는 것이다.

30. Glaeser, *Triumph of the City*.

31. Bloom et al., "Are Ideas Getting Harder to Find?"

32. Arthur, *Nature of Technology*.

33. Elvin, *Pattern of the Chinese Past*, 189.

34. 나는 중국에서 삼국지를 책으로 읽으며 자랐다. 요즘 세대는 수많은 비디오 게임으로 이 시대를 알고 있을 것이다.

35. Dong Jielin, Chen Jun, and Mao Lili, "Congtongji Shijiao Tantao Zhongguo Lishishande Jishufazhan Tedian."

36. Chen, "从李约瑟问题的研究经历看中西科技体制和学风的差距"; Hartwell,
"Historical Analogism, Public Policy, and Social Science"; Griliches, "Hybrid Corn."

37. Bray, *Technology and Gender*.

38. Elvin, *Pattern of the Chinese Past*.

39. Needham and Harbsmeier, *Science and Civilisation in China*, vol. 7; Lin, "The Needham Puzzle: Why the Industrial Revolution Did Not Originate in China."

40. 이 주장은 대체로 경제적인 측면이다. "캘리포니아 학파"로 알려져 있다. Pomeranz, *Great Divergence*; Wong, *China Transformed*; Goldstone, *Why Europe?*

41. Mokyr, *Lever of Riches*; Needham and Harbsmeier, *Science and Civilisation in China*, vol. 7.

42. Mokyr, *Lever of Riches*.

43. Cipolla, *Guns, Sails, and Empires*.

44. Headrick, *Tools of Empire*.

45. Davies, "Thousand Years of Science and Scientists."

46. Needham, "Roles of Europe and China."

47. Mokyr, *Lever of Riches*, 196에 따르면 "고대의 많은 학자들은 그리스 과학의 추상성과 초연함을 지적했는데, 그리스 과학에서 실험이 중요하지 않은 이유는 추상적 현실과 현실 세계에서 그 현실의 체현을 분리해서 생각했기 때문이었다. 고대의 자연 철학은 자연 세계는 합리적 원리로 이해할 수 있지만, 통찰은 그 자체로 보상이 된다고 주장했다. 과학이 현실 세계로 내려가면 부자와 유명인을 위한 장난감과 속임수를 만들거나, 분류 및 분류학에 국한되었다. 고대 자연 철학의 기술적 황폐함은 중세 과학에서 서서히 나타난 실용적이고 응용적인 성향과 대조되어야 한다."

48. 니덤에 대한 이 해석은 Olerich, "Examination"을 바탕으로 하였다.

49. 저스틴 린도 과거 시험을 비난하기는 하지만, 그는 중국 기술이 쇠퇴한 시기를 과거 제도가 도입된 지 700년 후인 명나라로 지목한다. Lin, "Needham Puzzle: Why the Industrial Revolution Did Not Originate in China"; Lin, "Needham Puzzle, the Weber Question, and China's Miracle."
50. Mokyr, "Market for Ideas."
51. 그 문헌에는 "polycentrism," 과 같이 개념과 의미가 유사한 다른 용어들이 있다.
52. Ouyang and Hu, *Zhongguo Gudai Mingren Fenlei Dacidian*.
53. 여기에는 이슬람과 기독교에 대한 정보도 포함되어 있다. 이 두 종교는 16세기까지 중국에 전파되지 않았기 때문에 계산에서 제외했다.
54. 심리학 실험에서 중국인을 포함한 동아시아 피험자는 대체로 서양인 피험자에 비해 인과적 사고와 가설 개발이 덜 용이하다. 한 실험에서는 피험자가 이전에 가졌던 견해가 틀린 것으로 판명되었을 때 놀라는지 여부를 관찰했다. 동아시아 피험자들은 이러한 실험에서 덜 놀라는 것으로 나타났다. Nisbett, *Geography of Thought*.
55. 니덤의 이 설명은 다음을 참조. Olerich, "Examination."
56. Fraser, "Mohism"에 따르면 묵가주의자들은 "그 추론이 때때로 지나치게 단순하거나 의심스러운 가정에 의존할 때도 있지만, 고대 그리스의 소크라테스처럼 객관적인 도덕적 기준을 명시적이고 반성적으로 탐구하며, 자신들의 견해에 대해 한 단계 한 단계 엄격하게 논증하는 전통을 세웠다."
57. Ricard and Singer, *Beyond the Self*.
58. Frankopan, *Silk Roads*, 181에서 외부 세계에 대한 중국의 기록은 부정확한 내용이 많이 포함되어 있다. 스페인의 멜론은 지름이 1.8미터가 넘고 양(羊)은 성인 인간의 크기였다는 기록도 있다. 이러한 오류는 해당 장소에 대한 반복적인 후속 접촉이 부족했기 때문에 초기 오류가 수정되지 않은 채로 남은 것이 원인이라고 생각한다. 이 동화 같은 이야기들은 또 다른 관점에서 의미가 있다. 중국인들에게 이 특별한 생물을 직접 보러 가고 싶다는 호기심을 전혀 불러일으키지 않았다는 것이다.
59. Li, "Tang Dynasty."
60. Morris, *Why the West Rules*. 중국의 인구학자들은 송나라의 인구를 추정할 때 다른 왕조보다 의견 차이가 더 많다. 어떤 인구 추정치를 사용하느냐에 따라 송나라의 CDI 지수는 매우 달라진다. 하나는 26.7이고 다른 하나는 15.8입니다. CDI 지수가 높을수록 송나라가 당나라보다 우위에 있는 반면, CDI 지수가 낮을수록 두 왕조가 비슷하다는 것을 의미한다.
61. 송나라가 "약하고 가난했다"는 이러한 견해는 중국의 가장 저명한 두 역사학자에 의해 대중화되었다. Ch'ien, *Traditional Government in Imperial China*; 반대 의견에 대해서는, Liu, *Chinese Market Economy*.
62. Liu, *Chinese Market Economy*.

63. Mokyr, *Lever of Riches*.

64. Levathes, *When China Ruled the Seas*.

65. Mokyr, *Lever of Riches*.

66. Scheidel, *Escape from Rome*.

67. 나는 지식과 중요성 사이의 이러한 반비례 관계의 이유로 유교적 관점의 역사 서술을 든다. 유학자인 역사학자들은 황제와 왕조를 미화하는 경향이 있었는데, 위진남북조 시대와 수나라는 황제로 보나 왕조 전체로 보나 수준 미달이었다. 이들은 또한 위진남북조 시대와 수나라가 처참하게 실패한 두 가지 분야—장수와 안정도 미화했다.

68. Ebrey, *Cambridge Illustrated History of China*.

69. Ouyang and Hu, *Zhongguo Gudai Mingren Fenlei Dacidian*.

70. Morris, *Why the West Rules*.

71. Ebrey, *Cambridge Illustrated History of China*, 210.

72. Sen, *Argumentative Indian*.

73. 완적에 대한 일화는 Ebrey, *Cambridge Illustrated History of China*. 유령(劉伶)에 대한 일화는 Craig, *Heritage of Chinese Civilization*.

74. Hui, *War and State Formation*, 171.

8장. 정부 공화국

인용문: R.L.G., "Of Nations, Peoples, Countries and Mínzú."

1. Fisman et al., "Social Ties and Favoritism."

2. Lichfield, "Editor's Letter."

3. Gibney, "Astronomers Closer to Cracking Mystery."

4. Giles, "Man Turning China into a Quantum Superpower."

5. Yin et al., "Entanglement-Based Secure Quantum Cryptography."

6. 구글의 전 대표인 에릭 슈미트가 만든 용어이다. AI를 언급할 때 사용하기는 했지만 다른 분야에도 적용될 수 있으며 두 개의 보고서에서 이 주제를 포괄적으로 다루고 있다. China Strategy Group, "Asymmetric Competition." Belfer Center for Science and International Affairs, "Great Rivalry." 좀더 데이터 위주의 연구는 Acharya and Dunn, "Comparing U.S. and Chinese Contributions."

7. Graham, *Lonely Ideas*.

8. China Strategy Group, "Asymmetric Competition."

9. Demsas, "Voters Already Love Technology."

10. Lee, *AI Superpowers*.

11. Bloom et al., "Are Ideas Getting Harder to Find?"

12. National Bureau of Statistics, *Zhongguo Tongji Nianjian 1981*, 441.

13. Wu Daguang and Fan Wei, *Zhongguo Gaodengxuexiao Benke Jiaoyuzhiliang Baogao*.

14. 역사의 지속성에 대한, 그리고 역량과 노하우를 형성하는 과정으로서의 역사에 관한 사회과학 문헌이 있다. 일본에 대한 연구에서 알 수 있듯이 대규모 폭격조차도 국가의 장기적인 경제 펀더멘털을 바꾸지는 못했다. Davis and Weinstein, "Bones, Bombs, and Break Points."

15. 이 개념에 대한 논의에 관해서는 "Freedom on the Net, 2018."

16. Kostka, "China's Social Credit Systems."

17. China Institute for Science and Technology Policy at Tsinghua University. *China AI Development Report*, 2018, 88.

18. 앞으로 바뀔 수도 있다. MIT 연구팀은 신경망의 10분의 1 크기이지만 학습과 훈련 능력은 동일한 서브네트워크를 연구하고 있다. 이 새로운 방법은 훈련에 필요한 데이터의 양을 크게 줄일 수 있다. Conner-Simons, "Smarter Training of Neural Networks."

19. Gray and Suri, *Ghost Work*.

20. 여기서 인용한 통계의 출처는 World Bank, "Research and Development Expenditure (% of GDP)." 세계은행은 2021년 기준 중국을 "상중위 소득(upper middle-income) 국가"로 분류하고 있다. 즉, 1인당 국민 소득이 USD4,096~12,695 사이에 들지 못한다는 뜻이다.

21. 공식 웹사이트에서 다운로드가 가능하다. National Security Commission on Artificial Intelligence, ttps://www.nscai.gov/wp-content/uploads/2021/03/Full-Report-Digital-1.pdf (이 책에서는 2021년 12월 3일 기준)

22. Moody, "China's Surveillance Plans."

23. Wisen의 공식 웹사이트에 나와 있는 사례들이다. https://www.wisencn.com/cgal_en (2020년 4월 2일 기준)

24. Iplytics, "Who Is Leading the 5G Patent Race?"

25. Young, "Tale of Two Cities."

26. https://www.sohu.com/a/421551077_126758, (2021년 1월 3일 기준)

27. *Economist*, "To Curb Covid-19."

28. Trefis Team, "Is Alibaba Really the Amazon of China?"

29. Polanyi, "Republic of Science."

30. 2022년 1월, 미국 정부는 증거를 검토한 결과 입증 책임을 충족할 수 없다는 결론을 내리고 첸 교수에 대한 소송을 취하하였다.

31. 노엄 촘스키의 반응 https://youtu.be/wqFhyaWQI1Y.

32. Yang, Vidovich, and Currie, "'Dancing in a Cage.'" 중국의 대학들에 대한 연

구는 매우 적다. 최근 연구로는 Kirby, *Empires of Ideas*.

33. 주칭시의 견해는 논란을 불러일으켰고, 중국에서 검열 대상이다. SUSTech 과 주칭시에 대한 내용은 중국어 위키에서 찾아볼 수 있다. https:// zh .wikipedia .org/ wiki/ %E6 %9C %B1 %E6 %B8%85 %E6 %97 %B6 https:// baike .baidu .com/ item/ %E6 %9C %B1 %E6 %B8 %85 %E6 %97 %B6/ 2733586 ?fr =aladdin, (2019년 3월 20일 기준)

34. 이 부분은 나와 MIT 동료인 피오나 머리가 수행한 (그러나 출간되지는 않은) 연구에서 대부분 가져왔다.

35. Merton, *Sociology of Science*.

36. Shi and Rao, "China's Research Culture."

37. Feng and Huang, "Real Picture of China's Science Enterprise."

38. 이 분석은 *MIT Technology Review* 의 2019년 특별호에 실렸으며, Lichfield, "Editor's Letter"에 등장한다.

39. 월스트리트 저널 웹사이트, https://www.wsj.com/articles/BL-CJB-27855 #: ~: text = Tsinghua%2C%20which%20is%20often%20 called,Cambridge%2Dbased%20MIT%20ranking%20second, (2021년 9월 21일 기준).

40. American Association for the Advancement of Science, "Historical Trends in Federal R&D."

41. Chinese Academy of Science and Technology for Development, http://2015. casted.org.cn/web/ index.php?ChannelID=17&NewsID=3545 (2022년 4월 3일 기준)

42. "Introduction on the 'International S&T Cooperation Program of China,'" 2001. "The Major Focus on the First Round of 2021 ISTCP," 2021, ISTCP website, https:// www .istcp .org .cn/ intro .html; Ministry of Science and Technology, https:// service .most .gov .cn/ u/ cms/ static/ 202009/ 301749251itr .pdf, accessed (2021년 10월 8일 기준)

43. Ministry of Education, People's Republic of China, "Brief Report."

44. National Science Foundation, "Report—S&E Indicators 2018."

45. 더 좋은 지표는 중국에 대한 사회과학 연구이다. 중국의 사회과학자들은 금융과 같은 몇몇 고도로 기술적인 주제를 제외하면 매우 제한적인 환경에서 활동한다. 아마도 중국 밖의 사회과학자들이 중국에 대한 훨씬 우수한 연구를 수행했을 것이다.

46. Graham, *Lonely Ideas*.

47. Baumol, *Free-Market Innovation Machine*.

48. Senor and Singer, *Start-up Nation*.

49. Abrami, Kirby, and McFarlan, "Why China Can't Innovate."

50. 이어지는 레노버에 대한 이야기는 나의 2008년 책을 바탕으로 한다. Huang, *Capitalism with Chinese Characteristics*.

51. McGregor, "World Should Be Braced."

52. 홍콩인이 중국에 투자할 경우 외국인 투자로 분류된다. 이는 표준 국가 관행 및 정의와 일치한다. "외국인" 투자의 정의는 해당 투자자가 자체적인 통화와 국경 통제가 있는 별개의 경제 영토에 거주한다는 것이다. 예를 들어 1997년 이전에도 홍콩인이 영국에 투자할 경우 영국 법에 따라 외국인 투자로 분류되었다.

53. Lu, *China's Leap*.

54. Huang, Selling China; Huang et al., "Fire Sale without Fire."

55. Qichacha(https://www.qcc.com)와 Qixinbao(https://www.qixin.com)는 중국 정부의 지원과 승인을 받아 사업자 등록 정보를 수집하고 게시하는 웹사이트이다.

56. 또 다른 가설은 중국의 하이테크 기업가들이 홍콩의 법률 시스템에 접근하기보다는 절세 목적으로 홍콩에 사업체를 등록했다는 것이다. 세제 혜택을 받으려면 중국 기업들도 홍콩에서 회계를 처리해야 한다. 이런 행위가 대규모로 행해졌다는 증거는 없다.

57. Saxenian, *New Argonauts*.

58. 이 데이터는 World Intellectual Property Organization 웹사이트에서 다운로드 받을 수 있다. 이 책에서는 2002년 4월 8일 기준 데이터를 이용하였다. https://www.wipo.int/portal/en/

59. Jaffe, Trajtenberg, and Henderson, "Geographic Localization."

60. BayHelix Group 공식 웹사이트, https:// bayhelix .org/ 이 책에서는 2019년 7월 8일 기준 데이터를 이용하였다.

61. 이 부분을 쓸 때 맥킨지 컨설턴트 출신으로 중국에 바이오테크 기업을 창업한 소피 챠오(Sofie Qiao)와의 대화를 많이 활용하였다.

62. https://www.wuxiapptec.com/, (2019년 4월 8일 기준)

63. Hamermesh and Zhou, "WuXi PharmaTech."

64. Prasad, "Why China No Longer Needs Hong Kong."

9장. 시진핑의 공산당

인용문: 이 농담은 더이상 중국 인터넷에서는 볼 수 없다. 중국공산당의 철저한 검열 끝에 모두 삭제되었다.

1. Saich, *From Rebel to Ruler*, 322.

2. 그의 부상과 리더십 스타일에 대해서는 이미 훌륭한 설명이 수없이 나와 있다. 흥미가 있는 독자들은 다음을 참조할 것. Economy, *Third Revolution*; Shambaugh, *China's Leaders*; and ibid.

3. Naughton, Growing *Out of the Plan*.
4. Zhu and Mukhin, "Modern Regency."
5. Bo, "Downfall of Ling Jihua."
6. Shirk, "China in Xi's 'New Era,'" 25.
7. Lorentzen and Lu, "Personal Ties, Meritocracy, and China's Anti- Corruption Campaign."
8. Department of the United Front, "Zhongbang Fafu Shuju Gongbu."
9. Shirk, "China in Xi's 'New Era.'"
10. Xinhua News, "Full Text: Resolution of the CPC Central Committee." Emphasis added.
11. Scott, *Seeing Like a State*.
12. Yao, "Exclusive."
13. Huang, *Capitalism with Chinese Characteristics*.
14. Wong, "Xi Jinping's Eager-to-Please Bureaucrats Snarl His China Plans."
15. Vogel, *One Step Ahead*.
16. Rodrik, *Globalization Paradox*.
17. 중국과 소련의 차이에 대해서는 작업 중인 나의 다른 저서 *Statism with Chinese Characteristics*에서 좀 더 자세히 탐구하고 있다.
18. 번역문 출처 China .org.cn, "Excerpts from Talks."
19. Doyon, "Influence without Ownership."
20. Xinhua News, "Minqi Waiqi Weihe Douyao Jiandangwei?"
21. Tan and Huang, "State Ownership and the Cost of Debt."
22. Gao, "As 'Two Sessions' Open."
23. Tullock, *Autocracy*, 156.
24. Associated Press, "Former Top Chinese Official Gets Life Term."
25. 때때로 고위 공무원들이 연설에서 민간 부문을 긍정하는 경우가 있는데, 보통 정부가 민간 부문의 투자 신뢰를 손상시키는 행동을 한 후이다.
26. Frye and Shleifer, "Invisible Hand and the Grabbing Hand."
27. Kharpal, "Alibaba's Jack Ma."
28. Thornhill, "Big Data Revolution."
29. Dickson, "Integrating Wealth and Power," 852.
30. Dickson, *Wealth into Power*.
31. 2013년 대외 방위 지출은 1,178억 달러, 대내 안보 지출은 1,238억 달러였다. 중국은 2014년부터 이 자료를 공개하지 않고 있다. Greitens, "Rethinking

China's Coercive Capacity."
32. Lardy, *State Strikes Back*.
33. Shum, *Red Roulette*.
34. Chinese Government, "Guojiaji Sousuo Pindai Zhongguo Sousuo Zhengshi Shanxie Kaitong."
35. "Zhongguo Shida Yinjin Baiming."
36. Thurm, "Huawei Admits Copying Code."
37. Tanner, "Beijing's New National Intelligence Law."
38. 학계는 정책 입안자들이 화웨이의 존재를 알기 훨씬 전부터 이 문제를 파헤쳤다. 나는 2008년 저서 *Capitalism with Chinese Characteristics*에서 화웨이가 (아마도 일부 국가 기관에 주식을 발행하기는 했겠지만) 임직원 소유 회사라고 판단했다. 수년 후 화웨이가 직접 이를 공식 확인했다. Corera, "Huawei's Business Damaged."
39. Corera, "Huawei's Business Damaged."
40. Whalen, "U.S. Campaign against Huawei."
41. Cuthbertson, "Huawei Ban"; Brown, "Huawei P20 Pro."
42. White, "Publications Output."
43. Tsinghua University, "Renkong Zhineng Fazhan Baogao." 칭화대의 보고서는 "글로벌 AI Talent Tracker"가 Paulsen Institute의 MacroPolo 웹사이트에서 발표한 데이터를 바탕으로 하고 있다. 이 데이터는 NeurIPS 2019 가 수락한 논문 저자들의 샘플이다. Paulsen Institute, "The Global AI Talent Tracker."
44. Cheng, "Apple, Intel and These Other US Tech Companies."
45. China Strategy Group, "Asymmetric Competition." 또한 Belfer Center for Science and International Affairs, "Great Rivalry." 더 데이터 중심의 연구를 참조하고 싶다면 Acharya and Dunn, "Comparing U.S. and Chinese Contributions."
46. Institute of International and Strategic Studies, "Jishu Linyude Zhongmei Zhanlie Jingzheng."
47. Cheng, "China GDP Grew 8.1% in 2021."
48. Emmott, *Rivals*.
49. McNeil Jr., "To Take On the Coronavirus, Go Medieval on It."
50. Cheng and Leung, "What Happened in China," 361.
51. Fukuyama, *Origins of Political Order*, 129.
52. Magnus, *Red Flags*.
53. Westbrook and Shen, "Half a Trillion Dollars Wiped from China Markets."
54. Whyte, *Myth of the Social Volcano*.

55. Huang, "Tencent Doubles Social Aid."
56. Gilholm, "China's Xitocracy."
57. Zhongyang jiwei guojia jianwei, "Dangjichufen Tiaoli Huachude Zhexiexinjinqu,Beihou Douyou Xianhou Anli."
58. Weber, *Economy and Society*.
59. Shirk, "China in Xi's 'New Era.'"
60. Lu and Han, "Update."
61. The Standard, "Lockdowns Costing China US$46bn a Month: CUHK Professor."
62. Naughton, *Growing Out of the Plan*.

10장. EAST 모델을 깨고 나오기?

1. For a detailed account of this episode, see Liu et al., "Controlling Ebola."
2. Our World in Data, https:// ourworldindata .org/coronavirus (2021년 4월 15일 기준)
3. Bradsher and Myers, "Ahead of Biden's Democracy Summit."
4. Jee and Zhang, "Oppose Autocracy without Support for Democracy."
5. Acemoglu et al., "Reevaluating the Modernization Hypothesis."
6. Wessel and Walker, "Good News for the Globe."
7. Huang, *Capitalism with Chinese Characteristics*.
8. Johnson, "Democratization of South Korea."
9. Clinton, "Full Text of Clinton's Speech on China Trade Bill."
10. *New York Times*, "China's Fax Invasion."
11. *New York Times*, "Faxing Democracy."
12. King, Pan, and Roberts, "How Censorship in China Allows Government Criticism but Silences Collective Expression."
13. Lim, *People's Republic of Amnesia*; Chen and Yang, "Impact of Media Censorship."
14. Harari, "Why Technology Favors Tyranny."
15. Karl Marx, "Division of Labour and Mechanical Workshop. Tool and Machinery," *Economic Manuscripts of 1861–63, part 3: Relative Surplus Value* (XIX – 1169), https:// marxists .architexturez .net/ archive/ marx/ works/ 1861/ economic/ ch35 .htm, (2021년 9월 17일 기준)
16. Kurlansky, *Paper*.
17. Henrich, *WEIRDest People in the World*.

18. Haver, "American Leaders Sold a Dream."
19. Cummings, *Korea's Place in the Sun*.
20. 한국의 민주화에 대한 김대중의 역할과 기여에 대한 자세한 설명은 아시아학 협회 홈페이지의 다음 포스팅을 참조할 것. https://www.asianstudies.org/publications/eaa/archives/kim-dae-jungs-role-in-the-democratization-of-south-korea/ (2021년 3월 3일 기준)
21. Wade, *Governing the Market*, 237–241.
22. 당나라 때 일본은 중국으로부터 문물을 수입하기 위해 정기적으로 사절단을 파견했지만 송나라 이후에 중단되었다. Vogel, *China and Japan*.
23. Clinton, "Full Text of Clinton's Speech on China Trade Bill."
24. Campbell and Ratner, "China Reckoning."
25. Securities and Exchange Commission, https://www.sec.gov/news/statement/gensler-statement-hfcaa-120221 (2021년 12월 10일 기준)
26. Axelrod, *Evolution of Cooperation*.
27. Vogel, *Deng Xiaoping*, 322.
28. Vogel, *Deng Xiaoping*.
29. Yang Hengjun, "Why China Still Needs Deng Xiaoping."
30. Truex, "Political Discontent in China."
31. 독재 체제는 이러한 유지할 수 없는 역동성을 배양한다. 시위는 보통 시위자들이 진정으로 원하는 것보다 더 소박한 요구로 시작한다. 시위자들의 안전을 보장하기 위해서다. 정부의 회유를 감지하면, 비로소 진정으로 원하는 수준으로 요구를 높인다. 민주주의 국가에서는, 최대 요구로 시작하고 나서 하향 협상에 나선다. 독재 체제에서는 그 반대인데, 이 전략은 종종 역효과를 낳는다.
32. *Business Insider*, https://www.businessinsider.com/26-percent-of-americans-are-right-wing-authoritarian-new-poll-2021-6, (2021년 12월 8일 기준)
33. 방대한 연구 결과가 존재한다. 단순한 국가 간 회귀에 의존하는 초기 연구는 경제 성장 측면에서 민주주의와 독재 정치 사이에 큰 차이가 없음을 보여준다. Barro, "Democracy and Growth"를 참조할 것. 이러한 유형의 연구에는 많은 오류가 있을 수 있다. 예를 들면 민주주의의 저량이 아닌 유량 효과를 측정하고, 하나의 정치 시스템의 동적 효과보다는 정적 효과만을 포착할 수 있다. 보다 최근의 연구는 경제 변화에 따르는 정치적 변화를 측정하고 민주주의의 긍정적인 효과를 보여준다. Papaioannou and Siourounis, "Democratisation and Growth"를 참조할 것. 또 다른 논문인 Acemoglu et al., "Democracy Does Cause Growth"는 민주주의가 성장을 촉진하고 인적 자본, 학교 및 보건에 대한 투자 경로가 된다는 것을 확인하였다.
34. Pinker, *Better Angels of Our Nature*, 337–338.

35. Friedman, *Hot, Flat, and Crowded*.

36. 중국, 일본, 한국에 대한 데이터는 세계은행, 대만 관련 데이터는 Statistica .com.

37. NASA의 지구관측소 웹사이트에서 남한과 북한을 비교해 보자. https://earthobservatory.nasa.gov/images/83182/the-koreas-at-night.

38. 이 부분은 다음 책들을 바탕으로 하였다. Cummings, *Korea's Place in the Sun*; Buzo, *Making of Modern Korea*.

39. 데이터 출처는 https://www.statista.com/statistics/1093256/novel-coronavirus-2019ncov-deaths-worldwide -by-country (2022년 1월 3일 기준)

40. Maçães, *Geopolitics for the End Time*.

41. 2020년 3월 1일 환구시보에 기고한 기사에서, 마틴 작스는 "나는 중국이 이런 종류의 비상사태를 대처할 수 있는 능력에서 어떤 서양 정부보다 훨씬 더 발전되어 있고 훨씬 더 유능하다고 생각한다. 중국 시스템, 중국 정부는 이와 같은 큰 도전들을 처리하는 데에 있어 다른 정부들보다 우월하다"고 말했다. https://www. globaltimes.cn/content/1181178.shtml (2022년 12월 8일 열람 기준)

42. Li, "Eric Li on the Failure."

43. Our World in Data at https://ourworldindata.org/covid-exemplar-south-korea, (2022년 1월 2일 기준)

44. 이와는 대조적으로, 홍콩은 1997년 조류 독감 발생 이후 살아있는 가금류 시장에 대하여 효과적인 규제 개입을 적극적으로 강제해왔다. Leung et al., "Avian Influenza"를 참조할 것.

45. Hua Sheng, "SARS Guohou Budao Shiqinian SARS."

46. 자세한 내용을 알고 싶다면 Huang, *SARS Epidemic and Its Aftermath*를 참조할 것.

47. Graeber and Wengrow, *Dawn of Everything*.

48. Sen, *Argumentative Indian*, 135.

49. Ibid.

50. Gerschenkron, *Economic Backwardness*.

51. Cheng Yinghong, "Cui Zhiyuan tongguo qujie meiguolaiqujie zhongguo."

52. Rawls, *Theory of Justice*.

53. Jacobs and Buckley, "Presumed Guilty."

54. "Defiant Bo Xilai Claims He Was Coerced into Graft Confession."

55. BBC 중문판, Zheng Wei, "Shiqi jiangzhi bingdiande zhongguo guanyuan."

56. 라흐만은 루이청강에게 깊은 인상을 받았다. 나도 루이를 알지만, 내가 감지

할 수 있었던 그의 자신감의 유일한 원천은 국영방송의 간판 앵커라는 지위뿐이었다.

57. 린뱌오는 저우언라이와 상의를 하기는 했지만, 편지를 보낸 적은 없다. 이 편지의 존재를 공개한 것은 린뱌오 사건 당시 베이징 주둔군 사령관이었던 우종이다. 우종은 권위 있는 잡지인 옌황춘추(炎黃春秋)에 이 편지에 대해 썼고, 둬웨이신문(多維新聞)이 그 기사를 받아 "린뱌오가 죽기 전에 마오쩌둥에게 편지를 한 통 보냈다(林彪死前给毛泽东一封信)"라고 썼다.

참고문헌

Associated Press. "A Former Top Chinese Official Gets Life Term for Corruption." *New York Times*, May 8, 2018. https://www.nytimes.com/2018/05/08/world/asia/sun-zhengcai-sentence-life-prison.html.

Axelrod, Robert. *Evolution of Cooperation*. First ed. New York: Basic Books, 1984.

Bai, Ying, and Ruixue Jia. "Elite Recruitment and Political Stability: The Impact of the Abolition of China's Civil Service Exam." *Econometrica* 84, no. 2 (2016): 677–733. https://doi.org/10.3982/ECTA13448.

Bao Weimin 包伟民. "Zhongguo Jiudaoshisanshiji Shehuishizilv Digaodejige Wenti 中国九到十三世纪识字率提高的几个问题 [On the rising literacy rates between the 9th and 13th centuries in China]." *Journal of Hangzhou University* 22, no. 4 (December 1992): 79–87.

Barro, Robert J. "Democracy and Growth." Journal of Economic Growth 1, no. 1 (March 1, 1996): 1–27. https://doi.org/10.1007/BF00163340.

Baumol, William. *The Free-Market Innovation Machine*. Princeton, N.J.: Princeton University Press, 2004.

Belfer Center for Science and International Affairs. "The Great Rivalry: China vs. the U.S. in the 21st Century," 2021. https://www.belfercenter.org/publication/great-rivalry-china-vs-us-21st-century.

Bell, Daniel A. *The China Model: Political Meritocracy and the Limits of Democracy*. Princeton, N.J.: Princeton University Press, 2015.

Björklund, Anders, and Kjell G. Salvanes. "Education and Family Background: Mechanisms and Policies." IZA Discussion Papers, Institute of Labor Economics (IZA), June 2010. https://ideas.repec.org/p/iza/izadps/dp5002.html.

Blank, Rebecca M. "The Effects of Double-Blind versus Single-Blind Reviewing: Experimental Evidence from *The American Economic Review*." *American Economic Review* 81, no. 5 (1991): 1041–1067. https://ideas.repec.org/a/aea/aecrev/v81y1991i5p1041-67.html.

Blaydes, Lisa, and Eric Chaney. "The Feudal Revolution and Europe's Rise: Political Divergence of the Christian West and the Muslim World before 1500 CE." *American Political Science Review* 107, no. 1 (February 2013): 16–34. https://doi.org/10.1017/S0003055412000561.

Bloom, Nicholas, Charles I. Jones, John Van Reenen, and Michael Webb. "Are Ideas Getting Harder to Find?" *American Economic Review* 110, no. 4 (April 2020): 1104–1144. https://doi.org/10.1257/aer.20180338.

Bo, Zhiyue. *Chinese Provincial Leaders: Economic Performance and Political Mobility*

Since 1949. London: Routledge, 2019.

———. "The Downfall of Ling Jihua and the New Norm of Chinese Politics."

The Diplomat, December 24, 2014. https://thediplomat.com/2014/12/the-downfall-of-ling-jihua-and-the-new-norm-of-chinese-politics/.

Bol, Peter K. *Neo-Confucianism in History*. Reprint, Cambridge, Mass.: Harvard University Asia Center, 2010.

Bradsher, Keith, and Steven Lee Myers. "Ahead of Biden's Democracy Summit, China Says: We're Also a Democracy." *New York Times*, December 7, 2021. https://www.nytimes.com/2021/12/07/world/asia/china-biden-democracy-summit.html.

Bray, F. *Technology and Gender: Fabrics of Power in Late Imperial China*. Berkeley: University of California Press, 1997.

Brook, Timothy. *The Troubled Empire: China in the Yuan and Ming Dynasties*. Reprint, Cambridge, Mass.: Belknap Press of Harvard University Press, 2013.

Brown, C. Scott."Huawei P20 Pro Already Outsold the P10 Plus by 316% in West- ern Europe." *Android Authority*, April 27, 2018. https://www.androidauthority.com/huawei-p20-pro-europe-sales-859899.

Buchanan, James M., and Gordon Tullock. *The Calculus of Consent: Logical Foundations of Constitutional Democracy*, vol. 2. Reprint, Indianapolis: Liberty Fund, 2004.

Buringh, Eltjo, and Jan Luiten Van Zanden. "Charting the 'Rise of the West': Manuscripts and Printed Books in Europe, a Long-Term Perspective from the Sixth through Eighteenth Centuries." *Journal of Economic History* 69, no. 2 (2009): 409-445.

Buzo, Adrian. *The Making of Modern Korea*. 3rd ed. London: Routledge, 2016. Campbell, Kurt M., and Ely Ratner. "The China Reckoning: How Beijing De-fied American Expectations." *Foreign Affairs* (March/April 2018). https://www.foreignaffairs.com/articles/china/2018-02-13/china-reckoning.

Cao, Xiaping, Michael Lemmon, Xiaofei Pan, Meijun Qian, and Gary Tian. "Political Promotion, CEO Incentives, and the Relationship between Pay and Performance." *Management Science* 65, no. 7 (July 1, 2019): 2947-2965. https://doi.org/10.1287/mnsc.2017.2966.

Central Committee Document Office 中共中央文献研究室. Mao Zedong *Duwenguji Piyuji* 毛泽东读文史古籍批语集 [Annotations by Mao Zedong of ancient texts on literature and history]. Beijing: 中央文献出版社 [Central Committee Document Publishing House], 1993.

Central Committee Documentation Research Office. *Chen Yun Nianpu* [A chroni- cle of Chen Yun's life]. Beijing: Zhongyang wenxian chubanshe, 2015.

Chandler, Alfred D. *Strategy and Structure: Chapters in the History of the Industrial*

Enterprise. Washington, D.C.: BeardBook, 1962.

Chang, Gordon G. *The Coming Collapse of China*. New York: Random House, 2001.

Chen Ping. "从李约瑟问题的研究经历看中西科技体制和学风的差距 [Differences in scientific and technological systems and academic styles between China and the West as seen from research on the Needham Question]." 素心书斋, 2002. https://suxin.one/paper/culture/002/9529.html.

Chen, Shumei. "An Explanation on 'Han Official Needs to Be Able to Recite 9000 Words.'" *Guhanyu yanjiu* 3 (1998): 82-84.

Chen, Ting, James Kai-sing Kung, and Chicheng Ma. "Long Live *Keju*! The Persistent Effects of China's Civil Examination System." *Economic Journal* 130, no. 631 (October 16, 2020): 2030-2064. https://doi.org/10.1093/ej/ueaa043.

Chen, Xiuhong. *Tang Song Keju Zhidu Yanjiu* [Research on the *Keju* system during the Tang and Song dynasties]. Beijing: Beijing shifan daxue chubanshe, 2012.

Chen, Yuyu, and David Y. Yang. "The Impact of Media Censorship: 1984 or Brave New World?" *American Economic Review* 109, no. 6 (June 2019): 2294-2332. https://doi.org/10.1257/aer.20171765.

Chen, Zhiyun. "Civil Service Examination and Culture of Two Song Dynasties." *Journal of Shangrao Normal College* 21, no. 1 (February 2001): 56-63.

Cheng, Evelyn. "Apple, Intel and These Other US Tech Companies Have the Most at Stake in China-US Trade Fight." CNBC, May 14, 2018. https://www.cnbc.com/video/2018/05/14/apple-intel-american-tech-companies-150-billion-at-stake-china-us-trade-fight.html.

Cheng, Jonathan. "China GDP Grew 8.1% in 2021, though Momentum Slowed in Fourth Quarter." *Wall Street Journal*, January 16, 2022. https://www.wsj.com/articles/china-gdp-grew-8-1-in-2021-though-momentum-slowed-in-fourth-quarter-11642386349.

Cheng, K. F., and P. C. Leung. "What Happened in China during the 1918 Influenza Pandemic?" *International Journal of Infectious Diseases* 11, no. 4 (July 1, 2007): 360-364. https://doi.org/10.1016/j.ijid.2006.07.009.

Cheng, Li. "The End of the CCP's Resilient Authoritarianism? A Tripartite Assessment of Shifting Power in China." *China Quarterly* 211 (2012): 595-623.

———. "Was the Shanghai Gang Shanghaied? The Fall of Chen Liangyu and the Survival of Jiang Zemin's Faction." *China Leadership Monitor* 20 (2007).

Cheng Yinghong 程映红. "Cui Zhiyuan tongguo qujie meiguolaiqujie zhongguo 崔之元通过曲解美国来曲解中国 [Cui Ziyuan's distortions of China through distortions of America]." RFI—法国国际广播电台, October 25, 2010. https:// www.rfi.fr/cn/20101025-程映红：崔之元通过曲解美国来曲解中国.

Ch'ien, Mu. *Merits and Demerits of Political Systems in Dynastic China*. London: Springer Nature, 2019.

———. *Traditional Government in Imperial China: A Critical Analysis*. Hong Kong: Chinese University Press, 1982.

China Daily. "Corruption Is Crucial Threat, Wen Says." China.org.cn. March 27, 2012. http://www.china.org.cn/china/2012-03/27/content_24993734.htm(accessed January 5, 2022).

China Institute for Science and Technology Policy at Tsinghua University. *China AI Development Report*, 2018. July 2018. https://www.scribd.com/document/442369539/China-AI-development-report-2018.

China Strategy Group. "Asymmetric Competition: A Strategy for China and Technology. Actionable Insights for American Leadership," 2020. http://industrialpolicy.us/ resources/ SpecificIndustries/ IT/ final-memo-china-strategy-group-axios-1.pdf.

Chinese Government. "Guojiaji Sousuo Pindai Zhongguo Sousuo Zhengshi Shanxie Kaitong 国家级搜索平台中国搜索正式上线开通 [The launch of the national level search engine]," March 21, 2014. http://www.gov.cn/xinwen/ 2014-03/21/content_2643362.htm.

———. "Sao Chu Wen Mang Gong Zuo Tiao Li." www.gov.cn, February 5, 1988. http://www.gov.cn/zhengce/2020-12/25/content_5573970.htm.

Cipolla, Caro M. *Guns, Sails, and Empires: Technological Innovation and the Early Phases of European Expansion, 1400–1700*. Manhattan, Kans.: Sunflower Uni- versity Press, 1985.

Clinton, Bill. "Full Text of Clinton's Speech on China Trade Bill," March 9, 2000. https://www.iatp.org/sites/default/files/Full_Text_of_Clintons_Speech_on_China_Trade_Bi.htm.

Conner-Simons, Adam. "Smarter Training of Neural Networks." MIT News, May 6, 2019. https://news.mit.edu/2019/smarter-training-neural-networks-0506. Corera, Gordon. "Huawei's Business Damaged by US Sanctions despite Success at Home." *BBC News*, March 31, 2021. https://www.bbc.com/news/technology-56590001.

Craig, Albert. *The Heritage of Chinese Civilization*. 3rd ed. Boston: Pearson, 2010. Creel, Herrlee Glessner. *The Origins of Statecraft in China*. 1st ed. Chicago: Uni-versity of Chicago Press, 1970.

Cummings, Bruce. *Korea's Place in the Sun: A Modern History*. Updated ed. New York: W. W. Norton, 2005.

Cunningham, Edward, Tony Saich, and Jessie Turiel. "Understanding CCP Re-silience: Surveying Chinese Public Opinion through Time." Ash Center for Democratic Governance and Innovation, 2020. https://ash.harvard.edu/files/ ash/files/final_policy_brief_7.6.2020.pdf.

Cuthbertson, Anthony. "Huawei Ban: More than 130 US Companies Blocked from Selling to Chinese Tech Giant." *The Independent*, August 28, 2019. https://www.independent.co.uk/life-style/gadgets-and-tech/news/huawei-ban-us-china-trade-war-trump-phone-latest-a9082166.html.

Dai Jianping 戴建平. "Zhongguo Gudai Kexuejia Lishi Fenbude Tongjifenxi 中国古代科学家历史分布的统计分析 [A statistical analysis of historical distri- butions of ancient Chinese scientists]." *Ziran Bianzhengfa Tongxun* 自然辩证法通讯 [Journal of dialectics of nature], 1997. http://jdn.ucas.ac.cn/public/ index.php/home/journal/view/id/1248.html.

Davies, Mansel. "A Thousand Years of Science and Scientists: 988 to 1988." *His- tory of Science* 33, no. 2 (June 1, 1995): 239–251. https://doi.org/10.1177/007327539503300205.

Davis, Donald R., and David E. Weinstein. "Bones, Bombs, and Break Points: The Geography of Economic Activity." *American Economic Review* 92, no. 5 (December 2002): 1269–1289. https://doi.org/10.1257/000282802762024502.

Demsas, Jerusalem. "Voters Already Love Technology. They Don't Need An- ti-China Messaging to Get There." *Vox*, May 3, 2021. https://www.vox.com/2021/5/3/22410304/technology-poll-research-and-development-biden-china-joint-address.

Deng, Liqun. *Shierge Chunqiu, 1975–1987* [Twelve springs and twelve autumns, 1975–1987]. Hong Kong: Bozhi chubanshe, 2006.

Deng Xiaoping. "Excerpts from Talks Given in Wuchang, Shenzhen, Zhuhai and Shanghai," 1992. http://www.china.org.cn/english/features/dengxiaoping/103331.htm.

Department of the United Front. "Zhongbang Fafu Shuju Gongbu 重磅反腐数据公布 [Important announcement on anti-corruption data]," June 29, 2021. https://www.sohu.com/a/474678352_120702.

Deresiewicz, William. *Excellent Sheep: The Miseducation of the American Elite and the Way to a Meaningful Life*. New York: Free Press, 2015.

Diamond, Jared. Guns, Germs, and Steel: The Fates of Human Societies. Revised ed.New York: W. W. Norton, 2005.

Dickson, Bruce J. "Integrating Wealth and Power in China: The Communist Party's Embrace of the Private Sector." *China Quarterly* 192 (2007): 827–854.

———. *Wealth into Power: The Communist Party's Embrace of China's Private Sector*. Cambridge, Eng.: Cambridge University Press, 2008.

Dikötter, Frank. *How to Be a Dictator: The Cult of Personality in the Twentieth Century*. New York: Bloomsbury, 2019.

———. *Mao's Great Famine: The History of China's Most Devastating Catastrophe, 1958–62*. New York: Walker & Co., 2010.

Dong Jielin 董洁林, Chen Jun 陈娟, and Mao Lili 茅莉丽. "Congtongji

Shijiao Tantao Zhongguo Lishishande Jishufazhan Tedian 从统计视角探讨中国历史上的技术发展特点 [An exploration of characteristics of technological de- velopment in Chinese history]." *Ziran Bianzhengfa Tongxun* 自然辩证法通讯[Journal of dialectics of nature] 3 (2014): 29–36.

Doyon, Jérôme. "Influence without Ownership: The Chinese Communist Party Targets the Private Sector." Institut Montaigne, January 26, 2021. https://www.institutmontaigne.org/en/blog/influence-without-ownership-chinese-communist-party-targets-private-sector.

Duowei Xinwen 多维新闻. "Lin Biao siqiangei Mao Zedong yifengxin 林彪死前给毛泽东一封信 [A letter from Lin Biao to Mao Zedong before his death]." 多维新闻, October 23, 2016. https://www.dwnews.com/中国/59777023/林彪死前给毛泽东一封信.

Eberhard, Wolfram. *Social Mobility in Traditional China*. Leiden: Brill Archive, 1962.

Ebrey, Patricia Buckley. *The Cambridge Illustrated History of China*. 2nd ed. New York: Cambridge University Press, 2010.

———. "Concubines in Sung China." *Journal of Family History* 11, no. 1 (March 1, 1986): 1–24. https://doi.org/10.1177/036319908601100101.

Economist, The. "To Curb Covid-19, China Is Using Its High-Tech Surveillance Tools," *Economist*, February 29, 2020. https://www.economist.com/china/ 2020/02/29/to-curb-covid-19-china-is-using-its-high-tech-surveillance-tools.

Economy, Elizabeth C. *The Third Revolution: Xi Jinping and the New Chinese State*. Oxford, Eng.: Oxford University Press, 2018.

Elman, Benjamin A. *Civil Examinations and Meritocracy in Late Imperial China*. Cambridge, Mass.: Harvard University Press, 2013.

———. *A Cultural History of Civil Examinations in Late Imperial China*. Berkeley: University of California Press, 2000.

———. "Political, Social, and Cultural Reproduction via Civil Service Examinations in Late Imperial China." *Journal of Asian Studies* 50, no. 1 (1991): 7–28. https://doi.org/10.2307/2057472.

Elvin, Mark. *The Pattern of the Chinese Past*. 1st ed. Stanford, Calif: Stanford University Press, 1973.

Emmott, Bill. *Rivals: How the Power Struggle between China, India, and Japan Will Shape Our Next Decade*. Boston: Houghton Mifflin Harcourt, 2008.

Fairbank, John King. *China: Tradition and Transformation*. Revised ed. Boston: Houghton Mifflin College Division, 1989.

Fearon, James D. "Ethnic and Cultural Diversity by Country." *Journal of Economic Growth* 8, no. 2 (June 1, 2003): 195–222. https://doi.org/10.1023

/A:1024419522867.

Feng, Guangchao Charles, and Yu Huang. "A Real Picture of China's Science Enterprise: A Big-Data Analysis." *Science*, May 24, 2016.

Fewsmith, Joseph. *China since Tiananmen: From Deng Xiaoping to Hu Jintao*. 2nd ed.

Cambridge, Eng.: Cambridge University Press, 2008.

———. *Rethinking Chinese Politics*. Cambridge, Eng.: Cambridge University Press, 2021.

———. "The Succession That Didn't Happen." *China Quarterly* 173 (2003): 1-6. Fisman, Raymond, Jing Shi, Yongxiang Wang, and Rong Xu. "Social Ties and Favoritism in Chinese Science." *Journal of Political Economy* 126, no. 3 (June 1, 2018): 1134-1171. https://doi.org/10.1086/697086.

Fogel, Joshua A. *Politics and Sinology: The Case of Naitō Konan (1866–1934)*. 1980; Cambridge, Mass.: Harvard University Asia Center, 1984.

Frankopan, Peter. *Silk Roads: A New History of the World*. New York: Vintage, 2015. Fraser, Chris. "Mohism." In *The Stanford Encyclopedia of Philosophy Archive*, Win- ter 2020. Metaphysics Research Lab, Stanford University, 2020. https://plato.stanford.edu/archives/win2020/entries/mohism/.

Friedman, Thomas L. *Hot, Flat, and Crowded: Why We Need a Green Revolution—And How It Can Renew America, Release 2.0*. 2nd ed. New York: Picador, 2009. Frye, Timothy, and Andrei Shleifer. "The Invisible Hand and the Grabbing Hand." *American Economic Review* 87, no. 2 (1997): 354-358. http://www.jstor.org/stable/2950945.

Fu, Zhengyuan. *Autocratic Tradition and Chinese Politics*. Cambridge, Eng.: Cambridge University Press, 1993.

Fukuyama, Francis. *The Origins of Political Order: From Prehuman Times to the French Revolution*. New York: Farrar, Straus and Giroux, 2011.

———. *Political Order and Political Decay: From the Industrial Revolution to the Globalization of Democracy*. 1st ed. New York: Farrar, Straus and Giroux, 2014.

Gao, Charlotte. "As 'Two Sessions' Open, CCP Is Ready to Defend Presiden- tial Term Limit Change," March 5, 2018. https://thediplomat.com/2018/ 03/as-two-sessions-open-ccp-is-ready-to-defend-presidential-term-limit-change/.

Ge Jianxiong. *Zhongguo Renkou Fazhanshi* 中国人口发展史 [History of Chinese population development]. Chengdu 成都: 四川人民出版社 [Sichuan People's Publishing House], 2020.

Gerschenkron, Alexander. *Economic Backwardness in Historical Perspective*. Cambridge, Mass.: Belknap Press of Harvard University Press, 1962.

Gibbon, Edward. *The History of the Decline & Fall of the Roman Empire*. Oxford, Eng.: H. Frowde, Oxford University Press, 1907.

Gibney, Elizabeth. "Astronomers Closer to Cracking Mystery of Fast Radio Bursts." *Nature* 572, no. 7770 (August 13, 2019): 425–426. https://doi.org/10.1038/d41586-019-02455-1.

Giles, Martin. "The Man Turning China into a Quantum Superpower." *MIT Technology Review*, 2019. https://www.technologyreview.com/2018/12/19/1571/the-man-turning-china-into-a-quantum-superpower/.

Gilholm, Andrew. "China's Xitocracy." *Foreign Affairs*, August 11, 2017. https://www.foreignaffairs.com/articles/china/2017-08-11/chinas-xitocracy.

Gillespie, Kate, and Gwenn Okruhlik. "The Political Dimensions of Corruption Cleanups: A Framework for Analysis" 24, no. 1 (1991): 77–95.

Girard, Bonnie. "The Secret behind the Chinese Communist Party's Perseverance." *Diplomat*, May 26, 2021.

Glaeser, Edward L. *Triumph of the City: How Our Greatest Invention Makes Us Richer, Smarter, Greener, Healthier, and Happier*. New York: Penguin Press, 2011.

Goldin, Claudia, and Cecilia Rouse. "Orchestrating Impartiality: The Impact of 'Blind' Auditions on Female Musicians." *American Economic Review* 90, no. 4 (September 2000): 715–41. https://doi.org/10.1257/aer.90.4.715.

Goldman, Merle. *Sowing the Seeds of Democracy in China: Political Reform in the Deng Xiaoping Era*. Cambridge, Mass.: Harvard University Press, 1995.

Goldstone, Jack. *Why Europe? The Rise of the West in World History, 1500–1850*. 1st ed. Boston: McGraw-Hill Education, 2008.

Graeber, David, and David Wengrow. *The Dawn of Everything: A New History of Humanity*. 1st ed. New York: Farrar, Straus and Giroux, 2021.

Graham, Loren. *Lonely Ideas: Can Russia Compete?* Cambridge, Mass.: MIT Press, 2013.

Grandin, Greg. *End of the Myth*. Reprint, New York: Metropolitan, 2020.

Gray, Mary, and Siddharth Suri. *Ghost Work*. Boston: Houghton Mifflin Harcourt, 2019.

Greitens, Sheena Chestnut. "Rethinking China's Coercive Capacity: An Examination of PRC Domestic Security Spending, 1992–2012." *China Quarterly* 232 (December 2017): 1002–25. https://doi.org/10.1017/S0305741017001023.

Grieder, Jerome B. *Intellectuals and the State in Modern China*. 1st ed. New York: Free Press, 1981.

Griliches, Zvi. "Hybrid Corn: An Exploration in the Economics of Technological Change." *Econometrica* 25, no. 4 (October 1957): 501. https://doi.org/10.2307/1905380.

Gu, Baozi. *Zhou Enlai Zuihou 600 Tian* [The final 600 days of Zhou Enlai]. Hong Kong: Hong Kong Open Page, 2015.

Gu, Baozi, and Xiuxian Du. *Mao Zedong He Tade Gao Canmen* [Mao Zedong and his high counselors]. Guiyang: Guangxi renmin chubanshe, 2011.

Guo, Peigui. *Mingdai Xuexiao Keju Yu Renguan Zhidu Yanjiu* [Ming Dynasty schools, imperial examinations, and official selection]. Beijing: Encyclopedia of China Publishing House, 2014.

———. "The Size and Admission Rate of Keju in the Ming Dynasty." *History Monthly* 12 (2006): 24–31.

Guowuyuan 国务院 [State Council]. *Zhongguo Disanci Renkou Pucha Ziliao Fenxi* 中国第三次人口普查资料分析 [An analysis of the third population census of China]. Beijing: 中国财政经济出版社 [China Finance Publishing House], 1987.

Hale, Henry, et al. "Russia May Be about to Invade Ukraine. Russians Don't Want It To." *Washington Post*, February 11, 2022. https://www.washingtonpost.com/ politics/2022/02/11/russia-may-be-about-invade-ukraine-russians-dont-want-it/.

Hamermesh, Richard G., and Simin Zhou. "WuXi PharmaTech." *Harvard Business School Case* 806–003 (June 2006).

Han, Hongtao. "The Political Incentives for Wu Zetian's Keju Reform." *Nantong University Communications* 34, no. 1 (2018): 95–100.

Harari, Yuval Noah. "Why Technology Favors Tyranny." *The Atlantic*, August 30, 2018. https://www.theatlantic.com/magazine/archive/2018/10/yuval-noah-harari-technology-tyranny/568330/.

Harding, Harry. *China's Second Revolution: Reform after Mao*. Washington, D.C.: Brookings Institution Press, 1987.

———. *Organizing China: The Problem of Bureaucracy, 1949–1976*. 1st ed. Stanford, Calif: Stanford University Press, 1981.

Hart, Michael H. *The 100: A Ranking of the Most Influential Persons in History*. New York: Citadel Press, 1978.

Hartwell, Robert M. "Demographic, Political, and Social Transformations of China, 750–1550." *Harvard Journal of Asiatic Studies* 42, no. 2 (1982): 365–442. https://doi.org/10.2307/2718941.

———. "Historical Analogism, Public Policy, and Social Science in Eleventh-and Twelfth-Century China." *American Historical Review* 76 (1971): 690–727.

Hasan, Rana, and Karl Robert Jandoc. "The Distribution of Firm Size in India: What Can Survey Data Tell Us?" SSRN Scholarly Paper. Rochester, NY: So- cial Science Research Network, 2010. https://doi.org/10.2139/ssrn.1681268.

Haver, Zoe. "American Leaders Sold a Dream of Changing China." *Foreign Policy*(blog), September 29, 2020. https://foreignpolicy.com/2020/09/29/american-leaders-sold-changing-china-engagement/.

Hayek, F. A. "The Use of Knowledge in Society." *American Economic Review* 35, no. 4 (1945): 519–530. https://www.jstor.org/stable/1809376.

Headrick, Daniel R. *The Tools of Empire: Technology and European Imperialism in the Nineteenth Century*. Oxford, Eng.: Oxford University Press, 1981.

Henrich, Joseph. *The WEIRDest People in the World: How the West Became Psychologically Peculiar and Particularly Prosperous*. New York: Farrar, Straus and Giroux, 2020.

Herz, John H. "The Problem of Successorship in Dictatorial Régimes: A Study in Comparative Law and Institutions." *Journal of Politics* 14, no. 1 (1952): 19–40. Hewett, Edward A. *Reforming the Soviet Economy: Equality versus Efficiency*. Wash-ington, D.C.: Brookings Institution Press, 1990.

Hirschman, Albert O. *Exit, Voice, and Loyalty: Responses to Decline in Firms, Organizations, and States*. 1st ed. Cambridge, Mass.: Harvard University Press, 1970. Ho, Ping-ti. *The Ladder of Success in Imperial China: Aspects of Social Mobility, 1368–1911*. New York: Science Editions, 1962. http://archive.org/details/ladderofsuccessi0000unse.

———. "The Presidential Address. The Chinese Civilization: A Search for the Roots of Its Longevity." *Journal of Asian Studies* 35, no. 4 (1976): 547–54. https://doi.org/10.2307/2053669.

Hofstede, Geert, Gert Jan Hofstede, and Michael Minkov. *Cultures and Organizations: Software of the Mind*. 3rd ed. New York: McGraw-Hill Education, 1997. Holmström, Bengt. "Managerial Incentive Problems: A Dynamic Perspective." *Review of Economic Studies* 66, no. 1 (January 1, 1999): 169–182. https://doi.org/10.1111/1467-937X.00083.

Hough, Jerry F., and Merle Fainsod. *How the Soviet Union Is Governed*. 2nd ed. Cambridge, Mass.: Harvard University Press, 1979.

Hua Sheng 华生. "SARS Guohou Budao Shiqinian SARS 过后不到十七年 [Only seventeen years after SARS]," 2020. https://www.sohu.com/a/www.sohu.com/a/376313025_220095.

Huang Liuzhu 黄留珠. *Qinhan Shijin Zhidu* 秦汉仕进制度 [The official selection rules in the Qin and Han dynasties]. Xi'an: 西北大学出版社 [Northwestern university press], 2006.

Huang, Mingguang. "The Study of the Chinese Civil Service Examination System in Ming Times." Ph.D. diss., Zhejiang University, 2015.

Huang, Ray. *1587, A Year of No Significance: The Ming Dynasty in Decline*. New Haven: Yale University Press, 1981.

Huang, Yanzhong. *The SARS Epidemic and Its Aftermath in China: A Political Perspective. Learning from SARS: Preparing for the Next Disease Outbreak: Workshop Summary*. Washington, D.C.: National Academies Press, 2004. https://www.ncbi.nlm.nih.gov/books/NBK92479/.

Huang, Yasheng. *Capitalism with Chinese Characteristics: Entrepreneurship and the State*. 1st ed. New York: Cambridge University Press, 2008.

———. *Inflation and Investment Controls in China: The Political Economy of Central-*

Local Relations During the Reform Era. New York: Cambridge University Press, 1996.

———. "Information, Bureaucracy, and Economic Reforms in China and the So- viet Union." *World Politics* 47, no. 1 (October 1994): 102–134. https:// doi.org/ 10.2307/2950680.

———. "Managing Chinese Bureaucrats: An Institutional Economics Perspective." *Political Studies* 50, no. 1 (March 1, 2002): 61–79. https://doi.o rg/10.1111/1467-9248.00359.

———. *Selling China: Foreign Direct Investment during the Reform Era*. 1st ed. New York: Cambridge University Press, 2003.

———. *Statism with Chinese Characteristics*. New York: Cambridge University Press, forthcoming 2024.

———. "Why China Will Not Collapse." *Foreign Policy* 99 (1995): 54–68. https:// doi.org/10.2307/1149005.

Huang, Yasheng, Yue Ma, Zhi Yang, and Yifan Zhang. "A Fire Sale without Fire: An Explanation of Labor-Intensive FDI in China." *Journal of Comparative Economics* 44, no. 4 (November 1, 2016): 884–901. https://doi.org/10.1016/ j.jce.2016.04.007.

Huang, Yasheng, and Meijun Qian. "How Gradualist Are Chinese Reforms? Evidence from Rural Income Determinants." *European Journal of Finance* 24, no. 1 (January 2, 2018): 19–35. https://doi.org/10.1080/1351847X.2017.1290669.

Huang, Yasheng, and Yumin Sheng. "Political Decentralization and Inflation: Sub-National Evidence from China." *British Journal of Political Science* 39, no. 2 (April 2009): 389–412. https://doi.org/10.1017/S0007123408000549.

Huang, Yasheng, and Clair Yang. "A Longevity Mechanism of Chinese Absolut- ism." *Journal of Politics* 84, no. 2 (April 2022). https:// doi.org/10.1086/714934. Huang, Yasheng, Enying Zheng, Wei Hong, Danzi Liao, and Meicen Sun. *The Needham Question*. Working book manuscript in the author's possession, 2022.

Huang, Zheping. "Tencent Doubles Social Aid to $15 Billion as Scrutiny Grows." *Bloomberg*, August 18, 2021. https://www.bloomberg.com/news/ articles/2021-08-19/tencent-doubles-social-aid-to-15-billion-as- scrutiny-grows.

Hucker, Charles O. "Governmental Organization of the Ming Dynasty." Harvard Journal of Asiatic Studies 21 (1958): 1–66. https://doi.org/10.2307/2718619.

Hui, Victoria Tin-bor. *War and State Formation in Ancient China and Early Modern Europe*. New York: Cambridge University Press, 2005.

Huntington, Samuel P. *Political Order in Changing Societies*. New Haven: Yale Uni- versity Press, 1968.

Institute of International and Strategic Studies. "Jishu Linyude Zhongmei Zhanlie Jingzheng 技术领域的中美战略竞争 [Strategic rivalry between China and the United States in technology].” Beijing: Peking University, 2022.

Iplytics. “Who Is Leading the 5G Patent Race?” iplytics.com, November 2019. https://www.iplytics.com/wp-content/uploads/2019/01/Who-Leads-the-5G-Patent-Race_2019.pdf.

Jacobs, Andrew, and Chris Buckley. “Presumed Guilty in China’s War on Corruption, Targets Suffer Abuses.” *New York Times*, October 20, 2014. https://www.nytimes.com/2014/10/20/world/asia/the-new-victims-of-chinas-war-on-corruption.html.

Jaffe, Adam B., Manuel Trajtenberg, and Rebecca Henderson. “Geographic Localization of Knowledge Spillovers as Evidenced by Patent Citations.” *Quarterly Journal of Economics* 108, no. 3 (1993): 577–598. https://doi.org/10

.2307/2118401.

Jee, Haemin, and Tongtong Zhang. “Oppose Autocracy without Support for Democracy: A Study of Non-Democratic Critics in China.” Forthcoming, n.d., 54.

Jensen, Michael C., and William H. Meckling. “Theory of the Firm: Managerial Behavior, Agency Costs and Ownership Structure.” *Journal of Financial Economics* 3, no. 4 (October 1, 1976): 305–360. https://doi.org/10.1016/0304

-405X(76)90026-X.

Ji, You. “Jiang Zemin’s Command of the Military.” *China Journal* 45 (2001): 131–138. https://doi.org/10.2307/3182374.

Jian, Bozan. *Zhongguoshi Gangyao* [Compendium of Chinese history]. Beijing: Bei- jing Daxue Chubanshe, 2006.

Jiang, Qin, and James Kai-Sing Kung. “Social Mobility in Pre-Industrial China: Reconsidering the ‘Ladder of Success’ Hypothesis.” SSRN Scholarly Paper. Rochester, NY: Social Science Research Network, December 14, 2016. https://doi.org/10.2139/ssrn.3255796.

Jiang Zemin. “Nengyuan Fazhan Shishi Ji Zhuyao Jieneng Cuoshi [Development of energy and main energy-saving measures].” In *Zhongguo Nengyuan Wenti Yanjiu* [Research on China’s energy issues]. Shanghai: Shanghai jiaotong daxue, 1989.

Joffe, Ellis. *The Chinese Army after Mao*. Cambridge, Mass.: Harvard University Press, 1987.

Johnson, Chalmers. “The Democratization of South Korea: What Role Does Economic Development Play?” *Copenhagen Journal of Asian Studies* 4 (1989). https://doi.org/10.22439/CJAS.V4I1.1766.

Jones, E. L. *The European Miracle: Environments, Economies and Geopolitics in the History of Europe and Asia*. 1st ed. Cambridge Eng.: Cambridge University Press, 1981.

Kharpal, Arjun. "Alibaba's Jack Ma Has Been a Communist Party Member since the 1980s." CNBC, November 27, 2018. https://www.cnbc.com/2018/11/27/alibabas-jack-ma-has-been-communist-party-member-since-1980s.html.

Khilnani, Sunil. *The Idea of India*. 1st paperback ed. New York: Farrar, Straus and Giroux, 1999.

King, Gary, Jennifer Pan, and Margaret Roberts. "How Censorship in China Allows Government Criticism but Silences Collective Expression." *American Political Science Review* 107, no. 2 (May 2013): 1–18.

Kirby, William C. *Empires of Ideas: Creating the Modern University from Ger-many to America to China*. Working book manuscript in author's possession, 2022.

Kokkonen, Andrej, and Anders Sundell. "Delivering Stability—Primogeniture and Autocratic Survival in European Monarchies, 1000–1800." *American Po-litical Science Review* 108, no. 2 (May 2014): 438–453. https://doi.org/10.1017/ S000305541400015X.

Kostka, Genia. "China's Social Credit Systems and Public Opinion: Explaining High Levels of Approval." *New Media & Society* 21, no. 7 (July 1, 2019): 1565–

1593. https://doi.org/10.1177/1461444819826402.

Kristof, Nicholas D. "Suicide of Jiang Qing, Mao's Widow, Is Reported." *New York Times*, June 5, 1991. https://www.nytimes.com/1991/06/05/obituaries/suicide-of-jiang-qing-mao-s-widow-is-reported.html.

———. "A Year Later, Signs That Deng Guides China." *New York Times*, January 29, 1991.

Kuhn, Robert Lawrence. *The Man Who Changed China: The Life and Legacy of Jiang Zemin*. 1st ed. New York: Crown, 2004.

Kung, James Kai-Sing, and Shuo Chen. "The Tragedy of the *Nomenklatura*: Career Incentives and Political Radicalism during China's Great Leap Famine." *American Political Science Review* 105, no. 1 (February 2011): 27–45. https://doi.org/10.1017/S0003055410000626.

Kurlansky, Mark. *Paper: Paging Through History*. 1st ed. New York: W. W. Norton, 2016.

Kuroski, John. "The Lineage of the British Royal Family." All That's Interesting, April 28, 2011. https://allthatsinteresting.com/lineage-british-royal-family.

Kurrild-Klitgaard, Peter. "The Constitutional Economics of Autocratic Succession." *Public Choice* 103, nos. 1/2 (2000): 63–84.

Kuznets, Simon. "Population and Economic Growth." *Proceedings of the American Philosophical Society* 111, no. 3 (June 22, 1967): 170–193.

Landes, David S. *The Wealth and Poverty of Nations: Why Some Are So Rich and Some So Poor*. New York: W. W. Norton, 1999.

Landry, Pierre F. *Decentralized Authoritarianism in China: The Communist Party's*

Control of Local Elites in the Post-Mao Era. Cambridge, Eng.: Cambridge University Press, 2008.

Langworth, Richard M, ed. *Churchill by Himself: In His Own Words*. New York: RosettaBooks, 2013.

Lardy, Nicholas R. *The State Strikes Back: The End of Economic Reform in China?*

Washington, D.C.: Peterson Institute for International Economics, 2019.

Lawrence, Susan V., and Michael F. Martin. "Understanding China's Political Sys- tem." *CRS Report for Congress* 7-5700 (2012): 45. https://sgp.fas.org/crs/row/ R41007.pdf.

Lee, Kai-Fu. *AI Superpowers: China, Silicon Valley, and the New World Order*. 1st ed.

Boston: Harper Business, 2018.

Leung, Y. H. Connie, et al. "Avian Influenza and Ban on Overnight Poultry Storage in Live Poultry Markets, Hong Kong." *Emerging Infectious Diseases* 18, no. 8 (August 2012): 1339-1341. https://doi.org/10.3201/eid1808.111879.

Levathes, Louise. *When China Ruled the Seas: The Treasure Fleet of the Dragon Throne, 1405–1433*. Revised ed. New York: Oxford University Press, 1997.

Li, Cheng. "Analysis of Current Provincial Leaders." *China Leadership Monitor*

7 (2003): 1-6. https://www.hoover.org/research/analysis-current-provincial

-leaders.

Li, Eric. "Eric Li on the Failure of Liberal Democracy and the Rise of China's Way." *The Economist*, December 8, 2021.

Li, Gabriel. "Tang Dynasty Might Have Been China's Most Open Era." *Pandaily*

(blog), July 13, 2019. https://pandaily.com/tang-dynasty-might-have-been

-chinas-most-open-era/.

Li, Hongbin, and Li-An Zhou. "Political Turnover and Economic Performance: The Incentive Role of Personnel Control in China." *Journal of Public Economics* 89, no. 9 (September 1, 2005): 1743-1762. https://doi.org/10.1016/j

.jpubeco.2004.06.009.

Li, Hui. "In Chinese Corruption Cases, Who's Taking What?" Sixth Tone: Fresh Voices from Today's China, December 5, 2018. https://www.sixthtone.com/news/1003273/in-chinese-corruption-cases%2C-whos-taking-what%3F.

Li, Nan, and Chu Lin. "A Re-Estimation of the Effect of the Taiping Rebellion on Population Loss in Modern China: An Empirical Analysis Based on Historical Natural Experiment." *China Economic Quarterly* 14, no. 4 (2015): 1325-1346.

Li, Zhi-Sui. *The Private Life of Chairman Mao: The Memoirs of Mao's Personal Physician Dr. Li Zhisui*. 1st ed. New York: Random House, 1994.

Lichfield, Gideon. "Editor's Letter: China's Technology Ambitions—And Their

Limits." *MIT Technology Review*, 2019. https://www.technologyreview.com/2018/12/19/138247/editors-letter-chinas-technology-ambitions-and-their-limits/.

Lieberthal, Kenneth, and Michel Oksenberg. *Policy Making in China*. Princeton, N.J.: Princeton University Press, 1988.

Lim, Benjamin Kang, and Ben Blanchard. "Exclusive: China Seizes $14.5 Billion Assets from Family, Associates of Ex-Security Chief: Sources." Reuters, March 30, 2014. https://www.reuters.com/article/us-china-corruption-zhou-idUSBREA2T02S20140330.

Lim, Louisa. *The People's Republic of Amnesia: Tiananmen Revisited*. Oxford, Eng.: Oxford University Press, 2013.

Lin, Justin Yifu. "The Needham Puzzle, the Weber Question, and China's Miracle: Long-Term Performance since the Sung Dynasty." *China Economic Journal* 1, no. 1 (2008): 63-95.

———. "The Needham Puzzle: Why the Industrial Revolution Did Not Originate in China." *Economic Development and Cultural Change* 43, no. 2 (1995): 269-292.

Liu, Haifeng. "Influence of China's Imperial Examinations on Japan, Korea and Vietnam." *Frontiers of History in China* 2, no. 4 (January 1, 2007): 493-512. https://doi.org/10.1007/s11462-007-0025-5.

———. 刘海峰. *Zhongguo keju wenhua* 中国科举文化 [Chinese *Keju* culture]. Liaoning: 辽宁教育出版社 [Liaoning education press], 2010.

Liu, He, et al. "Controlling Ebola: What We Can Learn from China's 1911 Battle against the Pneumonic Plague in Manchuria." *International Journal of Infectious Diseases* 33 (April 2015): 222-226. https://doi.org/10.1016/j.ijid.2015.02.013.

Liu, William Guanglin. *The Chinese Market Economy*, 1000-1500. Reprint, Albany: State University of New York Press, 2016.

Liu Yonghua 刘永华. "Qingdai Minzhong Shizi Wentide Zairenshi 清代民众识字问题的再认识 [A reevaluation of the literacy question during the Qing]." *Renmindaxue Fuyin Qikan* 人民大学复印期刊 [Renmin University journal re- prints] 9 (2017). http://rdbk1.ynlib.cn:6251/Qw/Paper/633394.

Lorentzen, Peter L., and Xi Lu. "Personal Ties, Meritocracy, and China's Anti-Corruption Campaign." SSRN Scholarly Paper. Rochester, NY: Social Science Research Network, November 21, 2018. https://doi.org/10.2139/ssrn.2835841.

Lorge, Peter. "The Entrance and Exit of the Song Founders." *Journal of Song-Yuan Studies* 29 (1999): 43-62. https://www.jstor.org/stable/23495933.

Lu, Qiwen. *China's Leap into the Information Age: Innovation and Organization in the Computer Industry*. 1st ed. Oxford, Eng.: Oxford University Press, 2000.

Lu, Zhenhua, and Wei Han. "Update: Former Justice Minister Booted from Party for 'Inflated' Political Ambitions." *Caixin Global*, April 1, 2022. https://www
.caixinglobal.com/2022-04-01/former-justice-minister-booted-from-party
-for-inflated-political-ambitions-101864140.html.

Ma Mingdao 马明道. *Mingchao Huangjia Xinyangkao Chugao* 明朝皇家信仰考初稿 [Initial examination of the beliefs of the Ming court]. Taipei: 中国回教文化教育基金会 [China Muslim Cultural and Educational Fund], 1973.

Maçães, Bruno. *Belt and Road: A Chinese World Order*. London: Hurst, 2019.

———. *Geopolitics for the End Time*. London: Hurst, 2021.

MacFarquhar, Roderick. *The Origins of the Cultural Revolution*, vol. 3: *The Coming of the Cataclysm, 1961–1966*. New York: Columbia University Press, 1987.

MacFarquhar, Roderick, and Michael Schoenhals. *Mao's Last Revolution*. Cambridge, Mass.: Belknap Press of Harvard University Press, 2008.

Magnus, George. *Red Flags: Why Xi's China Is in Jeopardy*. Reprint, New Haven: Yale University Press, 2019.

Manion, Melanie. *Corruption by Design: Building Clean Government in Mainland China and Hong Kong*. Cambridge, Mass.: Harvard University Press, 2004.

"Mao Zedong Yizhuzhimi 毛泽东遗嘱之谜 [The mysteries of Mao Zedong's will]." Ifeng.com, November 26, 2007. https://news.ifeng.com/photo/
history/200711/1126_1398_311284.shtml, accessed January 15, 2019.

Mao Zhonggeng 马忠庚. "Zhongguo Gudai Kexuejia Zhengti Zhuangkuan Tongji Yanjiu 中国古代科学家整体状况统计研究 [A comprehensive statis- tical analysis of ancient Chinese scientists]." 中国人民大学复印报刊资料, 2004. http://211.68.184.8:6251/Qw/Paper/264680anchorList, accessed
September 7, 2019.

Marks, Marilyn. "Li Shaomin Speaks on Detention in China." *Princeton University News*, October 1, 2001. https://www.princeton.edu/news/2001/10/01/li
-shaomin-speaks-detention-china.

McGregor, Richard. "The World Should Be Braced for China's Expansion." *Financial Times*, December 21, 2004. https://www.ft.com/content/147d3924
-538d-11d9-b6e4-00000e2511c8.

McNeil, Donald G., Jr. "To Take on the Coronavirus, Go Medieval on It." *New York Times*, February 28, 2020. https://www.nytimes.com/2020/02/28/Sunday
-review/coronavirus-quarantine.html.

Merton, Robert K. *The Sociology of Science: Theoretical and Empirical Investigations*.
Chicago: University of Chicago Press, 1973.

Mesquita, Bruce Bueno de, et al. *The Logic of Political Survival*. Cambridge, Mass.: MIT Press, 2003.

Micklethwait, John, and Adrian Wooldridge. *The Fourth Revolution: The Global Race to Reinvent the State*. Reprint, New York: Penguin, 2015.

Migdal, Joel S. *Strong Societies and Weak States*. Princeton, N.J.: Princeton University Press, 1988.

Milgrom, Paul, and John Roberts. *Economics, Organization, and Management*. 1st ed. Englewood Cliffs, N.J.: Pearson, 1992.

Mingxi Lishi. "Economic Analysis on Tang Economy III: The Fiscal Revenue in Different Periods." Kknews, September 22, 2019. https://kknews.cc/history/gme8jb9.html.

Ministry of Education, People's Republic of China. "Brief Report on Chinese# Overseas Students and International Students in China 2017." Ministry of Education of the People's Republic of China, March 31, 2018. http://en.moe
.gov.cn/documents/reports/201901/t20190115_367019.html.

Miyakawa, Hisayuki. "An Outline of the Naito¯ Hypothesis and Its Effects on Japanese Studies of China." *Far Eastern Quarterly* 14, no. 4 (1955): 533–552. https://doi.org/10.2307/2941835.

Miyazaki, Ichisada. *China's Examination Hell: The Civil Service Examinations of Imperial China*. New Haven: Yale University Press, 1981.

Mokyr, Joel. *A Culture of Growth: The Origins of the Modern Economy*. Reprint, Princeton, N.J.: Princeton University Press, 2018.

———. *The Lever of Riches: Technological Creativity and Economic Progress*. New York: Oxford University Press, 1992.

———. "The Market for Ideas and the Origins of Economic Growth in Eighteenth Century Europe." *Tijdschrift voor Sociale en Economische Geschiedenis* 4 (March 15, 2007). https://doi.org/10.18352/tseg.557.

Moody, Glyn. "China's Surveillance Plans Include 600 Million CCTV Cameras Nationwide, and Pervasive Facial Recognition." Techdirt, July 6, 2017. https:// www.techdirt.com/articles/20170630/07045437703/chinas-surveillance-plans
-include-600-million-cctv-cameras-nationwide-pervasive-facial-recognition
.shtml.

Morris, Ian. *Why the West Rules—for Now: The Patterns of History, and What They Reveal about the Future*. New York: Picador, 2011.

Mungello, David Emil. *The Great Encounter of China and the West, 1500–1800*.
Lanham, Md.: Rowman & Littlefield, 2009.

Naquin, Susan, and Evelyn S. Rawski. *Chinese Society in the Eighteenth Century*. New Haven: Yale University Press, 1987.

Nathan, Andrew J. "China's Changing of the Guard: Authoritarian Resilience." *Journal of Democracy* 14, no. 1 (2003): 6–17. https://www.journalofdemocracy.org/articles/chinas-changing-of-the-guard-authoritarian-resilience/.

———. "The Tiananmen Papers." *Foreign Affairs* 80, no. 1 (2001): 2–48. https://doi.org/10.2307/20050041.

National Bureau of Statistics. *Zhongguo Tongji Nianjian 1981* [China statistical yearbook, 1981]. Beijing: Zhongguo tongji chubanshe, 1981.

National Science Foundation. "Report—S&E Indicators 2018." National Sci- ence Foundation, 2018. https://nsf.gov/statistics/2018/nsb20181/report/ sections/higher-education-in-science-and-engineering/graduate-education-enrollment-and-degrees-in-the-united-states.

Naughton, Barry. *The Chinese Economy: Transitions and Growth*. Cambridge, Mass.: MIT Press, 2018.

———. *Growing Out of the Plan: Chinese Economic Reform, 1978–1993*. New York: Cambridge University Press, 1996.

Needham, Joseph. *The Grand Titration: Science and Society in East and West*. 1st ed. London: Routledge, 1969.

———. "The Roles of Europe and China in the Evolution of Oecumenical Science." *Journal of Asian History* 1, no. 1 (1967): 3–32. https://www.jstor.org/stable/41929837.

Needham, Joseph, ed. *Science and Civilisation in China*. Vol. 7: *The Social Background*, part 1: *Language and Logic in Traditional China*, ed. Christoph Harbs- meier. Cambridge, Eng.: Cambridge University Press, 1998.

New York Times. "China's Fax Invasion," June 20, 1989. https://www.nytimes.com/1989/06/20/opinion/topics-of-the-times-china-s-fax-invasion.html.

———. "Faxing Democracy," November 2, 1990. https://www.nytimes.com/1990/11/02/opinion/topics-of-the-times-faxing-democracy.html.

———. "Singapore's Lee Kuan Yew, in His Own Words." *New York Times*, March 29, 2015. https://www.nytimes.com/interactive/2015/03/26/world/asia/29leekuanyew-quotes.html.

Nisbett, Richard E. *The Geography of Thought: How Asians and Westerners Think Differently . . . and Why*. New York: Free Press, 2003.

North, Douglass C. "Government and the Cost of Exchange in History." Journal of Economic History 44, no. 2 (June 1984): 255–264. https://doi.org/10.1017/ S0022050700031855.

Nove, Alec. *Soviet Economic System*. 1st ed. London: Unwin Hyman, 1977.

Nussbaum, Martha. "Democracy, Education, and the Liberal Arts: Two

Asian

Models." *University of California at Davis Law Review* 44 (January 1, 2011): 735. https://chicagounbound.uchicago.edu/journal_articles/3302.

Olerich, Rebecca L. "An Examination of the Needham Question: Why Didn't China Have a Scientific Revolution Considering Its Early Scientific Accomplishments?" Master's thesis, Graduate Center, City University of New York, 2017. https://academicworks.cuny.edu/gc_etds/2307/.

Oreskes, Naomi. *Why Trust Science?* Princeton, N.J.: Princeton University Press, 2021.

Osnos, Evan. "Born Red: How Xi Jinping, an Unremarkable Provincial Administrator, Became China's Most Authoritarian Leader Since Mao." *New Yorker*, April 6, 2015.

Ouyang, Zhongshi, and Guozhen Hu. *Zhongguo Gudai Mingren Fenlei Dacidian* [Encyclopedia of prominent figures in Chinese history]. 4 vols. Beijing: Huayu jiaoxue chubanshe, 2009.

Paludan, Ann. *Chronicle of the Chinese Emperors: The Reign-by-Reign Record of the Rulers of Imperial China*. London: Thames & Hudson, 1998.

Pan, Jennifer, and Yiqing Xu. "China's Ideological Spectrum." *Journal of Politics* 80, no. 1 (January 1, 2018): 254–273. https://doi.org/10.1086/694255.

Pang, Xianzhi, and Hui Feng. *Mao Zedong Nianpu*, 1949–1976 [A chronicle of the life of Mao Zedong, 1949–1976]. Beijing: Zhongyang wenxian chubanshe, 2013.

Papaioannou, Elias, and Gregorios Siourounis. "Democratisation and Growth." *Economic Journal* 118, no. 532 (October 1, 2008): 1520–1551. https://doi.org/10.1111/j.1468-0297.2008.02189.x.

Paulsen Institute. "The Global AI Talent Tracker." MacroPolo, 2022. https://macropolo.org/digital-projects/the-global-ai-talent-tracker/.

Pei, Minxin. *China's Crony Capitalism: The Dynamics of Regime Decay*. Cambridge, Mass.: Harvard University Press, 2016.

People's Daily Online. "Xi Jinping Diguode Sange Xuanjin Dinlu Doushisha? 习近平提过的三个'陷阱定律'都是啥？[What are the "three traps" mentioned by Xi Jinping?]." *People's Daily Online*, May 18, 2016. http://cpc.people.com

.cn/xuexi/n1/2016/0518/c385474-28359130.html.

Perry, Elizabeth J. "Higher Education and Authoritarian Resilience: The Case of China, Past and Present." *Harvard-Yenching Institute Working Paper Series*, March 20, 2017. https://dash.harvard.edu/handle/1/30822717.

Pines, Yuri. *The Everlasting Empire: The Political Culture of Ancient China and Its Imperial Legacy*. Princeton, N.J.: Princeton University Press, 2012.

Pinker, Steven. *The Better Angels of Our Nature: Why Violence Has Declined*. New

York: Penguin, 2012.

Platt, Stephen R. *Autumn in the Heavenly Kingdom: China, the West, and the Epic Story of the Taiping Civil War*. New York: Knopf, 2012.

Polanyi, Michael. "The Republic of Science: Its Political and Economic Theory." *Minerva* 1, no. 1 (1962): 54–73. https://www.jstor.org/stable/41821153.

Pomeranz, Kenneth. *The Great Divergence*. Princeton, N.J.: Princeton University Press, 2000.

Prasad, Eswar. "Why China No Longer Needs Hong Kong." *New York Times*, July 3, 2019. https://www.nytimes.com/2019/07/03/opinion/hong-kong-protest.html.

Preskar, Peter. "The Roman Emperor—the Most Dangerous Occupation in Ancient Rome." Medium, May 22, 2021. https://short-history.com/roman-emperor-9c4f67f5d36e.

Putnam, Robert D. *Bowling Alone: The Collapse and Revival of American Community*. Rev. ed. New York: Simon & Schuster, 2020.

Qian, Meijun, and Yasheng Huang. "Political Institutions, Entrenchments, and the Sustainability of Economic Development—A Lesson from Rural Finance." *China Economic Review* 40 (September 1, 2016): 152–178. https://doi.org/10.1016/j.chieco.2016.06.005.

Qian, Yingyi, and Chenggang Xu. "The M-Form Hierarchy and China's Economic Reform." *European Economic Review* 37, no. 2 (April 1, 1993): 541–548. https://doi.org/10.1016/0014-2921(93)90043-A.

Rachman, Gideon. "Why China's Elite Tread a Perilous Path." *Financial Times*, November 29, 2021. https://www.ft.com/content/187427c5-424e-424b-bce9-62d8215ad6b4.

Rajan, Raghuram G., and Luigi Zingales. *Saving Capitalism from the Capitalists: Unleashing the Power of Financial Markets to Create Wealth and Spread Opportunity*. Princeton, N.J.: Princeton University Press, 2004.

"Ranlingdao Xianfei Guiding Zainali? 让领导先飞"的规定在哪里？ [Where is the Regulation on letting leaders fly first?]." Qq.com News. https://view.news.qq.com/a/20110514/000001.htm (accessed September 28, 2021).

Rawls, John. *A Theory of Justice*. 2nd ed. Cambridge, Mass.: Belknap Press of Harvard University Press, 1971.

Rawski, Evelyn. *Education and Popular Literacy in Ch'ing China*. Ann Arbor: University of Michigan Press, 1979.

Ricard, Matthieu, and Wolf Singer. *Beyond the Self: Conversations between Buddhism and Neuroscience*. Cambridge, Mass.: MIT Press, 2017.

R.L.G. "Of Nations, Peoples, Countries and Mínzú." *The Economist*, May 21, 2013. https://www.economist.com/johnson/2013/05/21/of-nations-peoples -countries-and-minzu.

Rodrik, Dani. *The Globalization Paradox: Democracy and the Future of the World Economy*. Reprint, New York: W. W. Norton, 2012.

Ronan, Colin A., and Joseph Needham. The Shorter Science and Civilisation in China. Cambridge, Eng.: Cambridge University Press, 1978.

Rostoker, W. B., and J. Dvorak. "The Cast-Iron Bells of China." *Technology and Culture* 25 (1984): 750-767.

Saich, Tony. *From Rebel to Ruler: One Hundred Years of the Chinese Communist Party*. Cambridge, Mass.: Harvard University Press, 2021.

Salisbury, Harrison E. *The New Emperors: China in the Era of Mao and Deng*. Boston: Little, Brown, 1992.

Saxenian, AnnaLee. *The New Argonauts: Regional Advantage in a Global Economy.* Cambridge, Mass.: Harvard University Press, 2007.

Scarisbrick, J. J. *Henry VIII*. New ed. New Haven: Yale University Press, 1997. Scheidel, Walter. *Escape from Rome: The Failure of Empire and the Road to Prosperity*. Princeton, N.J.: Princeton University Press, 2019.

Scott, James C. *Seeing Like a State: How Certain Schemes to Improve the Human Condition Have Failed*. New Haven: Yale University Press, 2020.

Sen, Amartya. *The Argumentative Indian: Writings on Indian History, Culture, and Identity*. 1st ed. New York: Picador, 2006.

———. "Contrary India." *Economist*, November 18, 2005. https://www.economist .com/news/2005/11/18/contrary-india.

Senor, Dan, and Saul Singer. *Start-up Nation: The Story of Israel's Economic Miracle*. New York: Twelve, 2009.

Shahbaz, Adrian. "Freedom on the Net, 2018: The Rise of Digital Authoritarianism." *Freedom House*. https://freedomhouse.org/report/freedom-net/2018/ rise-digital-authoritarianism.

Shambaugh, David. *China's Leaders: From Mao to Now*. Cambridge, Mass.: Polity, 2021.

Shi, Yigong, and Yi Rao. "China's Research Culture." *Science* 329, no. 5996 (September 3, 2010): 1128. https://doi.org/10.1126/science.1196916.

Shih, Victor, Christopher Adolph, and Mingxing Liu. "Getting Ahead in the Com- munist Party: Explaining the Advancement of Central Committee Members in China." *American Political Science Review* 106, no. 1 (February

2012): 166–
187. https://doi.org/10.1017/S0003055411000566.

Shiono, Nanami. *Rome Was Not Built in a Day—The Story of the Roman People*,
vol. 1. Trans. Ronald Dore and Steven Wills. Tokyo: Shinchosha, 2014.

Shirk, Susan L. "China in Xi's 'New Era': The Return to Personalistic Rule." *Journal of Democracy* 29, no. 2 (2018): 22–36. https://doi.org/10.1353/jod.2018
.0022.

———. *The Political Logic of Economic Reform in China*. Berkeley: University of California Press, 1993.

Shue, Vivienne. *The Reach of the State: Sketches of the Chinese Body Politic*. Stanford, Calif.: Stanford University Press, 1988.

Shum, Desmond. *Red Roulette: An Insider's Story of Wealth, Power, Corruption, and Vengeance in Today's China*. New York: Scribner's, 2021.

Sina News. "Pandian Shaohuai Dianchaoji de Yiwan Tanguan 盘点'烧坏点钞机'的亿元贪官 [An inventory of corrupt officials and their burnt-out bill counters]," October 12, 2015. https://top.sina.cn/news/2015-10-12/ tnews-ifxirwnr6926655.d.html.

Sng, Tuan-Hwee. "Size and Dynastic Decline: The Principal-Agent Problem in Late Imperial China, 1700–1850." *Explorations in Economic History* 54 (October 1, 2014): 107–127. https://doi.org/10.1016/j.eeh.2014.05.002.

Snyder, Timothy. *On Tyranny: Twenty Lessons from the Twentieth Century*. New York: Crown, 2017.

Spence, Jonathan D. *Emperor of China: Self-Portrait of K'ang-Hsi*. Reprint, New York: Vintage, 1988.

———. *The Search for Modern China*. New York: W. W. Norton, 1990.

Standard, The. "Lockdowns Costing China US$46bn a Month: CUHK Professor," March 29, 2022. https://www.thestandard.com.hk/breaking-news/section/3/ 188620/Lockdowns-costing-China-US$46bn-a-month:-CUHK-Professor.

Stasavage, David. *The Decline and Rise of Democracy: A Global History from Antiquity to Today*. Princeton, N.J.: Princeton University Press, 2020.

Stilwell, Victoria. "What Are Your Odds of Becoming a Millionaire?" Bloomberg
.com, January 21, 2016. http://www.bloomberg.com/features/2016
-millionaire-odds/.

Strittmatter, Kai. *We Have Been Harmonized: Life in China's Surveillance State*. New York: Custom House, 2020.

Subramanian, Arvind. *Of Counsel*. Gurugram: India Viking, 2018.

Sun, Guodong. *Collection on Tang and Song History*. Shanghai: Shanghai Ancient Book Press, 2010.

Sun, Yan. *Corruption and Market in Contemporary China*. Ithaca, N.Y.: Cornell Uni- versity Press, 2004.

Sutton, Robert I., and Huggy Rao. *Scaling Up Excellence: Getting to More Without Settling for Less*. New York: Crown Business, 2014.

Svolik, Milan W. *The Politics of Authoritarian Rule*. Cambridge, Eng.: Cambridge University Press, 2012.

———. "Power Sharing and Leadership Dynamics in Authoritarian Regimes." *American Journal of Political Science* 53, no. 2 (2009): 477–494. https://doi.org/ 10.1111/j.1540-5907.2009.00382.x.

Szonyi, Michael. *The Art of Being Governed: Everyday Politics in Late Imperial China*.

Princeton, N.J.: Princeton University Press, 2017.

Tackett, Nicolas. *The Destruction of the Medieval Chinese Aristocracy*. Cambridge, Mass.: Harvard University Asia Center, 2014.

Tan, Stacy, and Yasheng Huang. "State Ownership and the Cost of Debt: Evi-dence from Pressured Change of Control Events in China." SSRN Schol-arly Paper. Rochester, NY: Social Science Research Network, September 20, 2021. https://doi.org/10.2139/ssrn.3932728.

Tanner, Murray Scot. "Beijing's New National Intelligence Law: From Defense to Offense." *Lawfare* (blog), July 20, 2017. https://www.lawfareblog.com/ beijings-new-national-intelligence-law-defense-offense.

Temple, Robert K. *The Genius of China: 3,000 Years of Science, Discovery, and Invention*. New York: Simon & Schuster, 1986.

Tencent. "Big Data on Gaokao—An Analysis on the Admission Rates Across

34 Provinces." New.qq.com, March 14, 2021. https://new.qq.com/omn/ 20210314/20210314A07H6V00.html, accessed June 19, 2021.

Têng, Ssu-yü. "Chinese Influence on the Western Examination System: I. Intro-duction." *Harvard Journal of Asiatic Studies* 7, no. 4 (1943): 267–312. https:// doi.org/10.2307/2717830.

Thornhill, John. "The Big Data Revolution Can Revive the Planned Economy."

Financial Times, September 4, 2017. https://www.ft.com/content/6250e4ec

-8e68-11e7 9084-d0c17942ba93.

Thurm, Scott. "Huawei Admits Copying Code from Cisco in Router Soft-ware." *Wall Street Journal*, March 24, 2003. https://www.wsj.com/articles/ SB10485560675556000.

Tocqueville, Alexis de. *The Ancien Régime and the Revolution*. Trans. Gerald Bevan.

London: Penguin Classics, 2008.

Trefis Team. "Is Alibaba Really the Amazon of China?" *Forbes*, September 24,

2019. https://www.forbes.com/sites/greatspeculations/2019/09/24/is-alibaba
-really-the-amazon-of-china/.

Truex, Rory. "Political Discontent in China Is Associated with Isolating Personality Traits." *Journal of Politics* 84, no. 4 (October 2022). https://www.journals
.uchicago.edu/doi/abs/10.1086/719273.

Tsai, Kellee S. *Back-Alley Banking: Private Entrepreneurs in China*. Ithaca, N.Y.: Cornell University Press, 2002.

Tsai, Lily L. *Accountability without Democracy: Solidary Groups and Public Goods Provision in Rural China*. Cambridge Studies in Comparative Politics. Cambridge, Eng.: Cambridge University Press, 2007. https://doi.org/10.1017/CBO9780511800115.

Tsinghua University. "Renkong Zhineng Fazhan Baogao 人工智能发展报告2011–2020 [Report on artificial intelligence development, 2011–2020]." Beijing: Tsinghua University, 2020. https://www.sohu.com/a/461233515
_120056153.

Tullock, Gordon. *Autocracy*. Boston: Kluwer Academic, 1987.

Twitchett, Denis C., ed. *The Cambridge History of China*, vol. 3: *Sui and T'ang China, 589–906 AD, Part 1*. Cambridge, Eng.: Cambridge University Press, 1979.

Umansky, Eric. "Why Is Qaddafi Still a Colonel? Why Libya's Leader Hasn't Changed His Stripes." Slate.com, December 23, 2003. https://slate.com/news-and-politics/2003/12/why-is-qaddafi-still-a-colonel.html.

U.S. Department of State. "Foreign Relations of the United States, 1969–1976." In *Foundations of Foreign Policy, 1969–1972*, vol. 1. Washington, D.C.: U.S. Government Printing Office, 2003.

Vogel, Ezra F. *China and Japan: Facing History*. Cambridge, Mass.: Belknap Press of Harvard University Press, 2019.

———. *Deng Xiaoping and the Transformation of China*. Cambridge, Mass.: Belknap Press of Harvard University Press, 2013.

———. *One Step Ahead in China: Guangdong under Reform*. Cambridge, Mass.: Harvard University Press, 1990.

Wade, Robert. *Governing the Market: Economic Theory and the Role of Government in East Asian Industrialization*. Revised ed. Princeton, N.J.: Princeton University Press, 2003.

Wakeman, Frederic E. *The Fall of Imperial China*. New York: Macmillan, 1975.
Wang, Fei-Ling. *The China Order: Centralia, World Empire, and the Nature of Chi-nese Power*. Albany: State University of New York Press, 2017.

Wang Qianguozhong 王钱国忠 and Zhong Shouhua 钟守华. *Li Yuanse Dadian*

李约瑟大典 [Joseph Needham canon]. Beijing: 中国科学技术出版社 [China Science and Technology Publishing House], 2012.

Wang, Yuhua. "Sons and Lovers: Political Stability in China and Europe before the Great Divergence." SSRN working paper, 2018. http://dx.doi.org/10

.2139/ssrn.3058065.

Wang, Yuhua, and Bruce J. Dickson. "How Corruption Investigations Undermine Regime Support: Evidence from China." *Political Science Research and Methods* (2021): 1–16. https://scholar.harvard.edu/files/yuhuawang/files/wang_and

_dickson_psrm_2022_final.pdf.

Weber, Max. *Economy and Society: An Outline of Interpretive Sociology*, ed. Guenther Roth and Claus Wittich. New ed. Berkeley: University of California Press, 1978.

———. *The Religion of China*. Paperback ed. New York: Free Press, 1968. Wertime, David. "Finally, a Chinese Leader Who Speaks Intelligible Mandarin."

The Atlantic, November 19, 2012.

Wessel, David, and Marcus Walker. "Good News for the Globe: Nobel Winners in Economics Are Upbeat about the Future as China and India Surge." *Wall Street Journal*, September 3, 2004.

Westbrook, Tom, and Samuel Shen. "Half a Trillion Dollars Wiped from China Markets in a Week as Clampdowns Shatter Confidence." Reuters, August 20, 2021, China. https://www.reuters.com/world/china/china-markets-slump

-crackdowns-shatter-sentiment-herd-mentality-kicks-2021-08-20/.

Whalen, Jeanne. "U.S. Campaign against Huawei Appears to Be Working, as Chinese Tech Giant Loses Sales Outside Its Home Market." *Washington Post*, March 31, 2021. https://www.washingtonpost.com/technology/2021/03/31/impact-us-campaign-against-huawei/.

White, Karen. "Publications Output: U.S. Trends and International Comparisons." National Science Foundation, 2021. https://ncses.nsf.gov/pubs/nsb20214/international-collaboration-and-citations.

Whyte, Martin. *Myth of the Social Volcano: Perceptions of Inequality and Distributive Injustice in Contemporary China*. Stanford, Calif.: Stanford University Press, 2010.

Wilkinson, Endymion. *Chinese History: A New Manual*. Cambridge, Mass.: Harvard University Asia Center, 2015.

Williamson, Oliver E. *Markets and Hierarchies: Analysis and Antitrust Implica- tions. A Study in the Economics of Internal Organization*. New York: Free Press, 1975.

Winchester, Simon. *The Man Who Loved China: The Fantastic Story of the Eccentric Scientist Who Unlocked the Mysteries of the Middle Kingdom*. New York:

Harper, 2008.

Wolin, Sheldon S. *Politics and Vision: Continuity and Innovation in Western Political Thought*. Expanded ed. Princeton, N.J.: Princeton University Press, 2016.

Wong, Chun Han. "Xi Jinping's Eager-to-Please Bureaucrats Snarl His China Plans." *Wall Street Journal*, March 7, 2021. https://www.wsj.com/articles/xi

-jinpings-eager-to-please-minions-snarl-his-china-plans-11615141195.

Wong, R. Bin. *China Transformed: Historical Change and the Limits of European Experience*. Ithaca, N.Y.: Cornell University Press, 1998.

World Bank. *China: Internal Market Development and Regulation*. Washington, D.C.: World Bank, 1994.

———. "Research and Development Expenditure (% of GDP)," 2022. https://data.worldbank.org/indicator/GB.XPD.RSDV.GD.ZS?locations=CN.

Worship, Patrick. "Witness: Memories of Sakharov, Another Absent Nobel Winner." Reuters, December 10, 2010. https://www.reuters.com/article/uk-china

-nobel-sakharov-witness/witness-memories-of-sakharov-another-absent

-nobel-winner-idUKTRE6B90ZP20101210.

Wright, Arthur F. "The Sui Dynasty (581-617)." Pp. 48-149 in *The Cambridge History of China*, vol. 3: *Sui and T'ang China, 589–906 AD, Part One*, ed. Denis

C. Twitchett. Cambridge, Eng.: Cambridge University Press, 1979. https://doi.org/10.1017/CHOL9780521214469.003.

Wright, Mary C., ed. *China in Revolution: The First Phase, 1900–1913*. New Haven: Yale University Press, 1968.

Wu Daguang 邬大光 and Fan Wei 范唯. *Zhongguo Gaodengxuexiao Benke Jiaoyuzhiliang Baogao (2013–2018)* 中国高等学校本科教育质量报告（*2013～2018*年）[Report on the quality of Chinese undergraduate education (2013-2018)]. Beijing: 社会科学文献出版社 [Social Science Publishing House], 2019.

Wu, Han. *Zhu Yuanzhang Zhuan* [Biography of Zhu Yuanzhang]. Shanghai: San Lian Press, 1965.

Wu Xiaobo. *Jidang Sanshi Nian, 1978–2008* [Momentous thirty years, 1978-2008].

2 vols. Beijing: Zhongxin chubanshe, 2007.

———. 吴晓波. *Lidai Jingji Biange Deshi* 历代经济变革得失 [Gains and losses of generations of economic reforms]. Hangzhou: 浙江大学出版社 [Zhejiang university press], 2013.

Xie, Baocheng, ed. *A Brief History of the Official System in China*. Trans. Mirong Chen. London: Paths International, 2013.

Xinhua News. "Full Text: Resolution of the CPC Central Committee on the Major Achievements and Historical Experience of the Party over the Past

Century," November 16, 2021. http://www.news.cn/english/2021-11/16/c_1310314611.htm.

———. "Minqi Waiqi Weihe Douyao Jiandangwei? 民企外企为何都要建党委? [Why should private and foreign enterprises establish party branches?]," July 6, 2015. http://www.xinhuanet.com/politics/2015-07/06/c_1115820681.htm.

Xiong, Bingyuan, Bin Ye, and Bihan Cai. "The Needham Puzzle: Evidences?" *Jour- nal of Zhejiang University (Humanities and Social Sciences)* 48, no. 1 (2018): 173-

182. https://www.zjujournals.com/soc/EN/abstract/abstract11761.shtml.

Xu, Xu, and Xin Jin. "The Autocratic Roots of Social Distrust." *Journal of Comparative Economics* 46, no. 1 (March 1, 2018): 362-380. https://doi.org/10.1016/j.jce.2017.12.002.

Xu Yi 徐毅 and Bas Van Leeuwen. "Shijiushiji Zhongguo Dazhong Shizillvdc Zaigusuan 19 世纪中国大众识字率的再估算 [A re-estimation of mass liter- acy in China in the 19th century]." *Qingshi Yanjiu* 清史研究 [Journal of Qing history], 2013.

Yang Hengjun. "Why China Still Needs Deng Xiaoping." *The Diplomat*, 2014. https://thediplomat.com/2014/11/why-china-still-needs-deng-xiaoping/.

Yang, Lu, Yan Wang, and Sen Yang. "A Probe into the Anti-Corruption Mechanism behind Ming Dynasty's Appointment of Touring Censorial Inspectors and the Causes for Its Failure." *Chinese Studies* 5 (January 1, 2016): 35-44. https://doi.org/10.4236/chnstd.2016.53005.

Yang, Rui, Lesley Vidovich, and Jan Currie. "'Dancing in a Cage': Changing Autonomy in Chinese Higher Education." *Higher Education* 54 (October 1, 2007): 575-592. https://doi.org/10.1007/s10734-006-9009-5.

Yang, Yuan. "Inside China's Crackdown on Young Marxists." *Financial Times*, February 14, 2019. https://www.ft.com/content/fd087484-2f23-11e9-8744

-e7016697f225.

Yao, Kevin. "Exclusive: China Likely to Avoid Setting 2021 GDP Target over Debt Concerns, Sources Say." Reuters, January 28, 2021, Business News. https:// www.reuters .com/ article/ us -china -economy -target -exclusive

-idUSKBN29X139.

"Ye Jianying Yi Mao Zedong Lingzhong Tuogu 叶剑英忆毛泽东临终'托孤' [Ye Jianying recalling Mao Zedong on heir apparent on his death bed]." https://history.sohu.com/20150807/n418358896.shtml (accessed December 16, 2021).

Yin, Juan, Yu-Huai Li, Sheng-Kai Liao, Meng Yang, Yuan Cao, Liang Zhang, Ji-Gang Ren, et al. "Entanglement-Based Secure Quantum Cryptography over 1,120 Kilometres." *Nature* 582, no. 7813 (June 2020): 501-505. https://doi

.org/10.1038/s41586-020-2401-y.

Yin, Peng, Michael Brauer, Aaron J. Cohen, Haidong Wang, Jie Li, Richard T. Burnett, Jeffrey D. Stanaway, et al. "The Effect of Air Pollution on Deaths, Disease Burden, and Life Expectancy across China and Its Provinces, 1990–2017: An Analysis for the Global Burden of Disease Study, 2017." *Lancet Planetary Health* 4, no. 9 (September 1, 2020): e386–e398. https://doi.org/10
.1016/S2542-5196(20)30161-3.

Young, Alwyn. "A Tale of Two Cities: Factor Accumulation and Technical Change in Hong Kong and Singapore." Pp. 13–63 in *NBER Macroeconomics Annual 1992*, vol. 7. Cambridge, Mass.: MIT Press, 1992.

Young, Michael. *The Rise of the Meritocracy*. 2nd ed. New Brunswick, N.J.: Routledge, 1994.

Yuan, Hong. *The Sinitic Civilization*, vol. 2: *A Factual History through the Lens of Archaeology, Bronzeware, Astronomy, Divination, Calendar and the Annals*. iUni- verse, 2018.

Zeng, Qingjie. "Control, Discretion and Bargaining: The Politics of Provincial Leader Rotation in China." *Chinese Political Science Review* 1, no. 4 (December 1, 2016): 623–644. https://doi.org/10.1007/s41111-016-0045-8.

Zhai, Keith. "Defiant Bo Xilai Claims He Was Coerced into Graft Confession." *South China Morning Post*, August 23, 2013. https://www.scmp.com/news/china/article/1298752/defiant-bo-xilai-claims-he-was-coerced-making-false
-corruption-confession (accessed December 20, 2021).

Zhang Chuangxin 张创新. *Zhongguo zhengzhi zhidushi* 中国政治制度史 [Chinese history of political institutions]. Beijing: 清华大学出版社 [Tsinghua Univer- sity Press], 2005.

Zhang Jian 张践. "Zhongguo gudai guojia zongjiao lishitedian yanjiu 中国古代国家、宗教关系历史特点研究 [The study on the relationship between the state and religion in ancient China]." *Xibei minzhu daxue xuebao* 西北民族大学学报 [Journal of Northwest Minzu University] 3 (2011).

Zhang, Laney. "When Were Marriages between Cousins Banned in China?" Custodia Legis: Law Librarians of Congress (blog), September 13, 2017. //blogs
.loc.gov/law/2017/09/when-were-marriages-between-cousins-banned-in
-china/.

Zhang, Liang. *The Tiananmen Papers*. London: Little, Brown, 2001.

Zhao, Dingxin. *The Confucian-Legalist State: A New Theory of Chinese History*. Oxford, Eng.: Oxford University Press, 2015.

Zhao Gang 赵冈. *Zhongguo Chengshi Fazhanshilunji* 中国城市发展史论集 [Collec- tions of articles on the historical development of Chinese cities]. Shanghai: 新星出版社 [Xinxing Publishing House], 2006.

Zhao, Yong. *Who's Afraid of the Big Bad Dragon? Why China Has the Best (and Worst)*

Education System in the World. San Francisco: Jossey-Bass, 2014.

Zhao, Ziyang. *Prisoner of the State: The Secret Journal of Premier Zhao Ziyang*. New York: Simon & Schuster, 2010.

Zheng Wei 郑维. "Shiqi jiangzhi bingdiande zhongguo guanyuan 士气降至冰点的中国官员 [Morale of Chinese officials nearing freezing point]." BBC News 中文, June 27, 2016. https://www.bbc.com/zhongwen/simp/focus_on_china/ 2016/06/160627_cr_china_civil_servant.

"Zhongguo Shida Yinjin Baiming 中国十大搜索引擎排名 [The rankings of the top ten Chinese search engines]," March 25, 2021. https://www.sohu.com/a/457277257_100069650.

Zhongyang jiwei guojia jianwei 中央纪委国家监 [Central Discipline and State Supervision Commission]. "Dangjichufen Tiaoli Huachude Zhexiexinjin- qu,Beihou Douyou Xianhou Anli 党纪处分条例划出的这些新禁区,背后都有鲜活案例 [New forbidden zones created by the party regulations and the lively cases behind them]," September 4, 2018. https://www.ccdi.gov.cn/ toutiao/201809/t20180903_179007.html.

Zhu, Jiangnan, and Nikolai Mukhin. "The Modern Regency." *Communist and Post-Communist Studies* 54, no. 1 (2021): 24-44.

Zhu, Yuchao. "'Performance Legitimacy' and China's Political Adaptation Strategy." *Journal of Chinese Political Science* 16 (2011): 123-140.

Zubok, Vladislav M. *Collapse: The Fall of the Soviet Union*. New Haven: Yale University Press, 2021.

찾아보기

ㄹ

ㅅ

ㅆ

ㅇ

ㅈ

중국필패

시험, 독재, 안정, 기술은 어떻게 중국을 성공으로 이끌었고
왜 쇠퇴의 원인이 되는가

1판 1쇄 펴냄 | 2024년 8월 16일
1판 3쇄 펴냄 | 2024년 12월 30일

지은이 | 야성 황
옮긴이 | 박누리
발행인 | 김병준 · 고세규
편 집 | 우상희
마케팅 | 김유정 · 차현지 · 최은규
발행처 | 생각의힘

등록 | 2011. 10. 27. 제406-2011-000127호
주소 | 서울시 마포구 독막로6길 11, 우대빌딩 2, 3층
전화 | 02-6925-4184(편집), 02-6925-4187(영업)
팩스 | 02-6925-4182
전자우편 | tpbook1@tpbook.co.kr
홈페이지 | www.tpbook.co.kr

ISBN 979-11-93166-62-8 93340